國家出版基金項目

教育部哲學社會科學研究重大課題攻關項目

國家重點圖書出版規劃項目·重大工程出版規劃

「十一五」「十二五」「十三五」

國家重點出版物出版专項規劃項目·古籍出版規劃

「十四五」

國家社會科學基金重大項目

北京大學「九八五工程」重點項目

精華編一六六冊

史部傳記類

精華編

北京大學《儒藏》編纂與研究中心

《儒藏》精華編第一六六册

《儒藏》精華編凡例

一、中國傳統文化以儒家思想爲中心。《儒藏》爲儒家經典和反映儒家思想、體現儒家經世做人原則的典籍的叢編。收書時限自先秦至清代結束。

二、《儒藏》精華編爲《儒藏》的一部分，選收《儒藏》中的精要書籍。

三、《儒藏》精華編所收書籍，包括傳世文獻和出土文獻。傳世文獻按《四庫全書總目》經史子集四部分類法分類，大類、小類基本參照《中國叢書綜録》和《中國古籍善本書目》，於個別處略作調整。凡單書已收入入選的個人叢書或全集者，僅存目録，並注明互見。出土文獻單列爲一個部類，原件以古文字書寫者一律收其釋文文本。韓國、日本、越南儒學者用漢文寫作的儒學著作，編爲海外文獻部類。

四、所收書籍的篇目卷次，一仍底本原貌，不選編，不改編，保持原書的完整性和獨立性。

五、對入選書籍進行簡要校勘。以對校爲主，確定内容完足、精確率高的版本爲底本，精選有校勘價值的版本爲校本。出校堅持少而精，以校正誤爲主，酌校異同。校記力求規範、精煉。

六、根據現行標點符號用法，結合古籍標點通例，進行規範化標點。專名號除書名號用角號（《》）外，其他一律省略。

七、對較長的篇章，根據文字内容，適當劃分段落。正文原已分段者，不作改動。千字以内的短文一般不分段。

八、各書卷端由整理者撰寫《校點説明》，簡要介紹作者生平、該書成書背景、主要内容及影響，以及整理時所確定的底本、校本（舉全稱後括注簡稱）及其他有關情況。重複出現的作者，其生平事蹟按出現順序前詳後略。

九、本書用繁體漢字豎排，小注一律排爲單行。

#《儒藏》精華編第一六六册

史部傳記類

總録之屬

清儒學案卷四十二

天津徐世昌

南昀學案

南昀之學，出於梁溪高氏，左袒姚江，《釋毀》、《密證》二録標明宗旨。傳至尺木與大紳、臺山，昌言内典，更非陽儒陰釋者比。風氣自此而開，可以觀學術之變。然尺木考求文獻，大紳兼談經世，臺山篤志訓詁，皆非專溺寂滅者，並附詳焉。述《南昀學案》。

彭先生定求

彭定求，字勤止，號南昀，長洲人。父瓏，號一庵，順治己亥進士，官廣東長寧知縣，有惠政。以廉直不爲上官所容，被誣劾歸，益力於學。晚得梁溪高、顧二子書，奉以爲宗。先生幼承家學，長師事睢州湯文正公，成康熙丙辰一甲一名進士，授修撰。性澹榮利，鯁直自遂，在官三年，乞假歸。侍父講學，研極性命，慨然以道自任。既而入都奉職，擢國子監司業，設條教，正文體，杜請託。以八旗子弟人材所出，宜豫教。集《孝經》古訓爲旁訓，譯以國書，頒諸教習，以訓官學生。擢侍講，復乞歸。父憂服闋，補原官，逾年引疾歸，遂不出。康熙五十八年卒，年七十有五。先生爲學以不欺爲本，以踐行爲要。初好五子《近思録》，徧讀先儒書，輯其要爲《儒門法語》。而服膺尤切者，在明七子，作《高望吟》七章以見志。七子者，白沙陳子、陽明王子、東廓鄒子、念庵羅子、梁溪高子、念臺劉子、榕壇黄子也。時論學者多詆陽明，甚謂明之亡，不亡於朋黨，不亡於寇盜，而亡於學術。先生恫之，言誠使明季臣工以致良知之説互相警覺提撕，則必不敢招權納賄，則必不敢妨賢虐忠，則必不敢縱盜戕民。識者方恨陽明之道不行，不圖誣詆者顛倒黑白，逞戈矛，弄簧鼓，一至於斯，因著《陽明釋毁録》。又以入德之方莫先主静，濂溪之藴發於延平，默坐澄心，乃其要領，東林復七，其遺矩也，著《密證録》。又以寡過之方莫備於《易》，喜伊川《易傳》，兼採瞿塘來氏説，旁通諸家，著《周易集注》。又著有《小學纂注》、《孝經纂注》、《明賢蒙正録》及《南畇文集》、《詩鈔》各若干卷。參曾孫紹升撰《彭氏家傳》、羅有高撰行狀、《先正事略》。

小學纂注序

朱子以古《小學》一書散軼無傳，乃重采輯經傳諸史以補之，分爲内外篇，凡四卷。舉立教、明倫、敬身爲三綱領，而實之以稽古一條，又推廣稽古爲嘉言、善行二條。此其用意，似專便童子科誦習，然極吾儒畢生德業之所造，其能越是立教、明倫、敬身之義哉！學固無大小别也，而特謂之小學者，亦以人性之近，而習之遠也。必從孩提稍長，良知良能中，自然愛敬，一點真心，培養擴充，無有放逸，然後日引月長，融會貫徹。故是書必授於蒙養之時，及其行而著，習而察，則格致、誠正、修齊、治平之道，無不同條共貫。程子曰：「自灑掃應對可以至聖人。」朱子亦曰：「小學者學其事，大學者學其小學之事之所以然。」亦可以見無小之非大，而下學上達，曷嘗歧而視之哉！濂洛蔚興，薪傳嗣續，一時著述之盛，莫如朱子。而垂惠來學，加意養蒙，探本返始，苦心肫篤如此。所以元明大儒推重是書，先後如出一口，灼然龜鑑之不可爽也。定求今夏日侍家君側，與聞理學諸書，考證原委。伏見先儒表章《小學》，亹亹弗釋，整襟奉讀，如準繩規矩之當我前，可以不約而肅，不强而齊。乃深歎束髮受書以來，弗能蚤識講求，堅厥趨嚮，而徒徇詞章利禄之習，浸淫流俗，荏苒靡所振厲，良可悚懼。因謂是書之不可一日晦也，吾黨即日月既邁，仍當如童子初入小學時，觸目省心，收攝保聚，庶幾知非改過，不至終身溺惑而後已。又況於小子有造，天性未漓，循循誘以希賢希聖之域，斷無容舍是書而別立之門矣。遂不揣固陋，裒集諸家舊註，標其節旨，疏其字義，而倣《五經旁訓》之例，授諸家塾。適吾師桐城吴公視學河南，聞定求纂註是書而善之，欣然捐俸授梓，俾得流播，以廣其傳。然擇焉不精、語焉不詳之病，未之能免，譬夫陟泰岱者基步於一岑，觀河海者溯流於近派云爾。

孝經纂註序

按《孝經》十八章，與《尚書》同出孔壁。孔子曰：「我志在《春秋》，行在《孝經》。」蓋明天性之根柢，遡人倫之原始，舉凡百行萬善，畢貫於其中，其義真，其詞約，其旨該，歷代表章，列諸學官。若東漢期門羽林之士，悉通《孝經》，辟雍教化，彬彬稱盛。洵乎覺世牖民，端賴是書矣。國家興道致治，既命儒臣纂修《孝經衍義》，皇上躬行懋德，孝比虞周，時復訓飭臣民，揭示忠孝大節，煌煌綸誥，激發人心。定求備員成均，懼不克報稱，竊見八旗子弟英儁林林，橋門鼓篋，實儲卿士大夫之選。思所以育才成德，惟是敦天性，明人倫爲亟。因舉《孝經》諸家註疏，輯成旁訓，并翻譯善本，刊授官學，朝夕講求。縱云掛一漏萬，而循章晰義，開卷瞭然，稍爲初學之一助。多士誠能事親，則必能事君，守身以敬，服官以廉，臨民以惠，務盡移孝作忠之道，而後無忝乎所生。家有令子，國有良臣，庶幾副教養之至意云爾。

儒門法語題詞

一、余每見梵書、《道藏》刻布流傳，層見疊出，固亦勸勉脩持之義。而吾儒家言，但以訓詁佔畢爲進取階梯，異學者流遂曰「儒門淡泊，收拾不住」，良足慨矣。竊謂家珍俱在，無待乞鄰。因裒集先儒集中擇其講學明道及夫家訓里約，切實精嚴者，録諸坐隅，自備觀省，亦未敢以問世也。適同志見而善之，樂褰梨棗，或於夫子所云法語之言，可參證云。

一、聖學真傳，鄒魯以降，續自濂洛。精藴微言，周、程、張、邵，斯其至矣，而功殊博約，候分頓漸，則實自朱、陸立言始。要之入門異而歸墟同，無容偏舉也。若徒沿襲聚訟，詆誣排擊，口説日熾，躬行日衰，又奚尚焉？故是編始自朱、陸，主於明義利之辨，決誠僞之幾，遞及元明大儒。縱先後標指，不無因時補救，而均之登堂入室，蓋孔門顔、曾已然矣。

一、先儒語録雖單辭片語，提撕警覺，炯若龜鑑，不可勝摘。是編特舉其垂世立訓之篇，琅琅可誦。吾生也晚，不能親躋講堂，與聞謦欬，對此箴規，如臨師保，能不悚然懼、惺然悔乎？至薛子《讀書録》、王子《傳習録》、劉子《人譜》，定當單行全帙，弗敢舉一漏十也。

一、是編斷章取義，於先儒道統源流未之鱗次，故弗備其人也。亦不能仿《近思録》之體，依類分纂。猶屬吉光片羽，學者貴得其大意之所存云爾。有能益余固陋者，當爲續登剞劂。

明賢蒙正録序

羲皇畫卦，首乾坤，而屯蒙次之。屯者天地氣交之始，蒙者人物形生之始也。程子曰：「未發之謂蒙，以純一未發之蒙，而養其正，乃作聖之功也。」所謂正者，實取諸山下出泉之象。周子曰：「山下出泉，静而清也。」今夫赤子初生，胚胎渾然，元氣融然，情識未鑿，何静如之！嗜欲未攻，何清如之！愛親敬長，知爲良知，能爲良能，不由於學，不由於慮。蒙之本體，初無有不出於正者，特其静者漸摇，清者漸汩，於是波流蕩激，而性始遂不可問。聖人岌岌乎思所以養之，終日學，亦以致其不學之良知，終日慮，亦以復其不慮之良能，而作聖之基在焉。故曰：「大人者，不失其赤子之心。」夫豈矯强而然哉！自昔端人碩士，道德可師、名節事功可表者，當其髫齔時，莫不岐嶷挺出，早露端倪，預留徵驗。得其至静者而無以摇之，得其至清者而無以汩之，故曰正也。風會遞變，人才易消，試率諸蒙而語之曰：「爾無不正。」彼猶齟齬而不相信，瑟縮而不相勵，疑若取諸天性之外，而束縛之，琢削之。爾盍亦示以蒙之本無不正者，庶幾迎機善導之，爲近且易也歟？余養疴休暇，偶閲有明諸賢傳紀，竊見一代名哲接踵，炳炳麟麟，不勝殫述。乃自附於識小之義，輯其幼儀英特者，彙成一帙，名之曰《明賢蒙正録》。維諸賢之嘉言懿行於此發軔，及出而際昌期，扶否運，或則羽翼宫牆，或則搘撐宗社，非異人任也，亦可以見蒙之本無不正。静者常静，清者常清，凡厥後生，耳目猶是，心思猶是，誦習之業、進取之塗無不猶是，又何忍自棄於不正，而静者摇之，清者汩之，以致古今人之不相及哉！於戲！東隅幾時，桑榆垂暮，圓顱方趾，慚負良多。若其父兄之所教，師長之所率，不復稱先則古，趨浮僞而棄篤誠，騖紛華而忘澹泊，則彼血氣未定，習慣自然，果行育德，又何賴焉！語云：「蓬生麻中，不扶自直。白沙在泥，不染而黑。」余願爲蒙者憬然覺，尤願養蒙者肫然誨，不揣固陋，而效此嚆矢之助。

文集

主敬工夫須變化説辨

主敬二字，聖學盡性之宗旨也。自《中庸》以戒慎不睹、恐懼不聞爲教，而復申之以慎獨，便是主敬工夫兼動静而言，必以静存爲之主，静以宰動，不易之理也。自周子有主静立人極之説，程子恐人墮入虚寂一路，乃揭一敬字，入門方有把握，而即曰「主一之謂敬，無適之謂一」。一者何也？即周子無欲故静之謂也。故朱子曰：「敬乃聖門第一義，徹頭徹尾，不可頃刻間斷。」舉夫整齊嚴肅，常惺惺，其心收斂不容一物，爲主敬立説，總無歧塗。蓋抉出主敬二字，不得更作轉手勢。唐虞之言執中，孔子之言不踰矩，《大學》之言明明德，《中庸》之言尊德性、道問學，《孟子》之言求放心，皆發明主敬工夫也。故曰：「敬者，德之聚也。」今忽聞有主敬工夫須變化之言，是於主敬作轉手勢也，似欲屏棄宋儒而別爲之説。愚因反覆思維，覺與千聖授受心法、大儒衛道條理脈絡離而去之，終夜悚息，不忍默默。因就來説所及者以對。如堯之欽明即貫到平章協和，舜之温恭早辦得賓門納麓。敬之全體流行，無内外精粗之閒也。今曰：「直至平章協和，而後可謂欽哉。直至賓門納麓，而後可謂恭已。」設堯不踐阼，舜不徵庸，將不得謂欽與恭乎？何以處夫聖人而不爲天子者也？借曰爲聖人而得位者言，則全從事功起見，是以有天下而不與。「不識不知，順帝之則」，此種氣象，下夷於桓、文、管、晏之流，而《孟子》王霸之辨，性之反之假之之解，俱屬贅辭矣。文之敬止是綱，仁敬孝慈信是目，緝熙工夫，自與君臣父子國人相際。今曰：「直言敬矣，然必合仁孝慈信而後全乎爲敬。」愚不知敬止之止爲何止，仁孝慈信之止又何止也？强分次第畛域，固不可也。《易》曰「敬以直内」，即静存之謂。「義以方外」，乃遇事時加以省察克治。正是止敬工夫精密處。故程子曰：「内直則外自方。」方之爲言警嚴切實，與變化二字渺不相涉焉。《洪範》九疇，所以明治天下之大法，自然缺一不可。「敬用五事」主誠身而言，非以此疇爲體而諸疇爲用也。至如仲弓言「居敬而行簡」，全爲行簡而不居敬者下鍼砭耳。今反曰居敬亦兼行簡，輕重倒置矣。總之全體皆敬，故隨時隨處之敬，皆全體之發見，何必曰事思敬，執事敬，行篤敬，皆德之一端而非全體乎？不從全體做工夫，則一端之敬幾何其不至於息也？主忠信與主敬，固相合矣。繼以徙義，即《易》所謂方外，是改過遷善之謂，徙者非從主敬爲徙也，其於變化二字何居？合證諸説，總難委曲回護。變化二字見於經書者頗多，從無爲主敬工夫作注脚者。《易》云「擬議以成其變化」，「剛柔相推而生變化」，「化而裁之之謂變」，「知變化之道者則知神之所爲」，此就觀象玩占而言也。《中庸》云「動則變，變則化」，「不動而變」，此就成功及物而言也。蓋自太極流形於二氣五行之中，凡品彙之分殊，經權常變之錯綜，吉凶消長之倚伏，至賾而不可窮紀。惟攝以一敬，則精神凝一，天理存，人欲絶，涣者斯萃，剥者斯復。是主敬者所以爲千變萬化之樞紐，而聖學於是歸根也。今反加變化於主敬之後，以主敬歸根於變化，愚實未之前聞。且夫氣質之敝性甚矣。張子曰：「形而後有氣質之性，善反之，則天地之性存焉。」故又曰：「學者以變化氣質爲先。」所謂氣質者，非必凶暴貪淫，如説中所譬鷹與鼠之類而已。或私智小見之穿鑿，或浮詞曲學之陷溺，忮求或克而潛伏，億逆或戒而復萌。甚則無非無刺，而入於鄉愿之慝；次則日至月至，而遠於顔子之仁。皆氣質未能變化處。氣質變得盡，便是純乎天理之極，非主敬工夫而何？而主敬又何容變化乎？學之不講，岌岌乎如一髮之引千鈞，吾人惕然猛省，舍主敬無由入門，便須步步鞭辟，近裏著己，使此心潔净精明，自做主宰。從此日積月累，漸漸涵養純熟，庶幾視聽言動不蹈非禮，而無有矜持矯强之迹。若曰主必有輔，主必有客，以體爲主，以用爲輔與客，聖人主敬工夫從無此體外之用也。主人公皇皇求輔求客以爲變化，則所變所化如木且離乎根，而奈何以歸根爲解乎？是必其所謂主敬者非真主敬，功利之術熾，詞章之累滋，人品僞，德行衰，皆由此導其流弊，莫知底止，斷難逭於放逸之譏也。且先儒所謂主敬者，非將此敬字別作一物，而又以一心守之。只是還得此心無欲之本體，則敬在是，主即在是。原要隨事專一，不稍放逸，不止是閉目静坐。其必以静坐爲先務者，良由物交淆亂，思慮紛營之後，非静中略綽提撕，則氣且奪志，到臨事時許多錯亂顛倒，故先儒每教學者静坐。今不咎吾人之於動也不能常如其静，而反咎静坐爲必入於執著，愚未見隨緣逐境之流，終日憧憧往來，而可以語主敬工夫者。此猶見人之仆跌，不急扶之使立，又從而趨之疾行，明明欲決大儒之統宗，以爲浮沈玩世之具，此非愚之敢肆其牴牾之見也。説終已，將「何時打破敬字」之句和盤托出矣。敬可打破乎？打破矣，猶謂非相反乎？夫聖人之申申夭夭，正從静中涵養得來，全是天理爛熟，勿忘勿助之候，所謂恭而安也。周子之光風霽月，程子之傍花隨柳，俱作静坐觀可也，非於主敬工夫別有所加也。吾人不能遽至於是，姑從静坐以爲涵養，庸何傷？愚又聞之矣，曰有主則實，蓋謂此心渾然天理，無少虧欠也。又曰有主則虚，蓋謂此心湛然，人欲不得攙入也。主敬之實際工夫，成始成終者此也。今曰「以變化助主敬」，是主敬猶有所未足，而乃待助邪？助之爲言，是爲無主乃亂，故不可以不辨。

湯潛庵先生文集節要序

潛庵先生清修粹德，儀刑屹然。來撫三

矣，風移俗易，比隆淳古，遺愛深長，耕夫牧豎猶能頌説不衰。於是學士大夫皆知先生之爲真儒，可以明體達用，謂其生居伊洛，效法程朱，儼在姚文獻、許文正伯仲間也。雖然，先生之表見於世者如此，而欲識其學所從入，與所得力處，非讀其書，究其指要之所存，則猶涉於循牆捫壁之見，而先生之精神面目吐露幾何哉！定闇弱無能早志於學，幸侍先生几席，稍聞謦咳。比先生殁，受其文集，迴環讀之，數年於兹。乃信先生之學純明篤實，非襲前人之皮膜、樹一己之藩籬者所可同日而語。所以表裏洞徹，足爲後生法程也。夫學之必宗程朱，固家喻户曉也，而先生之宗程朱，則能力踐乎程朱之行，而會通乎程朱之言。程朱之言，居敬也，窮理也，未嘗不知行一貫，博約同歸，動静互攝也。相沿相習於帖括訓詁之徒，支分節解，脈絡壅閼，浸失程朱之本意。至於姚江，喟然爲拔本塞源之論，揭致良知以爲宗，孜孜教人掃蕩人欲，擴充天理，則本體工夫包羅統括，直截簡易，始知程朱所謂居敬窮理者，初非區爲之途，繁爲之迹，正使程朱復生，當必引爲同心之助。而議者好爲排擊，坐以新學異門，卒之意見沈痼，功利潛滋，則亦自託於程朱，而實自絶之者矣。先生邃資夙禀，甫入承明，日與同志切劘正學，淡於仕進。壯歲抽簪，復從孫徵君先生於百泉之上，青燈白雪，講習亹亹，灼見性天，無少閒隔。一以躬行心得爲歸，絶不拘牽文義，競起戈矛。每曰：「姚江之學返本歸原，正以救末流之弊，而特嚴其門人虚見承襲，流爲洸洋恣肆，致疑於以儒入禪者。」此其善學姚江，正所以爲善學程朱也與？程子曰：「百官萬務，金革百萬之衆，飲水曲肱，樂在其中。」是即周子無欲故静之説也。先生體認真切，灑然有吟風弄月以歸，吾與點也之意。故其視蘭臺石室也，細旃廣厦也，縣衙樹戟而兵刑錢穀之紛紜也，皆鳶之飛、魚之躍也。極諸毁譽利害當前不動，生我順而殁我寧，一逝川之不舍，浮雲之太虚也。嗚呼！非深於聖學者能之哉！今其文集具在，特節其要而録之，非敢僭爲取舍。亦曰先生之言實先生之行也。若第以語言文字觀之，雖多亦何取焉？用是振綱挈領，奉爲箴銘之在側，庶乎從入之途，得力之地，瞭然心目。由是知先聖先賢異世同堂，又何事羣言之聚訟也與！

與顧畇滋書

秋杪冬初，賤體頓覺衰憊，日惟掩關謝客，細思現前實地，舍卻静之一字，更無從著脚。熟讀賢昆季《東林晰疑》諸篇，闡發正學，的是顛撲不破。前見某公議及忠憲復七之非，謂那得許多無事時冥目空坐，愚應之曰：「聖學固是動静合一，但初學必由静而入。當忠憲閒居之日，則借七日中屏酬應斂精神，自是培養有益。至其出山當軸，方汲汲於振臺綱，持廷議，自不暇静坐耳。」某公笑而頷之，然未便與之深辯，徒費氣力，想高明亦以爲然邪？三魚堂之不滿於忠憲、端文，乃因姚江而遷怒也。其意根總在帖括起見，故抵死爲天蓋樓束縛，真是含沙射影。愚謂今日果有實心好學者，則莫若姚江之近裹著己，敲骨吸髓，一步不肯放鬆，有起死回生之功，并不必以忠憲未脱姚江藩籬爲諱，庶乎浮雲撥而青天出矣。管見如此，亦因近日反覆於姚江之書，始知議以虚幻者真，反而言之，不曾看到存天理、去人欲六字耳。幸同加證明，斯講習之樂事也。

與林雲翥書

足下來自閩南，毅然志在聖道，而清苦刻勵，甚於方外行脚之徒。求諸今日士林，可謂希世獨立者。下問拳勤，僕竊自媿無能追步昔賢，方且反躬自治之不暇，何敢妄當傳述之任？然願進於足下者，其説有二。一曰：無遽求高遠而略庸近，則從修己而言也。吾夫子以庸德庸言自勉勉人，正爲子臣弟友閒，有許多不能盡分之處。孟子謂曹交曰：「堯舜之道，孝弟而已矣。」又曰：「夫道若大路然，豈難知哉！子歸而求之，有餘師。」然則舍現前實地，爲近裏著己工夫，而必馳情於鉤深索隱，以爲聖人之道有出於人心同然之外者，必反流入於異端堅僻之行，而與下學上達之旨失之千里矣。一曰：無輕徇聲聞而遺踐履，則從求友而言也。朱子之注「學而時習之」也，曰：「學之爲言效也，後覺者必效先覺之所爲。」便是能知必貴於能行。注「止於至善」也，曰：「全乎天理，而無一毫人欲之私。」工夫更何等精密！其與濂洛脈絡原是洞澈無閒，固非爲沿習舉業者以訓詁爲階梯也。若象山陸子鵞湖之會，講「君子喻義小人喻利」章，淋漓痛快，聞者爲之流涕。陽明王子著《拔本塞源論》，直接《孟子》正人心之義，未嘗不深切著明。白沙陳子亦曰：「名節者道之藩籬。」固未有理學而不名節者也。若徒綴葺册子，紛論異同，便儗自附壇坫，以爲媚世諧俗之徑，迹其趨向，正在鄉愿之巢窟，而自絶於狂狷之可以羽翼中行者矣。縱使著書等身，正蹈程子玩物喪志之戒，其可耳食焉而墮其術中乎？僕賦質孱弱，雖自幼喜讀先儒理學書，而始則濡首於應舉，繼則混跡於從仕，幾至汩没性真。賴天之靈，困心衡慮，深知游宦之爲累，決策引退，乃得詳討先聖先賢遺書，而洗滌習染之舊。然恨不得屏跡深山，捐棄塵累也。初歸時，里中有一二奉佛友人，欲援僕爲同好，僕心格格不入。每聞其揚釋抑儒，不勝嗟歎，因有《儒門法語》及王少湖先生《俟後編》、《湯潛庵先生文集節要》之刻，略爲定厥指歸，不敢歧途參互，以至狂瀾潰決云爾。若夫文星閣建自前明萬曆年間，爲長洲學宫，巽方星峰，故下有書院，向供文昌像，士子志科名者由之趨蹌，其來舊矣。僕爲諸生時，亦與其列，及登第後，南中遂以爲徵驗。而神明垂訓，則惟以誦述四子六經及宋明大儒諸書爲主，正欲痛絶祈禱，使學者以改過徙義爲務，迥非附會二氏者比。故爲羽翼宫牆之地，而能尊崇之者亦鮮。僕自歸田以後，鍵關謝客，縱未免孤陋寡聞，猶遠於羣居終日言不及義之弊而已矣。竊謂當今日而有講學者乎，則不必嘵嘵於紫陽、姚江之辨也。世風淪喪，相率於寡廉鮮恥，恬不知怪，駸駸乎人禽之關，置之不講，尚何講學之有？謹按念臺劉子有《人譜》、《證人會》二編當奉爲聖學入門之路，由是而後可以講靜坐，靜坐不淪於空寂；可以講讀書，讀書不涉於支離。而孔孟相傳之道一以貫之，有不火然泉達而不能自已邪？梁谿道南餘緒諸君子，猶有切實用功者，試以鄙言就正之。

與林雲翥書二

足下述友人語云：昔人謂聖賢建立功業絶不費力，豪傑幹辦事務絶不犯手。誠哉是言也！夫從古功業未有不經勤勞積累而後建立者，何云絶不費力？固非就簡趨易，一味要享現成之謂。蓋功業循理而成，不待矯揉造作。如大禹之疏瀹決排，胼手胝足，三過其門不入，而孟子謂之行所無事，則真絕不費力者矣。世閒事務，亦有一家非之不顧，一國非之不顧，而後幹辦者，何云絕不犯手？更非和光同塵，遠避嫌怨之謂。蓋事務循理而爲，不涉偏私回互。如周公之誅管蔡，夫子之誅少正卯，墮三都，豈不最駭人耳目？而及其大害除，大奸戢，心事了然，無纖毫過當，則真絕不犯手者矣。若不從此處推勘聖賢豪傑之真心，而徒襲取成語，以爲模糊影響之談，未有不至於依違澒洞而後已者，尚何功業可建立、事務可幹辦邪？至於論理，正要從論事處打箇對同。若泛泛言性言心，則不難傾倒先哲之精蘊，而其論事也，又以世俗是非毀譽顛倒錯繆之見寓乎其閒，此惟目不覩理學之書者則任之不校而已，豈可以津津講學而亦出此邪？此僕之所以不得不辨也。聖人之道，大抵善善長而惡惡短。夫矜孤恤寡，扶弱拯枉，固善事也。然一出於貨賄營謀之私，則善事亦爲惡也。若惡在一人之身者，猶屬可恕，惡在一人之身，而害及一家之倫常，傷及一方之風化，直道在人，鋤而去之，若養苗去莠，非得已也。事理之閒，固有不容假借，不容混同者，非敢尚氣爭論，正欲從此講求實學之歸爾。

寄林雲翥書三

前冬駕行時瞻送弗及，種種抱歉，倏忽再更寒暑，山川迢遞，風雨飄零，伊人之思，時縈胸臆。今年初夏，始接足下去秋之札，極爲浣慰。抵家以後，鍵關靜坐，卻能勘破物情，獨尋真我，此入聖法門也。昨又見五月初旬手書，何其愛我深切之至。披緘瀹茗，清香滿頰，可謂同心如蘭矣。僕以衰鈍餘齡，兀居避俗，雅思與二三素侣講習切磋，而能究此事者絶無其人。形影孑然，因之日就頹唐。惟見足下超然名利之外，不恤身家，希蹤先哲，竊自媿薄殖，無能稍効啟發，有虚下問悃忱。别後年力益憊，家中雖安常無事，而撫時自警，補過弗遑。章句紛紜，徒歧門户，毫無益於歸根復命之地，鞭辟近裏工夫，舍姚江致良知三字，蔑由伐毛洗髓。當時親炙諸賢，固多卓立不朽，而邇來真儒得力於此者，惟夏峰孫鍾元先生、二曲李中孚先生，能使我深信不疑。大約聖學必要動静合一，而下學之始須由静坐。延平先生觀未發以前氣象，的是師傳心法。今之講學者，徒以著書辨論爲長，一言静坐，便是二氏餘習，僕斷不敢附會其説。草堂枯坐，日若深山，如足下游興可鼓，秋冬閒擔簦至止，晨夕觀摩，彼此有益。青蔬白飯，猶易取給，書册亦不必多帶也。望之望之，特託何孝廉寄此布復。

附　録

先生父一庵，被誣落職即訊。先生提一襆，觸冒風雪，跋涉數千里至粤，號泣呼天，哀感行路。未幾事得白。一庵固清白吏，不受蠅點，亦先生之誠孝，有以格神人而孚上下也。楊瑄撰墓表。

先生會試第一，廷試讀卷大臣置卷第三。聖祖問：「會元卷何以列第三？」大臣奏言：「書法不及前二卷。」聖祖曰：「會元策末數行有勸勉朕躬意，往時周、程、張、朱豈俱工書者？」親擢第一。羅有高撰行狀。

聖祖南巡，賜御書，開局揚州，命與諸臣共校《全唐詩》。時先生門人秉銓政，謂銷假即可按俸遷除，先生不應。畢事還，仍閉關謝客，獨宿涵真洞中。雞鳴起，焚香静坐，日出謁先師及家廟，以爲常。觀花對酒，有得輒發之於詩，灑如也。《先正事略》。

先生扶植善類，獎勵名節，棘棘不阿。張清恪巡撫江蘇，爲總督噶禮所誣，獄久不決。代者至，先生率諸搢紳及諸生數百人，具章白張公誣，請以民情入告。事雖不行，天下猶知有清議。同上。

南畇家學

彭先生紹升

彭紹升，字允初，號尺木，南畇曾孫。父啟豐，號芝庭，雍正丁未一甲一名進士，官至兵部尚書，晚歸林下，學兼禪悦，世稱清德。先生承累世家學，工於文，成乾隆己丑進士，家居不仕。初慕賈生之爲人，思樹功烈，讀儒先書，尤喜陸王之學。後與同縣汪大紳縉、瑞金羅臺山有高、同縣薛家三起鳳游，大閲藏經，究出世法。絶慾素食，持戒甚嚴。嘗與同志集貲立近取堂，施衣施棺，恤嫠放生，鄉人多化之。又拓先世義田千餘畝以周族。所著有《二林居集》、《一行居集》、《測海集》、《觀河集》，其文集多載本朝名臣事狀。又有《儒行述》、《良吏述》，皆裨掌故。論學則欲徹儒釋之樊，而游大同之宇，休寧戴東原震嘗貽書辨之云。參《先正事略》、《二林居集》。

文集

讀古本大學

《大學》一書，古聖人傳心之學也。傳心

之學，明明德一言盡之矣。親民者，明德中自然之用，非在外也。民吾同體，親之云者，還吾一體而已矣。故下文不曰親民，而曰「明明德于天下」。心量所周，盪然無際，民視民聽，即吾視聽，民憂民樂，即吾憂樂。如大圓鏡物無不鑒，如太虛空物無不覆，是謂明明德于天下。故曰：「一日克己復禮，天下歸仁焉。」歸仁非在外也，亦還吾一體而已矣。至善者，明德中自然之矩，所謂天則也。見龍无首，乃見天則，聖人以此洗心，退藏於密，所謂至也，故道莫先于知止矣。知者明德之所著察，止外無知，知外無止。止外無知，是謂知本。知外無止，是謂知至。知至云者，外觀其物，物無其物。物無其物，是謂物格。內觀其意，意無其意。意無其意，是謂意誠。進觀其心，心如其心。心如其心，是謂正心。由是以身還身，以家還家，以國還國，以天下還天下，不役其心，不動于意，不殺于物，是謂身修、家齊、國治、天下平。而其機莫切於知本。家國天下以身爲本，而身以知爲本，故反復于本末之辨，而終之曰：「此謂知本，此謂知之至也。」知本則知止，知止則知至，不其然乎？雖然，本未易知也。知本矣，而其功莫精于誠意。蓋亂吾知者，意也。意之動而好惡形焉，是不可得而遽泯也，慎之于獨而已矣。慎之于獨，無有作好，無有作惡而已矣。如惡惡臭，如好好色，言無作也，無作則無意矣。心廣體胖，此其徵也。《淇澳》、《烈文》，德之所被，民不能忘，一誠之所貫浹也。所謂「誠于中，形于外」也。何以誠之？反之于獨而已矣。反之于獨，不昧其知，謂之自明。用其極者，自明之極本斯在是矣。緝熙敬止，其功也。仁敬孝慈信，一止也，極也。大畏民志，通天下之志也。意既誠矣，知斯至矣，知本之説也。然則學者宜知所以事心矣。心本無所，有所不可也；本無不在，有不在不可也。善事心者，納之于一矩而已矣。所謂正也，自身而家，自家而國，自國而天下，納之于一矩，而無不修且齊焉，治且平焉。矩也者，所謂極也，至善也。絜矩云者，即本以知末，止于至善，明明德於天下之實也。君子先慎乎德，反本而已矣。彼好惡拂人之性者，豈其性異人哉！舍本而逐末，卒爲天下僇，本其可勿務乎？故曰：「自天子以至於庶人，壹是皆以修身爲本。」

讀中庸

《中庸》其盡性之書乎？何言乎？天命之謂性，維天之命，於穆不已。來無所從，去無所至，成一切性，離一切性。成一切性，故即性即命；離一切性，故即性非性。喜怒哀樂之未發，性也，一天也，寂然不動，而未嘗無也。發而皆中節，性也，一天也，感而遂通，而未嘗有也。知也者，所以明此也。仁也者，所以體此也。勇也者，所以恒此也。子臣弟友、夫婦兄弟，一性之所發育也。富貴貧賤、夷狄患難，一性之所影現也。惟知性者，素位而行，無入而不自得。堯、舜、禹、湯、文、武、周公、孔子，其盡之矣。盡之者，非獨自盡其性，天地鬼神、草木禽獸一以貫之矣。何以貫之？曰誠而已矣。誠之之功，曰慎獨而已矣。「戒慎乎其所不睹，恐懼乎其所不聞」而已矣。故終之曰：「上天之載，無聲無臭。」善學者以闇然爲基，以不顯爲究竟，純亦不已，與天爲一，其斯爲《中庸》之德乎？

「戒慎乎其所不睹，恐懼乎其所不聞」，

正心之功也。慎其獨者，誠意之功也。不言致知格物者何也？道也者，不可須臾離也，可離非道也。致知格物莫切於此。且所謂不可離者，在心邪？在身邪？在物邪？而非物也，而非身也，而非心也，一命之不已而已矣。知此之謂明善，不違乎此是謂固執。語其至，不可以知知，不可以能能。故曰：「夫婦之愚，可以與知焉，及其至也，雖聖人亦有所不知焉。夫婦之不肖，可以能行焉，及其至也，雖聖人亦有所不能焉。」聖人所知所能，即夫婦所可知所可能，夫婦所不知所不能，亦聖人所不知所不能。道足以窮聖人之知，而不能窮聖人之所不知；道足以窮聖人之能，而不能窮聖人之所不能。其不知不能者，其莫載莫破者也。故曰：「鳶飛戾天，魚躍于淵，言其上下察也。」其可離也邪？其不可離也邪？

誠則明矣，明則誠矣，無二本也。學者由教而入，其必自明善始。善也者，其命之不已者也，其不可須臾離者也。博學、審問、慎思、明辨，明之之功也，明其不已者而已矣，明其不可須臾離者而已矣。篤行者，明之而不已其功也。故君子尊德性而道問學，不知德性何以爲問學，不知問學又安知德性之所以尊哉！同此德性，明其無外，則曰廣大。明其無內，則曰精微。明其無上，則曰高明。明其無所倚，曰中。明其無所作，曰庸。致之盡之，極之道之，皆問學之事，道之乃所以尊之也。自其善之本明者言之，謂之故，温之者，勿忘而已矣。自其善之日出者言之，謂之新，知之者，不懈而已矣。敦厚者，所以保之。崇禮者，所以孰之也。「溥博淵泉，而時出之」，斯之謂矣。是故不達天道，則不足以盡人道，不盡人道，則不足以達天道，二之者惑也。

與韓公復書

接手書，蒙誘進以斯道，反覆開喻，明辨以晳，感切感切。承諭存養、省察、致知三者交資，其説至當，顧願有進者。古之聖賢因病立方，隨時補救，雖千途萬轍，然其要歸一而已矣。天命之性，人所同具，不學而能，不慮而知。所爲學與慮者，不過去其所本無，還其所固有而已。格物致知，要于切己處用力，則知乃真知，物非外物，意誠心正，一以貫之矣。讀書講明義理，衹貴求其放心，期于自得，非外求附益也。兄謂學未有不以知爲先，固也。知豈可外求乎？聞見之知，德性之知，二者之辨甚微，學者往往依託附會，認賊爲子，非誠于爲己者，未有能斬然無惑於其際也。程子曰：「聞見之知，非德性之知。德性之知，不假見聞。」又曰：「只心便是天，盡之便知性，知性便知天。當處認取，更不可外求。」合之《定性書》、《識仁篇》諸説參之，可以審端致力矣。紛紜同異之説，且可一切置之，否則析理益精，去道轉遠。近世講學諸老可爲明鑒，區區所不敢出也。

答宋道原書

往歲在京師，與臺山相會，得聞足下行誼，輒傾心向往。頃辱手書，論朱陸異同之説，竊有不能無疑者，敢誦其業，以復于左右。紹升年二十四始有志於學，以爲學者求其在我者而已。于朱陸兩家之書，惟取其切于身心者，反觀而默識之。至彼此異同之故，則不暇致辨。譬飢者之于食，求一飽焉，菽麥之辨非所急也。自一二年來，反復于《中庸》之書，乃益信陸子之學，其爲聖人之學無疑也。足下謂陸子遺棄問學，專重德性，以是爲陸子病，是未知聖人之學唯在復性，復性之功在明明德，外德性無所爲問學也。外德性而爲問學，謂之玩物喪志。故曰：「道也者，不可須臾離也。」博學、審問、慎思、明辨，所以明善。善非德性邪？篤行者，明之而不已其功也，此一貫之旨也。「博我以文，約我以禮」，即博即約，非二物也。「其爲物不二，則其生物不測」，此天地之道也，聖人之學也。知聖人之學，則知陸子之學矣。足下勇猛向道，近今所罕，顧自以矜持太過，每多所留滯，果何爲而然哉！毋乃所以尊德性者，或未得其方與？朱子云：「非全放下，終難湊泊。」願足下深體斯言也。紹升自分才力淺薄，雖稍知徑路，而實踐爲難。方將晦迹寬閒之地，優游猒飫，以期斯道之有成。足下教以隱居求志，愛我良厚，敢不拜嘉。獨念去聖遥遠，斯道榛塞，願足下獨觀于昭曠之原，無以一家之説自泥，紹孔氏之絶學，爲一世之宗師，以副區區願望之心，幸甚幸甚！

與戴東原書

承示《原善》及《孟子字義疏證》二書，其于烝民物則、形色天性之旨，一眼注定，傍推曲鬯，宣洩無餘。其文之深切奥衍，確然《戴記》之遺，漢唐諸儒言義理者，未之或先也。紹升憒於學問，于從入之塗不能無異，要其同然之理，即欲妄生分辨，安可得邪？顧亦有一二大端不安于心者，敢質其説于左右。竊謂學問之道，莫切于審善惡之幾，嚴誠僞之辨。善惡之幾審，則能日進于善，而終止于至善。至善者，一天道之日新而已矣。誠僞之辨嚴，則能日進于誠，而終于至誠無息。

至誠者，一天命之不已而已矣。天命不外乎人心，天道不外乎人事，是故離人而言天，不可也。是二書之所極論也。其或外徇于形名，内錮于意見，分别追求，役役焉執筌蹏爲至道，而日遠乎無聲無臭之本。然不知天其何以知人，是故外天而言人，不可也。程伯子云：「天人本無二，不必言合。」一語之下，全體洞然，殆二書所未及察也。《原善》之言天命也，引《記》云：「分于道謂之命。」解之曰：「限于所分曰命。」此恐不足盡《中庸》天命之義。《中庸》之言天命也，言「上天之載」而已，此上不容有加。若有加，何以云至？「維天之命，於穆不已。」天之所以爲天，無去來，亦無内外，人之性于命也亦然。昭昭之天，即無窮之天，孰得而分之？命有自分，即性有所限，其可率之以爲道邪？率有限之性以爲道，遂能位天地、育萬物邪？此其可質者一也。虚寂之文見于大《易》。《咸》之《象》曰：「君子以虚受人。」《大傳》曰：「寂然不動，感而遂通天下之故。」不虚則不能受，不寂則不能通，「清明在躬，氣志如神」，虚寂之謂也。今謂「犬之性，牛之性，當其氣無乖亂，莫不沖虚自然」，則亦言之易矣。人于無事時，非有定力，不入于昏，則流于散，而況犬牛乎？又曰：「老莊尚無欲，君子尚無蔽。」似亦未盡。無欲則誠，誠則明；無蔽則明，明則誠。未有誠而不明，明而不誠者也。其謂君子之欲也，使一于道義，夫一于道義，則無欲矣。程伯子云：「天地之常，心普萬物而無心。聖人之常，情順萬事而無情。故君子之學，莫若廓然而大公，物來而順應。」無欲之旨蓋在于是，固非必杜耳目，絶心慮，而後乃爲無欲也。《疏證》以朱子復其初之云本莊周書而訾之，以爲德性資于學問，進而聖智，非復其初明矣。是謂德性不足以盡道，必以學問加之，則德性亦不足尊矣。夫學問非有加于德性也，蘄有以盡乎其量而已。盡乎其量，則聖智矣。故曰：「堯舜性之也，湯武反之也。」性之者，明其無所加也。反之者，復其初之謂也。又以老莊、釋氏之自貴其神，而轉以訾夫張、朱二子。夫神之爲言不始于老莊、釋氏，《易大傳》曰：「神无方而易无體。」又曰：「神也者，妙萬物而爲言者也。」何謂邪？謂不當以神與形爲二本，二之非也。將先形而後神，而不知神之無可先也。此其可質者又一也。合觀二書之旨，所痛攻力闢者，尤在以理爲如有物焉，得于天而具於心，謂涉于二氏。先儒語病則不無，然外心以求理，陽明王子已明庰其非矣。將欲避真宰真空之説，謂離物無則，離形色無天性，以之破執可也，據爲定論，則實有未盡。以鄙意言之，離則無物，離天性無形色，何也？物譬之方員，則譬之規矩，未有舍規矩而爲方員者也。舍規矩而爲方員，則無方員矣。形色譬之波，性譬之水，未有舍水而求波者也。舍水而求波，則無波矣。于此欠分明，則于《易》所謂「神」，《詩》所謂「上天之載」，皆將遷就以傅吾之説，而先聖之微言滋益晦。其究也，使人逐物而遺則，徇形色，薄天性，其害不細。更望精思而詳説之，幸甚不宣。

書汪子格物説後

物有本末，其本亂而末治者否矣，此是格物第一義。家國天下，以身爲本，身以心爲本。指其動於彼者言之曰意，指其覺于此者言之曰知，其實一心而已矣。心無方而寓于物，形而爲百體，分而爲五倫，皆物也。有物必有則，明乎不二本也。格者，量度之也。本《文選・運命論》注引《倉頡篇》。即物以達其本，所謂致知也。知本則知至，所謂「本立而道生」也。故曰：「此謂知本，此謂知之至也。」若汪子之言格物也，吾惑焉。其引《易・繫》仰觀俯察，「近取諸身，遠取諸物。通神明之德，類萬物之情」，以是爲格物之證，不知此乃聖人開物成務之功用，而非下學所有事也。下學之事，在反身而已矣。萬物皆備於我，明萬之不離乎一也。反身而誠，舉天下之物莫逃乎我矣。今曰：「萬物之理散殊于天地者無窮，吾心所知者未盡。」必窮盡萬物之理，而後可以反身而誠，夫堯舜之知而不徧物，果何謂邪？吾道一以貫之，在反本而已矣。吾見今之爲格物者焉，上自天文，下至地理，旁及三代典章、律算讖緯之術，無一不精研而力究之，彼固以此爲散殊之理也。及究其所謂一以貫之者，輒茫然自失。是果《大學》之教邪？汪子平生論著，其于本末之敘亦既瞭然矣，獨是説狃於《補傳》，不免彼此牴牾，故不可以不辨。《朱子語録》云：「窮理且今有切己工夫，若只汎窮天下之理，不務切己，即程子所謂游騎無歸也。」又云：「若能于大處攻得破，見那許多零碎，只是者箇道理，方是快活。曾點、漆雕開已見大意，只緣它大處看得分曉。今且道它那大底是甚物事。」按此二則較《補傳》更切古本，以知本爲知至，正是此意。

南畇交游

朱先生用純

朱用純，字致一，崑山人。父集璜，死明季之難。先生因慕王裒攀柏之義，自號曰柏廬。遂棄諸生，授徒贍母。其學確守程朱，知行並進，以主敬爲本。門弟子來學者，必授以《小學》、《近思録》，爲入門法程。舉業外，别設講約，闡發書義，商搉經史。仿白鹿洞規，每講書，進止肅恭，以身爲鵠。嘗示學者曰：「日用常行，雖曰道不外是，然古之所謂日用常行，大段不失倫常矩矱，今之日用常行，無非種種惡習。人心中只辦得卑鄙二字，倫理上只辦得苟且二字，以此爲日用常行，更無出頭日子。必須勘破從前魔障，跳出坑坎，直以聖賢之心爲心，聖賢之事爲事，把此日用常行一一正其本位，更從上面探討精彩，以此進道不難。諸君各具一本來面目，各具一全副精神，猛力向前，將世道人倫、士品學術一擔挑去，某亦願拜下風，何必區區之言是聽哉！」其居喪哀毁動人，設田贍族，葺祠修墓，友愛諸弟，白首無閒。僻居陋巷，布袍幅巾，裹足不出。自束脯外絶不泛受人惠。有司將以博學鴻詞薦，固辭乃止。康熙三十七年卒，年七十二。所著書精力最注者，删補蔡虚齋《易經蒙引》，又自撰《四書講義》，多先儒所未發。又有《愧訥集》若干卷。其《治家格言》，尤膾炙人口云。參彭氏所撰墓志、《先正事略》。

文集

答徐昭法書

竊觀吾兄酬應人倫，微喜諧謔。諧謔雖無損大節，要非君子所宜爲。何者？《書》云：「德盛不狎侮。」身狎侮，其職不修。心狎侮，其體不立。孔子曰：「修己以敬。」己非外人物而爲孤孑之己，修亦非外人物而爲偏寂之修。故一修己而人安，百姓安矣。若視它人一分可忽，便是自己一分學力未到。

蓋聖賢實見人之與我，此心同，此理同，吾無可驕於彼，彼無可爲吾所忽者。夫婦之愚不肖，可以與知與能，及其至也，雖聖人亦有所不知不能，夫又何可忽乎哉！狎侮之心，畢竟起於忽人，忽人之心，畢竟起於不自修。未見自修之至，而猶恐忽人者也。此温恭克讓所以爲堯之德，温恭允塞所以爲舜之德也。

又

聖賢之道，不離乎事事物物。即事事物物而道在，即事事物物而學在。苟欲先得乎道，而後言學，則離道與事物而二之，亦析學與道而二之矣。朱子曰：人須是博學、審問、慎思、明辨、篤行，然後可到易簡地位。若先以易簡存心，便入異端。惟即事物而達簡易之理，故應天下之事，接天下之物，不覺其煩難。若舍事物，求簡易，則雖應一事，接一物，便覺煩難，不勝紛錯。聖賢之學無過一敬，敬猶長隄巨防，滴水不漏，敬之至也。一敬而天下之理得，天下之能事畢。變通鼓舞，盡利盡神，希聖希天之學，俱在于是。

顧先生培 別見《梁溪二高學案》。

徐先生世沐 別見《桴亭學案》。

潘先生耒 別見《亭林學案》。

尺木交游

汪先生縉

汪縉，字大紳，吳縣人，諸生。早自拔俗，一意治古文。嘉定王光禄鳴盛謂「讀其文，十洲三島悉在藩溷閒」。生平相與講學論文，往復不厭者，惟尺木及瑞金羅臺山二人而已。萊州韓公復講程朱之學，知來安縣，闢建陽書院，聘先生主之，以正學導諸生。已而歲荒輟講，歸教授里中，落落不偶。嘗一應浙江學使竇公聘校試文，歸而養痾家居，不復應舉。乾隆五十七年卒，年六十八。先生讀古人書，統同辨異，喜道程朱陸王之學，通其隔閡。著《二録》、《三録》以明經世之道，又有《讀四十偈私記》、《讀易私記》、《讀老私記》、《染香別録》、《文録》、《詩録》，共若干卷。薛起鳳，字家三，吴縣人，舉人，少依其舅。舅爲僧，退隱於卜，嘗語以明心見性之説，輒領解。與尺木、大紳游，相契。嘗言《大學》之言誠意也，學者須從此下工夫；其言正心也，學者須從此識本體。欲識本體，須知其本來汙染不得。子在川上，舜居深山，無一毫汙染而已矣。尺木稱其善論説，隨人分量。參彭紹升撰《汪大紳薛家三述》。

二録

自敘

縉爲學，知尊孔子，而遊乎二氏者也。學于孔子之徒，知尊朱子，而出入于河汾、金谿、餘姚諸儒者也。觀于二氏，益知道之大，孔子道之尊。觀于諸儒，益知孔子道之大，朱子道之尊。然二氏外也，不可引而納之于內，內之懼其亂孔子之學。諸儒內也，不可拒而絶之于外，外之懼其孤孔子之傳。我孔子之道，天地之道也。天地之性，人爲貴，人也者，天地之中也。天位乎上，地位乎下，人位乎中，各以成能者，三才之職也。「乾以易知，坤以簡能，」兼而體之，止于至善者，聖人之學也，孔子其盡之矣。語其學之要曰「窮理盡性，以至于命」，本末一貫也。語其道之極曰「先天而天弗違，後天而奉天時」，天人無閒也。《記》曰：「小德川流，大德敦化。」孔子其盡之矣。此其爲天地之道，可以「範圍天地之化而不過，曲成萬物而不遺」者與？彼二氏則已外之矣，其可引而内之乎？内之懼其亂孔子之學者此也。我孔子道統之傳，實在顔、曾、思、孟、周、程、張諸君子，諸君子皆能契聖真，發道奥。朱子繼之。知之真，「乾以易知」也。履之篤，「坤以簡能」也。敬以管之，乾坤合德也。知先行後，「乾知大始，坤作成物」也。窮盡天地萬物之理，至賾不可惡，至動不可亂也。其于「小德川流，大德敦化」，天地之所以爲大者，庶幾備焉。故能盡發孔子之道及顔、曾、思、孟、周、程、張之藴，定道統之傳，其爲學勤矣至矣，其爲功于孔子也大矣。河汾之學，知變化不離乎中，知人事修，天地舉，蓋天地之性，河汾其知之矣。金谿先立乎其大者，敦化之功也。餘姚致良知，上達之要也。蓋已能契易簡之旨。自周、程未興，朱子以降，求其契聖真，發道奥，未有先於三君子者也。其可拒而外之乎？外之懼其孤孔子之傳者此也。縉遊乎二氏，知尊孔子；出入于河汾、金谿、餘姚，知尊朱子。非縉之能也，實以孔子之道，天地之道也，二氏所不能澌泯者也。朱子之學，實能發孔子之道，顔、曾以下之藴，定道統之傳，河汾所不能與，金谿、餘姚所不能奪者也。縉以二氏爲外，河汾、金谿、餘姚爲内，非縉之私也，觀于天地之道，乾坤之藴，昭昭然矣。烏乎！此予《二録》之所爲作也。《二録》明河汾、金谿、餘姚爲孔子徒，然有不合于朱子者，亦謹爲別白焉，其要歸則以尊朱子爲宗。金谿、餘姚，世儒以近于禪，近于二氏斥之。縉知其非禪、非二氏最篤，于以發其覆焉，然其要則以尊孔子爲極。《二一録》之作，要歸在是。永康陳氏，慕河汾之學而興焉者，又嘗與朱子争王霸之學，以書往復，因附于河汾而爲之説。篇第先王、陳而後陸、王者，蓋以世次云。

上　録

内王附陳

亘古今，横四海，而無弗在焉者，中也。修之則吉，悖之則凶。此《文中子》指要也。龍川有見于此，發之曰：「直上直下，只是一箇，見則卓矣。」雖然，龍川知天理之在人心者萬古不息，不知天理之在人心萬古不息者，必以堯舜爲至。知天理之在人心萬古不息者，流行于事物，不知天理之在人心流行於事物者，皆備於我。龍川之學，蓋得文中子之麤者而已。文中之學至精。中也者，亘古今，横四海，而無弗在焉，以故有取于兩漢，然無欣羡兩漢之心也。以故經綸乎事物，然未嘗滯心于事物也。龍川則已有欣羡漢唐之心矣，則已滯心于事物矣，故曰得其麤。然以見之卓論之，已爲漢唐諸儒所不到，何也？天理之在人心者萬古不息，此即堯舜之所以爲堯舜也。龍川失在欣羡漢唐之心未去耳，去其欣羡漢唐之心，堯舜之至者，即天理之在人心者而已。天理之在人心萬古不息者，流行于事物，此即其備于我者也。龍川失在滯心于事物耳，去其滯心于事物，皆備于我者，即其流行于事物者也。龍川其卓矣乎！其卓矣乎！其可以一蹴而爲聖賢之學者乎！吾故附于河汾而内之。

尊朱

孔子祖述堯舜，孟子言必稱堯舜，此儒者規矩準繩也。孟子曰：「規矩，方員之至也。聖人，人倫之至也。欲爲君，盡君道，欲爲臣，盡臣道，二者皆法堯舜而已矣。不以舜之所以事堯事君，不敬其君者也。不以堯之所以治民治民，賊其民者也。」引孔子之言明之，曰：「道二，仁與不仁而已矣。」言出乎堯舜，即入于幽厲，故以幽厲之説終焉。由此觀之，堯非有加于君道，舜非有加于臣道也，亦仁而已矣。事君不以舜，治民不以堯，亦不仁而已矣。此孔孟之家法也，其出處之道即準諸此。孔子曰：「用之則行，舍之則藏。」行者行此也，藏者藏此也。孟子曰：「天下有道，以道殉身。天下無道，以身殉道。」殉者殉此也。是則孔子之家法，孟子守之。當時諸侯如齊宣王中主也，滕文公小國也，孟子不以中主、小國而爲卑近易行之説，其所陳者必皆堯舜之道，不如是不足爲孔子徒也。孔孟之家法，朱子守之。朱子生於南宋南渡之後，南渡之後其勢浸弱，朱子不以弱勢而爲權宜之論，其所述者必堯舜之道，不如是不足爲孔孟徒也。其出也，其處也，其正君澤民也，其守先待後也，必曰堯舜，必曰孔孟者，何也？君心爲萬世之根柢，君心一正而天下無不正矣。道必本諸堯舜孔孟者，君子格君心之學也。有不本諸堯舜孔孟，非儒者規矩準繩也矣。朱子以是不予龍川。于河汾亦有予奪焉者，何也？不以道統予河汾也。

下録

内陸王

佛氏言心，金谿亦言心，佛氏言知，餘姚

亦言知，奚其内陸王，外佛氏也？曰：金谿先立乎其大者，天之予我者也，立者立此而已。餘姚致良知，天聰明也，致者致此而已。以是經綸天地，主宰萬物，故曰内。佛氏以心爲幻，以寂滅爲真，以即物之知爲妄覺，以離物之知爲本覺，以是證無生出三界，故曰外。陽明子曰「無善無惡心之體」，禪也，奚其儒？曰：心本至虚。陽明之指，指其至虚者而已，奚其禪？陽明子曰「良知一也，以其妙用而言謂之神，以其流行而言謂之氣，以其凝聚而言謂之精」，老也，奚其儒？曰：是言也，爲陸原静而發也。原静將從事于養生，故以此告之，使知不外良知，反而求之聖賢之學耳。金谿之不爲禪，餘姚之不爲二氏，灼然無疑者，吾以是内陸王也。雖然，陽明無善無惡之指，儒也，非禪也，固也。陽明既曰「無善無惡心之體」矣，又曰「有善有惡意之動，知善知惡是良知，爲善去惡是格物」，則何也？曰：此惟心齋王氏得其宗。心齋謂門人曰：「近日工夫何如？」對曰：「善念動則充之，惡念動則去之。」心齋曰：「善念不動，惡念不動，又何如？」不能對。心齋曰：「此是中是性，戒慎恐懼，此而已矣，是謂『顧諟天之明命』。立則見其參于前，在輿則見其倚于衡，常是此中，則善念動自知，惡念動自知，善念自充，惡念自去。如此慎獨，便可知立大本。」可謂善發陽明之藴矣。

尊朱

聖，誠而已矣。作聖之功，閑邪存其誠而已矣。存之之要，敬而已矣，修己以敬而已矣。誠者，天之道，聖人之本。敬者，聖人心法之妙。是爲道之統，聖之宗。朱子定其宗曰理而已矣，天之所以爲天，一實理之無妄，聖人之所以爲聖，一實理之具于心者，無妄而已矣。定其統曰得孔孟之傳者，周子而已矣，二程子而已矣。著其心法之妙，曰敬而已矣。學者由此而求之，誠之之功也。階梯先儒，由窮理而入者，擇善也。一心妙乎動静，敬以管之者，擇善而固執之也。真知實踐，自然上達，《易》所謂「窮理盡性，以至于命」，《詩》所謂「聖敬日躋」，造乎渾化之域也。誠也，此朱子爲學之指要，陸王于此同歸而殊涂者，何也？曰：聖人之心渾然天理，誠也。誠也者，太極也。心爲太極，理爲太極，是爲道之統，聖之宗。程朱見之甚明，一言以蔽之曰「性即理也」。理也者，形而上者也。物也者，形而下者也。有物必有則，道器一貫也。即物窮理，程朱入道之門也。陸王見之甚明，一言以蔽之曰「心即理也」。志也者，形而上者也。氣也者，形而下者也。志壹動氣，氣壹動志，道器一貫也。即視聽言動之靈，得其本心，陸王入道之要也。是爲同歸而殊涂，其學皆出于孟子。孟子曰「性善」，指其天命之本然者也，至善也。程朱發之曰「性即理也」，性善之旨洞然矣。孟子曰「仁人心也」，指其赤子之本然者也，至良也。陸王發之曰「心即理也」，仁人心之旨洞然矣。其殊涂也，其同歸也，誠也，我固有之也。敬者敬此也，立者立此也，致者致此也，不知此者不足以尊朱。

三録

自叙

有天下者，將以正人心，扶道術，濟民生，必衷諸至聖。至聖之道，一天道也。吾孔子删《書》，斷自唐虞，揭「允執厥中」之傳，立萬世治天下之大本。堯、舜、禹、湯、文、武、周公以是授受，至孔子集其大成，繼往聖，開來學，其道遂以昭明于萬世。孔子殁，曾思繼之，作《大學》、《中庸》，定其宗，傳之孟子。孟子既得其傳，知孔子之道一天道也，道必衷諸孔子。孟子下，智足以知尊孔子者，荀子而已。于是二子思以易天下，遊于世，皆無所遇。當是時，諸子各以其説馳騁，兵刑家差適于用，其術則出於陰符家，誣天非聖，扼天下而用之，遂以其説雄于諸子，時君靡然從焉。嗚呼！六國亂亡相繼，秦亦二世而絶，豈其不幸哉，其循違者非也。然則萬世之循違可知矣。孔子之道，一天道也，天道其可違乎？循之則治，反是則亂，以循違爲治亂，萬世不易者也。予《三録》之作，以循違告萬世也。上録曰《準孟》。準也者，立萬世準則也。孟子道，孔子之道，天道也。天道至公，公則達之至順。至順之徵，人心正，道術昌，民生樂。循其道，唐虞三代之治斷可復也。中録曰《繩荀》。繩也者，繩其出入也。荀子知尊孔子矣，于其本乎天者未明也。知放棄邪説矣，根株未斷也。循其説，以公制私，以順勝逆，爲漢唐之治而有餘矣。下録曰《案刑家》、《案兵家》、《案陰符家》。案也者，案其得失也。案其小有得，而不勝其失也。兵刑家既適于用，益以濟其私，其術有所出，私之藏于中者，益深而固，發之益險。私以滅公，誣天非聖，徵爲至逆。秦以下治亂迭尋，論其治皆不及三代，亂則兵刑之禍亟焉。間嘗究其故，實以孔子之道未嘗一日得行于天下。彼邪説之中于人心，世遠而未有所止也，于是準繩孟、荀，案三家，本諸天，衷諸聖，辨公私，推其順逆，驗天下治亂，萬世之循違蓋可知也。

準孟八

思曰睿，睿作聖，此古今學術所從出也。雖然，難言之矣，唯知性者可爲聖學。孟子于羣言殽亂之中，獨曰性善，此知性者也。于性善洞然無疑，致其良知焉，無餘事矣。幼而知愛其親，長而知敬其兄，此良知也。致其愛親之良知，親親也。親親，仁也。致其敬兄之良知，敬長也。敬長，義也。仁義豈有他道哉！即親親、敬長之良知，而達之天下矣。故曰：「仁之實，事親是也。義之實，從兄是也。」故曰：「智之實，知斯二者弗去是也。樂之實，樂斯二者，樂則生矣。生則惡可已也。」故曰：「堯舜之道，孝弟而已矣。」故曰：「入則孝，出則弟。」守先王之道，以待後之學者，此孟子之所以爲聖學也。于此不察，但覩夫靈明空洞之體，即以號于人曰：「吾其聖學也。」聖學果如斯而已邪？荀子曰：「知之，聖人也。」又曰：「明之，謂聖人。」聖學哉！揚子曰：「由於獨知，入自聖門。」聖學哉！非獨荀、揚也。管氏曰：「流于天地之閒，謂之鬼神。藏于胸中，謂之聖人。」韓非曰：「空竅者，神明之户牖也。」聖學哉！然而管、韓固不可爲聖學，荀、揚亦不得爲聖學。蓋四家之所謂知者，耳目口鼻之榮華，孟子之所謂知者，仁義禮智之端倪也。以耳目口鼻之榮華爲知，故荀、揚必假于修爲，澂其滓濁，出其榮華。管、韓必假于道術，借其榮華，運其滓濁。其爲學術不同，其見一也。管氏曰：「淵之不涸，四體乃固。泉之不竭，九竅遂通。」其所見哉！韓非曰：「神不淫于外，則身全，身全之謂德。」其所見哉！荀子曰：「思乃精，志之榮，好而一之神以成。精神相反，一而不二爲聖人。」又曰：「血，氣之精也。志，意之榮也。」揚子曰：「天以不見爲玄，地以不形爲玄，人以心腹爲玄。天奥西北，鬱化精也。地奥黄泉，隱魄榮也。人奥思慮，含至精也。」其所見哉！于此乎通其説，則知管、韓之所謂機智名法，荀子之所謂禮，揚子之所謂玄，皆是物也。然而管、韓局于偏家，荀、揚蔚爲儒術，何邪？蓋荀、揚能以仁義禮智易其耳目口鼻，管氏則以禮義廉恥爲籠世之銜橛，韓非則以慈惠廉愛爲病治之贅疣，此其相去闊絶也。荀、揚能以仁義禮智易其耳目口鼻，獨惜其以争奪殘賊爲性，以倥侗顓蒙爲性，是内耳目口鼻也，是外仁義禮智也。以外易内，夫豈其質？其去孟子亦遠矣。孟子于良知之知，直達而已，惟其知性善故也。其粹然名聖學也，固也。後之以靈明空洞之體號聖學者，吾惑焉。其所爲知，管、韓之知邪？荀、揚之知邪？孟子之知邪？必曰：「吾非管、韓之知也，吾非荀、揚之知也，吾之知蓋無知之知，獨知之知也。」烏呼！以管、韓爲不知無知之知邪？則固知之。以管、韓爲不知獨知之知邪？則固知之。以荀、揚爲不知無知之知邪？則固知之。以荀、揚爲不知獨知、獨知之知邪？則固知之。管氏曰：「恬愉無爲，去知與故。其應也非所設也，其動也非所取也。」又曰：「聽於鈔同杪。故能聞未極，視于新故能見未形，思于濬故能知未始。」非無知之知、獨知之知哉！韓非曰：「知治人者其思慮静，知事天者其孔竅虚。」又曰：「四海既藏，道陰見陽。左右既立，開門而當。」非無知之知、獨知之知哉！荀子曰：「養一之微榮矣，而未知。」又曰：「夫微者，至人也。」又曰：「不誠則不獨，不獨則不形。」揚子曰：「先知其幾于神乎？敢問先知。曰：不知。」前所述曰：「由于獨知，入自聖門。」非無知之知、獨知之知哉！然則管、韓、荀、揚遂可爲聖學邪？管、韓不待辨矣，吾于荀、揚辨之。聖學所謂獨知之知，誠之通也；無知之知，行所無事也。荀、揚所謂獨知之知，竅之闢也；無知之知，藏于無用也。此荀、揚之不得爲聖學也。後之以靈明空洞之體號聖學者，其可爲聖學哉！又必曰：荀子主性惡者也，揚子言善惡混，然究其所存，亦主性惡者。以荀、揚之精于知，其不得爲聖學者，性惡之見累之也。孟子曰性善，吾亦曰性善，孟子直致其知，吾亦直致其知，將不得爲聖學乎？應之曰：孟子所謂性善，善其仁義禮智也。後之所謂性善，善其知覺運動也。孟子直致其知，直致其仁義禮智也。後之直致其知，直致其知覺運動也。將得爲聖學乎？將不得爲聖學乎？且聖學者通乎上下者也，荀揚以耳目口鼻之欲爲性，以耳目口鼻之精爲知，名之曰惡者，誠見夫惡之根在是焉。積學以奪其性，則錮蔽解矣，神明出矣。然其說通乎下，不通乎上。後之號聖學者，以知覺運動之精爲性，即以知覺運動之精爲知，誠見夫聖之舍在是焉。任天以率其性，則一靈卓矣，萬有含矣。然其說通乎上，不通乎下。通乎上下者，聖學也。上下有不能通，聖學哉！且夫知之爲體也虛，神以之靈，聖以之凝，學以之成，業以之精，達者以形形色色沈埋至寶，乃從本原消其滓濁，因虛而應，體化無偶，天下人禽渾爲一物，此歸根復命之功也。充靈明空洞之說，殆可語于斯，吾豈敢薄之哉！然不可以爲聖學。蓋靈明空洞之體，百家之總紐也，入乎管、韓則爲管、韓，入乎荀、揚則爲荀、揚，入乎聖學則爲聖學，可以之彼，可以之此。若之何遽以是號爲聖學哉！聖學之所謂良知者，孝弟而已矣，仁義而已矣，此孟子之所以爲聖學也。自孟子發聖學之奥，後之述孟子者，皆能言性善，言孝弟仁義，皆可爲聖學邪？是有辨。蓋聖學之要，明誠而已。明乎善者，知性也。誠其身者，復性也。孟子曰：「人之所不學而能者，其良能也。所不慮而知者，其良知也。」良知良能，明也。不學而能，不慮而知，誠也。學而能，慮而知，非誠矣。誠者性之成，仁義之爲門。誠者一之神，兩仁義而化。孟子曰：「人之所以異於禽獸者幾希，庶民去之，君子存之。」此存誠之説也。首舉大舜而明之曰：「舜明于庶物，察于人倫。」此明善之功也，察邇言之謂也。邇言者，人人之所與知，人人之所與能者也。明善而後可以誠身，曰「由仁義行，非行仁義」者，存誠之功也。吾于是知陰陽綱紀天道，天由是而專直，而窺測，陰陽者非天也。剛柔綱紀地道，地由是而翕闢，而規畫，剛柔者非地也。仁義綱紀人道，聖人由是而措施，而依放，仁義者非聖也。此聖學之辨也。

繩荀一

昔者先王深觀天人之際，有以得其樞三極、紐萬化之理，經經緯緯，制之爲禮，渾合天人，不可分判者也。然且判之，則是知禮者之有弗至也。夫天人合一，禮之大全也。天人解散，禮之一曲也。舉其大全，知之兼至者也；泥其一曲，知之偏至者也。荀子之于禮，偏至哉！何者？荀子之學禮爲宗，荀子之學禮人爲宗。禮固有天有人，以人爲宗，豈復禮之大全乎？且其時知禮之大全，而渾合天人者，有之矣，孟子是也。其言曰：「形色天性也，唯聖人然後可以踐形。」

形色人也，天性天也，聖人踐形，天人一矣。且知禮之一曲者，其時又非獨荀子也，固有知天而不知人者矣。知天不知人，莊子是也。其言曰：「待鉤繩規矩而正者，是削其性也。待繩約膠漆而固者，是侵其德也。屈折禮樂，呴俞仁義，以慰天下之心者，此失其常然也。」此純任天説也。荀子曰：「枸木必將待檃栝烝矯然後直，鈍金必將待礱厲然後利，今人之性惡，必將待師法然後正，得禮義然後治。」是則純任人説也。純任天説，純任人説，説不同，知之偏至則一也，禮之一曲也。莊子之純任天説也，彼其意以謂天無窮，人有窮，吾從其無窮者以無窮吾有窮，而有窮者亦無窮。故一以自然者爲宗，是以純任天説也。荀子之純任人説也，彼其意以謂人可據，天不可據，吾從其可據者以據夫不可據，而不可據者亦可據。故一以勉然者爲宗，是以純任人説也。雖然，天之無窮固矣，然必體之人，而後無窮者能無窮。非然者，則無窮者立窮，有窮者益窮。人之可據固矣，必命之天，而後可據者安于據。非然者，則可據者不安于據，不可據者益不可據。莊、荀或未之察也。且莊、荀于此，固以謂禮者天之精，雜以人則弗精，勿雜以人，精之至焉爾。故曰：「不開人之天，而開天之天。」此其純任天説也。以謂禮者人之積，諉之天則弗積；勿諉之天，積之極焉爾。故曰：「大天而思之，孰與物畜而制之；從天而頌之，孰與制天命而用之。」此其純任人説也。由莊子之説精之，天之至者，人亦且至，天固天也，人亦天也。故曰：「精而又精，反以相天。」由荀子之説積之，人之至者，天亦且至，人固人也，天亦人也。故曰：「并一而不貳，所以成積也。并一而不貳，則通于神明，參于天地矣。」由此觀之，莊、荀之所知，不可謂不至，然卒歸于偏而不兼者，莊子以人爲小，荀子則以性爲惡也。以人爲小，以性爲惡，天人二矣，其去一也遠矣，其去大全也遠矣。所由與孟子之知各異也。

羅先生有高

羅有高，字臺山，瑞金人，乾隆乙酉舉人。少而雋偉，寓雩都蕭氏，徧讀其藏書。慕古劍俠者流，習技勇，治兵家言。聞雩都宋道原治先儒書，躬孝弟之行，造訪，道原面折之，使反求之宋五子書。又見贛州鄧先生元昌，於是幡然棄所學，徧讀先儒書。尤喜明道、象山、陽明、念庵之論學，因之以上闚六經孔孟之文，旁推曲證，多創獲之旨。後與尺木及汪大紳訂交，謂儒釋權實互用，惟自證者知之，非可以口舌爭。歸而率諸族子弟講學於鳳皇山。會試屢不第，家庭拂逆，屢游吴越，病而歸，卒年四十六。居常治古文最精審，嘗與尺木論之，謂文者道之迹，孟子以知言與養氣並重，而《繫辭傳》舉爲法戒。又言訓故不明，則文字根柢不立，支離杜撰，規矩蕩然。故於《爾雅》、《説文》治之加詳，一字之義，往往引端竟委，反覆千言。殁後，尺木爲録《尊聞居士集》八卷，刊行於世。參彭紹升撰《羅臺山述》。

文集

觀生

生也者，寓于物而湛其靈者也。形者，肖物之品殽而殊等焉，隨量器以效生者也。命也者，修短也，有期限符節也，貴賤有倫也，枯惡完好有制也。生就也之謂命，生去也之謂命，物所因以成毀也，不造而自然，有以之以然者，而不可質期也之謂命，大中之謂命。命也者，生之宰也，視其器。命降精凝之謂器，器章之謂物，生充之之謂性。器有汙潔焉，堅脆焉，器之厝有平危焉，器之服于人有適器焉，有不適器焉。器習而有方，生域其方，變本而就器。萬器各分之謂性。決其畛滙之于其原，其純粹至善也之謂性。性之成于人者，生之和也。生之和也，視其器。是故物之争也以我，其忘争也以無我。我也者，器之景，昧性而妄有執者也。我則局，局則聰明之兑塞，聰明之兑塞則生不舍其宇，生不舍其宇則並老澮澗。人而並老澮澗，雖生也，謂之陳人。忘争也者，釋我而晢大倫者也。其思止，其知同，其静也若海，其動也若火，至安也，至明也，不役知以鑿異也。是故立分以明本，而不病私，家天下若及草木鳥獸魚鼈，而不病濫。循合散之理，泯愛惡之情，涣然諄然，樂與萬物同暢而已矣。是故其于形之成也，體性以完形，不虧其形。于形之斃也，正形以順性，不縣其悔。夫誠知夫生之麗形以形，形麗生以生，不形之未嘗損生也，形非柄生也，形非故生也。其觀盥也，聖智也，非形生概也。形生也者，褻形忘形，説生罔生，以形形形，以偷生者也。以説生漁物養形，以奉形適形，謂養生而損生損形。若曰是溺情，然非然也，是出入情背情，背之久，乃以無情焉也。無臯情。何也？情者生之萌，達機也視其器。惻隱、羞惡、辭孫、是非、親親、長長，六者情也，性之華也。性閟而沖不可見，情發揮之，㠯得韡韡也。雖然，器窳則槁焉，器貿于所染則莪化而爲蒿蔚，激而惡之，以謂其無情也。

然而驟而睨其牙，又泛觀之于其我之所不接，滋見桀焉，不弟不可謂無也，我立情昏，我熾而情已悖矣。攻取、詐僞、貪盜、淫僻、驕憤、偷佚，茀然而叢，以潰反其情也，豈情也？是故聖人無我，情之正也。❶邱里之言外我，而公談則情大以共昭然聖智之爲觀。斯故生之運行古今，不以古今而異，不以晝夜舍者與如斯夫，則生之不緣堯禹而盛，不緣桀跖而息，信矣。彀與不彀而已矣。情之彀也恃才，才也者，與命俱降者也。天之降命也至普，其降才也亦至普，是故專能之謂才，割斷清釐之謂才，亂而秩修畸零贏朒以復于度之謂才，規于規、矩于矩，不隘于曲、不昏怍于旁午，能經能緯、能通能固、能廣能微之謂才。是故才也者，生之成能也。而先才而導之者，意也。定趨操于始事，期不貳于中，要之于末，意也。意所嚮，志也。其道迅而彊，能率志，能壹志，志定能遷之，志直能回之，志成能變之，能毀之，意也。意也者，生之魄也。性命也，情也，才也，意也兼管而樞之。樞無所，運旋無方，無留無象，其道内外周一，呼吸環宙，旁覽裨瀛海，無行無至，無出入門，無徑遂，職藏備萬物，形色體質性情才用，載之無積。其官思善鑑耑幾萌動，即甚微無不立白，是之謂心。心也者，生之府也，畜持生之具而綦辨焉者也。仁義忠信禮樂，此其具也。性命也，情也，才也，意也，與具同柢，而致用具者也。其柢皇極也，陰陽之紐也。具渾焉，具壹焉，純粹至善也。器判之而仁知分矣，器判之而善不善別矣。知具習具，與具一會極，若是者其生理，其生遂。知具習具，未具一至之不休，具一極，協

❶「也」，原作「邪」，今據光緒七年本《尊聞居士集》卷一改。

其理，遂也不殊。中休者其用知惑，其習也不緝，以頻復故馴迷，其理不理，遂不遂，雜吉凶。沿類至晉者，其生亂且敗，終凶。聖人惻焉，于時昭具焉，故曰：「《易》之興也，其于中古乎？作《易》者，其有憂患乎？」六具之用于《易》乎精之，于《詩》、《書》、《春秋》條之，于《禮》乎履之，是治觀之衢也。

答彭允初書

前日得讀手書，愛我之誠，謙沖之德，溢于豪楮。欣竦兼集，如何可言！有高自束髮受書，頗知以求友爲志。離家時拜别老親，忍淚惘惘，有重違之色。老父輒誦蘇潁濱《上韓太尉書》以廣之。退而自念，久隱約窮山中，耳目見聞終無能自恢大善，量局隘過，耑將日叢。别緒愴結，則援兹義以自解。居京師三年矣，徵逐殽雜，終無以發其意。乃今得見償于足下，足下又過侈與之厚，自下不顧，納人于不安，非所望也。然其中心之所存，與其疑而未敢遂者，輒復謹白之，幸賜裁擇。一來諭云：「學者貴求其在我者，求其在我者而自得之，則動静語默皆文也。」其言確然至當，冒圉衆説，落華而擷英，未有能易之者也。至所云「文與道離，道與我離」，此自泥文緣道者之過，非文道之本如是也。夫文與道，一而已。修之于身，措之于事業者，道也。修之于身，而次第其功候節目之詳，明其甘苦得失之故，措之于事業，而條布其治蹟，敷悉其德産精微涵揉之極致，彰往察來，相協倫類，出于憂患同民不得已之誠，其言奇正不同，其氣之行止，節族之長短高下，抗隊疾徐，壹順發象之自然，而不與以私智，以其粲著，陳修能之矩，昭事爲之則，烜照心目，物察倫章，則文命焉。豈得歧于道而二之也？若夫泥文求道者，拘牽櫛比，滯指而失歸，先不足概于文。緣道爲文者，其于道即遠居之不安，以道爲蘧廬，其我與道偭背馳，不僅僅于離，其施之于文也駁，淺礉而不裕，破碎而不周，盜據經訓，如狐憑城，如鼠穴社，用以藏身而輔名，與泥文者病異脈同候。皆逐末昧本，滑其天良，皃仁義之膚，貢鄙倍之實，忠信不立，天者遁其官，固非文道之本。如是也，于道既粗，而文亦僞焉者也。歐陽子曰：「道勝者，文不難而自至。」竊嘗味其言而論之。生百世下，上夷攷乎古人，古人遠矣，道之勝不勝，雖有神姿，難臆斷也。其獲施于事者，依其事以放焉，其道可知也。其不獲施于事者，不放諸其文，將闇汶而靡耑，醇疵黑白，迷瞀冥莫，臬未樹而晷景亂，聖人憂焉。故孶孶矻矻，刪述不遑，卒不忍安無言之訓，以幽萬世知覺之倫。世儒以聖門顏、閔諸大賢不述文，遂于文與道有軒輊，都非事實。顏淵、冉伯牛先孔子卒，孟子記三年治任之文，無仲弓、閔子騫，或亦早卒，故希所纂述。其時孔子在，日月正明，概羣陰拱伏，大致安恭默而已。曾子、子思之時，聖言漸支，子張、游、夏諸賢互乖異，各護其所聞，故曾子、子思事述作，衷一紛錯，文大道以作表。至于孟子，大譁好辯之名，益自任空言閑距，並厥烈于禹周，不爲僭。未幾道熄文裂，功利之焰熾，荀卿崛起。黜禨祥，明王道，崇禮矯性，以摩世。董生闡《春秋》，文陰陽，揚子衍《玄》文、《法言》，皆命世豪傑，克顯道麗文。司馬子長友教董生，軌聖跡，其書得《春秋》之意。班固譏之，要未嘗深究其指趣，治還書未精，橫相訾謷。是時黃老之學徧天下，自天子太后崇其術，父談亦治之，至熟習。聖緒微茫，粗萌牙于武帝，而曲學阿諛之徒方秉政。轅固生、申公章句陋儒，不足該徧大道，遷獨奮興，正六經爲鵠，見于《自叙》之篇。其先黄老，進游俠，傳貨殖，皆别具微怡，非躬清淳之禀，而于道有聞者，恐未易仿佛也。揚子之學見許于程子，以爲非漢儒所可及。自後唐之韓、柳、李，宋之歐、王、劉、曾，明之王、歸諸君子，其行己各有本末，詣故未大醇，而確分仁智之見。來諭以謂漢唐諸子概無與于斯道之傳，此世儒相祖繩過高之論，顧足下平情稱量，衡之以中，無輕附和也。大抵古人入道淺深，不能掩于其文，以其文考之，則百不失一。要知聖人之道至大，技數小辯亦必有所緣襲以自立，況諸君子之卓卓者哉！抑平其情，虚以畜之而已矣。先儒嘗譏韓子因文見道，爲倒置本末。夫去聖久遠，不因文以見道，師法蕩廢，當于何見之？賴斯文之昭垂，得以鏡悉先王治己治人之遺規，而荀氏、司馬氏以下各本心得叙列，未發隱怡，因時察變，補扶其偏躓，原遠末分，無大聖人爲之依歸，操行未熟，向背離合，小小瑕釁，蓋所不免。學者誠負真竺之志，博采慎思，實效于踐履，不以訓詁汩天倪，不以丹鉛没素樸，優游濡浸，研慮而説心，以崇知而廣業，寔有助焉。其有不得已于身世之故，而抒之爲文，必郁然而不闇，沛然而無疑，釐然各當而不舛，清明坦夷，而無昬噎拂逆之氣㠯梗鬱之，與道爲體，以武往尾來，綿古今絶續之隙，是豈非可貴可樂而有志者所以盡心者邪？嘗獨居深念，上下數千載間，戴文名者如牛毛，而得系正宗，可誦法若前所列諸公，如晨星寥落，蓋其難也。南宋迄明標理學，依據最尊，氣益矜，心益大，荀、揚、司馬、韓、歐諸老不足當一盼。所著書汗漫殽衍，率陳腐熟爛，竇爲大道所寓，故文日敝而道愈不明。閒取濂溪、明道、伊川、横渠遺書讀之，質亮通達，彬彬然爾雅之辭也。陸、王二先生，世儒號爲不讀書，守空寂，詆之爲禪。而二先生之文包孕事理，有條而不紊。道勝者文不難而自至，歐陽子之言其信已。其文偃陋，而自夸飾曰知道，其欺誕矣乎！孟子論不動心，推本知言與養氣並，而《繫辭傳》備舉數等之辭爲學者鑒擇，故君子甚慎乎其文。文不當，吉凶生，砭頑啟蒙，害政破道，皆文之爲。生于其心，眹兆于語默動静，足下所謂「求其在我者而自得之」是也。幸卒竟之，無委爲異人任。足下方超然慕淵泊之行，高舉遠引，離俗氛而潔立，翔于寥廓，而愚者聒世諦不休，泥藪澤之見，得無爲足下所笑。然感切知愛，非足下之前，固無由傾倒也。惟足下鑒其悰，裁汰其不中，果其向時求友之願，幸甚幸甚！

與法鏡野先生書

春明別後，瞻眷明德，懷永不忘。去歲莫冬自粤東旋里，手教下頒，奉讀啓然，四千里外如侍講席而被春風矣。《春秋取義測》見事《春秋》，聞已脱草，山川閒之，未獲親承指授，頗用爲悵然。循復二叙，破經師之陋，發先聖昔賢之藴，使後世學者即事爲之著，求性命之歸，微顯一致，内外同條，誠不必外民生日用，空談名理，至于雕鞶藻繪，虚飾輪轅，愈無譏焉。善學者苟得先生之緒言而講貫之，可以知所致力矣。雖然，本末先後之叙，亦有不可强合者。聖人作《春秋》，東規、西矩、南衡、北權、中繩，五則不爽，萬物就裁，其本在于學《易》。學《易》之本在于謹彝倫，慎言行，納之于禮。人之彝倫言行壹于禮，則性復仁全，措之正，施之行，變化生而經緯天地之事起。此聖人所自盡，而願天下萬世同歸而無歧者也。南宋諸大儒所爲固固持堯舜孔孟之道于國事倥傯之會者，此《春秋》之義也，謂別無説以易之也，道不可有二故也。《孟子》曰：「不以舜之所以事堯者事君，不敬其君者也。不以堯之所以治民者治民，賊其民者也。」建三才，横六合，一道而已。二之則惑，反之則亂，《禮大傳》所云「不可變革者也」，亦即先生所云滄海横流，經常大義，確乎可知者也。南宋之君不能勉强，信用不專，諸大儒之説未嘗一日得施于行事，是以卒成爲南宋也。孟子述唐虞三代于戰國擾攘之時，朱、陸陳誠正義利之辨于南宋南北交訌之日，其揆一也。先生答懷庭書謂南宋儒先不識時宜，持方枘而内圜鑿乎？夫所云時宜者，立權度量，攷文章，改正朔，易服色，異器械，殊徽號，得與民變革者也。聖人鼓舞盡神，化裁盡利，既竭聰明焉，至于天之經，地之義，人之行，則無所謂時宜也。南宋諸大儒之所諍論，天經也，地義也，人行也，烏得而不斤斤也？先生其熟思之。懷庭云亡，吾道益孤，每過虎坊橋，輒有腹痛之感。近公復解組，其出處令人敬慕。去先生之居未遠，可以往復。尊著繕寫成，務令朋好盡意斟酌，歸于至善，勿留遺憾爲禱。有高近來漸爲衣食之累所困，向者請益之事，恐成虚語，慚負知己。言不能罄，伏唯先生髦期不亂，神明日彊，幸少節損，頤養天龢，充究盛業，無任馳慕依切之至。

清儒學案卷四十二終

清儒學案卷四十三

天律徐世昌

研谿學案

惠氏之學以博聞彊記爲初基，以尊古守家法爲究竟，其治經要旨純宗漢學，謂漢經師之説當與經並行。樸菴肇路藍縷，研谿、半農繼之，益宏其業，至松崖而蔚爲大師。傳授淵源，自當以世爲序，以明一家之學。述《研谿學案》。

惠先生周惕

惠周惕，原名恕，字元龍，一字研谿，吴縣人。父有聲，號樸菴，明歲貢生，以九經教授鄉里，尤精於《詩》，與同里徐昭法善。先生少傳家學，又從徐游，並受業於汪堯峯。工詩古文辭。既壯遍游四方，與當代名士交，文名益著。康熙己未舉博學鴻詞，丁憂不與試。辛未成進士，改庶吉士，因不習國書，散館授密雲知縣，有善政，卒於官。先生邃於經學，著有《易傳》、《春秋》、《三禮問》及《研谿詩文集》。其《詩説》三卷，謂大、小雅以音别，不以政别。謂正雅、變雅美刺錯陳，不必分《六月》以上爲正，《六月》以下爲變，《文王》以下爲正，《民勞》以下爲變。謂二《南》二十六篇皆房中之樂，不必泥其所指何人。謂天子諸侯均得有頌,《魯頌》非僭。其言並有依據。近代言漢學者,必以東吴惠氏爲首。樸菴未彰,以著作傳者,先生實開其先也。參史傳、江藩《國朝漢學師承記》、江藩《惠吉士記》、鄭方坤撰小傳。

詩説

風、雅、頌,以音别也。雅有小、大,義不存乎小、大也,自《序》之言曰:「雅者,王政所由廢興。政有小、大,故《詩》有《小雅》,有《大雅》。」小大正變之名立,而辯難之端起矣。難之者曰:「《常武》、《六月》,同一征伐也。《卷阿》、《鹿鳴》,同一求賢也。大、小何以分耶?」解之者曰:「《常武》王自親征,《六月》不過命將軍,容不同故也。《卷阿》爲成王,《鹿鳴》爲文王,天子諸侯尊卑有等故也。」難之者曰:「然則《江漢》宜在《小雅》,成、宣宜在《大雅》,今何以或反之,或錯陳之也?」其後朱晦翁則謂:「《小雅》燕饗之樂,《大雅》朝會之樂,受釐陳戒之辭。」嚴華谷則謂:「明白正大,直言其事者,雅之體。純乎雅之體者,爲雅之大。雜乎風之體者,爲雅之小。」章俊卿則謂:「風體語皆重複淺近,婦人女子能道之,雅則士君子爲之也。《小雅》非復風之體,然亦閒有重複,未至渾厚大醇,《大雅》則渾厚大醇矣。」三家之説,朱氏於理爲長,然猶未離乎《序》之所謂政也。《序》既以政爲言,則大小必有所指,此辯難之所以紛紛也。按《樂記》師乙曰:「廣大而静,疏達而信者,宜歌《大雅》。恭儉而好禮者,宜歌《小雅》。」季札觀樂,爲之歌《小雅》,曰:「美哉!思而不貳,怨而不言。」爲之歌《大雅》,曰:「廣哉!熙熙乎,曲而有直體。」

據此則大、小二《雅》當以音樂别之，不以政之大小論也，如律有大小吕，《詩》有《大》《小明》，義不存乎大小也。

《公羊傳》曰：「什一而税，頌聲作。」序曰：「美盛德之形容，以其成功告於神明者也。」然雅《詩》「家父作頌，以救王訩」，《左傳》「聽輿人之頌，原田每每，舍其舊而新是謀」，刺亦可言頌矣。《國語》「瞽獻典，史獻詩，師箴，瞍賦，矇誦」，諫亦可言頌矣。按《禮》「學樂，誦詩，舞勺」，《文王世子》「春誦夏弦」，《孟子》「誦其詩，讀其書」，《左傳》「使太師歌《巧言》之卒章，太師辭，師曹請爲之，遂誦之」。漢武帝定郊祀之禮，乃立樂府，采詩夜誦。師古注曰：「夜誦者，其言或祕不可宣露。」以是觀之，比音曰歌，舉其詞曰頌也。豈宗廟之詩，既歌之而復誦之歟？抑歌者工而誦者又有工歟？既比其音，復誦其辭，俾在位者皆知其義，所以彰先王之盛德，故曰頌。至於所刺所諫，欲聞其人之耳，故亦曰頌也。《樂記》曰：「清廟之瑟，朱弦而疏越，一唱而三歎。」又曰：「君子於是語，於是道古。」豈即頌之義也歟？

鄭氏《頌譜》頌訓爲容，蓋漢讀然也。《漢書·儒林傳》「徐生善爲頌」，師古注「頌讀與容同」是也。孔氏《正義》：「頌之言誦也，誦今之德，廣以美之。」是誦即頌也。

正變之説出於《大序》，而文中子取以説《豳風》，其後諸儒皆從之。鄭漁仲始倡風雅無正變之論，而葉氏、見段氏、程氏《集説》。章氏因之。二者反覆，莫能相一。以余觀之，正變猶美刺也。《詩》有美不能無刺，故有正不能無變。以其略言之，如美衛武、美鄭武、美周公、美宣王，刺衛宣、刺鄭莊、刺時、刺亂、刺宣王、刺幽厲，此顯言美刺者也。如莊姜傷己、閔無臣、思周道、大夫閔時、衛女思歸、思君子、南征、復古，此隱言美刺者也。美者可以爲勸，刺者可以爲懲，故正變俱録之。編《詩》先後，因乎時代，故正變錯陳之。若謂《詩》無正變，則作詩無美刺之分，不可也。謂周、召爲正，十三《國風》爲變，《鹿鳴》以下爲正，《六月》以下爲變，《文王》以下爲正，《民勞》以下爲變，則《序》所謂美與刺者俱無以處之，亦不可也。

胡氏《春秋集傳》曰：「孟子曰：『王者之迹熄而《詩》亡，《詩》亡然後《春秋》作。』蓋自《黍離》降爲國風，天下無復有雅，而王者之詩亡矣。《春秋》作於隱公，適當雅亡之後。」謂《詩》亡者，雅詩亡也。夫詩必雅而後爲《詩》，則周、召、十三《國風》不得謂之《詩》歟？《詩》有美刺，而風亦有美刺；雅有諷諭，而風亦有諷諭。安在風不如雅，無與於《詩》亡之數也？即曰十三《國風》，朝會燕享不歌其《詩》，而二《南》則鄉飲用之，鄉射用之，房中用之，安在風不如雅，無與於《詩》亡之數也？苟風與雅同謂之《詩》，則風詩中多春秋時事，而孟子謂之「《詩》亡然後《春秋》作」，其合雅與風言之無疑矣。按《小雅·六月》序曰：「《小雅》盡廢，則中國微。」則雅亡於幽、厲矣。列國之詩終於《株林》、《澤陂》，則風亡於陳靈矣。陳氏曰：「檜亡，東周之始也。曹亡，春秋之終也。於《檜》之卒章曰：『思周道也，傷天下之無王也。』於《曹》之卒章曰：『思治也，傷天下之無霸也。』」合而觀之，雅之亡，亡於無王。風之亡，亡於無霸。雅亡而風存，人猶知是非美刺也，迨風雅俱亡，而《詩》遂掃地盡矣。此《春秋》所以不得不作也。孟子曰：「其事則齊桓、晉文。」齊、晉者，春秋之始終也。宣公十一年冬，楚子入陳，明年六月，遂有邲之戰。是時楚莊始霸而晉始衰。未及十年，成公會楚公子嬰齊於蜀，又及楚盟，天下政柄自此盡失，不可復挽。故風所以終陳靈也。《詩》之所以亡，孟子固微言之，人特習而不察耳。

《周禮》大師教六詩，曰風，曰賦，曰比，曰興，曰雅，曰頌，《大序》引以爲説。蓋風、雅、頌者，《詩》之名也；興、比、賦者，《詩》之體也。名不可亂，故雅、頌各有其所；體不可偏舉，故興、比、賦合而後成詩。自三百篇以至漢唐，其體猶是也。毛公傳《詩》，獨言興，不言比、賦，以興兼比賦也。人之心思必觸於物而後興，即所興以爲比而賦之，故言興而比賦在其中，毛氏之意未始不然也。然三百篇惟《狡童》、《褰裳》、《株林》、《清廟》之類直指其事，不假比興，其餘篇篇有之，傳獨於《詩》之山川、草木、鳥獸起句者始謂之興，則幾於偏矣。《詩》或先興而後賦，或先賦而後興，如《簡兮》至卒章始云「山有榛，隰有苓」之類是也。見其篇法錯綜變化之妙。毛氏獨以首章發端者爲興，則又拘於法矣。文公傳《詩》，又以興、比、賦分而爲三，無乃失之愈遠乎？

《文心雕龍》曰：「毛公述傳，獨標興體，以比顯而興隱。」鶴林吴氏曰：「賦直而興微，比顯而興隱，故毛公不稱比、賦。朱氏又於其間增補十九篇，而摘其不合於興者四十八條，且曰：『《關雎》興詩也，而兼於比。《緑衣》比詩也，而兼於興。《頍弁》一詩興比賦兼之。』則析義愈精。」恐未然也。

二《南》二十二篇皆述太姒之事，然一太姒也，何以爲后妃？何以爲夫人？一文王也，何以爲王者？何以爲諸侯？或曰：「文王於商爲諸侯，及受命追王則爲王者，太姒亦然，時有先後故也。」然追王後於諸侯，則《周南》宜後於《召南》矣，有是理乎？昔者歐陽公嘗疑之，而不得其解，因取《魯詩》衰周之説，以爲近之。而朱子謂子孫無故播其先祖之失，於理未安，然於后妃夫人終仍舊説，而未有所發明也。按《小序》曰「《關雎》后妃之德也」，「《葛覃》后妃之本也」，「《卷耳》后妃之志也」云云，未嘗指言后妃夫人爲何如人。後之訓詁家推跡其自，始以爲太姒耳。《儀禮·鄉飲酒》、《鄉射》皆合樂《周南·關雎》、《葛覃》、《卷耳》、《鵲巢》、《采蘩》、《采蘋》，《燕禮》弦歌《周南》、《召南》之詩，則周公作《儀禮》時已有《周南》、《召南》。豈召公作之而被之管弦歟？抑公采之而付之太師歟？既爲房中之樂，則必歌之宴寢之閒，鄭氏所謂后夫人所諷誦，以事其君子者也。今讀其詞，有勸勉、教誡、諷諭之意，蓋欲爲后妃夫人者如詩言云爾，不必言后妃夫人何人也。《小雅·鹿鳴》燕羣臣，《四牡》勞使臣，《常棣》燕兄弟，《伐木》燕朋友，何嘗謂如何羣臣、如何使臣、兄弟、朋友耶？古之燕享皆有樂，樂必有詩歌，詩必類二雅。如此者極多，何風獨不然也？難者曰：「然則《周南》、《召南》與文王、太姒無與耶？」曰：不然也。作詩之意，或本於文王、太姒，而周公隸之爲房中樂，則又以是告後之爲后妃夫人者矣。周自姜嫄兆祥，至太王有姜女，王季有太任，文王有太姒，累世歸德，至太姒而始大。而文王又有「刑于寡妻」之詩，故説者據是爲文王耳，其實不可考矣。若泥是求之，則歐陽所謂《鄭譜》之説，左右皆不能合者也。

或問曰：鄭謂文王受命，作邑於豐，乃分岐周地爲周公旦、召公奭之采邑，是爲《周南》、《召南》。其説然歟？曰：非也。二公之封在武王克殷之後，《樂記》所謂「三成而南，四成而南國是疆，五成而分周公左、召公右」是也。《史記》魯、燕世家載封國始末，不言文王。惟《江漢》四章有「文王受命，召公維翰」之語，鄭或據是以爲文王。然以《召南》言之，《甘棠》三章三詠召伯，當是時文王已爲西伯矣，而復命召奭，是一國而二伯也。且吾不知命之者爲商紂耶？爲文王耶？揆之二者俱未安，是以知鄭説之非也。然則二《南》何以言文王？曰：此追詠其事，而歸美焉，兼取當時國人之所作而繫之，所謂善則歸君，臣子之義也。且微獨二《南》而已，《豳·七月》八章，舊謂詠后稷先公時事，未嘗以是爲后稷先公之詩，而二《南》獨謂之文王何也？

魯之無風也，鄭曰：「周尊魯，故巡狩述職，不陳其詩。」其果然者耶？幽厲以後，王者之不巡狩久矣。十三《國風》誰采而誰録之耶？天子賞罰，視其詩之貞淫。天子尊魯，何妨采其詩之貞者，以示異於天下，乃併其美而掩蔽之，安在其尊魯耶？縱天子不采，魯亦不當自廢。何季札觀樂，偏及諸國，而魯乃寂無歌詩，又何耶？魯之有頌也，鄭曰孔子録之，同於王者之後，蓋言褒也。朱子曰著之於篇，所以見其僭，蓋言貶也。是皆泥《風》爲諸侯之詩，《雅》、《頌》爲天子之詩，故致論説之紛紛也。余聞之師曰：《類稿》、《詩問》。「十五國之中有二《南》，是天子之詩也。《雅》、《頌》之中，《小雅》有《賓之初筵》，《大雅》有《抑》，《頌》有《魯》，是皆諸侯之詩也。不得以《風》詩專屬之諸侯，《雅》、《頌》專屬之天子也。」足以破衆説之紛紛矣。

詩說附録

答薛孝穆書

前致《詩説》三卷，求正足下。足下閲未三日，已了大意，損惠手書，始有稱美，繼有辨正。蓋欲摘其瑕者必先指其瑜，此足下委曲開誘之盛心也。僕於足下之諛我敢自喜，足下之規我者敢自是哉！然僕立説之旨，惟是以經解經，而反覆來書，似與經有相戾者，不敢舍我説而從足下也。足下謂僕之可删者，蓋艷妻、鳶魚二條，其説無大關係，從足下删之可也。謂僕之可商者，一則《桃夭》、《摽梅》二章，此僕論《詩》之取興也。桃之花後于梅，宜興男女之後時。梅之花先於桃，宜興男女之及時。而《詩》言反是，故知不取花而取實也。《詩》之比興，猶《易》之取象，非如今人信口任臆，漫取一物而謂之比興也，且僕之言固有所本矣。足下乃謂古人以二至之前後，或純陽，或純陰，不宜於男女之會，會則恐傷陰陽之和，男女有不永年者。不知足下據何經文也？以僕所聞，九月至正二月，月皆爲昏時。孫卿曰：「霜降逆女，冰泮殺止。」《家語》曰：「霜降婦功成，而嫁娶行焉。冰泮農事起，昏禮殺於此。」霜降者，九月也。冰泮者，正二月也。故《詩》曰：「士如歸妻，迨冰未泮。」則九月至正二月皆爲古人昏時，而足下謂冬至純陰，不可會男女，得無悖於禮乎？不知足下所據何書，而僕何未之前聞也？足下又謂適有此花，其色少好，其葉美盛，而且有實，故詩人以爲言。夫桃之始花未有葉與實也，花、實非一時事，足下比而合之，亦未之致思矣。其一則論《生民》之姜嫄，此僕闢鄭説之妄也。足下不然吾言，猶爲有據，不如前説之臆造矣。然足下所言，昔人已盡言之，僕向時不置辨者，以爲不足辨也，今不得不爲足下辨矣。足下謂姜嫄配合生子，人道之常，何以名之曰棄？何以寘之隘巷、平林、寒冰？僕則謂姜嫄之棄后稷，蓋以不坼不副之異，非以感上帝之異也。鄭莊寤生，姜氏惡之。芮司徒生女赤而毛，弃之堤下。若此類者，亦將謂之有感而生耶？而司徒之女何以亦名之曰弃耶？子文之賢，虎且乳之，則鳥之覆翼，牛羊之腓字，未足爲后稷怪也，烏得以鄭氏妄誕穢褻之論，誣上帝以及姜嫄哉！足下謂疑而未決者，則僕論歸寧非禮一條，此係僕之創見，宜足下之駭而未肯信也。然僕據孔子《春秋》以駁左氏、趙氏，不爲無據，足下欲反吾説，亦必證據於六經，而後可與僕合要。今但引僕所駁左氏一語，則僕之所據者經，足下之所據者傳，以傳駁經，已爲輕重失類，而又無他事可援，則足下爲不能舉其契矣。且足下亦知左氏之傳，有自相刺戾而不可從者乎？左氏曰：「諸侯之女歸寧曰來。」又曰：「夫人歸寧曰如某。」則文姜之如齊，得謂之歸寧；而文姜之如莒，亦得謂之歸寧耶？其言前後反覆刺謬如此，此僕所以據經以駁傳也。足下又謂《春秋》之杞伯姬，或依列國之告文，如「夏五」傳疑之類。内女之來何待於告？且諸侯之女行，惟王后書，傳固明言之矣。「郭公」、「夏五」之類，不過數事，若以此盡疑《春秋》，則六經無全書可信。足下言此尤誤。僕聞古人立説，彼此不妨異同，然其要歸必折衷於六藝，未聞率臆任心，無所證據，如前者云云也。足下規僕，僕藉是以規足下，蓋友朋之道應爾，非僕之不能商論下氣也，幸思之。

答吴超士書

《詩説》昨送覽，附一短札，求足下指抉疏謬，規我不及。頃果辱書，甚善，但言顧寧人先生《日知録》有辨朔方非晉陽，韓城非同州，極精當。不知足下何以云爾也？昨請正者僕之書，今稱説者顧之語，無乃所對非所問耶？揣足下意，或以僕論宣王一條，與顧不相合耶？此間無《日知録》及《廿一史》可攷，然僕書具在，試一一爲足下分别之。僕謂周家防禦之失，一壞於穆王，再壞於宣王。穆王之北伐也，遷戎於太原，則朔方之險不足恃矣。宣王之北伐也，僅至太原，不修城隍，不設戍兵，其計固已疏矣，云云。此以《六月》、《采薇》二詩參互爲説也。《采薇》曰：「天子命我，城彼朔方。」❶是文王之築城以禦戎也。曰：「我戍未定，靡使歸聘。」是文王之設戍兵以守朔方也。《六月》六章不聞有是，故曰計之疏。「侵鎬及方」，傳與箋俱不詳其地，然《采薇》言「往城于方」，下即有「城彼朔方」之文，則戎所侵之方，即文所築之朔方可知矣。漢武帝元朔二年，衛青出雲中以西至隴西，擊白羊王於河南，遂取河南地，築朔方，因河以爲固。則知隴西形勢莫險於朔方，朔方既城，則河西北之戎不得不遠徙而他之。《大雅》所謂「行道兑矣」者，城朔方之效也。穆王不察，遷之内地，則朔方自此被兵，而險不足恃矣。故曰一壞於穆王。宣王之北伐也，不驅之遠去，僅至遷戎之地而還。我出則歸，我歸則出，遂至不可扞禦，故曰再壞於宣王。蓋僕之意如此。若太原非晉陽，僕固以史證之，所謂穆王遷戎於太原是也。又其詩言焦穫，言朔方，言涇陽，

❶ 此句出自《詩經・小雅・出車》，下「往城于方」同。

涇陽在平涼，焦穫在涇陽北，朔方在隴西之河南，三者相去不遠，其非晉陽之太原，不辨而知矣。僕作書時止於立論，不暇詳及地名，今覆意之，未嘗與顧説牴牾，不知足下何以云爾也。至《大雅》韓城云云，王肅、酈道元、王應麟輩攷之辨之詳矣，豈足下俱未之見，而詫顧説爲新奇耶？抑《日知録》更有所攷耶？僕不知足下何以云爾也。足下博學好古，又習聞前輩議論，必有以規我所不足者，幸詳示，不宣。

再與吴超士書

昨力疾作答，率其胸臆，語多失倫，且愧且懼，以爲足下必督過之，不謂又賜手書，反辱推重，是重僕之愧也。又云「胸無寸書，舌本木强，安敢當兄旗鼓」，是足下之謙言也。僕求援於足下，非與足下爲敵，何旗鼓之有？且足下亦非不能軍者也。僕終望足下啟之導之，不願足下以虚文相羈靡也。故終竭其區區之疑，惟足下察焉。足下據顧寧人《日知録》論太原一條，云太原者平涼也，後魏所立原州是也。其言固有所本，今俗所刻孫氏《毛詩》亦載之矣。然僕反覆思之，終不能無疑焉。《郡縣志》原州平涼縣，本漢涇陽縣，若顧所謂太原即漢所謂涇陽也。涇陽始見於《詩》，漢取以名縣，屬安定郡，以涇水得名，故涇陽、臨涇爲鄰邑。《地里志》涇水出安定郡涇陽縣西幵頭山，東南至京兆陽陵縣入渭。幵頭山在百泉，《大雅》所謂「逝彼百泉」者是也，據《雅》言當在豳之竟内。周自豳遷岐，自岐遷豐，自豐遷鎬，相去不過百餘里，則涇陽固畿輔近地，似非戎所錯居，而史何以言穆王遷畎戎於太原也？戎既居太原矣，則闌入窺邊，當由涇陽而深入，《詩》何以言「侵鎬及方，至於涇陽」也？若謂穆王所遷之太原，非宣王所伐之太原，則晉陽、太原乃姜氏之戎，非畎戎也。《春秋外傳》：「宣王即位，不藉千畝。三十九年戰於千畝，王師敗績於姜氏之戎。」《左傳》亦云「其弟以千畝之戰生」，杜預注謂千畝在介休縣南即此。其不得混畎戎於姜戎亦明矣。若謂戎本不處太原，則宣王北伐，不應及是而止，若《詩》所謂如鎬如方，聽其驛騷而已也。此僕之所以不能無疑也。竊嘗歷攷諸説，惟《穀梁傳》中國爲大原之説近之。大如字。以其説合之《詩》辭，宜在焦穫之外，故曰「玁狁匪茹，整居焦穫」，言中國之地非戎所宜居也。朱子《集傳》引用其語，然以太原爲晉陽者誤也。由焦穫而晉陽，綿歷道里，故曰侵，曰及，曰至，言自遠而近也。《寰宇記》謂焦穫藪在涇陽縣北十數里者，亦誤也。夫地不親歷而臆斷其遠近，昔人所以多誤，而僕復云然，是又蹈昔人之誤者也。然不敢畜其疑，願與足下共證之，慎無謂僕跳盪好戰，而閉壘增壁，堅卧不出也。

附　録

惠氏先世居扶風，後徙洛陽，靖康末扈蹕如臨安，家湖州。後遷吴縣東渚邨。五傳至洪，年一百五歲，吴下所稱百歲翁是也。洪生萬方，萬方生有聲，世稱樸菴先生，爲先生之尊人。先生由東渚邨遷居郡城東南香溪之北，郡城東禪寺有紅豆一株，相傳白鴿禪師所種，老而枯矣，至是時復生新枝。先生移一枝植階前，生意郁然，有《紅豆新居圖》，自題五絶句，又賦《紅豆詞》十首，和者二百餘人。四方名士過吴門者，必停舟訪焉。因自號紅豆主人，海内學者稱爲紅豆先生，鄉人稱曰老紅豆先生，半農曰少紅豆先生，松崖曰小紅豆先生。江藩《國朝漢學師承記》。

先生爲密雲令，邑當出國孔道，值王師北征，軍需孔亟，馬瘏僕痡，艱苦萬狀，至侘傺憂瘁以死。鄭方坤撰小傳。

先生説《詩》解頤，故餘事爲詩，皆導源三百，蓋其學問根柢，於一時輩流中，與同郡嚴思菴相驂駕，用能原原本本，卓然成一家之言，不徒鞶帨爲工，如明季詩人僅以五七言著已也。有《北征》、《紅豆》、《崢嶸》、《囈語》等集。同上。

汪堯峯曰：「吾友惠子元龍好爲淹博之學，其於諸經也潛思遠引，左右采獲，久之而怳若有悟，間出己意爲之疏通證明，無不悉有依据，非如專門之家，守其師説而不變者也。其所著《詩説》先成，多所發明，雖未知於孔子删《詩》之意果合與否，然博而不蕪，質而不俚，善辨而不詭於正，亦可謂毛、鄭之功臣，夾漈、紫陽之諍子矣。」汪琬撰《詩説序》。

田紫綸曰：「《詩》家之廢久矣。惠子元龍嘗讀《詩》而病之，因著《詩説》三卷，其旨本於《小序》，其論采於六經，旁搜博取，疏通證據，雖一字一句必求所自，而攷其義類，晰其是非。蓋有漢儒之博，而非附會；有宋儒之醇，而非膠執。庶幾得詩人之意，而爲孔子所深許者歟！」田雯撰《詩説序》。

研谿家學

惠先生士奇

惠士奇，字天牧，一字仲儒，晚年自號半農人，研溪子。康熙辛卯進士，改庶吉士，授編修。庚子典試湖南，尋督學廣東。雍正癸卯命留任，洊升侍讀學士，後罷官。乾隆丁巳補侍讀，戊午以病告歸，辛酉卒，年七十有一。先生盛年兼治經史，晚尤邃於經學，撰《易説》六卷，《禮説》十四卷，《春秋説》十五卷。於《易》雜釋卦爻，專宗漢學，以象爲主。於《禮》古音古字，皆爲分別疏通。於《春秋》以禮爲綱，而緯以春秋之事，言必據典，論必持平。先生幼讀史，於天文、樂律二志未盡通曉，及官翰林，因新法究推步之原，著《交食舉隅》二卷。悟陽正陰倍之義法存於琴篴，❶撰《琴篴理數考》四卷。又所著詩有《紅豆齋小草》、《詠史樂府》及《南中》諸集。參史傳、江藩《國朝漢學師承記》，又附見《惠吉士記》。

易説

《易》始於伏羲，盛於文王，大備於孔子，而其説猶存於漢。不明孔子之《易》，不足與言文王；不明文王之《易》，不足與言伏羲。舍文王、孔子之《易》，而遠問庖犧，吾不知之矣。漢儒言《易》，如孟喜以卦氣，京房以通變，荀爽以升降，鄭康成以爻辰，虞翻以納甲，其説不同，而指歸則一，皆不可廢。今所傳之《易》出自費直，費氏本古文，王弼盡改爲俗書，又創爲虛象之説，遂舉漢學而空之，而古學亡矣。易者象也，聖人觀象而繫辭，君子觀象而玩辭，六十四卦皆實象，安得虛哉！

禮説

《禮經》出於屋壁，多古字古音，經之義

❶「篴」，原空缺，今據《國朝漢學師承記》補。下「篴」字同。

存乎訓，識字審音，乃知其義，故古訓不可改也。康成注經皆從古讀，蓋字有音義相近而譌者，故讀從之。後世不學，遂謂康成好改字，豈其然乎？康成三禮、何休《公羊》多引漢法，以其去古未遠，故借以爲說。賈公彦於鄭注，如飛茅、扶蘇、薄借綦之類，皆不能疏，所讀之字亦不能疏，輒曰從俗讀，甚違不知蓋闕之義。夫漢遠於周，而唐又遠於漢，宜其説之不能盡通也，況宋以後乎？周秦諸子，其文雖不盡雅馴，然皆可引爲《禮經》之證，以其近古也。

春秋說

《春秋》三傳，事莫詳於左氏，論莫正於穀梁。韓宣子見《魯春秋》，曰：「周禮盡在魯矣。」然則《春秋》本周禮以記事也。左氏褒貶皆春秋諸儒之論，故紀事皆實，而論或未公。公羊不信國史，惟篤信其師説，師所未言則以意逆之，故所失常多。要之左氏得諸國史，公、穀得之師承，雖互有得失，不可偏廢。後世有王通者，好爲大言以欺人，乃曰「三傳作而《春秋》散」，於是啖助、趙匡之徒争攻三傳，以伸其異說。夫《春秋》無《左傳》，則二百四十年盲然如坐闇室之中矣。公、穀二家即七十子之徒所傳之大義也，後之學者當信而好之，擇其善而從之。若徒據孟子「盡信書不如無書」之説，力排而痛斥之，吾恐三傳廢而《春秋》亦隨之而亡也。左氏最有功於《春秋》，公、穀有功兼有過，學者信其所必不可信，疑其所必無可疑，惑之甚者也。

附録

研溪先生夢東里楊文貞公來謁，已而生先生，遂以文貞之名名之。年十二即能詩，有「柳未成陰夕照多」之句，爲先輩所激賞。二十一爲諸生，不就省試。或問之，則曰：「胸中無書，焉用試爲？」奮志力學，晨夕不輟，遂博通六藝九經諸子，及《史》、《漢》、《三國志》，皆能闇誦。嘗與名流宴集，坐中有難之者曰：「聞君熟於《史》、《漢》，試爲誦《封禪書》。」先生朗誦終篇，不遺一字，衆皆驚服。江藩《國朝漢學師承記》，又附見《惠吉士記》。

聖祖嘗問廷臣誰工作賦，蔣文肅時爲閣學，以華亭王頊齡、仁和湯右曾及先生三人對。其後己亥正月，太皇太后升祔禮成，奉命祭告炎帝陵、舜陵。故事，祭告使臣學士以上乃得開列，先生以編修與，異數也。史傳、錢大昕撰傳、江藩《國朝漢學師承記》，又附見《惠吉士記》。

先生視學廣東，下車日焚香設誓，不妄取一文，不妄徇一情。頒條教以通經爲先，士子能背誦五經，背寫三禮、《左傳》者，諸生食廩餼，童子青其衿。嘗言漢時蜀郡僻陋，有蠻夷風，文翁爲蜀守，選子弟就學，遣雋士張寬等東受七經，還以教授，其後司馬相如、王褒、嚴遵、揚雄相繼而起，文章冠天下。漢之蜀，猶今之粵也，於是毅然以經學倡。三年後通經者漸多，文體爲之一變。同上。

先生謂今之校官，古博士也。博士明於古今，通達國體，今校官無博士之才，弟子何所效法？訪諸輿論，得海陽進士翁廷資者，即具疏題補韶州府教授，將以誘進多士。吏部以學臣向無題補官員之例，格不行。奉旨：惠士奇居官聲名好，所舉之人諒非徇私，著照所請補授，後不爲例。同上。

先生在粵，任滿還都，送行者如堵牆。既去，粵人尸祝之，設木主，配食先賢，潮州於昌黎祠，惠州於東坡祠，廣州於三賢祠。每元旦及生辰，諸生咸肅衣冠入拜。江藩《國朝漢學師承記》，又附見《惠吉士記》。

先生於雍正丙午冬還朝入對，不稱旨，罰修鎮江城，以産盡停工削籍。乾隆丙辰復調取入京，免欠修城銀，令纂修三禮。史傳。

楊駿驤曰：「公一生學行，爲海内宗仰。士君子知與不知，聞公名皆翕然推服，無異詞。超曾親炙公二十餘年，聆公緒言餘論，見公行己立身，乃知公之學非一世之學，公之行實有高世之行也。」楊超曾撰墓志銘。

案楊超曾，字駿驤，武陵人。康熙乙未進士，官至吏部尚書，署江南、江西總督，謚文敏，國史有傳。爲先生高第弟子。先生視學粵東時有高才生，蘇珥、羅天尺、何夢瑶、陳海六，時稱惠門四子。坿識之。

惠先生棟

惠棟，字定宇，一字松崖。半農七子，先生最著。初爲吴江學生員，復改歸元和籍。自幼篤志向學，家多藏書，日夜講誦，於經史諸子、稗官野乘及七經毖緯之學，靡不肄業及之。小學本《爾雅》，六書本《説文》，餘及《急就章》、《經典釋文》、漢魏碑碣，自《玉篇》、《廣韻》而下勿論也。年五十後，專心經術，尤邃於《易》。謂宣尼作《十翼》，其微言大義，七十子之徒相傳至漢，猶有存者。自王弼興而漢學亡，幸傳其略於李鼎祚《集解》

中。精覃三十年，引伸觸類，始得貫通其旨，乃撰《周易述》一編，專宗虞仲翔，參以荀、鄭諸家之義，約其旨爲注，演其説爲疏，漢學絶而復章。書垂成而疾革，遂闕鼎至未濟十五卦，及《序卦》、《雜卦傳》二篇。孔氏《正義》據馬融、陸績説，以爻辭爲周公所作，與鄭學異。其所執者，《明夷》六五云「箕子」，《升》六四云「王用享于岐山」，皆文王後事也。先生獨能辨之。於《明夷》之五曰：「箕子當從古文作其子，其古音亥，亦作萁。劉向云『今《易》其子作荄兹』，荀爽據以爲説，讀萁子爲荄兹。其與亥，子與兹，文異而音義同。《三統術》云『該閡于亥，孳萌于子』，該、荄亦同物也。五本坤也，坤終於亥，乾出於子，用晦而明，明不可息，故云『其子之明夷』。馬融俗儒，不識七十子傳《易》之大義，讀其爲箕，蓋涉《彖傳》而譌。五爲天位，箕子臣也，而當君位，乖於《易》例甚矣。謬種流傳，兆於西漢，博士施讎讀其爲箕，蜀人趙賓述孟氏之學，以爲箕子明夷，陰陽氣無箕子，箕子者萬物方荄兹也。賓據古義以難諸儒，諸儒皆屈，於是施讎、梁丘賀皆嫉喜而並及於賓。班固作喜傳，亦用讎、賀之單詞，皆非實録。劉向《別録》猶循孟學。故馬融俗説，荀爽獨知其非，復用賓古義，而晉人鄒湛以漫衍無經譏之。蓋魏晉以後經師道喪，王肅詆鄭氏而禘郊之義乖，袁準毀蔡、服而明堂之制亡，鄒湛譏荀諝而《周易》之學晦，郢書燕説，一倡百和，何尤乎後世之紛紜也。」於《升》之四曰：「文王爻辭皆據夏商之制，《春秋》引《夏書》『惟彼陶唐，帥彼天常，有此冀方』，服虔云：『堯居冀州，虞夏因之。』《禹貢》冀州治梁及岐，《爾雅》云『梁山，晉望也』。諸侯三望，天子四望，梁山爲晉望，明梁、岐皆冀州之望。此王謂夏后氏受命祭告，非文王也。」其論占筮之法曰：「《易》稱『天下之動貞夫一』，故卦爻之動一則正，兩則惑。京氏筮法一爻變者爲九六，二爻以上變爲八。晉公子得貞屯悔豫皆八，乃三爻變，不稱『屯之豫』而稱八。穆姜遇艮之八，乃五爻變，不稱『艮之隨』而稱八。所謂貞夫一也。七者蓍之數，八者卦之數，蓍圓而神，卦方以知，神以知來，知以藏往，知來爲卦之未成者，藏往爲卦之已成者，故不曰七而曰八。《春秋》内外傳無筮得某卦之七者，以七爲蓍之數，未成卦也。」又因學《易》而悟明堂之法，撰《明堂大道録》八卷、《禘説》二卷，大略謂《説卦》「帝出乎震」，帝者五帝也，在太微中，五德相次以成四時，聖人法之立明堂，爲治天下之大法。明堂有五室四堂，室以祭天，堂以布政。王者承天統物，各於其方以聽事，謂之明堂月令，今所傳《月令》是也。古之聖人，生有配天之德，没有配天之祭，故太皞以下，歷代所禘，太皞以木德，炎帝以火德，黄帝以土德，少皞以金德，顓頊以水德。王者行大享之禮於明堂，謂之禘、祖、宗，其郊則行之南郊。禘、郊、祖、宗曰大祭，❶而總謂之禘者，禘其祖之所自出故也。鄭注《大傳》「不王不禘」及《詩·長發》「大禘」箋，皆云「郊祀天」，是郊稱禘也。《周頌·雝》序云「禘太祖也」，鄭箋云「太祖謂文王」，是祖稱禘也。劉歆云「大禘則終王」，是宗稱禘也。董子曰：「天地者，先祖之所自出也。」禘者，禘其祖之所自出，故四大祭皆蒙禘名。先儒皆以明堂上有靈臺，下有辟雍，四門有太學。潁容《春秋釋例》云：「太廟有八名，肅然清静謂之清

❶「曰」，《國朝漢學師承記》卷二作「四」。

廟，行禘祫、序昭穆謂之太廟，告朔行政謂之明堂，行饗射養國老謂之辟雍，❶占雲物望氛祥謂之靈臺，其四門之學謂之太學，其中堂謂之太室，總謂之宫。」盧植《禮記注》亦云：「明堂即太廟，與靈臺、辟雍古法皆同一處，近世殊異，分爲三耳。」而晉時袁準著論非之，昧於古制矣。王者覲諸侯，或巡狩四岳，則有方明。方明者，放乎明堂之制也，亦謂之明堂，荀子所謂「築明堂於塞外，以朝諸侯」。戰國時齊有泰山明堂，即方明也。《周書》朝諸侯則於明堂，覲諸侯則設方明。故虞禋六宗，而覲四岳羣牧，周禮方明，而覲公侯伯子男。六宗、方明即明堂六天之神，鄭氏謂天之司盟非也。自明堂之制不詳，而禘禮亦廢。鄭氏知圜丘方丘之謂禘，而不知爲明堂六帝。王肅又誤據魯禘，改禘爲宗廟之祭，無配天之事。此魏明所以庴漢四百餘年廢無禘祀也。禘行於明堂，明堂之法本於《易》，《中庸》言至誠可以贊化育，與天地參，此明堂配天之義也。又有《易漢學》七卷，《易例》二卷，《周易本義辨證》五卷，《古文尚書考》二卷，《左傳補注》六卷。其注「秦穆姬屬賈君」，用唐尚書説，以賈君爲申生妃。「令尹蔿艾獵」，用《世本》説爲叔敖之兄。❷「同盟於亳城北」，用服虔本證亳爲京之譌。「塹防門而守之廣里」，用《續漢書》及京相璠説，以防門、廣里爲地名。「吴句餘」用服虔説，以爲吴子餘祭。「萬者二人」用吴仁傑説，二人當爲二八。「臧文仲廢六關」，訓廢爲置，讀如《公羊》「廢其有聲者」之「廢」。皆前人所未及道也。又撰《九經古義》十六卷，

❶ 「射」，原脱，今據《國朝漢學師承記》卷二補。

❷ 「本」，原脱，今據《國朝漢學師承記》卷二補。

《後漢書補注》十五卷，《惠氏讀説文記》十五卷，《山海經訓纂》十八卷，《漁洋山人精華録訓纂》二十四卷，《太上感應篇注》二卷，《九曜齋筆記》二卷，《松崖筆記》二卷。又有《諸史會最》、《竹南漫録》，皆未成書。卒於乾隆戊寅，年六十有二。參史傳、江藩《國朝漢學師承記》，又附見《惠吉士記》。

易漢學自序

六經定于孔子，燬于秦，傳于漢。漢學之亡久矣，獨《詩》、《禮》、《公羊》猶存毛、鄭、何三家。《春秋》爲杜氏所亂，《尚書》爲僞孔氏所亂，《易經》爲王氏所亂。杜氏雖有更定，大校同于賈、服，僞孔氏則雜采馬、王之説，漢學雖亡而未盡亡也。惟王輔嗣以假象説《易》，根本黄老，而漢經師之義盪然無復有存者矣。故宋人趙紫芝有詩云：「輔嗣《易》行無漢學，元暉詩變有唐風。」蓋實録也。棟曾王父樸菴先生嘗閔漢學之不存也，取李氏《易解》所載者，參衆説而爲之傳。天、崇之際，遭亂散佚，以其説口授王父，王父授之先君子，先君子于是成《易説》六卷。又嘗欲別撰漢經師説《易》之源流，而未暇也。棟趨庭之際，習聞餘論，左右采獲，成書七卷，自孟長卿以下五家之《易》，異流同源，其説略備。嗚呼！先君子即世三年矣，以棟之不才，何敢輒議著述。然以四世之學，上承先漢，存什一于千百，庶後之思漢學者，猶知取證，且使吾子孫無忘舊業云。是爲序。

古文尚書考自序

孔安國古文五十八篇，漢世未嘗亡也，

三十四篇與伏生同，二十四篇增多之數，篇名具在。劉歆造《三統曆》，班固作《律曆志》，鄭康成注《尚書序》，皆得引之。特以當日未立於學官，故賈逵、馬融等雖傳孔學，不傳逸篇。融作《書序》，亦云逸十六篇，絶無師説。十六篇内《九共》九篇，故二十四。蓋漢重家學，習《尚書》者皆以二十九篇爲備，伏生二十八篇，《太誓》後得，故二十九。劉歆《移書太常》曰：「抑此三學，以《尚書》爲備。」臣瓚曰：「當時學者謂《尚書》唯有二十八篇，不知本有百篇也。」三學謂逸《禮》、《尚書》、《左傳》。于時雖有孔壁之文，亦止謂之逸《書》，無傳之者。服虔《左傳解誼》以《毛詩·都人士》首章爲逸《詩》，以未立于學官故也。然其書已入中祕，是以劉向校古文，得録其篇，箸于《別録》。至東京時，惟亡《武成》一篇，而《藝文志》所載五十七篇而已。劉向《別録》五十八篇。其所逸十六篇，當時學者咸能案其篇目，舉其遺文。雖無章句訓故之學，翕然皆知爲孔氏之逸《書》也。或曰：古文出于晉世，若兩漢先嘗備具，何以書傳所引《太甲》、《説命》諸篇，漢儒羣目爲逸《書》歟？曰：今世所謂古文者，乃梅賾之《書》，非壁中之文也。賾采摭傳記，作爲古文，以給後世。後世儒者靡然信從，於是東晉之古文出，而西漢之古文亡矣。孔氏之《書》不特文與梅氏絶異，而其篇次亦殊。愚既備著其目，復爲條其説於左方，以與識古君子共證焉。

孔氏古文尚書五十八篇

堯典、梅氏分出《舜典》。舜典、汩作、九共一、九共二、九共三、九共四、九共五、九共六、九共七、九共八、九共九、大禹謨、臯陶謨、梅氏分出《益稷》。棄稷、即《益稷》。禹貢、甘誓、五子之歌、嗣征、湯誓、湯誥、咸有一德、梅氏次《大甲》。典寶、梅氏次《湯誓》。伊訓、梅氏次《湯誥》。肆命、原命、般庚上、般庚中、般庚下、高宗肜日、西伯戡黎、微子、大誓上、大誓中、大誓下、牧誓、武成、建武之際亡。洪範、旅獒、金縢、大誥、康誥、酒誥、杍材、召誥、雒誥、多士、毋逸、君奭、多方、立政、顧命、康王之誥、臩命、當作《畢命》。粊誓、梅氏次《文侯之命》。呂刑、文侯之命、秦誓。

桓譚《新論》云：「《古文尚書》舊有四十五卷，爲五十八篇。」蓋賈、馬《尚書》三十四篇，益以孔氏逸篇二十四篇，爲五十八。內《般庚》三篇同卷，《大誓》三篇同卷，《顧命》、《康王之誥》二篇同卷，實二十九篇。逸《書》《九共》九篇同卷，實十六篇。合四十五卷之數，篇即卷也。與桓君山説合。《藝文志》四十六卷，兼序言之。

鄭氏述古文逸書二十四篇

舜典、汩作、九共一、九共二、九共三、九共四、九共五、九共六、九共七、九共八、九共九、大禹謨、棄稷、五子之歌、嗣征、湯誥、咸有一德、典寶、伊訓、肆命、名陳政教所當爲也。原命、武成、旅獒、臩命。當作《畢命》。

《藝文志》云：「《古文尚書》者，出孔氏壁中。孔安國者，孔子後也，悉得其書，以攷二十九篇，得多十六篇，安國獻之。遭巫蠱事，未列於學官。」所謂十六篇者，即鄭氏所述逸《書》二十四篇也。《正義》曰：「以《九共》九篇共卷，除八篇，故爲十六。」

孔沖遠以孔氏十六篇爲張霸僞《書》，其説之可疑者有四焉。《漢書·儒林傳》云：「孔氏有《古文尚書》，孔安國以今文字讀之，因以起其家，逸《書》得十餘篇，蓋《尚書》兹多於是矣。世所傳百兩篇者，出東萊張霸，分析合二十九篇以爲數十，又采《左氏傳》、《書敘》爲作首尾，凡百二篇，篇或數簡，文意淺陋。成帝時求其古文者，霸以能爲百兩徵，以中書校之非是。」案傳先述逸《書》，後稱百兩，明逸《書》非百兩，其疑一也。《經典序録》曰：「百二篇文意淺陋，成帝時劉向校之非是，後遂黜其書。」夫校古文者向也，識百兩之非古文者亦向也，豈有向撰《别録》，仍取張霸僞《書》者乎？其疑二也。成帝之時，百篇具在，向、歆父子領校祕書，皆得見之。歆撰《三統曆》，述《伊訓》、《武成》、《畢命》諸篇，悉孔氏逸《書》之文也。觀歆《移太常書》，知孔氏古文具在。其後《武成》亡於建武之際，至東漢之末，《嗣征》、《伊訓》猶有存者，故鄭康成注《書》閒一引之。注《禹貢》引《嗣征》，注《典寶》引《伊訓》。若百兩之篇傳在民閒，王充《論衡》曰：「百二篇《書》，傳在民閒。」與壁中古文真僞顯然，當時學者咸能辨之，《論衡》十八卷引百兩篇云：「伊尹死，大霧三日。」豈有識古如劉子駿、篤學如鄭康成，以民閒僞書，信爲壁中逸典者也？其疑三也。《律曆志》載《伊訓》篇曰「惟元年十有一月乙丑朔，伊尹祀於先王」，《武成》篇曰「惟一月壬辰旁死霸，古文魄、霸通。若翌日癸巳，武王迺朝步自周，於征伐紂」，《畢命》曰「惟十有二年六月庚午朏」，云云。案其文與梅氏所載略同，後人庰之爲張霸僞《書》者也。愚考王充《論衡》曰：「霸造百二篇，成帝出祕《尚書》以校攷之，無一字相應者。」夫霸《書》不與百篇相應，何後出古文獨與之同？其疑四也。孔沖遠又言：「僞作者傳聞舊語，得其年月，不得以下之辭。」此説謬耳。百二篇與祕《尚書》無一字相應，安得如沖遠所云？且《律曆志》所據逸《書》皆本《三統曆》，子駿親見古文，豈可以僞書廁之？

辨正義四條

《正義》曰：「伏生本二十八篇，《般庚》出二篇，如《舜典》、《益稷》、《康王之誥》凡五篇，爲三十三篇，加所增二十五，爲五十八。」

案漢元以來，《尚書》無所謂三十三篇者。二十八篇者伏生也，三十一卷者歐陽也，蓋《般庚》出二篇，加《大誓》一篇，故三十一。一説二十八篇之外加《大誓》析爲三篇。二十九篇者夏侯也，依伏生篇數增《大誓》一篇。三十四篇者馬、鄭也。《般庚》、《大誓》皆析爲三篇，分《顧命》「王若曰」以下爲《康王之誥》，故三十四。梅氏去《大誓》三篇，梅既去《大誓》，則止有三十一篇。而分《堯典》、《皋陶謨》爲《舜典》、《益稷》二篇，於是有三十三篇之文，是其謬耳。且五十八篇既因於《別録》，其中增多二十五篇，又不與班氏《藝文志》相應，《藝文志》止十六篇，出《九共》八篇，爲二十四，此鄭氏《書》也。進退皆無據也。

《正義》曰：「前漢諸儒知孔本有五十八篇，不見孔傳，遂有張霸之徒，於鄭注之外僞造《尚書》凡二十四，以足鄭注三十四篇，爲五十八篇。」

案霸所僞有百兩篇，無僞造二十四篇之説。二十四篇之文，《九共》同卷，實十六篇。劉歆、班固皆以爲孔安國所得逸《書》，非張霸《書》也。自東晉二十五篇之文出，於是始以二十四篇爲僞《書》，信所疑而疑所信，此後儒所以不能無辨也。梅氏僞《書》，如吳才老、朱晦菴、陳直齋、吳草廬、趙子昂諸人，皆能辨之，但不知鄭氏二十四篇爲孔氏真古文耳。

《正義》曰：「鄭氏於伏生二十九篇之

內,分出《般庚》二篇、《康王之誥》、又《大誓》三篇,爲三十四篇。更增益僞《書》二十四篇,爲五十八。以此二十四篇爲十六卷,以《九共》九篇共卷,除八篇,故爲十六。故《藝文志》、劉向《别録》云五十八篇。❶《藝文志》又云:『孔安國者,孔子後也,悉得其書,以古文又多十六篇。』篇即卷也,即是僞書二十四篇也,劉向作《别録》,班固作《藝文志》,並云此言不見孔傳也。」

案壁中《尚書》,安國家獻之,劉向從而校之,故知見行之《書》,文字異者七百有餘,增多之篇《舜典》已下一十有六,康成僎次篇目,皆仍孔氏之舊。如以十六篇爲僞《書》,則當日祕府所藏亦難深信,而梅氏五十八篇之文,又何所據以傳於後耶?

《正義》曰:「案伏生所傳三十四篇者,謂之今文,則夏侯勝、夏侯建、歐陽和伯等三家所傳,及後漢末蔡邕所勒石經是也。孔所傳者,膠東庸生、劉歆、賈逵、馬融等所傳是也。鄭玄《書贊》云:『我先師棘下生子安國亦好此學,自世祖興,後漢衛、賈、馬二三君子之業,則雅材好博,既宣之矣。』又云:『歐陽氏失其本義,今疾此蔽冒,猶復疑惑未悛。』是鄭意師祖孔學,傳授膠東庸生、劉歆、賈逵、馬融等學,而賤夏侯、歐陽等。何意鄭注《尚書》亡逸,並與孔異。」

案漢世儒者,惟鄭氏篤信古文,故於《易》傳費氏,於《書》傳孔氏,於《詩》傳毛氏,皆古文也。許慎亦從賈逵授古學,其僎《説文解字》,稱《書》孔氏,《詩》毛氏。由是言

❶「故」,原作「首」,今據《古文尚書考》卷上及《尚書注疏》改。

之，鄭祖孔學，又何疑乎？蓋古文自膠東庸生已下，代有經師。扶風杜林又得西州桼書，互相攷證，衛、賈、馬諸君皆傳其學，故有雅材好博之稱。平帝立古文，而十六篇不著於録，以故絶無師説，沿至建武，《武成》之篇閒有亡者。尹敏、孫期、丁鴻、張楷皆通古文，然闕幘傳講二十九篇而已。《大誓》後得，古文實二十八篇。由西漢俗儒夏侯勝、師丹輩。信今疑古，撥弃内學，抑而不宣，至康成注《書》，《嗣征》、《伊訓》僅有存焉，然猶能舉其篇章，辨其亡逸者，此炎漢四百年古文經師之力也。迄乎永嘉，師資道喪，二京逸典咸就滅亡。具《隋·經籍志》。於是梅賾之徒僞《書》當作俑於王肅，肅好造僞書，以詆康成，《家語》其一也。奮其私智，造爲古文，傳記逸書，掎摭殆盡。詳下卷。若拾遺秉而作飯，集狐腋以爲裘，二語本朱錫鬯。雖於大義無乖，然合之鄭氏逸篇，不異百兩之與中書矣。蓋孔氏既有古文，而梅復造之，鄭自與梅異，非與孔異也。

證孔氏逸書九條

孔君、伏生傳《書》，雖有古今之異，皆信以傳信，疑以傳疑，默相契合。如伏生《書》有《堯典》，無《舜典》，有《咎繇謨》，無《弃稷》，以二篇本闕也。而孔氏逸《書》别有《舜典》、《弃稷》二篇，正可補伏生之闕。又《書大傳·虞傳》有《九共》篇，云「予辨下土，使民平平，使民無傲」，薛宣曰：「伏生稱《九共》，以諸侯來朝，各述其土地所生美惡，人民好惡，爲之貢賦政教，略能記其語云。」今逸《書》亦有是篇。伏生見之，孔氏傳之，此信而有徵者。

王氏應麟曰：「五子述大禹之戒以作歌，仁義之人，其言藹如，豈朱、均、管、蔡之比？」楚士娓以五觀比於朱、均、管、蔡。愚案墨子

《非樂》篇云：「於武觀曰：啟乃淫溢康樂，「啟乃」當作「啟子」，溢與泆同。野於飲食，將將銘莧磬以力，湛濁於酒，湛與耽同，耽淫濁亂也。渝食於野，萬舞翼翼，章聞於大。當作「天」。天用弗式，故上者天鬼弗戒，下者萬民弗利。」此逸《書》叙武觀之事，即《書序》之五子也。《周書·嘗麥》曰：「其在夏之五子，今本「夏」訛「殷」。忘伯禹之命，假國無正，用胥興作亂，遂凶厥國。皇天哀禹，賜以彭壽，思正夏略。」五子者，武觀也。彭壽者，彭伯也。《汲郡古文》云：「帝啟十一年，放王季子武觀於西河。十五年，武觀以西河畔，漢東郡有畔觀縣。彭伯壽帥師征西河，武觀來歸。」注云「武觀，即五觀也」。《楚語》士娓曰：「啟有五觀。」《春秋傳》曰：「夏有觀扈。」《五子之歌》，《墨子》述其遺文，《周書》載其逸事，《楚詞》云：「啟《九辨》與《九歌》兮，夏康娛以自縱。」即《墨子》所云「淫溢康樂、萬舞翼翼」是也。又云「不顧難以圖後兮，五子用失乎家巷」，即《周書》所云「忘伯禹之命，遂凶厥國」是也。與內外傳所稱無殊。且孔氏逸《書》本有是篇，漢儒習聞其事，故韋昭注《國語》，王符撰《潛夫論》，皆依以爲説。安有淫泆作亂之人，述戒作歌以垂後世者乎？梅氏之誣，不待辨而明矣。

《書正義》云：「鄭氏注《禹貢》，引《胤征》云：『厥篚玄黃，昭我周王。』」《詩·鹿鳴》云：「承筐是將。」鄭箋曰：「承，猶奉也。《書》曰『厥篚玄黃』。」興國、建安本作「篚厥玄黃」，訛。《正義》云：「今《禹貢》止有『厥篚玄纁』之文，而鄭注《禹貢》引《胤征》曰『厥篚玄黃』，則此所引亦爲《胤征》文。鄭誤也，當在古文《武成》篇矣。鄭不見古文，而引張霸《尚書》，故不同耳。」愚案孔氏逸《書》有《胤征》篇，漢末猶存，故鄭氏引之。孔沖遠必欲黜鄭扶梅，使梅氏僞《書》得以行世，豈非弃周鼎而寶康瓠歟？

孔氏逸《書》有《湯誥》篇，司馬遷從安國問，采入《殷本紀》。今梅氏别僎一篇，如「敢用玄牡，敢昭告于上天神后」云云，此《湯誓》之文也。故孔安國注《論語·堯曰》篇，亦言「《墨子》載《湯誓》其辭若此」，明《湯誥》無此文也。《湯誥》之文，安國尚不得而知之，況馬、鄭乎？《緇衣》引《尹吉》曰：「惟尹躬及湯，咸有一德。」鄭注云：「吉當爲告，古文誥字之誤也。《尹告》，伊尹之告也，《書序》以爲《咸有一德》，今亡。」逸《書》有此篇，當康成時已亡也。《緇衣》又引云：「惟尹躬天，見於西邑夏，自周有終，相亦惟終。」注云：「天當爲先字之誤，伊尹言尹之先祖，見夏之先君臣皆忠信以自終，今天絶桀者，以其自作孽。伊尹始仕於夏，此時就湯矣。」鄭爲此言者，據孔氏逸《書》爲説，蓋古文《書序》，《咸有一德》次《湯誥》後，《書正義》云：「孔以《咸有一德》次《大甲》後第四十，鄭以爲在《湯誥》後第三十二。」《殷本紀》於《湯誥》之下即云「伊尹作《咸有一德》，咎單作《明居》」，鄭傳賈逵之學，馬遷從孔安國問，皆得其實。今僞孔氏以《咸有一德》次《大甲》後者，妄也。故鄭以《尹告》爲伊尹告成湯，即《書序》之《咸有一德》也。又當克夏之後，故云「始仕於夏，此時就湯」，皆古文説也。今梅氏以《尹吉》一篇之文分屬《大甲》，又以《咸有一德》爲陳戒大甲之辭，失之遠矣。

劉歆《三統曆》載《伊訓》篇《律曆志》同。曰：「惟大甲元年十有二月乙丑朔，伊尹祀於先王，誕資有牧方明。」言雖有成湯、大丁、外丙、仲壬之服，以冬至越茀祀先王於方明，以配上帝。歆以方明爲明堂，配天越茀者，祭上帝越茀行事也。方明見《覲禮》篇。《汲郡古文》曰：「大甲十年，大饗於大廟，初祀方明。」此商家一代禘祭大典，惜其書不與《堯典》並傳。周因殷禮，故《覲禮》有方明。康成注《典寶》引《伊訓》云：「載孚在亳。」又云：「征是三朡。」則此篇漢末猶存也。崔寔《政論》曰：「臯陶陳謨而唐虞以興，伊、箕作訓而殷、周用隆。」則《伊訓》之篇，子真曾見之矣。

劉向《別録》云：「《古文尚書》經五十八篇。」《藝文志》作五十七篇，康成云：「後又亡其一篇，故五十七。」案康成《書序》注云：「《武成》逸《書》，建武之際亡。」即謂所云之篇也。劉歆《三統曆》云：「《周書·武成》篇『惟一月壬辰旁死霸，若翌日癸巳，武王乃朝步自周，于征伐紂』。『粵若來三月既死霸，粵五日甲子，咸劉商王紂。』『惟四月既旁生霸，粵六日庚戌，武王燎於周廟。翌日辛亥，祀於天位。粵五日乙卯，乃以庶國祀馘於周廟。』」案其文皆見《周書·世俘》篇，蓋史官所記伐紂歲月略同，而其文則異也。

《旅獒》序云：「西旅獻獒，大保作《旅獒》。」獒，馬融作豪，酋豪也。康成曰：「獒讀爲豪。西戎無君名，强大有政者爲酋豪。國人遣其酋豪來獻，見於周。」此孔氏逸《書》之説。馬季長傳古文而得之，康成受學於馬，故述其説如此。孔沖遠據梅氏「旅獒」爲「犬高四尺之獒」，斥馬君爲不見古文，妄爲此説，何言之悖歟？

逸《書》有《冏命》，愚謂「冏」當作「畢」字之誤也。劉歆《三統曆》云：「《畢命豐刑》曰：『惟十有二年六月庚午朏，王命作策《豐刑》。』」一云「作策書《豐刑》」。康成《畢命》序注云：「今其逸篇有册命霍侯之事不同，與此序相應。」蓋亦據孔氏逸《書》爲説。

梅氏增多古文二十五篇

大禹謨、五子之歌、胤征、仲虺之誥、湯誥、伊訓、太甲上、太甲中、太甲下、咸有一德、説命上、説命中、説命下、泰誓上、泰誓中、泰誓下、武成、旅獒、微子之命、蔡仲之命、周官、君陳、畢命、君牙、冏命。❶

案《藝文志》,《古文尚書》出孔壁中,孔安國悉得其書,以考二十九篇,❷得多十六篇。內《九共》九篇,故分之爲二十四,合之爲十六。今梅氏增多篇數,分之爲二十五,合之爲十九,與《藝文志》不合。又因劉向《别録》《古文尚書》有五十八篇,乃遂分《堯典》「慎徽」以下爲《舜典》,分《皋陶謨》「帝曰來禹」以下爲《益稷》,以合《别録》之數。於是見行之《書》爲三十三篇,漢魏以前未有此目。且如征苗誓師禹誓文也,「往于田,號泣于旻天」《舜典》文也,而皆以爲《大禹謨》。「葛伯仇餉」《湯征》文也,而以爲《仲虺之誥》。「聿求元聖,與之戮力」,「萬方有罪,在予一人」,皆《湯誓》文也,而以爲《湯誥》。「惟尹躬先,見於西邑夏」,《咸有一德》文也,而以爲《大甲》。皆與書傳不合。

辨梅氏增多古文之謬十五條

《左傳》引《夏書》曰:「戒之用休,董之用威,勸之以《九歌》,勿使壞。」《離騷經》云:「啟《九辨》與《九歌》。」《天問》云:「啟棘賓商,《九辨》、《九歌》。」則《九歌》乃啟樂,猶九鼎爲啟鑄也。伏氏《尚書·虞夏傳》

❶「牙」,原作「身」,今據《古文尚書考》卷上改。

❷「考」,原作「放」,今據《古文尚書考》卷上改。

云：「惟十有四祀，還歸二年，而廟中苟有歌《大化》、《大訓》、《六府》、《九原》，而夏道興。」康成注：「四章皆歌禹。」獨無《九歌》，明《九歌》乃啟樂也。今後出古文以爲禹告舜之詞，則似虞時已有此歌，恐未然。

《墨子·兼愛》篇載《禹誓》云：「禹曰：濟濟有衆，咸聽朕言。非惟小子，惟一作台。敢行稱亂。蠢兹有苗，用天之罰，若予既率爾羣羣猶君也。《周書》王子晉云：「侯能成羣，謂之君。」《堯典》言羣后。又作郡，古文通。《淳于長夏承碑》「兼覽郡藝」，義作羣。對諸羣，❶以征有苗。」據此言之，《夏書》當有《禹誓》之篇。荀卿子曰：「誥誓不及五帝。」《穀梁傳》同。誓始於禹，則舜時未有也。《皋陶謨》言「苗頑弗即功」，則舜陟後，禹當復有征苗誓師之事。今梅氏采入《大禹謨》，屬之《虞書》，僞孔氏以《益稷》以上爲《虞書》。顯然與先儒相悖，其説非也。百篇文荀子猶及見之，説當有據。

《荀子·議兵》篇曰：「舜伐有苗。」此梅氏所據也。案上下文云「堯伐驩兜」，「禹伐共工」云云，此即堯舜誅四凶事，《國語》所謂「大刑用甲兵」，故稱伐，不必有誓師逆命之事也。

顧氏棟高《尚書有苗論》曰：「案經言有苗凡七，見《舜典》言『竄三苗於三危』，又曰『分北三苗』，《皋陶謨》言『何遷乎有苗』，《禹貢》言『三苗丕叙』，《益稷》言『苗頑弗即功』，此亦見《皋陶謨》，非《益稷》也。《呂刑》言『遏絶苗民，無世在下』，與僞經禹徂征之事，凡七。」元儒王耕野耘之言曰：「謂之分北，則非止於一人。謂其丕叙，則必非止於一君。又謂之遷有苗，謂之遏絶苗民，則不特遷徙其君長，

❶「予」，原作「子」，今據《古文尚書考》卷上及《墨子·兼愛》篇改。

必并其國人俱徙之。又何來徂征逆命之事耶？三苗既非在廟之臣，舜必將執其君而竄之。舜執其君而無所難，禹征以六師，而反不服，迨至來格，既革心向化矣，又從而追其既往而分北之，豈叛則討之、服則舍之之義？」又曰：「舜以耄期倦勤而授禹，禹豈宜舍朝廷之事，而親征有苗？舜又安能以倦勤之餘，而誕敷文德？若果能之，則亦不必授禹矣。」案耕野之言深合事理，竊意僞經勦襲《孟子》之語，以聾瞶一世，益贊之言，尤多謬戾。瞽瞍爲舜之父，而禹、益皆其臣也。以瞍爲天子之父，而斥之爲有苗之不若，此在後世爲大逆不道，豈宜竄入經典？愚因耕野之言，類聚所書有苗之事，謹以一言斷之曰：若説竄與分北在徂征之後，則苗以逆命而班師，以來格而遭竄，則有苗當自悔其來。若説在徂征之前，則三苗已丕敘於三危流竄之地，即有不即功者，亦使皋陶施象刑威之足矣，不煩興師動衆也。

《荀子・君道》篇引《書》曰：「先時者殺無赦，不逮時者殺無赦。」《韓詩外傳》云：「周制曰：先時者死無赦，不及時者死無赦。」若然，《荀子》所引乃《周書》也。梅氏載之《胤征》，又以爲先代政典之言，其後僞造《三墳書》者，遂以政典爲三皇時書矣，誰之作俑歟？

《史記・夏本紀》云：「帝大康失國，兄弟五人須于雒汭。」《索隱》曰：「皇甫謐云：號五觀也。」謐從梁柳得《古文尚書》，作《帝王世紀》，往往載孔氏二十五篇之文。至其稱五子爲五觀，且與梅氏相剌謬。然則謐所據之古文，又安可盡信乎？《帝王世紀》曰：「有苗氏負固不服，禹請征之。舜曰：『我德不厚，行武非道也，吾前教由未也。』乃修教三年，執干戚而舞之，有苗請服。」其説本《韓非子》，與《大禹謨》不合。謐既以五子爲五觀，其紀冀州引《五子歌》「惟彼陶唐」，蓋謐作《世紀》雜引傳記，初無定見也。

《唐太宗李衛公問對》曰：「臣案《孫子》曰：『卒未親附而罰之，則不服。已親附而罰不行，則不用。』此言凡將先有愛結於士，然後可以嚴刑也。若愛未加而獨用峻法，鮮克濟焉。」太宗曰：「《尚書》言『威克厥愛允濟，愛克厥威允罔功』，何謂也？」靖曰：「愛設於先，威設於後，不可反是也。若威加於前，愛救於後，無益於事矣。《尚書》所以慎戒其終，非所以作謀於始，故《孫子》之法萬代不刊。」案胤侯掌六師以討羲和，不識兵法，安能制勝？且垂諸訓典，以誤後人，必不然矣。衛公不知《書》之爲僞，故不直斥其非，然則《左傳》「作事威克其愛」一語乃臨戰制勝之語，非如僞《尚書》所云也。

《湯誓》非全書也，《湯誥》非古文也，何以知之？以《湯誥》多采《湯誓》之言，而古文別有《湯誥》之篇也。《論語·堯曰》篇曰：「予小子履，敢用玄牡，敢昭告於皇皇后帝。有罪不敢赦，帝臣不蔽，簡在帝心。朕躬有罪，無以萬方，萬方有罪，罪在朕躬。」孔安國注云：「此伐桀告天之文。《墨子》引《湯誓》，其辭若此。」今在《兼愛》篇。《周語》內史過曰：「在《湯誓》曰：『余一人有辠，無以萬夫，萬夫有辠，在余一人。』」又《墨子·尚賢》篇云：「《湯誓》曰：『聿求元聖，與之戮力。』」今《湯誓》皆無此言，而《湯誥》有之，以此知《湯誓》非全書也。《史記·殷本紀》云：「既黜夏命，還亳，作《湯誥》。維三月王自至於東郊，告諸侯羣后：毋不有功於民，勤力迺事，予乃大罰殛女，毋予怨。曰：古禹、皋陶久勞於外，其有功乎民，民乃有安。

東爲江，北爲濟，西爲河，南爲淮，四瀆已修，萬民乃有居。后稷降種，農殖百穀。三公咸有功於民，故后有立。一作士。昔蚩尤與其大夫作亂百姓，❶帝乃弗予，音與。有狀。先王言不可不勉。❷曰：不道，毋之在國，女毋我怨。」此孔氏所傳十六篇之文也，今《湯誥》之詞與《史記》絶不相類，以此知《湯誥》非古文也。

朱氏彝尊曰：「墨、劓、剕、宫、大辟，非舜之五刑也。舜以命皋陶者，流也，鞭也，扑也，贖也，賦也。象以典刑，五者是已。《甫刑》曰：『苗民勿用靈，制以刑，惟作五虐之刑曰法。』斯則劓、刵、椓、黥之謂，肉刑之始矣。荀卿云：『治古無肉刑，而有象刑。』斯言是也。愚攷肉刑，夏莫之用，商亦無明徵。《伊訓》『臣下不匡，其刑墨』，出梅氏《尚書》，未足深信。至《周官》分職，乃掌之司刑，則肉刑其昉於周歟？」七廟之制始於晚周，周公制禮以前未之有也。《喪服小記》曰：「王者禘其祖之所自出，以其祖配之，而立四廟。」鄭注云：「高祖以下與始祖而五。」漢永始四年詔議毁廟事，丞相韋玄成等四十四人皆主《小記》之説。蓋周公制禮時，文、武尚在四廟之中，穆、共以下二廟當毁，❸以其爲受命之主而不毁。《穀梁》、《王制》、《祭法》、《禮器》並云七廟，荀卿、劉歆、班彪父子、王肅、孔鼂、虞喜、干寶之徒咸以爲嘫。《穀梁》、《王制》、《祭法》、《禮器》皆晚周之書，荀卿法後王，又《穀梁》之徒故主七廟，劉歆剏三宗不毁之説，班氏父子從而和之，王肅又

❶「昔」，原作「者」，今據《古文尚書考》卷上及《史記》改。
❷「王」，原作「生」，今據《古文尚書考》卷上及《史記》改。
❸「共」，原作「其」，今據《古文尚書考》卷上改。

從其説以駁鄭，於是造僞古文者改《吕氏春秋》所引《商書》五世之廟爲七世，孔鼂、虞喜、干寶又皆在僞古文已出之後，故亦宗七廟之説，而不知其畔經而離道也。

朱氏彝尊曰：「《武成》『丁未祀於周廟』之後，乃云『越三日庚戌』，律以《召誥》、《顧命》書法，則當云『越四日』矣。史臣繫日，一代不應互異若此，吾不能不疑於《武成》也。」

《禮記·中庸》曰「壹戎衣」，壹讀爲殪，戎大也，衣讀爲殷，言周殪滅大殷也。康成注云：「齊人言殷聲如衣，虞夏商周氏者多矣。今姓有衣者，殷之胄歟？」高誘《吕覽》注云：「今兖州謂殷氏皆曰衣。」蓋古衣字作㐆，从反身，殷从殳，㐆聲，故讀爲衣。是則《中庸》之「壹戎衣」即《康誥》之「殪戎殷」也。梅氏不知衣即殷字，而於《武成》篇仍用《中庸》之語，云「壹戎衣，天下大定」，斯爲贅矣。《國語》引《大誓》曰「戎商必克」，戎商即戎衣也。

朱氏彝尊曰：「成王之命蔡仲，王若曰：『胡無若爾考之違王命也。』見於《春秋左氏傳》。而梅氏《書》增益其文云：『率乃祖文王之遺訓。』異哉斯言也。《般庚》曰『古我先王暨乃祖乃父』，又曰『我先后綏乃祖乃父』，此誥臣民之辭則然。若成王命康叔，則云『惟乃丕顯考文王』，又曰『乃穆考文王』，周公告成王則曰『承保乃文祖受命民，越乃光烈考武王』，若是其莊重也。而成王命仲曰『率乃祖文王』，乃祖者伊誰之祖與？吾不能不疑於《蔡仲之命》也。」

杜氏預注《左傳》，凡引《書》在二十九篇之外者，曰逸《書》，見《逸周書》者則云《周書》。惟襄二十五年傳云「《書》云：慎始而敬終，終以不困」，此《周書·常訓》篇文也，杜氏偶不照而云逸《書》，於是梅氏遂采入《蔡仲之命》，云：「慎厥初，惟厥終，終以不困。」意自謂二十九篇之外逸《書》也。徐幹《中論》云：「《書》云：慎始而敬終，終以不困。」蓋《逸周書》漢人皆見之。

顧氏炎武謂：「相之名不見於經，而《説命》有『爰立作相』之文。」《外傳》止云「升以爲公」，《墨子》亦云「傅説庸築乎傅巖，武丁得之，舉以爲三公」，無作相之事。　劉氏勰謂：「《論語》以前經無論字。」而《周官》有「論道經邦」之語。閻若璩注《困學紀聞》云：「若璩案：『論道經邦』乃本《攷工記》『或坐而論道』來。」棟案：六經「論」字皆讀爲「倫」。《易・屯》象「君子以經論」，《詩・大雅》「於論鼓鐘」，《王制》「必即天論」，《中庸》「經論天下之大經」是也。《公食大夫禮》注云：「古文倫或作論。」皆梅氏之漏義也。　鄭氏《書序》，《立政》在《周官》後，梅氏置《周官》前，以《立政》官名與《周官》矛盾故耳。　明邵氏寶謂：「《立政》圖任人而未定官制。」此未攷古文《書序》而妄爲之説也。

顧氏炎武曰：「《詩》云『虡業惟樅』，傳曰：『業，大板也，所以飾栒爲縣，捷業如鋸齒，或白畫之。』《爾雅》『大板謂之業』，《左氏》『學人舍業』，《禮記》『大功廢業』，並謂此也。縣者常防其墜，故借爲敬謹之業。《書》之『兢兢業業』，《詩》之『赫赫業業』，『有震且業』是也。凡人所執之事，亦當敬謹，故借爲事業之業，《易傳》『進德修業』，『可大則賢人之業』，『盛德大業』，《禮記》之『敬業樂羣』是也。然三代《詩》、《書》之文並無此義，而『業廣惟勤』一語乃出於梅氏所上之《古文尚書》，其不可信也明矣。」

蔡邕石經《論語》曰：「《書》云：『孝于惟孝，友于兄弟。』」何晏《集解》引包咸注云：「孝于惟孝，美大孝之辭。」華嶠《漢後書》劉平、江革等傳序云：引見《御覽》。「此殆所謂孝于惟孝，友于兄弟，施于有政，是亦爲政也。」自晉世《君陳》出，始以「惟孝」二字屬下讀，後之傳《論語》者改「孝于」爲「孝乎」，以「《書》云孝乎」絶句。陸氏《釋文》云：「孝于，一本作孝乎。」唐石經從定爲「乎」，蓋依《君陳》爲説，非《論語》本真也。朱氏彝尊云：「《書正義》謂《古文尚書》鄭沖所授。案沖嘗與孔邕、曹羲、荀顗、何晏共集《論語》訓法，今《論語》雖列何晏之名，沖實主之。其時若孔《書》既得，則或謂孔子章引《書》即應證以《君陳》之句，不當復周包咸之訓矣。竊疑沖亦未見《古文尚書》也。」

《漢書·谷永傳》永上疏，引經云「亦維先正克左右」，師古曰：「《周書·君牙》之辭也。」❶案《君牙》出於晉世，永安得見之？唐石經及宋本《尚書》皆云「亦惟先王之臣，克左右亂四方」，無先正之字，蓋俗作之。鄭氏《尚書·文侯之命》云「亦維先正克左右昭事厥辟」，永蓋據此篇之文。師古不攷，而引《君牙》以證之，詒誤後學，不可不辨。今世所傳馬融《忠經》一卷，《宋·藝文志》著於録，其書閒引梅氏古文。案馬季長東漢人，安知晉以後書？此皆不知而妄作者。

辨尚書分篇之謬

伏生《尚書》無《舜典》，自「粤若稽古帝堯」至「陟方乃死」皆《堯典》也。《古文尚書》原書亦如此，故司馬遷撰《史記》，鄭康成、王子雍注《尚書》，皆以「慎徽五典」已下爲堯試舜之文。《孟子》稱「二十有八載放勛乃殂落」，明言《堯典》。梅氏本於「慎徽五典」已下別爲《舜典》，此其省作《舜典》一篇，巧於藏拙也，不顯與《孟子》相剌謬乎？《經典序録》曰：「齊明帝建武中，吴興姚方興采馬、王之注，造孔傳《舜典》一篇，云於大航頭買得，上之。梁武時爲博士議曰：『孔

❶「牙」，原作「身」，今據《古文尚書考》卷上改。下同。

序稱伏生誤合五篇，皆文相承接，所以致誤。《舜典》首有曰若稽古，伏生雖昏旄，何容合之？』遂不行用。」《咎繇謨》「帝曰來禹女亦昌言」，與咎繇所陳是一時之言，豈容分異？故伏生今文與馬、鄭、王本皆不分篇，直至後文賡歌颺拜而後《咎繇謨》篇止。其外乃別有《棄稷》之篇，未有所謂《益稷》篇目者。梅氏乃以篇中有臯益、臯稷之文，遂斷自「帝曰來禹」以下，改棄稷之名爲益稷，亦其便於省造之私智也。伏生合《康王之誥》於《顧命》，馬、鄭本「高祖寡命」已上爲《顧命》之篇，「王若曰」已下爲《康王之誥》。尋經文「諸侯出廟門俟」，俟者俟王出也，語勢不斷，不容於此斷章。顧氏炎武舉此三事，以爲《書序》之妄。夫漢世百篇，《書序》別爲一卷，自梅氏上《書》，始以序分冠篇首。豈知《舜典》、《棄稷》別有成篇，《康王之誥》實斷自「王若曰」始，不始於「王出在應門之内」也。

春秋左傳補注自序

棟曾王父樸庵先生幼通《左氏春秋》，至耄不衰。常因杜氏之未備者，作《補注》一卷，傳序相授，于今四世矣。竊謂《春秋》三傳，《左氏》先著竹帛，名爲古學，故所載古文爲多。晉宋以來，鄭、賈之學漸微，而服、杜盛行。及孔穎達奉勑爲《春秋正義》，又專爲杜氏一家之學。值五代之亂，服氏遂亡。嘗見鄭康成之《周禮》，韋弘嗣之《國語》，純采先儒之説，末乃下以己意，令讀者可以考得失而審異同。自杜元凱爲《春秋集解》，雖根本前修，而不著其説。又其持論閒與諸儒相違，于是樂遜《序義》、劉炫《規過》之書出焉。棟少習是書，長聞庭訓，每謂杜氏解經頗多違誤，因剌取經傳，附以先世遺聞，廣爲《補注》六卷，用以博異説，袪俗議，宗韋、鄭之遺，前修不揜，效樂、劉之意，有失必規。其中于古今文之同異者，尤悉焉。傳之子孫，俾知四世之業，勿替引之云爾。

周易古義

自唐人爲《五經正義》，傳《易》者止王弼一家，不特篇次紊亂，又多俗字。如晉當爲𦤎，巺當爲顨，從《説文》。垢當爲遘。從古文。《乾》「確乎其不可拔」、《繫辭》「確然示人易」，皆當作寉。從《説文》。或作㿥，見《鄭烈碑》。周伯琦曰：「寉，胡沃切，鶴字從此。俗用爲鶴字，非。」《坤》初六象「陰始凝也」，凝乃俗冰字，古冰字作仌。見《説文》。《屯》初九「磐桓」，《漸》六二「鴻漸于磐」，皆當作般。與盤同。六二「乘馬班如」，當作般，從鄭本。《左傳》「班馬之聲」，「役將班矣」，古皆作般。古文班。「匪寇婚媾」，當作昏冓。從鄭本。上六「泣血漣如」，漣本瀾别字，當作連，或省文作連。《師》九二象「承天寵也」，當作龍，從王肅。古文寵，《毛詩·蓼蕭》云「爲龍爲光」，《左傳》作寵。《商頌》「何天之龍」，鄭箋云「龍當作寵」。與邦協韻。邦讀爲丰。《比》初六「終來有他吉」，當作它。《釋文》、宋本皆然。九五「王用三驅」，當作敺，古文驅。《履》上九「視履考祥」，本作詳，見《釋文》。古祥字。古文祥作詳，又見蔡邕《尚書》石經。《泰》初九「以其彙」，古文作胃。《釋文》。九二「包荒」，本作巟。《説文》同。六四「翩翩」，古文作偏偏。王弼本作篇篇，今本與子夏傳同。《否》九四「疇離祉」，當作𠷎，從鄭本。古文疇。見《説文》。《豫》六二「介于石」，古文作砎。《釋文》。晉孔坦書云「砎石之易悟」。九四「朋盍簪」，古文作貣，或作戠。虞翻本。《隨》象

「君子以嚮晦」，當作鄉，從王肅。古嚮字。《説卦》「嚮明而治」同，《左傳》皆以鄉爲嚮。《无妄》象「天命不祐」，當作右，從馬融。《繫辭》「可與祐神」同。古祐字。《大畜》六四「童牛之牿」，當作告，從《説文》、《九家》。或作梏。從鄭本。《坎》六三「險且枕」，古文枕作沈。六四「樽酒」，當作尊。《離》九三「日昊之離」，當作𠩺。從《説文》。今作昃，亦譌。《豐》象「日中則昊」同。《睽》六三「其牛掣」，當作觢，從《説文》。或作挈。從鄭氏。上九「後説之弧」，當作壺。諸家皆然。《明夷》六二「用拯馬」，當作抍。從子夏、《説文》。《渙》初六同。《解》象「甲拆」，當作甲宅。從馬、鄭、陸諸家。《損》「二簋可用享」，當作軌，從蜀才。據此則諸簋字皆當作軌。古文簋。見《儀禮注》。《損》象「懲忿窒欲」，當作徵，古懲字。《夬》九三「壯于頄」，當作頯。從鄭氏。《説文》無頄字。《姤》象「后以施命誥四方」，當作告，從《説文》、京房。古文誥。見鄭氏《禮記注》。初六「羸豕孚蹢躅」，古文作蹢䠱。啇與商通，逐與蜀古今字。《萃》象「聚以正」，當作取，古聚字。《困》六三「據于蒺藜」，當作梨。從唐石經。上六「臲卼」，當作槷杌。槷，古文臲。杌，見薛、虞本。《豐》初九「遇其配主」，當作妃。從鄭、虞。《既濟》六四「繻有衣袽」，古文作襦。《釋文》。《繫辭》「八卦相盪」，當作蕩。從諸家。「藏諸用」、「退藏於密」、「知以藏往」，皆當作臧。從鄭、劉諸本。「聖人有以見天下之賾」，凡賾字皆當作嘖。「乾之策」，當作筴，從《釋文》。下同。「引而伸之」，當作信，見《釋文》。又《詩正義》亦引作信。《士相見禮》注云：「古文伸作信。」范甯《穀梁解》云：「信、申字古今所共用。」《律曆志》云：「引者信也。」古伸字。見韋昭外傳注。「聖人以此洗心」，漢石經作先心。諸家皆同，唯韓伯作洗，非。「乾坤其易之緼耶」，當作韞。從虞翻。「象也者像也」，像當作象。從諸家。「以佃以漁」，佃當作田，從虞翻。漁當作魚。見《釋文》。何休《公羊傳》亦云：「田魚，讀如《論語》之語。」「斲木爲耜」，當作梠。從《說文》。「天地絪縕」，當作壹壼。從《說文》。《朱龜碑》作壹縕，或作氤氳，亦俗字。張有《復古編》云：「壹從壺，吉，於悉切。壼從壺，凶，於云切。吉、凶在壺中，不得渫也。別作氤氳，又作絪縕，非也。」「因貳以濟民行」，當作弍，從鄭義。貳本副貳字。古文二。見《說文》。「爲道也屢遷」，當作婁。《說文》無屢字，《漢書》皆以婁爲屢。「噫亦要存亡吉凶」，當作意。毛萇曰：「意，歎也。」「兼三才」，當作材，石經文、宋本。下同。《說卦》「參天兩地」，當作㒳。從《說文》。兩本斤兩字。「妙萬物而爲言」，當作眇。從王肅、董遇。「震爲旉」，當作專。從延篤。「爲的顙」，當作的。從《說文》。又作馰。「巽爲寡髮」，寡當作宣。「離爲乾卦」，乾當作幹。從鄭氏。董遇作幹。《列子》云「木葉幹殼」，注云「幹音乾」。《釋文》所載古文，皆薛、虞、傅氏之說，必有據依。鄭康成傳費直《易》，多得古字。《說文》云：「其稱《易》孟氏，皆古文。」虞仲翔五世傳孟氏《易》，故所采三家說爲多。諸家異同，動盈數百，然此七十餘字，皆卓然無疑，當改正者。

或問曰：子擅易經字數十餘條，不幾近于僭乎？答曰：某安敢塗改聖經？但據漢魏以來數十家傳《易》字異者，而折衷焉，思以還聖經之舊，存什一于千百耳。即如數十字之外，如《噬嗑》「明罰勑法」，《釋文》云：「勑，俗字，當作飭。」《史記·五帝紀》云：「信飭百官。」徐廣曰：「古勑字。」《繫辭》「掘地爲臼」，掘當作闕。如此類者尚多，但漢《易》已亡，改之無據，是用闕疑，以竢來哲。某敢蹈僭妄之咎乎？因賦一詩云：「漢元窮《易》已多門，魏晉諸儒又觸藩。若使當年傳漢《易》，王、韓俗字久無存。」用以祛守殘之陋。

《易經》古文僅存者，今人皆未之省，或有失讀者。如《屯》六二象「以從禽也」，從古縱字。《蒙》「再三瀆」，《説文》作黷，云：「握持垢也。」崔憬曰：「瀆，古黷字。」《需》象「位乎天位」，上位字讀曰涖，從鄭義。《穀梁傳》曰「涖者，位也」。《比》九五「失前禽」，失讀如「馬牛風佚」之「佚」，古「佚」字皆作「失」。見《尚書攷》。《小畜》「有孚攣如」，攣，古戀字，《中孚》九五同。今音力專反。《泰》象「財成」，古裁字。荀爽作裁。《隨》初九「官有渝」，讀爲管，古館字。《復》六三「頻復厲」，古顰字，《玉篇》顰字下云「《易》本作頻」。上六「有災眚」，籀文裁。《明夷》「文王以之，箕子以之」，以讀爲似，從鄭氏。古似字作以。見《詩攷》。《夬》九四「其行次且」，讀爲趑趄，古文省。《姤》九二「包有魚」，包讀爲庖，古文省。包羲字從此。鄭氏《周禮・庖人》注云：「庖之言包也。」是庖與包通。九五「以杞包瓜」，與匏同。《升》六四「王用亨于岐山」，亨讀爲享。《困》象「剛揜也」，古掩字。《艮》九四「其形渥」，形本古刑字。見《楊震碑陰》。《渙》九二「渙奔其杌」，杌古文簋，宗廟器。《賁》卦之賁讀爲奔。《明夷》象「用晦而明」，而讀曰如。從虞義。《蹇》六四「往蹇來連」，連讀曰輦。從虞氏。《損》「二簋可用亨」，亨許庚反。從蜀才。《繫辭》「以佃以漁」，漁讀爲語。高誘説。「不封不樹」，封音彼驗反。從虞氏。《説卦》「參天兩地而倚數」，倚本奇耦字。「震爲龍」，讀曰駹。「其于稼也爲反生」，反讀曰阪。司馬温公曰：「凡觀書者，當先正其文，辨其音，然後可以求其義。」可謂知言。

凡經字誤者，當仍其舊，作某字讀若某，所以尊經也。漢時惟鄭康成不輕改經文，後儒無及之者。如《易・大有》九四象「明辨遰也」，鄭注云：「遰，讀如明星晳晳。」《繫辭》「言天下之至嘖而不可惡也，言天下之至嘖而不可亂也」，鄭于下句注云：「嘖，當爲動。」「勞而不伐，有功而不置」，鄭云：「置，當爲德。」晁氏曰：「案德古文類置字，因相亂。」「聖人之所以極深而研機也」，《范式碑》云「探嘖研機」，是古《易》皆作機。鄭云：「機，當爲幾，幾微也。」今王弼本直作鄭所訓字，失其本矣。後儒謂鄭氏好改字，吾未之敢信也。

孔穎達《易正義》多衍字、譌字及脱落字。如《乾》卦「不成乎名」，衍「乎」字。「《文言》曰坤至柔」，定本無「文言曰」三字。《屯》象「君子以經綸」，定本「綸」作「論」。《蒙》彖曰「匪我求童蒙，童蒙來求我」，脱「來」字。《需》初九象「利用恒无咎」，定本「无咎」二字衍。《泰》九三象曰「無往不復」，定本作「无平不陂」。《謙》上六「征邑國」，衍「邑」字。《剥》六三「剥之无咎」，衍「之」字。《鼎》象「聖人亨以享上帝」，定本「上帝」二字衍。「莫大乎蓍龜」，定本作「莫善」。「鮮不及矣」，定本「鮮」作「尟」。上文「君子之道鮮矣」，鄭作「尟」。案《汗簡》尟，本古文鮮字，見顔黄門《説文》。「刳木爲舟，剡木爲楫」，刳當作挎，剡當作掞。《説卦》「水火相逮」，定本「水火不相逮」。《雜卦》「豐多故也」，衍「也」字。

唐時有蘇州司户郭京，撰《周易舉正》三卷，家無是書，據洪氏《隨筆》所載二十餘則，皆因王輔嗣、韓康伯之注謬加增損。今以李氏所録漢《易》攷之，乃知其妄。如云：「《屯》六二象曰『即鹿无虞，何以從禽也』，今本脱『何』字。」案：「從」本古「縱」字，故鄭康成、黄穎皆音于用反，古蹤字作縱，見《隸釋》。不容闌入「何」字，其妄一也。「《師》六五『田有禽，利執之，无咎』，元本『之』字行書向下引脚，稍類『言』字，轉寫相仍，故誤作『言』，觀注義亦全不作『言』字釋。」案虞翻曰：「田爲二，陽稱禽，震爲言，五失位，變之正，艮爲執，故利執言，无咎。」荀爽曰：「田，獵也。謂二帥師禽五之利，度二之命，執行其言，故无咎。」以言爲之，信注而不信經，其妄二也。

「《比》九五象曰『失前禽，舍逆取順也』，今本誤倒其句。」案虞翻曰：「背上六故舍逆，據三陰故取順，不及初故失前禽。」二句各有取義，以「失前禽」爲「舍逆取順」，其妄三也。

「《賁》『亨不利有攸往』，今本不字誤作小。」案鄭康成曰：「卦互體坎艮，艮止于上，坎險止于下，夾震在中，故不利大行，小有所之則可矣。」虞翻曰：「小謂五，五失正，動得位體離，以剛文柔，故小利有攸往。」改小利爲不利，其妄四也。「剛柔交錯，天文也。文明以止，人文也。注云：『剛柔交錯而成文焉，天之文也。』今本脱『剛柔交錯』一句。」案此四字是王氏釋「天文也」一句之義，非經文也。虞翻注：「謂五利變之正，成巽體離，艮爲星，離日坎月，巽爲高，五天位，離爲文明，日月星辰高麗于上，故稱天之文。」玩虞義，全無以剛柔交錯爲天文之意，其妄五也。

「《蹇》九三『往蹇來正』，今本作來反。」案虞翻曰：「應正歷險，故往蹇。反身據二，故來反。二在下，故云反。」改反爲正，其妄六也。

「《困》初六象曰：『入于幽谷，不明也。』今本谷下多幽字。」案荀爽曰：「爲陰所掩，故不明。」删去幽字，其妄七也。「《鼎》彖『聖人亨，以享上帝，以養聖賢』，注云：『聖人用之，上以享上帝，而下以養聖賢。』今本正文多『而大亨』三字，故注文亦誤增『而大亨』三字。」案虞翻曰：「大亨謂天地養萬物，聖人養賢以及萬民。」此正釋大亨之義，以爲誤增，其妄八也。「《豐》九四象『遇其夷主，吉志行也』，今文脱『志』字。」案虞翻曰：「動體明夷，震爲行，故曰吉行。」若云志行，不容不注，其妄九也。「《小過》六五象曰：『密雲不雨，已止也。』注：『陽已止下故也。』今本正文作『已上』，故注亦誤作『陽已上故止也』。」案虞翻曰：「謂三坎水已之上，上六故已上也。」鄭本作尚，尚與上通，上與長亢協，改爲止，其妄十也。「《雜卦》『蒙稚而著』，今本稚誤作雜。」案虞翻曰：「蒙二陽在陰位，故雜，初雜而交，故著。」改雜爲稚，其妄十一也。京云曾得王輔嗣、韓康伯手寫注定傳授真本，今所舉正，皆謬悠荒唐若此，不待閲全書而知其贋矣。中惟「履霜陰始凝也」，「君子以居賢德善風俗」，一見《魏文帝紀》注，一見王肅《易》，前人固已言之。又《姤》九四「包失魚」因王注，《震》彖「出可以守宗廟社稷」，上添「不喪匕鬯」四字，《中孚》彖「豚魚信及也」，《小過》彖「柔得中是以可小事也」，《既濟》「亨小小者亨也」，皆望文爲義，亦無足取。《繫辭》「二多譽，四多懼」，注云「懼近也」，尤爲誕妄。京創爲是書，後儒晁昭德、鄭漁仲之輩多有信而從之者，不可以不辨。

《隋·經籍志》有卜子夏《周易傳》二卷，殘缺，梁有六卷。《七略》云：「漢興，韓嬰傳。」《中經簿録》云：「丁寛所作。」張璠云：「或馯臂子弓所作。」《薛虞記》：「今所傳子夏《易傳》十一卷。」以《釋文》及李氏《集解》校之，無一字相合者，案其文又淺近。或曰唐人張弧僞作，非也。此書與郭氏《易舉正》皆宋人僞撰，託之子夏、郭京者。唐時漢《易》尚存，子夏書雖殘缺，李鼎祚猶及采之。宋以來經典散亡，無可攷證，故今二僞書傳於世，遺誤至今。有志於經學者，急須辭而闢之。

尚書古義

案《儒林傳》云：「孔氏有古文《尚書》，孔安國以今文讀之，因以起其家逸《書》，得十餘篇。」司馬遷亦從安國問，故遷書載《堯典》、《禹貢》、《洪範》、《微子》、《金縢》諸篇，多古文説。如《堯典》「放勛」、古文勳，見《説文》。「辯于羣神」，辯，古文徧，見《儀禮注》。《禹貢》「九江入賜大龜」、入，古文内，見《南宫中鼎》。《堯典》「夙夜出内朕命」，内亦作入。賜，古文錫，見《儀禮注》，下「賜土姓」同。古文「入」亦作「内」，《郱敦》云「毛伯内門立中庭」，内門，入門也。「嶓冢導瀁」，古文漾，見《説文》。《洪範》「曰涕」，悌字之誤，古文以悌爲圛。《微子》「我其發出往」，鄭本亦作往，今狂，非。《金縢》周公奔楚事，《論衡》以爲古文家説。皆卓然古文，無可疑者。第其述事欲便于覽者，往往以訓詁之字竄易今文，後之學者無可攷證，反以《史記》爲今文耳。又《殷本紀》所載《湯征》、《湯誥》，皆逸《書》十篇中文也。今所傳古文《湯誥》與《史記》所載絶不相類，其中如「敢用玄牡」等語，乃湯時大旱請禱之文，見《墨子》及《吕覽》。豈誠孔壁之舊哉！

毛詩古義

王伯厚云：「近世説《詩》者，以《關雎》爲畢公作，謂得之張超，或謂得之蔡邕，未詳所出。」棟案：《藝文類聚》三十五卷載張超《誚青衣賦》云：「周漸將衰，康王晏起。畢公喟然，深思古道。感彼關雎，德不雙侣。但願周公，妃以窈窕。防微消漸，諷諭君父。孔氏大之，列冠篇首。」案其文云「康王晏起」，與《魯詩》同。「深思古道」，又同《韓詩》。超漢末人，范書有傳。《古文苑》云：「蔡伯喈作《青衣賦》，志蕩詞淫，故張子並作此以規之。」邕賦亦載集中，無畢公作《關雎》語。

王伯厚謂：「鄭康成先通《韓詩》，故注三禮與箋《詩》異。」案：《鄭志》答炅模云：「爲《記注》時，就盧君，先師亦然。後乃得毛公傳，記古書義又且然。《記注》已行，不復改之。」盧君謂盧子幹也，先師謂張恭祖也。《續漢書》：「盧植與鄭玄俱事馬融，同門相友。」玄本傳云：「玄又從東郡張恭祖受《韓詩》。」故《記注》多依韓說。《六藝論》云：「注《詩》宗毛爲主，毛義若隱略，則更表明。如有不同，即下己意。」案鄭箋宗毛，然亦閒有從韓、魯說者。如《唐風》「素衣朱襮」以繡黼爲綃黼，《十月之交》爲厲王時，《皇矣》「侵阮徂共」爲三國名，皆從《魯詩》。《衡門》「可以樂飢」以樂爲療，《十月之交》「抑此皇父」抑讀爲意，《思齊》「古之人無斁」斁作擇，《泮水》「狄彼東南」狄作鬄，皆《韓詩》說也。鄭漁仲以素衣朱綃爲《齊詩》，未詳。

鄭漁仲云：「漢氏文字未有引《詩序》者，惟魏黄初四年有曹共公遠君子近小人之語，蓋《詩序》至是而始行。」棟案：《左傳》襄二十九年季札見歌《秦》，曰：「美哉！此之謂夏聲。」服虔《解誼》云：「秦仲始有車馬禮樂之好，侍御之臣，戎車四牡，田守之事，與諸夏同風，故曰夏聲。」《詩正義》引之。又蔡邕《獨斷》載《周頌》三十一章，盡録《詩序》，自《清廟》至《般》詩，一字不異，何得云至黄初時始行於世耶？漁仲又謂《詩序》作於衛敬仲，亦臆說。

毛公傳《詩》，世謂趙人毛萇撰，而不知

爲大毛公也。薛君爲《韓詩章句》，世謂淮陽薛漢撰，而不知爲薛夫子也。大毛公名亨，魯人，著《故訓傳》，見《詩譜》及《初學記》。薛夫子名方回，字夫子，廣德曾孫，漢之父也，見《唐書・宰相世系表》。

公羊古義

《公羊》有嚴、顔二家。蔡邕石經所定者嚴氏《春秋》也，何邵公所注者顔氏《春秋》也。何以知之？以石經知之。石經載《公羊》云「桓公二年，顔氏有所見異辭，所聞異辭」云云。是嚴氏《春秋》已見於隱元年，於此不復發傳也，今何本有之。又云：三十年，顔氏言「君出則已入」，此僖三十年傳也。又云：顔氏無「伐而不言圍者，非取邑之辭也」，今何氏本亦無。以此知何所注者，蓋顔氏《春秋》也。鄭康成注三禮，引隱五年傳云「登戾之」，又引桓十一年傳云「遷鄭焉而鄙留」，又引隱二年傳「放於此乎」，與石經同，與何氏異。蓋所據者嚴氏本也。《藝文志》云：「《公羊顔氏記》十一篇。」後漢張伯饒又減定爲二十萬言。顔氏説經，以襄公二十一年之後孔子生訖即爲所見之世，又以爲十四日日食，周王爲天囚之類，倍經違戾，皆何邵公所不取。

康成《六藝論》云：「治《公羊》者胡母生、董仲舒、董仲舒弟子嬴公、嬴公弟子眭孟、眭孟弟子莊彭祖，及顔安樂、安樂弟子陰豐、《儒林傳》作泠豐。劉向、本傳不載。王彦。」無攷。劉子政從顔公孫受《公羊春秋》，本傳不載，然封事多用《公羊》説。

閔因叙云：「昔孔子受端門之命，制《春秋》之義，使子夏等十四人求周史記，得百二十國寶書，九月經立。《感精符》、《考異郵》、《説題辭》，具有其文。」沈文何云：「嚴氏《春秋》引《觀周篇》云：孔子將修《春秋》，與左丘明乘如周，觀書於周史，歸而修《春秋》之經，丘明爲之傳，共爲表裏。」《周禮》「小史掌邦國之志」，先鄭云：「《春秋》傳所謂周志，《國語》所謂鄭書之屬。」「外史掌四方之志」，後鄭云：「謂若魯之《春秋》，晉之《乘》，楚《檮杌》。」《墨子·明鬼》篇有《周春秋》、韋昭注《國語》引之。《燕春秋》、《宋春秋》、《齊春秋》。何氏莊七年注云：「古者謂史記爲《春秋》。」其言百二十國寶書者，案唐虞萬國，殷三千，見《周書》。周千七百七十有三，春秋以下兼國多矣。故魯大夫對孟孫曰：「禹合諸侯，執玉帛者萬國，今其存者無數十焉。」《公羊疏》：「問曰：今經止有五十餘國，通戎夷、宿、潞之屬，僅有六十。」然當時外史之所掌尚得百二十國，故《墨子》亦云「吾見百國春秋」是也。

《六藝論》云：「《春秋》者，國史所記人君動作之事。左史所記爲《春秋》，右史所記爲《尚書》。」是以《玉藻》云：「動則左史書之，言則右史書之。」鄭注云：「其書《春秋》、《尚書》具存者。」《記》文先言左史，鄭注先言《春秋》，明以左史爲《春秋》矣。《周書·史記》篇云：「維正月王在成周，昧爽召三公，左史戎夫。乃取遂事之要戒，俾戎夫言之。」《汲郡古文》亦云：「穆王二十四年，命左史戎夫作記。」《古今人表》云「右史戎夫」。然則左史所記爲《尚書》。是以荀悦《申鑒》云：「古者天子諸侯有事，必告於廟。朝有二史，左史記言，右史書事。事爲《春秋》，言爲《尚書》。」《禮記正義》引《六藝論》云：「右史記事，左史記言。」先儒皆據《玉藻》之文，以《春秋》屬左史，《尚書》屬右史，熊安期《禮記義疏》云：「按

《周禮》大史之職云：『大師抱天時與太師同車。』又襄二十五年傳曰：『大史書曰：崔杼弒其君。』是大史記動作之事，在君左廂記事，則大史爲左史也。案《周禮》内史掌王之八枋，❶其職云：『凡命諸侯及孤卿大夫則策命之。』僖二十八年傳曰：『内史叔興父策命晉侯爲侯伯。』是皆言誥之事。是内史所掌在君之右，故爲右史。是以《酒誥》云『矧大史友内史友』，鄭注：『大史、内史掌記言、記行。』是内史記言，大史記行也。此論正法，若其有闕，則得交相攝代。故《洛誥》史佚命周公、伯禽，服虔注文十五年傳云史佚周成王大史，襄二十年鄭使大史命伯石爲卿，皆大史主爵命，以内史闕故也。」以上皆熊説。

蔡邕《公羊》石經隱十年下云「此公子翬也」云云，又哀十有四年下云「何以書記異也」云云，皆無經文。案孔穎達《詩正義》云：「漢初爲傳訓者，皆與經别行。」三傳之文不與經連，故石經書《公羊》皆無經文是也。

穀梁古義

《孝經説》云：「孔子曰：『吾志在《春秋》，行在《孝經》。』以《春秋》屬商，《孝經》屬參。」故應劭《風俗通》言穀梁爲子夏門人，楊士勛謂受經於子夏。余案：桓譚《新論》云：「《左氏》傳世遭戰國寢藏，後百餘年魯穀梁赤爲《春秋》，殘略多所違失。」然則穀梁子非親受經於子夏矣。古人親受業者稱弟子，轉相授者稱門人，則穀梁子於子夏，猶孟子之於子思。故魏麋信注《穀梁》，以爲與秦孝公同時也。楊士勛言：「穀梁爲經作傳，

❶「王」，原脱，今據《周禮》補。

傳孫卿，卿傳魯人申公，申公傳博士江翁。」案孫卿齊湣、襄時人，當秦之惠王，則在其後。又卿著書言天子廟數，僖十五年傳「天子七廟」云云，「是以貴始德之本也」，荀卿《禮論》同。及賻賵禭含之義，隱元年「乘馬曰賵」云云，在《大略》篇。述《春秋》善胥命，而言「盟詛不及三王」，隱八年傳，亦在《大略》篇末。諸侯相見仁者居守，二年傳「知者慮，義者行，仁者守」。又以大上爲天子，隱三年傳「大上故不名」，今在《君子》篇。皆本《穀梁》之說，其言傳孫卿信矣。又隱元年傳云「成人之美，不成人之惡」，僖二十二年傳云「過而不改，是謂之過」，二十三年傳云「以不教民戰，則是弃其師」，今皆在《論語》中。鄭《論語序》云「仲弓、子夏等所撰」，《論語讖》亦言「子夏等七十二人共撰仲尼微言」，其諸聖人之徒私淑諸人者乎？又傳中所載與《儀禮》、《禮記》諸經合者不可悉舉，故鄭康成《六藝論》云：「《穀梁》善於經。」

《經典序録》云：「《穀梁》有段肅注，十二卷，不詳何人。」《隋·經籍志》云：「《春秋穀梁傳》十四卷，段肅注，疑漢人。」棟案：《後漢·班固傳》固奏記東平王云：「弘農功曹史殷肅達學洽聞，❶才能絶倫，誦《詩》三百，奉使專對。」章懷注云：「《固集》殷作段。」然則殷肅即段肅也。劉氏《史通》言肅與京兆祭酒晉馮馮亦見奏記。嘗撰《史記》，以續史遷之書。❷

論語古義

夫子言述而不作，信哉！《鄉黨》一書半

❶ 「弘」，原作「宏」，「史」，原作「吏」，今據《後漢書》卷四〇改。

❷ 「續」，原作「讀」，今據《九經古義》卷一五改。

是《禮經》，《堯曰》數章孔壁《論語》「子張」已下別爲一篇。全書訓典。論君臣雖人言不廢，言恒德則南國有人。於善人爲邦則曰「誠哉是言」，於隱居行義則曰「吾聞其語」。素絢、唐棣，逸《詩》可頌；百官冢宰，逸典可稽。「出門如見大賓」，「使民如承大祭」，此胥臣多聞之所述也。「視其所以，觀其所由，察其所安」，此《文王官人》之所記也。《文王官人》本載《周書》，大戴采之以爲《記》。「克己復禮爲仁」，❶左氏以爲古志；「己所不欲勿施於人」，管子以爲古語。見《小問》篇。「參分天下而有其二」，周志之遺文也；今《逸周書》即周志也，在《程典》篇。「陳力就列，不能者止」，周任之遺言也。推此言之，聖人豈空作耶？但經傳散佚，不能一一舉之耳。

文集

庶殤不立後議

里人有庶子十九而夭，其父兄欲爲之立後。博士弟子惠棟議曰：案《喪服傳》年十九至十六爲長殤，十五至十二爲中殤，十一至八歲爲下殤，不滿八歲以下爲無服之殤。庶子年十九，此長殤也。男子二十而冠，冠而成人。殤未成人，無立後之道。禮臣不殤君，故魯閔公九歲而薨，文二年躋僖公，左氏譏之曰：「子雖齊聖，不先父食。」是雖下殤而有父子之道，尊尊之義也。大夫亦然。鄭康成曰：「殤年爲大夫，乃不爲殤，爲士猶殤之。」賈公彥謂：「身有德行，得爲大夫，不以

❶「禮」，原作「體」，今據《九經古義》卷一六改。

二十始冠。」故《喪服》大夫爲昆弟之長殤，明殤年爲大夫不爲殤也，不爲殤則有立後之禮。士庶人之當有後者惟大宗，其次惟適子。古者重適，諸侯大夫不降適殤。《祭法》「王下祭殤五，諸侯下祭三，大夫下祭二，適子及庶人祭子而止」，皆謂適殤也。然適殤雖重，獨無立後之禮。《曾子問》孔子曰：「宗子爲殤而死，庶子弗爲後也。」鄭注曰：「族人以其倫代之，明不序昭穆，立之廟也。」正義曰：「倫謂輩也，謂與宗子昭穆同者則代之。」宗子殤死，無爲人父之道，故不序昭穆，不得與代之者爲父也。蓋爲後則立廟而祭，弗爲後則不立廟，故庶子不祭殤，《喪服小記》。祭于宗子之家。《曾子問》。適殤猶然，況庶殤乎？里人之庶子年在四殤，位非三事，祭不祔廟，服之降等，何立後之有？

周官禄田考序

《周禮》之體大而難知者，莫甚於官禄，以司禄經亡，注家未得其法數，而後儒遂疑田與禄之不相當，且傅會者多也。吾友沈君果堂博考精思，心通源委，乃著《周官禄田考》三卷，先列其法數，而復以義例左證闡明之。所謂法，官則員備而位定，田則去三之一而通二夫爲一夫，禄則以井田多寡之等當官爵高下之等也。所謂數，官則近六萬人，公田則三十二萬夫，禄則二十萬夫有餘也。蓋自《周禮》既出，至今一千九百年，爲是學者無慮數百家，其在官禄，要未有能辨析整齊若是者。余少沈君九年，兄事之。自謂好古與沈君同，而才不逮，讀是書益信。或有疑其法數之列未該者，余以爲凡古今之計數，有大、有小、有中，而計數之法有常有變。

是書所列，皆法之常而數之中也。常雖未足該變，而變者可以常推。中雖未足該大小，而大小者可以中測。此其義例即取法本經，而非臆造，知疑者之未及審也，故並著之。

學福齋集序

世所傳六候三白，乃《易傳》太一行九宮法，爲大道之本。故伏羲以之畫八卦，神農以之立明堂，黄帝以之創井田，周公以之作《周髀》。《陰陽書》有五行嫁娶之説，其義見鄭注《鴻範》及《左傳》鄭裨竈、魯申須之言；術家羅盤二十四，載《孝經援神契》及《淮南子》者，鄭志取以解昭卅一年史墨言吴入郢必以庚辰之文，知並三代舊法。納甲之事，本《易》之在天成象，虞仲翔謂陰陽消息大要，即夢中道士所云「易道在天，三爻足矣」是也。斗建日躔，古之斗綱星紀，左右行而相合爲合辰，合樂所用合辰者，乾坤十二爻，坤東北喪朋，以合于乾。鄭氏注《易》專用是説。合樂者，大司樂所以致鬼神示，皆聖人贊化育之事。漢、晉明《易》，無如荀慈明、干令升，而《火珠林》六親世應游歸，❶備見荀、干之注。九家主荀，解《隨》「初九官有渝」以坤初爲官，《小畜》九五「富以其鄰」以巽四爲財，則無異今之三錢占矣。六甲孤虚，俗所謂旬空，而仲翔以《繫辭》「周流六虚」當之。京氏占法，一爻變爲九六，二爻以上變爲七八，故《晉語》重耳得貞屯悔豫皆八，乃屯之豫。《左傳》穆姜遇艮之八，乃艮之隨。此外所占九卦，皆一爻變，或以疑左氏非知古法者。《唐六典》五行十二氣，俗謂長生法，而金生于巳，西漢桑大夫以問山東文學六十

❶「火」，原作「大」，今據《松崖文鈔》卷二改。

人，皆不能答，粲乃引《月令》「孟夏靡草死，決小罪」以爲證，蓋博物之難如此。

附録

先生世家學，遍通諸經，於漢唐説經諸家熟洽貫弗，而《易》學尤邃。所著《周易述》一書專宗漢説，歷三十年，四五易稿，猶未卒業，其專心孤詣類如此。少紅豆前以修城毁家，先生遷居城南，閉門讀《易》，聲徹户外。其世交多躋膴仕，義不一通書問，惟以授徒自給而已。兩淮盧運使館之官舍，居三年，後以疾辭歸。陳黄中撰墓誌銘。

先生爲人通不隨波，介不絶俗，爲學廣博無涯涘。晚歲遇益蹇，名益高，四方士大夫過吴門者，咸以不識君爲恥。同上。

乾隆十五年，詔舉經明行修之士，陝甘總督尹文端、兩江總督黄文襄咸以先生名上。會大學士九卿索所著書，未及呈進，罷歸。史傳、王昶撰墓誌銘。

錢竹汀曰：「宋元以來，説經之書盈屋充棟，高者蔑棄古訓，自誇心得，下者勦襲人言，以爲已有，儒林之名徒爲空疏藏拙之地。獨惠氏世守古學，而先生所得尤深。擬諸漢儒，當在何邵公、服子慎之閒，馬融、趙岐輩不能及也。」錢大昕撰傳。

沈翠嶺曰：「先生所著《周易述》諸書，久已膾炙人口。余輯叢書壬、癸兩集，以《易漢學》居首，蓋欲明古《易》舍此末由也。今補甲、乙等集，特以《九經古義》先之。先生謂經之義存乎訓，識字審音，乃知其義。其説《易》也，謂堅冰之冰當作仌，『陰始凝之』凝當作冰，引《爾雅》、《莊子》爲證。即此開卷一條，學者已罕聞其義矣。」沈懋悳《周易古義跋》。

又曰：「先生《古文尚書攷》采入壬集，但其書專攷梅氏僞古文之失，而真古文之古音古訓則未之及焉。此卷旁徵遠引，搜羅極富。昔高貴鄉公説稽古同天之義至數萬言，未免多而無益，不及此書遠甚。」沈懋悳《尚書古義跋》。

又曰：「漢代言《詩》者四家，齊、魯、韓、毛各有師承。《齊詩》自《漢書·翼奉傳》所述五際而外，流傳絶少；魯申培《詩》説又係俗儒僞造；《韓詩内傳》雖亡，然如薛夫子章句之類，時時見於載籍。惟《毛詩》則小毛公之傳，鄭康成之箋，家有其書，但其字義有與三家迥異者，今得先生是書，可以互相攷證矣。」沈懋悳《毛詩古義跋》。

又曰：「《周禮》本多奇字，然字異而其爲義則一也。若此卷所引，則字異而義亦因之以異。而余所尤服膺者，周人附庸之制，今人莫能知其大小。先生於《大宗伯》『五命賜則』一條，引《漢書·王莽傳》云：『子男一則，土方五十里，附城大者食邑九成，土方三十里。自九以下，降殺以兩，至於一成。五差備具，合當一則。』觀於此而五等附庸大小之制彰彰矣。此等制度，有關典則不小，自非通儒，其能見及此耶？」沈懋悳《周禮古義跋》。

又曰：「讀《儀禮》者，莫難於不明節次，而字義猶居其次。然如古文以袗元爲均元，以眉壽爲麋壽，以儷皮爲離皮，以侑幣爲宥幣，徒執今文求之，鮮有能通者矣。管人當爲館人，竹笏當爲竹曶，明有他書可證。字義不明，何論節次？然則此卷曷可少哉！」沈懋悳《儀禮古義跋》。

又曰：「《儀禮》經也，《禮記》傳也。韓昌黎患《儀禮》難讀，而歐陽永叔亦自言平生何嘗讀《儀禮》。至於《禮記》，則文從字順，人人以爲易讀矣。然而拾當爲涉，遷或爲還，讀者知之乎？攘古讓字，貳古忒字，讀者知之乎？邱本音區，居本音姬，讀者知之乎？借曰未知，請讀此書。」沈楙悳《禮記古義跋》。

又曰：「《春秋》書戰二十有三，而紀及齊之役不地。《公羊》家云：『桓公十三年龍門之戰，死傷滿溝。』龍門者，魯之南門。然則《公羊》之紀載，比《左氏》、《穀梁》爲詳。洵乎古義紛綸，豈獨『得來』作『登來』爲齊人語也哉！」沈楙悳《公羊古義跋》。

又曰：「應仲遠謂穀梁親受業於子夏，則其傳《春秋》也，當如《左氏》之原原本本，殫見洽聞。今觀其文，更簡於《公羊》，豈明知之而不言耶？則知其不及侍子夏矣。特傳中所陳，都與《禮記》、《論語》諸書相合，斯亦古義所由傳述。鄭氏稱其善於經，良不誣也。」沈楙悳《穀梁古義跋》。

又曰：「《論語》一書，今人童而習之。『有酒食先生饌』，先生正之曰：饌當爲餕。『揖巫馬期而進之』，先生又正之曰：期當爲旗。《論語》有齊、魯之異，『五十以學《易》』《齊論》也，《魯論》『易』作『亦』，屬下句讀。『詠而饋』亦《齊論》也，《魯論》作『歸』，字義迥異。何去何從，安得先生一一舉正之？」沈楙悳《論語古義跋》。

翁覃谿曰：「惠氏《周易本義辨證》一書，爲讀《本義》者足資攷訂云爾，盛君柚堂并及於《禘説》、《明堂大道録》，則似專舉其異乎朱子之説，以爲誇博，愚竊懼焉。惠氏於諸經硜硜守師法，其所著諸書具在也。至其《禘説》、《明堂大道録》，則泥於鄭説而過甚者。《祭法》首段楊信齋之説當矣，孔疏欲傅會鄭説，以禘爲祭天，不得其證，乃援《爾雅・釋天》之文以佐之。不知《爾雅》此文自言祭耳，不言祭天也，但讀下文『繹又祭也』，其義自明矣，安得援《爾雅》以爲祭天耶？惠氏因讀《易》而及禘，又因禘而及明堂，不可爲據也。」《復初齋文集》。

臧拜經曰：「惠氏定宇，經學之巨師也。觀戴東原所爲《毛鄭詩考正》，好逞臆説，以奪舊學，謬誤頗多，益覺惠氏之遵守古義而發明之，其功爲不可及。而好用古字，頓改前人面目，以致疑惑來者，亦非小失。」《拜經日記》。

研谿交游

毛先生奇齡 別爲《西河學案》。

朱先生彝尊 別爲《竹垞學案》。

閻先生若璩 別爲《潛丘學案》。

胡先生渭 別爲《東樵學案》。

半農交游

梅先生瑴成 別見《勿庵學案》。

李先生紱 別爲《穆堂學案》。

何先生焯 別見《安溪學案》。

萬先生經 別見《鄞縣二萬學案》。

亦不必辨。子讀書撰著，當務其大者遠者。」聞之瞿然，遂受業焉。生平著述甚多，自悔少作，不以示人。其《古經解鉤沈》三十卷，凡唐以前舊説，自諸家經解所引，旁及史傳類書，片語單辭，悉著於録。戴東原謂是書有鉤而未沈者，有沈而未鉤者，非篤論也。又撰《文選紀聞》三十卷，《文選音義》八卷，《文選雜題》三十卷，《選音樓詩拾》若干卷，《集注蘇黄滄海》，《續題襟集》，俱未就。晚歲失明，生徒求教皆以口授，弟子朱氏敬輿、江氏藩最著名。歿於乾隆丁酉，年四十九。參史傳、任兆麟撰墓志銘、江藩《國朝漢學師承記》。

古經解鉤沈

前　序

古之人耕且養，三年而通一藝，三十而

松崖弟子

江先生聲

別見《艮庭學案》。

余先生蕭客

余蕭客，字仲林，一字古農，長洲人。少好學，刻苦自厲，家窶貧而富於書卷。聞一異書必假鈔寫，或得觀乃已，故其家多善本。嘗病郭璞注《爾雅》用舊注而掩其名，乃采《注疏》及《太平御覽》諸書中犍爲舍人、孫炎、李巡舊注而爲之釋。書未成，先成《注雅别鈔》八卷，專攻陸佃《新義》、《埤雅》及羅願《爾雅翼》之誤，兼及蔡卞《毛詩名物解》，就正於松崖。松崖曰：「陸佃、蔡卞乃安石新學，人人知其非，不足辨。羅願非有宋大儒，五經立。故漢晉古注入甲部者唯毛萇、王弼、杜預不兼他經，孔安國、二何、郭璞則《尚書》、《公羊》、《論語》、《爾雅》外各兼一，范甯《穀梁》外兼二，鄭玄《毛詩》、三禮外兼五。其在一經之中，注外復有他書，及總羣經而有作，若鄭玄《六藝論》之類，皆不與本注悉數。獨以《玉海》九經舊目，較元明刊行注本，其幸者傳不傳參半，其不幸者傳其一不傳其二。然隋唐三志，注者百數十家，今存者十家，爲書十有三，然則其一得傳，已非不幸。講疏、義疏盛於六朝，今則唐唯四人得傳，賈、孔爲盛。然公彦三禮疏中之《禮記》，穎達《周易疏》外之《玄談》，已不復見。其自宋明帝《周易》而下，劉焯、劉炫《書》、《春秋》以前，有録無書，復非注之可比。蓋《毛詩》箋、傳，一經或有二家；南北舊疏，九經至無一種，當時得失未可强同。遺事餘文，零落可憫。暇日因讀注疏，摘其所引，并李鼎祚《周易集解》二十七家舊説，益以史傳稗官、百家雜注及《太平御覽》、《册府元龜》諸巨編所載，凡涉經義，具有成書，今所不傳，盡《玉海》而止，罔不畢取。仍注所出，其不注者，《周易》則出李鼎祚《集解》，《尚書》以下即出本經注疏。遠自周室，迄於唐代，凡得三十卷。其閒多寡，亦微有準繩，辭條豐蔚則撮其精英，一二僅存則隨條輒録，名曰《古經解鉤沈》。言古以别於現行刊本，言經解不言注疏，以并包異同，鉤沈則借晉楊方《五經鉤沈》之名，而義不必借。昔王應麟集鄭玄《周易注》，兩有刊本，其集鄭玄古文《尚書》、古文《論語》，賈逵、服虔古文《春秋》三書，祕鈔僅有存者。傳聞華亭一士大夫家獨有《尚書》，閒關求借，終莫得見。今既徧檢羣籍，知於厚齋所集縱不悉全，或當得其七八。至於十之二三，訪求補入，亦無傷焉。羣經次第略依《經典釋文》，超《孟子》於《爾雅》前者，唐宋書目《孟子》本入丙部，《玉海》始列在九經，而《釋文》本老子、莊子在《爾雅》前。今謂孟、莊同時，州次部居，理合相代。每條先後則依先儒世次，不以所出之書爲斷，諸書屢見則事從其朔，盈庭聚訟則彼我兼通。窺豹則管亦一斑，集狐則裘非一腋，與夫存者雜而觀之，扶衰絶，攬體要，質當世，表微君子，匡不逮焉。

後序

己卯秒秋，蕭客從事《鉤沈》，載寒暑，《易》、《尚書》古注旁搜略徧，而《周易》五卷既削稿。其後得交朱太學文游，學博思精，所藏宋元精本率前日所未見及所求而不得。若王應麟集鄭玄《尚書注》之類，莫不畢具傳本，往還一瓻無費。越一歲辛巳，遂下榻滋蘭精舍，丹鉛朝夕，樂不爲疲，至於左目幾成青盲，而《鉤沈》得信而有徵。於先儒言匪面命之，言提其耳焉。壬午二月目疾甚，百方自療。四月未盡，復轉入虚損，頭不得俯，不得回顧，行不得盤旋，回顧盤旋，眩暈耳鳴，輒通夕不止。人壽河清，半須藥物，尚可懼吴祐汗青之責，同子建論文之書，要之皓首非今日之論哉！昔蘭臺歷載二十，《漢志》弗成；西鄉受詔期月，注文精密。故知練《三都》者十年，研《兩京》以一紀，大率作輟用兼，旁雜人事。蕭客擯絶交游，五年專力，窮則腴代樵蘇，愁則娱同絲竹，上慼食時期月之敏，下非《兩京》、《三都》之精。然蜜蜂以兼采爲味，秋菊則落英可餐，繪事以衆色成文，睢渙則餘波未絶。《周易二十二家集解序》、《上三國志注表》二書所言，有庶幾之合。壬午夏五扶疾繕寫，八月書二十九卷畢，先以己卯十月作前序，是歲九月作後序及録，并前序爲序録第一卷。許慎《説文》目在卷末，京房注《易》，録入正卷。漢魏舊章，宋元儒者所弗屑，然司馬文正《類篇》一從許氏，目在卷之十五。至於録居一卷，則自陸元朗《經典釋文》以後無聞焉。今之所集先儒姓氏，及所撰書名僻者近半，缺而不論，則讀者茫如，隨條附見，則繁而寡要，不得不別爲一卷，略述源流。非敢自命古人，造作同異，飾《詩》、《書》以驚愚，買名聲於天下者也。本名《古注疏鉤沈》，文游曰：「疏以命名，始吴陸璣，其作注下之注，始劉宋張該，不若『經解』之目，本《后倉曲臺記》，義雖不同，新、舊《唐書》已相承分類。」遂定今名。前序曰《古經解鉤沈》者，亦今所追改也。前序體例今不盡同者，具出於例，欲見撰集本意，故復并存，不必隱括繩墨，盡與本書合也。

例

漢人、宋人説經殊旨，鴻講東西，大約在李唐限斷。然盧仝、啖、趙《春秋》開棄傳之宗，王弼、何晏《易象》有空文之注，遞相祖述。宋學要亦本自西京董仲舒、東京馬融。今集散失，盡取唐前，非欲獨宗漢學，實存稽古之思。

王伯厚處宋諸儒末，獨能好古，《易》、《尚書》、《論語》則集鄭玄注，《詩》則集齊、魯、韓三家，《春秋》則集賈逵、服虔。今祖述其義，旁及諸經，下盡隋唐舊注。質伯厚獨集漢注初心，不無牴牾，要亦孔門各言爾志之義。

趙宋初葉，注疏尊爲科律，渡江至元，半

爲諸儒集矢，其閒所引復是注疏唾餘，大率在不論不議之列。故蕭客初稿，以各經注疏、《周易集解》所載舊注爲主，後因何晏、孔穎達、李鼎祚徵引繁多，更以注疏、《集解》未載者爲主。其客主之辨，諸書則每見輒録，注疏、《集解》則但備一家，及精義要言什一二而已。舊注散見他經疏中，仍爲盡數分摘，蓋不在本經，便與諸書無異。至陸德明《釋文》本爲經典作音，故其所載先儒諸音今不傳者，亦每人在一二，則其涉舊注注疏所未及者，擇善而從，録其强半。陸淳《春秋》三書專爲啖、趙之學，兩家之卷帙雖亡，三書之採摭略備，今録其折衷三傳、理趣明者近數十條，唯此二陸不同諸書盡録之例。

舊注初見，備載姓氏、書名，再見以下獨載書名，此定法也。其或先儒著書異人同名，如劉向、雷氏並有《五經要義》，及諸書援引不稱作者姓氏，不能定其誰何，則雖初見，獨出書名。或一人數書，如賈逵於《春秋》有《左氏長經章句》、《左氏解詁》、《左氏經傳朱墨列》、《三家經本訓詁》，其可分屬者，或從諸書指實，或從文句排比，其疑不能決，則雖屢見，獨載人名。其不立書名，獨稱注解及音者，再見以下配姓以相別，一經之内復有姓同，則少見者稱名。如《孝經注》王肅多，王獻之一見，則獻之稱名，王肅稱姓。《孟子注》劉熙多，劉向一見，則劉向稱名，劉熙稱姓。其從諸書元引稱人稱書者，則又不以初見再見爲例。

每條下注所出書名，非獨則古稱先，兼欲讀者便於覆對。然一書卷帙多或盈千，若不注出某卷，幾與不注出所書同。今自諸書兩卷以上，便爲分別注出，其體自唐李匡義《資暇集》、遼僧行均《龍龕手鑑》已見。《資暇》中卷曰「《禮記》第十八卷」,「《開元禮》第七十六」。❶《龍龕》注鐼字云「在《中阿舍經》第五十五卷」,注憻字云「出《阿差末經》第三卷」。故程大昌《攷古編》引《通鑑》,《演繁露》引《通典》兩用其法。然則王應麟集鄭氏《易》,引書注卷,蓋非獨創。

各經本文,一以注疏本爲正,其先儒舊本字或異同,分注經文各字之下,參讀後注便知某本作某,某本有某字、無某字。至義門學士、紅豆侍讀以唐石經及宋槧本校補校改,塗乙頗多。夫唐石宋刊,流傳既尠,其閒同異便屬沈淪。今摘其切於學者聞見,標以異字、異句、脱文諸目,直書經句,不作旁注。蓋據唐宋舊刻,正有明兩雕本之誤。又此集摘句附注,初非全寫經文,老成典型知無復改竄經字之嫌也。

《九經》注疏,其書尚存,於體不當入集。然缺文訛字,非得兩宋精本,不可是正。如《禮記疏》,義門先生見南宋刊本,已缺落數十處,故就傳是樓校北宋本,經月始出。其後吴門流傳一北宋本,朱太學楷字孔林,比對精善。今擇疏中訛不可意校,缺不可文句,從朱校本補正百數十條。不敢謂識廬山真面,庶幾爲讀《禮疏》者一挹西山朝爽。

校補缺誤,率用宋槧,惟趙岐《孟子章指》,毛斧季扆曾見章丘李氏所藏北宋蜀大字章句本,趙氏《篇叙》從此校出,而斧季手校《注疏》,不言《章指》出自蜀本。惠松崖先生亦僅從盱郡重刊廖氏本校録,非世綵堂元本。然《章指》舊在各章章句之末,今本混入疏中,零落大半,前輩或疑孫宣公疏

❶「元」,原作「先」,今據《古經解鉤沈》及《資暇集》改。

裏有疏，不知孫疏首述《章指》，末乃覆疏，初非自疏前疏。今若必俟宋本，則孫疏二十八卷之疑終無可解，故從兩家所校，急爲補入。蕭客少無過人之性，中復貧病相兼，三十以後居然濩落。此集雖麄立規條，然病中塗抹，易稿再三，其閒或舊注失收，或前後倒置，或本非散失，誤行採入，不能保無一二牴牾。然亦有明知其誤，如崔寔有《四民月令》，無《禮記・月令注》，而《白帖》指爲注《月令》。《穀梁》有麋信注，無庾信注，而《太平御覽》兩三處並作庾注。司馬彪有《續漢書・郡國志》，無《禮記注》，而《太平寰宇記》指爲注《禮記》。若此之類，憑臆改定，則恐實有其書，棄而不録，則恐貽譏掛漏。承訛襲謬，受教大方，雖非闕疑，抑亦慎言之體。

松崖交游

王先生鳴盛別爲《西莊學案》。

錢先生大昕別爲《潛研學案》。

戴先生震別爲《東原學案》。

沈先生彤別爲《果堂學案》。

褚先生寅亮別見《潛研學案》。

陳先生黄中別見《果堂學案》。

沈先生大成

沈大成，號沃田，華亭人。幼穎悟，讀書目數行下，爲文才思横發。康熙己亥，學使科試松江，得卷驚異，取冠郷校。謁見時進之曰：「吾試江蘇八府二州士，不乏取上第如拾芥者，然他日能讀書崇古學，惟子一人而已。」沃田益感奮，篤志經學，讀書晝夜不輟。自經史外，旁通天文、地理、六書、九章、算學，覃精研思，粹然成家。親歿哀痛毁瘠，家中落，出應幕府徵。由粤而閩，而浙，而皖，前後四十年，未嘗一日廢丹鉛。舟車往來，以四部書自隨。晚游揚州，客盧運使見曾官舍，旋館江氏。沃田早承家訓，長師黄唐堂宫允，交惠松崖、戴東原、杭堇浦、王蘭泉，故其爲學原本六經，凡古今典章之沿革，政事之得失，與夫一名一物流傳，考索研究，原委井然。藏書萬卷，手自校讐，鐫本譌闕，字體從俗，必標識而補正之。蠅頭蠶子，件繫條屬，非目力心細者，不能辨其點畫也。其校定《十三經注疏》、《史記》、前後《漢書》、《南北史》、《五代史》、杜氏《通典》、《文獻通考》、《昭明文選》、《説文》、《玉篇》、《廣韻》、顧氏《音學五書》、梅氏《曆算叢書》，尤爲一生精力所萃。著有《學福齋文集》二十卷，詩集三十八卷，著而未成者《讀經隨筆》也。殁於乾隆辛卯，年七十有二。參汪大經撰行狀。

清儒學案卷四十三終

清儒學案卷四十四

天津徐世昌

玉林學案上

玉林爲學，與顧、惠諸氏之研覃經訓，由文字、聲音、訓詁而得義理之真，殆相應求。而鍵户著述，世無識者，海内知己獨一潛丘。遺書之存亡不絶如縷。至五世而克延厥緒，其書始傳。古今之皓首窮經，湮没不彰者多矣，若玉林之發潛闡幽，賴有賢裔，業緜綈衺，史列儒林，非厚幸歟？述《玉林學案》。

臧先生琳

臧琳字玉林，武進人，父宇經。先生幼端敏，不好弄喜，博綜經史百氏之書，至釋道、稗官、野紀，皆所流覽，不當意者時棄之，多不卒業。父訓以朱子讀書循序漸進之法，始大悔悟。弱冠爲縣學生，文名盛著，父教之曰：「吾不以汝驟獲科名爲幸，能爲吾臧氏讀書種子，則善矣。」先生色喜，拜受之。自有明三百年來，士人多限於制義，而不能自振。其爲詞章之學者無論矣，爲義理之學者，或貌襲程朱，或言不用六經可以明心見性，此聖人之意不明於天下後世，六經幾何不爲糟粕也。先生獨憂之，教門人後進以小學，必以《爾雅》、《説文》爲宗，曰：「不識字，何以讀書？不通詁訓，何以明經？」其論治經也，必以漢注唐疏爲主，曰：「此其本原也。本原未見，而遽授以後儒之傳注，非特理奥有不能驟領，亦懼爲其隘也。」父教既以讀書種子期先生，先生亦以此自任，遂絶意舉子業，一以研經考古爲務。撰述《尚書集解》一百二十四卷，凡自漢伏勝、孔安國、許慎、鄭康成、馬融、王肅及明丘濬、王樵之説，莫不搜輯薈萃，棄瑕取瑜，又時出己論，補先儒之所闕，垂二十年而成。又著《經義雜記》三十卷，閻潛丘序之，稱其深明兩漢之學。嘗謂《禮記》中《大學》一篇本無經傳可分，闕處當補，誠意關頭於學者最爲切要，所以成始而成終者，不當退移於後。以宋元明以來學者好爲改竄，因作《大學考異》二卷，而以漢注舊本爲得其真。先生之學，於六經無不通，而尤邃於《尚書》、《春秋》，於《禮》有輯録而未成，又有《水經注纂》三卷、《知人編》三卷、《困學鈔》十八卷，皆藏於家。康熙五十二年卒，年六十有四。

參史傳、楊方達撰傳。

經義雜記

正名

《論語》：「子路曰：『衛君待子而爲政，子將奚先？』子曰：『必也正名乎？』」《集解》：「馬融曰：『正百事之名也。』」《儀禮·聘禮》疏引鄭注《論語》云：「古者曰名，今世曰字。」案馬、鄭説不同，亦各有所本。學者喜馬説之平易，便斥鄭爲迂遠，爲鄭學者專主其説，又以馬解爲非，俱未嘗偏考也。《史記·孔子世家》云：「是時衛君輒父不得立，在外，諸侯數以爲讓。而孔子弟子多仕於衛，衛君欲得孔子爲政，子路曰：『衛君待子而爲政，子將奚先？』」云云。又《春秋繁露·實性》云：「孔子曰：『名不正則言不順。』《春秋》別物之理以正其名，名物必各因其真。其義也，真其情也，乃以爲名。名霣石則後其五，退飛則先其六，此皆其真也，聖人於言無所苟而已矣。」又《韓詩外傳》卷五說魯君假馬于季孫云：「孔子正假馬之名，而君臣之義定矣。《論語》曰：『必也正名乎？』《詩》曰：『君子無易由言。』名正也。」此皆馬說所本也。《周禮》「外史掌達書名于四方」，注：「古曰名，今曰字，使四方知書之文字，得能讀之。」又《儀禮·聘禮·記》「百名以上書於策，不及百名書於方」，注：「名，書文也，今謂之字。」又許氏《說文解字序》云：「今叙篆文，合以古籀，博采通人，至于小大，信而有證，稽譔其說，將以理羣類，解謬誤，曉學者，達神恉，分別部居，不相雜厠也。萬物咸覩，靡不兼載，厥誼不昭，爰明以諭，於其所不知，蓋闕如也。」觀許引「君子於其所不知」二句，是亦以正名爲正書字。文弨案：《說文》每部字下有不解者，多書闕字，即本《論語》闕如之意。此皆鄭說所本也，固不當專主一解以爲是矣。朱子《集註》本《史記》指衛輒拒父事言之，較馬說更切近。

古文尚書釋文

周顯德中二年二月，詔刻《序録》、《易》、《書》、《周禮》、《儀禮》四經《釋文》，皆田敏、尹拙、聶崇義校勘。自是相繼校勘《禮記》、三傳、《毛詩》音，並拙等校勘。建隆三年，判監崔頌等上新校《禮記釋文》。開寶五年，判監陳鄂與姜融等四人校《孝經》、《論語》、《爾雅》釋文，上之。三月，李昉知制誥，李穆、扈蒙校定《尚書釋文》。德明《釋文》用古文《尚書》，命判監周惟簡與陳鄂重修定，詔並刻板頒行。咸平二年十月十六日，直講孫奭請摹印《古文尚書音義》，與新定《釋文》並行，從之。是書周顯德六年田敏等校勘，郭忠恕覆定古文，並書刻板。景德二年二月甲辰，命孫奭、杜鎬校定《莊子釋文》。上見《玉海·藝文》。案《釋文叙録》云：「枚賾奏上孔傳古文《尚書》，後范甯變爲今文集注，今以孔氏爲正。」其目載孔安國《古文尚書傳》十三卷，據此知《尚書釋文》本用古文，周顯德六年田敏等校勘、郭忠恕覆定者是也。但世閒已有范氏所變今文《尚書》，《釋文》及隋、唐《志》皆十卷。故宋開寶命周惟簡等重修，刻板頒行，則改古文爲今文，非陸氏原本矣。及咸平二年孫奭復請摹印古文《釋文》，與新定《釋文》並行，猶今古並存。今所行《尚書釋文》皆是今字，則爲周惟簡等改定之本，而非孫奭等復請摹印之本矣。夫兩本並行，而一存一没，非因人情喜新厭舊之故歟？是可慨也。

尚書泰誓有三

《書序》正義引馬融云：「《太誓》後得，案其文似若淺露。」又云：「『八百諸侯不召自來，不期同時，不謀同辭』，及『火復于上，至于王屋，流爲鵰』，『五至以穀俱來』。舉火神怪，得無在子所不語中乎？又《春秋》引《泰誓》曰：『民之所欲，天必從之。』《國語》引《泰誓》曰：『朕夢協朕卜，襲于休祥，戎商必克。』《孟子》引《泰誓》曰：『我武惟揚，侵于之疆，取彼凶殘，我伐用張，于湯有光。』孫卿引《泰誓》曰：『獨夫受。』《禮記》引《泰誓》曰：『予克受，非予武，惟朕文考無罪。受克予，非朕文考有罪，惟予小子無良。』今文《泰誓》皆無此語。吾見書傳多矣，所引《泰誓》而不在《泰誓》者甚多，弗復悉記，略舉五事以明之，亦可知矣。」又引鄭康成《書論》云：「民間得《泰誓》。」劉向《别録》曰：「武帝末，民有得《泰誓》於壁内者，獻之。與博士，使讀説之，數月皆起傳以教人。」《泰誓》正義引王肅《書序》云：「《泰誓》近得，非其本經。」又《孟子・滕文公下》引《泰誓》，趙注云：「《泰誓》，古《尚書》百二十篇之時《泰誓》也。今之《尚書・泰誓》篇後得，以充學，故不與古《泰誓》同。諸傳記引《泰誓》皆古《泰誓》也。」據趙、馬之説，知記傳、孟、荀所引皆未焚書前之《尚書》，所謂古《泰誓》，此一也。《史記・周本紀》云：「武王上祭于畢，東觀兵，至于盟津。爲文王木主，載以車，中軍。武王自稱太子發，言奉文王以伐，不敢自專，乃告司馬、司徒、司空、諸節：『齊栗，信哉！予無知，以先祖有德臣，小子受先功，畢立賞罰，以定其功。』遂興師。尚父號曰：『總爾衆庶，與爾舟楫，後至者斬。』武王渡河，中流，白魚躍入王舟中，武王俯取以祭。既渡，有火自上復于下，至于王屋，流爲烏，其色赤，其聲魄云。」《集解》引馬、鄭之言，《索隱》曰：「皆見《周書》及今文《泰誓》。」《齊世家》亦載斯事，《索隱》引馬融説，以爲今文《泰誓》。《漢書・禮樂志》：「《書序》『殷紂斷棄先祖之樂，迺作淫聲，用變亂正聲，以説婦人。」師古曰：「今文《周書・泰誓》之辭也。」《郊祀志》：「《太誓》曰：『正稽古立功立事，可以永年，丕天之大律。』」師古曰：「今文《泰誓》，《周書》也。」立功立事二句，《刑法志》又引之。禮堂謹案：《後漢書・班彪傳》下「汪汪乎丕天之大律」，李注：「今文《尚書・泰誓》篇曰『立功立事，可以永年，丕天之大律』。鄭玄注云：『丕，大也。律，法也。』」《董仲舒傳》：「《書》曰：❶『白魚入于王舟，有火復于王屋，流爲烏。』周公曰：復哉復哉！」師古曰：「今文《泰誓》之辭也。」《平當傳》：「《書》云：『正稽古建功立事，可以永年，傳於亡窮。』」師古曰：「今文《泰誓》。」《谷永傳》：「《書》曰：『迺用婦人之言，自絶于天。』師古曰：「今文《泰誓》。」『四方之逋逃多罪，是宗是長，是信是使。』」師古曰：「亦《泰誓》。」《白虎通・爵》篇：「天子之子稱太子。《尚書》曰：『太子發升于舟。』」《周禮・大祝》注：「《書》曰：『王動色變。』」賈疏：「《泰誓》云『周公曰：都懋哉！予聞古先哲王之格言』以下，太子發拜手稽首。」又：「今文《泰誓》得火烏之瑞，使上附以周公書，報誥於王，王動色變。」《藝文類聚》十六引《尚書》曰：「惟四月太子發上祭于畢，下至于盟津之上，乃告司馬、司徒、司空。」又曰：「太子發升于舟。中流，白魚入于舟。王跪取，出俟以燎，羣公咸曰休哉。」鏞堂謹案：《後漢書・王霸傳》：「雖武王白魚之應，無以加此。」李注：「今文《尚書》曰：『武王渡盟津，白魚躍入王舟。』」又《文苑・杜篤傳》：「蓋夫燔魚剸蛇，莫之方斯。」注：「《尚書》今文《泰誓》篇曰：『太子發升舟，中流白魚入於王舟，王跪取，出以燎，羣公咸曰休哉。』鄭玄注云：『燔魚以祭，變禮也。』」《説文・攴部》：「孜，汲汲也。《周書》曰：『孜孜無怠。』」《水部》：「涘，水涯也。《周書》曰：『王出涘。』」《手部》：「搯，捾也。《周書》曰：『師乃搯。』搯者，拔兵刃以習擊刺。」此俱漢初壁内別出之《泰誓》，即馬氏所稱其文似若淺露，神怪在子所不語者，然兩漢大儒皆見之，馬、鄭、王肅爲古文學者皆爲之注，此二也。至東晉臧彦始授梅賾古文《尚書》，内又有《泰誓》三篇，自唐

❶「傳書」，二字原倒，今據嘉慶四年拜經堂本《經義雜記》乙正。

以來立於學官，即今日所誦讀者，此三也。

論語古文今文

《釋文序録》云：「張禹受《魯論》於夏侯建，又從庸生、王吉受《齊論》，擇善而從，號曰《張侯論》，最後而行於漢世。禹以《論》授成帝，後漢包咸、周氏並爲章句，列於學官。鄭玄就《魯論》張、包、周之篇章，考之齊、古，爲之注焉。魏吏部尚書何晏集孔安國、包咸、周氏、馬融、鄭玄、陳羣、王肅、周生烈之説，並下己意，爲《集解》，正始中上之，盛行於世。」據此則張侯《論語》已不全爲《魯論》，厥後包、周所注，列於學官，皆是本也。鄭康成就包、周之本，以《齊論》、《古論》校正之，凡五十事，則鄭本《論語》又參合古、魯、齊三書定之，非張、包、周之舊矣。何晏所集七家内，孔安國、馬融蓋純乎古文，餘則三家並有。然鄭君校從《古論》，有注以識別，使後人可考。何晏就三家本，以意爲之，自序稱集諸家之美，有不安者，頗爲改易。故采孔、馬之注，則改包、周之本，用包、周之説，又易孔、馬之經。自成一家，不今不古，甚可慨也。今據何氏以前書略爲分別之。漢石經殘碑，此張侯《魯論》也。《史記·孔子世家》、《仲尼弟子列傳》及許氏《説文》，皆《古論》也。石經見洪氏《隸釋》，茲不贅列。《古論語》「傳不習乎」，《魯論語》「專不習乎」。《釋文》。下凡見《釋文》者，皆不注所本。《古論語》「未若貧而樂道」，《仲尼弟子傳》。《魯論語》「未若貧而樂」。《古論語》「而衆星共之」，《魯論語》「而衆星拱之」。《古論語》「有酒食先生饌」，《魯論語》「有酒食先生餕」。《古論語》「哀公問社於宰我」，《魯論語》「哀公問主於宰我」。《古論語》「縱之純如也」，《孔子世家》。

《魯論語》「從之純如也」。《古論語》「無適也」，《魯論語》「無敵也」。《古論語》「可使治其賦也」，《魯論語》「可使治其傅也」。《古論語》「夫子之言天道與性命，弗可得聞也已」，《孔子世家》。《魯論語》「夫子之言性與天道，不可得而聞已矣」。《漢書・睦兩夏侯京翼李傳贊》。《古論語》「未知焉得仁」，《魯論語》「未智焉得仁」。《漢書・古今人表》，《論衡・問孔》、《中論・智行》下句同。《古論語》「崔子弑其君」，《魯論語》「高子弑其君」。《古論語》「吾不知所以裁之」，《孔子世家》。《魯論語》「不知所以裁之」。《古論語》「命也夫，斯人也而有斯疾，命也夫」，《仲尼弟子傳》。《魯論語》「命矣夫，斯人也而有斯疾也，斯人也而有斯疾也」。《古論語》「文質彬彬」，《魯論語》「文質份份」。《説文・人部》。廣圻案：《説文》是《古論語》，當互易。《古論語》「夫子矢之曰予所否者」，《魯論語》「夫子矢之曰予所鄙者」。《論衡・問孔》。《古論語》「子之燕居」，《魯論語》「子之宴居」。《古論語》「吾未嘗無誨焉」，《魯論語》「吾未嘗無悔焉」。《古論語》「假我數年」，《孔子世家》。《魯論語》「加我數年」。《古論語》「五十以學《易》，可以無大過矣」，《魯論語》「五十以學，亦可以無大過矣」。《古論語》「其爲人也，學道不倦，誨人不厭，發憤忘食，樂以忘憂」，《孔子世家》。《魯論語》「其爲人也，發憤忘食，樂以忘憂」。《古論語》「多見而識之，知之次也」，《魯論語》「多見而志之，知之次也」。《白虎通・禮樂》。《古論語》「揖巫馬旗而進之」，《仲尼弟子傳》。《魯論語》「揖巫馬期而進之」。《古論語》「正唯弟子不能學也」，《魯論語》「誠唯弟子不能學也」。《古論語》「君子坦蕩蕩」，《魯論語》「君子坦湯湯」。《古論語》「民無得而稱焉」，《魯論語》「民無德而稱焉」。《釋文》、

《後漢書・丁鴻傳論》。《古論語》「巍巍乎舜禹之有天下也而不與焉」。《魯論語》「巍巍乎舜禹之有天下也而不預焉」。《白虎通・聖人》。《古論語》「空空如也」，《魯論語》「悾悾如也」。《古論語》「弁衣裳者」，《魯論語》「絻衣裳者」。《古論語》「夫子循循然善誘人」，《魯論語》「夫子恂恂然善誘人」。《後漢書・張壹傳》、趙岐《孟子章指》。《古論語》「沽之哉我待賈者也」，《魯論語》「賈之哉我待價者也」。《白虎通・商賈》。《古論語》「孔子於鄉黨恂恂如也」，《魯論語》「孔子於鄉黨逡逡如也」。《孔子世家・索隱》、《隸釋・山陽太守祝睦後碑》。《古論語》「辯辯言唯謹爾」，《魯論語》「便便言唯謹爾」。《古論語》「朝與上大夫言誾誾如也，與下大夫言侃侃如也」，《孔子世家》。《魯論語》「朝與下大夫言侃侃如也，與上大夫言誾誾如也」。《古論語》「執圭鞠躬如也」，《魯論語》「執圭鞠窮如也」。《儀禮・聘禮注》。《古論語》「上如揖下如授」，《魯論語》「上如揖趨如授」。《古論語》「不使勝食既」，《說文》皀。《魯論語》「不使勝食氣」。《古論語》「雖疏食菜羹瓜祭必齊如也」，《魯論語》「雖疏食菜羹必祭必齊如也」。《古論語》「鄉人儺」，《魯論語》「鄉人獻」。《古論語》「君賜生」，《魯論語》「君賜牲」。《古論語》「見弁者」，《魯論語》「見絻者」。《古論語》「朋友死無所歸，曰於我殯」，《魯論語》「朋友無所歸，生於我乎館，死於我乎殯」。《白虎通・三綱六紀》。《古論語》「車中不內顧」，《魯論語》「車中內顧」。《古論語》「德行顏淵、閔子騫、冉伯牛、仲弓，政事冉有、季路，言語宰我、子貢，文學子游、子夏」，《仲尼弟子傳》。《魯論語》「德行顏淵、閔子騫、冉伯牛、仲弓，言語宰我、子貢，政事冉有、季路，文學子游、子夏」。《古論語》「南容三復白珪」，《仲尼弟子傳》。《魯論語》「南容三復白圭」。《古論語》「仍舊貫」，《魯論語》「仁舊貫」。《古論語》「師也辟，參也魯，柴也愚，由也喭」，《魯論語》「柴也愚，參也魯，師也辟，由也喭」。《古論語》「無吾以也」，《魯論語》「無吾已也」。《古論語》「因之以饑饉」，《魯論語》「因之以飢饉」。《古論語》「詠而饋」，《魯論語》「詠而歸」。《古論語》「吾與黷也」，《説文》：「黷，雖皙而黑也，从黑，箴聲。古人名黷，字子皙。」《仲尼弟子傳》作箴字，是省文。《魯論語》「吾與點也」。《古論語》「仲弓問政」，《仲尼弟子傳》。《魯論語》「仲弓問仁」。《古論語》「片言可以折獄者」，《魯論語》「片言可以制獄者」。《廣雅》一《釋詁》：「制，折也。」《古論語》「子之迂也」，《魯論語》「子之于也」。《古論語》「夫君子爲之必可名，言之必可行」，《孔子世家》。《魯論語》「故君子名之必可言也，言之必可行也」。《古論語》「吾黨有直躬者」，《魯論語》「吾黨有直弓者」。《古論語》「硜硜然小人哉」，《魯論語》「悻悻然小人哉」。《孟子·公孫丑下》注。《古論語》「朋友切切節節，兄弟熙熙」，《毛詩·伐木》傳。《魯論語》「朋友切切偲偲，兄弟怡怡」。《古論語》「子貢方人」，《魯論語》「子貢謗人」。《古論語》「有荷臾而過孔氏之門者」，《説文·艸部》。《魯論語》「有荷蕢而過孔氏之門者」。《古論語》「高宗諒陰三年」，《魯論語》「高宗諒闇三年」。鄭注本。又《公羊傳》文九年注。《古論語》「在陳絶糧」，《魯論語》「在陳絶粻」。《古論語》「小人窮斯爁矣」，《説文·女部》。《魯論語》「小人窮斯濫矣」。《古論語》「工欲善其事，必先利其器」，《魯論語》「工欲善其事，必先厲其器」。《漢書·梅福傳》。《古論語》「好行小慧」，《魯論語》「好行小惠」。《古論語》「友諞佞」，《説文·言部》。《魯論語》「友便佞」。《古論語》「言未及之而言謂之躁」，《魯論語》「言未及之而言謂之傲」。《古論語》「邦君之妻」，《魯論語》「國君之妻」。《白虎通・嫁娶》兩引。《古論語》「邦人稱之曰君夫人」，《魯論語》「國人稱之曰君夫人」。《白虎通・爵》，又《嫁娶》。《古論語》「饋孔子豚」，《魯論語》「歸孔子豚」。《古論語》「涅而不緇」，《魯論語》「泥而不滓」。《史記・屈原賈生傳》：「皭然泥而不滓者也。」《後漢書・隗囂傳》：「賢者泥而不滓。」又《隸釋・費鳳別碑》：「涅而不滓。」《隸續・廷尉仲定碑》：「泥而不宰。」禮堂謹案：《文選・東方朔畫贊》云：「涅而無滓。」廣圻案：泥而不宰，見婁機《字源》。今《隸續》有録無書。《古論語》「苟患失之無所不至矣」，《魯論語》「苟患失之亡所不至」。《漢書・朱雲傳》。《古論語》「古之矜也廉」，《魯論語》「古之矜也貶」。《古論語》「天何言哉」，《魯論語》「夫何言哉，夫何言哉」。《古論語》「夫三年之喪天下之通義也」，《仲尼弟子傳》。《魯論語》「夫三年之喪天下之通喪也」。《古論語》「惡果敢而室者」，《魯論語》「惡果敢而室者」。《古論語》「惡徼以爲知者」，《魯論語》「惡絞以爲知者」。《古論語》「齊人饋女樂」，《魯論語》「齊人歸女樂」。《古論語》「往者不可諫兮，來者猶可追也」，《孔子世家》，也亦當作兮。《魯論語》「往者不可諫也，來者猶可追也」。今本無二「也」，漢石經有。《古論語》「已而已而，今之從政者殆而」，《魯論語》「期斯已矣，今之從政者殆」。《古論語》「悠悠者天下皆是也」，《史記・孔子世家》、《文選・晉紀總論》注。❶《魯論語》「滔滔者天下皆是也」。《古論語》「朱張」，《魯論語》「侏張」。《古論語》「行中清」，《孔子世家》。《魯論語》「身中清」。《古論語》

❶「論」上，原衍「選」字，今據《經義雜記》、《文選》刪。

「廢中權」，《魯論語》「發中權」。《古論語》「百工居肆以成其事」，《魯論語》「百工居肆以致其事」。《白虎通・辟雍》。《古論語》「君子之道焉可誣也」，《魯論語》「君子之道焉可憮也」。《漢書・薛宣傳》。《古論語》「陳子禽問子貢曰：仲尼焉學」，《仲尼弟子傳》。《魯論語》「衛公孫朝問於子貢曰：仲尼焉學」。《古論語》「敢昭告于皇皇后帝」，《魯論語》「敢昭告于皇天上帝」。《白虎通・三軍》。《古論語》有「孔子曰：不知命無以爲君子也，不知禮無以立也，不知言無以知人也」，《魯論語》無此章。《魯論語・衛靈公》有「子曰：父在觀其志，父没觀其行」，《古論語》無此章。凡六經古今文不可偏執，古文多假借，今文多正字，又往往古文得其真，今文或以形聲致誤，故必合考之方兩通。漢儒今文家不知古義，古文家鄙棄今學，皆過也。能參合古今，擇善而從，可爲後學法守者，惟北海鄭君一人而已。

易逸象注

宋朱震子發撰《周易集傳》十一卷，今本題爲《漢上易傳》。其《説卦傳》有曰：「秦漢之際，《易》亡《説卦》。孝宣帝時，河内女子發屋，得《説卦》古文。至後漢荀爽《集解》，又得八卦逸象三十有一。《集解》『坎爲狐』，子夏傳曰：『坎稱小狐。』孟喜曰：『坎，穴也，狐穴居。』王肅曰：『坎爲水，爲險，爲隱伏。物之在險，穴居隱伏，往來水間者，狐也。』子夏時坎爲狐，孟喜、王肅止隨傳解釋，不見全書。蓋秦漢之際亡之矣。案荀爽九家逸象具陸氏《釋文》，坎後有八六爲狐，兑後有二一爲常，陸氏引舊注云：『常，西方神也。』餘不詳。』唐李氏《集解》於《未濟》『小狐汔濟』引虞翻曰：『艮爲小狐。』又曰：『艮爲尾。狐，獸之長尾者也。』引干寶曰：『坎爲狐。』又曰：『狐，野獸之妖者。』而無子夏、孟喜、王肅之言。」據朱氏此條，則宋時猶存古義也。然九家中有馬、鄭、虞翻，無子夏、孟喜、王肅。

春秋名季子辨

嘗讀宋儒胡安國《春秋傳》，至襄二十九年「吴子使札來聘」，未嘗不歎胡氏之説經爲謬也。案杜注《左氏》云：「不稱公子，其禮未同於上國。」正義引《釋例》曰：「吴晚通上國，故其君臣朝會不同於例，亦猶楚之初始也。」又《公羊傳》：「《春秋》賢者不名，此何以名？許夷狄者，不壹而足也。季子者，所賢也，曷爲不足乎季子？許人臣者必使臣，許人子者必使子也。」何注云：「緣臣子尊榮，莫不欲與君父共之，字季子則遠其君。夷狄常例，離君父辭，故不足以隆父子之親，厚君臣之義。」《穀梁傳》：「其名成尊於上也。」范注云：「札名者，成吴之尊稱。直稱吴，則不得有大夫。」是三傳皆無稱名爲貶之説。唐獨孤及曰：「以季子之閎達博物，慕義無窮，而使當壽夢之眷命，接餘眜之絶統，必能光啟周道，以霸荆蠻。則大業用康，多難不作，闔閭安得謀諸窟室，專諸何所施其匕首。乃全身不顧其業，專讓不奪其志，所去者忠，所存者節，善自牧矣，謂先君何？吴之覆亡，君實階禍。」獨孤氏之言，本非知季子者，然尚未傅會聖人之經。胡氏之論，豈因此加刻歟？惟明王氏世貞有言曰：「彼見乎吴之俗，很戾而好戰，日尋楚之干戈，而僚以貪愎躁勇之性，光以狡悍忍詬之資，左右焉，其人目睆而齒擊，蓋未嘗一日而忘乎王位也。札欲以禮息鬭，而不能以義割恩，而不忍其身之不恤，而何有於國？故熟計而舍之，非得已也。札聽樂而辨六國之興衰，獨不知吴之將亡，而嘿無一救乎？彼不欲以其身殉鴟夷也。」可謂燭照當日之情勢矣。嗟乎！季子何人者！即以其聘於列國觀之，見叔孫穆子而慮其不得死，説晏平仲而告之以免難之法，與子産交而憂鄭之將敗，聞孫文子之鐘，爲之懼禍而不敢止，説叔向而恐其好直以離難，是其於萍踪適合之人，尚爲之深思遠慮，惓惓不忘如是，而況於宗社乎？是故吴之興亡，季子必籌之熟、慮之深矣。特時勢流轉，有非人力所能挽者。與其以身徇之，躬受篡弑之禍，而不能有所濟，孰若見幾而去，全身潔己之爲愈哉！闔閭使專諸刺僚，而致國乎季子，季子曰：「爾殺吾君，吾受爾國，是吾與爾爲篡也。爾殺吾兄，吾又殺爾，是父子兄弟相殺，終身無已也。」季子之志至是而始白。然當其初讓之時，已見之明決矣，非固讓以全小節，而罔念國家之大禍也。唐蕭定云：「《易》曰『知幾其神』，季子之見可謂知幾矣，季子之明可謂知進退存亡而不失其正矣。」嗚呼，其知季子者哉！

孝經閨門章

宋本古文《孝經》有「閨門」章，在「子曰君子之事親孝」章後，其文云：「子曰：閨門之内，具禮矣乎！嚴父嚴兄，妻子臣妾猶百姓徒役也。」共二十四字。元氏《正義》載司馬貞議曰：「近儒欲崇古學，僞作『閨門』一章，劉炫詭隨，妄稱其善。且閨門之義，近俗之語，必非宣尼正説。案其文云『閨門之内具禮矣，嚴親嚴兄，妻子臣妾猶百姓徒役也』，是比妻子於徒役，文句凡鄙，不合經典。」案：古文雖出劉光伯，或恐以私意竄改，但「閨門」一章，文簡意足，理致精嚴，似非後儒所能僞作，不當以文句疑之。蓋閨門之内，人君燕寢之地也。人君於大廷之上，百官執事，前後左右，罔非正人，即欲不具禮而不可。即退朝之後，與父兄相處，爲我素所嚴敬者，雖欲不具禮而亦不能。惟閨門之内，所對者妻子耳，所侍者臣妾耳，人君而與妻子臣妾相處，燕昵之私，情欲之感，日有所不容已。則起居之際，必有不能具禮，而或至於失禮者。能若嚴父嚴兄在前，則閨門之内，一如大廷，自不敢不具禮矣。蓋治家者不敢失於臣妾，而况於妻子乎？故得人之懽心以事其親，而自一家視之爲妻子臣妾，自天下視之爲百姓徒役，故云「妻子臣妾猶百姓徒役也」。欲得萬國之懽心以事其先王，必不敢遺於天下之百姓徒役；欲得一家之懽心以事其親，必不敢侮於閨門内之妻子臣妾。此先王之孝也，此聖人之誠也，司馬氏以爲凡鄙，誤矣。

文帝始置博士

《漢書・武帝紀》建元五年春，置五經博士，《文帝紀》無立博士事。余考兩漢人所言，則文帝已立博士矣。《楚元王傳》：「文帝時，聞申公爲《詩》最精，以爲博士。」又劉歆移書太常博士曰：「孝文皇帝始使掌故朝錯從伏生受《尚書》。《尚書》初出于屋壁，朽折散絶，今其書見在，時師傳讀而已。《詩》始萌牙。天下衆書往往頗出，皆諸子傳説，猶廣立於學官，爲置博士。」《翟酺傳》上言：「孝文皇帝始置五經博士，武帝大合天下之書。」又趙氏《孟子題辭》：「孝文帝欲廣遊學之路，《論語》、《孝經》、《孟子》、《爾雅》皆置博士。後罷傳記博士，獨立五經而已。」王氏

《玉海·藝文》云：「《爾雅》，文帝立博士。」本之《孟子》、《漢書》也。李賢注《翟酺傳》云：「武帝建元五年，始置五經博士。文帝時未遑庠序之事，酺之言不知何據。」蓋未詳考也。劉歆書「諸子傳説」，説字誤，當從《孟子題辭》作「傳記」。諸子謂孟子也，傳謂《論語》、《孝經》也，記謂《爾雅》也。《書序》正義曰：「漢武帝謂東方朔云：傳曰時然後言，人不厭其言。又漢東平王劉雲與其太師策書云：傳曰陳力就列，不能者止。又成帝賜翟方進策書云：傳曰高而不危，所以長守貴也。是漢世通謂《論語》、《孝經》爲傳也。以《論語》、《孝經》非先王之書，是孔子所傳説，故謂之傳。」

古文均爲袗

《儀禮·士冠禮》：「兄弟畢袗玄，立于洗東。」注：「畢，猶盡也。袗，同也。玄者，玄衣玄裳也。緇帶韠。古文袗爲均也。」案：此經蓋古文作「兄弟畢袗玄」，今文作「兄弟畢均玄」，鄭從今文作「均玄」，疊古文不用，注當云「均，同也。古文均爲袗也」。今本是後人倒易之。《左傳》僖五年「均服振振，取虢之旂」，杜注：「戎事上下同服。」《釋文》：「均，如字，同也。字書作袀，音同。」正義曰：「均服者，謂兵戎之事，貴賤上下均同此服也。」又《周禮·司几筵》「設莞筵紛純」，鄭司農云：「純，讀爲均服之均。」釋曰：「僖五年《左傳》云『均服振振』，賈、服、杜君等皆爲均。均，同也。」又《國語·晉語二》「均服振振」，韋注：「均，同也。戎服君臣同。」又《吕氏春秋·悔過》云：「過天子之城，宜橐甲束兵，左右皆下，以爲天子禮。今袀服四建，左不軾，而右之超乘者五百乘。」高注：「袀，同也。兵服上下無別，故曰袀服。」鄭注既以玄衣玄裳爲同服，則必從今文作「均」矣。賈、高、韋、杜並云「均，同也」，與此注義正合。又《禮記・月令》「孟冬之月乘玄路」，注：「今《月令》曰『乘軫路』，似當爲『袗』字之誤也。」正義曰：「軫是車之後材，路皆有軫，何得云『乘軫路』？此軫字當衣旁著㐱，袗是玄色，故以今《月令》軫字似當爲袗字錯誤。以此經云『乘玄路』，玄、袗義同，故《昏禮》云『女從者畢袗玄』。鄭雖以袗爲同，要袗是玄之類。」是鄭以袗義爲玄。經已云玄，不必更言袗矣。古文袗、玄義複，鄭所不從。據《月令》正義，知孔氏所見《儀禮》已誤同今本。《士昏禮》「女從者畢袗玄」，注：「袗，同也。同玄者，上下皆玄也。」釋曰：「此袗讀從《左氏》『均服振振』一也，故云『同玄，上下皆玄也』。同者，即婦人之服不殊裳。」案《士昏禮》亦當作「均玄」，據疏云「此袗讀從《左氏》『均服振振』」，疑賈氏作疏時，《禮經》尚作「均玄」，而未誤爲袗玄也。《續漢・輿服志下》云：「秦以戰國即天子位，滅去禮學，郊祀之服皆以袀玄。」又：「五嶽、四瀆、山川、宗廟、社稷諸沾秩祠，皆袀玄長冠，五郊各如方色云。百官不執事，各服常冠袀玄以從。」又：「祀宗廟諸祀皆服袀玄。」梁劉昭注云：「《獨斷》曰：『袀，紺繒也。』《吴都賦》曰：『袀，皁服也。』」又蔡邕《獨斷》下：「祠宗廟則長冠袀玄。」又《淮南子・齊俗》：「譬若芻狗土龍之始成，尸祝袀袨，大夫端冕以送迎之。」高注：「袀，純服。袨，墨齋衣也。」此並袀、玄連文，與《冠》、《昏禮》今文均玄二字正同。雖皆秦漢之事，不足爲《禮經》之證，然《左傳》「均服」既本作「袀服」，知《儀禮》「均玄」亦本作「袀玄」矣。《説文》新附：「袨，盛服也。从衣玄聲，黄絢切。」《玉篇》：「袨，胡絢切，黑衣也。」

袀服振振

《文選・吴都賦》「六軍袀服」，劉淵林注：「《左氏傳》曰：『袀服振振。』袀，同也。」《閒居賦》「服振振以齊玄」，李善注：「《左氏傳》曰：『袀服振振。』服虔曰：『袀服，黑服也。』《説文》曰：『袀，玄服也。』音均。」又《漢書・五行志中之上》：「《左氏傳》：『袀服振振。』」師古曰：「袀服，黑衣。振振，袀服之貌也。」然則《左傳》本作「袀服」，其義爲黑衣。均，同也，蓋賈景伯義，而杜氏之用服注，當云「均讀爲袀，袀服，黑服也」。今《説文・衣部》云：「袗，玄服。从衣㐱聲。❶ 裖，袗或从辰。」而無袀字。據《閒居賦》注所引，知唐初《説文》本有袀字，蓋今本脱落，或即袗字之異，蓋《説文》本用今文，袀字後人以古文袗字代之，猶《儀禮》之均作袗也。經既均玄連文，則袀爲玄服可知。與服子慎、顔師古義同。《玉篇》：「袀，戎服也。」《廣韻》十八諄：「袀，戎衣也。《左傳》曰：『均服振振。』字書從衣。」《左傳釋文》亦云：「均，字書作袀。」知《説文》故有袀字矣。《國策・趙策》：「左師公曰：老臣賤息舒祺最少，不肖，而臣衰，竊愛憐之，願令袀黑衣之數，以衛王宫。」此戎事黑服之證。師古以袀服爲黑衣，當本之應劭、服虔等音義，顔氏每遇舊注與己合者，即没其姓氏，襲爲己有，故能於杜注、孔疏外别立一解也。

王弼易注有音

《易・大過》注：「音相過之過。」明神廟、崇禎兩刻本皆無，正義標注有此句，《釋文》大書「相過之過」四字，蓋後人疑注中不

❶「㐱」，原作「袗」，今據臧琳《經義雜記》及《説文》改。

當有音，恐非王氏語，故删之。案《井》彖曰：「巽乎水而上水，井。」注：「音舉上之上。」正義曰：「嫌讀爲去聲，故音之也。」《豐》彖曰：「豐，大也。」注：「音闡大之大也。」正義曰：「闡者，宏廣之言。凡物之大其有二種，一者自然之大，二者由人之闡宏使大。豐之爲義，既闡宏微細，則豐之稱大，乃闡大之大，非自然之大，故音之也。」舉此可證注中本有音矣。凡漢儒之書多注、讀相連，如鄭康成《毛詩箋》、《三禮注》，許叔重《説文》，高誘《吕氏春秋》、《淮南子》注可見。魏晉以來此法漸疏，惟郭景純注《爾雅》、《方言》，尚有典型。《論語》「子游曰：事君數」，《集解》云：「數，謂速數之數。」正義曰：「嫌讀爲上聲去聲，故辨之。」較《易》注益寥寥矣。

習之好改字，余既有辨矣。覆讀之，有可采備一説者，纂録於此。「事君數」章，何晏注：「數，讀爲速數之數。」李云：「君命召，不俟駕，速也。豈以速爲辱乎？吾謂數當謂頻數之數。」案：速讀爲促，即頻數義。此解與《集注》同。「子見南子」章，孔注：「矢，誓也。」李云：「矢，陳也。否當爲否泰之否，厭當爲厭亂之厭。孔失之矣，爲誓非也。後儒因以矢爲誓，又以厭爲擫，益失之矣。」案《釋文》引蔡謨云：「矢，陳也。」否，王弼、李充備鄙反，厭於琰反，又於豔反。正義曰：「蔡謨云：『矢，陳也。』夫子爲子路陳天命也。」此解與蔡、王、李充等合。「自行束脩」章云：「説者謂束爲束帛，脩爲脩脯，人能奉束脩於吾，則皆教誨之。此義失也。吾謂以束脩爲束修則然矣。仲尼言小子洒掃進退，束修末事。但能勤行此小者，則吾必教誨其大者。」案漢人皆以束脩爲約束修絜，李解與舊説合。「子曰由知德者鮮矣」云：「此一句是簡編脱漏，當在『子路愠見』下文一段爲得。」案：《集解》載王肅注云：「君子固窮，而子路愠見，故謂之少於知德。」此解與王意合。「君子不施其親」云：「施當爲弛。」此解與余説合。今之學者日習朱子《集注》，於何氏《集解》置之高閣，更何暇及此，而不知唐人之書亦不可不讀也。或疑此爲後人託撰，然即以兹數端論之，似非宋以來學者所能言。且其文繁意複，與唐人義疏極相似。

左傳錯簡

《左氏音義》之四襄五第十八大書傳字云：「此傳本爲後年脩成，當續前卷二十五年之傳後，簡編爛脱，後人傳寫，因以在此耳。」案傳云：「會于夷儀之歲，齊人城郟。其五月，秦晉爲成，晉韓起如秦涖盟，秦伯車如晉涖盟，成而不結。」杜注：「傳爲後年修成起本，當繼前年之末，而特跳此者，傳寫失之。」正義曰：「《漢書·藝文志》云《左氏傳》三十卷，則丘明自分爲三十也。丘明作傳，使文勢相接，❶爲後年之事而年前發端者多矣。文十年傳云『厥貉之會麇子逃歸』，十一年云『楚子伐麇』。宣十一年傳云『厲之役鄭伯逃歸』，十二年而云『楚子圍鄭』。皆傳在前卷之末，豫爲後卷之始。此爲後年修成，發其前成不結，其事與彼相類，不宜獨載卷首，知其當繼前年之末也。而特跳出在於此卷之首者，是傳寫失之也。學者以此語字

❶「勢」，原作「藝」，今據《經義雜記》及《春秋左傳正義》改。

多，欲合與下相接，故輒斷彼末，寫於此首。後人因循，不敢改易，故失之，言失其本真也。《說文》云：『跳，躍也。』謂足絶地而高舉也。魏晉儀注寫章表别起行頭者謂之跳出，故杜以跳言之。」又案：《儀禮·聘禮記》：「百名以上書於策，不及百名書於方。」釋曰：「鄭注《尚書》三十字一簡之文，服虔注《左氏》云古文篆書一簡八字。」則《尚書》與《左氏》竹簡字數多寡不同。然亦止大概言之，不必《尚書》定三十字，《左氏》定八字。故《漢書·藝文志》論《酒誥》、《召誥》脱簡云：「率簡二十五字者，脱亦二十五字。簡二十二字者，脱亦二十二字。」蓋多不過三十字，少不過八字耳。此傳「會于夷儀」云云，共三十五字，以八九字一簡數之，應有四簡。蓋簡編爛脱，當在卷十七之末者，反落在卷十八之首。杜氏注傳時本已如此，故後人傳寫者亦因之而不敢改。陸氏所言是也。乃杜以爲傳寫失之，語欠分曉。正義又云：「學者欲與下相接，故輒斷彼末，寫於此首。」余謂自杜氏以前恐無此穿鑿私改之弊，今《釋文》尚仍陸氏之舊，在第十八，依孔氏所言，亦本在正義第三十七之首。乃俗本《注疏》移於第三十六之末，在二十五年傳後，則非孔氏真本矣。單注本亦誤，惟明刻《杜林合解》在第三十一襄二十六年之上，頗足取云。鏞堂謹案：歸安嚴久能元照貽我不全宋版《左傳》三册，上册題襄五第十八，此傳正在二十六年之首。

文王事混夷

《孟子·梁惠王下》「是故湯事葛，文王事昆夷」，趙注：「《詩》云：『昆夷兑矣。』」宋高宗御書石經《孟子》作「文王事混夷」。案《詩·緜》作「混夷駾矣」，箋云：「混夷，夷狄國也。」《釋文》：「混夷音昆。」王伯厚《詩考》載《説文》「昆夷駾矣」，而《緜》正義引《説文》曰：「《詩》云：『混夷駾矣。』」《皇矣》「患夷載路」，箋云：「患夷即混夷。」《釋文》：「混夷音昆。」正義曰：「《采薇》序曰：『西有混夷之患。』是患夷者，患中國之夷。書傳作畎夷，蓋畎、混聲相近，後世作字異耳。或作犬夷，犬則畎字之省也。」據此知《詩》「混夷」字無有作「昆」者，《孟子》「昆夷」當從石經作混夷，方與《詩》合。今經注皆作「昆」，失其舊也。《皇矣》引《詩序》「混夷」，今《采薇》序《注疏》作「昆夷」，《釋文》「昆夷，本又作混」，作混與正義合。今本作「昆」，乃依《釋文》正字耳。

毛詩改從鄭箋

鄭箋《毛詩傳》，有申其義者，有改其義者，有同一字而詁訓各異者，有云當爲某讀爲某而易其字者。然皆具於箋中，於正文未敢輒改。後人往往從箋以改經，又依鄭義以改箋字，今舉數則正之。《終風》「願言則疐」，傳：「疐，跲也。」箋云：「疐讀當爲不敢嚏咳之嚏。」而《玉篇·口部》、唐石經皆作「願言則嚏」。《北風》「其虛其邪」，傳：「虛，邪舊作虛。也。」箋云：「邪讀如徐。」而《關雎》正義引作「其虛其徐」。《無衣》「與子同澤」，傳：「澤，潤澤也。」箋云：「澤，舊作襗。褻衣，近污垢。」《釋文》：「同澤，如字。毛潤澤也，鄭褻衣也，《説文》作襗。」而正義曰：「箋易《傳》爲襗，《説文》云『襗袴也』，《論語》注云『褻衣袍襗也』。」又《周禮》「玉府掌王之燕衣服」，注：「燕衣服者，袍襗之屬。」釋曰：「《毛詩》云『豈曰無衣，與子同袍，與子同襗』是也。」《衡門》「可以樂飢」，傳：「可以樂道忘飢。」箋云：「飢者，不足於食也。泌水之流洋洋然，飢者見之，可以樂舊作瘵。飢。」《釋文》：「以樂，本又作瘵，毛音洛，鄭力召反。沈云：舊皆作樂字。」而唐石經作「可以瘵飢」。《文選》王元長《永明十一年策秀才文》「豈非瘵飢」，李善注：「《毛詩》曰：『可以瘵飢。』鄭玄曰：『泌水洋洋然，飢者見之，可飲以瘵飢。』瘵音義與療同。」蔡伯喈《郭有道碑文》「棲遲泌丘」，李注：「《毛詩》曰：『泌之洋洋，可以療飢。』」《太平御覽》五十八亦作「可以療飢」。蓋一改樂爲瘵，再改瘵爲療。《鹿鳴》「視民不恌」，箋云：「視，古示字也，可以示天下之民，使之不愉於禮義。」而《左氏》昭十年傳「視民不佻」，《釋文》云：「視民，如字，《詩》作示字。」《車攻》「東有甫草」，傳：「甫，大也。」箋云：「甫草者，甫田之草也。鄭有甫舊作圃，葛本尚作甫。田。」《釋文》：「甫草，毛如字，鄭音補。甫田，舊音浦，下同。」而唐石經原刻作「東有圃草」。後改爲甫，故石刻甫字獨小。正義凡「甫田」字皆从囗。《吉日》「其祁孔有」，傳：「祁，大也。」箋云：「祁當作麎。麎，麋牝也。」而《爾雅·釋獸》「麋，牡麔，牝麎」，邢疏云：「其牝者名麎。《詩·吉日》云『其麎孔有』是也。」《鴛鴦》「摧之秣之」，傳：「摧，莝也。」箋云：「摧，今莝字也。」而《白氏六帖》九十六兩引皆作「秷之秣之」。徐楚金《説文繫傳》作「芻之䬴之」，引下章「秣之摧之」亦作「秣之剉之」。《思齊》「烈假不瑕」，傳：「烈，業。假，大也。」箋云：「烈、舊作厲。假，皆病也。」正義曰：「鄭讀烈假爲厲瘕，故云皆病也。」而《釋文》云：「烈，毛如字，鄭作厲。」宋丁度《集韻》引《詩》「厲假不瑕」。是皆依箋改經也。

尚書異説

《尚書》孔序云：「以其上古之書，謂之《尚書》。」正義曰：「孔君既陳伏生此義，於下更無是非，明即用伏生之説，故書此而論之。馬融雖不見孔君，此説理自然同，故曰『上古有虞氏之書，故曰《尚書》』是也。王肅曰：『上所言，史所書，故曰《尚書》。』鄭氏云：『尚者上也，尊而重之，若天書然，故曰《尚書》。』二家以尚與書相將，疑作埒。則上名不正出於伏生。鄭玄依《書緯》，以『尚』字是孔子所加，故《書贊》曰：『孔子乃尊而命之曰《尚書》。』《璿璣鈐》云：『因而謂之書，加尚以尊之。』又曰：『書務以天言之。』鄭玄溺於《書緯》之説，何有人言而須繫之於天乎？且孔君親見伏生，不容不悉，自云伏生以其上古之書謂之《尚書》，何云孔子加也？王肅曰『上所言，史所書』，則尚字與書俱有，無先後。既直云尚，何以明上之所言？書者以筆畫記之辭，羣書皆是，何知《書》要責史所爲也？此其不若前儒之説密耳。云上古者，亦無指定之目。自伏生言之，則於漢世，仰遵前代，自周已上皆是。馬融云有虞氏爲《書》之初耳，若《易》歷三世，則伏犧爲上古，文王爲中古，孔子爲下古。《禮運》鄭玄以先王食腥，與《易》上古結繩同時爲上古，神農爲中古，五帝爲下古。」案天在上，尊尚之，若天書然。此言人之尊《書》，非人言繫之於天也。鄭説較馬、孔爲精，肅改鄭注，正義已有駁難。又劉知幾《史通·六家》云：「《尚書璇璣鈐》曰：『尚者上也，上天垂文以布節度，如天行也。』王肅曰：『上所言，下爲史所書，故曰《尚書》也。』」案《尚書璇璣鈐》，此今文《尚書》也。鄭學閎通，擇善而從，不偏主一家，故雖注古文，猶采用今文家説。如既箋《毛詩》，猶不廢魯、韓，時取其是者以改毛義也。唐時今文《尚書》已亡，孔氏不知鄭之所本，故以爲溺於《書緯》耳。

義疏句繁

唐人九經義疏，學者不可不讀，但其文複沓，有一二言義已明了者，加之數十百言，意反晦塞。劉子玄《史通》有《點繁》篇，其法以文有繁者，皆以筆點其上，朱粉雌黄並用，凡字經點者盡宜去之。其間有文字虧缺者，細書側注於其下，亦用朱粉雌黄等。惟正文用朱粉，則細注用雌黄爲別。或回易數字，或加足片言，分布得所，彌縫無闕。琳欲仿《史通》法，翦裁義疏，別爲《九經小疏》一書，但不必如《史通》法之太密，於删改處不必拘拘盡留本文，恐反亂學者之目。今偶舉二則，所當删者用朱粉句之，其虧缺處當側注者不復補云。《禮記・樂記》：「《大章》，章之也。《咸池》，備矣。」正義曰：「此黄帝所作《咸池》之樂，至堯之時，更增改脩治而用之。《周禮・大司樂》謂之《大咸》。《咸池》雖黄帝之樂，若堯既增脩而用之者，則《世本》名《咸池》是也。故此文次在《大章》之下矣。又《周禮》云『《咸池》以祭地』，黄帝之樂，堯不增脩者，則別立其名，則此《大章》是也。其《咸池》雖黄帝之樂，堯增脩者，至周謂之《大咸》。其黄帝之樂，堯不增脩《大章》者，至周謂之《大卷》。於周之世，其黄帝樂，堯不增脩謂之《大卷》者，更加以《雲門》之號，是《雲門》、《大卷》一也。」《周禮・大司樂》「舞《雲門大卷》、《大咸》」，釋曰：「本黄帝樂名，曰《咸池》。以五帝殊時，不相沿樂，堯若增脩黄帝樂體者，存其本名，猶曰《咸池》，則此《大咸》也。若樂體依舊不增脩者，則改本名，名曰《大章》，故云《大章》堯樂也。周公作樂，更作《大卷》，《大卷》則《大章》，章當作「大章」。名雖堯樂，其體是黄帝樂，故此《大卷》一爲黄帝樂也。周公以堯時存黄帝《咸池》爲堯樂名，則更與黄帝樂名立名，名曰《雲門》，則《雲》當有「門」字。與《大卷》爲一名，故下文分樂而序之，更不序《大卷》也。」

王仲任説堯典

《論衡·正説》云：「堯老求禪，四嶽舉舜。堯曰：『我其試哉！』説《尚書》曰：『試者，用也。我其用之爲天子也。』又曰：『女于時，觀厥刑于二女。』觀者，觀爾虞舜於天下，不謂堯自觀之也。若此者，高大堯舜，以爲聖人相見已審，不須觀試，精耀相炤，曠然相信。又曰：『四門穆穆，入于大麓，烈風雷雨不迷。』言大録，三公之位也。居一公之位，大總録二公之事，衆多並吉，無疾風大雨。案以上今文家説，以下王仲任義。夫聖人才高，未必相知也。舜難知佞，使臯陶陳知人之法。佞難知，聖亦難別，堯之才猶舜之知也。堯聞舜賢，四嶽舉之，心知其奇而未必知其能，故言『我其試哉』，試之於職，妻以二女，觀其夫婦之法，職治修而不廢，夫道正而不僻。復令入野，而觀其聖，逢烈風疾雨，終不迷惑。堯乃知其聖，授以天下。」案「我其試哉」，鄭康成注云：「試以爲臣之事。」王肅云：「試之以官。」皆與仲任「試之於職」之説合。蓋《堯典》本合今《舜典》爲一篇，孔傳析之，故云「言欲試舜，觀其行迹」。此言用爲天子，亦非。又案《書大傳》云：「堯納舜大麓之野。」《五帝本紀》云：「堯使舜入山林川澤，暴風雷雨，舜行不迷。」此仲任之説所本，馬、鄭注《尚書》亦從其義。王肅云：「麓，録也。堯得舜，任之事，無不統，自『愼徽五典』以下是也。」孔傳云：「麓，録也。納舜使大録萬機之政，陰陽和，風雨時，各以其節，不有迷錯愆伏，明舜之德合於天。」據《論衡》所引《尚書》説，知漢人本有是義，故王肅、孔傳用之，但不如王仲任説爲允耳。

穀梁傳失實

《穀梁傳》成五年：「輦者謂伯尊曰：『君親素縞，帥羣臣而哭之，既而祠焉，斯流矣。』伯尊至，君問之曰：『梁山崩，壅遏河，三日不流，爲之奈何？』伯尊曰：『君親素縞，帥羣臣而哭之，既而祠焉，斯流矣。』孔子聞之曰：『伯尊其無績乎？攘善也。』」注：「績，功也，或作續，謂無繼嗣。」釋曰：「舊説伯尊晉之賢大夫，輦人晉之隱士，今一遇吐誠，理難再得。伯尊不能薦於晉侯，以救朝廷之急，反竊其語而晦其人，蔽賢罪深，故被戮絶嗣。子夏雖匿聖人之論，能播教於西河，令黑水之人欽其風，蒲坂之閒愛其道，其罪既輕，故直喪明而已。然此立説恐非其理，何者？天道冥昧，非人所知，大聖立言，意在軌世。則伯尊之戮，未必由蔽賢人之言；卜商喪明，豈關匿聖人之論？徒争罪之輕重，妄説受罪淺深，據理言之，恐非聖賢之旨。」案《左傳》云：「伯宗請見之，不可，遂以告，而從之。」《國語・晉語五》云：「問其名，不告，請以見，弗許。伯宗及絳以告，而從之。」然則伯宗本欲請輦者見晉君而薦之，特輦者不可，即欲一聞其姓名而不可得。伯宗不强以屈其志，故以輦者之言告君，而從之。何嘗攘善乎？《穀梁》以爲攘善而無功，核之内外傳爲失實。本或績誤爲續，遂起絶嗣之說。又引子夏爲證，其誣慢古人不淺。楊疏斥舊説爲妄，當也。

公羊注異字

《公羊傳》莊二十七年：「君子辟内難，而不辟外難。」注：「《禮記》曰：『門内之治恩揜義，門外之治義揜恩。』」《釋文》：「之治，直吏反，下之治同。」解云：「『《禮記》曰』至『揜恩』，《喪服四制》文也。案彼文『事』作『治』字，下『揜』字作『斷』字，蓋以所見異。」琳案：《禮記釋文》：「之治，直吏反，下同。恩揜，於檢反。義斷，丁亂反。」合之徐疏，所見與今本並同。陸本《公羊注》亦作「門内之治」、「門外之治」，蓋誤同《禮記》也。但不爲斷字作音，知下句亦作揜字。若徐疏本則二治字皆爲事。古治、事聲相近，何邵公所據《禮記》不與康成本同也。

春秋左氏傳序

杜氏《經傳集解序》，《釋文》題爲《春秋序》，正義作《春秋左氏傳序》，今《注疏》本從《釋文》，杜林合注本從正義，而無氏字，皆非也。正義曰：「此序題目文多不同，或云《春秋序》，或云《左氏傳序》，或云《春秋經傳集解序》，今依用之。南人多云此本《釋例》序，《釋文》云：「沈文何以爲《釋例》序。」後人移之如此。且有題曰《春秋釋例序》，置之《釋例》之端，今所不用。晉太尉劉寔與杜同時人也，宋大學博士賀道養去杜亦近，俱爲此序作注，題並不言《釋例》序，明非《釋例》序也。又晉宋古本序在《集解》之端，徐邈以晉世定五經音訓，爲此序作音，且此序稱『分年相附，隨而解之，名曰《經傳集解》』，是言爲《集解》作序也。又別集諸例從而釋之，名曰《釋例》，異同之説《釋例》詳之。是其據《集解》而指《釋例》，安得爲《釋例》序也？」案杜氏既集解經傳，則單稱《春秋》，或單稱《左氏傳》者非矣。若《經傳集解》，則杜所自爲之書。杜爲《集解》而序經傳，非自序其《集解》也。晉宋古本鮮有誤者，孔氏從之，當矣。《穀梁疏》云：「晉宋古本多云《春秋穀梁傳序》，俗本亦有直云《穀梁傳序》者。」亦可爲證。

漢五經舊題

《詩正義》「毛詩國風」云：「《詩》者，一部之大名。《國風》者，十五國之總稱。不冠於《周南》之上，而退在下者，案鄭注三禮、《周易》、《中候》、《尚書》，皆大名在下。孔安國、馬季長、盧植、王肅之徒，其所注者莫不盡然。《釋文》云：「馬融、盧植、鄭玄注三禮，並大題在下。」然則本題自然，非注者移之，定本亦然，當以皆在第下，足得總攝故也。班固之作《漢書》，陳壽之撰《國志》，亦大名在下，蓋取法於經典也。」案《周禮注疏》「天官冢宰第一」下有「周禮」二字，在「鄭氏注」之上。《儀禮注疏》亦然。賈公彦云：「《儀禮》者，一部之大名。《士冠》者，當篇之小號。退大名在下者，取配注之意故也。」孔氏《禮記正義》云：「《禮記》者，一部之大名。《曲禮》者，當篇之小目。既題《曲禮》於上，故注《禮記》於下，以配注耳。」此鄭注三禮大題在下之證。其《周易》、《尚書》雖亡，據三禮可類推也。《公羊傳》題云「春秋公羊經傳解詁隱公第一」，《注疏》本與《釋文》同，解云：「案舊題云『春秋隱公經傳解詁第一公羊何氏』，則云《春秋》者一部之總名，隱公者魯侯之謚號，經傳者雜縟之稱，解詁者何所自目，第一者無先之辭，公羊者傳之別名，何氏者邵公之姓也。禮堂謹案：或題「何休學」，非也。杜預解《左傳》，止題杜氏二字。趙岐《孟子章句》，但題趙氏。鄭注《孝經》，但題鄭氏。古人遜謙，不欲自表其名，但著其氏族，俾可識別耳。近人不知也。今定本則升『公羊』在『經傳』上，退『隱公』字在『解詁』之下，未知自誰始也。」則《公羊傳》亦本「隱公」小題在上，「公羊」大題在下，定本誤改，故唐人多從之。《春秋左傳正義》引服虔注題云「隱公左氏傳解誼第一」，「左氏傳」三字亦當退下，漢人必不改舊例，蓋亦後人升之耳。孔安國《書傳》雖出於魏晉，據《詩正義》，知猶取法於漢儒，故《尚書音義》載「堯典第一」於上，「虞書」於下，正義則加「古文尚書」四字於「堯典」上，蓋承二劉之舊也。杜注《左傳》題云「春秋經傳集解隱公第一」，此非特以大題加小題之上，且以己所題「集解」之名亦加於小題之上矣。故范注《穀梁傳》題云「春秋穀梁傳隱公第一」，王弼《周易注》題云「周易上經乾傳第一」，並與杜氏同也。魏晉之儒，如何晏《論語》、郭璞《爾雅》，《釋文》本皆小題在上，尚依漢儒之舊。小題所以在上者，以當篇之記號，欲其顯也。大題所以在下者，總攝全書之意也，五經並然。或見「毛詩國風」在「周南關雎詁訓傳第一」之下，便云小毛公加「毛詩」二字，又云河間獻王所加，非也。賈、孔並云在下以配注，亦非。

舜典二十八字

《釋文序録》云：「江左中興，元帝時，豫章内史枚頤奏上孔傳古文《尚書》，亡《舜典》一篇，購不能得，乃取王肅注《堯典》，從『昚徽五典』以下，分爲《舜典》篇以續之，學徒遂盛。後范甯變爲今文集注，俗間或取《舜典》篇，以續孔氏。齊明帝建武中，吳興姚方興采馬、王之注，造孔傳《舜典》一篇，云於大航頭買得，上之。梁武時爲博士議曰：『孔序稱伏生誤合五篇，皆文相承接，所以致誤。《舜典》首有曰若稽古，伏生雖昏耄，何容合之？』遂不行用。近唯崇古文，馬、鄭、王注遂廢。今以孔氏爲正，其《舜典》一篇仍用王肅本。」又「舜典第二」：「王氏注相承云梅賾上孔氏傳古文《尚書》，亡《舜典》一篇，時以王肅注頗類孔氏，故取王注從『慎徽五典』以下爲《舜典》，以續孔傳。徐仙民亦音，此本今依舊音之。」「曰若稽古帝舜曰重華協于帝」：「此十二字是姚方興所上，孔氏傳本無。阮孝緒《七録》亦云然。方興本或此下更有『濬哲文明温恭允塞玄德升聞乃命以位』，凡二十八字異，聊出之，於王注無施也。」正義曰：「昔東晉之初，豫章内史梅賾上孔氏傳，猶闕《舜典》，自此『乃命以位』已上二十八字世所不傳，多用王、范之注補之，而皆以『慎徽』以下爲《舜典》之初。至齊蕭鸞建武四年，吴興姚方興於大航頭得孔氏傳古文《舜典》，亦類太康中書，乃表上之。事未施行，方興以罪致戮。至隋開皇初購求遺典，始得之。」據此知晉梅賾所上《書》，《堯典》自「帝曰欽哉」止，《舜典》一篇經傳皆無，時以肅注類孔傳，因取肅本，分《堯典》「慎徽五典」以下爲《舜典》，經注皆用之，以補孔傳之闕。或又取范甯注本以補之，皆無二十八字也。至姚方興采馬、王注，造《舜典》孔傳，并造經文「曰若稽古帝舜曰重華協于帝」一十二字上之。梁武時爲博士駁難不用，可爲明見卓識矣。則姚方興雖僞造經傳，齊朝未嘗行用也。至隋初購求遺典，劉炫復以姚書上之，并於姚本「協于帝」下又撰「濬哲文明温恭允塞玄德升聞乃命以位」一十六字，及孔傳，與《堯典》「欽明文思」四句相配，以見首十二字亦本有。陸德明所見最真，故以王肅本爲據，非特不用「濬哲文明」十六字，并不收「曰若稽古帝舜」十二字，故書此二十八字以辨之，云於王注無所施設也。孔氏正義則用劉炫本，不便駁難其經，故具有二十八字，逐字爲之訓釋，謂晉闕《舜典》，姚方興表上，未得施行，隋始得之。是以齊、隋僞撰之文爲真孔傳《舜典》矣。然云「自此『乃命以位』已上二十八字世所不傳」，此猶其一隙之明之未盡泯者。

孝經庶人章

《孝經》：「故自天子至於庶人孝無終始，而患不及者未之有也。」唐明皇注：「始自天子，至於庶人，尊卑雖殊，孝道同致，而患不能及者未之有也。言無此理，故曰未有。」正義曰：「鄭玄諸家皆以爲患及身。《説文》云：『患，憂也。』《廣雅》曰：『患，惡也。』惟《蒼頡篇》謂患爲禍，孔、鄭、韋、王之學引之以釋此經。」據此則孔氏古文傳、鄭氏今文注皆引《蒼頡篇》訓患爲禍矣。經云：「身體髮膚，受之父母，不敢毀傷，孝之始也。立身行道，揚名於後世，以顯父母，孝之終也。」孝無終始，終始字宜如此説，言人子不能全受全歸，立身行道，而災禍不逮其身者，卒未之有。決言有災禍，以警人子之不守身者也。

孝經感應章

《釋文》「感應章」下有「本今作應感章」六字。案此六字非陸德明語，乃校者之辭。雖非古本，然宋以來已有之。邢氏正義云：「孝悌之事，通於神明，皆是應感之事也。」又云：「人主若從諫争之善，必能修身慎行，致應感之福，故以名章。」然則正義亦作「應感」。今《注疏》標題爲感應章，此據《釋文》本改也。應感，謂應其所感。鏞堂謹案：近出日本僞孔傳《孝經》亦作「應感章」。

王肅改玉藻記

《禮記・玉藻》：「君子之飲酒也，受一爵而色洒如也。」注：「洒如，肅敬貌。洒或爲察。」「二爵而言言斯」注：「言言，和敬貌。斯猶耳也。」「禮已三爵而油油」注：「油油，説敬貌。」「以退」注：「禮飲過三爵，則敬殺，可以去矣。」《釋文》：「洒如，王肅作察，云『明貌也』。言言，王肅本作『二爵而言』，注云『飲二爵可以語也』。又云『言斯禮』，注云『語必以禮也』。『三爵而油』，注云『悦敬貌』，無『已』及下『油』字也。」案察與洒聲相近，❶故文異。察爲明察，於肅敬義亦合。王氏雖竊取注義以私定《記》文，尚未乖也。此三句皆言飲酒之色，故一爵而色洒如，二爵而色言言斯，三爵而色油油斯。二爵、三爵不言色者，蒙上文也。鄭以肅敬、和敬、説敬解之，義甚精。《廣雅・釋訓》：「言言，喜也。」《孟子・公孫丑上》「由由然與之偕而不自失焉」，俱與鄭義合。若作二爵而言，豈一爵、三爵皆不言乎？此明是王肅妄改，以與鄭異。正義引皇氏云：「讀言爲誾，義亦通也。」案《説文》：「誾，和説而諍也。」《論語・鄉黨》：「與上大夫言，誾誾如也。」孔安國曰：「誾誾，中正貌。」似與注義未背。然《説文》誾在言部，从言門聲，則誾字不得省作言。故鄭如字讀，而不云言讀爲誾，皇説

❶ 「察」，原作「祭」，今據《經義雜記》卷一六改。

亦非。

孝經音義考正

陸德明《釋文》凡云本今作某、本今無此字者，尚疑是後來校者之辭，非陸氏原文，尚未敢決。今參閲《孝經音義》，而信所見之不謬。《釋文》《孝經》本用鄭氏注，後人據唐明皇注校之，故於《釋文》所標注，皆云「本今無此字」，又云「自某至某本今無」，閒有鄭注與唐注同，邢疏云「此依鄭注」者，則無此校語。蓋校者不知唐注本乎鄭，見唐注所有，故即以爲唐注而無疑也。如《釋文》「先王有至德要道」下有「孝悌」二字，校者見唐注云「孝者德之至」，無悌字，因云：「本今無此字。」「夫孝」下有「人之行」三字，見唐注有，邢疏云：「此依鄭注。」因無校語。「不敢毁傷」下有「父母得其顯譽也者，卌彊而仕，行步不逮，縣車致仕」四句，唐注無，因云：「自父母至仕字，本今無。」「形于四海」下有「刑見」二字，唐注無，因云：「本今無刑見字。」「兆民賴之」下有「引辟」二字，唐注無，因云：「本今無引辟二字。」「諸侯章」首有「危殆」二字，唐注云：「則免危也。」無殆字。因云：「今無殆字。」「滿而不溢」下有「費用約儉，奢泰爲溢」二句，見唐注有，邢疏云：「此依鄭注。」因無校語。「富貴不離其身」下有「薄賦斂，省徭役，列土封疆」三句，唐注無，因云：「自薄字至居良反，依例居良反當作疆字，下同。本今無。」「戰戰兢兢」下有「恐隊恐陷」四字，見唐注有，邢疏云：「此依鄭注。」因無校語。「卿大夫章」首有「服山龍華蟲，服藻火，服粉米，皆謂文繡也，田獵卜筮冠素積」四句，唐注無，因云：「自山龍至兹亦反，本今無。」「非先王之德行」下有「禮以檢奢」句，唐注無，因云：「本今無。」

「宗廟」下有「爲作宮室」句，唐注無，因云：「自爲作至室字，本今無。」「夙夜匪懈」下有「夜莫也解惰」五字，校者見唐注云「夙，早也。懈，惰也」，因云：「自夜莫至也字，本今無。」以解惰二字唐注有，故不數也。「士章」首有「資者人之行也」六字，唐注無，因云：「本今無此句。」「以敬事長則順」下有「食禀爲爲曰祭别是非」，文有闕。唐注無，因云：「自食字至非字，今本無。」「庶人章」首有「春生夏長，秋收冬藏」八字，見唐注有，邢疏云：「此依鄭注。」因無校語。「分地之利」下有「分别五土」句，見唐注有，邢疏云：「此依鄭注。」因無校語。又此下有「丘陵阪險宜棗棘」句，唐注無，因云：「自丘陵至棘，本今無。」「以養父母」下有「行不爲非，度財爲費，什一而出，無所復謙」四句，唐注無，因云：「自行字至謙，本今無。」「故自天子」下有「故患難不及其身也，善未之有也」二句，「善未之有也」亦鄭注，邢疏引鄭注云「善未有也」可證。《釋文》爲善字，一本作難，故標全句。校者見唐注亦有「未之有也」句，因云：「自故建當作患。至善字，本今無。」蓋以「未之有也」四字爲唐注本有也。舉此六章以證明之，其餘可類推也。

鄭箋改字有本

鄭康成箋《毛詩》，每云某讀爲某，某讀若某，後儒以此病其改字。不知鄭義在箋明傳義，有傳義隱約者，鄭或正其音，或辨其字，雖似改毛，而實爲申毛。亦有鄭所不安，本三家《詩》，或據他經傳改易者，要皆有本。後人所見淺鮮，又不能心知其意，而遽欲輕議先賢，此失之甚焉者。琳不辭謭陋，稍爲述之。《野有死麕》「白茅純束」，傳：「純束，猶包之也。」箋云：「純讀如屯。」正義曰：「以純非束之義，故讀爲屯。」案：《史記・蘇秦列傳》「錦繡千純」，索隱曰：「高誘注《戰國策》音屯。屯，束也。」《左傳》襄十八年「執孫蒯于純留」，《釋文》：「純留，徒温反。或如字。《地理志》作屯。」是古屯束字多假作純也。《北風》「其虛其邪」，傳：「虛，邪也。」箋云：「邪，讀如徐。」毛以其虛其邪言威儀虛徐，是以邪爲徐字，故鄭本《爾雅・釋訓》以正其讀。《大叔于田》「叔善射忌」，傳：「忌，辭也。」箋云：「忌，讀如彼己之子之己。」案《揚之水》「彼其之子」，箋云：「其，或作記，或作己，讀聲相似。」是鄭以其、忌、己、記四字同爲語辭，因聲相似而通用，故忌訓爲辭也。《鴛鴦》「摧之秣之」，傳：「摧，莝也。」箋云：「摧，今莝字也。」正義曰：「傳云摧莝，轉古爲今，而其言不明，故辨之云：此摧乃今之莝字也。」

《雲漢》「靡人不周」，傳：「周，救也。」箋云：「周，當作賙。」正義曰：「以周救於人，其字當從貝，故轉爲賙。」《崧高》「往近王舅」，傳：「近，己也。」箋云：「聲如彼記之子之記。」案：《說文》近讀與記同，毛以往近爲往已，古已、己聲同，故鄭以許讀申毛也。《召旻》「不云自頻」，傳：「頻，厓也。」箋云：「頻，當作濱。」案：《說文》顛，水厓。頻即顛之隸省，故傳以爲厓。鄭以水顛字人所不習，漢時多作濱，故云當作濱。凡此皆因傳義隱約，鄭或正其音，或辨其字，實申毛而非改毛也。《雄雉》「自詒伊阻」，傳：「伊，維。」《蒹葭》傳亦云：「伊，維也。」箋云：「伊，當作繄。繄猶是也。」正義曰：「箋以宣二年《左傳》趙宣子曰『嗚呼，我之懷矣，自詒繄舊譌伊。感』，《小明》云『自詒伊慼』，爲義既同，明伊有義爲繄者。故此及《蒹葭》、《東山》、《白駒》各以伊爲緊。《小明》不易者，以伊慼之文與傳正同，爲緊可知。」據此則知《雄雉》「自貽伊阻」，《蒹葭》、《東山》、《白駒》所謂「伊人」，《正月》「伊誰云憎」，箋皆改伊作緊者，本宣二年《左傳》「自詒伊慼」之文也。《山有樞》「他人是愉」，傳：「愉，樂也。」箋云：「愉，讀曰偷，偷取也。」案：《漢書・地理志下》引《詩》「它人是媮」，《文選・西京賦》「鑒戒唐詩，他人是媮」，薛綜注引《詩》「他人是媮」，《說文》：「愉，薄也。恌，愉也。」《鹿鳴》「視民不恌」，傳亦云：「恌，愉也。」定本作偷，是愉爲偷之本字。《說文》：「媮，巧黠也。」義稍別。而《國語・晉語》「媮居幸生」，賈山《至言》「媮合取容」，及《漢志》、張賦皆以媮爲偷。蓋康成時以媮爲愉樂字，恌薄字則作偷，或作媮，故鄭隨俗改愉爲偷。猶《召旻》「不云自頻」，頻即水瀕字之省，而鄭依俗改爲濱也。是改愉爲偷，與班《志》及張賦合，當本三家《詩》也。《揚之水》「素衣朱襮」，傳：「諸侯繡黼。」箋云：「繡，當爲綃。」正義曰：「下章作素衣朱繡，❶而《郊特牲》及《士昏禮》二注引《詩》皆作素衣朱綃者，箋破此傳，繡當爲綃。下章繡字亦破爲綃，箋不言者，從此而略之耳。」案《儀禮・士昏禮》「宵衣」注：「宵，讀爲《詩》『素衣朱綃』之綃。《魯詩》以綃爲綺屬也。」《特牲饋食禮》「宵衣」注：「宵，綺屬也。此衣染之以黑，其繒本名曰綃。《詩》有『素衣朱綃』，《禮》有『玄綃衣』。」《禮記・郊特牲》「繡黼」注：「繡，讀爲綃。綃，繒名也。《詩》云：『素衣朱綃。』」然則鄭改「素衣朱繡」爲朱綃者，本《魯詩》也。《吉日》「其祁孔有」，傳：「祁，大也。」箋云：「祁，當作麎。麎，麋牝也。」正義曰：「注《爾雅》者某氏亦引《詩》云『瞻彼中原，其麎孔有』，與鄭同。」案唐人引某氏注《爾雅》，或引

❶「作」，原作「注」，今據《經義雜記》卷一七及《毛詩注疏》改。

作樊光。樊氏漢人，其引《詩》當本之三家，故與鄭合。則改祁爲麎，本三家《詩》也。《角弓》「莫肯下遺」，《釋文》云：「遺，王申毛如字。」箋云：「遺，讀曰隨。無肯謙虛，以禮相卑下，先人而後已。」案：《荀子·非相》篇：「《詩》曰：『莫肯下隧。』」楊注云：「隧，讀爲隨。」莫肯下隨於人，❶隧與隨聲同。《毛詩》本出荀卿，故鄭氏據之，讀遺爲隨。王肅申毛作如字，乃與鄭立異耳。《有瞽》「應田縣鼓」，傳：「田，大鼓也。」箋云：「田，當作朄。朄，小鼓，在大鼓旁，應鞞之屬也。聲轉字誤，變而作田。」案：《禮記·明堂位》「周縣鼓」注：「《周頌》曰：『應朄縣鼓。』」鄭先通韓、魯《詩》，注三禮時所用《詩》多本韓、魯，二禮注既皆引作朄，則改田爲朄本韓、魯《詩》也。《那》「置我鞉鼓」，傳：「殷人置鼓。」箋云：「置，讀曰植。植鞉鼓者，爲楹貫而樹之。多其改夏之制，乃始植我殷家之樂鞉與鼓也。鞉雖不植，貫而摇之，亦植之類。」案《明堂位》「殷楹鼓」注：「《殷頌》曰：『植我鼗鼓。』」然則讀置爲植，當亦本韓、魯。《書·金縢》「植璧秉珪」，鄭注：「植，古置字。」《論語》「植其杖而芸」，石經殘碑作「置其杖」，可參證也。《長發》「何天之龍」，傳：「龍，和也。」箋云：「龍，當作寵。寵，榮名之謂。」案：《大戴禮記·衛將軍文子》引《詩》曰：「何天之寵。」《戴禮》今文也，三家《詩》必有作「何天之寵」者。則改龍爲寵，與《大戴禮記》合也。凡此鄭雖改毛，然皆有根據，非同後人之臆見。鏞堂謹案：少詹錢曉徵云：「《仙人唐公房碑》『厲蠱不遐』，即用《思齊》『烈假不瑕』，鄭箋讀烈假爲厲瘕，皆訓爲病，蠱、假聲相近。後儒譏康成解經好

❶「人」，原作「四」，今據《經義雜記》卷一七改。

改字，碑立於東漢之世，其時鄭學未行，而闇與之合，可證康成所改皆本經師相承之訓，非若後人之師心妄作也。」今三家並亡，無由盡曉，姑以耳目所及鄭氏以前之經傳考之，可知鄭學之閎通矣。使齊、魯、韓俱存，可考者當不第此。此固斯文之不幸，亦鄭君之不幸也。

論語筆解好改字

唐李習之《論語筆解》好改本文。「六十而耳順」，云耳當爲爾，猶言如此也。「曾謂泰山」，云謂當作爲。「宰予晝寢」，云晝當爲畫，宰予四科十哲，安得有晝寢之事？「人之生也直」，云直當爲悳。「子所雅言」，云音作言字誤也，傳寫因注云「雅音正言」，今孔注作「雅言正言」，疑李所見本誤。遂誤爾。「三嗅而作」，云嗅當作鳴鳴之鳴，雉聲也，以爲食具非其旨。「而貨殖焉」，云貨當爲資，植當爲權，子貢資於權變，未受性命之理。「吾以女爲死矣」，云死當爲先。「浴乎沂」，云浴當爲沿，周三月夏正月，安有浴之理？「硜硜然小人哉」，云小當爲之，既云言必信行必果，豈小人爲耶？「善人教民七年」，云當五年。「君子而不仁者有矣，夫未有小人而仁者也」，云仁當爲備。❶案孔注云：「雖君子猶未能備。」謂於仁未能全備。李氏似因此誤會。「以杖叩其脛」，云古文「叩」作「扣」，當作「指」。「君子貞而不諒」，云「諒」當爲「讓」。「孔子時其亡也」，云「時」當爲「待」。「鄉原德之賊也」，云原類柔字之誤。「猶之與人也」，云猶之當爲猶上。凡所改易，皆無依據，義又淺陋，不可從也，學者無爲所惑。

❶「仁」，原無，今據《經義雜記》卷一七補。

爾雅經注用韻

《爾雅·釋訓》：「子子孫孫，引無極也。顒顒卬卬，君之德也。丁丁、嚶嚶，相切直也。藹藹、萋萋，臣盡力也。噰噰、喈喈，民協服也。佻佻、契契，愈遐急也。宴宴、粲粲，尼居息也。哀哀、悽悽，懷報德也。儵儵、嘒嘒，罹禍毒也。宴宴、旦旦，悔爽忒也。皋皋、琄琄，刺素食也。懽懽、愮愮，憂無告也。憲憲、泄泄，制法則也。謔謔、謞謞，崇讒慝也。翕翕、訿訿，莫供職也。速速、蹙蹙，惟逑鞫也。」每句第七字皆用韻。晉郭氏注云：「世世昌盛長無窮，道君人者之德望。丁丁，斫木聲，嚶嚶，兩鳥鳴，以喻朋友切磋相正。梧桐茂，賢士衆，地極化，臣竭忠，鳳皇應德鳴相和，百姓懷附興頌歌。賦役不均，小國困竭，賢人憂歎，遠益急切。盛飾宴安，近處優閑。悲苦征役，思所生也。悼王道穢塞，羨蟬鳴自得，傷己失所遭讒賊。傷見絶棄，恨士失也。譏無功德，尸寵禄也。賢者憂懼，無所訴也。佐興虐政，設教令也。樂禍助虐，增譖惡也。賢者陵替姦黨熾，背公卹私曠職事。陋人專禄國侵削，賢士永哀念窮迫。」亦依倣經文用韻，更加以錯綜變化，牽上搭下。其注也，或一句，或二句，或三句，或四句。其句也，或三字，或四字，或五字，或七字，或八字。其用韻也，或每句一韻，或每句二韻，或每句三韻。「悲苦征役」當爲「役征」，方與下句「思所生」韻。或疑「譏無功德，尸寵禄也」不得韻，案《大戴禮記》載孝昭冠辭云：「以承皇天嘉禄，韻。欽順仲夏之吉日，遵並大道邠或。韻。秉集萬福之休靈，始加昭明之元服。韻。推遠稚免之幼志，崇積文武之寵德。」韻。是西漢人固已協用之矣。

色。」李賢注引《詩序》云「衷窈窕」。蓋俱用鄭説。李善注《文選》云：「哀當爲衷。」六臣本作衷，翰曰：「衷，念也。」

衷窈窕

《毛詩序》「哀窈窕，思賢才，而無傷善之心焉」，注：「哀，蓋衷字之誤也。當爲衷，衷謂中心恕之。」《釋文》：「哀，前儒並如字，鄭氏改作衷。」正義曰：「以后妃之求賢女，直思念之耳，無哀傷之事在其間也。經云『鐘鼓樂之』，『琴瑟友之』，哀樂不同，不得有悲哀也，故云『蓋衷字之誤』。《論語注》云：『哀世夫婦，不得此人，不爲減傷其愛。』彼仍以哀爲義者，鄭答劉琰云：『《論語注》人閒行久，義或宜然，故不復定。』」案《論語集解》載孔安國説是哀字，據此則鄭注《論語》亦作哀，義得兩通，故不依《詩箋》追改也。《詩正義》引王肅云「哀窈窕之不得」，此因箋改爲衷，故肅讀如字以難鄭。《後漢書·皇后紀》云：「進賢才以輔佐君子，衷窈窕而不淫其

韓子知命説

《韓詩外傳》，隋、唐《志》十卷，今本同。讀其書少次序，又多雜見於《大戴》、《管》、《荀》、《吕覽》、《淮南》、《説苑》諸書。考《漢志》本作六卷，則今書非韓氏原編，容有後人分并，且以他書厠入者。本傳稱嬰孝文時爲博士，武帝時嘗與董仲舒論於上前，其人精悍，處事分明，仲舒不能難也。其書有曰：「子曰：『不知命，無以爲君子。』言天之所生，皆有仁義禮智順善之心。不知天之所以命生，則無仁義禮智順善之心。無仁義禮智順善之心，謂之小人。故曰：『不知命，無以爲君子。』《小雅》曰：『天保定爾，亦孔之

固。』因天之所以仁義禮智，保定人之甚固也。《大雅》曰：『天生蒸民，有物有則。民之秉彝，好是懿德。』言民之秉德以則天也。不知所以則天，又焉得爲君子乎？」斯言也，即孟子性善之説也。秦漢以來，如毛公、董生，皆可爲見道之醇儒矣，而性善之説則俱未能言也。琳謂孟子之後，程朱以前，知性善者，韓君一人而已，故特爲表出之。

臧曹古文尚書

孔仲達《書正義》引《晉書》云：「晉太保公鄭沖因古文授扶風蘇愉，字休預。預授天水梁柳，字淇季，即謐之外弟也。季授城陽臧曹，字彦始。始授郡守子汝南梅賾，字仲真，爲豫章内史，遂於前晉奏上其書而施行焉，案《舜典》正義言：「東晉之初梅賾獻書。」此言前晉蓋誤。時已亡失《舜典》一篇。」據此則古文《尚書》本出於鄭沖，廣圻案：謂僞古文出於鄭沖，朱錫鬯有辨，見《曝書亭集》五十八。梅賾之獻書施行也，本傳自臧彦始。《釋文》但云「江左中興，元帝時豫章内史梅賾奏上孔傳古文《尚書》」，不若《正義》之有源委也。今檢唐人所修《晉書》無此文，蓋見於王隱、臧榮緒等所撰。據《正義》語，知彦始所傳已亡《舜典》。

儀禮古文

古時字少，多用假借。《儀禮・士冠禮》「贊者奠纚笄櫛于筵南端」，古文櫛爲節。「束帛儷皮」，古文儷爲離。「戒賓曰某有子某」，古文某爲謀。「以病吾子」，古文病爲秉。「眉壽萬年」，古文眉作麋。「嘉薦亶時」，古文亶爲癉。《士昏禮》「授如初禮」，古文禮爲醴。「腊一肫髀不升」，古文肫爲鈞，髀爲脾。「贊見婦于舅姑」，古文舅皆作咎。

《士相見禮》「問夜膳葷」，古文葷作薰。「在野則曰草茅之臣」，古文茅作苗。皆見鄭康成注，略舉數端，可識古人文字之妙矣。鄭氏以今古文參校，其取舍恐猶有未盡善者，安得好學深思之士，不爲章句之學者，更參訂之，豈必於鄭氏外一無發明乎？

大戴禮記逸篇

《詩・汾沮洳》正義曰：「《禮運》注云：『英，俊選之尤者。』則英是賢才絶異之稱。此傳及《尹文子》皆『萬人爲英』，《大戴禮・辨名記》云『千人爲英』，異人之説殊也。」又《靈臺》正義曰：「《大戴禮》遺逸之書，文多假託，不立學官，世無傳者。其《盛德》篇云『明堂外水曰辟廱』，《政穆》篇稱『大學明堂之東序』，皆後人所增，失於事實。」《五經異義》引《大戴記・禮器》云：「竈者老婦之祭。」案《辨名》、《政穆》、《禮器》皆《大戴禮記》逸篇，今本所無。孔氏所引《盛德》篇，今本別分爲《明堂》。又《南齊書》引《大戴禮記・公冠》篇云：「公冠自爲主，四加玄冕，以卿爲賓。」今本誤爲「公符」，《困學紀聞》亦承其誤。又《白虎通》所引有《王度記》、《禮記謚法》、《禮三正記》、《禮五帝記》、《禮別名記》、《禮親屬記》等，皆《大戴禮記》逸篇也。據孔氏正義，則唐初尚存，諸儒莫爲留意，反斥爲後人所增，失於事實，遂至於亡也。是秦火之不能焚者，而漢唐人竟焚之矣。《別名記》即《辨名記》，《禮記正義》、《春秋正義》皆引之。

董仲舒孝經解

《春秋繁露・五行對》：「河閒獻王問温城董君曰：『《孝經》曰：夫孝，天之經，地之義。何謂也？』對曰：『天有五行，木火土金水是也。木生火，火生土，土生金，金生水。水爲冬，金爲秋，土爲季夏，火爲夏，木爲春。春主生，夏主長，季夏主養，秋主收，冬主藏。藏，冬之所成也。是故父之所生，其子長之。父之所長，其子養之。父之所養，其子成之。諸父所爲，其子皆奉承而續行之，不敢不致如父之意，盡爲人之道也。故五行者，五行也。由此觀之，父授之，子受之，乃天之道也，故曰：夫孝者，天之經也。此之謂也。』王曰：『善哉！天經既聞得之矣，願聞地之義。』對曰：『地出雲爲雨，起氣爲風。風雨者地之爲，爲地不敢有其功名，必上之於天。命若從天氣者，故曰天風天雨也，莫曰地風地雨也。勤勞在地，名一歸於天，非至有義，其孰能行此？故下事上，如地事天也，可謂大忠矣。土者火之子也，五行莫貴於土，土之於四時無所命者，不與火分功名。木名春，火名夏，金名秋，水名冬。忠臣之義，孝子之行，取之土。土者五行最貴者也，其義不可以加矣。五聲莫貴於宮，五味莫美於甘，五色莫貴於黃。此謂孝者地之義也。』王曰：『善哉！此下當有王問之。衣服容貌者所以説目也，聲言應對者所以説耳也，好惡去就者所以説心也。故君子衣服中而容貌恭，則目説矣。聲言理，應對遜，則耳説矣。好仁厚而惡淺薄，就善人而遠僻鄙，則心説矣。故曰：行意可樂，容止可觀。今文《孝經》作「容止可觀，進退可度」。董所述蓋古文也。「進退可度」與「容止可觀」意複，董子所述者是。此之謂也。』」案西漢儒解經之言不可多得，存此以見其概，然非東漢以後人所能言也。

周禮干寶注本

《周禮音義》上云：「宫正，此以下鄭總列六十職序，干注則各於其職前列之。」案鄭康成於每一官之前總列六十職序，當是古本如此，鄭仍之而不敢改易。干氏於各職之前列之，蓋亦如《詩》三百篇序别爲一卷，毛公冠於每篇之前。《書》百篇序，馬、鄭、王爲一卷，僞孔移於每篇之首。皆變亂舊章，非其本真也。

鄭氏五經

《後漢書·鄭康成傳》載鄭所注《周易》、《尚書》、《毛詩》、《儀禮》、《禮記》、《論語》、《孝經》、《尚書大傳》、《中候》、《乾象曆》，又著《天文七政論》、《魯禮禘祫議》、《六藝論》、《毛詩譜》、《駁許慎五經異義》、《答臨孝存周禮難》，凡百餘萬言。惟《春秋》無注，止有《發墨守》、《鍼膏肓》、《起廢疾》而已。任城何休好公羊學，遂著《公羊墨守》、《左氏膏肓》、《穀梁廢疾》，故鄭反之。《世説新語》言鄭注《春秋傳》未成時，行與服子慎遇，宿客舍，先未相識。服在外車上與人説己注傳意，鄭聽之良久，多與己同，就車與語曰：「吾久欲注，尚未了，聽君向言，多與吾同，今當盡以所注與君。」遂爲服氏注。據此知服子慎《解誼》本之鄭君爲多。今服注雖亡，唐以前書徵引者尚多有之，而鄭注《左傳》絶未之見。《春秋正義》引鄭玄説，及《周禮》、《禮記》疏引鄭《左傳》説，均非《春秋》注，大抵非《鍼膏肓》，即《鄭志》答弟子問也。

詩古文今文

《毛詩》爲古文，齊、魯、韓爲今文。古文

多假借，故作《詁訓傳》者，以正字釋之，若今文則經直作正字。今拈示數則於此，俟嗜學者推闡之。《毛詩·芄蘭》「能不我甲」，傳：「甲，狎也。」《韓詩》作「能不我狎」。《釋文》。《毛詩·小旻》「是用不集」，傳：「集，就也。」《韓詩》作「是用不就」。《韓詩外傳》第六。《毛詩·鴛鴦》「摧之秣之」，傳：「摧，莝也。」《韓詩》作「莝之秣之」。箋云：「摧，今莝字也。」《釋文》云：「莝，《韓詩》云委也。」故知《韓詩》經作莝，而訓爲委。《毛詩·大明》「俔天之妹」，傳：「俔，磬也。」《韓詩》作「磬天之妹」。《釋文》、正義。《毛詩·丘中有麻》「將其來施」，顔之推云：「江南舊本悉單爲施。」傳：「施施難進之意。」《韓詩》作「將其來施施」。《顔氏家訓》。是今文皆以詁訓代經也。鏞堂謹案：《毛詩·抑》「洒掃庭内」，傳：「洒，灑也。」《韓詩》作「灑掃庭内」，見《韓詩外傳》卷六。《毛詩·宛丘》「子之湯兮」，傳：「湯，蕩也。」三家《詩》作「子之蕩兮」，見《楚辭章句》卷一。然《韓詩·防有鵲巢》「誰侜予娓」，娓，美也。《釋文》。《毛詩》作「誰侜予美」，又疑《韓詩》爲本經。蓋《詩》四家毛爲最，然三家各有傳授，其足互相考正者不少，但存乎好學深思之士耳。

古人語氣急

古人之言，多氣急而文簡。如《毛詩》以不寧爲豈不寧，以不康爲豈不康。《書·堯典》「試可乃已」，《史記·五帝本紀》云「試不可用而已」，是《尚書》以可爲不可也。《論語·陽貨》「其未得之也，患得之」，《集解》：「患得之者，患不能得之。楚俗語。」《論語》以得爲不得，猶《尚書》以可爲不可也，皆古人語急反言之證。何氏云楚俗語者，舉時驗以證之耳。

舜典音義考

《尚書音義》非陸氏原書，昔人已言之。余反覆《舜典》一篇，知此爲後人竄改者尤甚。陸德明用王肅《堯典》注，與孔仲達用姚方興本不同。姚雖采馬、王之義以造孔傳，亦必有與王肅不同者。如王云「上帝，天也」，姚意亦以上帝爲天，而無「上帝，天也」之文。王云「禋，絜祀也」，姚云「精意以享謂之禋」。王云「輯，合」，姚云「輯，斂」。王云「同，齊也。律，六律也」，姚云「律，法制」。王云「藝，禰也」，姚云「藝，文也」。王云「四朝，四面朝於方岳下」，姚云「各會朝於方岳之下」。王云「胄子，國子也」，姚云「胄，長也，教長國子」。序「《九共》九篇、《槀飫》」下，王本有「《汨作》、《九共》故逸」六字正文，「共法也」三字注。而姚本皆無，且云「凡十一篇，皆亡」。於此具見王、姚之注文義不同，或義同而文異。陸氏既據王本，則所音王注中字，必有姚本所無者。如《孝經音義》所音鄭注，多不與唐明皇注同，可證也。乃檢《釋文》所出之注，無有一字出姚本外者，則爲後人據孔本以删改可知。今即據孔本證明之。釋文有「八元」、「八凱」音義，因姚云「舉八元」、「舉八凱」也。有「來朝」，因姚云「四方諸侯來朝」也。有「愆」字，因姚云「不有迷錯愆伏」也。有「墳衍」，因姚云「羣神謂丘陵墳衍」也。有「巡行」，因姚云「巡行之」也。有「燔」字，因姚云「燔柴」也。有「瀆」字，因姚云「四瀆視諸侯」也。有「纁」字，因姚云「諸侯世子執纁」也。有「還」字，因姚云「復還」也。有「華」字，因姚云「西岳華山」也。有「榎」字，因姚云「扑、榎，楚」也。有「裔」字，因姚云「崇山南裔」也。有「縉」

字，因姚云「縉雲氏之後」也。有「饕餮」，因姚云「號饕餮」也。有「匏」字，因姚云「八音金石絲竹匏土革木」也。有「故復」，因姚云「故復至文祖廟告」也。有「之長」，因姚云「元善之長」也。有「劓」、「刵」、「大辟」，因姚云「五刑墨劓刵宮大辟」也。有「三處」，因姚云「臨刑當就三處」也。有「於朝」，因姚云「大夫於朝」也。有「喉」字，因姚云「納言喉舌之官」也。有「令」字，因姚云「不令相從」也。幾似陸本與孔本同，正爲姚方興作音義矣，可怪也。馬氏《文獻通考》載《崇文總目》云：「開寶中，詔以德明所釋乃古文《尚書》，與唐明皇所定今文駁異，令鄂删定其文，改從穎書。」則删改《釋文》以從孔本者，出北宋陳鄂手，此其明證也。《釋文》「藝，魚世反，馬、王云禰也」，此「禰」字陸氏當爲作音，後人見姚本所無，因删之。又「讒，《切韻》士咸反」，「殄，《切韻》徒典反」，《切韻》陸法言之書，德明與法言時世相近，不宜引用其書。《皋陶謨》惇，《切韻》都昆反。愨，《切韻》苦角反。《禹貢》繇，《切韻》武延反。《泰誓上》嗜，《切韻》常利反。《洛誥》褒，《切韻》博毛反。《吕刑》耄，《切韻》莫報反。餘經音義引《切韻》者甚少，此皆竄改之迹也。又「至於北岳如西禮，方興本同，馬本作如初」，案馬季長、鄭康成所注古文皆作「如初」，王肅依今文據《公羊傳》。改作「如西禮」，此猶《毛詩》「維此王季」，肅依齊、魯、韓改作「維此文王」。故陸氏據之，方興本同者，謂姚氏從王肅本作「如西禮」也。詳琳所撰《尚書集解》。

孝經孔安國傳

唐司馬貞云：「古文《孝經》出孔壁。先是安國作傳，緣遭巫蠱，未之行也。昶集注之時尚未見孔傳，中朝遂亡其本。近儒欲崇古學，妄作傳學，假稱孔氏。」案古文《孝經》見《漢・藝文志》，謂孔安國作傳，當無其事。殆猶晉出古文《尚書》也。江荀昶晉人，尚未之見，隋儒劉炫輩何由得之？此明是劉光伯僞託。此書北宋前已亡逸，惟唐人尚有徵引者，今録以備考。唐元行沖《孝經正義》宋邢昺校。載「用天之道，分地之利」云：「脱衣應《唐會要》作就。功，暴其肌體。朝暮從事，露要徒《唐會要》作塗。足。少而習之，其心安焉。」又見《文苑英華》七百六十六。「無念爾祖，聿脩厥德」云：「義取常念先祖，述脩其德。」「蓋天子之孝也」云：「蓋者，辜較之辭。」劉炫云：「辜較，猶梗概也。」「非先王之法服不敢服」云：「服者，身之表也。」「資於事父以事母」云：「資，取也。」「分地之利」云：「各盡其所宜，此分地之利也。」「民具爾瞻」云：「具，皆也。爾，女也。」「故得百姓之懽心，以事其先君」云：「亦以相統理。」「故不愛其親而愛他人者，謂之悖德。不敬其親而敬他人者，謂之悖禮」云：「言盡愛敬之道，然後施教於人。」「德義可尊」云：「立德行義，不違道正，故可尊也。」「容止可觀」云：「容止，威儀也。必合規矩，則可觀也。」「故能成其德教而行其政令」云：「上正身以率下。」「要君者無上」云：「君者，臣之稟命也，而敢要之，是無上也。」「非聖人者無法」云：「聖人制作禮法，而敢非之，是無法也。」「敬一人而千萬人悦」云：「一人，謂父、兄、君。千萬人，謂子、弟、臣也。」「昔者天子有争臣七人」云：「虞夏商周有師保，有疑丞，設四輔及三公。」「諸侯有争臣五人」云：「天子所命之孤，及三卿與上大夫。」「大夫有争臣三人」云：「家相、室老、側室。」「故雖天子必有尊也，言有父也，必有先也，言有兄也」云：「禮，君燕族人，與父兄齒也。」「爲之棺椁衣衾而舉之」云：「衣，謂斂衣。衾，被也。舉，謂舉屍內於棺也。」「卜其宅兆而安措之」云：「宅，墓穴也。兆，塋域也。恐其下有伏石涌水泉，案水字當衍。復爲市朝之地，故卜之。」《釋文》引「仲尼居」云：「静而思道也。」案古文云「仲尼閒居」，故傳以閒訓静。《舊唐書》卷二十一王仲丘載「宗祀文王於明堂以配上帝」云：「帝亦天也。」與《春秋正義》所載「進思盡忠，退思補過」說，其二十四則，唐明皇注多所采用。鏞堂謹案：《春秋左傳》昭二十一年「天子省風以作樂」，正義曰：「《孝經》云：『移風易俗，莫善於樂。』孔安國云：『風，化也。俗，常也。移太平之化，易衰敝之常也。』」《書·湯誥》正義曰：「孔注《孝經》，圜丘與郊共爲一事。」

穀梁注禮之疏

《穀梁》僖二十五年「宋殺其大夫」，傳：「其不稱名姓，以其在祖之位，尊之也。」范注引《釋廢疾》云：「禮，公族有罪，刑于甸師氏，❶不與國人慮兄弟也，所以尊異之。今骨肉在其位而見殺，故尊之，隱而不忍稱名氏。若罪大者名之而已，使若異姓然，此乃祖之疏也。」釋曰：「祖之疏，古本或作『禮之疏』者，言同姓與異姓不別，則於禮法爲疏也，理亦通。」案：當從古本作「禮」字。既言罪大名之，使若異姓然，何復論祖之親疏乎？

出入周疏

《左傳》昭二十年「清濁、大小、短長、疾徐、哀樂、剛柔、高下、出入、周疏以相濟也」，注：「周，密也。」《釋文》：「周流，傳本皆作『流』。然此五句皆相對，不應獨作『周流』，

❶「師」，原作「何」，今據《春秋穀梁傳》改。

古本有作『疏』者。案注訓周爲密，則與疏相對，宜爲疏耳。」《正義》曰：「杜訓周爲密，則疏爲希，亦相反也。俗本『疏』作『流』。《易·繫辭》云：『周流六虛。』《仲尼燕居》云：『周流無不偏也。』涉彼文而誤耳。杜既以周爲密，則『流』當爲『疏』。今定本作『流』，非也。」案：陸、孔説是也。但陸既據古本作「疏」，而《釋文》猶大書「周流」字，《注疏》本《釋文》改作「周疏」，不足信。是其識究不能定，此條孔勝於陸。

毛傳文例最古

十三經中惟《毛詩傳》最古，而最完好，其詁訓能委曲順經，不拘章句。俗儒不知而私改者，唐以前已不免矣。茲偶舉數則，以質通經學古者焉。有經本一字而傳重文者，如《擊鼓》「憂心有忡」，傳：「憂心忡忡然。」《淇奥》「赫兮咺兮」，傳：「赫，有明德赫赫然。」《芄蘭》「容兮遂兮，垂帶悸兮」，傳：「佩玉遂遂然，垂其紳帶悸悸然。」《丘中有麻》「將其來施」，傳：「施施難進之貌。」《中谷有蓷》「條其歗矣」，傳：「條條然歗也。」《黄鳥》「惴惴其慄」，傳：「慄慄懼也。」《匪風》「匪風發兮，匪車偈兮」，傳：「發發飄風，非有道之風。偈偈疾驅，非有道之車。」《韓詩》略同。有經重文而傳一字者，如《公劉》「于時言言，于時語語」，傳：「直言曰言，論難曰語。」《有客》「有客宿宿，有客信信」，傳：「一宿曰宿，再宿曰信。」《爾雅·釋訓》云：「有客宿宿，言再宿也。有客信信，言四宿也。」與毛傳異。孔仲達合爲一，非是。有經分而傳合者。如《旄丘》「瑣兮尾兮」，傳：「瑣尾，少好之貌。」《泉水》「載脂載舝」，傳：「脂舝其車。」《北風》「其虛其邪」，傳：「虛邪也。」《女曰雞鳴》「將翱將翔」，傳：「閒於政事則翺翔習射。」《子衿》「挑兮達兮」，傳：「挑達，往來相見貌。」《卷阿》「有馮有翼」，傳：「道可馮依，以爲輔翼也。」《常武》「匪紹匪遊」，傳：「不敢繼以遨遊也。」《有客》「有萋有且」，傳：「萋且，敬慎貌。」有經合而傳分者，如《定之方中》「騋牝三千」，傳：「騋馬與牝馬也。」《淇奥》「緑竹猗猗」，傳：「緑，王芻也。竹，篇竹也。」《防有鵲巢》「中唐有甓」，傳：「中，中庭也。唐，堂塗也。」《七月》「以伐遠揚」，傳：「遠，枝遠也。揚，條揚也。」《生民》「自土漆沮」，傳：「漆水、沮水也。」「以興嗣歲」，傳：「興來歲，嗣往歲也。」《蕩》「疾威上帝」，傳：「疾病人矣，❶威罪人矣。」《時邁》「明昭有周」，傳：「明矣知未然也，昭然不疑也。」《閟宮》「奄有龜蒙」，傳：「龜山也，蒙山也。」「保有鳧繹」，傳：「鳧山也，繹山也。」有經省文而傳補者，如《生民》「鳥覆翼之」，傳：「一翼覆之，一翼藉之。」

五帝本紀書説

《史記》載《尚書》今文爲多，閒存古文義，其詁訓多用《爾雅》，馬融注及僞孔傳往往本之。唐司馬貞謂「太史公博採經記而爲此史，廣記異聞，不必皆依《尚書》」，此説甚誤。余讀《尚書》，以《史記》參之，其義始通，不特詁訓已也。昔著《尚書集解》，曾纂録之而未盡，欲以二十八篇采《史記》注之，更以己意發明之。今老矣，精力不能全逮，姑就孔傳本《堯典》，録《史記》於上，以《尚書》證之，所以袪《索隱》之惑也。《史記·五帝本紀》：帝堯者放勳。《尚書》：「曰若稽古帝堯曰放

❶「疾」，原作「病」，今據《經義雜記》卷二三及《毛詩註疏》改。

勳。」孔傳言：「放上世之功化。」案：史以放勳爲堯名，故以重華爲舜名，文命爲禹名也。《釋文》引馬融云「放勳堯名」，與史合。《說文》：「勳，从力熏聲。勛，古文勳，从員。」《史記》今文《尚書》也，故作「放勳」。孔傳本古文《尚書》也，當作「放勛」。其仁如天，其知如神。就之如日，望之如雲。此蓋釋經之「光被四表，格于上下」也。富而不驕，貴而不舒。黄收純衣，彤車乘白馬。此蓋釋經之「允恭克讓」也。能明馴德，「克明俊德。」傳：「能明俊德之士。」案：《爾雅》：「克，能也。」徐廣曰：「馴，古訓字。」俊、馴聲相近，蓋古文《尚書》作「克明俊德」，今文《尚書》作「克明馴德」。訓，順也。古文「疇若予工」，「疇若予上下草木鳥獸」，孔傳以若爲順，而《五帝本紀》作「誰能馴予工」，「誰能馴予上下草木鳥獸」。以親九族。九族既睦，便章百姓。「以親九族，九族既睦，平章百姓。」傳：「言化九族而平和章明。」索隱曰：「今文作『辯章』。便則訓辯，遂爲辯章。」案：《毛詩·采菽》「平平左右」，傳：「平平，辯治也。」《釋文》云：「平平，《韓詩》作便便。」《毛詩》爲古文，《韓詩》爲今文，是古文平字，今文多作便。古文《尚書》「平章百姓」，今文《尚書》「便章百姓」，大傳作辯章，是古文之詁訓，今文之或體。唐時三家已亡，故司馬貞取以當今文。百姓昭明，合和萬國。❶「百姓昭明，協和萬邦。」傳：「協，合。」案：漢碑及石經邦、國字互見，宋洪适謂經典「邦」或作「國」。蓋所傳本異，非由避諱。是古文《尚書》作「協和萬邦」，今文《尚書》作「協和萬國」。乃命羲和，敬順昊天。「乃命羲和，欽若昊天。」傳：「使敬順昊天。」案：《爾雅》：「欽，敬也。若，順也。」數法日月星辰，「曆象日月星辰。」索隱曰：「此言數法，是訓『曆象』二字。」案：《論語·堯曰》：「天之曆數在爾躬。」象者，可象法也。敬授民時。「敬授人時」。案：兩漢人所引多作「民時」，亦古今文之異。分命羲仲，居郁夷，「分命羲仲，宅嵎夷。」傳：「宅，居也。」《釋文》云：「《尚書考靈耀》及《史記》作禺銕。」案：《說文》土部「堣，堣夷」，引《書》「宅堣夷」。是古文《尚書》作堣夷也，嵎字蓋後人所改。《考靈耀》爲今文，是今文《尚書》作「禺銕」。《史記》此作「郁夷」，《夏本紀》作「嵎夷」，與陸氏所言不合。《魯詩》：

❶「合」，原作「含」，今據《經義雜記》卷二三及《史記》改。

「周道郁夷。」曰湯谷。「曰暘谷。」傳：「暘，明也。」案：《史記》作「暘谷」，索隱曰：「舊本作湯谷，今並依《尚書》字。《淮南子》曰：『日出湯谷，浴於咸池。』則湯谷亦有他證明矣。」據此知《史記》本同《淮南》作「湯谷」，司馬貞既知作湯谷有他證，又改依《尚書》，何耶？兹復其舊。《玉篇》引《說文》云：「叒，日出東方湯谷所登，叒木也。」今《說文》亦改作暘谷。又《說文》山部云：「嵎銕，崵谷也。」郁夷、禺銕、嵎銕，並今文之異體，古文以土部堣夷爲正。湯谷、崵谷並今文之異體，古文以日部暘谷爲正。今文有歐陽、大、小夏侯三家，當互有不同。《說文》偁《書》，雖本孔氏，亦不廢今文，猶《詩》主毛氏，復徵魯、韓也。敬道日出，便程東作。「寅賓出日，平秩東作。」傳：「寅，敬。賓，導。秩，序也。」張守節曰：「道音導。」《釋文》：「賓，徐音擯。」《書》「出日」，謂日出也。索隱曰：「《尚書大傳》曰辯秩東作，則是訓秩爲程，言便課其作程者也。」案：《說文》引《書》「平䄉東作」，此古文《尚書》也。《史記》作「便程東作」，此今文《尚書》也。䄉與秩古今字，程與秩聲相近，下同。《史》正義、索隱隨字立訓，非。日中星鳥，以殷中春。「日中星鳥，以殷仲春。」傳：「殷，正也。」案《史記》下云「以正中夏」、「以正中秋」、「以正中冬」，孔傳以殷爲正，本《史記》。此作殷，蓋因集解引孔傳而誤。疑古文《尚書》仲春、仲秋言殷，仲夏、仲冬言正，今文《尚書》則通言正也。古文仲當爲中。其民析，「厥民析。」傳：「言其民老壯分析。」《爾雅》：「厥，其也。」鳥獸字微。「鳥獸孳尾。」傳：「乳化曰孳，交接曰尾。」案：古文《尚書》「鳥獸孳尾」，今文《尚書》「鳥獸字微」。孳，字也。尾，微也。古微或作尾，此孔安國以今文讀之之證，傳非。申命羲叔，居南郊，「申命羲叔，宅南交。」案：《爾雅》：「宅，居也。」故史公以宅爲居，孔傳本之。便程南爲，敬致。「平秩南訛敬致。」傳：「訛，化也。」索隱曰：「爲依字讀。春言東作，夏言南爲，皆是耕作營爲勸農之事。孔安國强讀爲訛字，雖則訓化，解釋亦甚紆回也。」張守節曰：「爲音于僞反。」案：《說文》口部：「吪，動也。」引《詩》：「尚寐無吪。」言部：「譌，言也。」引《詩》：「民之譌言。」無訛字。《釋言》：「訛，化也。」當作吪。郭注引《詩》「四國是訛」，今《詩》正作吪。化、動義相合。《兔爰》「尚寐無吪」，與《說文》同，而《釋文》本或誤作「訛」。《無羊》「或寢或訛」，亦當與《兔爰》、《破斧》同，而唐石經及今本誤作訛。《沔水》、《正月》「民之訛言」，當從《說文》作譌，而今誤作訛。訛本俗字,乃化動之吪,譌僞之譌,反兩用之,不可以不辨也。孔傳訓訛爲化,是古文作吪矣。古爲字或作僞,見《詩・采苓》及《荀子・性惡》,❶故《史記》作南爲,《漢書・王莽傳》作南僞。張守節音爲于僞反,亦從《漢書》讀。是今文《尚書》作南爲也。《史記》舊本作譌者,因《尚書》作訛,俗人謂譌與訛通,遂誤加言傍。今據索隱、正義校正。**日永星火,以正中夏。**「日永星火,以正仲夏。」**其民因,鳥獸希革。**「厥民因,鳥獸希革。」**申命和仲,居西土,**「分命和仲,宅西。」案:中春同《書》作「分命」,此又作「申命」,當有一誤。居西土,蓋以義言之。徐廣曰:「一無土字。」則據《尚書》刪之也。**曰柳谷。**「曰昧谷。」傳:「昧,冥也。」案:古文《尚書》曰昧谷,今文《尚書》曰柳谷。《史記》舊作昧谷,徐廣曰:「一作柳谷。」據此知《史記》本用今文,後人依《尚書》所改,今正之。**敬道日入,**「寅餞納日。」傳:「餞,送也。日出言導,日入言送。」案:《説文》:「入,内也。内,入也。納,絲溼納納也。」知古内入字本作内。《周禮・鍾師》「納夏」注:「故書納作内,杜子春云内當爲納。」轉從漢讀也。史訓納日爲日入,知經必作内字。孔傳本爲古文,不應反作納,知亦從漢讀改也。又此同仲春言敬道,疑今文經亦作寅賓,與孔傳異。《集韻》載《釋文》餞作淺,今《釋文》作餞,是後人所改。正義釋傳云:「送行飲酒謂之餞。」故餞爲送也。不云淺讀爲餞,是孔本作餞也。**便程西成。**「平秩西成。」**夜中星虚,以正中秋。**「宵中星虚,以殷仲秋。」《爾雅》:「宵,夜也。」**其民易,**「厥民夷。」傳:「夷,平也。老壯在田,與夏平也。」案:《爾雅》:「平、均、夷、弟,易也。」是夷、易義同。故古文《尚書》作「厥民夷」,今文《尚書》作「厥民易」。古文夷字,當從今文義爲易,言其民至秋樂易也。孔傳以《爾雅》展轉相訓,義得爲平,然其説支離不可從。今文每以詁訓爲經,如「鳥獸孳尾」義爲字微,❷而今文即作字微可證。孔傳詁訓多用《史記》,而「鳥獸孳尾」不以尾爲微,「厥民夷」不以夷爲易者,以今文經作微作易,恐相涉致嫌,故别下己意以區别之,而不知孔安國得壁中書,曾以今文讀之矣,馬、鄭注古文亦采用今文矣。六經之古今文雖古義勝者爲多,然未嘗不互有短長,非可偏主一家也。《史記》舊作「其民夷易」,當是以書校

❶「采苓」,原作「宋答」,今據《經義雜記》卷二三及《詩經》改。

❷「字」,原作「子」,今據《經義雜記》卷二三改。

史，注其旁，而寫者誤入，今爲删正。鳥獸毛毨。「鳥獸毛毨。」案：許叔重《説文》、鄭康成《周禮注》皆作「鳥獸毛毴」，是古文《尚書》作「毛毴」也。《史記》作「毛毨」，當是今文，不知孔傳本何以亦作「毨」字。申命和叔，居北方，曰幽都。「申命和叔，宅朔方，曰幽都。」傳：「北稱朔。」案：《爾雅》：「朔，北方也。」《毛詩傳》：「朔方，北方也。」便在伏物，「平在朔易。」傳：「易，謂歲改易於北方。」索隱曰：「使和叔察北方藏伏之物，謂人蓄積聚等冬皆藏伏。《尸子》曰：『北方者伏方也。』《大傳》云：『便在伏物。』太史公據之而書。」案：古文《尚書》「平在朔易」，今文《尚書》「便在伏物」。日短星昴，以正中冬。「日短星昴，以正仲冬。」其民燠，「厥民隩。」傳：「隩，室也。」案：古文《尚書》「厥民奥」，今文《尚書》「厥民燠」。《釋文》引馬云：「煖也。」是馬從今文讀。鳥獸氄毛。「鳥獸氄毛。」傳：「鳥獸皆生耎毳細毛以自温焉。」案：《説文》引《書》「鳥獸褎毛」，是古文《尚書》作褎毛也。《史記》作氄毛，蓋是今文《尚書》。徐廣曰：「氄音茸。」歲三百六十六日，「帝曰：咨，汝羲暨和，朞三百有六旬有六日。」以閏月正四時。「以閏月定四時成歲。」案：古文《尚書》「以閏月定四時」，今文《尚書》「以閏月正四時」。定，正也。歲字已見上，故於此省文。信飭百官，衆功皆興。「允釐百工，庶績咸熙。」傳：「允，信。釐，治。工，官。績，功。咸，皆。熙，廣也。」案：釐，正也，故爲飭。《爾雅》：「庶，衆也。」又「熙，興也」。注引《書》「庶績咸興」。《釋文》云：「熙，興也。」此當是馬融義，取今文爲説也。孔傳見今文經作興，遂不取《爾雅》，别訓熙爲廣，以區别。堯曰：「誰可順此事？」「帝曰：疇咨若時登庸。」傳：「疇，誰。庸，用也。誰能順是事者，將登用之。」案：咨，咨可否也。若，順也。時，是也，此也。古文時，今文多作是，故以時爲此。庸，功也，事也。蓋古文《尚書》「疇咨若時登庸」，今文《尚書》「疇咨若是庸」。孔傳事字乃以義增加，經文所無，《史記》事字則經庸字之訓也。放齊曰：「嗣子丹朱開明。」「放齊曰：胤子朱啟明。」傳：❶「胤，國。子，爵。朱，名。啟，開也。」案：古文《尚書》「胤子朱啟明」，今文《尚

❶「傳」，原爲空格，今據《經義雜記》卷二三補。

書》「胤子丹朱開明」，是胤子爲嗣子也。《爾雅》胤、嗣同訓爲繼。《釋文》引馬云：「嗣也。」張守節曰：「鄭玄云：帝堯胤嗣之子，名曰丹朱，開明也。」是馬、鄭注古文，皆用今文爲説，而孔傳棄絶三家，徒自立異，創爲國爵之説，其設心豈可問耶？凡經傳古文啟字，今文多作開。鏞堂謹案：《毛詩》「東有啟明」，三家《詩》「東有開明」，見《大戴禮記·四代》篇。

堯曰：「吁，頑凶不用。」「帝曰：吁，嚚訟可乎。」傳：「吁，疑怪之辭。言不忠信爲嚚，又好争訟。可乎，言不可。」案：《左傳》嚚頑異義，此古今文之别也。《釋文》云：「訟，馬本作庸。」是古文《尚書》作嚚庸，今文《尚書》作頑訟。史公訓訟爲凶。馬既作庸，鄭、王亦作庸，可知《書釋文》每舉馬本以該鄭、王，正義又詳鄭、王而略馬本，其實馬、鄭、王並注古文，苟非王肅所改，不容有異。《書》言「可乎」，謂如此之人，豈可用乎，故史以不用釋「可乎」也。

堯又曰：「誰可者？」「帝曰：疇咨若予采。」案：此以詁訓代經，又省「若予采」，蒙上文順此事也。

讙兜曰：「共工旁聚布功，可用。」「讙兜曰：都，共工方鳩僝功。」傳：「都，於，歎美之辭。鳩，聚。僝，見也。歎共工能方方聚見其功。」案：古文旁爲方。依《説文》，鳩當作逑。《説文》：「僝，具也。」故爲布。《釋文》引馬融亦云「具也」。孔傳言見，非是。方作如字讀亦誤。古文《尚書》「方述僝功」，今文《尚書》「旁鳩僝功」。都，歎美之辭，故史以爲可用也。

堯曰：「共工善言其庸僻，似恭滔天，不可。」「帝曰：吁，静言庸違，象恭滔天。」傳：「静，謀。滔，漫也。言不可用。」案：静，善也。《韓詩》「東門之栗，有静家室」，薛君曰：「静，善也。」庸，用也。回，僻也。象，似也。蓋古文《尚書》作「静言庸違」，故孔傳云「起用行事而違背之」。今文《尚書》作「静言厥庸回」，故史言其用僻，以「不可」釋經之「吁」，孔傳本之。不可與可用相對，合上文「誰可順此事」、「不用」、「誰可者」，下文「鯀可」、「不可」、「試不可用」觀之，西漢人解經簡而明若此。

堯又曰：「嗟，四嶽，「帝曰：咨，四岳。」案：古文《尚書》「咨，四岳」，今文《尚書》「嗟，四嶽」。《爾雅》：「咨，蹉也。」《字林》云：「蹉，古嗟字。」是咨、嗟義同。《説文》嶽从山獄聲。𡴳，古文，象高形。𡴳即岳字。

湯湯洪水滔天，浩浩懷山襄陵，「湯湯洪水方割，蕩蕩懷山襄陵，浩浩滔天。」傳：「湯湯，流貌。洪，大。割，害也。蕩蕩，言水奔突有所滌除。懷，包。襄，上也。」案：《論語》「君子坦蕩蕩」，鄭注云：「魯讀坦蕩爲坦湯。今從古。」《魯論》今文也，是古文蕩蕩字，今文作湯湯。古文《尚書》「蕩蕩洪水」，今文《尚書》「湯湯洪水」。孔本不當別出湯湯字，蓋於「懷山襄陵」上誤衍「蕩蕩」兩字，俗人欲區別之，因據今文改上蕩蕩爲湯湯。今文無「方割」，或史公所略也。懷山襄陵，浩浩滔天，古今文同言滔天之勢，浩浩然懷山而襄陵也。經是倒句，史以義讀順之，故云「滔天浩浩懷山襄陵」。下民其憂，有能使治者？」「下民其咨，有能俾乂。」傳：「俾，使。乂，治也。言民咨嗟憂愁，病水困苦。」皆曰：「鯀可。」「僉曰：於，鯀哉。」傳：「僉，皆也。」案：以「可」釋經之「於」。堯曰：「鯀負命毀族，不可。」「帝曰：吁，咈哉，方命圮族。」傳：「咈，戾。圮，毀。族，類也。言鯀性很戾，好此方名命，而行事輒毀敗善類。」案：方命，負命也。方、負聲相近。古文《尚書》「方命圮族」，今文《尚書》「負命圮族」。《釋文》引馬云：「方，放也。」徐云：「鄭、王音放。」則馬、鄭、王注古文，皆取今文爲説矣。孔傳之意讀「咈哉方」爲句，「命圮族」爲句，師心好異，力改《書》義，以古今文相難。殆欲毀彼衆家，獨伸己是，其心術之不可問也若此。史以「不可」釋經之「咈哉」，或古文「咈哉」，今文作「弗哉」。嶽曰：「异哉，試不可用而已。」「岳曰：异哉，試可乃已。」傳：「异，已也。言餘人盡已，唯鯀可試，無成乃退。」案：古文《尚書》「岳曰：异哉，試可乃已」，今文《尚書》「嶽曰：异哉，試不可而已」。用字乃史公以義增足。异，舉也。而，乃也。可，不可也。四嶽言鯀可舉而用之，試用而不可乃已之。孔傳以試可爲可試，以乃已爲無成乃退。若從今文，以可爲不可，不必空增「無成」矣。堯於是聽嶽用鯀，「帝曰：往，欽哉。」傳：「勑鯀往治水，命使敬其事。」案：此以義釋經也。勑使往敬其事，是聽嶽用鯀也。九歲功用不成。「九載績用弗成。」案：古文《尚書》「九載績用弗成」。今文《尚書》「九歲績用不成」。《史記》下云「七十載」，故知此非訓載爲歲，乃本異也。下文「三載考績」，《史記》亦作「三歲一考功」。古文弗字，今文多作不。堯曰：「嗟，四嶽。案：古文《尚書》「咨，四岳」，今文《尚書》「嗟，四嶽」。朕在位七十載，汝能庸命，踐朕位？」「朕在位七十載，汝能庸命，巽朕位？」案：巽、踐聲相近。古文《尚書》「巽朕位」，今文《尚書》「踐朕位」。由堯言之曰巽，由四嶽言之曰踐。嶽應曰：「鄙德忝帝位。」「岳曰：否德忝帝位。」

傳：「否，不。」案：古文《尚書》「岳曰：否德忝帝位」，今文《尚書》「嶽曰：鄙德忝帝位」。《論語》「予所否者」，《論衡·問孔》作「予所鄙者」。兩漢人所引《魯論》爲多，鄭康成以《古論》校正之，是古文《論語》作「予所否者」，今文《論語》作「予所鄙者」，與《書》古今文正合。《書》古文否字，當從今文讀爲鄙。孔傳欲異於今文，故别訓爲不。《釋文》：「否，方久反。」此孔音也。又音鄙，此馬、鄭義，從今文説也，學者審之。至《魯論》鄙字，❶則當從古文作否。鄭君所校最是。琳謂古今文不可偏主，於此見之。

堯曰：「悉舉貴戚及疏遠隱匿者。」「曰：明明揚側陋。」傳：「廣求賢也。」案：「悉舉貴戚」，此釋經之「明明揚」也。「及疏遠隱匿者」，此釋經之「側陋」也。

衆皆言於堯曰：「有矜在民閒曰虞舜。」「師錫帝曰：有鰥在下，曰虞舜。」案：古文《尚書》「有鰥在下」，今文《尚書》「有矜在下」。經典鰥、寡字古文皆作鰥，漢人始作矜。在下，在民閒也。孔傳「在下民之中」本此。

堯曰：「然，朕聞之。其何如？」「帝曰：俞，予聞。如何？」孔傳：「俞，然也。」案：古文《尚書》「予聞，如何」，今文《尚書》「朕聞之，如何」。《爾雅》：「予、朕，我也。朕，予也。」

嶽曰：「盲者子，」「岳曰：瞽子。」傳：「舜父有目，不能分别好惡，故時人謂之瞽，配字曰瞍。」案：此當從《史記》，以瞽爲盲者，孔傳無理之至。

父頑，母嚚，弟傲。「父頑，母嚚，象傲。」案：作弟，與父、母字相配。蓋今文經作「弟傲」。

能和以孝，烝烝治，不至姦。「克諧以孝，烝烝乂，不格姦。」案：克，能。諧，和。乂，治。格，至也。

堯曰：「吾其試哉。」「帝曰：吾其試哉。」案：《爾雅》：「吾，我也。」古文《尚書》「我其試哉」，今文《尚書》「吾其試哉」。

於是堯妻之二女，「女于時。」傳：「堯於是以二女妻舜。」案：女，謂堯妻之以二女也。于，於也。時，是也。

觀其德於二女。「觀厥刑于二女。」傳：「刑，法也。」案：古文《尚書》「觀厥刑于二女」，今文《尚書》「觀厥德于二女」。

舜飭下二女於嬀汭，「釐降二女於嬀汭。」傳：「降，下。」案：史公皆以釐爲飭，上「允釐百工」作「信飭百官」。《爾雅》：

❶「字」，原作「至」，今據《經義雜記》卷二三改。

「降，下也。」如婦禮，「嬪于虞。」傳：「嬪，婦也。行婦道於虞氏。」堯善之。「帝曰：欽哉。」傳：「歎舜能修己行敬以安人。」案：史以義釋經，故云「堯善之」。

毛詩生民傳

毛傳云：「赫，顯也。不寧，寧也。不康，康也。誕，大。寘，置。腓，辟。字，愛也。」此先釋「以赫厥靈，上帝不寧，不康禋祀，誕寘之隘巷，牛羊腓字之」五句中經字，下復申說以總解之。云「天生后稷，異之於人」者，上文「先生如達，不坼不副，無菑無害」，皆是天生后稷，異之於常人也。如上帝安寧之，而康其祭祀。云「以顯其靈也」者，解經之「以赫厥靈」也。云「帝不順天，是不明也，故承天意而異之於天下」者，言上帝欲顯異后稷，而帝嚳不能承順天意，是帝嚳不明矣。下言「誕寘之隘巷」「誕寘之平林」、「誕寘之寒冰」，皆是帝不順天承天意，而顯異於天下之事也。云「牛羊而辟人者理也，置之平林」者，此解經「誕寘之平林」之意也。云「又爲人所收取」者，解經之「會伐平林」也。云「大鳥來，一翼覆之，一翼藉之」者，明不特覆之而已。經舉覆包藉，省文以成句，傳以義增足之。云「人而收取之，又其理也，故寘之於寒冰」者，此覆解「誕寘之寒冰」之意，以見不當更有鳥覆翼之之事，乃鳥又來覆藉之，於是知有天異，往取之矣。此二句即用毛傳。經「鳥乃去矣」，傳不解者，毛意往取后稷，鳥見人來乃飛去矣，故傳云「后稷呱呱然而泣」，明鳥去而后稷泣也。俗本割裂毛傳以分隸經文，致失毛意者甚多，今舉此傳正之。

李巡奏定石經

漢定石經，説者不一。范書《靈帝紀》云：「熹平四年春三月，詔諸儒正五經文字，刻石立於大學門外。」《儒林傳》云：「有私行金貨，定蘭臺桼書經字，以合其私文。熹平四年靈帝乃詔諸儒正定五經，刊於石碑，爲古文、篆、隸三體書法，樹之學門，目相參檢，使天下咸取則焉。」此功歸君上，以爲靈帝意也。《蔡邕傳》云：「邕目經籍去聖久遠，文學多謬，俗儒穿鑿，疑誤後學。熹平四年，乃與五官中郎將堂谿典，光禄大夫楊賜，諫議大夫馬日磾，議郎張馴、韓説，太史令單颺等，《儒林傳》：「張馴拜議郎，與蔡邕共奏定六經文字。」奏求正定六經文字，靈帝許之。邕乃自書丹於碑，使工鐫刻，立於太學門外。於是後儒晚學咸取正焉。及碑始立，其觀視及摹寫者，車乘日千餘兩，填塞街陌。」此言衆臣奏求正定，蔡中郎特總其事也。《宦者呂强傳》云：「時宦者濟陰丁肅、下邳徐衍、南陽郭耽、汝陽李巡、北海趙祐等五人稱爲清忠，皆在里巷，不争威權。巡以爲諸博士試甲乙科，争第高下，更相告言，至有行賂定蘭臺桼書經字，目合其私文者，廼白帝與諸儒共刻五經文於石。於是詔蔡邕等正其文字，自後五經一定，争者用息。」據此知熹平立石經雖有靈帝之詔，蔡邕之奏，而發端白帝實自李巡。特身爲宦官，不能與帝王及士大夫並稱乎後世，爲可惜耳。其持躬清忠，不争威權，益足尚也，余特爲表出之。《隋書・經籍志》有李巡注《爾雅》三卷，可謂篤學有志之士矣。

盧植奏定石經

《後漢書·盧植傳》云：「時始立太學石經，㠯正五經文字，植乃上書曰：『臣少從通儒故南郡太守馬融受古學，頗知今之《禮記》特多回冗。臣前㠯《周禮》諸經發起粃謬，敢率愚淺，爲之解詁，而家乏無力供繕寫上。願得將能書生二人共詣東觀，就官財糧，專心研精，合《尚書》章句，考《禮記》失得，庶裁定聖典，刊正碑文。』」下云：「會南夷反叛，㠯植嘗在九江，有恩信，拜爲廬江太守。」下云：「復徵拜議郎，與諫議大夫馬日磾、議郎蔡邕、楊彪、韓説等並在東觀，校中書五經記傳，補續《漢記》。帝㠯非急務，轉爲侍中，遷尚書。」據本傳觀之，知子幹刊正碑文之奏未經允行，會南夷反叛，出爲廬江太守，而斯事中止矣。蓋《禮記》後儒所定，故不無粃謬處，盧氏欲本師説裁正之，誠有功聖典之舉。乃爲事會所阻，千古恨事也。然石經《禮記》雖未刊定，而盧所自著《解詁》猶存，隋唐《志》載盧植注《小戴禮記》二十卷是也。唐人表章鄭學，而未及盧氏，其書遂亡。安得有志者輯其遺説，以存其概乎？

盧植禮記注

盧氏校定《禮記》，今日雖亡，漢唐人偶有稱述，尚可得其略。其一，《檀弓》下「子顯以致命於穆公」，鄭注：「使者公子縶也。盧氏云：『古者名字相配，顯當作韅。』」今考《詩·白駒》「縶之維之」傳：「縶，絆也。」《禮記·月令》「則縶騰駒」，是縶爲維絆義。《説文·頁部》：「顯，頭明飾也。从頁，㬎聲。」與縶義無涉。革部：「韅，著掖鞥也。从革，顯聲。」又《釋名·釋車》云：「韅，經也，口經其腹下也。」案杜注《左傳》僖二十八年云：「在背曰韅。」非是。與維絆義合。故名縶，字子韅。依《說文》韅當作韅，盧云「當作韅」者，漢人隷省。此校之盡善者也。其一，《曲禮》「猩猩能言，不離禽獸」，《釋文》：「禽獸，盧本作走獸。」述案：《淮南子·氾論》「猩猩知往而不知來」，高注云：「《禮記》曰：『猩猩能言，不離走獸。』」高氏受業於盧尚書，故用師校本。正義曰：「禽獸之名，經記不同。《爾雅》云：『二足而羽謂之禽，四足而毛謂之獸。』鸚鵡是羽而曰禽，猩猩四足而毛正可曰舊譌是。獸。今並云禽獸者，凡語有通别，别而言之，羽則曰禽，毛則曰獸。所以然者，禽者擒也，言鳥力小，可擒捉而取之。獸者守也，言其力多，不易可擒，先須圍守，然後乃獲，故曰獸也。通而爲説，鳥不可曰獸，獸亦可曰禽。故鸚鵡不曰獸，而猩猩通曰禽也。故《易》云：『王用三驅，失前禽。』則驅走者亦曰禽也。又《周禮·司馬》職云：『大獸公之，小禽私之。』以此而言，則禽未必皆鳥也。又康成注《周禮》云：『凡鳥獸未孕曰禽。』《周禮》又云：『以禽作六摯，卿羔，大夫鴈。』《白虎通》云：『禽者，鳥獸之總名。』以此諸經證禽名通獸者，以其小獸可擒，故得通名禽也。」述案：《孟子》「獸之走壙也」，《晉書·段灼傳》作「禽之走曠野」。案：孔氏所據可稱精博。舊本「禽獸」，盧氏定爲「走獸」，與上「飛鳥」相對，不免失之拘泥，此校之未盡善者。鄭注本後人豈可輕動乎？鏞堂謹案：散言皆通，對文則異，盧校是也。

西狩獲死驎

《論衡·指瑞》云：「《春秋》曰：『西狩獲死驎，人以示孔子。孔子曰：孰爲來哉！孰爲來哉！反袂拭面，泣涕沾襟。』儒者説之，以爲天以驎命孔子，孔子不王之聖也。

夫驎爲聖王來，孔子自以不王而時王魯君無感驎之德，怪其來而不知所爲，故曰『孰爲來哉，孰爲來哉』，知其不爲治平而至，爲己道窮而來，望絶心感，故涕泣沾襟。以孔子言孰爲來哉，知驎爲聖王來也。曰：前孔子之世，世儒已傳此説，孔子聞此説而希見其物也。見驎之至，怪所爲來。實者驎至無所爲來，常有之物也。行邁魯澤之中，而魯國見其物，遭獲之也。孔子見驎之獲，獲而又死，則自比於驎，自謂道絶不復行，將爲小人所徯獲也。故孔子見驎而自泣者，據其見得而死也，非據其本所爲來也。然則驎之至也，自與獸會聚也，其死，人殺之也。使驎有知，爲聖王來，時無聖王，何爲來乎？思慮深，避害遠，何故爲魯所獲殺乎？夫以時無聖王而驎至，知不爲聖王來也。爲魯所獲殺，知其避害不能遠也。聖獸不能自免於難，聖人亦不能自免於禍。禍難之事，聖者所不能避，而云鳳驎思慮深，避害遠，妄也。」案：此引《春秋》公羊家説也。傳曰：「麟者仁獸也，有王者則至，無王者則不至。有以告者曰：『有麕而角者。』孔子曰：『孰爲來哉！孰爲來哉！』反袂拭面，涕沾袍。」見麟而泣，當從《論衡》所引儒者説，爲己道窮而來，望絶心感，故涕泣沾襟。服注《左傳》亦云麟爲仲尼至。見《春秋正義》。何氏以麟出爲知將有六國争彊、縱横相滅之敗，秦項驅除、積骨流血之虞，然後劉氏乃帝，故豫泣民之離害，妖妄之至。王仲任遠在何邵公之前，所引蓋西漢公羊説也。又據《論衡》，則《春秋》經作「西狩獲死麟」，今三傳本無死字。而《公羊傳》云：「顔淵死，子曰：『噫！天喪予。』子路死，子曰：『噫！天祝予。』西狩獲麟，孔子曰：『吾道窮矣。』」注云：「天生顔淵、子路爲夫子輔佐，皆死者，天將亡夫子之證。麟者，太平之符，聖人之類。時得麟而死，此亦天告夫子將没之證。」則此傳本作「西狩獲死麟」，與上顔淵死、子路死一例。「吾道窮矣」，與上「天喪予」、「天祝予」一例。孔仲達引《家語》云：「獲麟，折其前左足，載而歸。叔孫以爲不祥，棄之於郭外。」徐疏引《孔叢》云：「以爲不祥，棄之五父之衢。孔子視之曰：『兹日麟出而死，吾道窮矣。』」二書雖魏晉人託作，然以爲麟死而棄之，則與《公羊》合，疑《公羊》經本有死字也。王充謂麟爲常有之物，無所爲來，則非。《説文》：「麟，大牝鹿也。麐，牝麒也。」《五經文字》云：「麐，經典皆作麟，唯《爾雅》作此麐字。」《釋獸·釋文》云：「麐，本又作麟。」知今本《爾雅》作麟者，後人所改也。《論衡》作驎，《説文》所無。《釋畜》：「青驪驎驒。」《釋文》「驎」作「粼」。在《説文·巜部》。《穀梁傳序》「麟感化而來應」，《釋文》：「麟，本又作驎。」知驎又爲俗麟字。

漢注用蒼頡篇

《考工記》「攻皮之工，函、鮑、韗、韋、裘。」鄭司農云：「書或爲鞄，《蒼頡篇》有鞄甍。」又「鮑人之事」，鄭司農云：「《蒼頡篇》有鞄甍。」「車人之事」，「柯欘有半謂之柯」，鄭司農云：「《蒼頡篇》有柯欘。」王伯厚《急就章補注序》云：「《漢·藝文志》小學十家，《蒼頡篇》見《考工記》注者，唯鞄甍柯欘四字。」案《孝經》「孝無終始而患不及者，未之有也」，正義曰：「《蒼頡篇》謂患爲禍，孔、鄭、韋、王之學引之以證此經。」然則漢魏儒者注《孝經》，亦引《蒼頡篇》矣。《公羊傳》定四年「朋友相衛」注：「同門曰朋，同志曰友。」解云：「出《蒼頡篇》。」於王氏所舉四字外，又得十字。《孝經正義》云鄭謂康成，孔謂安國，韋謂韋昭，王謂王肅。《玉海·藝文》云：「《孝經》取元行沖疏，約而修之。」邢序自言剪裁元疏，今《注疏》本卷首有邢昺奉勑校定字樣，然則《孝經正義》雖經邢氏刪改，猶本唐人舊書，非邵武士人《孟子疏》可比，學者珍之。唐時古今文具存，故元氏得博引爲據，至北宋則亡已久矣。

服杜解左之誤

《左傳》昭二十七年：「吴子欲因楚喪而伐之，使公子掩餘、公子燭庸帥師圍潛。」賈逵注云：「二公子皆吴王僚之弟。」見《正義》及《史記集解》。「使延州來季子聘于上國。左尹郤宛、工尹壽帥師至于潛，吴師不能退。公子光曰：『此時也，弗可失也。』告鱄設諸曰：『上國有言曰，不索何獲？我王嗣也，吾欲求之。』」杜注：「光，吴王諸樊子也，故曰我王嗣。」案：《史記·吴大伯世家》云：「四年，王餘昧卒，欲授弟季札，季札讓逃去。於是吴人曰：先王有命，兄卒弟代立，必致季子。季子今逃位，則王餘昧後立，今卒，其子當代。乃立王餘昧之子僚爲王。公子光者，王諸樊之子也，常以爲吾父兄弟四人，當傳至季子，季子即不受國，光父先立，即不傳季子，光當立。」據此則光爲諸樊子，僚爲夷昧子。杜本《史記》，是也。《正義》引服虔云：「夷昧生光而廢之。僚者，夷昧之庶兄。夷昧卒，僚代立，故光曰：我王嗣也。」此用《公羊》説也。案《公羊傳》襄二十九年云：「夷昧死，則國宜之季子者也。季子使而亡焉，僚者長庶也。」則以僚爲夷昧之庶兄者，本《公羊傳》，但不及《史記》之可據耳。又闔廬曰：「先君之所以不與子國，而與弟者，凡爲季子故也。從先君命則國宜季子，如不從則我宜立。」何注：「闔廬，謁之長子光。」是《公羊》亦以光爲諸樊子，與《史記》及杜氏合。服云夷昧生光，非是。「『事若克，季子雖至，不吾廢也。』鱄設諸曰：『王可弒也，母老子弱，是無若我何？』」杜注：「猶言我無若是何，欲以老弱託光。」《正義》曰：「恐己死後不能存立，欲以老弱託光也。彭仲博云：『當言是無我若何，我母無我當如何，我字當在若上。』」《史記・吳大伯世家》集解引服虔曰：「母老子弱，專諸託其母子於光也。」王肅曰：「專諸言王母老、子弱也。」案《刺客列傳》：「公子光謂專諸曰：『此時不可失，不求何獲？』專諸曰：『王僚可殺也。母老子弱，而兩弟《吳世家》作「兩公子」。將兵伐楚，楚絶其後。方今吳外困於楚，而內空無骨鯁之臣，是無如我何。』《吳世家》作「是無奈我何」。公子光頓首曰：『光之身，子之身也。』」《索隱》曰：「母老子弱，是專諸度僚可殺，言其少援助，故云無奈我何。太史公採其意，且據上文，因復加以兩弟將兵困之辭。而服虔、杜預見《左氏》下文云『我爾身也，以其子爲卿』，遂彊解是無如我何，猶言我無若是何，謂專諸欲以老弱託光，義非允愜。」案：光曰「我爾身也」，乃是聞專諸之辭而深喜求助之言，謂光身即子身，光惟子是賴矣。服、杜用彭仲博説，以爲專諸之母老子弱，誤也。惟王肅義與史説合，此條從王肅。

俗本詩集傳

《漢廣》「南有喬木，不可休息」，《集傳》云：「吳氏曰：《韓詩》作思。」見《韓詩外傳》卷一，今本誤改爲「息」。《詩考》載《外傳》不誤。俗本刪此七字。案王伯厚《詩考序》云「朱文公《集傳》『不可休思』從《韓詩》」本此。《常棣》「外禦其務」，《集傳》云：「《春秋傳》作侮，罔甫反。」既引其文，即從其義，故下云「有外侮則同心禦之」。乃今本改云「音侮」，刪《春秋傳》等八字。《四月》「爰其適歸」，《集傳》於「爰」下注云：「《家語》作奚。」故下云：「奚，何也。」乃今刪「《家語》作奚」四字，而改「爰」爲「奚」。案《毛詩》「爰其適歸」，箋云：「爰，曰也。」《文選》潘安仁《關中詩》注引《韓詩》「亂離斯莫，爰其適歸」，《說苑·政理》亦作「爰」，惟《家語·辯政》作「奚」，必王肅私改以異鄭。朱子不覺其非，故誤從之。然雖用其義，尚未改其文。若如今本竟作「奚」，使未見《集傳》原本者，能不致疑於朱子乎？《假樂》「假樂君子」，《集傳》云：「《中庸》、《春秋傳》皆作『嘉』，今當作『嘉』。」俗本但作「音嘉」二字。以及「何彼襛矣」之作「穠」，「終然允臧」之作「焉」，「遠兄弟父母」之作「遠父母兄弟」，「羊牛下括」之作「牛羊」，「不能辰夜」之作「晨」，「碩大且篤」之作「實」，「不可畏也」之作「亦」，「胡然厲矣」之作「爲」，「朔月辛卯」之作「日」，「家伯維宰」之作「家」，「如彼泉流」之作「流泉」，《小旻》、《抑》同。「降予卿士」之作于，凡此余初以爲朱子之誤，後考之有年，獲見宋元板《集傳》，知並俗本刪改之失也。

君子好仇

《詩·關雎》「君子好逑」，傳：「逑，匹也。宜爲君子之好匹。」箋云：「怨耦曰仇，能爲君子和好衆妾之怨者。言皆化后妃，不嫉妒。」《釋文》：「好逑，音求，本亦作仇，音同。」《正義》曰：「逑，匹。《釋詁》文。孫炎云：『相求之匹。』《詩》本作逑，《爾雅》多作仇，字異音義同也。』」案孫炎云「相求之匹」，是以求訓逑。然則孫注《爾雅》作「逑匹」，與孔本《毛傳》合。又《民勞》「惠此中國，以爲民逑」，傳：「逑，合也。」箋云：「合，聚也。」此申毛，與《說文》合。《正義》曰：「逑，合。《釋詁》文。」今《爾雅》作「仇，合也」。❶仇合之仇作逑，與仇匹之仇作逑正同。《說文·辵部》：

❶「文今」，原作「今文」，今據《經義雜記》卷二九改。

「逑，斂聚也。从辵，求聲。《虞書》曰『旁逑孱功』，又曰『怨匹曰逑』。」《左傳》桓二年，師服曰：「嘉耦曰妃，怨耦曰仇。」依孫叔然，知《爾雅》仇當作逑。依許叔重，知《左傳》仇當作逑。《説文·人部》：「仇，讎也。从人，九聲。」此讎怨之仇與匹耦之逑異字，而《爾雅》、《毛詩》、《左傳》皆作仇者，爲逑之同聲假借也。蓋匹耦之逑，不論嘉耦怨耦，俱用从辵求聲字，因嘉耦既以善相求，怨耦又以怨相求，嘉怨不同，而相求則一。即以《關雎》詩論之，毛意是嘉耦，鄭意是怨耦，而所用「逑」字則一。俗本《注疏》經傳作逑，鄭箋作仇，是以臆見區別之也。箋既不云逑當爲仇，則説異而字同明矣。《左傳》師服之言，因妃、仇對文而立異耳。又此詩經字當假借作仇，《釋文》、《正義》皆作逑，疑非漢以來之舊。陸云「本亦作仇」，可從也。無論《禮記·緇衣》、《漢書·匡衡傳》作「君子好仇」，《爾雅》「仇匹也」，郭注引《詩》「君子好仇」，或非盡爲《毛詩》。而《後漢書·邊讓傳》「攜窈窕，從好仇」，李注：「仇，匹也。《毛詩》曰：『君子好仇。』」《文選·景福殿賦》「處之斯何，窈窕淑女」，注：「《毛詩》曰：『窈窕淑女，君子好仇。』」《琴賦》「要列子兮爲好仇」，注：「《毛詩》曰：『君子好仇。』」嵇叔夜《贈秀才入軍詩》「攜我好仇」，注：「《毛詩》曰：『君子好仇。』」是可證《毛詩》之不作逑矣。又嘗偏考《毛詩》，逑匹之逑皆作仇。《兔罝》「赳赳武夫，公侯好仇」，箋云：「怨耦曰仇。」《無衣》「脩我戈矛，與子同仇」，傳：「仇，匹也。」箋云：「怨耦曰仇。」《正義》曰：「仇，匹。《釋詁》文。怨耦曰仇，桓二年《左傳》文。」《賓之初筵》「賓載手仇」，傳：「手，取也。主人請射於賓，賓許諾，自取其匹而射。」《釋文》：「手，仇，毛音求，匹也。」《皇矣》「帝謂文王，詢爾仇方」，傳：「仇，匹也。」箋云：「怨耦曰仇。」《正義》曰：「仇，匹。《釋詁》文。怨耦曰仇，《左傳》文。」是可證述匹之逑，《毛詩》皆作仇，與今《爾雅》、《左傳》同，而作逑之爲出後人私改矣。

皇矣傳考正

《詩・皇矣》：「維此二國，其政不獲。維彼四國，爰究爰度。」傳：「二國，殷、夏也。彼，彼有道也。四國，四方也。究，謀。度，居也。」箋云：「二國，謂今殷紂及崇侯也。正，長。獲，得也。四國，謂密也，阮也，徂也，共也。度，亦謀也。殷崇之君，其行暴亂，不得於天心。密、阮、徂、共之君於是又助之謀，言同於惡也。」「上帝耆之，憎其式廓。乃眷西顧，此維與宅。」傳：「耆，惡也。廓，大也。憎其用大位，行大政。顧，顧西土也。宅，居也。」箋云：「耆，老也。天須假此二國，養之至老，猶不變改。憎其所用爲惡者浸大也，乃眷然運視西顧，見文王之德，而與之居。言天意常在文王所。」《釋文》：「其政，如字。政，政教也。鄭作正。正，長也。爰度，待若反，篇内皆同，毛居也，鄭謀也。耆之，巨夷反，毛惡也，鄭老也。」《正義》曰：「紂師喪殷，桀亦亡夏，其惡既等，故配而言之，猶《崧高》之美申伯而及甫侯也。究，謀。《釋詁》文。以王者度地居民，故以度爲居也。桀、紂身爲天子，制天下之命，雖是有道之國，皆服而從之，與之謀爲非道，故王肅云：『彼四方之國，乃往從之謀，往從之居，其秦亡。』此三字當爲衍文。《家語》引此詩，乃云：『紂政失其道，而據萬乘之勢，四方諸侯固猶從之，謀度於非道，天所惡焉。』傳意當然也。孫毓云：『天觀衆國之政，求可以代殷之人，先察王者之後，故言商而及夏。夏者夏禹之世，時爲二王之後者，不得追斥桀也。桀亡國六百餘年，何求於將代殷而惡之乎？』或以毓言爲毛義，斯不然矣。耆者，老也。人皆惡己之老，故耆爲惡也。王肅云：『惡桀紂之不德也。』肅於此仍連文紂言，以桀、紂行同，自此以上其文皆可兼桀。雖文可兼之，意不惡桀也。廓，大。《釋詁》文。宅，居。《釋言》文。」琳案：箋訓正爲長，而不云政當爲正，則鄭所據《毛詩》本作「其正不獲」。唐石經原刻作「正」，依鄭本也。後改爲「政」，依肅本也。據王肅引《家語》云「紂政失其道」，孫毓云「天觀衆國之政」，知王肅改「正」爲「政」，以與鄭難。孫毓明於王，故述毛亦作「政」。《左傳》文四年作「其政不獲」，與《毛詩》異，或《左傳》亦本作「正」

也。傳云「究，謀。度，居也」，「度居」二字亦肅所增。蓋傳本云「究，謀也」，故箋申之云：「度，亦謀也。」《爾雅·釋詁》：「度，謀也。」《釋言》：「宅，居也。」古文《尚書》「宅」字，兩漢人所引皆作「度」。然以宅爲度者，今文形聲之誤。而《毛詩》爲古文，凡「宅居」皆作「宅」，凡「度謀」皆作「度」，則未嘗溷也。如《鴻雁》「雖則劬勞，其究安宅」，箋云：「女今雖病勞，終有安居。」《文王有聲》「宅是鎬京」，箋云：「宅，居也。」《皇矣》「此維與宅」，傳：「宅，居也。」《崧高》「定申伯之宅」，箋云：「定其宅，令往居謝。」《閟宫》「遂荒徐宅」，傳：「宅，居也。」《玄鳥》「宅殷土芒芒」，箋云：「居亳之殷地。」如《皇皇者華》「周爰咨度」，傳：「咨禮義所宜爲度。」《巧言》「予忖度之」，箋云：「因己能忖度讒人之心。」《皇矣》「爰究爰度」，箋云：「度亦謀也。」「帝度其心」，傳：「心能制義曰度。」「度其鮮原」，箋云：「度，謀也。」《公劉》「度其隰原」，箋云：「度其隰與原之多少。」《抑》「不可度思」，箋云：「神之來至去止，不可度知。」《閟宫》「是斷是度」，正義曰：「於是量度之。」宅與度之不亂若此。且《皇矣》上云「爰究爰度」，下云「此維與宅」，《公劉》上云「度其夕陽」，下云「豳居允荒」，尤可見宅居、度謀之區別分明矣。此既作「爰究爰度」，則度字必當訓謀。如爲居義，則經必作「爰究爰宅」而後可。《左傳》文四年引《詩》「爰究爰度」，注云：「究、度，皆謀也。」誰謂毛公學識反出杜預下乎？肅引《家語》云：「四方諸侯固猶從之，謀度於非道。」不料作僞之人稍不檢點，猶蹈襲舊義，訓度爲謀，此固王肅之疏漏處，而亦見雅訓之難容誣也。案《正義》引王肅云「乃往從之謀，乃往從之居」，此「度居」二字爲王肅所增之明證。鏞堂謹案：《緜》「度之薨薨」，傳「度，居也」三字亦肅所增。毛傳「陾陾深也」，「言百姓之勸勉也」，二語相承。箋云：「度猶投也，築牆者捊聚壤土，盛之以虆，而投諸版中。」《釋文》云：「《韓詩》云：『度，填也。』」與箋義合。《釋文》：「薨薨，《爾雅》云：『衆也。』王云：『亟疾也。』」案《正義》釋毛云「受取而居於版中，居之亟疾，其聲薨薨然」，正用肅說爲毛義也。「耆惡也」三字疑亦肅所私加，今記於此，以待後賢定之。傳記未見有以耆爲惡者，惟《周頌·武》「耆定爾功」，《釋文》於耆下引《韓詩》云「惡也」，不詳所本。肅或據之，遂取以難鄭。故孫毓云：「桀亡國六百餘年，何求於將代殷而惡之乎？」《家語》云：「天所惡焉。」王肅云：「惡桀、紂之不德也。」孫毓既朋於王，《家語》又肅所撰，故同以耆爲惡，而不足取信也。上云「上帝耆之」，下云「增其式廓」，不嫌複乎？以耆爲老，經典之通義。養老其惡，此

《詩》之諦訓。舍老而言惡，是棄其本訓而拾其緒餘也。又「憎其用大位行大政」，此八字亦疑肅所私加，以證上文「其正不獲」之爲政，「四國爰究爰度」之爲四方之國從桀紂謀居。不知毛意「維此二國，其正不獲。維彼四國，爰究爰度」者，謂此夏殷之後，其君長不得乎帝心，彼四方有道之國，上帝於是謀究之，於是謀度之，期欲得賢君以爲民主。即篇首所云「監觀四方，求民之莫」也。下言「上帝耆之，憎其式廓。乃眷西顧，此維與宅」者，謂上帝養老之不遽棄二國，而二國不能改，上帝心憎其用惡浸大，遂眷顧西周而與之居也。蓋上帝無私，先究度於四方，晚而得之西土。序所云「天監代殷莫若周」也。「上帝耆之，憎其式廓」，應上「維此二國，其正不獲」。「乃眷西顧，此維與宅」，應上「維彼四國，爰究爰度」。鄭康成從《魯詩》以改毛義，故箋不與傳同。《正義》下引張融云：「《魯詩》之義，以阮、徂、共皆爲國名。」故知此箋以密、阮、徂、共爲四國，本之《魯詩》。王肅自云述毛，何所言更非毛意。桀、紂身爲天子，用大位，行大政，正天子之事，上帝豈以此憎之？故知此八字非毛傳本文也。廓之爲大，毛既有傳，式之爲用，亦屬常訓，又何煩此二語乎？「顧，顧西土也」，當作「西顧，顧西土也」。《正義》所載《家語》，今《家語》無之。據孔氏所言，知王肅既竄改《毛詩》，即私撰《家語》以合其所改，罪案見在，可覆審也。嗟乎！秦始皇焚書，賴漢初之儒而六經得如故。王肅注書，祇嫉鄭君之賢，而欲出其上，遂逞其庸妄之見，以顛倒六經，肅之罪甚於始皇。而晉唐以來儒者罕覺其謬，遂至轉相授受，多爲小人所欺。至余而灼見其弊，不得不大聲疾呼以救正之。惜余老矣，於《尚書》、《毛詩》、《禮記》三書，甫啟端以折其謬，而精力未能全逮。後之人以余所考正者類推及之，易易矣。區區開創之功，自負當步趨漢儒。後有明見卓識之士，當不以余言爲誣也。

尚書集解序

琳不揣固陋，手自撰輯，上探伏、孔、馬遷之奧，中採許、馬、鄭、王之詣，下逮唐、宋、元、明之説。莫不條分縷析，依經附注，擷其精英，棄其瑕疵，間下己意，亦不數見。蓋以前人之義已備，故一己之説不贅。惟文字異同之間，有係聖經匪淺，而自唐儒陸、孔以來多所依違，鮮能折衷。琳少學詁訓，頗解於斯，凡有可據，隨爲條證，欲少求益於前人所得之外，非忘其大者遠者，而議其小者近者也。據穎達《正義》之本，倣何晏《論語》之注，別以姓名，題爲《集解》。三易其稾，廿年而成，爲卷凡一百有二十，附以《序目》、《釋文》四卷。若夫删繁訂失，是深有望於後之君子焉。

附録

先生性孝友，事父如事君，晨昏定省無闕，侍膝下不敢輕發一語。有妹適汪氏，夫卒子幼，迎歸十餘年，撫甥如子。既長爲娶，分所得以居之。楊方達撰傳。

先生善相士。壻寧國府教授張綸，布衣士也，一見奇之，以伯女贅於家，而自課其學業。族人有輕綸者，一旦設宴中庭，飭行李，具白金五十兩，命之游學京師。勉之曰：「學不成名，勿歸也。」後綸中康熙庚子舉人，雍正庚戌進士。其所爲率類此。同上。

錢竹汀曰：「先生孳孳講論，必求其是而後已。潦倒諸生三十年，未嘗一日不讀經，有所得隨筆記之。先生不自表暴，儕輩非笑之，獨百詩先生歎賞，以爲學識出唐儒陸、孔之上。予校定先生之書，實事求是，别白精審，而未嘗馳騁其辭，輕詆先哲。斯真儒者之學，務實而不矜名者。予是以重其書，而益重其人也。」錢大昕《經義雜記序》。

阮雲臺曰：「玉林先生，拜經之高祖也。乾隆五十四年，餘姚盧學士文弨主常州書院，拜經往受經學，抱玉林先生所著《經義雜記》質於學士。學士驚異之，於校《經典釋文》中多引其説。」阮元撰《臧拜經别傳》。

孫淵如曰：「國初諸老講經學者甚少，玉林先生故當時不顯於世，其後薦舉經學，亦未被徵。然古今潛德闇修，不博時名者極多，不可以此疑其書。」臧庸《上阮文達書》附記。

清儒學案卷四十四終

清儒學案卷四十五

天津徐世昌

玉林學案下

玉林家學

臧先生庸

臧庸，本名鏞堂，字在東，一字西成，號拜經，一號用中，玉林玄孫。父繼宏，業賈。先生沈默敦重，天性孝友，遵父命，續其高祖將絶之學，修身著書，並見於世。與弟禮堂俱師事盧氏文弨。在蘇州從錢氏大昕、王氏昶、段氏玉裁講學術。阮文達督浙學，延至杭，助輯《經籍纂詁》。後復補訂《纂詁》，校勘《注疏》。其爲學根柢經傳，剖析精微，擬《經義雜記》爲《拜經日記》八卷，王氏念孫亟稱之。其叙《孟子年譜》，辨齊宣王、湣王之譌，陳氏壽祺歎爲絶識。又著《拜經文集》四卷，《月令雜説》二卷，《樂記二十三篇注》一卷，《孝經考異》一卷，《子夏易傳》一卷，《詩考異》四卷，《韓詩遺説》二卷、《訂譌》一卷，《盧植禮記解詁》一卷，《爾雅古注》三卷，《説文舊音考》三卷，《蔡邕月令章句》二卷，《王肅禮記注》一卷，《聖證論》一卷，《尸子》一卷，《賈唐國語注》一卷，《蕭該漢書音義》二卷，《校鄭康成易注》二卷。先生初因劉氏台拱獲識阮文達，其後館文達署中爲多，文達寫其書爲副本，以原本還其家。嘉慶十六年卒，年四十五。參史傳、阮元撰别傳。

拜經日記

《戴東原集・爾雅注疏箋補序》云：「《爾雅》六經之通釋也。援《爾雅》附經而經明，證《爾雅》以經而《爾雅》明。至若言近而異趣，往往讀應《爾雅》而莫之或知。如《周南》『不可休思』，《釋言》『庥，廕也』，即其義。《豳詩》『蠶月條桑』，《釋木》『桑柳醜條』，即其義。《小雅》『悠悠我里』，《釋故》『悝，憂也』，即其義。説《詩》者不取《爾雅》也。外此轉寫譌舛，漢人傳注足爲據證。如《釋言》『鬩，恨也』，郭氏云：『相怨恨。』毛公傳《小雅》『兄弟鬩于牆』：『鬩，很也。』鄭康成注《曲禮》『很毋求勝』：『很，鬩也』。二字轉注，義出《爾雅》。」鏞堂案：《漢廣》箋云：「木以高其枝葉之故，故人不得就而止息也。」《正義》曰：「木可就蔭。」《爾雅疏》引舍人注曰：「庥，依止也。」然則説《詩》者本與《爾雅》義同。《玉篇》手部云：「挑，他堯切，撥也。《詩》曰：『蠶月挑桑。』『枝落之采其葉』，本亦作條。」《初學記・歲時部》「條桑採艾」儷句，引《毛詩》及鄭玄曰：「條桑支，落其葉。」然則此「條」字義與挑相同，謂挑撥其桑之枝條高遠揚起者，而支解落之耳。如以《釋木》文解之，非辭矣。王引之案：《玉篇》引《詩》「枝落之」方是挑桑之解，「撥也」二字似非《詩》之辭，落枝采葉亦非撥也。《廣韻》挑字注亦云「挑，撥」，蓋挑字之常訓耳。《十月》「悠悠我里」，毛傳：「悠悠，憂也。里，病也。」鄭箋：「里，居也。」《雲漢》「云如何里」，鄭箋：「里，憂也。」是毛、鄭之旨各有攸當，非不取《爾雅》。且《釋詁》本有「痗，病也」，是毛氏正用《爾雅》。作「里」者，假借字耳。俗本毛傳誤同。鄭箋作居也，引之案：「悠悠我里」訓里爲憂，是也。毛傳「里，病也」雖取《爾雅》，然下文「亦孔之痗」，痗，病也，則上句不當復訓爲病。鄭箋改訓居，正爲此耳。戴氏據之，遂謂說《詩》者不取《爾雅·釋詁》「悝，憂也」，郭注引《詩》「悠悠我悝」，戴氏取之以難毛、鄭。惟言恨爲很字之譌，此說近是。案《春秋·左》昭二十四年正義曰：❶「《釋言》云：『鬩，很也。』孫炎云：『相很戾也。』李巡本作恨。」又《爾雅釋文》云：「恨也。孫炎作很。」然則孫叔然與鄭康成同，郭景純與李黃門同，作恨亦有所本。特當從鄭、孫本，與毛傳合。

《戴東原集·書小爾雅後》云：「《廣雅·釋器》：『鍾十曰斞，庾十曰秉，秉十曰筥。』斞、庾二文錯見，並當爲藪，而改區十曰藪，斯協於《聘禮·記》『十斗曰斛，十六斗曰藪，十藪曰秉』矣。」鏞堂案：《聘禮·記》「十六斗曰藪，十藪曰秉」，鄭注：「秉十六斛。」今文藪爲逾，然則逾亦十六斗也。《左氏》昭十六年傳「粟五千庾」，杜注：「庾，十六斗。」《論語》「與之庾」，何晏集解：「庾，十六斗。」蓋庾、逾聲近假借字。《廣雅》之「庾十曰秉」，即《聘禮·記》之「十藪曰秉」，張揖與包咸、何晏皆據今文《儀禮》十七篇，故不作藪字，不必定據古文改之。

少詹錢曉徵云：「許叔重自言其偁《易》孟氏，《書》孔氏，《詩》毛氏，《禮周官》，《春秋》左氏，《論語》、《孝經》皆古文也。試較之今本多殊。《易》孟氏、《書》孔氏不傳，而《毛詩》故無恙，乃亦與許所引不同。蓋經典凡自名家，其本皆不能無異。今所傳《毛詩》出於鄭箋，許在鄭前，其所據本不與鄭同，故所

❶「昭二十四年」，按此引《春秋左傳正義》僖二十四年之文，「昭」當爲「僖」之誤。

引亦異。且有同一許引，而彼此各殊者。猶《周官》一經，有故書，有鄭大夫本，有鄭司農本，有杜子春本，康成之前已四本不同。《周官》既如此，則孟氏《易》、孔氏《書》、毛氏《詩》舉可知矣。段氏玉裁。《尚書撰異》以毛部毴下引《虞書》『鳥獸毴髦』爲古文，㲋部[illegible]下引《虞書》『鳥獸[illegible]毛』爲今文，亦無所據。蓋許氏凡偁《易》曰、《書》曰、《詩》曰者，皆孟氏、孔氏、毛氏也。不偁《易》曰、《書》曰、《詩》曰，而直載《易》、《詩》、《書》之文者，《易》則施氏、梁丘，《書》則歐陽、夏侯，《詩》則齊、魯、韓也。如土部云：『堣夷在冀州暘谷，立春之日值之而出。从土禺聲。《尚書》曰：宅堣夷。』此孔氏也。山部云：『崵，崵山，在遼西，从山昜聲。一曰嵎銕崵谷也。』此歐陽、夏侯也。江氏聲。《尚書集注音疏》往往以今本爲僞孔所改，段氏則以今《書》皆出西漢孔安國所讀之本，恐未免過不及之失。」

少詹又云：「段氏《尚書》以《史記》、《漢書》所用皆爲今文。然班孟堅言太史公從安國問故，《史記》載《堯典》、《禹貢》、《洪範》、《金縢》等篇多古文説。古人從無欺人，既云多古文説，則不全爲今文矣。古文雖不列學官，並未有禁人學習之詔，好古者往往傳之。即以《春秋》而論，左氏爲古文，公、穀爲今文。左氏初未立學，與古文《尚書》正同。然考兩漢人所引三傳，左氏爲多。《春秋》既如此，《尚書》可知矣。安得以不列學官，遂疑絶無引用者乎？」

《古論》：「雖蔬食菜羹瓜，句。祭必齊如也。」《魯論》：「雖蔬食菜羹，句。必祭，句。必齊如也。」《公羊》襄二十九年傳「飲食必祝」注：「祝，因祭祝也。《論語》曰『雖蔬食菜羹瓜祭』是也。」案何劭公止通今學，不當引《古論》。即兼通古學，義當全引，必不從瓜祭而止。此蓋用《魯論》「必祭」之文，以證傳中「必祝」。疏家不能詳其所出，後人誤據今本《論語》改之。

《尚書·堯典》「百姓不親，五品不遜」，《五帝本紀》：「百姓不親，五品不馴。」《殷本紀》作「百姓不親，五品不訓」。《周禮·地官·司徒》注：「教所以親百姓，訓五品，有虞氏五而周十有二焉。」案《五帝本紀》載《尚書》「克明俊德」作「能明馴德」，徐廣曰：「馴，古訓字。」《索隱》曰：「訓，順也。」然則《周禮注》「訓五品」，即《史記》「五品不馴」，蓋古文《尚書》作「契百姓不親，五品不遜」，今文《尚書》作「契百姓不親，五品不馴」，兩句八字之中但一字異耳，其餘古今文並同，可據《史記》、《周禮注》知之。「克明俊德」作「能明馴德」，克、能爲詁訓，而俊、馴爲古今之異。古文《尚書》作「克明俊德」，今文《尚書》作「克明馴德」，一句四字，亦止一字之異。蓋俊、遜與訓皆聲相近。《地官·司徒》「土馴」，鄭司農讀馴爲訓。《易·坤》「馴致其道」，《釋文》：「馴，徐音訓。」此依鄭義，與《史記》正合。余謂今文《尚書》亦用古字，於斯可見。《周官》壁中書，古文也。

《爾雅·釋詁》：「台、朕、賚、畀、卜、陽，予也。」注：「賚、畀、卜，皆賜與也。與猶予也，因通其名耳。《魯詩》云：『陽如之何。』今巴濮之人自呼阿陽。」《釋文》：「陽，音賜，又如字，本或作賜。」據影宋本。宋毛居正、近姜上均皆疑陽字當作賜。學士盧召弓《釋文考證》云：「疑注本作『賚、卜、畀、賜，與也』，故下承明云『與猶予也』。以陽爲賜，正與音合，此古人改字法。」袁又愷云：「據郭注引

《魯詩》『陽如之何』，又時驗巴濮之人自呼阿陽，是經文斷作陽，而不作賜。郭注『賚、畀、卜，皆賜與也』，此專注賚、畀、卜三字。台、朕解已見上，故郭氏但釋陽義。『與猶予也』當作『予猶與也』，經作予我之予，而有賜與義，故郭舉經以通之，云此予字猶與字也，因通其名爲賜與之與，所以申上賚、畀、卜之皆爲賜與也。若經作賜，郭何云『因通其名』？且《魯詩》云云以下皆爲贅矣。《釋文》云『音賜，本或作賜』，則陸氏所見本已誤作賜，陸不能辨正，故反從誤本爲音。邢疏云：『予即與也，皆謂賜與。台者，遺與也，讀與貽同。朕者，我與之也。』是未識『皆賜與也』句專爲賚、畀、卜之注，而誤解予字皆作與也。鄭漁仲注欲分台、朕、陽與賚、畀、卜爲二，是不審郭氏『予猶與也，因通其名』二語也。而《釋文考證》之混陽、賜爲一，歧作兩解，亦可顯見其非矣。」

《詩序》：「葛覃，后妃之本也。后妃在父母家，則志在於女功之事，躬儉節用，服澣濯之衣。尊敬師傅，則可以歸安父母，化天下以婦道也。」金壇段若膺云：「經『歸寧父母』，謂文王之父母也。序言后妃在父母家爲女子子，若此則可以成婦禮於舅姑，而化天下以婦道。故曰《葛覃》后妃之本也。『言告言歸』傳：『婦人謂嫁曰歸。』此『歸寧父母』之歸，即『言告言歸』之歸也。父母在則有時而歸寧耳。此九字蓋後人所加。」袁又愷云：「序『歸安父母』，經『歸寧父母』，當從段作『謂嫁曰歸』解，而仍作后妃之父母。序曰『后妃在父母家』，又曰『則可以歸安父母』，文同則義無不同。果有異義，鄭當箋出。今鄭云『可以歸安父母，言嫁而得意，猶不忘孝』，是鄭氏之以歸爲嫁，以父母爲后妃之父母，考之序而可見。又案《召南・草蟲》『未見君子，憂心忡忡』，箋云：『未見君子者，謂在塗時也。在塗而憂，憂不當君子，無以寧父母，故心衝衝然。』『亦既見止，亦既覯止，我心則降』，箋云：『始者憂於不當，今君子待己以禮，庶自此可以寧父母，故心下也。』此箋一曰『寧父母』，再曰『寧父母』，即曰《葛覃》歸寧父母之經，本章箋云：『言常自絜清以事君子，謂嫁而見當於君子，則可以安父母之心矣。』是鄭氏之以歸爲嫁，以父母爲后妃之父母，考之經而又可見。序言后妃在父母家，躬儉節用，習於婦德、婦言、婦容、婦功，則出嫁而當於君子，無貽父母之羞，盡女子子之道，以供婦職，極其至而母儀天下，故曰『可以歸安父母，化天下以婦道也』。此《葛覃》所以爲后妃之本。『害澣害否，歸寧父母』，正女子在家時豫自審其輕重之宜，以爲他日見當於君子之具，庶于歸之後，可以安我父母之心也，豈非后妃之本乎？」

段若膺云：「今儒好用古字，凡講小學，必宗《說文》，然當究其意旨，不可拘其形體。凡一代有一代之字，何必盡泥《說文》？如《周官》爲古文，康成於經則仍古字，於注則易今體，正以今證古。在古爲某，在今作某，故經用古，於注易以今。於經用古『灋』，注易以今『法』。可見康成之不似今人，徒好寫古字也。」鏞堂案：俗本《周禮》每以經改注，以注改經，寖失其舊。嘗見錢孫保所藏宋板，共十二卷，每官分上、下，猶存舊式。其以今證古者，於灋字外，如經作攷，注作考。經作眂，注作視。經作示，注作祇。經作嬍，注作美。經作鱻，注作鮮。經作囏，注作艱。經作政，注作征。經作貍，注作埋。經作齍，注作粢。經作鬻，注作煮。經作果，注作祼。

經作𢶃，注作拜。經作歙，注作吹。經作虡，注作鐻。經作籩，注作原。經作鄉，注作兆。經作蓄，注作夢。經作參，注作三。皆是以今證古也。愷云明翻岳板，凡經古文，注皆作今字，與錢本同。然《腊人》注亦衍文二十八，惟嘉靖本不衍。嘉靖本三禮並有，《周禮》爲最精，《儀禮》與北宋本無異，《禮記》稍遜爾。《籥章·釋文》：「豳，彼貧反。注邠同。」漢人書豳皆作邠，趙岐《公孫丑》章句上云：「《詩·邠風·七月》之篇。」《滕文公》章句上云：「《詩·邠風·鴟鴞》之篇。」故鄭亦以今證古。各本注中俱改同經作豳，幸《釋文》猶存其舊。又宋板《周禮》凡廢興字作廢，癈疾字從疒作癈，凡樹蓺字作蓺，六蓺字从云作藝，俗本往往混之。舉此可見古人用字之精而有别。

《公羊》宣十二年注：「《禮》天子造舟，諸侯維舟，卿大夫方舟，士特舟。」疏云：「《釋水》文也。」案何劭公引《爾雅·釋水》而偁《禮》者，魏張揖《上廣雅表》言：「《爾雅》秦叔孫通撰，置《禮記》。」此蓋漢初之事。《大戴禮記》中當有《爾雅》數篇，爲叔孫氏所取入，故班孟堅《白虎通》引《爾雅·釋親》文，偁爲《禮親屬記》。《三綱六紀》篇：「《禮親屬記》曰：男子先生稱兄，後生稱弟。女子先生爲姊，後生爲妹。」《孟子》：「帝館甥于貳室。」趙云：「《禮記》妻父曰外舅，謂我舅者，吾謂之甥。」應仲援《風俗通·聲音》篇引《釋樂》「大者謂之産，其中謂之仲，小者謂之箹」爲《禮·樂記》。則《禮記》中之有《爾雅》，信矣。或疑《漢·藝文志》禮家不及叔孫通，張氏之言恐未得實，蓋未考之班氏諸書也。

《白虎通·四時》篇云：「《爾雅》曰：『春曰昊天，夏曰蒼天，秋曰旻天，冬曰上天。』」一説春爲蒼天等是也。」《詩·黍離》正義云：「《異義》天號，今《尚書》歐陽説，春曰昊天，夏曰蒼天，《爾雅》亦云。玄之聞也，《爾雅》者，孔子門人所作，以釋六藝之言，蓋不誤也。春氣博施，故以廣大言之。夏氣高明，故以遠大言之。」《書·堯典》正義云：「鄭玄讀《爾雅》云：春爲昊天，夏爲蒼天。」案《白虎通》俗本「《爾雅》曰」三字在「冬曰上天」之下，首二句亦作春蒼、夏昊。此淺人熟於郭本《爾雅》，而妄爲移改也，今訂正。班孟堅所見本是春昊、夏蒼，故首引爲據。頤煊案：《説文》黍以大暑而種，故謂之黍。《詩·黍離》因黍苗之盛而呼蒼天，亦可爲夏爲蒼天之證。其後一説與《爾雅》不同，於正文外聊備一義而已，故略之。《異義》謂《爾雅》亦云，是許叔重所見本與班氏同。康成以出於孔門，蓋不誤，因爲之釋。《説文解字》云：「春爲昦天，元氣昦昦。」與鄭義正合。昊昊者，廣大之貌也。《廣雅·釋天》云：「東方昦天。」亦本雅訓。《楚辭章句》王逸《九思》云：「惟昊天兮照靈，陽氣發兮清明。風習習兮龢煖，百草萌兮華榮。」郭本作春蒼、夏昊，即《白虎通》所載後一説是也，然與班孟堅所引《爾雅》、歐陽氏今文《尚書》、許叔重《五經異義》及《説文解字》、鄭康成《異義駁》、張揖《廣雅》等俱不合，其義非也。考《詩正義》引李巡注云：「春萬物始生，其色蒼蒼，故曰蒼天。夏萬物盛壯，其氣昊大，故曰昊天。」正義又云：「鄭讀《爾雅》與孫、郭本異。」則漢儒李侍中、孫叔然本皆作春蒼、夏昊矣，無怪乎晉之郭景純也。

宋洪氏邁《容齋續筆》載周蜀九經三史等題銜款式及分書人姓氏，頗詳委，兹録之，可略見古書真面目也。「予家有舊監本《周禮》，其末云：大周廣順三年癸丑五月，雕造九經書畢。前鄉貢三禮郭嵠書。❶列宰相李穀、范質，判監田敏等銜於後。《經典釋文》末云：顯德六年己未三月，太廟室長朱延熙書。宰相范質、王溥如前，而田敏以工部尚書爲詳勘官。此書字畫端嚴，有楷法，更無舛誤。《舊五代史》漢隱帝時國子監奏《周禮》、《儀禮》、《公羊》、《穀梁》四經未有印板，欲集學官考校雕造，從之。成都石本諸經，《毛詩》、《儀禮》、《禮記》皆祕書省祕書郎張紹文書，《周禮》者祕書省校書郎孫朋古書，《周易》者國子監博士孫逢吉書，《尚書》者校書郎周德政書，《爾雅》者簡州平泉令德昭書。題云廣政十四年，蓋孟昶時所鐫，其字體亦皆精謹。唯三傳至皇祐元年方畢工，殊不逮前。紹興中分命兩淮、江東轉運司刻三史板，其兩《漢書》内凡欽宗諱並小書四字曰『淵聖御名』，或經易爲『威』字，而他廟諱皆只闕畫。蜀三傳後列知益州、樞密直學士、右諫議大夫田況銜，大書爲三行，而轉運使、直史館曹穎叔，提點刑獄、屯田員外郎孫長卿，各細字一行，又差低於況。今雖執政作牧監司，亦與之鴈行也。」

陸德明《經典釋文》所據音義，南學爲多。閒載北方學者之説，則稱北以别之。如《天官·醢人》茆下云：「音卯，北人音柳。」箈下云：「音迨，當徒來反，沈云北人音禿改反。」《宗伯·瞽矇》怵懼下云：「勑律反，北本作休。」《考工·玉人》鹿車縪下云：「劉府結反，沈音畢，云劉音非也。案北俗今猶有此語，音如劉音，蓋古語乎？劉音未失。」鏞堂案：《説文》柳丣聲，而丣從卯，是卯、柳同聲。北人音卯爲柳，此古音也。鄭仲師引

❶「郭」，原作「部」，今據《容齋續筆》卷一四改。

《國語》怵懼字，案《楚語》叔時曰：「教之《春秋》而爲之聳善而抑惡焉，以勸戒其心。教之世而爲之昭明德而廢幽昏焉，以休懼其動。」韋弘嗣注：「休，嘉也。動，行也。」蓋聳善所以勸之，抑惡所以戒之，昭明德所以休嘉之，廢幽昏所以恐懼之。鄭、韋所據《國語》正同。陸德明、賈公彦作怵，直形近之譌，惜未知足從北本也。陸引北俗語以證劉音之未失，劉昌宗其本北音乎？陸於北學蓋未深究，故引俗語證之。猶箈下載北音禿改反，必述沈重之言也。

《漢書・藝文志》：「《明堂陰陽》三十三篇，古明堂之遺事。」又「《明堂陰陽説》五篇」。《隋書・牛弘傳》引《明堂陰陽録》，《太平御覽》引《明堂陰陽説》。初未解陰陽二字所本，布衣鈕匪石樹玉。云：「《漢書・魏相傳》稱『相明《易》經，有師法。又數表采《易陰陽》及《明堂月令》奏之』。下云『春興兑治則饑，秋興震治則華』，是《月令》本諸《易》義，故云《明堂陰陽》。蔡伯喈論曰：『《月令》所以順陰陽，奉四時，効氣物，行王政也。』」

《論語・泰伯》「三分天下有其二」，《釋文》作「參分」，云：「七南反，本又作三。」案：梁皇侃《義疏》本作「參分」，疏云：「參，三也。」又《文選》班孟堅《典引》李善注引《論語》曰：「參分天下有其二，以服事殷。」可見唐以前六朝舊本皆作「參分」，且古經傳參、三字多作參。自宋初邢昺撰疏，定作「三」字後，朱子《集注》從之，原本不可復矣。《後漢書・伏湛傳》云：「所以重人命，俟時而動，故參分天下而有其二。」

《太平御覽》五百七十八載蔡邕《琴操》，其言《詩》顯與毛異，蓋本魯申公遺説。《文選》注載《騶虞》、《鹿鳴》二事，王伯厚《詩考》於《鹿鳴》篇録《文選注》，然僅存數語，遠遜《御覽》之完善，今記此以爲誦讀之助：「《騶虞》者，邵國之女所作也。古者聖王在上，君子在位，役不踰時，不失嘉會，内無怨女，外無曠夫。及周道衰微，禮儀廢弛，强凌弱，衆暴寡，萬民騷動，百姓愁苦，男怨於外，女傷於内，内外無主。内迫情性，外迫禮儀，歎傷所處而不逢時，於是援琴而歌。《伐檀》者，魏國之女所作也。傷賢者隱蔽，素餐在位，閔傷怨曠，失其嘉會。夫聖主之制，能治人者食於人，不能治人者食於田。今賢者引退伐木，小人在位食禄，懸珍奇，積百穀，并包有土，德澤不加，百姓傷痛，上之不知王道之不施，仰天長歎，援琴而鼓之。《鹿鳴》者，周大臣之所作也。王道衰，君志傾，留心聲色，内顧妃后，設旨酒嘉肴，不能厚養賢者，盡禮極歡，形見於色。大臣昭然獨見，必知賢士幽隱，小人在位，周道淩遲，自以是始，故彈琴以風諫，歌以感之，庶幾可復。歌曰：『呦呦鹿鳴，食野之苹。我有嘉賓，鼓瑟吹笙。吹笙鼓簧，承筐是將。人之好我，示我周行。』此言禽獸得甘美之食，尚知相呼。傷時在位之人不能，乃援琴以刺之，故曰鹿鳴也。《白駒》者，失朋友之所作也。其友賢居任也。疑。衰亂之世，君無道，不可匡輔，依違成風，諫不見受。國士詠而思之，援琴而長歌。」

《尚書·虞書》正義曰：「鄭所注皆同賈逵、馬融之學，題曰『古文尚書』，篇與夏侯等同，而經字多異。夏侯等《書》『宅嵎夷』爲『宅嵎鐵』，『昧谷』曰『柳谷』，『心腹腎腸』曰『憂腎陽』，『劓刵劅剠』云『臏宮劓割頭庶剠』，是鄭注不同也。」言鄭注不同於夏侯等《書》。

案夏侯經二十九卷，古文增多十六卷，其二十九卷與夏侯同。鄭注古文但注二十九卷，未注增多之卷，故云篇與夏侯等同。經字多異者，鄭爲古文，自不同於夏侯等今文，故下歷陳夏侯等《書》之異，以見鄭注古文不與之同，所以明鄭爲賈、馬之學也。《正義》證今文之異，而先提明「夏侯等《書》」四字，於文法本自顯然。乃閻百詩《尚書疏證》誤讀《正義》，謂夏侯等《書》「宅嵎夷」，鄭爲「宅嵎鐵」，下「昧谷」等並放此。倒置古今，誣妄穿鑿。近之言《尚書》並襲其謬，惟金壇段氏《尚書撰異》與余印合。茲條爲之析，以證明二家同異云。

《釋文》：「嵎夷，《尚書考靈曜》及《史記》作禺銕。」《史記索隱·夏本紀》云：「今文《尚書》及《帝命驗》並作禺鐵。」《説文·土部》云：「堣，堣夷，在冀州暘谷，立春之日值之而出。从土，禺聲。《尚書》曰：宅堣夷。」《山部》云：「崵，崵山，在遼西。从山，昜聲。一曰嵎銕，崵谷也。」又：「嵎，封嵎之山，在吴楚之閒，汪芒之國。从山，禺聲。」案錢曉徵説許叔重偁《書》曰者，孔氏古文；不偁《書》曰而直載《書》詞者，歐陽、夏侯。是古文《尚書》作「宅嵎夷」，今文《尚書》作「宅嵎銕」。古文堣从土，爲本字；今文嵎从山，假作封嵎山字，或省作禺。《尚書考靈曜》及《帝命驗》皆今文説，《史記》所載亦多今文，故俱作禺。《五帝本紀》作郁，此又是今文之異。蓋既有歐陽、大、小夏侯三家，故三家之中互有不同。陸德明云《史記》作「禺銕」，此當指《夏本紀》言之。今《夏本紀》作「嵎夷」，俗人以《尚書》改耳。毛本《注疏》鐵字，宋板《正義》作峓。據《説文》、《釋文》二書，峓必銕字之譌。鄭注《禮記·月令》引今《尚書》

曰「分命羲仲宅嵎夷也」，夷字亦當爲銕。《史記索隱》作鐵，與毛本正合。《説文・金部》銕爲古文鐵，是銕、鐵同字也。《尚書》之有古文、今文，猶云舊本、新本耳，非論字之古今。故鄭經當有今字，夏侯等《書》亦有古文。如銕爲古文鐵，此即今文中之古字也。然則夏侯等之爲「宅嵎鐵」可無疑矣。又據《説文》，古文《尚書》作暘谷，今文《尚書》作崵谷，而《史記》作湯谷者，又見《淮南子》及《説文》。此亦歐陽、大、小夏侯之異也。

《三國志・虞翻傳》裴松之注載翻奏鄭解《尚書》違失事，因云：「古大篆丣字讀當爲桺，古桺、丣同字，而以爲昧，甚違不知蓋闕之義，誤莫大焉。」《尚書大傳》「秋祀桺穀華山」，鄭注云：「桺，聚也。」《周禮・縫人》注，康成引《書》「度西曰桺穀」，賈疏云：「伏生《書》桺。」又《史記・五帝本紀》「申命和仲居西土，曰昧谷」，裴駰《集解》引徐廣曰：「一作桺谷。」案虞仲翔之奏，知虞氏所見古文《尚書》本作丣谷，虞意丣、桺同字，且今文《尚書》正作桺，謂丣當讀爲桺。鄭讀爲昧，故以爲誤。考《説文》云：「丣，冒也。莫飽切。酉，就也。與久切。丣，古文酉，从丣。丣爲春門，萬物已出。丣爲秋門，萬物已入。一，閉門象也。」是古文《尚書》作丣者，取秋時閉門之象，萬物已入之意，義本精實。鄭氏讀爲昧者，《説文・日部》云：「昧，闇也。」《門部》云：「闇，閉門也。」則昧與丣義同，丣从丣，與昧聲又相近。若古文丣，世所不習，學者多聞昧，寡聞丣，因轉爲昧，以便人易曉。雖改其讀，而不易其義也。至今文桺字，論其本訓，丣、桺原同。鄭注《書傳》訓桺爲聚，亦與萬物已入義相近。然《説文》以爲小楊，故加木旁別之，核之古文，特同聲假借字耳，鄭所以不從。乃虞氏反欲讀弫爲栭，是不能通知古義，而徒以今文讀之也。己誤實甚，而妄議鄭爲誤，此真違不知蓋闕之義矣。然因是而知古文經本作弫，鄭以爲昧，當具於注云「弫讀爲昧」，而不易經字。今竟作昧，必僞孔從鄭義所改。如「黎民阻饑」本作「俎飢」，鄭注云：「俎，讀曰阻。」據宋板《詩疏》。而孔本竟改作阻，訓爲難，可取以證也。《尚書大傳》伏生今文也，而作「栭穀」，故鄭注《周禮》引「栭穀」，賈疏以爲伏生《書》，太史公亦從今文作栭。後人以僞孔改之，幸徐氏所見舊本尚作栭，然已不能從之矣。而鄭爲昧谷，夏侯等爲柳谷，尚何疑哉！

《三國志·管寧傳》「優賢揚歷，垂聲千載」，裴松之注云：「今文《尚書》曰『優賢揚歷』，謂揚其所歷試。」《文選》左太沖《魏都賦》「優賢著於揚歷」，劉淵林注云：「《尚書·盤庚》曰：『優賢揚歷。』歷，試也。」宋洪适《隸釋》五載《漢成陽令唐扶頌》云：「優賢颺歷。」案孔疏「憂腎陽」者，字之譌也，當爲「優賢揚歷」。古文《尚書》「今予其敷心腹腎腸，歷告爾百姓于朕志」，今文《尚書》作「今予其敷優賢揚歷，句。告爾百姓於朕志」。合「心腹」爲「憂」字，以「腎腸」爲「賢揚」，又「歷」字上屬。蓋謂今余布優賢之典，歷試衆職，告爾百官以我志也。義亦可通，然文恐因形聲相近而誤，當以賈、馬之學爲正。漢世今文甚盛，古學希少，故《唐扶頌》、左思賦、《管寧傳》皆本今文爲説。僞孔傳此云「布心腹，言輸成於百官以告志」，核之於經允協，安知非本諸鄭義？裴松之所云與今文與孔氏言夏侯等《書》正相印合，是可證鄭注古文之作「心腹腎腸」矣。

《詩·柏舟》「憂心悄悄，慍于羣小」，毛

傳：「愠，怨也。」《釋文》及《注疏》本皆作「怒也」，非是，幸孔氏《正義》尚作「怨」字。李善注《文選》張平子《思玄賦》，引《柏舟》詩注曰：「愠，怨也。」《論語》「人不知而不愠」，《釋文》引鄭云：「怨也。」江寧教授錢學源云：「愠、怨聲蓋俱合，何晏訓作怒者非。」又《説文·心部》本作「愠，怨也」，見《詩·緜》正義及《一切經音義》所引，與《毛詩傳》正合，而徐鼎臣本亦改爲「怒」字。古義湮没，此類不少。趙邠卿《盡心章句》下：「愠于羣小，怨小人聚而非議賢者也。」亦訓愠爲怨。

《禮記·哀公問》「公曰：寡人固固焉，句。得聞此言也」，鄭注：「固固，言吾由鄙固故也。」《正義》曰：「固固者，上固是鄙固，下固故也。言寡人由鄙固之故，所以得聞此言。由其固陋，上固。殷重問之，故得聞此言。下固。皇氏用王肅之義，二固皆爲固陋，上固言己之固陋，下固言若不鄙固則不問，不問焉得聞此言哉！」案：固與故通。先師侍讀學士盧召弓云：「《周語》『咨於故實』，《魯世家》作『固實』。李善注《文選·兩都賦序》引《漢書》孔安國『射策爲掌固』，六臣注改爲『掌故』。《唐六典》尚書省有掌固十四人，下即引《史記》『文學掌固』爲注，云：『掌固，主故事也。』」故鄭注以上固爲鄙固，下固爲故，文義極爲明顯。王肅好與鄭異，兩固字皆作固陋解，遂以下固爲不固，焉讀於虔反，改句下屬。皇侃疏鄭好用肅説，遂誤從之。《祭義》「濟濟者客也」，皇侃亦從王肅作客。此孔序所譏爲「既遵鄭氏，時乖鄭學，是木落不歸其本，狐死不首其丘」也。肅於《禮記》既改鄭注，復僞撰《家語》以證之。見《大婚解》曰「寡人實固，不固焉得聞此言乎」，遂覺「不固」之訓，「焉得」之讀，肅言一一與聖人曶合，益可證鄭注之非。陸德明《釋文》喜用皇侃説，故《祭義》篇大書「濟濟者客也」，云：「口白反，賓客也。下客以遠同。」於此篇大書「焉得」，云：「於虔反。」而孔疏皆不從皇説，勝於陸氏遠矣。故《家語》雖有「不固」，而《禮記》仍作「固固」。乃今本惑於皇侃之疏，亂於《家語》之文，作「寡人固不固」，鄭注亦衍不字，幾不可讀。幸孔疏詳明，今爲删正之，讀者當爽然矣。《禮記·曲禮》下：「故輟朝而顧，君子謂之固。」注：「固，謂不達於禮也。」《正義》曰：「固，陋也。君子謂此爲固陋，不達禮意也。魯哀公荅孔子云『寡人固固』是也。」今本亦衍不字，可彼此互證。

《説文·臣部》云：「臧，善也。从臣，戕聲。」《艸部》無「藏」字，新附云：「藏，匿也。臣鉉等案：《漢書》通用臧字，从艸後人所加。」案《爾雅·釋詁》：「臧，善也。」魯公子彄字子臧，臧即古藏字，彄亦藏也。《内則》「右佩管」，鄭注云：「管，筆彄也。」言所以藏筆也。凡物之善者多珍藏之，藏之則善，故《爾雅》、《説文》皆以臧爲善。《詩·雄雉》「何用不臧」，《定之方中》「終焉允臧」，毛傳皆云：「臧，善也。」《隰桑》「中心臧之」，《禮記·表記》、《孝經·事君章》皆作「中心藏之」。蓋《毛詩》爲古文，故作臧。《禮記》、《孝經》皆今文，故作藏。毛公無「臧，善」之傳，是毛讀爲藏也。陸德明謂王肅音才郎反，甚是。箋云：「臧，善也。我心善此君子。」文義稍不順。《表記》：「子曰：事君欲諫不欲陳。《詩》云：『心乎愛矣，瑕不謂矣。中心藏之，何日忘之。』」注云：「陳，謂言其過於外也。瑕之言胡也，謂猶告也。」《正義》引皇侃云：「人臣中心包藏君惡，不欲嚮人陳之。」《釋文》云：「藏，如字。鄭解《詩》作臧，云善也。」據皇、陸兩家，知《禮記》舊本作藏，鄭讀如字，故無「臧，善」之訓。乃王肅反改作臧，云「善也」。孔沖遠誤從之，言「中心臧之」，《詩》之本文如此，今記人所引與《詩》文同，以爲鄭亦然，而非皇氏。則邪説惑人，是非顛倒矣。蓋王肅好與鄭異，故《隰桑》鄭作「藏」，肅必作「臧」。《表記》鄭作「藏」，肅必作「臧」。《詩》注之與古文合，因異鄭而偶中耳，意不在申毛也。若鄭氏，則爲臧爲藏，各如其書之本文，未嘗以己意參之。《隰桑》經及《禮記正義》皆作臧，今本俱作藏，此又誤中之誤也。

《釋文·叙録》：「《子夏易傳》三卷。卜商，字子夏，衛人，孔子弟子，魏文侯師。《七略》云：『漢興，韓嬰傳。』《中經簿録》云：『丁寛所作。』張璠云：『或馯臂子弓所作，薛虞記。』虞不詳何許人。」《文苑英華》載唐司馬貞議云：「王儉《七志》引劉向《七略》云：《易傳》，子夏，韓氏嬰也。今題不稱韓氏而載薛虞記。又今祕閣有《子夏傳》，薛虞記。」又劉子玄議云：「《漢書·藝文志》《易》有十二家，而無子夏作傳者。至梁阮氏《七録》始有《子夏易》六卷，或云韓嬰作，或云丁寛作。然據《漢書·藝文志》韓《易》有十按《漢·志》韓氏二篇，脱十字，當補。二篇，丁《易》有八篇，求其符會，則事殊隳刺者矣。」《隋書·經籍志》：「《周易》二卷，魏文侯師卜子夏傳，殘缺。梁六卷。」鏞堂案：考挍是非，大較以最初者爲主，雖千百世之下可定也。《七略》劉子駿作，班孟堅據之以撰《藝文志》。《七略》既云是漢興子夏韓氏嬰傳，便可知非孔子弟子卜子夏矣。《漢書·儒林傳》云：「韓嬰，燕人也，孝文時爲博士，景帝時至常山太傅。嬰推詩人之意，而作《内外傳》數萬言。亦以《易》授人，推《易》意而爲之傳。燕趙間好

《詩》，故其《易》微，唯韓氏自傳之。孝、宣時涿郡韓生，其後也，以《易》徵，待詔殿中，曰：『所受《易》，即先太傅所傳也。』嘗受《韓詩》，不如韓氏《易》深，故專傳之。司隸校尉蓋寬饒本受《易》於孟喜，見涿韓生說《易》而好之，即更從受焉。」此尤爲韓嬰作《易傳》之明證。嬰爲幼孩，故名嬰，字子夏。夏，大也。《漢・志》《易傳》韓氏二篇，名嬰，與劉《略》合。但孟堅於《志》、《傳》皆祇書其名，而不載其字，所以滋後人之疑。王儉、陸德明所引《七略》，可補班書所未備。其卷數多寡，第因分并殘缺之由，不足憑。故《漢・志》二卷，梁分六卷，至《釋文》三卷，隋、唐《志》二卷，又漸爲殘亡之徵也。《中經簿録》係晉荀勖所爲，不知何以始誤爲丁寬。案《漢・志》寬字子襄，非子夏。宋王儉《七志》、梁阮孝緒《七録》俱載異人之說，而不能定，至隋、唐《志》更專屬之卜子夏，益爲誣矣。

郭景純注《爾雅》，承用漢人舊義，如犍爲舍人、李巡、樊光等。徵引《詩經》，三家爲多，其文往往與毛氏不同，而義亦有異。今考其文之顯異者，列《爾雅》於上，以毛、鄭證之，其義之同異亦附著焉。若郭注但云見《詩》，而經句無明文者不録。《釋詁》「權輿，始也」，注引《詩》曰：「胡不承權輿。」而《毛詩・權輿》曰：「于嗟乎，句。不承權輿。」「權輿，始也。」「蝦，大也」，注引「湯孫奏蝦」。而《那》曰：「湯孫奏假。」「假，大也。」箋云：「假，升也。」「憮，有也」，注引「遂憮大東」，而《閟宮》曰：「遂荒大東。」「荒，有也。」箋云：「荒，奄也。」「摧，至也」，注引「先祖於摧」，❶

❶「注引」，原倒，今據《拜經日記》卷一二乙正。

而《雲漢》曰：「先祖于摧。」「摧，至也。」箋云：「摧，當作嗺。嗺，嗟也。」「介，善也」，注引「介人維藩」，案維當作惟，《漢書・王莽傳》同，而《板》曰：「价人維藩。」「介，善也。」箋云：「价，甲也。」《荀子・君道》篇、《彊國》篇同。「仇，匹也」，注引「君子好仇」，《禮記・緇衣》、《漢書・匡衡傳》同，匡衡學《齊詩》。而《關雎》曰：「君子好逑。」「逑，匹也。」《釋文》：「逑，音求。」《正義》曰：「《詩》本作逑。《爾雅》多作仇。」「陽，予也」，注引《魯詩》云「陽如之何」，而《澤陂》曰：❶「傷如之何。」「傷，無禮也。」箋云：「傷，思也。」「悝，憂也」，注引「悠悠我悝」，而《十月之交》曰：「悠悠我里。」「里，病也。」箋云：「里，居也。」「盱，憂也」，注引「云何盱矣」，而《卷耳》曰：「云何吁矣。」「吁，憂也。」《都人士》作「云何盱矣」，與郭同。箋云：「盱，病也。」與郭異。「癉，勞也」，注引「哀我癉人」，而《大東》曰：「哀我憚人。」「憚，勞也。」「祓，福也」，注引「祓禄康矣」，而《卷阿》曰：「茀禄爾康矣。」「茀，小也。」箋云：「茀，福也。」「射，猒也」，注引「服之無射」，《禮記・緇衣》、《楚辭・招魂》注同，而《葛覃》曰：「服之無斁。」「斁，厭也。」「稅，舍也」，注引「召伯所稅」，而《甘棠》曰：「召伯所説。」「説，舍也。」「剡，利也」，注引「以我剡耜」，《東京賦》「介馭間以剡耜」本此，而《載芟》曰：「以我覃耜。」「覃，利也。」「酋，終也」，注引「嗣先公爾酋矣」，而《卷阿》曰：「似先公遒矣。」「遒，終也。」《釋言》「肅、嗺，聲也」，注引「肅嗺和鳴」，而《有瞽》曰：「肅雝和鳴。」「愷、悌，發也」，注引「齊子愷悌」，而《載驅》曰：「齊子豈弟。」「言文姜於

❶「澤」，原作「釋」，今據《拜經日記》卷一二及《詩經》改。

是樂易然。」箋云：「此豈弟猶言發夕也。豈讀當爲闓。弟，古文《尚書》以爲圛。圛，明也。」「猷，若也」，注引「實命不猷」，而《小星》曰：「實命不猶。」「猶，若也。」「俅，戴也」，注引「戴弁俅俅」，《玉篇·頁部》同。而《絲衣》曰：「載弁俅俅。」「俅俅，恭順貌。」箋云：「載，猶戴也。」「顁，題也」，注引「麟之顁」，而《麟趾》曰：「麟之定。」「定，題也。」「猷，可也」，注引「猷來無棄」，案棄當作止，而《陟岵》曰：「猶來無止。」「猶，可也。」「弇，同也」，注引「奄有龜蒙」，案奄當作弇，而《閟宮》曰：「奄有龜蒙。」箋云：「奄，覆也。」「偟，暇也」，注引「不偟啟處」。而《四牡》曰：「不遑啟處。」「遑，暇也。」《釋親》「妻曰嬪」，注引「聿嬪于京」，而《大明》曰：「曰嬪于京。」《釋宮》「西北隅謂之屋漏」，注引「尚不媿於屋漏」，而《抑》曰：「尚不愧于屋漏。」「西北隅謂之屋漏。」「閍謂之門」，注引「祝祭於祊」，而《楚茨》曰：「祝祭于祊。」「祊，門內也。」《釋器》「珪大尺二寸謂之玠」，注引「錫爾玠珪」，而《崧高》曰：「錫爾介圭。」箋云：「圭長尺二寸謂之介。」《釋樂》「小者謂之應」，注引「應朄縣鼓」，而《周禮·大師》注、《禮記·明堂位》注同。而《有瞽》曰：「應田縣鼓。」「應，小鞞也。田，大鼓也。」箋云：「田當作朄。朄，小鼓，在大鼓旁。應鞞之屬也。聲轉字誤，變而爲田。」《釋天》「西風謂之泰風」，注引「泰風有隧」，而《桑柔》曰：「大風有隧。」箋云：「西風謂之大風。」「雨霓爲霄雪」，注引「如彼雨雪，先集維霓」，而《頍弁》曰：「如彼雨雪，先集維霰。」「霰，暴雪也。」《釋水》「過爲洵，潁爲沙，汝爲濆」，注云：「《詩》曰：『遵彼汝濆。』皆大水溢出別爲小水之名。」而《汝墳》曰：「遵彼汝墳。」

「汝，水名也。墳，大防也。」「水草交爲湄」，注引「居河之湄」，而《巧言》曰：「居河之麋。」「水草交謂之麋。」《釋草》「瓠棲瓣」，注引「齒如瓠棲」，而《碩人》曰：「齒如瓠犀。」「瓠犀，瓠瓣。」「蒤委葉」，注引「以茠蒤蓼」，《詩·釋文》云：「薅，《説文》云或作茠。」引此以「茠荼蓼」。而《良耜》曰：「以薅荼蓼。」「蓼，水草也。」《釋木》「槓木，叢木」，注引「集於灌木」，而《葛覃》曰：「集于灌木。」「灌木，叢木也。」《釋蟲》「蛗螽蠜」，注引「趯趯蛗螽」，而《草蟲》曰：「趯趯阜螽。」「蠜也。」《釋鳥》「鳥少美長醜爲鶹鷅」，注云：「鶹鷅，猶留離。《詩》所謂『留離之子』。」而《旄丘》曰：「流離之子。」「流離，鳥也。少好長醜。」《釋獸》「牝豝」，注引「一發五豝」，《儀禮·鄉射禮》注、《説文·豕部》同。而《騶虞》曰：「壹發五豝。」「豕牝曰豝。」《釋畜》「駵白駁，黄白騜」，注引「騜駁其馬」，而《東山》曰：「皇駁其馬。」「黄白曰皇，駵白曰駁。」「長喙獫，短喙猲獢」，注引「載獫猲獢」，《説文·犬部》同。而《駟鐵》曰：「載獫歇驕。」「獫、歇驕，田犬也。長喙曰獫，短喙曰歇驕。」舉此而《毛詩》、鄭箋、《爾雅》郭注，其文義之異同可見其略矣。

郭注《爾雅》引《詩》文與毛氏同，而義異傳箋者，玆亦兩列之，俾有所考焉。《釋詁》「厖，大也」，注引《詩》曰「爲下國駿厖」，而《長發》曰：「爲下國駿厖。」「厖，厚也。」「廢，大也」，注引「廢爲殘賊」，而《四月》曰：「廢爲殘賊。」「廢，忕也。」《釋文》云：「一本作廢，大也。此是王肅義。」「攻，善也」，注引「我車既攻」，而《車攻》曰：「我車既攻。」「攻，堅也。」「徽，美也」，注引「太姒嗣徽音」，而《思齊》曰：「太姒嗣徽音。」箋云：「徽，美也。」「粵，于也」，注引「對越在天」，案越、粵通，而《清廟》曰：「對越在天。」箋云：「越，於也。」「屈，聚也」，注引「屈此羣醜」，而《泮水》曰：「屈此羣醜。」「屈，斂也。」箋云：「屈，治也。」《正義》曰：「屈，治，《釋詁》文。彼屈作淈，某氏引此詩，是音義同也。」《釋文》曰：「《韓詩》云：屈，收也。」「邛，勞也」，注引「維王之邛」，而《巧言》曰：「維王之邛。」「邛，病也。」「惄，思也」，注引「惄如調飢」，而《汝墳》曰：「惄如調飢。」「惄，飢意也。」箋云：「惄，思也。」「履，福也」，注引「福履綏之」，而《樛木》曰：「福履綏之。」「履，禄也。」《釋言》「征，行也」，注引「王于出征」，而《六月》曰：「王于出征。」「出征以佐其爲天子也。」箋云：「王曰令女出征。」「將，送也」，注引「遠于將之」，而《燕燕》曰：「遠于將之。」「將，行也。」箋云：「將，亦送也。」「振，古也」，注引「振古如兹」，而《載芟》曰：「振古如兹。」「振，自也。」箋云：「振，亦古也。」「夷，悦也」，注引「我心則夷」，而《草蟲》曰：「我心則夷。」「夷，平也。」「皇，匡正也」，注引「四國是皇」，而《破斧》曰：「四國是皇。」「皇，匡也。」《釋訓》「惕惕，愛也」，注引「《詩》云：『心焉惕惕。』《韓詩》以爲悦人，故言愛也」。而《防有鵲巢》曰：「心焉惕惕。」「惕惕，猶忉忉也。」序曰：「防有鵲巢，憂讒賊也。宣公多信讒，君子憂懼焉。」《釋宫》「廟中路謂之唐」，注引「中唐有甓」，而《防有鵲巢》曰：「中唐有甓。」「中，中庭也。唐，堂塗也。」《釋器》「繩之謂之縮之」，注引「縮版以載」，而《緜》曰：「縮版以載。」「乘謂之縮。」箋云：「乘，聲之誤，當爲繩也。」《釋天》「日出而風爲暴」，注引「終風且暴」，而《終風》曰：「終風且暴。」「終日風爲終風。暴，疾也。」《釋蟲》「草蟲，負蠜」，注引「喓喓草蟲」，而《草蟲》曰：「喓喓草蟲。」「草蟲，常羊也。」《釋獸》「麕，牡麌」，注引「麀鹿噳噳」，而《韓奕》曰：「麀鹿噳噳。」「鹿牝曰麀。噳噳，衆多也。」箋云：「麕牡曰噳，噳復噳，言多也。」「四蹢皆白豥」，注引「有豕白蹢」，而《漸漸之石》曰：「有豕白蹢。」「蹢，蹄也。」箋云：「四蹄皆白曰駭。」《釋畜》「騋牝，驪牝」，注引「騋牝三千」，而《定之方中》曰：「騋牝三千。」「馬七尺以上曰騋，騋馬與牝馬也。」「一目白瞯，二目白魚」，注引「有驔有魚」，而《駉》曰：「有驔有魚。」「豪骭曰驔，一目白曰魚。」「牛七尺爲犉」，注引「九十其犉」，而《無羊》曰：「九十其犉。」「黄牛黑脣曰犉。」此《爾雅》、《毛詩》之文同義異者可見矣。

「周道倭遲」，補箋曰：「《韓詩》作禕隋，《漢・志》郁夷，師古以爲《韓詩》。」案《羔羊・釋文》云：「委蛇，《韓詩》作逶迤。」此真《韓詩》也。《衡方碑》有「禕隋在公」之文，洪适臆云出《韓詩内傳》，王伯厚誤信之，采入《詩考》。《羔羊》篇「郁夷」，亦非《韓詩》，辨見《經義雜記》。

《大戴禮記・小辨》篇：「公曰：『寡人欲學小辨，以觀於政，其可乎？』子曰：『否。不可。社稷之主愛日，日不可得，學不可以小辨。』」曾子曰：「君子愛日以學。」《書》云「日昃不遑」也。又《曾子・修身》篇曰：「君子愛日以學，及時以行。」又揚子《法言・孝至》篇：「孝至矣，一言而該，聖人不加焉。父母子之天地歟？無天何生，無地何形？天地裕於萬物，萬物裕於天地。裕父母之裕，不裕矣。事父母，自知不足者，其舜乎？不可得而久者，事親之謂也，孝子愛日。」庸案：愛日之事有三。一社稷之主愛日，日昃不遑也。二君子愛日以學，及時以行也。三孝子愛日，不可得而久者事親也。吾弟和貴處士義取《法言》以顔其居。

文　集

昆弟兄弟釋異

昆弟者，一體之親。故自同父同母，下至同族，均有是稱，一本之誼也。至兄弟，雖亦昆弟之通稱，對言之則有親疏之别。故自大功以上爲昆弟，小功以下爲兄弟。若推廣言之，不特同姓之親通謂之兄弟，即父黨、母黨、妻黨均有兄弟之稱，又兼異姓言之矣。此二者不同之大致也，今各引經以證明之。

許氏《説文解字》云：「弟，韋束之次第也，以古文之象，凡弟之屬皆从弟。罤，周人謂兄曰罤。从弟，从眔。」臣鉉等曰：「眔目相及也，兄弟親比之義。」《爾雅·釋親》：「罤，兄也。」郭景純注云：「今江東人通言晜。」《毛詩·葛藟》「終遠兄弟，謂他人昆」，傳曰：「昆，兄也。」《儀禮·喪服》「昆弟」，鄭注云：「昆，兄也。」是罤字下从次第之弟，上从眔，爲目相及親比之誼，乃周人名兄之定稱。《爾雅》、《毛詩傳》同，鄭注《禮經》本之，其文以从眔从弟爲正。《爾雅》作晜者，罤之省變。《詩》、《禮》作昆，直罤之同聲假借字耳。《説文·日部》：「昆，同也。从日，从比。」《説文》：「兄，長也。从儿，从口。凡兄之屬皆从兄。」《廣雅·釋詁》一：「兄，大也。」《釋親》：「兄，況也。」《白虎通·三綱六紀》篇：「兄者，況也。況父法也。」《釋名·釋親屬》：「兄，荒也。荒，大也。故青徐人謂兄爲荒也。」《詩·常棣》「況也永歎」，毛傳曰：「況，兹也。」《桑柔》「倉兄填兮」，毛傳曰：「兄，滋也。」《召旻》「職兄斯引」，毛傳曰：「兄，兹也。」是兄爲長大之通稱，滋，兄之本義。故宗族母妻之黨及婚姻之親，均有兄弟之稱。《白虎通》、《廣雅》以兄爲況者，兄、況同字。《釋名》以兄爲荒者，取聲近者爲訓。《常棣》傳以況爲兹，《桑柔》傳以兄爲滋，《召旻》傳以兄爲滋，韋昭《國語注》以況爲益，義並同。是兄字誼本滋益，故兄弟之稱亦施之彌廣，不若罤爲目及親比，特施之一體之人而已。《釋親》言宗族曰：「父之晜弟，先生爲世父，後生爲叔父。父之從父晜弟爲從祖父，父之從祖晜弟爲族父，族父之子相謂爲族晜弟，族晜弟之子相謂爲親同姓。兄之子、弟之子相謂爲從父晜弟，父之從父晜弟之母爲從祖王母，父之從祖晜弟之母爲族祖王母，父之從父晜弟之妻爲從祖母，父之從祖晜弟之妻爲族祖母。」母黨曰：「母之晜弟爲舅，母之從母晜弟爲從舅，母之姊妹爲從母，從母之男子爲從母晜弟，其女子爲從母姊妹。」妻黨曰：「妻之晜弟爲甥，女子謂晜弟之子爲姪。」晜弟之文凡十五見，皆一本之誼也。從母之男子亦有晜弟之稱者，父子爲一體，母子亦一體，言父以該母也。昆弟爲一體，姊妹亦一體，言昆弟以該姊妹也。故母與從母爲一體，其所生男子亦從母而爲昆弟矣。宗族曰：「男子先生爲兄，後生爲弟。」妻黨曰：「女子謂兄之妻爲嫂，弟之妻爲婦。」婚姻曰：「夫之兄爲兄公，夫之弟爲叔。」此兄弟並昆弟之通稱也。又婚姻曰：「父之黨爲宗族，母與妻之黨爲兄弟。婦之黨爲婚兄弟，壻之黨爲姻兄弟。」郭注云：「古者皆謂婚姻爲兄弟。」此兄弟又父、母黨，妻黨之通稱也。郝懿行案：以母黨次父黨而言，故與妻黨同爲兄弟耳。以母黨對父黨而言，仍與父黨同爲昆弟矣。此親親之仁，亦親親之殺，禮所生也。《儀禮・喪服》衰齊期：「不杖麻屨者。祖父母。傳曰：何以期也？至尊也。世父母，叔父母。傳曰：何以期也？與尊者一體也。然則昆弟之子何以亦期也？旁尊也。不足以加尊焉，故報之也。父子一體也，夫妻一體也，昆弟一體也。故父子首足也，夫妻牉合也，昆弟四體也。故昆弟之義無分，然而有分者，則辟子之私也。子不私其父，則不成其子，故有東宮，有西宮，有南宮，有北宮，異居而同財，有餘則歸之宗，不足則資之宗。」《禮記・雜記》下：「父母之喪，將祭，而昆弟死，既殯而祭。如同宮，則雖臣妾，葬而後祭。」鄭注云：「言若同宮，則是昆弟異宮也。古者昆弟異居同財，有父母之祭，當在殯宮而在異宮者。」《喪服》期章：「繼父同居者。傳曰：何以期也？傳曰：夫死妻稚子幼，子無大功之親，與之適人，而所適者亦無大功之親，所適者以其貨財爲之築宮廟，歲時使之祀焉，妻不敢與焉。」注云：「子無大功之親，謂同財者也。」案古者大功以上，雖異居而同財，故經、記言昆弟，傳言大功之親，説者俱指同財言之，明昆弟爲大功以上之定稱也。《喪服》齊衰期章曰：「昆弟，昆弟之子，大夫之庶子，爲適昆弟。女子子適人者，爲其昆弟之爲父後者，夫之昆弟之子。大夫之子，爲世父母，叔父母，子，昆弟，昆弟之子。」大功九月章曰：「從父昆弟爲人後者，爲其昆弟。女子子適人者，爲衆昆弟。大夫爲世父母，叔父母，子，昆弟，昆弟之子爲士者。公之庶昆弟，大夫之庶子，爲母，妻，昆弟。皆爲其從父昆弟之爲大夫者，爲夫之昆弟之婦人子適人者。大夫，大夫之妻，大夫之子，公之昆弟，爲姑，姊妹，女子子嫁於大夫者。」小功澡麻帶經五月章曰：「昆弟之下殤，大夫庶子爲適昆弟之下殤，爲人後者爲其昆弟，❶從父昆弟之長殤。昆弟之子，女子子，夫之昆弟之子，女子子之下殤。大夫，公之昆弟，大夫之子，爲其昆弟，庶子，姑，姊妹，女子子之長殤。」小功牡麻經即葛五月章曰：「從祖昆弟，公之昆弟，爲從父昆弟，庶孫，姑，姊妹，女子子適士者。」緦麻三月章曰：「族昆弟，從祖父，從祖昆弟之長殤。從父昆弟，姪之下殤。從祖昆弟之子，從母昆弟，君母之昆弟，從父昆弟之子之長殤。昆弟之孫之長殤。爲夫之從父昆弟之妻。」《記》「公子爲其母」曰：「大夫，公之昆弟。」右昆弟之文凡三十有八，皆一本之誼也，其服制之差雖有緦、小功之不同，而莫不本大功以上一體之恩，故通謂之昆弟也。又齊衰三月章：「曾祖父母。傳曰：何以齊衰三月也？小功者兄弟之服也，不敢以兄弟之服服至尊也。」《記》：「大夫之子於兄弟降一等，爲人後者於兄弟降一等，報，於所爲後之兄弟之子，若子，兄弟皆在他邦，加一等。不及知父母，與兄弟居，加一等。傳曰：何如則可謂之兄弟？傳曰：小功以下爲兄弟。」鄭注云：「於此發兄弟傳者，❷嫌大功已上又加也。大功已上，若皆在他國，則親自親矣。若不及知父母，則固同財矣。」《既夕禮》「兄弟出，主人拜送」，注云：「兄弟，小功以下也，異門大功亦可以歸。」此兄弟爲小功以下之定稱，與昆弟爲通大功以上言之，固不侔矣。更證之以《禮記・檀弓》曰：「曾子曰：小功不稅，則是遠

❶「者」，原作「其」，今據《儀禮》改。

❷「者」，原作「曰」，今據《儀禮》鄭注及《拜經堂文集》卷一改。

兄弟，終無服也，而可乎？公叔木有同母異父之昆弟死，問於子游，子游曰：其大功乎？」亦明以大功爲昆弟，小功爲兄弟也。又曰：「有殯，聞遠兄弟之喪，雖緦必往；非兄弟，雖鄰不往。所識其兄弟不同居者皆弔。」是皆舉小功以下言之也。《檀弓》下：「妻之昆弟爲父後者死，哭之適室。非爲父後者，哭諸異室。有殯，聞遠兄弟之喪，哭於側室。無側室，哭於門内之右。」《喪服小記》：「生不及祖父母諸父昆弟，而父稅喪，已則否。降而在緦小功者，則稅之。」《雜記》下：「父母之喪將祭，而昆弟死，既殯而祭。如同宮，則雖臣妾，葬而後祭。」《奔喪》篇：「聞遠兄弟之喪，既除喪而後聞喪，免袒成踊。」是皆以期大功爲昆弟，緦小功爲兄弟，與《禮經》合。鄭注《檀弓》曰：「日月已過，乃聞喪而服，曰稅。大功以上然。小功輕，不稅。」注《喪服小記》曰：「謂正親在齊衰大功者親，緦小功不稅矣。」注《奔喪》曰：「小功緦麻，不稅者也。雖不服，猶免袒。」與二禮相符證。至通言之兄弟之稱，有自大功以上者，如《禮記·雜記》「聞兄弟之喪，大功以上，見喪者之鄉而哭」，《奔喪》篇「凡喪父在父爲主，父沒兄弟同居各主其喪」者是也。有自大功以下言者，如《曾子問》：「孔子曰：天子諸侯之喪祭也，不斬衰者不與祭。大夫齊衰者與祭。士祭不足，則取於兄弟大功以下者。」又《雜記》：「有父母之喪，尚功衰，❶而附兄弟之殤，則練冠祔。」注云「此兄弟之殤，謂大功親以下之殤也。斬衰齊衰之喪練，皆受以大功之衰，此謂之功衰」是也。更推廣言之，《詩·葛藟》「終遠兄弟」，箋

❶「功」，原作「幼」，今據《禮記》改。

云：「兄弟，猶言族親也。」《儀禮・士冠禮》「兄弟畢袗玄」，注云：「兄弟，主人親戚也。」《喪服記》「大夫之子於兄弟降一等」，注云：「兄弟，猶言族親也。」「凡妾爲私兄弟，如邦人」，注云：「私兄弟，目其族親也。」此兄弟並專指宗族言之也。《詩・正月》「洽比其鄰，昏姻孔云」，箋云：「云猶友也，言尹氏富，與兄弟相親友爲朋黨也。」《周禮・大司徒》「以本俗六安萬民，三曰聯兄弟」，注云：「兄弟昏姻嫁娶也。」《儀禮・士昏禮》「見主婦」，注云：「見主婦者，兄弟之道宜相親也。」《禮記》：「曾子問曰：昏禮既納幣有吉日，女之父母死，則如之何？孔子曰：壻使人弔，如壻之父母死，則女之家亦使人弔壻。已葬，壻之伯父致命女氏曰：某之子有父母之喪，不得嗣爲兄弟，使某致命。」注云：「必使人弔者，未成兄弟。」《公羊》僖二十有五年：「宋蕩伯姬來逆婦。其言來逆婦何？兄弟辭也。其稱婦何？有姑之辭也。」何邵公注云：「宋魯之閒名結昏姻爲兄弟。」又三十有一年：「冬，杞伯姬來求婦。其言來求婦何？兄弟辭也。其稱婦何？有姑之辭也。」《穀梁》宣十年：「春，公如齊。公至自齊，齊人歸我濟西田。公娶齊，齊繇以爲兄弟友之。」范武子注云：「齊由以婚姻故還魯田。」此兄弟並專指婚姻言之也。《詩・伐木》「兄弟無遠」，箋云：「兄弟，父之黨，母之黨。」《儀禮・聘禮》「若兄弟之國則問夫人」，注云：「兄弟，謂同姓，若昏姻甥舅有親者。問，猶遺也，謂獻也。非兄弟，獻不及夫人。」《既夕禮》：「凡將禮，必請而後拜送，兄弟賵奠可也，所知則賵而不奠。」注云：「兄弟，有服親者，可且賵且奠，許其厚也。所知，通問相知也，降於兄弟。」《禮記・奔喪》：「與諸侯爲兄弟，亦爲位而哭。」注云：「族親婚姻在異國者。」《左氏》襄三年：「晉使士匄告于齊曰：寡君願與一二兄弟相見，以謀不協。」注云：「列國之君相謂兄弟。」此兄弟並兼宗族、母黨、妻黨、婚姻言之也。今以《儀禮》、《爾雅》爲本而參證之，以羣經詳釋昆弟、兄弟之異如是。

五岳釋

《周禮》：「職方氏掌天下之圖。東南曰揚州，其山鎮曰會稽。正南曰荆州，其山鎮曰衡山。河南曰豫州，其山鎮曰華山。正東曰青州，其山鎮曰沂山。河東曰兖州，其山鎮曰岱山。正西曰雍州，其山鎮曰嶽山。東北曰幽州，其山鎮曰醫無閭。河内曰冀州，其山鎮曰霍山。正北曰并州，其山鎮曰恒山。」《大司樂》：「凡日月食，四鎮五岳崩。」鄭康成注：「四鎮，山之重大者。謂揚州之會稽，青州之沂山，幽州之醫無閭，冀州之霍山。五嶽，岱在兖州，衡在荆州，華在豫州，嶽在雍州，恒在并州。」案《爾雅·釋山》云：「河南華，河西嶽，河東岱，河北恒，江南衡。」與《周禮·職方》合。《詩·崧高》正義引《雜問志》云：「周都豐鎬，故以吴岳爲西岳。」是《釋山》篇首所列爲西周之定典，故鄭公注《大司樂》據之，與《周禮》本經合。邵二雲學士曰：「華山在成周境内，故首舉之。吴嶽在岐周境内，故次列之。《中庸》載華嶽而不重舉，華嶽可該五岳。」《左氏》昭四年傳司馬侯曰：「四岳，三塗，陽城，太室。」别太室於四岳，明嵩高不得稱岳是也。《釋山》後言泰山爲東嶽，華山爲西嶽，霍山爲南嶽，恒山爲北嶽，嵩高爲中嶽，與篇首文異。案《史記·封禪書》述《尚書》四嶽曰：「岱宗，泰山也。

南嶽，衡山也。西嶽，華山也。北嶽，恒山也。中嶽，嵩高也。」又曰：「昔三代之君，皆在河洛之閒，故嵩高爲中嶽，而四嶽各如其方，四瀆咸在山東。至秦稱帝，都咸陽，則五嶽、四瀆皆并在東方。於是自殽以東，名山五，曰太室、恒山、泰山、會稽、湘山。自華以西，名山七，曰華山、薄山、岳山、岐山、吴岳、鴻冢、瀆山。」下言：「漢武巡南郡，至江陵而東，登禮灊之天柱山，號曰南岳。」然則五嶽之位，唐虞三代皆同，周之文、武起自西岐，建都豐鎬，故取吴岳爲西岳，以華山爲中岳。及平王東遷，仍用夏商之制，以嵩高爲中岳，華山爲西岳。《爾雅》前所述者，爲成王、周公之制，以存文、武舊典。後所述者，則夏殷之禮，及平王東遷後事也。鄭公初無定説，故注《大宗伯》職用後義。秦制蓋與三代同，太史公稱秦都咸陽，五嶽皆在東，是秦以華山爲西嶽，而不取吴岳。《地理志》衡在長沙湘南縣，故謂衡山爲湘山也。《詩·崧高》正義引郭璞《爾雅注》，云：「霍山今在廬江灊縣西南，别名天柱山。漢武帝以衡山遼曠，移其神於此，今其土俗人皆呼之爲南岳。南岳本自以兩山爲名，非從近也，而學者多以霍山不得爲南岳。又言從漢武帝始乃名之。如此言，爲武帝在《爾雅》前乎？斯不然矣。竊以璞言爲然，何則？孫炎以霍山爲誤，當作衡。案《書傳》虞夏傳及《白虎通》、《風俗通》、《廣雅》並云霍山爲南岳，豈諸文皆誤？明是衡山一名霍也。」以上出《詩正義》，今本《爾雅》郭注闕。今案：郭氏言漢武帝移衡山神於霍山，又述學者以漢武帝始名霍山爲南岳，與《封禪書》所言正合。此以霍山爲南岳，爲出漢武帝以後事之明證。孫叔然注《爾雅》，以霍山當作衡山，精之至也。故毛公傳《詩·

崧高》曰：「東岳岱，南岳衡，西岳華，北岳恒。」鄭公《大宗伯》注：「五岳，東曰岱宗，南曰衡山，西曰華山，北曰恒山，中曰嵩高山。」皆用《爾雅》後説。又《詩·崧高》正義引《孝經鉤命決》云：「五岳，東岳岱，南岳衡，西岳華，北岳恒，中岳嵩高。」是五岳又數嵩高之文也。王肅之注《尚書》，服虔之注《左傳》，鄭氏之注《大宗伯》，皆作「衡」，不作「霍」，是可證「霍」字係後人誤改，非《爾雅》原文矣。乃郭氏好乖舊義，謂南岳本自以兩山爲名，遂至合衡、霍爲一。《詩正義》更據《大傳》、《白虎通》、《風俗通》、《廣雅》等皆作「霍」字，謂不得諸文皆誤。不知《大傳》固非盡出伏生手，傳其學者多所附益，而班孟堅、應仲瑗皆東漢人，張稚讓魏人，並在漢武之後，猶東晉廬江土人之呼霍山爲南岳，輾轉譌襲，爲足據乎？

刻蔡氏月令章句叙

余讀《後漢書·蔡邕傳》，而歎中郎生不逢時，有匡濟之略不見用，有纂述之才不能成，且脅於權奸，死於牢獄，後世不諒其志，復加以黨惡之名，未嘗不爲之太息痛恨，悲感交集也。中郎母病，不解帶者三年，不寢寐者七旬。母卒，廬冢馴兔擾室，木生連理，非至孝之感乎？密詔稽問，直對無隱，首揭妖祥災變之原，歷指貪濁佞邪之輩，明知言出禍隨，而冒死不避，非致身之忠乎？去聖人久遠，經籍多譌，俗儒穿鑿，疑誤後進。奏求正定六經，而手自書碑，命工鎸刻，俾後生晚學咸知取正，則有功聖經也。史才之難，莫難於志。師資胡廣，得其舊事，起自布衣，歷於患難，積累思惟，以成《十意》。又作《靈帝紀》及補傳四十二篇，則有功漢史也。詎以姦仇讒譖，始議大不敬棄市，後與家屬髡鉗徙朔方，明年宥還，又以閹黨銜怨，而亡命江海，遯跡吴會，困阨至矣。董卓一旦入朝，辟書先下，分明枉結，信宿三遷，匡導既申，狂僭屢革。六語本史論。卓雖權奸，而上有獻帝，猶漢相也，可不謂知己之遇乎？且史言董卓聞邕名，高辟之，稱疾不就，卓大怒，詈曰：「我力能族人。」又切敕州郡舉邕詣府。是其迫脅之以不得不進也既如彼。又言卓多自很用，邕恨其言少從，謂從弟谷曰：「董公性剛而遂非，終難濟也。吾欲遯逃山東以待之，何如？」谷曰：「君狀異恒人，每行觀者盈集，以此自匿，不亦難乎？」邕乃止。是其既進而不能退也又如此。驟聞卓誅，動色而歎，意氣之感，孰能忘情？設無此一歎，其事君必不能忠，其事親必不能孝。乃遽執此，指爲同逆，不亦冤乎？且同時盧、鄭大賢咸與中郎交好，史云邕死，搢紳諸儒莫不流涕。北海鄭玄聞而歎曰：「漢世之事，誰與正之？」然則先師得壹意研經而不治史者，以有中郎在也。又《盧植傳》曰：「卓將誅植，植素善邕，邕前從朔方，植獨上書請之。邕時見親於卓，故往請植事，卓乃止。」然則卓之不殺子幹，中郎請救之力也。語云：「不知人，視其友。」而范氏史贊與馬融並論，贊云：「藉梁懷董，名澆身毁。」顔誅。擬人不倫矣。《顔氏家訓·文章》篇亦云：「馬季長佞媚獲誚，蔡伯喈同惡受誅。」史言邕收付廷尉，乞黥首刖足，續成漢史。太尉馬日磾馳謂王允：「伯喈曠世逸才，多識漢事，當成後史，爲一代大典。」是中郎垂死，惓惓漢記，寧嬰金鐵、斷支體以成之。馬太尉深知，力救弗得，不能如司馬子長之下蠶室而成《史記》也，爲千古恨事矣。中郎著《月令章句》，本傳失載。集言光和元年徙朔方，懼顛蹶隕墜，無以示後，遂於憂怖之中，成《月令説》。苟使學者以爲可覽，則雖死而不朽。然則《章句》之作，在患難中。蓋深慮旦夕不測，草木同腐，將託是以表見，庶幾身毀名立也。鏞堂敬其人，悲其志，惜其書之不成，其所成者後世復散亡，因采輯羣書所引，并録集中《月令問答》、《明堂月令論》二首，爲二卷，以存中郎梗概焉。鏞堂年二十始知治經，即刱端《月令》，據《吕氏春秋》以校《小戴記》。塾師鄭清如、鄉先生莊保琛見而奬異之，遂欣然有志於學，後録成此本，十餘年於今矣。暇日重勘一過，擬付剞劂氏。學者讀其書，不可不知其人，竊爲論及之。

答陳恭甫編修論冠昏辭韻書

手書示之詳而辨之力，古人論學不肯爲苟同之論，如其相合則信之不疑，斯真三代直道之風，足以辨黑白而定是非者，感甚感甚。特庸尚有所疑，敢敬質之。《冠禮》字辭本七句，伯申庶子斥「宜之于假，永受保之」爲末二句無韻，則以「曰伯某甫」以下十一字爲記者之詞，故下「曰」字，以著更端。若以「曰伯某甫」句爲字辭，則甫之韻假，前人言之已詳，伯申豈有不知？誠以尋常章法而論，實終于「永受保之」也。來示謂止于「曰伯某甫」，恐并非伯申意，於上下文亦未免割裂牽强之虞。蓋十一字文義相承，如生鐵所鑄，不可離而二之。即如舊説，假、甫爲韻，備、字爲韻，嘉、宜爲韻，則「永受保之」之字，與上目字辭二字，及備與字同爲之類，何以斷其非韻？又「令月吉日」句舊不以爲有韻，鄙説「令月吉日」一句二韻自相協，孔書月、日二字同類，較段表爲密。《冠禮》「始加祝曰，令月吉日」，抑《風・日月》篇四言「日居月諸」，皆一字四句兩閒韻也。《冠禮》字辭外，有韻之文云：「曰伯某甫，仲叔季唯其所當。」《昏禮》醮辭外，有韻之文云：「子曰：諾。唯恐弗堪，不敢忘命。」醮辭以五句爲斷，字辭以七句爲斷。篇章法一爲醮字之辭，一爲記事之辭，畫然有起訖，而用韻則草蛇灰線，藕斷絲連，密藏於不覺也。善夫！先達孔氏之例曰：「《詩》之有章也，析之則節解句斷，通之原自一篇。每有意盡於此而聲絶于彼者，分章則從乎其意，畫韻則從乎其聲。故後章之首句，可以合前章之尾。《急就篇》有出句在上章之尾，韻句在下章之首者。」偉哉斯言！試以所言合之此辭，如曰「支子則稱其宗，弟則稱其兄」，記前章命辭終矣。而乃續之曰：「若不親迎，則婦入三月，然後壻見。」此章別記壻見舅姑之事，而章首「若不親迎」句屬前章「弟則稱其兄」下，兄、迎爲韻，此與字辭外之「當」韻「永」，醮辭外之「諾」韻「若」何異乎？皆辭止而韻未終，故忽上忽下，忽此忽彼，橫截句讀，惝怳不可定者，來書云爾。時一有之。細尋其脉，本有條理，此謂章法韻法中之極變者，未可以常例拘之。如《冠禮》始加祝、再加、三加、醴、醮辭六章，皆章六句，而三加及字辭皆章七句，昏醮又章五句，非章句之變乎？始加、再加每章六句三用韻，皆同部同字，二服、二德、二福。韻在第二、第四、第六句。至三加則首二句「以歲之正，以月之令」字字自協，末二句「黄耇無疆，受天之慶」變韻，中三句「咸加爾服，兄弟俱在，以成厥德」，服、德二字仍用始、再加之韻，而中閒以「兄弟具在」一句，雖與服、德同爲之類，然章句字韻實三變矣。且再加之「永受胡福」，三加之「兄弟具在」，胡、具、無皆韻上之字，隔章隔句爲韻。而「黄耇無疆，受天之慶」，黄、疆、慶三字亦句首句末韻，與「永受保之」、「唯其所當」例同，非不諧句末之字，而轉加句首之字也。至字字有韻之説，求之三百篇，如《匏有苦葉》第二章「有瀰」與「有鷕」韻，而「有」與「有」亦韻也。「雉鳴」、「雉鳴」，「濟盈」、「濟盈」，兩「鳴」、兩「盈」韻，而兩「濟」、兩「雉」亦韻也。「不濡軌」、「求其牡」，「軌」韻「牡」。「求」與「牡」，又一句中首尾韻。而「不」與「其」，獨非韻乎？「濡」韻第三章「卬須我友」，濡、須皆侯類。　向在山左，阮伯元詹事述王懷祖觀察説《卷阿》鳴韻生，岡韻陽，高韻朝，外矣韻矣，于韻于，彼韻彼，菶菶韻雝雝，萋萋韻喈喈，鳳皇與岡陽韻，梧桐與菶雝韻。　隨舉二則，可爲三百篇字字用韻之證。　孔氏之言《鴟鴞》曰：「三章四章連句用韻，而拮据、捋荼、卒瘏、室家韻，上字亦有韻。譙譙、翛翛、翹翹、漂摇、嘵嘵，又皆用雙聲。故首章可以三句無韻。然恩與勤，實句中自相協，而下與閔韻。」庸按：首句「鴟鴞鴟鴞」，鴟與鴟、鴞與鴞即韻。「室」字至聲，與既、毁韻。嚴氏可均《説文聲類》至聲在脂類，段氏《音均表》至聲在真類。　取與無協，我與我韻，二「子」一「之」韻，三「斯」與二「鴟」則支脂通協，亦可謂字字有韻。而「鴟」與「斯」，又句首句末遥韻，特中閒有韻，不盡同《禮》辭。《禮》詞復有首末與中韻者，如黄耇、疆、慶與往迎、相是也。大抵有韻之文，便乎歌誦，隨在通協，例非一端，亦非例之所能盡。孔氏《詩》聲分例，於前人特爲創作，然聖經之神化不測，究難以悉舉。如以《鴟鴞》首三句爲無韻，即未確也。庸讀《禮》辭，如「某不敏」、「以歲之正，以月之令」、「令月吉日」，二句。「唯恐弗堪」，二句。「儷皮束帛」、《冠禮》「束帛儷皮」。「使某將請承命」、「某固敬具以須」、「戒之敬之，夙夜毋違命」、「勉之敬之，毋違夙夜毋違宫事」、❶「申之以父母之命，命之，敬恭聽宗爾父母之言，夙夜無愆，視諸衿鞶。姆辭，支子則稱其宗，弟則稱其兄」之類，靡字非韻，咸有條理，而絶無矯揉傅會之端。矢口出音，自成天籟，不必細檢後世韻書，而自無不合。竊可於前人所舉外，微矜創獲，而煩亂破碎之譏，或亦不免，前書所謂似太瑣屑是也。微閣下不能規正其失，而其灼然可見者，不盡爲無據。後世辭人狡獪技倆，雖先聖所不爲，而至文之巧變，固已無所不該，正非曲徇古人也。閣下向善鄙集中論韻之文，此所言較前更密，故再悉心獻疑，以呈審定。如以爲可采，幸甚幸甚。七月廿九日。

再答陳恭甫編修論韻書

頃再接來示，謂三百篇皆句首與句首韻，中末與中末協，此仍是以常法言之耳。若論其變，則法不能拘，亦非例之所能盡。試以《皇矣》第六章論之。如「無矢我陵，我陵我阿。無飲我泉，我泉我池」，學者莫不知阿與池爲韻，不知「我陵、我陵」，「我泉、我泉」，句句字字韻也。此皆以上半句之下半句與下句之上半句韻，❷而非首與首、末與末、中與中也。又「無飲我泉」韻「無矢我陵」，以下句上半句之「飲」，韻上句下半句之「陵」。第三句之「陟我高岡」，我字與我陵、我陵、我阿、我泉、我泉、我池，六「我」、一

❶ 前「毋違」，《儀禮·士昏禮》無此二字，疑衍。

❷ 「上半句之下半句」，疑當作「上句之下半句」。

「阿」、一「池」韻。而第八句之「度其鮮原」，鮮與原二字又自疊韻，與第二句「侵自阮疆」之「阮」遥相協，鮮、原疊韻，而阮則韻上字也。且「侵自」之「侵」韻下陵、飲二字，「自」韻「無矢」之矢，「無」韻「無飲」之無、「度其」之度，字字確鑿可據，安得以例拘之？此皆孔氏所未言者。孔氏且不知阿、池與鮮、原顯分二類，而誤援《東門之枌》二章例，以爲歌、麻、元、寒之通協矣。來示稱孔氏《詩》韻例「有瀰濟盈，有鷕雉鳴」及「鴥彼晨風，鬱彼北林」以下五例，「葛藟縈之，福履綏之」以下五例，爲變化無端，而實整齊不紊。按《匏有苦葉》韻説見前書，孔例有所未盡。《晨風》首章兩「彼」爲句中韻，二三章兩「山有」兩「隰有」爲句中韻。首章上二句之兩「彼」與三章下二句之「如何如何，忘我實多」，句中句末皆韻也。至《樛木》三章，乃「葛藟」與「葛藟」，「福履」與「福履」，全篇通韻。上下六「之」字全篇通韻。唯纍、綏與荒、將、營、成每章二字各自爲韻。❶孔氏以「葛藟」與「福履」爲隔韻，尚失乎自然之致。藟、纍皆从畾聲，不當區而二之。蓋首章藟、纍二字爲下兩章之關紐，合之成篇，三百篇此類極多矣。來示以鄙説「永受保之」之與備字爲韻，較爲諦當。然則「宜之于假」，假與甫韻自確，特「曰伯某甫」句不入字辭，雖爲記者之言，亦與字辭韻也。來示以「令月吉日」爲單句無韻，《詩經》極多此例。按向以爲無韻者，顧氏讀之有韻矣。顧以爲無韻者，段氏讀之有韻矣。段以爲無韻者，孔氏讀之有韻矣。孔以爲無韻者，庸讀之有韻矣。《詩經》蓋少無韻之句，如以爲以日諧月未見佐證，

❶「營」，據《詩經·樛木》當作「縈」字。

則庸舉《冠禮》及毛經共二十一佐證，詳拙著《日記》中。孔氏《詩聲類》、嚴氏《説文聲類》皆以五質、日。十月月。合爲一部是也。惟段氏《音均表》日在第十二，月在第十五，恐非。來示又舉鄙説《鴟鴞》首章字字有韻，則「子」字必應協韻，何以反無，不得已而取章末句中之助字以爲協，恐不足以示後。恩、勤、閔三字既協矣，又以助字三「斯」遥協章首二「鴟」，而其協又出於異部合韻，爲割裂牽强之病。按《鴟鴞》首章「既取我子」與「鬻子之閔斯」，二「子」一「之」爲本韻，至二「鴟」三「斯」相韻，爲支、脂通協。如欲分之，則二「鴟」三「斯」各自爲韻，亦無不可。又二章之「或敢侮予」與三章之「予手拮据」，句末句首兩「予」字亦蟬聯相協。不識閣下以爲然否？來示又爲《昏禮・記》「弟則稱其兄」兄字，與上句「支子則稱其宗」宗字，止可援合韻之説傅會協之。按「宗子無父」與「支子則稱其宗」，二「宗」字爲本韻，句首句末遥協。「兄」與下文「若不親迎」，兄、迎二字爲本部連句相協，皆非合韻也。「宗子無父」至「支子則稱其宗」，此文未終而韻終也。續以「弟則稱其兄，若不親迎」二句，上句爲文終而韻未終也，下句爲文始開端而韻已終，總之難以章句常法繩之。來示疑「若不親迎」以下爲無韻，謂求其韻而不得，恐未可以章分韻合之説，强附孔氏之例。按「若不親迎」下云「則婦入，三月然後壻見」，「是以未敢見」，「某將走見」，「請終賜見」；又曰「某得以爲外婚姻之數」，「今吾子辱」，「不足以辱命」；又「某之子未得濯溉於祭祀」，「不敢固辭」；又「對曰某以非他故」，「對曰某得以外爲婚姻之故」；又「請吾子之就宫」，「敢不從」；又「主人出門左西面，壻入門東面，奠摯，再拜出。擯者以摯出，請受，壻禮辭，許受摯，入。主人再拜受，壻再拜送出。見主婦，主婦闔扉立於其内，壻立於門外，東面。主婦一拜，壻答再拜，主婦又拜，壻出。主人請醴，及揖讓入醴以一獻之禮。主婦薦，奠酬無幣，壻出，主人送，再拜」。舉其全文，靡句靡字非韻也，又不必徒執孔例矣。來示又謂《昏禮》命辭既以爲字字皆韻矣，而「母施衿結帨」句，「庶母及門内施鞶」句，又何以獨闕焉不詳。按「母」韻「庶母」，「施衿」、「施鞶」二「施」自韻，「衿」韻下「視諸衿鞶」，與宫、宗二字亦相協。「夙夜無違宫事」，「敬恭聽宗」。「結帨」二字與「門内」二字韻，「門」字又韻下「申之以父母之命」申字、命字。「庶門」之「庶」，❶則韻上下文之夜字、母字。諸字亦字字有韻，非闕也。不揆檮昧，率憑《禮》、《詩》二經復來教，倘不以爲不足，誨而匡正之，幸甚！庸再拜。七月晦日。

與汪漢郊書

漢郊足下：不見者八年，近即音問亦不通。昨得快覩見所纂《意林翼》，並自著古文，懈甚懈甚！古文才筆足達其所見，蓋斯事不以寒儉爲工。試觀唐之韓、柳，文辭爛然，可知所尚矣。再進而求之，日誦太史公、班孟堅書，所作必駸駸入于兩漢。惜庸鹿鹿無能也。拙記四卷，都中舊作，所愜心者，在言韻一卷。王伯申學士、陳恭甫編修皆詒書爭之，惟王懷祖先生頗以鄙説爲然，然當世多未信斯説，而復嘵嘵好辨，以求申其是，君子不爲也。抑語曰：狂夫之言，聖人擇焉。蓋雖上智必有所遺，下愚亦有所得，聖人之

❶「門」，疑當爲「母」字之訛。

經非一二人之所能盡，試舉鄙説，私質之足下。足下平心而察之，固不可曲循庸之臆見，亦不必遽執前人之成説以相詰難。是否有當，幸告我，足以決之矣。許周生駕部謂自古有韻之文與無韻者必有異，若如鄙説，則古人更無無韻之文與？《論語》開卷一章三「不亦」字，三「乎」字，亦皆是韻，此説恐不可通。庸以六經言之，三百篇無論矣，如《周易》、《尚書》、《儀禮》、《禮記》、《春秋左氏傳》，皆所爲古人之文也，而有韻之文幾半於無韻之文。且即求之秦漢以前子史傳記，亦多韻語。《論語》開卷三「不亦」、「乎」不爲韻者，以其文本無韻，故無取乎語助辭耳。若「學而時習之」等句本有韻，則三「不亦」、「乎」何獨非韻乎？楚狂接輿之歌，懷祖觀察取二「鳳」字爲韻，庸以爲二「兮」字亦韻也。觀察取二「已」一「殆」爲韻，庸以爲上句二「而」下句一「而」亦韻也。《毛詩》開卷「左右流之」、「寤寐求之」，流、求固韻矣，二「之」獨非韻乎？觀察取「悠哉悠哉」二「悠」爲韻，庸謂二「哉」亦韻，與二「之」語助相協矣。此其證也。觀察取王孫賈「與其媚於奥，寧媚於竈」，荷蓧丈人「四體不勤，五穀不分」爲韻，庸以孔子言「獲罪無所禱」，記者書「植其杖而芸」，皆韻也。是非《儀禮》字、醮辭與記文爲韻之證乎？如以爲辭外不當有韻，則孔子之「禱」何必儷王孫之「奥」、「竈」，仲氏之「芸」亦無合丈人之「勤」、「分」矣。又「唐棣之華，偏其反而。豈不爾思，室是遠而」，此反、遠爲韻，華與二「而」相協。説《詩》者以四句一章，第三句多無韻。然「子曰：未之思也，夫何遠之有」，實合《詩》辭，思與思韻，遠與遠韻矣。「子之武城，聞絃歌之聲，夫子莞爾而笑，曰：割雞焉用牛刀」，此城、聲一類，笑、刀一類，而「夫子莞爾而笑」實就「割雞焉用牛刀」爲韻矣，何嘗區別詩辭與聖言，并記者之文乎？《儀禮》「曰伯某甫」韻「宜之于假」者，此一合字辭與記者之辭也。「仲叔季惟其所當」以上韻「永」者，此再合字辭與記者之辭也。「子曰諾」韻「若則有常」者，此一合醮字與記者之辭也。《毛詩》「莫敢不諾，魯侯是若」，用韻同此。「不敢忘命」韻「勖帥以敬」者，此再合醮辭與記者之辭也。若「永受保之」之與備字韻，「若則有常」與「往迎爾相」韻，皆字、醮辭本文，其韻尤顯明可據，而精審如王學士，尚斥字辭末二句、醮辭末一句皆不入韻，宜乎辭外之文，庸以爲有韻，駭人聽聞矣。乃古人隸韻，必如是之反覆申明，彼此印證者，蓋非特結構文字，恐其散漫無紀，亦慮後人讀之不能遽得，故不厭重言以明之乎？又如《毛詩·車攻》五章「決拾既佽，弓矢既調，射夫既同，助我舉柴」，中二句「調」字乃與四章「駕彼四牡，四牡奕奕」兩「牡」字爲韻，「同」字乃與首章「我馬既同」、四章「會同有繹」兩同字爲韻。隔章相協，三百篇極多，詎説《詩》者必以調、同二字爲韻，引《離騷》以證，辨見《日記》。又段氏引東方朔《七諫》，孔氏引《韓非子·楊權》篇，爲諧聲合韻之據。庸按：《韓非子》云：「道無雙，曰故一。是故明君貴獨道之容。君臣不同道，下以名禱。君操其名，臣效其形。形名參同，上下和調。」此「同」與雙、容爲韻，「調」與道、禱爲韻。《七諫》「恐矩矱之不同」，與下文「正法弧而不公」爲韻；「恐操行之不調」與上文「固時俗之工巧兮」爲韻。讀之莫不各有條理，混合之遂承訛襲謬，展轉相因，并以茲誣古人矣。古經文韻深奥，讀者難以遽通，其旨思而適得，並承妙諦，豈容執前人之成見，而一概抹摋耶？是非所望於高賢也。

與阮芸臺侍講論古韻書

庸前自長安城來，懷祖先生教之曰：《毛詩·漢廣》一篇字字皆韻。「不可休息」、「不可求思」，休、求固韻，息與思皆韻也。「南有喬木」、「漢有游女」，喬木、游女亦幽、宵、魚、侯之通協也。下四句廣、求、泳、方皆本韻。虛字有、之、不可亦字字相對。如「山有扶蘇，隰有荷華」，扶蘇、荷華四字四韻。讀荷如胡，蓋古方音。二章「山有喬松，隰有游龍」，松與龍韻，喬與游協，猶《漢廣》之喬木、游女也。蓋詩人之例，句末之韻必用其本類，韻上之字乃用其通協。庸案：《草蟲》首二句「喓喓草蟲，趯趯阜螽」，要聲、翟聲皆宵類也，草與阜幽類也，蟲與螽冬類也，却一字不相通假。又《虞書》之歌，説者皆取喜、熙、起，明、良、康，脞、惰、墮三韻，而不知上文「帝庸作歌，曰：勑天之命，惟時惟幾」爲有韻也。蓋「勑天之命」天與命韻，「惟時惟幾」時與幾韻。《毛詩·假樂》一章人、天、命、申爲韻，《卷阿》八章天、人、命、人爲韻，此天與命韻之證也。《春秋》昭三年《左氏傳》叔向稱讒鼎銘曰「昧旦丕顯，後世猶怠」，《詩·桑柔》三章資、疑、維、幾爲韻，皆之脂通用。此時與幾韻之證。而帝歌之二句四用韻，與銘辭之旦、顯爲一類，世、怠爲一類正同。昔錢少詹事以銘辭八言字字皆韻，庸謂帝歌亦然。上句「勑」與「之」皆之類，二「惟」字脂類，而言韻者不取此。夫帝首作歌，經有明文，何以反獨無韻？孔傳曰：「用庶尹允諧之政，故作歌以戒安不忘危。」是晉出《書傳》，未始不以此爲歌也。至孔仲達，乃有「將歌而先爲言，既爲此言，乃歌曰股肱之臣」云云等謬説，則至《正義》始不以此爲歌辭。竊舉新得奉質，希有以教之。

與郝蘭皋農部論挍山海經書

《山海經·西山經》「浮山多盼木」，郭傳：「音『美目盼兮』之盼。」凡二見。箋疏曰：「郭既音盼，知經文必不作盼，未審何字之訛。」庸箋云：「盼字不妨有兩讀。」手示以經典内凡加音者必係異字，若同字不須加音。鄙見以經典内加音有異字者，多同部及聲相近之字也。有同一字而其讀不同者，乃高下疾徐之别，猶後世一字有四聲，而其義亦因之而異也。《顔氏家訓·音辭》篇云：「鄭玄注六經，高誘注《吕覽》、《淮南》，許慎造《説文》，劉熹製《釋名》，始有譬況假借以證音字。」而古語與今殊别，其間輕重清濁猶未可曉，加以外言、内言、急言、徐言、讀若之類，益使人疑。又如《公羊傳》一「伐」字，而有長言、短言二讀。《釋名》一「天」字，而有舌腹、舌頭兩言。一「風」字，而有横口合脣言之、踧口開脣推氣言之之别。皆同字異讀之證也。又《禮記·樂記》、《祭義》皆有「易直子諒之心」句，鄭讀俱云：「子，讀如不子之子。」《儀禮·鄉飲酒禮》「賓西階上疑立」，注云：「疑，讀爲疑然後從於趙盾之疑。疑，正立自定之皃。」《周禮·冢宰》之職「六曰主以利得民」，鄭康成云：「利，讀如上思利民之利，謂以政教利之。」《外府》「掌邦布之入出」，注云：「布，泉也。布，讀如宣布之布。其藏曰泉，其行曰布。取名於水泉，其流行無不徧。」是皆同字加音之明證。其所以異者，「不子」之子與父子音異，「疑立」之疑與疑慮音異，「利民」之利與財利音異，「宣布」之布與布帛音異，故「疑然」，今本《公羊傳》

作「仡然」。而「不子」，當從徐仙民「將吏反」，陸德明「如字」非也。《樂記》、《祭義》釋文同。手示云「盼字从分聲，即使有兩讀，似不得以盼音盼」。庸案：盼从分聲，一語已了然。字从分而讀亦从之者，如《詩·碩人》「巧笑倩兮，美目盼兮」，倩从青聲，盼从分聲，爲真、清合韻，詩人必不讀盼「敷莧反」也。又如王褒《九懷》「進瞵盼兮上丘墟」，此讀盼如彬，又讀瞵盼如瞵矉，聲雖小變，猶爲盼之本音，古讀原近是也。然《詩》「美目盼兮」，徐仙民敷諫反，吕忱《字林》匹簡反，又匹莧反，陸氏《毛詩音義》敷莧反，《論語音義》普莧反，音切皆轉入元類，與「分」聲之本音真、文類已不同。故郭必加音，猶《禮記》「子諒」恐人讀爲父子，故鄭亦加音矣。《釋名·釋天》曰：「豫、司、兖、冀以舌腹言天，天顯也，在上高顯也。青、徐以舌頭言天，天坦也，坦然高而遠也。」夫三百篇天字古音在真類，而顯、坦二釋取音相近者，已轉入元類。故知郭傳「盼」音亦轉入元類。景純、仙民皆東晉人，而非三百篇之盼與倩韻也。《釋名·釋天》之由真轉元，亦同斯例。《山海經》内郭音似此者，皆非誤也。聲音之道，當於今人之異者會其同，又當於古人之同者求其異，庸雖能言之，而未能盡之。《北次山經》「繡山，其中有鱯黽」，郭傳：「鼀黽似蝦蟇，小而青。」箋疏曰：「鼀當爲耿字之譌。耿黽，見《秋官》蟈字注，亦見《爾雅》。」馬元伯曰：「《爾雅》郭注：『耿黽似青蛙，鼁䵶似蝦蟇。』此云似蝦蟇，則不得以鼀黽爲耿黽。秋、酋古同聲，鼀疑即䵶之或體。䵶，《説文》讀如戚。䵶之變爲鼀，猶䵶之音爲秋也。秋、戚亦一聲之轉。」手示云郭「鼀黽似蝦蟇，小而青」一句兼包《爾雅》二物，若但云「似蝦蟇」，則是鼁䵶，又云「小而青」，則兼耿黽矣。《爾雅》言在水者黽，此經曰黽皆水族也。庸以尊説與馬君説皆是，而分析未清，何則？《爾雅》上文「鼁䵶蟾諸」，郭注云：「似蝦蟇，居陸地，淮南謂之去蚊。」此一物也。下文「在水者黽」，郭注云：「耿黽也。似青蛙，大腹，一名土鴨。」此又一物也。蓋同類異種，《山海經注》實兼《爾雅》二物言之。尊説融會二經注，最善。然以黽爲兼有鼁黽、耿黽義則可，以鼁即耿字之譌則不可。馬君詮發鼁字之義至精，能心知其意，確不可易，特謂此注言似蝦蟇，則不得以鼁黽爲耿黽，似失之太拘。但不得以鼁爲耿之譌，何妨以黽爲耿黽，是於郭氏兼包并舉之旨有未察耳。庸請申言馬君鼁字之義，曰《説文》黽部「鼁」下云：「䵶鼁，詹諸也。《詩》曰『得此䵶鼁』，今《毛詩》作「得此戚施」。言其行鼁鼁。」又「鼀」下云：「鼁鼀，舊作「圥鼀」，訛。詹諸也。其鳴詹諸，其皮鼀鼀，其行鼁鼁。此即《孟子》「施施從外來」之施施也。舊作「圥圥」，訛，今改正。从黽从圥，圥亦聲。」「䵶」下云：「鼀或从酋。」然則鼀、䵶實一字也。今《爾雅》作「鼁䵶蟾諸」者，鼁即鼀之訛。《釋文》字从去，起據反，則陸所見本已誤。䵶即鼀字，不當重出。以《説文》校之，則䵶當爲⿰爾黽。《釋文》音秋，則陸本已譌。今通志堂本作「⿰齒黽」，从齒，更誤中誤矣，然即可證展轉相乖之致。書此奉復，鄙説如有可采，或附之訂訛，并以質之馬君。

附録

先生以家貧，衣食於豪素。曾主畢靈巖，授其孫讀。爲阮文達校刊《經籍纂詁》於廣州，《經義雜記》諸書即以是時刊成。伊墨卿太守延修《廣陵圖經》，吴美存編修延纂《中州文獻》書，殁於吴氏館。阮元撰别傳。

秦邃菴曰：在東之學，師盧紹弓先生，因主張許叔重、鄭康成諸儒。而其與阮侍郎雲臺書云：「程朱於聖門躬行之學爲近是。」其言於宋儒不爲無見。秦瀛《拜經堂文集序》。

王伯申曰：用中紹其先玉林先生之學，撰《拜經日記》十二卷，考訂漢世經師流傳之分合，字句之異同，後人傳寫之脱誤，改竄之蹤跡，擘肌分理，剖豪析芒，其可謂辨矣。《日記》所孯究者，一曰諸經今古文，二曰王肅改經，三曰四家《詩》同異，四曰《釋文》、《義疏》所據舊本，五曰南北學者音讀不同，六曰今人以《説文》改經之非，七曰《説文》譌脱之字，而於孔孟事實攷之尤詳。若其説經所旁及者，叔孫、《禮記》、南斗、文昌之類，皆確有根據，而補前人所未及。王引之《拜經日記序》。

許周生曰：拜經讀書日有課，天時人事不少閒。阮雲臺師每有纂譔，必延拜經主之。宗彦與拜經交最久，每念好學深造者，輒首拜經，謂如皇侃、熊安生，當求之唐以上也。今年拜經示宗彦《日記》三册，使之爲序，則知拜經學益邃。經子疑義誤字，他人不能措意者，獨能毛舉件繫而梳櫛之。持論自闢窔奥，彌不同於人。許宗彦《拜經日記序》。

錢東生曰：鏞堂説經堅守師説。嘗謂戴東原所爲毛、鄭《詩》逞臆説以奪舊學，惠定宇好用古字，所校李鼎祚《周易集解》與開成石刻往往互異。近得明刻板勘對，始知李《易》本與今本不殊，其異者惠所私改也。甚得和而不同之義。錢林《文獻徵存録》。

陳恭甫曰：拜經此書窮源竟委，鉤貫會通，實爲近時説經家所罕及。留讀案頭，幾及月餘，愧未能盡通其奥也。陳壽祺《題拜經日記》。

臧先生禮堂

臧禮堂，字和貴，繼宏子。年十二，讀書攻苦，究心經史字學，事親孝。父久瘧，冬月畏火，先生潛以身温被。居喪如禮，笑不見齒。母患風疾，侍膝下刻不離，刲股和藥，私禱於神，減齒以延親壽。拜經後爲作《割股記》。娶婦胡，初婚夕，教以孝弟長言，令熟聽，乃合卺，一家感而化之。師事錢竹汀，業日進。精小學，善讎校，好許氏《説文解字》。以南唐徐氏兄弟治此，楚金尤專業，而世傳小徐本轉寫譌異，闕者據大徐本補之，益失真。得元板熊氏《韻會舉要》，所引小徐善本，重輯《説文繫傳》十五卷。又刺取許引諸經，爲《説文經考》十三卷。❶ 慕古孝子孝女孝婦事，作《孝傳》百數十卷。《尚書集解案》六卷，《三禮注校字》六卷，《春秋注疏校正》六卷。卒年三十，無子，以兄弟子後之。參史傳、朱珪撰傳、段玉裁撰傳、姚鼐撰墓表、陳壽祺撰墓表、吴承烈撰《愛日先生誄》。

拜經日記録和貴遺説

説文儀禮用今文

《儀禮》一經參用古今文，而定之者惟北海鄭公。若漢儒引用及蔡中郎書石，皆今文十七篇。許叔重《説文序》自言偁經皆古文，而於《儀禮》則今文爲多。如《士冠禮》「設扃鼏」注：「今文扃爲鉉，古文鼏爲密。」而《説

❶「説」，原作「諸」，今據《清史稿・儒林》等改。

文》作鉉不作扃，作鼏不作密。故《金部》云：「鉉，舉鼎具也。《易》謂之鉉，《禮》謂之鼏。」《鼎部》云：「鼏，以木横貫鼎耳而舉之。从鼎，冂聲。《周禮》『廟門容大鼏七箇』，《易》『玉鉉大吉』也。」《既夕禮》「乃窆」注：「窆，下棺也。今文窆爲封。」而《説文》引《禮》作封。故《土部》云：「堋，喪葬下土也。从土，朋聲。《春秋傳》曰：『朝而堋。』《禮》謂之封，《周官》謂之窆。」《地官》鄉師之職。《公食大夫禮・記》「鉶芼、牛藿、羊苦、豕薇」注：「今文苦爲芐。」又見《士虞禮・記》注及《特牲饋食禮》注。而《説文》引《禮》作芐，苦字義別，故《艸部》云：「芐，地黃也。从艸，下聲。《禮》曰『鉶毛、牛藿、羊芐、豕薇』是。」《士喪禮》「爲銘各以其物」，又「書銘於末」注：「今文銘皆作名。」《既夕禮》注同。而《説文》止用今文「名」，《金部》并不收古文「銘」，是可得其所從之例矣。引之案：古文止爲趾，見《士昏禮》，《説文》無趾，亦一證。

彼哉

《廣韻》五寘：「佊，衺也。❶《論語》云：『子西佊哉。』」《佩觿》卷下「上聲去聲相對」：「彼佊，上甫委翻，彼此。下甫委、冰義二翻。《論語》『子西佊哉』。」今本皆作「彼哉」。《集解》載馬融注云：「彼哉彼哉，言無足稱也。」皇侃《義疏》：「彼哉彼哉者，又答或人，言人自是彼人耳，無別行可稱也。」則馬季長本作彼字。何晏《集解序》云：「《古論》至順帝時，馬融爲之訓説。」然則古《論語》作「彼哉」。《廣韻》引作「佊哉」，蓋《魯論》耳。《説文》無「佊」字，《玉篇・人部》：

❶「佊」，原作「彼」，今據《拜經日記》卷五改。

「佊，陂髲切，邪也。」庸案：顧野王所見經書皆六朝舊本，《玉篇》中往往引有異文，至隋唐閒已尟。《廣韻》此條蓋本之《玉篇》，而今本《玉篇》反無文。

導之以政

《後漢書·朱景王杜馬劉傅堅馬傳論》云：「所謂導之以政。」李賢注：「《論語》曰：『導之以政。』」又《杜林傳》云：「孔子曰：『導之以政，齊之以刑，民免而無恥。導之以德，齊之以禮，有恥且格。』」注云：「皆《論語》之言也。」《文選》范蔚宗《後漢書二十八將傳論》：「所謂導之以法，齊之以刑者乎？」注引《論語》亦作「導」。《一切經音義》六引《論語》「導之以政」，又八引《論語》同。是知舊本皆作「導」也。

附録

嘉慶六年，拜經將往杭州，就阮文達之聘。先生再拜送之，曰：「兄弟皆侍膝下，誰爲負米者？皆客游，誰爲視膳者？兄與禮堂一人出，一人留，可乎？阮公招，幸以此辭。」拜經謁文達，文達詢先生能來杭否，拜經以其語辭。文達默然，遂延他客。《拜經堂文集》。

先生持服，阮文達親拜，聘襄詁經精舍，亟避之，許白衣冠，方見於舍。兄弟有過則諫，必改乃已，故皆以孝友推之，無閒言。顧性孤介耿直，得秋冬氣多。朱珪撰傳。

阮雲臺曰：禮堂孝子也，以毁瘠卒。拜經乞朱文正公諸名儒之詩文以表章之。阮元撰《拜經别傳》。

宋芷灣曰：讀《愛日居遺文》，真可以動天地而泣鬼神，安得磨滅？兄弟皆賢，使我讀之頂禮。宋湘《答拜經書》。

玉林交游

閻先生若璩別爲《潛丘學案》。

拜經交游

錢先生大昕別爲《潛研學案》。

王先生昶別爲《蘭泉學案》。

段先生玉裁別爲《懋堂學案》。

江先生聲別爲《艮庭學案》。

王先生引之別見《石臞學案》。

張先生惠言別爲《茗柯學案》。

劉先生台拱別爲《端臨學案》。

顧先生廣圻別爲《思適學案》。

許先生宗彦別見《儀徵學案》。

陳先生壽祺別爲《左海學案》。

孫先生星衍別爲《淵如學案》。

洪先生亮吉別爲《北江學案》。

郝先生懿行別爲《蘭皋學案》。

江先生藩別爲《鄭堂學案》。

莊先生述祖別見《方耕學案》。

清儒學案卷四十五終

清儒學案卷四十六

天津徐世昌

餘山學案

餘山自奮隴畝之中，名立而教成，剛毅篤實，君子人也。生陽明之鄉，而不附和良知，在清初浙東諸儒中獨立一幟。述《餘山學案》。

勞先生史

勞史，字麟書，學者稱餘山先生，餘姚人。世耕讀不仕，躬耕養父母。初就塾，聞説經義，至克治身心，敦飭倫常，輒竦然傾聽。年十七，反復朱子《大學》、《中庸》序，慨然立志爲真儒。得《近思録》，讀數番，悚立北面，稽首曰：「吾師在是矣。」内求諸心，森竦自責，謂天命之性，若君之詔臣，父之付子，兢兢惟恐隕越。讀《易》，參究《横》、《圓》二圖，寢食不釋。年二十四，所學大進，名所居齋曰「須友」。常静夜兀坐，玩圖精思，有所得書之。年四十三，自謂得其要領，論性有先後天、體用之分，指人受胎之始及墮地時所秉受，其氣之清濁醇駁於此别等差。論學以剛健篤實爲本，自不妄語、不妄動始，極之誠立無歇手處。天人之理，一誠盡之。聖賢之功，一敬盡之。居敬工夫，必整齊嚴肅，始有把握，而喫緊在居處恭。年至艾耆，日夜正襟危坐無倦容，而氣體舒遲，款接後學，和顔悦色，盡誠開導。晚益涵養沖粹，色和語正，而莊敬温醇，人人願近有道。嘗言：「人心静極，即能前知。」預刻死期，沐浴更衣，移牀至正寢，無疾而逝。時康熙五十二年，年五十有九。弟子桑調元編次《遺書》十卷。參桑調元撰行狀。

遺書

參兩理數

大哉易也！古今之運，其不出於參兩之理數乎？其道畢寓乎《圖》、《書》。《河圖》圓而象天，屬陽，然陽必根陰也，故其數則從兩地之法，相對而數之也。天一地二等云云，皆屬四面相對。《洛書》方而象地，屬陰，然陰必根陽也，故其數則從參天之法，而三數之也。天一地二等云云，皆是三方相向，古今之世運即寓之。是以邵子謂唐虞當中天午運之會，是《河圖》順生左旋之理數也。邵子又謂地氣自南而北，爲世運之衰，是《洛書》三方逆克右旋之理數也。子曰「參天兩地而倚數」，蓋《河圖》、《洛書》實相表裏，天運、地理、人事三者妙合而得其平，其旨微矣。或曰：「邵子之言，子何以驗其實乎？」曰：道所以藴象，象所以顯道，吾朱子亦有言也。天下之聲色貌象，皆有其理之所自來，知道者必知象。午于五行屬火，其性則爲禮，其位當南方，離卦之正陽，帝位也。故《易傳》曰：「聖人南面而聽，天下向明而治。蓋取諸此。」是以唐虞夏三朝交際，均以天下之帝位相讓，此讓之大焉者也。天下之禮，寧有加于此哉！此火之性所以爲禮，而最彰明較著，邵子之言可徵者一也。《易》謂陽善陰惡，午中一陰始生，當五月姤卦之象。朱子釋《姤・彖》之義曰：「幾微之際，聖人所謹。」朱子又於午以臟屬心，午亦爲天心，而姤在焉，《大圓圖》可徵。此又人心惟危，道心惟微，精一執中之統所自起。邵子之言可徵者二也。午爲離，八卦中離象近取諸身爲目，《象》又曰：「明兩作離，大人以繼，明照於四方。」邵子之言可徵者三也。午當離，離象遠取物，吾夫子以爲龜也。故舜命禹定水土之後，天錫禹神龜而于洛，此又《洪範》九疇參兩之數所自起。邵子之言可徵者四也。午當離，子當坎，子、午相沖，離、坎水火相射，此堯舜時所以洚洞無涯之水所由溢。邵子之言可徵者五也。離主文明，自巳之午，天上太微垣居之，實爲禮樂光明之宿。子曰：「焕乎其有文章。」邵子之言可證者六也。離爲雉，雉爲文明，故鳳儀獸舞，適當離位，萬物相見之時。邵子之言可徵者七也。太極運行，道顯乎法象，可言者尚多，余不必更瑣瑣總之。邵子之言本乎《圖》、《書》，天道固如是，即古今道統相傳之理數，亦可按《圖》、《書》參兩之義而知之。《孟子》曰：「五百餘年而聖人出。」是《大易》天地九六之數，參兩之義也。六者六甲也。九者九其六也，六九五十四，五百四十年，天地之大運一週。故姤卦陰氣盡，復卦之陽又生于下。朱子《卦變圖》凡一陰一陽之卦各六，皆自復、姤而來，豈偶然哉！先儒有非之者，亦不自知量也。《彖》與《傳》曰「朋來」，曰「剛反」，曰「天行」，又曰「七日來復」，是六九五十四之數已終，其理數豈謬乎？故吾朱子之釋傳曰：「陰陽消息，理數然也。」又曰：「九者參天之積數也，六者兩地之積數也。」又曰：「九六，數之變也。」又曰：「六甲本二中而出之。」合文王、周、孔、朱子之言，皆可合而徵之。《易傳》曰：「參天兩地而倚數。」朱子曰：「凡數皆始于此，數之源也。」然數必根于理，理之源既晰，而後及於象數，則其學乃益詳。達道有五，《洛書》中宫皇極之數亦五，聖人以道濟天下，其理俱不外此，實天之所以授受也。故曰：「河出圖，洛出書，聖人則之。」

論成性成形

陰陽遞禪而來理氣，無先後；性形合一而來理氣，無彼此。但就理論理，而理有先後，故有仁、禮、信、義、智之序也。就氣論氣，而氣有先後，故有木、火、土、金、水之序也。理氣雖無彼此，然理爲氣主，理以生氣，氣隨理轉，氣以載理。五者先後互根，錯綜變化，所謂無極之真，二五之精，妙合而凝，而成此人身。於是有仁、義、禮、智、信之性，心、肝、脾、肺、腎之形。人生有性有形，如是焉已矣。

論草木之性

客有論及草木無性，謂其無知也，因論及禽獸有性，謂其得仁義禮智之一也。吁！豈其然哉！如謂草木無性，《中庸》何以言「盡物之性」？蓋凡所生之物，莫不有性。故廣推八卦變化之象，始推八卦之象於天地，繼推八卦之象於人物，終推八卦之象於草木，曰「爲萑葦」，曰「爲木」，曰「爲蒼筤竹」。且《中庸》言「語大莫能載，語小莫能破」，若草木無性，則是性有可破，性有不能載者矣，安得謂「盡己之性則能盡人之性，能盡人之性則能盡物之性」乎？客又辨曰：「盡物性，恐只是盡禽獸之性，如《禮經》所云無故不殺犬豕，盛王之世雞犬不夜驚，不毁巢，不毁卵，物各得安之類者皆是，或草木不在其內。」曰：《書》不云方長不折，化被草木乎？故堯舜之世，莆蓮、屈軼、蓂莢生庭，麥穗兩歧。伏羲、文王，蓍草生墓。孔子墓更生楷木，高宗修德而祥桑死。此皆聖人盡己性以盡物性之所在也。降而賢人，亦能感動乎草木。如哭竹生笋，萊公之竹，紫荆復茂，亦無非同得天地之性，故誠動于此，相感于彼。使不是皆具其性，何能感於彼乎？草木遇春而生，遇秋而斂，對日而甲坼，向上而生芽，亦一定之變動趨舍也。人得天地貞元之全氣，故極靈，是以無所不知。禽獸得貞元之偏氣，故靈微，僅能運動。草木得貞元之散氣，故靈益微，僅能辨秋冬而已。總之人得天地之全，禽獸得天地之偏，草木得天地之微，安得謂草木無性？且醫家辨藥性，諸藥之寒熱温涼，與人之陰陽血脈，無不相湊合，亦無非同得天地陰陽五行之理，而性道相爲流通也。嗚呼！天地間無一非性之流通也。如云禽獸得仁義禮智之一，則已過矣。仁之於父子，義之於君臣，禮之於賓主，智之於賢者，即人雖具此性，尚有不得其全，況于禽獸之無倫，尚安得爲仁義禮智之一乎？故犬不過司户，雞不過司晨，牛不過司耕而已矣。即蟻蜂知君臣，虎狼知父子之類，不過止此一隙之明。毋論他端不能推，即此一端，亦豈能全盡其道乎？尚可得爲有仁義禮智之實乎？嗚呼！今之人尚無仁義禮智矣，不亦大可痛哉！

性有理氣

昔子思、孟子之論性，皆就義理本然上説，故一則曰「天命之謂性」，一則曰「性善」。若《魯論》所云「性相近，習相遠」，此所謂性，朱子謂兼氣質上説。而世儒疑之，謂孔子之説極其中正，而子思、孟子之説未免稍徑直。此何其不細察哉！義理本然之性，聖人何嘗不言？即《魯論》中，豈不曰「人之生也直，罔之生也幸而免」乎？此「生」非指人之生初而言乎？此「直」非指義理本然之直乎？若果使人之生也不直，罔之生也亦宜，聖人何故爲是言？故義理本然之性，聖人何嘗不言？即《易》中亦云「窮理盡性」，若人性不善，何以教人盡之乎？程子所云「論性不論氣，不備。論氣不論性，不明。二之則不是」。至哉！此言也。

性有理氣交相牽制

昔張子有言：「形而後有氣質之性，善反之，則天地之性存焉。」蓋人于始生之初，天命流行，以理生氣，則理爲主，而氣無權。此天地之性所以純粹至善者也，孟子道性善原諸此。及既生之後，氣以成形，氣有不同，理落在氣中，則氣之權盛，而理之勢隱。此所謂氣質之性駁雜不齊者也，張子論氣質之性見及此。斯二者，人皆具之，是以人雖爲氣質所拘，而惻隱、羞惡、辭讓、是非四端，終有不能泯者，以其原初無不從天命中來也。然雖具此四端，而究不能擴充以止于至善者，則仍爲氣質拘之也。二者交相牽制如此，所以世之爲善無終，而惡人亦有良心，以此故哉！是以必有藉于聖人勞來匡直之教也。

心性道德動静陰陽五行天人太極總論

心之靈即氣之神，何謂神？氣之精英。心之性即神之理，何謂理？神之妙則。然理爲神之宰，神爲理之輔，自不相離。合之則明德所由名也，分之則理氣所由辨也，貫之則性情所由著也。然性伏於心，初無形象，其體静也。及事物之來，無不各付以法程者也，其動用也，道也。是以見於動時，乃有萬端散殊之理也。伏于静時，渾然一理，全體之道也。静時雖止一理，然静爲動之本，動時散殊之理，皆從静時之理而滋息之也。動時雖萬端，然動所以致静之用，動畢則仍歸一理。動静相須而不已，在天爲不已之於穆，在聖爲不已之純。總之大道無窮，其體之迭運不已者，即在人之太極也。一動一静者，即在人之陰陽也。五倫攸叙親、義、序、別、信，即在人五行之成象也。夫心性、道德、動静、陰陽、五行，無一非太極爲之也。故曰天人合道也。

人死而成鬼

人之生而成形也，根陽氣之發，而漸至充盈。人之死而成鬼也，根陰氣之凝，而不遽消滅。大聖大賢，其精氣渾合于日星河岳，助兩大之生成。即凡忠孝節義，有一端足以自立，亦各以類相從，分麗於四時之氣，歷久而不磨滅。常人之鬼，無所恃以自存，始不遽消滅，終必漸微漸泯。其强梁而死，與負冤屈者，尤能爲厲，然亦必久而熄。何則？客氣不能持久也。又常人之鬼，其靈久而漸微，其子孫能一氣感之，亦能片時萃聚。此陽又根陰，陰又根陽，則互根之理矣。故朱子曰：「人死氣之散者，雖化而無有。而其根於理而日生者，則固浩然而無窮矣。」

理是至當之名號

理也者，至當之名號。故范氏云：「天下各止其所，而天下之理得矣。」若仁義道德等説，又不過即其理所屬之地而名之耳。故程子云：「心、性、天，一理也。自理之從出而言謂之天，自人稟受而言謂之性，自存諸人而言謂之心，其實一理也。」

心各有條理

心之能動、能思，能合乎理，且無遠近幽深而無不入者，何也？曰：能動者，心之氣。氣本動也，故蠢人心亦能動，至於籌畫謀慮則不能也，蠢人之心只有氣。能思者，則又氣之靈。故善謀之士，心雖能百出以求勝，求其去私以從道，則不能也。智謀之士，其心徒有氣之靈。若夫能思又能合於理者，靈之本乎性，故正人一心之計議無非道也。至若合幽顯，通上下，總古今而一之，非神妙萬物不能也。故正人雖具靈性，而未神也。是以孟子云：「聖而不可知之謂神。」書曰：「乃聖乃神。」《易》曰：「古之聰明睿知，神武而不殺者夫。」故圓外竅中者，心之形也。知覺運動者，心之氣也。光明洞達者，心之靈也。仁義禮智，心之性也。惻隱、羞惡、辭讓、是非，心之情也。此心之各有條理，而不可亂者也。然性蘊於靈中，靈發於氣表，氣運於形中，而情者又根性靈而出之者也。此又各有統攝而無容雜也，心之妙也。

與心以權

目然乎色，耳然乎聲，口然乎味，鼻然乎臭，四肢然乎安佚，惟心然乎理義。然乎理義者，而使不格物致知，與心以權，爲一身主，則耳目口鼻四肢各眈眈逐逐，心反爲之區畫而爲形役，天理滅而禽獸之矣。夫人各能格物致知，與心以權，則衆官從令，無不縱横曲折，優遊天則，始得成之爲人。

見道確

夫人欲違衆而獨立，誠有甚難。然特患吾心不能確見夫天理物則之良耳。苟能確見夫天理物則之良於吾心，雖令無一君子譽之於前，而自知勸。百庸人毀之於後，而亦不見阻。則吾之處平陂生死之際，挺特自持，豈有覬覦僥倖之私，趨避之計哉！是以君子見道既確，不隨衆而獨立。

邇言

《大學》所謂「至善用其極」，《中庸》所謂「其至矣乎」，《孟子》所謂「人倫之至」，只是到恰好處。

《論語》不言理字，只言禮字。理闊綽，禮精密。復禮約禮，亦只是到恰好處。

從古無不戰兢惕厲之聖賢，所以存此幾希也。曾子臨深履薄，死而後已，到得吾知免夫時候，快然無憾。其快然無憾，全從戰兢惕厲來。

深山窮谷中，實做聖賢工夫。其聲光必然騰燭，所謂修身見于世也。縱遯世不見，知自家喫飯自家飽，當下快足，只求己身有可稱之實。人沒世之稱不稱，奚計焉！

剛毅斯有立。曾子、子思、孟子、朱子直是剛毅，一力肩荷斯道。

怕做敬義夾持工夫，斷無超悟捷到之聖學。

敬字工夫，到主一無適，始全盡無滲漏，此心自不走作。然須從整齊嚴肅、四面檢束做起。

汪鑒問：明德如明珠，爍爍有光，虛明四照，在腔子裏耶？曰：非也。明德如一部字書，未翻閲時，不黏滯一字，卻萬字俱井井具備在内。及至翻閲，按部咸得，翻閲訖仍如前。故曰：虚具衆理，靈應萬事。

悠悠忽忽過日，是學者之通病。便等閒斷送一生，其病源只是志不立。

此刻猛省，即從此刻打起精神，拌命做去，始得。

爲學卻又不可躁急，須耐勤苦，深造自得。故孟子言「勿忘勿助」。

孟子質地極高明，然做養氣工夫，從集義做去，日積月累，而後得之，氣自養得十足。學者質地萬萬不及，而欲一蹴到充實地步，如何能得？

立如齋，立時敬也；坐如尸，坐時敬也。無時無事不戰戰兢兢，正是活潑潑地。

吾一生用力於敬，敬是徹上徹下工夫，愧我做不徹耳。

於急流溪港撑逆水船，須全力著緊，一篙放鬆，便落下多多許矣。學者宜悚怵。

人不爲聖賢，便折入爲禽獸之歸，其間不過分數等，斷無有中立之地。然則人倖臻上壽，無以别於禽獸，亦只是多數十年禽獸而已。哀哉！

事有大小，道理無大小。一些走作，便是全體有缺，故君子謹小慎微。

余初時用功，志在講明實學，刻苦求踐履，只見得自己身上切要之務，不可一息荒棄，那管人非笑迂腐。得寸亦己之寸，得尺亦己之尺，志氣大定，愈做得有滋味，曩非笑者亦悔之。此便是可與共學好機括，惜其不能立志，隨流俗因循過去，吾每爲之悼歎。

孔明《表》曰：「臣受命之日，寢不安席，

食不甘味，恐付託不效，以傷先帝之明。」知天命之君子猶之矣。

放出膽識氣魄，自己立志要做什麽人，即是什麽人，死生以之。讀書人先看膽識氣量何如，學聖人斷須直下承當。

忠信是學者之關中、河内，否則無地以崇其德。聖門四教，歸宿在忠信，學文修行，專要存此。曾子三省，所謂「傳習」。凡傳習此忠信，誠身守約，做到一貫地步，只此而已。

「無極而太極」一語何等圓足。無極是無形，無極而太極，是無形而有理。象山先掃卻此一句，謂之知道，可乎？

「良知」本孟子語，然孟子並言良能。今直謂知行合一，惟須致良知，并良能亦拋卻。其病在無善無惡心之體便錯，故一直錯到底。不過借「不慮而知」標其謬誤宗旨，與孟子本意全不合。

附録

先生容貌魁碩，秀眉廣顙，光氣煜然照人。讀經書，塾師删其注，以己意默誦。聞論行文佻巧法，俾曲就題目，輒掉頭去。塾師問故，曰：「文以發揮聖賢之理，此恐本意無之。且當年創始作經義時，不應有此繩尺。」塾師異之。夕荷鋤歸，輒展卷，至夜分不倦。桑調元撰行狀。

先生引進後學，就事提撕，專務倫常日用，鞭辟近裏。雖傭工下隸，俱引之向道，謂「盡汝當爲職分，務實做去，終身不懈，即是聖人。僕身雖賤，而道彌尊。纓佩人或操行穢瑣，即不汝若遠甚，勿自菲薄」。聞者皆爲之感動。同上。

時王學盛行，士憚爲居敬窮理之學，喜趨徑捷，憑倚良知，即可以至道。先生以爲陽明姿秉剛明，亦自由學。學者姿與學俱遠不逮，而遽欲超詣，失所依據。《傳習録》已明明差移，至《王門宗旨》一編，頽壞無隄防，恐亦非陽明所忍見。朱子之學，遞傳至楊園，稼書，承一脈緒系，導學者於大中至正之歸，縱下學未能至極，亦循循在途轍中，未至流蕩而無所坊。同上。

先生一布衣，無絲毫勢力，憑藉以道德光明，至誠感人，信從者衆。韓子所謂「薰其德而善良」者，目覩非虚。終老田間，無由展攄其所學。嘗論聖功在操存其心，王道在不私其利。井田不可復，在講求水利。封建不可復，在擇賢久任。學校須慎簡有德望者，隆其禮，使爲之師，課實行，不徒文藝，則人材輩出。窮居殷然，與天下相流通，達必不失民望，體用兼備而不迂。老又深詣聽言，遇事輒判仁與不仁，其精强有自來矣。同上。

沈椒園曰：姚江勞餘山夫子倡道海濱，貫通大《易》。所言三極大中之道，一本諸《横》、《圓》二圖，推闡明曉，發曩哲所未發。言太極陰陽互根，混闢淆爲萬象，元元本本，變化無方，具能指其從出之源，歸宿之墟，見者驚爲望洋。要不外斯至理，與焦贑、京房蠡斗所量測，不可以道里計。《太玄》、《潛虚》類多磽确，經世尚有未醇，誤以霸爲貞元正氣流行，謂二程所當匡正，誠醇乎其醇，所謂奇而法也。懇惻引人以躬行身作之則，而必自格物入。雖終日言，不離乎圖，莫非鞭辟近裏，示人之不可背乎天。固不特《邇言》所箴砭切于倫常日用，令人毛骨森竦，弗折而入于衺也。《遺書序》。

餘山弟子

桑先生調元

桑調元，字伊佐，號弢甫，錢塘人。父天顯，以孝稱。先生少負異才，下筆千言。年十四，謁餘山，因留受業，教以立志大，存心細，聰明勿誤用。餘山歿後，以遺稾付之。雍正丙午，舉順天鄉試，癸丑會試。後命選舉人明習性理者，得八人，先生與焉。賜進士，授工部主事。父喪，廬墓三年。喪除補官，旋引疾歸，迭主大梁、道山、濂溪、濼源諸書院。於濂溪，構須友堂，祀餘山。於濼源，與山東按察使沈廷芳共編刻《餘山遺書》。歸老於家，闢餘山書屋，以教四方之士。一以程朱爲法，有《論語説》二卷，闡《集注》未盡之義。《躬行實踐録》十五卷，言敬言仁，持論必歸於醇正。游五嶽皆徧，所至題詠詩文，縱横排奡，合爲《弢甫集》八十四卷。乾隆三十六年卒，年七十有七。參史傳、《餘山遺書》。

附　録

先生初見餘山，與論格物致知，先生對曰：「物即明德中殽列之品類，故天下無性外之物。知即明德中逗露之靈光，故孩提有不慮之知。」餘山訝詰：「此語誰教汝？」先生對：「聞之錢惕庵先生。」惕庵名之泌，孝豐人。餘山即致書惕庵，略言：「功利之習深中於人心，士讀書作文，祇以爲梯榮之具。數十年來欲求同志之友切劘，興起斯道，使人心習尚盡歸於正。比聞桑生述先生志皦而行卓，教學者以窮研克治，如聞空谷足音。」書未達，而惕庵已卒。《餘山遺書》。

案：錢之泌，《孝豐志》未載，其生平不可考。餘山致書未達，不可以列交游，故於此附見其名，俾不終湮焉。

汪先生鑒

汪鑒，字津夫，餘姚人。隨父官雲南，父卒官，奉喪還至漢江，遇大風，舟且覆。先生憑棺號慟，風反，得泊沙岸，乃免。衆呼汪孝子。爲人矜尚氣節，受業於餘山，戒之曰：「英氣，客氣也，其學以鎔之。」久之有悟，得四語曰：「自然者道，當然者理，必然者勢，偶然者數。」自號四然道人。陳梓爲作小傳，弢甫編其詩曰《津夫詩鈔》。

盧先生存心

盧存心，初名琨，字玉巖，仁和人，恩貢生。父之翰，少孤力學，喜爲詩，晚與馮景、王玉樞結詩社。景以女妻之。受業於餘山，與弢甫以道義相切劘，亦雄於詩。乾隆元年，舉博學鴻詞，報罷。子文弨，別爲《抱經學案》。

案：《餘山行狀》又有郎鑌者，初師錢惕庵，後來受學，里貫事蹟未詳。

餘山私淑

沈先生廷芳

沈廷芳，字畹叔，號椒園，仁和人。乾隆丙辰，以監生舉博學鴻詞，試二等，授庶吉士，散館授編修，考選御史，屢上章言時政。如請發常平倉穀，賑淮、鳳、徐、泗諸府州水災，請免米豆船科，請移在京滿洲閒散屯田塞下，請禁海洋物産販入内地，皆犖犖大者。又言京師智化寺乃明英宗爲逆閹王振所造，李賢撰碑文稱振功德，請毁像仆碑，尤爲時所稱。命從大學士高斌之山東治賑，授山東登萊青道布政司參議，遷河南按察使。母喪歸，起山東按察使。所至皆有聲績。官河南時，桑弢甫主大梁書院，與交游，讀餘山書而好之。及至山東，與弢甫同編刻《餘山遺書》，爲之序，自稱私淑弟子。以老罷歸，迭主鰲峯、端溪、樂儀、敬敷諸書院。三十七年，卒。著有《理學淵源》十卷，《續經義考》四十卷，《鑒古録》十六卷，《古文指授》四卷，《隱拙齋詩集》三十卷，《文集》二十卷。參史傳、《餘山遺書序》。

福建續志理學傳序

自昔三代之隆，道在鄒魯。宋之中葉，道在濂洛。南都既遷，羣儒講述，道在於閩。夫使瀕海喬野之區，彬然與鄒魯同俗，豈非理學教化之力哉！前志載人物，不爲理學立傳，紀事而不提其要，識者病焉。今夫道原出於天，天即理也，别其名曰誠、曰敬、曰至善、曰大中、曰仁義，而體之身則爲學，是皆所謂道也。堯舜周孔之道，足乎己，措諸家國天下，其所言不假窮幽析微，萬理皆備。孔子既没，異端争起，亂當世，於是孟子道性善，尊仁義，辭而闢之。至漢諸儒，説經各以家法，紛綸甄釋，交相是非，然而前聖遺經賴以不墜。及唐昌黎韓氏起，攘斥佛老，遏六季之横流，遵孔孟之極軌，其可惜者志在經濟文詞，不屑以訓詁教人爲事，故人知道至宋儒而明，而不知韓氏之實有以啟之也。宋賢濂溪周子肇啟道源，推以陰陽五行太極之理，而關中張横渠氏又極言知禮成性、理一分殊之旨。及二程子生河洛，擴濂溪之緒，道賅鉅細，一本乎誠，學無津涯，而莫先格致。當是時，諸君子聞風興起，宏闡道微，千里游從，講壇相望。是故劉質夫、謝顯道、吕與叔之徒衛道於北，厥後許魯齋、劉静修繼之，至明復有曹正夫、薛敬軒、吕涇野諸公。而楊龜山、游定夫二子載道以南，豫章、延平嗣起，閩學大盛。新安朱子僑寓建陽，得羅、李之傳，私淑程子，述先聖之道，燦然明備。諸弟子得其傳者五十有三人，而金華四子本之黄直卿氏。明時儒者，大江以南如胡叔心、章楓山、魏莊渠、羅整庵，敦行最著，閩則蔡虚齋、陳晦德盛稱焉。方朱子之講學四方也，謂格致誠正，入道之源在是，而一本於居敬。同時象山陸氏則主人生而静之説，持論往往齟齬。逮白沙陳氏、姚江王氏生二三百年後，從而祖述之，號曰心學。天下靡然從之，浸淫不返，流及虚無。而閩之君子，率原本程朱，宗白沙者惟陳茂烈一人。此理學之正宗也。於是徵據羣論，折衷正史，萃諸賢而登之，各綜其行事。以海濱四先生閩學所昉，而諸儒弟子學有淵源，與夫經術湛深，博雅通明，足爲吾道之翼者，咸並列焉。庶海濱鄒魯之稱，爲不誣矣。

弢甫弟子

盛先生世佐

盛世佐，字庸三，秀水人。乾隆乙丑進

士，官貴州湄潭知縣。憂歸，改發雲南，攝麗江井事，旋卒。弢甫設教南屏，庸三從之游，熟精三禮，撰《儀禮集編》，依經分卷，臚衆說而衷以己見。辨經與記之參錯，謂《士冠禮》自「不醴則醮用酒」以下，《士相見禮》自「士見於大夫」以下，皆即記也。其注或連傳，經爲傳隔，皆爲更定。至鄭、賈及楊氏圖有誤者，爲正其失。監本、石本誤字，亭林、蒿庵未及舉者，爲補其闕。參史傳。

尚書釋天序

唐虞羲和之法，遭秦火而不傳，六天騰沸，莫知所從，自太初以後踵事增修者七十餘家。至我聖祖仁皇帝《律曆淵源》之書出，法以數精，理以象顯，《會典》：雍正四年議准《律曆淵源》板交與禮部，凡臣民有情願自備紙張工價刷印，或願重刻以廣流傳者，聽之。如披雲見白日，使千古術士詭祕之說，至今日而無所遁其形。始知大經大法，已略具于《虞書》數語之內，雖有古今中西之殊，而其理莫能外也。九峯《集傳》因統釋全經，專取約文見義。又如渾蓋同歸，有一行之明論，孔氏《正義》惟取蔡中郎之陳言。九道之說，《漢書·天文志》與《律曆志》大相背馳，而三山林氏《書解》引之，以釋月行冬夏。《集傳》既不免承襲之嫌，至羲和之分宅四表，不明爲里差之見端；渾儀之白道單環，不知爲察月行之交會；而歲差引一行語，宋本《集傳》及文公《書說》並有「日與黃道俱差者」七字，不知何時脫去。如斯類者，均所未安。閒嘗不揣愚昧，取《書》中之涉於曆象者，以《集傳》爲主，旁採諸書，而疏正之。其於傳義未諧，所宜剖析者，則以蒙說附綴於其際。至於緯書之荒唐，史志天官曆說之蕪穢，直者迂之，明者晦之，數家之言轉相附會，一簡之内首尾乖違，乃術士惑人之故習。竊據所知，爲之詳辨。書分六卷，名曰《釋天》。其相與往復商搉者，則果堂沈丈彤、潘子尊堯、吴子貢金也。極知狂愚無當高遠，惟幸生禮樂明備之朝，堯舜羲和之絶學得親遇其隆，視宋元之爲經解者事半功倍，何論漢唐！蓋以聖經爲權輿，以時憲爲標準，先後一揆者理之同，而法不必其一轍，故推步之詳，非所敢知，庶或資於格物窮經之一助焉。

錢先生載

錢載，字坤一，號籜石，秀水人。乾隆壬申進士，官編修，累遷禮部侍郎。至性肫篤，師弢甫最久。立朝三十年，秉正不阿，終其身食貧。晚罷歸，鬻畫以自給。其爲學漁獵百家，尤工詩。自爲詩集序，累述父母劬勞，生平知遇，以爲所報答者惟在此也。參《籜石齋集》。

弢甫交游

張先生庚

張庚，字浦山，號瓜田，秀水人。乾隆丙辰，以布衣舉博學鴻詞。少孤，事祖母及母盡孝。及長，研究經史，不爲科舉業。爲文簡老樸實，詩亦新穎，五七言古體頗見古人堂奥。兼精六法，所作山水氣韻深厚，自成一家。以負米故，奔走四方，足迹半天下，所至多與賢豪長者交。客睢陽十餘年，人重其學。嘗以明刻《通鑑綱目》一書，其中王幼學之《集覽》，馮智舒之《質實》，頗多謬誤，因爲《釋地糾繆》六卷，以正其失。又爲《釋地補註》六卷以拾其遺，皆極精審。他所著有《晝徵録》三卷，《續録》二卷，《强恕齋文鈔》五卷，《詩鈔》四卷，及《五經臆》、《蜀南紀行略》、《短檠瑣記》、《瓜田詞》等書。參史傳、《鶴徵後録》。

通鑑綱目釋地糾謬補註自序

《通鑑綱目》分註所引之文，其間古語方言，以及句法之難明者，誠不可無註，而於地名爲要，地名而有關軍事爲尤要。蓋軍事之起兵師次，接戰交綏，設伏設備，聲東擊西，取彼定此，皆有關帝王廟算之是非，將帥方略之善否，必當考核明確，方使讀者恍若親之。一失毫釐，即有千里之謬，反蒙讀者於濃霧中矣。夫地理而欲得其明確，亦極難矣。歷代沿革有不同，六朝五代竊據紛如，其地之朝甲暮乙，改易其名，有史所不得詳備者。而地志諸書與各郡邑志乘，又多妄援古名，遂有兩地互見。士生千百年後，而欲據實以定當日軍事所關之要，自非細心虚衷，博覽徧考，按時按事，并按其情形，而證以輿圖，不可也。今觀王幼學之《集覽》，馮智舒之《質實》，謬誤不少。蓋《綱目》本《通鑑》而爲之也，《通鑑》則有胡身之註，頗屬精當。《集覽》、《質實》捨之，每於地名不加詳考，任意引註，宜其謬矣。庚嘗病之，思一糾正，以奔走衣食，未暇也。乾隆戊辰，中表弟沈觀察艮思出眎所著《綱目尚論編》，亦以《集覽》、《質實》之謬屬庚改註，乃取胡身之註校定，得其半。崑山顧祖禹《讀史方輿紀要》一書考訂尤詳確，遂主之，再證以《輿圖》，瞭然明矣。或大書與分註有傳訛者，仍按史改正。或史文誤者，則就文理酌改。有圖所未及者，則據事勢情形以定。至其所未詳者，不註者，一一補之。惟封爵之地，多挂空名，似無關係，有不補也。窮兩載之晝夜以成。時觀察已解任，恐無能與《尚論》同梓，因別成《糾繆》、《補註》兩種，俾讀《綱目》者按事校之，則於考亭分註之深意，庶幾無晦。自非好摘前人之疵，誠以《綱目》起見有不得已者。然一己固陋之識，烏能悉當？又雍正、乾隆閒所改所分郡邑尚未盡詳，則恭俟《一統志》頒行改正。

文集

書方望溪讀儀禮後

《儀禮》所具之文，於登降、進反、服物、采色，辨及於微忽，非好繁也，不如是不足以束觔骨，壹心志，以通極乎性命，《記》所謂「威儀三千」是也。秦漢以降，民心散而風俗澆，由禮亡而無以維之耳。方氏獨云《儀禮》之制，惟成周爲宜，以爲道教彰明，雖甿隸曉然於仁義中敬，用是以磨礲之，使益深於人道。後世大防潰決，而不能自禁，乃使戔戔於登降、進反、服物、采色之辨，而相校於微忽，不亦末乎？遂謂周公生於秦漢以降，用此必有變通。斯言過矣！聖人之制禮也，原於根本，而後及乎枝葉，一一整齊而統之，夫是以菁蔥茂鬱可觀也。習禮者由一葉一枝之通，以漸及於根本之精微爲知道，否則亦知所謹飭，不至於放蕩而無忌憚。然則定民志，齊民俗，莫急於禮教之修明矣。試思後世冠禮不行，士子立身之基失；婚禮苟簡，婦人勃谿之風熾。儻周公復生，惟恐復之不盡，安得嫌其戔戔相校於微忽而有變通也。其云成周道教彰明，即斯禮之行也，豈别有一道以先之乎？後世大防潰決，正當以此維之，而乃爲末務耶？

椒園弟子

汪先生中 别爲《容甫學案》。

清儒學案卷四十六終

清儒學案卷四十七

天津徐世昌

滄曉學案

滄曉覃精《易》學四十餘年，其持論酌於漢學、宋學之間，與朱子頗有異同。然《易》道廣大，非一人所能盡。朱子作《本義》，嘗欲有所改定，而自言未暇整頓。則後人辨訂，亦未始非朱子之志也。述《滄曉學案》。

胡先生煦

胡煦，字滄曉，號紫弦，光山人。康熙壬辰進士，選庶吉士，授檢討，直南書房。嘗與修《周易折中》、《卜筮精蘊》諸書，官至禮部左侍郎，以事罷職。乾隆元年，詣闕召見，賞給原銜。是年九月，卒於京師，年八十二。三十八年，四庫館開，高宗命河南撫臣蒐録遺書，續舉以進。五十九年，追謚文良先生。少學能文，初官安陽縣教諭，至成進士時，年已五十八矣。居常究心《周易》，得圖、書一貫之指，臚傳後引見，即自陳所學。聖祖叩以河洛理數，條對甚悉。自後屢召見，問卦爻疑義，命畫圖以講。聖祖曰：「真苦心讀書人也。」所著《周易函書》，原分正集、續集、別集諸名，卷帙煩富。後手自修訂，復經先生子季堂重加編校，其總論易説者爲《原圖約》一卷，《原卦約》一卷，《原爻約》一卷，《原圖》四卷，《原卦》一卷，《原古》十卷，合成《函書約存》十八卷。其注解經文者，爲《上經》六卷，《下經》六卷，《上下繫辭傳》四卷，《説卦傳》一卷，《序卦》、《雜卦》一卷，合成《函書約注》十八卷。又有《易學須知》三卷，《易解辨異》三卷，《篝燈約旨》十卷，合成《函書別集》十六卷。大旨言象則取證於虞、荀、侯、鄭及來氏諸儒，言數則更附以《左》、《國》、史子諸集，至於爻象別有會心，則詳辨於各卦各爻中。言必有據，不執己見，不曲徇，不故違也。其他所著，尚有《卜法詳考》四卷，《葆璞堂文集》四卷。子季堂，字升夫，號雲坡。由廕生官至刑部尚書，出爲直隸總督，嘉慶五年卒，謚莊敏。克承家學，著有《讀史任子自鏡録》及《培蔭軒詩文集》。參史傳、彭啟豐撰墓誌銘、《周易函書》李去侈序、《四庫全書提要》。

周易函書自序

方今詩書大備，聖道昭明。漢、唐、宋、明諸儒蔚起，宜無復有遺文賸義，俟諸後學考稽詮釋矣。然日新而不已者，文之運；日出而不窮者，道之理。一狐之腋，不以成裘，南山竹箭，加之以鏃，入且更深也。安見芻蕘工瞽千慮之一得，不足供採擇，益高深乎？譬彼古鑑，雖復沾塵，揩磨之以湏錫之礬；譬彼干將，雖復埋獄，焠礪之以華陰之土。彼其質於古無加，而光彩鋭利，焕乎維新矣。古聖人遺六經，教後世，固欲學者繼起，有以抉其藴，發其光，使無至如古鑑、干將塵埋韜晦已耳。然六經皆載道之書，而《周易》實具天人性命之理。《周易》止卦爻之設，而圖象實括始終本末之全。會圖徵象而至理斯存，未有棄圖置象而孤標至理者也。夫圖象猶形也，理猶影也，影即形而存，無形而影於何起？圖象猶日月也，理猶光明也，光明即日月而具，無日月而光明何生？乃自王弼掃象，一歸諸理，宋儒因之，象失其傳，由來久矣。來矣鮮生諸儒之後，獨能上追虞、荀，廣搜博覽，益其未備，訂其舛訛，務使理由象出，亦可謂好學深思，不爲理障者矣。第於本源有所未探，則顧小而遺大，拘末而棄本者，猶不免焉。煦復從而斟之酌之，損之益之，其有未備未當者，又複合諸卦象，揆諸小象，證以《先天》諸圖，及《繫》、《說》、《雜》、《序》諸傳，總折衷經文，以求至當，斷不敢徇傳而棄經，溺理而遺象。故於其中謬誤滲漏者，又復得十之二三。以此徵象，庶云備乎？獨思來氏錯綜之說，本欲矯卦變之非，而不知其愈離而愈遠也。今執所綜之兩卦，以一覆而爲往來，是未知往來之的旨也。夫來則必出於內，而往則必行於外者也。故卦稱內爲來，而外爲往。謂內爲來，是原其所生之有自；謂外爲往，是究其發舒之有漸也。如謂上之覆也，即爲初二之往也，即爲五。不惟垂盡之末，不可稱爲方生之初。即二覆爲五，越三四而超然以往，亦未知卦氣之升，逐爻漸進之旨矣。即謂陰陽互根，皆由窮極而返，亦是陽極生陰，陰極生陽，安有陽之盡也復生陽，陰之盡也復生陰乎？夫剥之與復，理應相綜，來氏於此何不云剥之上九爲復初九之往，復之初九爲剥上九之來乎？明知其中尚隔純坤一卦故也。若由復而剥，彼其所隔尚有十卦，安在其一覆而即至乎？夫彼所謂錯，即古所謂伏也；彼所謂綜，即古所謂覆也。伏有伏象，覆有覆象，緣有是象，乃爲是辭。故欲達辭，必先明象。《易》中之象錯互皆有之，伊綜獨無，安有是理？第以綜論象可也，以綜論往來則不可也。夫來往之理，莫備於《先天》四圖。故煦更訂爲《循環太極圖》，又復變化卦象等七圖，以發明先天之義。非臆之也，亦即《先天》四圖探玩既久，而有以得其旨趣。知夫《太極》一圖，即《先天圓圖》之變化，而《先天圓圖》，又即《河圖》之變化。凡夫《周易》象傳中上下始終、内外往來之妙用，靡不於此凝聚而會歸焉。今觀此圖，乾南坤北，天地之所以定位也，而乾坤之首《易》者擬之。離東坎西，天地往來之交也，而水火之始終於《易》者擬之。三男附坤而成形，三女附乾而成象，天氣所由下交，地氣所由上躋也，而泰、否、復、姤之交不交者擬之。附坤者首一陽之震，上行而爲二陽之離、兑，又上行而爲三陽之乾，而陽始極。附乾者首一陰之巽，下行而爲二陰之坎、艮，又下行而爲三陰之坤，而陰始極，而復、臨、泰、姤、遯、否之由微而盛，由盛而衰者擬之。其陰陽之生也，皆由於内，逮夫盛而極也，始往於外而就消。而先三爻之來於下而稱内卦，後三爻之往於上而稱外卦者擬之。東南爲陽，而離之中虚者居焉，則陽中有陰也。西北爲陰，而坎之中實者居焉，則陰中有陽也。艮、震之陽，夾坤而居，則「大明終始」、「得朋」、「喪朋」之義也。巽、兑之陰，夾乾而居，則「先甲」、「後甲」、「終則有始」之義也。卦有内外，則先三後三所由分；卦歷六爻，則「七日來復」所自起也。其在乾而言坤，在坤而言乾，所以有卦之覆；其非水而言水，非火而言火，所以有卦之互也。推之而爲卦象，則由初至上，由上返初，莫非此圓轉不息之機，而往來之說定矣。衍之而爲歲令，則陰極而陽，陽極而陰，莫非此上下流通之故，而升降之機寓矣。循之而爲月窟，而出震之三候見於昏，出巽之三候見於晨，莫非此陰陽更迭之運，而坎、離之用行矣。返之而爲天根，而先庚之先奚自來，後庚之後何所往，莫非此由中之妙，無極之理，而大化之肆應不窮者出矣。凡皆《先天》一圖之妙也。第以陰陽二氣環而抱之，則爲《太極圖》；以八卦之象分而布之，則爲《先天圖》耳。其實《太極圖》，止是《先天圖》規而圓之、聯而屬之而成者。《先天圖》，止是《太極圖》三分内外、截爲八段而成者。而循環太極與先天八卦，又止是《河圖》中奇耦之數聯屬而成者。是三圖之設，非有殊旨也。夫邵子所得《先天》四圖，其《横圖》、《圓圖》，總以明小圓一圖之妙耳。特鮮有沈潛玩索，識其指歸者。宜乎來氏止認爲對待不移而未知其爲流行不息者也。

煦自髫齡篤嗜《周易》，研精四十餘年。近緣安學清閒，益得肆志於兹，訂訛辨誤，別異剖紛。寧謂潔浄精微之藴遂盡是乎？然而瞽翁篋叟，率爾縱談，皆能洞達閫奥，固不必專一經以名家，守羲經而世業者，爲能發四聖之心於微言未絶後也。夫子雲之《太玄》，劉歆訾其覆瓿，而桓譚、侯芭謂其必傳。堯夫先天之學，見疾於秦玠、鄭夬，而司馬君實且以兄事之於洛也。六宇之廣，容有起而質證是非，指瑕摘謬，號稱同嗜者乎？至其詮釋，或於傳義不必盡合，亦期據經引傳，無悖經旨而已。觀於主司命題，百人百致，安必文字之悉相倣，乃矩度而繩糾之，而所以主是文字者，固無勿同也。觀於生人之面，萬形萬貌，安必耳目之悉相肖，乃約求而精察之，而所以運是形貌者，固無弗類也。四聖之

《易》，或以象告，或以辭顯，豈有殊致哉！亦要諸理之一耳，規規焉文字形貌之合無當也。

凡例

一、《易》象失傳，自王弼始。猶幸李鼎祚《集解》一書，尚存十分之一二。來矣鮮得之，已增十分之二三。煦復於《集解》、來《易》兩書合證而推廣之，其於象義庶未有遺也。如遇字、鄰字、婚姻等字之解，及西南東北、先甲後甲、先庚後庚并月幾望之旨，悉皆取《先天圓圖》，非臆爲之也。

一、《函書》卦爻有全依古註者，皆存而不論。其全改古註者，如乾、坤、坎、離、剥、復、蠱、巽、損、益、夬、姤、震、艮、既未濟，及上《繫》之首章，并下《繫》之第六章，皆原本《先天》一圖，期與文、周、孔子之經傳絶不相違，乃始從而更定之。亦有前解半合半違，則是者存之，違者正之，期無悖於經傳而已。其説具詳各卦各爻之下。

一、《周易》之理，全在象中。象則高視遠寄，包含無盡，據人事而言理，止論得一端耳。故遺象而言理，非《易》之理也。

一、《周易》之卦，全是文王開先天大圖而得之者。故置圖而言卦，非卦之理也。

一、《周易》之卦，全是先天，執後天圖而解卦，非卦之理也。

一、《周易》之《彖傳》，全是解文王卦辭。故置卦而别言人事，遷就吉凶利害之説，非《彖》之理也。

一、《周易》之爻，全由卦出。置卦而言爻，非爻之理也。

一、《周易》之《小象》，全是解釋爻辭。置《小象》而言爻，非爻之理也。

一、《周易》之爻，有既象以天時，又象以人事者。至於《小象》，或止釋天時一邊，或止釋人事一邊。爲爻辭中天時、人事原有合一之理。不知此義，竟將天時、人事説作兩開，非爻辭之旨也。

一、分卷之法，宜如吕氏所定古本。今依程子所定，合《彖》、《象》、《文言》於各卦各爻，爲時本刊行已久，天下學者習而安焉，故從俗便。

周易函書别集自序

經教昭如日月，而後人汩之，幾若障雲瞢霧，不可卒解。其始原於註釋家好新立異，各執己見，而不克深維聖人遺教之本心。其繼由於後學者膠柱刻舟，固執成説，而不復折衷於聖人翼經之本旨。是猶闔户求明而欲觀之達，屨校求行而欲遠之致也云耳。夫聖人之六經，即聖人所傳之道，而《周易》尤爲深邃。然孔子之《十翼》固在也，精求其藴，静會其旨，固自有確切著明，首尾聯貫，始終一義者，昭於十傳。故學《周易》而不克與聖人之翼經畢慮，極量推求，皆旁行歧出之徑途，將愈遠而愈離其故矣。煦學《易》四十餘年，凡於《易》中卦爻圖象，莫不原本《十翼》，冀其不與經義相違。如曰「易有太極」，非謂太極爲圖也，而後儒以爲圖矣。但云「易有太極」，非謂太極之外又有無極也，而後儒復加無極矣。如云「分而爲二以象兩」也，非謂所除之一亦有象也，而後儒以爲象太極矣。如《説卦》中明有「窮理盡性致命」之説，而後儒但以爲占卜之書矣。如彖辭之往來、上下，但據摩盪時言之，非有卦變之説，而後儒以爲卦變矣。此類甚夥，不能悉舉，故所發明，儘有宗經而不宗傳者。業成《釋經》四十九卷，《原圖》、《原卦》、《原爻》、《原古》五十卷，爲《函書》正集。兹取《函書約》、《易學須知》、《易解辨異》各三卷，《篝燈約旨》十卷，共十九卷，合成一帙，名爲《别集》，用質同好。倘有是正其謬誤，指摘其瑕疵，而抉剔其所由然，則煦之獲益多矣，實於同志有厚望焉。

卜法詳考自序

聖人之用蓍龜，用其靈也。靈非蓍龜所能有也，是五行之端倪，陰陽之呈露，太極之大用也。太極者，元化之宰，至虚極靈，善應而不以言説，藏之淵淵而不知其極也，出之浩浩而未見其窮也，充諸兩間，形爲萬物，莫之盈、莫之歉也。故天地者，大化之靈府也，資元以生，何物不載此靈府？聖人其靈之特異者耳，飛潛動植，則靈之分布者也。其自無而有也，是此靈之出也，是開舒布散而顯諸仁也。其自有而化也，是此靈之入也，是收斂翕聚而藏諸用也。聖人居其所居，應其所應。潛則靈隱，而敦化之本偕天以貞；用則靈顯，而位育之理與化同運。是與靈俱靈，而渾一不分者也。謂動物靈而植物不靈，生物靈而死物不靈者，非也。無有靈蠢動植，無有精粗巨細，而不毓靈於大化之玄宰，取靈於不竭之府藏者也。據人而論物，宜不靈於人，乃皮狐之與狐狸，且有前知捷若影響者矣，然猶具能知之性也。以生人之知，而求知於無靈之死龜，不靈之腐草，何居乎？爲所資之靈，固大化之分給。而兹其反也，有靈以攝之而使之反，則反者載靈以入，安謂死之而死，腐之而腐乎？夫人之耳聰目明，足行手握，心知意識，亦極靈妙矣。上通浩渺，下徹窮泉，前極往古，後盡來祺，藏天下之萬有而不見其盈，應天下之萬變而莫窮其始，隆諸參贊而莫窮其際，皆一靈之運量而已。逮於生子，而其靈復然，逮於生孫，而其靈復然，即由孫子而至於無窮，亦莫不有。然則一靈之派衍，如此其無盡也。乃由此而上遡之，其父母之靈與我不殊也，其祖宗之靈與父母不殊也，由祖宗而遡諸無始之始，諒必有資靈以分給者矣，則靈府不匱之藏也。夫萬物之靈，何勿取給於靈府？一源之水，何有清濁？一元之化，何有靈蠢？則不得謂植物之無靈矣。或曰：形不靈而神靈，氣不靈而性靈。其生也，神與形具。其死也，神與形離。安得以枯朽之骨，比靈於運動之宰？曰：非也。謂神與形異，此猶有對峙之見存也。對峙之見存，則靈蠢之説異。夫萬物靡不資靈於靈府，靈府者，性命形氣之大聚，資生之大始也。既同資靈於靈府矣，一範之模，此圓而彼方乎？一源之水，此清而彼濁乎？一本之靈，謂此靈而彼蠢乎？夫遠祖之骨，可以福至遠之孫，靈乎？不靈乎？故夫形氣，皆至靈之聚也。且夫自古及今，其形氣之資生，蓋不知幾千萬年矣。藉形氣而非靈，則天地間不皆形氣之充牣乎？乃卒未見夫形氣之塞也。則一靈之攝而反也，是既開而復合，既聚而復散，既闢而復翕之義也。故遺神之氣皆靈氣，遺性之形皆靈形也。或以朽株枯骨爲聖人，假之以通神明之具，非也。夫朽株亦靈也，不待寄靈於朽株也。枯骨亦靈也，不待寄靈於枯骨也。蓋聖人之有取於蓍龜，是精微之寓，妙道之存也。第其靈妙幽潛，冥漠之中，不有以啟其機，發其祕，則蚩蚩之氓將不知有神明，故曰幾者動之微也。何物不具此靈幾？何物不有此動静？彼蓍與龜，特聖人實指之，以顯神明之用耳。夫蓍龜較然無僞，猶尚若此之顯且著也，則夫資始之元，所各正而保合者，含靈祕妙，宜不啻百千萬倍於兹，當益愈較然其顯且著矣。故聖人之立教也，「和順於道德而理於義，窮理盡性以至於命」。君子之奉若而省修也，如臨深淵，如履薄冰。

文　集

河圖洛書異同辨

聞之天不愛道，地不愛寶，而河有圖，洛有書矣。上以發乾坤混沌之藏，下以啟聖賢精一之學，此固太極之所由肇，而《連山》、《歸藏》、《周易》之所自始與？第其爲象，方圓異形，九十異數，分合異制，而二七四九又復異位。兼以流傳既久，隱顯殊途，因致旋毛龜折，異議紛紛。雖有邵子傳圖南之學，朱子發康節之旨，收二圖以歸《周易》，而後之學士，猶將不能無疑。蓋理藏於數，則探索爲難；道寓於文，則研窮不易故也。漢開天禄、石渠，購經書祕籍，而校讐之。而安國、向、歆、班固之徒，乃有擬圖作《易》，擬書作《範》之説。豈伏羲畫卦之初，竟不知洛書，而《洪範》錫禹，乃顧上棄河圖，而獨宗龜負乎？伏羲之卦，原於太極，每加一倍而成，而元定之《皇極洪範》，僅有自一至九之數，揆於易卦，絶不相類。豈書自書而圖自圖乎？且康成之疏明堂圖也，固有二九四七三五六一八之説，先儒以爲洛書之數。而孔子之繫《易》，天地之數五十有五，則固指河、洛言也，奚爲乎？劉牧之言，且以爲河圖九數，洛書十數也，何所據而然耶？康成有言，河

圖九篇，洛書六篇，是圖書未啟，先有文字之傳矣，不且與書契取夬之説戾乎？王子充不然其説，曰洛書非洪範也，因摘其不可信者，蓋有六焉。彼固謂「河出圖，洛出書，聖人則之」，則伏羲之卦固已兼倣書、圖。若洪範九疇，固禹之自叙，而非圖、書矣，安在五行五事，孰能確指以爲奇，孰能確指以爲偶乎？安在庶徵八政者之確乎位置於東，五極六極者之確乎位置於西乎？由是言之，則河圖授羲，洛書錫禹，其然乎？其不然乎？不知圖、書之所以異者，九與十之數，方與圓之形，分與合之辨耳，非其理也。據理而論，則一體一用，相資而成，一動一静，互爲其根，一流行一對待，相依而立也。故圖之數十，合始終而計之，皆成九數，是十中含九也。書之數九，合始終而計之，皆成十數，是九中含十也。圖者未發之中，故流行而不息。書者已發之和，故對待而不移也。無圖則洛書之數無所本，無書則河圖之數無所行。觀於乾坤交而爲坎離，坎離交而爲震兑，是洛書之位，猶然河圖之位也。觀於河圖左轉而相生，洛書右轉而相克，是洛書之數，仍然河圖之數也。觀於河圖之奇陽左旋而偶數從之，洛書之奇陽居正而偶數翼之，是圖之與書，其尊陽同也。觀於西南之金火相易，東北之水木不易，是數之與位，其老少亦無勿同也。蓋河圖者，未交之洛書，洛書者，已交之河圖也。未交則生成之數合而不分，已交則奇偶之行各安其位而不亂也。以陽爲主，故極盛之陰皆隨陽而自定。陽通則復，故極盛之陽能挾陰而俱還也。知圖、書之旨原自不殊，則體用一原，方圓一致，動静一理，而《易》之與《範》，自同軌而合轍。安見河圖之不可作《範》，而洛書之不可作《易》哉！

大衍之數五十其用四十有九說

聖人之立筮法也，將以抉天苞地符之原，窮絪縕化醇之理，其數不克與先天後天之祕密相符，其理不克與無極太極之精蘊相契，則至隱極深之妙無由而顯，亦必無由通天地之德，類萬物之情矣。故設之爲大衍之法，而定之以五十之數，蓋兼河圖、洛書而一以貫之者也。河圖先天也，洛書後天也，河圖之數五十有五，洛書之數四十有五，兼之而爲百，半之而爲五十。故大衍之數，兼河洛之全，而折半用之，以體其撰，以經其變，欲其與崇效卑法之義無違焉耳。不若是，則隱者終隱，其機曷達？祕者終祕，其緘曷啟乎？然而用之止於四十有九者，何也？先儒曰：除一以象太極故也。太極，體也。其分而揲之，則體之舒也，元之亨也，無極之動也。故以爲其用，亦猶兩儀四象之出於太極者然也。世未有有用而無體者也，故返其一於櫝以象之，若其所用之四十有九。先儒之說，或兼星宿支干而求，以强合其數。人各異辭，辭各異旨，蓋紛而無據矣。惟荀慈明有云：「先、後天圖各具八卦，卦各六爻，六八共得四十八爻，故特設爲四十八數以象之。至所用之數，尚餘其一，又得置而不論。」某窮思之，四十八者固以擬八卦之爻數，而此外所餘，則藉以象陰陽者也。陰陽之理，一動一靜，故一用一不用也。一形一神，故形妙於有，神妙於無。神也者，潛通於四十八爻之中；形也者，即四十八爻之體而全具者也。所由用一於四十八數之中，以象其陰形之存；潛一於四十八數之外，以象陽神之流通而無迹也。今觀揲筮之法，掛一以擬太極，分二以擬陰陽，揲四以擬四象，歸奇以擬閏餘，則聖人之動作經營，無一不與天地合德，日月合明，四時合序，亦以明矣。況筮爲幽贊之具，且將藉此以探乾元之妙諦，契不息之真機。自非其數之多寡盈虛，無一不與之悉協，遽有以契體用形神之妙，發有無動静之機，知必不能矣，烏所云參天兩地而倚數哉！

與冉永光先生書

六經爲聖人傳道之書，而《周易》則聖道之大本所繫，不識從前但以爲卜筮之書，何也？執卜筮一見以解《周易》爲當也否耶？夫洛書與河圖，孔子謂爲作《易》之具，而先儒以爲作《範》之具。《先天》四圖既則圖、書，而先儒無一相通之語。河圖既爲先天，而先儒硬欲拆而爲卦。《易》冒天下之道，而《太玄》、《洞極》、《潛虚》、《洪範》，竟似《易》外别有一道。元、亨、利、貞，本乾之四德，而先儒説作兩件，且硬欲説成人事。用九、用六本皆言理，而先儒以爲説占。大明、首出二節本言乾德，而先儒以爲聖人。《周易》之卦，悉屬先天，而先儒俱執爲有形有體之物。孔子象詞來往、内外，字面本皆説圖，本是一箇道理，而先儒釋爲數種。坤之卦詞，《文言》中「得」、「主」連讀，而先儒以「後得」爲句，「主利」爲句。周公爻詞悉本文王之卦，而先儒皆另爲一説，不顧卦德。如此之類，自始至終，悉成訛誤，總由以韋編三絶之書，直欲爲朝樹暮陰之計耳。某於壬辰、甲午、乙未、丁酉七經召對，今聖人深契道妙，知煦不徒執儒者之説，而兢兢奉經文以爲之主也。是以屢蒙俞旨，且有苦心讀書之目。煦於《周易》四十餘年，成書三千餘頁，名曰《函書》，約字一百八九十萬。第以力微不能刊刻，今約首之五十卷爲三卷，以櫽括大意，刻成當另期請教。

與冉永光先生書

滑州館中別後，今已十有餘年。比歲以來，有疑莫質，雖研窮書卷道理，信得幾分，而切磋琢磨，終鮮師友之力，居常耿耿。煦竊以爲《周易》者，聖人傳道之書也。自圖、書及於卦、爻，皆是一箇道理，所謂一以貫之者也。河圖先天，洛書後天，故河圖合而洛書分。分者必不可合，合者必不可分，故伏羲則以畫圖，亦内合而外分，内則河圖而外則洛書也。因外分之象，便是則書，故有先天而無後天。文王未嘗畫卦，《周易》所有之卦，開大圓圖而有之者也。故孔子彖詞遂有内外、往來、上下、進退之説，蓋言圖也。煦謂《周易》全部皆屬先天，此之故也。周公之爻，拆卦而釋之者也。既拆卦而有爻，則其釋爻宜本卦德。乃先儒釋爻，儘有另説一義，不復迴顧卦德者矣。卦開於圖，則釋卦者宜本於圖。乃先儒釋卦，竟將往來字面認作卦變，而不知有圖矣。圖因於河、洛，則必圖、書中便具有畫卦之理，則必先天四圖便具有圖畫之妙。乃先儒釋圖，絶不言則之之故。於是乎取河圖之必不可分，稱爲未發之中者，而亦强拆而補之矣。於是乎《先天》四圖不能解圓轉不息、相依互根之理矣，不能明内外分合、初末往來之義矣。遂使圖、書至卦、爻一脉相通者，處處打斷，得爲知《周易》者乎？煦於《周易》四十餘年，成《函書》九十九卷，皆自心之獨得。特限於資力，不能剞劂，就正高明，徒藏篋笥耳。向欲請教，因往來無人，不便攜帶。近將《函書約》三卷付之梓人，刻成之後，另寄請教。壽詩前後約三十首，并拙詩二章，乞先生正之。

與張儀封先生書

弟耳先生名久矣，功業炳耀不足爲先生重，聲譽赫奕不足爲先生多。獨此肩荷聖道，搜剔逸書，表章賢聖，不啻續欲滅之燈，揭日月而麗諸天；澆欲斷之流，傾江海以沃其源也。此豈一手一足之烈耶？第念聖人之道，盡在《周易》，從而學之，蓋四十年矣。然自孔子迄今二千年間，而《易》道終晦者，蓋亦有故。一晦於制義者徼倖功名，獨奉一家之言，以爲蓍龜；又晦於註《易》者獨持己見，而不能窺立言之本意。原極廣大，高也而卑視之，則止以爲卜筮之書；深也而淺視之，則止以爲趨避之事。又其本原之地不明，竟將本原《周易》，看作極零星極瑣碎的物事。不知《周易》六十四卦均屬先天，則此後無有一卦一爻能得其解者也。不知《周易》六十四卦悉出於元亨利貞，則此後無有一卦一爻能知其來歷者也。不知彖詞獨贊「乾元」，則不知《周易》貴陽之義。不知爻詞特標「初」字，則不知原本太極之機。不知天道人事止是卦象，則滯而不靈。不知乾坤兩卦爲大父母，則零星無統。不知先天出於河圖，則不知十數必全之故。不知文王之卦出於先天，則不知八字立爻之旨。須知《周易》中有六要，皆於《易》大有關係，若能箝攏將來，方是一箇活《周易》。合其一二，猶可漸次相通，若六要俱違，則無一字爲真易矣。夫原泉之既濁矣，而欲清其流；塵鑑之既昏矣，而欲用其照也，烏可得哉！煦觀《周易》，止是太極中事，原是箇活的，無有一卦一爻不可以相通者。或精或粗，隨人用之，無不靈妙。後人極力闡發，尚懼不明。豈能如子雲《太玄》絕無領會，徒作奧詞，爲《易》外之易，自飾固陋，欺天下，誤後世，而漫無所可否哉！此後僞易頗多，皆《太玄》爲之倡始。茲之所述，雖不免有異前人，然異於儒而不敢違聖，異於傳而不敢背經。天壤之大，得一人焉爲知己，聖道亦可以不孤。煦自壬辰迄於甲午，澹寧、乾清，五經召對，荷蒙諭旨，有苦心讀書之目，而又得葑菲不棄如先生者，非煦之幸，此書之幸，聖道之幸也。若以爲無當而覆之瓿，任焉而已。外有與先生論《周易》書一篇，公餘詳細閱之，則不才註《易》之心，或亦可以微見一班也。

與張儀封先生論周易書

《易》道之晦也，皆制藝取功名之念誤之。不守一家言，則以爲背註，而無由獲雋。故義傳而外，不肯開拓一步，雖有真《易》至論，合乎四聖之心，悉在所屏。是《易》之晦也，學《易》者晦之也。程子曰：「某於《易》只解得七分。」朱子晚年亦自悔《本義》之作，何嘗謂有此義傳而他書可盡廢乎？今試略而論之。《易》中最有關係，無若往來二字。此二字不明，則爻中「初」字之義必不得其解。初字不得其解，則內外、上下不得其解。內外、上下不得其解，則卦中之象辭、爻辭無一字能得其解者矣。何也？《周易》團攏得來，只是渾淪一個太極。其三百八十四爻，則文王之六十四卦而周公拆之者也。其文王之六十四卦，則伏羲之大圓圖而文王拆之者也。其伏羲大圓圖，則先天八卦圖三加而成之者也。其先天八卦圖，則伏羲擬議於圖、書，則而畫之者也。河圖者，卦畫未成，是太極之所寓，而先天之呈露者也。以三百八十四爻回視河圖，終若絶不相類。然《繫傳》有云：「易有太極，是生兩儀。兩儀生四象，四象生八卦，八卦定吉凶。」則固融會四聖之易，而上通於未有卦畫以前，下通於既有卦爻以後，一以貫之，而莫之有違焉者矣。今試以周公之三百八十四爻攢攏而會聚之，自初至上連爲一處，知未有外於六十四卦者也。故其擬爻而爲之辭，亦必推本於各卦之性情而出。若使可以離卦而爲之説，則初九之三十二爻，止一潛龍可以盡之，而屯、需、畜、復之初，奚爲而異其象也？夫周公擬爻，而惟卦之從也，予故曰：周公之爻，即文王之卦而拆之者也。今試以文王之六十四卦攢攏而會聚之，其初向内以觀其來，其末向外以觀其往，知未有外於伏羲大圓圖者也。故其擬卦之辭，亦必推本於内外、往來、上下、始終以爲之據，如所謂大明終始，得朋喪朋，甲庚先後，皆其義也。若使文王可以自爲《周易》，而不必推準於先天諸圖，則伏羲之易久爲，文王之卦，孔子之彖莫不本之，以論往來、内外、上下、始終。予故曰：文王之卦，即伏羲之大圓圖而拆之者也。今試以伏羲大圓圖揭去外之三畫，止存内之三畫，又將内之三畫一加再加，各各拆之，觀其所虚之中，而知太極寓焉矣。觀其初加之東陽西陰，而知兩儀寓焉矣。觀其再加之南陽北陰，而知四象存焉矣。又加而至於三爻，而合以觀其一陽二陽三陽、一陰二陰三陰相連之妙，則陰陽互根，初末微盛，上下内外，凡《周易》卦辭、彖辭、爻辭所有之妙，無義而不具於其中。予故曰：大圓圖，即先天八卦三加而成之者也。又試以先天八卦而比量於河圖，知未有天地以前，其渾合之機，難可名狀，則合生成而渾爲一處，使人知生之之理，雖其朕兆未形，而成之之理已即此在矣。伏羲深知其妙，因奇偶渾合，回旋交互之機，與五十居中之旨，而定爲太極。又因奇偶之異，晝陰陽而定爲兩儀。又因上下左右已具四達之理，而定爲四象。又因五十居中，四方止得八數，而定爲八卦。又觀盛陰盛陽之極於外者，而定天地之位。又觀微陰微陽之生於中者，而定根陰根陽之理。率皆本奇偶聯貫處，熟玩而得之。故河圖有連法，無拆法也。先儒不知河圖原是渾淪之物，因將伏羲觀象晝成之卦，比合其數，强以拆之。夫河圖而既已拆矣，不且爲後天乎？若是，則洛之爲後天者，亦盡可以不必出矣。姑無論圖之初出於河也，其時必未有卦象，乃顧以則圖所晝之卦，附於其數而配之，則伏羲先天八卦竟可以不必立圖矣。是先天八卦之妙，反緣此一拆而俱晦矣。何怪乎後人之解先天者少也，是皆未知伏羲八卦即是河圖，而先天之妙悉在其中故也。何謂先天？其在於人，即未發之中是也。夫人當寂然不動之時，固未發時也。既云未發，其於喜怒哀樂究何所有？設於未發時强以拆之，曰何者爲喜，何者爲怒，知必不能。夫未發之中不可拆，而獨以先天之河圖爲可拆，猶得爲知先天者乎？既未知河圖即爲太極，原屬先天，本是無偏無倚、流行而不息的物事，則伏羲先天八卦，安得不執爲對待不移，而并没其圓通之妙也。因不知先天八卦自具圓轉流通之妙，則文王拆之而作《易》，周公拆之而作爻，其中之圓轉流通，如往來、内外、上下、終始之説，抹索不著的，那得不執爲卦變卦綜，紛紛其説耶？夫學者之註《易》也，欲其適足以發明《易》卦、《易》爻之理耳。即令人人皆知此卦之變、此卦之綜，從某卦來矣，而究於本卦，無所發揮。若是，則即并卦變、卦綜而去之，而《周易》之理未嘗不自在也。自來註《易》者，皆以五行納甲及《火珠林》之說，咸以其近於術也而略之，顧又以《周易》爲止是占卜之書，此皆非知《周易》者也。夫易之廣大，如天地然，其中精粗美惡，何所不有？豈以其爲精也美也而存之，粗也惡也而胥去之。且如「見豕負塗」、「載鬼一車」、跛眇、臀、趾諸象，聖人之不擇言固如是乎？不知《周易》之理，精而求之，則窮理盡性、知命達天出乎其中，淺而求之，則夫婦居室、吉凶趨避之理亦出其中，初不得謂此精而彼惡也。即如納甲之說，亦是聖人知《周易》之不可易學，故即日月交光之旨，以發明陰陽進退之象。此非精以審之，以觀其所生之位，所居之方，而得其進退盈虧、始終微盛之妙，豈易得其旨也？天地陰陽往復，最靈最妙，無過於此。後世之術家用之而有驗，則遂流而爲術耳。五行之說，其初出於易之四象，其中靈妙，實難盡述。自陰陽家資其生剋之說，每有奇驗，後遂流而爲術。又如《火珠林》所立世爻八純之卦，定於宗廟，必不可變，其後則以卦氣自下而升至五，則轉爲歸遊。此皆《易》卦以下爲初，以末爲上之旨，皆本於天地自然之氣化，而伏羲大圓圖所寓之妙旨。予會河圖及先天八卦相通之旨，又觀《易·象》往來、上下、内外、終始之妙，而作爲《循環太極圖》。既與河圖、先天八卦未有殊旨，而又下通於各卦各爻，以達於生卦生爻之故。蓋知圓轉不息，絶無停機，一部《周易》，其中卦爻莫不如是。所以說《周易》是個活的。至其卦象、歲令、月窟、天根，皆此一圖之妙所該括者也。又玩先天之妙，更立縫卦，皆先天八卦中流行不息之義也。又作爲四通之十六陽卦，所以發明爻字、生字之義，使人不迷於内外之説。而又以考一爻之旁通，有見有伏，有動有變，達於四卦，均無異旨，亦莫非流行不息之理也。聖人之道，盡在《易》象、《春秋》。《易》象，其大本也，所寓者天人合一之機。《春秋》，其大用也，所寓者天人感格之理。不知《易》象，則學聖者無本領。不知《春秋》，則學聖者無作用。然則《易》學之晦明，豈淺鮮事哉！煦之愚魯亦已甚矣，第以學《易》四十年，似亦微有所窺，故敢僭爲之註。即其所釋，亦皆考證於四聖之經，即經以解經，斷不敢執傳而棄經也。即如「先迷後得主」本爲一句，考之《彖》辭「先迷失道，後順得常」，是以得主爲常道也。聖人懼人不知得常即爲得主，故於《文言》又曰「後得主而有常」，是以得主即爲得常，則「得」「主」二字相連也明甚。乃顧曰「主利」爲句，是徒在占卜上著眼，不惟小視聖人之經，是明與聖人之經文悖矣。又如坎之六四「樽酒簋貳用缶」本爲三句，乃顧曰「樽酒簋」句，「貳用缶」句，因引《周禮》以爲二字之證。然而孔子《小象》固曰「樽酒、簋貳，剛柔際也」，如使樽簋可自爲句，豈有截下句一個貳字，連上句之三字，遂硬成一句，聖人之經有如是之文法乎？又如「大明終始」節本言乾之亨由於元，「首出庶物」節言乾之利貞由於元。顧獨摘此兩節以爲指聖人，聖人之言如是之雜亂乎？又如坤卦「積善之家」節蓋言順也，順本坤德，故於坤卦言之。顧以爲慎字之誤。予皆就經而正之，而斷不敢有違於四聖之旨。至後訛誤甚多，不能悉録，皆詳辨於各卦各爻之下，亦欲使天地間尚存真易云耳。至以予爲不合《傳》《義》爲背時宜，予固非藉以爲名也。若其博採先儒之書，不徒以爲一家之説所浸没，當必有以諒予之苦衷矣。此外有縫卦之説，詳見《天根圖》。有八字之説，詳見乾卦初九爻下。《周易》之中最有關係之十二卦，乾、坤、泰、否、坎、離、復、姤、損、益、夬、剥，其所註釋，皆與他經迥别。

附録

《函書》原本一百十八卷，其詮釋經文者四十九卷，冠以《原圖》八卷，用解伏羲之易；《原卦》三卷，用解文王之易；《原爻》三卷，用解周公之易；又取先儒論説，集爲《原古》三十六卷，謂之首傳。共九十九卷，爲《周易函書正集》。外有《函書約》三卷，《易學須知》三卷，《易解辨異》三卷，《篝鐙約旨》十卷，共十九卷，爲《别集》。《别集》先已刊板，《正集》因卷帙浩繁，艱於剞劂，乃取詮釋經文之四十九卷，約爲十八卷，名曰《函書約注》。又取首傳五十卷，約定十六卷，附以《續約旨》二卷刊之，名曰《續集》。皆所手訂也。其《正集》原本，門人李學裕欲爲校刊，攜其稿去。會學裕病卒，遂散佚。後《别集》、《續集》板並漫漶，其子季堂重爲校訂，因《正集》未刊，《續集》之名無所緣起，且《續集》之《原圖》、《原卦》、《原爻》、《原古》，即删取《正集》之要語，非别有所增，未可目之以續。而《别集》内之《函書約》三卷，亦即《正集》之《原圖》、《原卦》、《原爻》，撮其大義，更不可附入《别集》。遂以《續集》爲十五卷，取《函書約》三卷弁首，名曰《約存》。蓋以《正集》既佚，其大義僅存於是也。又以《續約旨》二卷，依《篝鐙約旨》原目，散附各篇之内。合《易學須知》三卷、《易解辨異》

三卷，仍爲《別集》。其釋經文之十八卷，仍名《約注》。共爲五十八卷，即此本也。《四庫全書總目提要》。

《原圖》分子目曰河洛，曰先天後天，曰擬卦圖，曰配洛書，曰擬八卦，曰擬卦象，曰擬月窟，曰附論日月。《原卦》子目曰二用圖解。《原古》分子目曰蓍法，曰變占。又分先儒《易》説曰釋象，曰玩辭，曰三易考。又分先儒易派曰《乾鑿度》，曰《易林》，曰京房，曰《太玄》，曰《洞極》，曰《元包》，曰《潛虛》，曰《皇極經世書》，曰《洪範》，曰正易心法。又分冒道分派曰九章皆句股，曰異乘同除三率，曰尺算，曰籌算，曰樂律，曰運氣，曰等韻，曰醫方，曰地理，曰納音。又分流異派曰衛平占法，曰六壬，曰遯甲，曰太乙，曰衡運。本書。

滄曉交游

冉先生覲祖 別見《敬庵學案》。

張先生伯行 別爲《敬庵學案》。

滄曉私淑

馮先生昌臨

馮昌臨，字與肩，嘉興人。嘗著《易學參説》二卷，凡分内外二編。内編自《先天八卦圖》以至八卦、納甲，爲説六篇。外編自天干化氣五行，以至七政四餘，亦爲説六篇。蓋從事漢學者。滄曉序其書，謂内編言五行之原所由起，外編究五行之用所由行，言精理邃，頗引爲同志云。參《易學參説》胡序、《四庫全書提要》。

清儒學案卷四十七終

清儒學案卷四十八

天津徐世昌

凝齋學案

凝齋之學，出於安溪。論學一本程、朱，以誠爲本，持躬爲政，實踐其言，闇然爲己。平生所得力，即以爲教。鏡海唐氏謂能補師説所未及，其醇實蓋異於以門户爲標榜者。述《凝齋學案》。

楊先生名時

楊名時，字賓實，號凝齋，江陰人。少嚴重，有局度。自爲諸生，讀性理諸書，有志正學。康熙辛未成進士，改庶吉士，座主安溪李文貞公深器重，每從質問，學益進，服膺終身。授檢討，纂修《明史》，文貞薦之，聖祖特召對，充日講官，督順天學政。清介嚴正，臨官屬一依儀制，不少假借。教諸生以立志居敬，致知力行，不專文詞，士習丕變。在任擢侍講，忌者蜚語，謂外釣清名，實與巡撫比，巡撫即文貞也。聖祖知其誣，不之罪。將代，有武生驚蹕事，命效力江南河工。連丁内外艱，康熙五十二年召還，入直南書房，修校《御纂周易折中》、《性理精義》諸書。未補官，充陝西鄉試正考官，授直隸巡道。直隸未設三司，巡道主刑獄，兼驛傳，釐革姦弊。遷貴州布政使，五十九年擢雲南巡撫。值西藏用兵，置屯饋餉，不擾於民。除浮糧，均丁於田，釐鑛政，使諸廠盈絀相衰益。疏洩大理洱海尾閭，著令五年一濬。利民事次第舉行，軍民悦服。雍正三年，加兵部尚書，授雲貴總督。尋進吏部尚書，仍管巡撫事。布政使李衛恃恩使氣，先生遇事裁抑之，遂爲所間。因奏豁鹽課疏中叙入密諭，詔切責，削尚書，仍署巡撫。或奏先生與臬司江芑通同欺蔽，命湖南布政使朱綱代任，刑部侍郎黄炳往會鞫，被劾奪職，坐受鹽規銀五萬餘兩論絞。鹽規者，曾於元年奏聞，取給官用者也。讞上，詔原之，遂留滇，凡七年，日與生徒研經講學。高宗初即位，述先帝遺意，特召至京師，授禮部尚書兼國子監祭酒，命授皇子讀，兼直南書房。五日一至太學，升講堂，示諸生爲學之要。謂學以希天，天德誠而无妄，一仁之流行也，故必純於仁，斯謂之誠。其功則在敬以直内，義以方外，敬以涵義，義以敬行。其要必自闇然爲己，遯世不見知而無悶。此天德之藏於密，而聖學之所以成始而成終也。有聖學，斯有王道。乾元始萬物，利天下，而相忘於不言。故論聖德以無名爲至論，從政以不貪爲美。與諸生講論經義至多，大指不出乎此。薦經術之士莊亨陽、秦蕙田等七人，分主六堂教事。朔望釋菜畢，登講座，六堂師率諸生以次執經質疑。旬日則六堂分占一經，各於其齋會講南北學，絃誦之聲夜分不輟。命教習庶吉士，手定教規，訓迪不倦。充纂修三禮副總裁。在朝未及朞而卒，年七十有七，贈太子太傅，祀賢良祠，謚文定。先生於聖學身體力行，不徒見之詞説。諸經皆有講義，於《易》、《詩》多本安溪之説，亦自有考訂折衷，不盡附和。四庫館開，徵書命下，其家始録以進。後同里葉廷甲爲刊全書，《易經劄記》三卷，《詩經劄記》一卷，《四書劄記》四卷，《經書言學指要》一卷，《太學講義》一卷，《學庸講義》二卷，《程功録》四卷，文集十二卷，別集六卷，附録一卷。參盧文弨撰家傳、彭紹升撰事狀。

經書言學指要

學以希天也，《大學》之明德，《中庸》之天命，《論語》之時習，志學者此。天德誠而无妄。天地之大德曰生，純於仁之謂誠。《乾》二爻言「閑邪存誠」，在三爻則言「忠信以進德」，是心之誠也。《乾》二爻言「言信行謹」，在三爻則言「修辭立誠以居業」，是事之誠也。乾畫⚊，實則誠，心與事皆誠，内外一於誠也。君子之自彊不息，於誠以體乾，盡此矣。而存誠以進德之功，則在乎敬以直内，心主乎敬則誠存。立誠以居業之功，則在乎義以方外，事準乎義則誠立。省察屬知是精義，克治屬行是集義。坤畫⚋，虚則生敬，敬以涵義，義以敬行，敬義夾持而德不孤，則全乎天德之誠，而與乾同其大矣。乾動也直，坤順之而亦直，直以爲方而成大。君子體坤，而直内方外，根於天德，故通徹而無二。人本天而親地，故體坤斯有以合天。乾坤本渾然合體，君子之下學而上達，豈有天人之閒哉！學者希聖以希天，其階於是乎在。得其階而日躋焉，夫何遠之有？程子解「直方大」、「敬義立而德不孤」之旨曰：「敬義夾持，直上達天德自此。」旨哉！斯言發明聖學之指要，不亦確而至，約而盡乎？要之，下學立心，必自闇然爲己，以爲默契。天載無聲無臭之基，君子之存誠立誠，進德修業，惟具不易世，不成名，遯世不見是而無悶，樂可行，憂可違，與潛龍同其體段度量者，能爲之。此天德之藏於密，而聖學以之爲託始要終者也。故《易》爻、《論語》皆首發其義焉。有聖學，斯有王道，一根於天德之誠。乾元始萬物，能以美利利天下，乃其本性如此，離「資始」別無事。及功成事已，斂歸寂若之中，不自知其能利物，而相忘於不言。言所利，則喜聲名，嗜臭味，涉於人爲之私，不可謂之純粹精矣。故論聖德以無名爲至，論從政以不貪爲美，欲仁得仁，只是完性分所固有，盡職分所當爲，非干譽也，非望報也。干譽者爲名，期報者近利，皆未免涉於貪也，仁者之心何有乎？與不言所利之義同。若隱怪之有述後世，易震其奇異而啟慕尚之心；霸術之取效一時，易動於功利而生欣羨之志。求天德之真者可無嚴辨乎？

「敬義立而德不孤」一句，盡傳心之要。學一偏即有病。堯舜欽明恭讓，敬。温恭允塞，誠敬。惟精以察之，精義。惟一以行之，由義。實肇啟執中之傳。暨禹之祗台德先，敬。克勤克儉，義。湯之「以義制事」，義。以禮制心」，敬。文王之「敬止」，敬義。武王之「敬勝怠，義勝欲」，千聖百王有一致而同歸者。濂溪周子申其指曰：「誠無爲，幾善惡。君子乾乾不息於誠，然必懲忿窒欲，遷善改過而後至。」蓋敬所以存誠，而懲忿窒欲，遷善改過，則謹幾而從事於義之功也。先儒因是有存養、省察、克治之説，存養屬敬，省、克屬義，初無二指也。「存養」二字，雖本於《孟子》存心養性，但《孟子》所云存養，兼敬義言。先儒配省察、克治説，則以存養屬敬矣。「山木」章引孔子所云操存，亦渾言之，兼敬義俱在内。程子曰：「誠則無不敬。」未能誠，必須敬而後能誠。敬與誠連説處多，如忠敬、敬信、忠信篤敬之類皆連説，原屬一套工夫，綰在敬字内。凡四書所言，總不出敬義二者。《大學》言知止有定而能静，能安，能慮，能得。自十五入大學，即以明明德、新民之止至善爲的，而志有定向，所謂立志以端其本也。心之静且安，外誘不入，內欲不萌，神凝氣斂，瞬息有存，所謂居敬以持其志也。慮謂格物致知，由定、静、安而能慮，所謂志立乎萬物之表，敬行乎事物之內，而後義可精也。得謂誠意，而意誠以後之事，誠意正心修身，由家及國，措之天下，一以敬爲主，而隨時省察，益精益密，喜怒之發，好惡之施，無纖毫之不當於義矣。《論語》第二章以下至「賢賢易色」章，皆言培本根，養誠敬，而後及於講習義理、文學之事。「君子不重」章，重威敬也，忠信誠也，改過義也。夫子自叙生平，由志學、而立、聖人亦以立志持敬爲基本也。不惑、知天命、耳順、精義入神，以至於窮神知化之事。自十五以後，從事於多聞多見，學識問思，發憤則至於忘食，心得則樂以忘憂，如是以迄於老，而不自知。三句歷述其知之所至，知日精而造於極，則行自隨之以進，而造於極矣。凡所謂致用利用，崇德廣業，已悉在其中。從心所欲不踰矩，動容周旋中禮，盛德之至也。義理渾忘於無迹，順帝則而不知，與天爲一矣。不處富貴，不去貧賤，提撕警覺，不使本心汩於物欲，辨義明而守義堅也。終食不違仁，造次顛沛必於是，主敬純而存養密，察義益精，踐義益熟矣。無適無莫，義之與比。廓然虛公敬之體，因物順應義之用。「一以貫之」章，曾子之精察力行，從事於精義集義也。夫子示以主一之旨，揭誠敬之源，則所見益徹，所行益篤，而得其宗矣。忠屬誠敬，恕所以行乎義也。默識，不厭不倦，心存而與義理相契，有日新不已之功也。修德誠敬。講學，精義。徙義改不善，集義。志道據德，依仁遊藝，志既定而持守有常，存養無間，且加玩習陶淑之功，身心內外與理爲化，敬義有交資互養之益矣。文精義。行集義。忠信。誠敬。「曾子召門弟子」以下五章，敬慎守身，没齒全歸，操之於容貌辭色，斂之於虛受忘怒，措之於弘濟艱難，歸於全心德而盡性命，兼該敬義，而以敬爲基柢始終。博文約禮。志氣清明以窮理，敬以精義也。恪恭退讓以行禮，敬以集義也。《鄉黨》一篇見聖人之心純乎敬，動合乎義，聲爲律而身爲度，所謂「終日乾乾，與時偕行」，以天道示至教也。如見賓、承祭，敬。不欲勿施。義。「告司馬牛」三章，皆敬慎存省之事。譖愬不行，誠敬謹幾之學。忠信敬之屬。徙義，義。質直忠敬之屬。好義，義。察言觀色，敬以辨義也。慮以下人。歸於敬而虛也。「從遊舞雩」章，主一不分，去惡懲忿。「問成人」章，知廉勇知行之事，文以禮樂，以莊敬和樂，密存養之功也。不億逆而先覺。誠而明也。「學識一貫」章，學識致知，精義之事，一以貫之。以主敬存心，爲窮理之本也。「義以爲質」章，以義制事，而禮行孫出。敬慎行乎其閒，歸於信以成之，以誠信始終也。九思首視聽，養清明之體，謹於物交，使外誘不入，主敬以察義也。次色貌，温恭朝夕，敬以持己也。次言事，忠敬不渝，接物有常也。次辨疑懲忿窒欲，精義集義之事，九者合而言之，存誠謹幾之道全矣。能行五者。心無不存，敬之純。理無不得，義之熟。《中庸》首言戒慎恐懼，敬。慎獨，義。致中，敬。致和。義。中言知仁勇所以行之者一，知以知之，仁以體之，勇以强之，精義集義之事備矣。歸於行之者一，以主敬存誠，爲之基柢始終也。好學力行知恥，知行，精義集義之事。知恥，則惕厲憂懼，從真心敬畏中發出，可以驗敬義之相因也。擇善以明善，固執以誠身。擇執，精義集義也。至執之貞固，行之篤實，則敬之熟而純乎誠矣。後言尊德性，敬。道問學，義。致廣大，極高明，温故，敦厚，敬之屬。盡精微，道中庸，知新，崇禮。義之屬。精微，知新，精義也。中庸，崇禮，集義也。末言内省，義。敬信。敬。此皆兼敬義而言也。如三省，見義必爲，喻於義，内自訟，克己，如《孟子》知言集義，此皆以義言也。克己集義雖屬義，然非敬之專篤者不能。如居處恭，執事敬，與人忠，修己以敬，言忠信，行篤敬，此皆以敬之類言也。循物理而無違謂信，則信字已該義在内。《孟子》之書，言義處多欲人察識擴充，皆主義，言君子存之，言戰兢惕厲，顧諟明命下所舉諸事，皆以敬而行義也。仁禮存心，不離敬義，養其大者，先立乎其大者。求其放心，皆兼敬義，養氣之功在集義，雖主義言，然上云「無暴其氣」，先戒勿任氣以動志，乃言善養者功在集義以生氣，則以敬涵養意已見矣。要之，凡書中言敬未嘗不包義，言義未有不根於敬也。此一以貫之之樞紐，體用一源，動靜互根，顯微無間者，與乾坤之陰陽合撰，同一橐籥機緘也。

大學劄記

修身二字，所包甚闊，然其功已盡於誠意中，到此只是檢點身與人接處，使所施之情得其當耳，觀後傳以親愛等言可見。正心，向或專指涵養心體説，工夫原不脱持養，而其當檢點者，則恐感物之時，因喜怒哀樂之發，有過不及而失其正，此雖未惡，然亦未盡善也。正心當屬用邊説，觀後傳以忿懥等言可見。誠意，向或將意字作念字看，念有善惡，若實其惡念，亦可曰誠意乎？蓋意與念不同，心上驀地發出者爲念，心之經營布置者爲意。意雖不盡出於善，然此處意字，則以爲善去惡之意言。誠意是誠其爲善去惡之意，故朱子「誠意」章注云：「皆務決去，而求必得之。」可見力行之功，盡於誠意内。若云在念頭上要他實實好善惡惡，非有爲善去惡之功，則好善惡惡之意，亦何由而快足乎？「誠意」章慎獨，獨者人所不知而己所獨知，蓋意之所發，其能實之與不能實之，皆人所不知而己所獨知也。必致慎乎此，則無徇外爲人之弊。若不慎於獨中欺慊之幾，但致慎於人所及知之地，則自修之功亦甚疏漏矣。欲正先誠，謂欲正其心於應物之際，使喜怒哀樂之發皆中節，而無過不及，必先省察克治，誠其爲善去惡之意，使所爲有善而無惡。蓋喜怒哀樂之不中節，其失猶小，而爲善去惡之心不誠，其所關尤大。且未有不能爲善去惡，而其喜怒哀樂之發能中節者也。

天命之性，大公無私，所謂善也，此明德之體也。人能克己，始能復性，而克己之功，必先明以察幾，乃能健以致決。即物體察，知萬物皆備之體，乃能去有我之私，此格物致知所以在誠意之先。

格物窮理，乃格身心之物，而窮其理。理即性也，故窮理即盡性之始事。若泛然格去，欲爲觀象極數之學，非知窮理之要者。

今人錯認格物二字，以博物爲格物。不知格物是明善擇善工夫，非博物之謂也。如夫子之生知安行，是天縱之將聖分上事。其多才博物，特又多能內事。

窮理者，窮其性之固有也。博學審問，慎思明辨，總此明善而已。若格庭前一竹，以爲此是窮理，曾何當於明善耶？格物須明其本性之善，若徒逐其形質之變而求之，只格得陰陽五行之氣，不曾明得善。

漢唐儒者多以詁訓名物爲學，滯於外而忘其內。佛氏以明心見性爲事，又專於內而遺其外。性合內外，忘內則所謂外者亦粗迹而已，遺外則所謂內者亦枯槁無用者而已。知得此意，知內外相爲體用，而不可相無。又不可因此遂謂窮理之功既當求之性情，又當求之事物，認作內外並重，兩路用功，終致分馳散漫，而無歸宿。須知有本有末，一以貫之。子夏云：「博學而篤志，切問而近思，仁在其中矣。」此言致知之事最善，所學者博，而志專於爲己，又切而問，近而思。篤字、切字、近字，內便收入根本來，灼然見爲我性皆備之體，雖未及乎力行而爲仁，然知得真切，則仁已在其中。從此加誠身之功，便易爲力。漢唐儒者有勉强力行而不能至道者，知不真也。周、程、朱子之所以至道者，知之真也。此程朱格物之説所以爲至，而孟子之言道統，必曰見而知、聞而知也。

知至而後意誠者，知行本相因而並進，必眼見得到處，足方踏得到也。知無不至，則意無不實矣。

知至爲知之全體大用無不明，斷無知既至而意不誠者。但誠意之功，本徹上下而言，雖聖人地位，慎獨之功未嘗息也。故注云：「知既盡，則意可得而實矣。」

誠意者，有爲善去惡之意，而能踐之於身，不欺其意也。若但以立心誠實爲誠意，此乃窮理力行之基，豫養於其始者。或以無妄念爲誠意，似與注中實其所發未脗合。蓋務決去，求必得，實盡爲善去惡之事，方能實其好惡初意，非徒不起妄念之謂。誠意是實其好善惡惡之意，意字只在好一邊説。誠者是惡務決去，而善求必得，使好惡之意不虚也。

人有人心道心，故意念有善有惡，須是爲善之意直摯篤且切，絶無不善之意閒雜，乃能實其好善惡惡之本意而不虚。誠意有兩解，一是用力爲善去惡，以實其好惡之心，一是意所發有善惡，須使爲善之意真誠無僞，而不雜於惡。觀誠意章句，則當以前説爲主。蓋能實其好惡之意，則發念之誠而無僞已該其中矣。若單説念頭真誠，未説到盡爲善去惡之功，則「德潤身」句尚下不得。

觀「如惡惡臭，好好色」，則意字當以好善惡惡之本意言，不當兼善惡説。若説實其善惡之意，便講不去。一解誠作純誠説，言意有善惡，須使其意純一而不雜，亦可通，但與傳文及注解不合。凡意之所以不誠，其受病全在轉念，能不爲轉念所間阻，則善必爲，惡必去，而好善惡惡之本意實踐而不虛矣。可見誠意只主實其本意説，而遏絶其轉念一層已該在内。如此則德潤身，心廣體胖，其工夫俱盡於誠意中，故結之曰「君子必誠其意」也。注中「實」字至精，非徒發念真誠不假僞之謂。又案主意之意，與志字相近。但志是遠大之意，意是細碎之志。如説欲爲聖人，此便是志。就一事上説，欲爲善去惡，卻只好説得是主意，不可用志字。志是大而直者，意是小而曲折者。

既知善當爲，惡當去，而立意欲爲善去惡，卻不能爲之去之，是自欺其意也。不實其言行是欺人，不實其意是自欺，所謂實其爲善去惡之意而不虛之者，在無自欺其意也。

爲善去惡之意，本我心所發，其後之實與不實，唯己獨知。此處須慎之，以審其實不實之幾。所謂實其意之所發者，不但不欺人，而不自欺之謂也。蓋人發一言，而必復其言，行一事，而必成其事。能實其言與行者，僅可謂之不欺人。若發一意，欲爲善去惡，而念慮之間，事爲之際，不能實踐，則爲自欺。自修者必禁止此弊，於惡必去，於善必爲，以求自快足其意。凡其不能實踐其意而自欺，與能實踐其意而自慊，惟己獨知，而他人不知之。非如言行之實不實，人及知也。必謹之於此，以審其欺慊之幾，使意之所發，無一不實，無異於慎於人所及知，而欲其言行皆實也。

獨處用省察克治，共見處亦須省察其念慮，克治其私慾。若説共見處心上發念亦是獨，此時用省察克治，即是慎獨。不知人所共見處，用省察克治，只算一箇慎字，如何是慎獨？大抵常人於共見共聞之地，知慎者多，於人所不及知之地，能慎者少。故聖賢以慎獨爲教，最爲喫緊。今以獨字爲己所獨知之地，對人所共知之地而言，其工夫甚得力。能慎乎此，共見共聞自無不慎。説雖似粗，而足以包於精。若以獨爲動念處而言，則必有徒謹於共見共聞之地，遂以爲吾於慎獨之功已略能做得一半。至人所不見不聞處，便自寬假。其爲説似精，而實不得力。且當日聖賢之旨，本不以獨爲動念處也。至注中「幾」字，莫要即作獨字看。「謹之於此，以審其幾」，是言謹之於獨，以審其幾也。可見人所共知之地，亦有幾在，亦當謹其幾也。注中「苟且以徇外而爲人」，此非正釋自欺，乃是就言行能實而不欺人上説，意云不可徒不欺人而已。下文「小人之閒居爲不善」，是自欺揜著，則既欺人矣。「自」字對「徇外爲人」説，須貼注中「以求快足於己」，方見著力喫緊。

應物處固要謹，不謹則恐言行有未盡得宜處。然自己獨知處，尤不可不謹。若此處不謹，便是自欺。曰誠意即誠身，下正心修身、齊、治、平四章，特明其相因，以見誠意之重，非謂誠意之後，心尚有不正，身尚有不修也。若不正不修，不得謂之誠矣。

中庸劄記

天命之謂性，性之與理，非有二焉。蓋天以於穆不已之理，化生萬物，而人得此理以爲生，即具此理以爲性。故體之於人，即可以識此理之不貳，而驗之於天，又可以察人生之本來。無極太極，太極陰陽，此天之一理所流行也。性緣理而立，理從性而生，此人之本乎理以爲知覺也。不稟乎天，則性何自來？不應乎事，則理何由見？故理爲制事之宜，乃百聖不能易之至言，豈別有所謂性而可妄加於人哉！通乎此，則一貫之道也，性善之論也。然非至誠之人，不能達其説。故一誠爲應事之本，忠君孝親，必極其誠然後可。極其誠，則即宜用宜之道心也。一有僞焉，則悖宜不宜之人心也。人心緣外欲而生，雖人所不能無，然易流於不善。道心乃性之所發見，亦與渾然在中之性有別。程子謂：「才説性時，便已不是性也。」即如太極中雖具陰陽，而不偏著於陰陽。至分陰分陽，則太極之所分寄，非渾然之體矣。若夫陰中具陽者，動根乎陰也，陽中具陰者，靜根乎陽也。陰陽包涵於太極者，兩儀已立之後也。太極不雜於陰陽者，二氣未分之初也。所謂「維天之命，於穆不已」者，其不外是乎？命於人而爲性，率之而爲道，皆此生理之所凝結，而布濩乎人心之所發，出於至誠，則與未發之本不相遠矣。善學者求其性之固有，循乎己之當爲，克己復禮，由思誠以入於至誠，服膺弗失，則一貫有期，即性即理本然之學於是乎明，陰陽太極一體之道於是乎通，大聖人覺世牖民之至意，亦於是乎爲不虛矣。

不睹聞，非真是無睹聞，只情未發時便是。朱子云：「戒懼是由外言之，以盡於內。」非是就一刻説，乃是大概説。大抵恐懼戒慎之心，都是因有所感觸而起。然學者卻當於無所感觸時，亦恐懼戒慎。故曰「由外言之，以盡於內」。

「莫見乎隱」節，或以由靜而動言，尚將此節與上節分作兩時。不知存心謹幾，有兩件工夫，非有兩般時候。常常提醒此心，使之清明如神，一有幾微之動，即以此清明之心省察克治之。戒懼如燈令常明，慎獨如將燈照物。

不睹不聞，非真目無睹、耳無聞也。一日閒有目雖睹，而不必用意，睹之如不睹者。有耳雖聞，而不必用意，聞之如不聞者。此即不睹不聞也。其因睹聞而有所感觸者，方是睹聞。而感觸中亦有不同，有因感觸而惕然知所畏顧者，此戒慎恐懼之事也。有因感觸而發出念頭者，即所謂獨不可不慎者也。如非禮之聲色，因睹聞而入，便起私欲，要視之聽之，此即獨之當慎處，須以義斷之。

獨字兼獨知之念慮、獨知之事爲說。除惡念，去惡事，即《大學》去欺求慊之功也。

戒懼慎獨，時時皆然，非一時戒懼，又一時慎獨也。心上提醒是戒懼，正所發之念使無欺是慎獨，此所謂敬義夾持。蓋人無思慮及無所感發用情時本甚少，當此須臾之頃，全是敬用事，而義未嘗不行於其閒。及一思慮，一用情，則於敬之中，尤顯出義之用。須知敬義雖刻刻並行，而慎獨尤義之著力處也。

戒慎恐懼，敬也。慎獨，義也。凡人惕然知畏懼之心屬敬，隨即整飭容貌衣冠，此整飭處即屬慎獨。蓋獨者意也，凡屬意念者皆是獨。無論小念大念，總之一涉思慮，皆是已所獨知。惕然知畏之心屬敬，一敬後便動念去整頓，此念即屬獨上。凡讀書做事，具一種不肯忽略之意，即敬也。思慮之得宜，即義也。義無所不在，念慮之微，事爲之著，莫不有義焉，而念慮則精義、集義之切要處也。敬無時不然，義有時不顯，康節云「陰是循環無端，陽是有首有尾的」，即此理也。

敬義無處不在，如日用閒容止語默之際，處處有惕然知畏意，即敬也。知畏懼便加整飭，使容止語默得其宜，即義也。讀書窮理之時，清明專一，敬也。慎思之，明辨之，即義也。發一念，爲一事，其炯然不昧，主一無適，敬也。省治裁斷，即義也。即有言行與人酬對時亦然，總不離敬義。敬義並念而處，而敬常爲首以倡義。凡義之所行，皆敬之所爲也。但朱子解「道也者」兩節，卻將整飭容止語默意作戒慎恐懼，不作慎獨，蓋以整飭容止語默，不過略略檢點，不消大著意用力。雖不可謂敬中無義，然敬顯而義隱。至慎獨處，亦皆敬之所爲，然義顯而敬隱。如此説既於不離道意脈不相剌，而敬則自外收入内，義則自内達之外，於下文未發之中、已發之和工夫各有歸著，朱子之説亦精矣。故此章程朱之説皆可依。至《大學》誠意之功，斷兼敬義兩事。若以主敬爲正心之功，甚爲有弊。

注云「既常戒懼，而於此尤加謹焉」，謂以此戒懼之心，而加謹於此，即周子《通書》所謂「存誠以謹幾」。細思此語，可以知工夫非是兩截。敬以直内，内者吾心之本性在焉，故屬未發邊。義以方外，外者事物之紛在焉，故屬已發邊。

凡主敬者，以非敬不能守義行義也。若異端之惺惺，但要得此心靈覺耳。

一日閒固常有不用意觀物聽言時，雖睹若無睹，雖聞若無聞，即不睹不聞也。非必閉目掩耳，乃爲不睹不聞也。其用意觀物聽言時，則所謂睹也聞也。不睹不聞固是未發，方睹方聞時，一心用在睹聞上，漸要引出喜怒哀樂，然亦將發而未發也。發念慮時，有因睹聞而發者，有不因睹聞而自發。其所發，或一發便是喜怒哀樂，或未便是喜怒哀樂，而近於喜怒哀樂。蓋中節不中節之分，全係於此，此所謂隱微也。及至發出爲喜怒哀樂，言行昭著，人共見聞，則見顯也。

有睹聞時，喜怒哀樂之幾將發，一轉即發矣。如聞人言語，或看文字，其不立意見，虛心默受，即是戒慎恐懼工夫，屬在敬邊。隨察其言語文字之是非，而以我意裁決之，是即慎獨工夫，屬在義邊。蓋喜怒哀樂之端，已肇於此。其因睹聞而心以爲是者，即喜之端也。心以爲非者，即怒之端也。因睹聞而生油然暢遂之意者，即樂之端也。生肅然悚慄之意者，即哀之端也。此即是已發。蓋睹聞是物來感我，隱微獨知是我心應物。物感我時，以靜虛之心受之，是敬邊事。我應物處，以察治之力主之，是義邊事。戒懼於睹聞，而及於不睹聞，此未發之體所以立也。慎於隱微，而達之見顯，此已發之用所以行也。程子謂「既有知覺即是動」，朱子謂「靜中之知覺雖是動，不害其爲未發」。程子所謂知覺，以萌芽發動之知覺言也；朱子所謂知覺，以知覺之本體言也。知覺之本體刻刻常在，至慎獨獨字則以念慮之發、己所獨知而言，乃知覺之用也。

程子曰：「善惡皆天理。所謂惡者，止有過有不及耳。」故發不中節即惡也。若以莫見莫顯爲形容至靜中一點光景，慎獨之獨即是己所不睹不聞，此便是《老子》所謂「恍兮惚兮，其中有物；窈兮冥兮，其中有精」，與《莊子》所謂「尸居龍見，淵默雷聲」之說，非聖學相傳之心法也。若如程子之說，以「其所不睹不聞」作人所不睹不聞看，即指獨字而言。戒慎恐懼，即是慎獨，看得上節下節內俱兼敬、義，此說細究之，於義甚精。蓋人所不睹不聞處，我心有不發念慮時，有發念慮時。不發念慮時，惕然顧畏，敬也。隨即整飭容體使合於則，義也。此即是戒慎恐懼於不睹不聞，而慎其獨知也。發念慮時，有善念，有惡念。知其爲善念而不敢棄之褻之，知其爲惡念而惕然畏忌，敬也。隨即於善斷然爲之，於惡斷然去之，義也。此亦是戒慎恐懼於不睹不聞，而慎其獨知也。如此看，不睹不聞所該甚廣。或獨居一室，或與人應接，我心獨知處，皆人所不睹不聞也。如此用功，自然喜怒哀樂未發時，能保全不偏不倚之體；及至發時，能適合於無過不及之用。不睹不聞而獨知處，尚未涉喜怒哀樂，而喜怒哀樂之根、喜怒哀樂之幾俱係於此。以此觀之，《大學》誠意、慎獨本兼敬、義。程子之意，但味「其所」二字，似應作己所不睹聞說。

未發是中之體，而所謂本體之性即此而在。

注云「自戒懼而約之，以至於至静之中」，可見戒懼之功，本在尋常動用時。「自謹獨而精之，以至於應物之處」，是慎於人所共知也。上節戒懼兼動静確矣。下節若云慎於方動之時，不遺卻應物一層耶？若將應物處一段踐行工夫，仍歸於戒慎恐懼内，又有未安矣。若云應物時發念處即是獨，朱子何以云「自謹獨而精之，以至於應物之處，無少差謬而無適不然」？蓋應物時發念處只是謹幾，謹幾與慎獨須有別，故慎獨二字亦當對見顯一層說，與上節補睹聞一例看。

「自謹獨而精之，以至應物之處」，嘗疑應物時之動念亦即獨也，今似將應物一層推開說，何也？蓋平時之念慮，與應物時之念慮，皆己所獨知，人所不知也。若應物時之言行，則人所共見也。言行亦要檢點，使之得宜，然是後一層事，慎獨則是主腦在念初萌處。

天地位，萬物育，隨人所處地位皆可説。自天子至一國一鄉一家一身皆然，乃是實理實事。堯舜之地平天成、時雍風動、鳥獸草木咸若，是堯舜之位育也。孔子雖不得位，教澤及於天下後世，是孔子之位育也。

或問：中和交致，致字中可該得格物致知工夫否？曰：格致工夫在慎獨内「省察」二字中。

程功録

堯之讓，孔子之讓，與天之不言所利同。四時之行，至冬歲功成而退，非有美不居、讓德之大者乎？聖唯不居其美，故日進無疆。人至夕而修省若不及，故德業日新。養身之道，至暮夜而虚其腹，元氣所以運轉不窮，其理一也。

學所以成己也，豈以此求人之知？《論語》首章即言不愠，《中庸》以闇然爲達天之基，《易》首爻言龍德，言「遯世无悶，不見是而无悶」，始之終之，衹此一義，此無名所以爲大。

夏至之日盈而必反，故君子忌盈，盈不可久也。臣道守月幾望之戒，欿然常虚，以從道也。

行善於身，行善於家，所以自愛其身、家，即所以愛君國天下也。

天地易簡，故貴簡，故狂簡近道。

伊尹、太公之徒，修身慎行，諮謀哲人，以求濟天下之具。其味爽幽獨之中，時時積誠，爲世請命，故自天佑之，卒能傾否也。能大有爲者，豈獨其幹濟優，必器量寬廣，神情暇豫，若將安焉，無急急之意，無切切之容，唯植本濬源，則柯長流遠。時事迫我，必不容已，乃應之耳。故禹、稷、顔淵視天所命。

取人以剛明爲最，次則取其刻苦者，爲其終有成也。若浮游淺薄，則爲廢材。

才猶水也，不濬其源，疏其壅，則涸竭無餘矣。日濬之疏之，始必涓涓而來，久且成爲江河。勤學好問，是所以濬之疏之之要也。護其生意，無所折傷，專確之至，如雞抱卵。及其充積流通，則如深山大澤，無所不長育容納也。

神使如蟄龍，骨使如鎮嶽，口使如緘囊，氣使如春和，量使如淵谷，然後可以入聖哲之門户，植邦家之基命。

形重氣重神堅，則爲令器。有形重而氣輕者矣，有形重氣重而神不堅，則不能細入無間者矣。氣重則能鎮紛雜，神堅乃能探幽微。故心細如毛髮，毛猶有倫，細入無形，神之爲也。

有德量，有器量，有才量。見道明而涵養到，自然不狃於血氣之私，此德量也。天分豁達宏闊，不計較於戔戔之間，此器量也。恢廓周通，不爲事物境遇所困阻，此才量也。

亦不喜事，亦不畏事，事至則安間依理以應之。無戚戚之色，有汪汪之度，清而不激，和而不流，君子倚之爲庇，小人得之爲歸，斯可謂國器矣。

學晰天人，窮理之樂也。篤信固執，修身之樂也。經綸在我，卷舒從時，行藏進退之樂也。

國家將興，必有徵祥，人之身亦然。睟於面，盎於背，四體詞氣之間，皆和風甘露，景星慶雲也，非古所謂吉人歟？

大小逆境，皆神明所以試人器量之淺深，而稱其福以報之，捷於影響，延及後嗣。愚者昧之，是辭吉就凶，畏福樂災也。君子明於天道，故學海焉廣隘由心，未有學之誠而不可至者。天之亂，乃天之刑，所以芟夷暴惡而開太平耳。草木不經嚴冬，則生意不固，人不經憂患，則德慧不成。

寒花耐久，春夏之花則不然，故生於憂苦亂離之人多堅實。由此言之，風霜之威，天之殺物，正以成物耳。禍患之降，天之困人，正以成人耳。遇之而摧者，乃凡卉庸流，非天心所貴者。當天地之艱難，任君親之責備，骨榦乃堅，精氣乃實。

天心未格，人心未孚，皆智昏德薄之驗。士庶人時存此心，則身可修。君公時存此心，則國可治。

時有淳澆，俗有美惡。故泰伯居夷而化，孔子在魯，而七十子之外多譏之。亦視其自立者而已，若得位，則風行草上矣。

主持氣運者，自上而下順而易，所謂君子之德風。然有志之士，雖無君相之位，能維持補救於下，則碩果必有發生之時，其所係大矣。

人君不可以不自反也。人君自反，則卿士以至庶民咸自反矣。天下知自反，則天下可以寡過。故曰誠能動物。

君子，斯民之司命也。一日間無時不存仁人之心，言仁人之言，行仁人之行，於道猶恐未合，於民猶未必果有所利。況乎萌不仁之心，言不仁之言，行不仁之行，是自絕於人類矣，何言道乎？天下之治，非一人所能成也，而常轉於一人。故「拔茅茹以其彙，征吉」，機常有所自動也。道消道長之故，大《易》示之詳矣。

王政必酌人情，權時變。井田封建之不可復，勢也。言治不得古人之意，則膠固而不可通，難以望其成矣。

政有二難。一難於知人。知人無奇法，試其言以觀其才，因才而授以事，乃考其績，蓋失者寡矣。一難乎禦敵。士必平時訓練，恩信既結，然後可用。若猝御不習之士，先察一軍中賢能士校爲衆信服者，任之使宣上意，達下情，則恩信易徧。乃明賞以鼓其氣，必罰以肅其志，申諭激勸以發其忠，使萬人如一，乃可用也。臨敵以戒懼爲主，寧重無輕，慎修戰守之備，先爲不可敗，以待釁而動。防姦用閒，發機造謀，俱無以僥倖出之。要之平時必文武調和，勿以小嫌生隙，有事乃能協恭謀國耳。

君子三月失位則皇皇焉，憂世之思切也，以爲當吾世而不用，則民不得被吾澤，迨吾老而後用，則民亦不得長被吾澤也。庸臣在高位而不知進賢，則君子之道何自而升乎？故孔子誅竊位，而孟子惡蔽賢。

君子自量其道之與世不合也，姑小試焉，以觀其機。見其不可，則善藏焉，以俟時而已。若鋭志必行，則德業兩喪。

凡人憂明通之無日，顯揚之無期，昏惰之氣，庶幾少振。《孟子》「舜發於畎畝」一章，當日日三復也。

文集

發示日知薈説覆奏劄子

臣於南書房恭讀皇上御製《日知薈説》一編，第一卷言政事，第二卷言心性，第三卷、四卷言經學、史學，皆精深透徹，條理燦然，仰見我皇上睿謨廣遠，聖鑒淵微。惟言心性處，有數條辭旨過於高妙，似宜略加斟酌。昔夫子罕言性與天道，至其徒不可得而聞，蓋誠慎之。其見於《易》者，曰「繼之者善，成之者性」而已。《中庸》則唯曰「誠者天之道」，《孟子》則唯曰「性善」而已，俱極簡約該括。聖皇著作，奕世誦法，必言言與典誥同符，字字皆訓辭昭示，人心藉以永正，學術恃以常純。雖一言稍介疑似，必嚴其防而杜其漸。誠以心學易致歧誤，不得不慮及流弊也。臣不自量，擬節數條，並擬酌數句，謹粘簽於後，仰祈聖鑒。

無欲則静虚動直論

且自太極二五妙合而凝，而人之所以成性成形不外乎是，故氣質之中，即具秉彝之理。凡耳目口鼻四肢有其形，自不能無所欲，而莫不有當然而不可過之則，是即所性之良，不與欲俱流者也。然則人生之本然固皆無欲，唯聖人秉清明純粹之姿，爲能内無所徇，外無所誘，而獨全其天。下此則氣質勝而理多所蔽，將一身之嗜好，日與外物相攻取，而此心爲多欲之心矣。方其静，則昏昧自逸，失湛然無物之體；及其動，則詐僞日滋，違自然順應之宜。如是而欲入聖道，吾見其日求而日遠也。故有志於學聖者，必期於無欲，無欲則静虚動直，而聖可幾矣。蓋世之學者，亦知聖人之心，静則一念不營，動則因物順應。苟不虚不直，即不可以爲聖人。於是欲於静求虚，於動求直，而孰知求虚將愈不能虚，求直將愈不能直也。且寂守之虚非虚，專斷之直非直也。夫聖人之静虚動直，亦其心之無欲者爲之而已。學者誠能明以察幾，健以致決，舉吾身形氣之私，皆不足以奪吾義理之正，則静之時自能不偏不倚，有以立天下之大本而無所虧，何有於憧擾乎？動之時自能中經中權，有以合天下之達道而無所拂，何有於矯揉乎？此無他，無欲則不以人用而以天用，不以氣用而以理用也。學者未能遽至於無欲之地，宜從事於居敬窮理，以操存涵養其心。則私意無所容，而聖人不難至矣。故周子以無欲爲學聖人之要，而程子教人唯以主敬爲先也。

治論

天下之大，萬民之衆，欲使無一不得其所，在任相而已。君心虛明，則能辨賢姦而愼簡相矣。相必有相德、相度、相才焉。言乎德則中正，言乎度則有容，其才又能洞悉天下之利害，而輕重布之，如權衡之不爽。三者備而後可以格君之非，心可以知人，可以任人。不激不隨，中也；無偏無黨，正也。有容者虛懷樂善，期利國而不期利身，非貌爲謙恭模棱兩可之謂也。布置輕重如權衡，有識以行其才，而能運天下於掌。天子於六卿詞臣之中，察其平日之行與言，果足以修身正家，遏吾之非，且於天下兵刑禮樂之大綱，又一一熟諳於胷中而不惑，則其德、度與才皆可坦然信之，而與之共理天下矣。自非虛中謹幾之主，烏能識之？故任相難也。凡九卿之職，必其人德足以率百僚，才足以亮天工，乃可使之居是任。《虞書》、《周官》詳哉言之，在人君深體此意而已。九卿得人而天下之大綱以張，九卿各精心簡乃僚屬，而天下之庶目亦舉。天子乃可以垂裳端拱，執極而進退之。至於朝夕啟沃，詞臣爲親。《詩》曰：「有馮有翼，有孝有德，以引以翼。」人主所與講習游息者，必得慈祥篤摯之士，養其德性而化其邪心，然後天下被其澤。而馮翼孝德之士，天子不能自知而自舉也，三公九卿得其人，則能爲天子慎選侍從論思之臣矣。夫言官者，朝廷之耳目也；言路者，國家之命脈也。言官不得其人，則耳目壅塞而國脈傷。《詩》之美仲山甫曰：「柔亦不茹，剛亦不吐。」此仲山甫之柔嘉維則也。故能知柔嘉之則者，乃能不以國事爲戲，而所言皆訏謨辰告矣。豈可或失則剛，或失則柔，以所言爲嘗試哉！三公九卿深察百僚之中精明持重、深知國體者，而薦之上，上實察其可居言路也，而試以此職，則國計民生日能去弊而興利焉，如是而朝廷正矣。外而督撫，是監司之表率也，監司則守令之準繩也，守令則斯民之師帥也。督撫不得其人而監司惰，監司惰則守令弛，而斯民乃重困矣。是故天子之命督撫、監司也，必考其平日居官之素望，政治之實績，非才德兼優，不得與於是選。又召見而細察其人，命直陳所以爲治之要，則其人之才德可知。又從而反覆訓勑之，使知天子以察吏、安民、輯兵之責寄之者，如此其至。而於各提鎮大臣，亦必擇其德器才能實足以守常而禦變者，而後任之。則羣臣奉上德意，雖海隅荒服，罔不率俾矣。守令爲親民之官，無以其卑而使之不得自達於天子之前，每選是職，在京者咸賜召對闕下，命直陳平日居家事親之道，修身理物之方，天子親覽焉，且考其平日素行，果能孝友廉潔與否。察其賢也，乃試之職，以示愛民勵士至意。在任轉陞者，令各省藩司核其素行，且令藩司取其條陳經濟事宜，轉達御前，藩司不得有所阻蔽。一倣古考言之法，三載乃考其實政，而黜陟之。即下而司鐸之官，亦用是考言試事之法，以伸激勸。則人咸務實行，尚實治，士氣奮而民豫附矣。此則外臣得人之效也。雖然，人主欲用賢，必先明教化，以培植人材，至於賢人衆多，乃可以唯吾所用。故《詩》曰：「藹藹王多吉士，維君子使，媚于天子。」蓋言養賢育才之報也。平時未嘗養賢育才，一旦臨軒而求，日下乏真才，此豈聖賢之君以移風易俗自任之道哉！三代之作人也，上既躬行以導之，又有黨正、閭師之屬朝夕勸諭其民，考其閨門里巷之行，使之歌詩舞蹈，以復其性而閑其情。有不率者，撻之識之，郊遂以移之，載在禮經極詳且至。故其時之民，雖女子小人，彬彬乎皆有學士大夫之德器儀容，治遂登於刑措。觀《兔罝》所詠，知文王之民，咸成材而可用也。而又擇其中之尤者，任之以官，俾宣上德意，樹之風聲，故民俗益厚，民性益醇。此《詩》稱「濟濟多士，文王以寧」也。人知文王之逸於得人，而不知文王之勞於作人，則成周之功難以冀矣。且其取之也，自鄉而升於國，司馬、司徒、樂正、司成之屬，兢兢乎考其行而後官，而論行則一以孝爲先，誠重乎其本也。故曰「孝友睦婣」，曰「有孝有德」是也。後之教民，雖有鄉約之設，而無專官以董之，又不以關於守令之考成，是既棄其樸魯之民而不教矣。雖設學宮以教士，而所以教之者又略於實行，而不以孝友爲先，所以取士者亦類是。雖所以教之取之，一本於聖賢經義之微旨，較勝於策略權謀、詞賦浮華之習，然比於漢制之敦尚實行，似尚有未逮也，況能及成周之隆茂乎？此上雖鋭志興治，而治卒無由進於古者，以教民取士之法未善也。竊以爲今欲教其民，宜先責守令之臣，以養民爲務。人主朝夕孜孜延訪羣下，畫爲一定吏治之法，頒之天下，俾有所遵守，因以此稽守令之殿最。數年之閒法良意美，民既咸實被其澤，而因以時深講於教民之法，申之以孝弟之義，自然民氣丕變，風流俗醇。而所以教士取士，仍用經書論策等以校其文，又於文之既中選者，嚴核其行，一以孝友爲先。如是則酌乎古今之宜，既得先王之意，亦不至矯拂乎今時之尚矣。且古之所以察吏者，載於《周官》，雖爲法甚詳，然皆一本於愛民厚俗之意，而又隆禮重禄，以卹其家人之私。如此而下不黽勉奮發，願託於君父之腹心者，非情也。今一以法繩其下，善催科者則上考，勤撫字者或勿庸，名爲廉能稱職，閒亦有剥民以奉大吏者矣，不然則工於彌縫者矣。皆法使之然也。是以下雖有愛民之心，而不得施，雖竭報國之誠，而不見卹。賢人君子知時之終不可以有爲也，有解綬去耳，肯枉道以徇人哉！其中材以下，乃變術違道，以從時矣。又其甚不肖者，乃恣爲貪冒無恥之行，以逢迎而取世資。任法之弊至此，俗何由而古乎？又況禄不足以養其家，人臣苟以奉公忘私爲事，雖仕至三命以上，啼飢號寒，猶且不免焉。夫欲責其貪，而又無以養其廉，吾不知爲人臣者，何所資而可以兩全於家國之際也。縱忠臣良士斷不以此易節，顧安可以是望諸庸臣哉！若厚禄以待之，而復嚴其貪墨之罰，則庸臣亦可以爲良臣。人君治天下，使庸臣盡爲良臣，家國實受其福。故愚以爲今宜寬下吏之文綱，而優其俸給，則古法可復也。夫任良相以容賢，敦教化以厚俗，去苛薄以卹下，皆爲治之要務也。設誠而致行之，則以正君心爲本。

答徐昔民書

讀來書之意，謂所爲不同，各從其性而然，至爲善於家，則方俛焉於此。其趨正而辭平，固無能更進者。若夫志殷然於反求，欲得其實以從事，緬維斯言，怵惕長念。人未有不能明於内外重輕之分，而可與深造者。自唐宋迄今，士之掇科取寵者，何可勝數，然皆與螢草同腐。其託文詞以傳者，志蕩於好名，趨頹於逐末，即天才卓犖，終未免於擇焉不精，而無真得。何者？其始入迷也。有爲己爲心而行不至者矣，未有爲人爲心而行或能至者也。亦或負高世之姿，簡夷一切，超於庸鄙，而江左名流，炯鑒千古。又如異端之教，鋭志窮高，獨闢途徑，衷諸聖道，益以遠矣。蓋曠達者以自任爲知命，非真命也。隱怪者以空虛爲見性，非真性也。人於性與命之真，知焉而弗去，行焉而弗息，用可也，藏可也。此則固有之分，反求而自得之者。夫不徇於習，奮然思求道之所在而從之，此志之爲也。奮於一時，迄無所變，欲然無盈滿之期，此則篤志而信道者也。爲此非以求名，足興足容，道本坦坦。因足下之説，而妄爲引伸如此。抑至道之難聞，守身之不易，童習之書，叩所要歸，盡茫昧而無一得，容色之際，神形支離，輒罔協則儻嗣。今猶獲正諸當世之賢人，不至於益昏而遂亡，斯有厚幸矣。

答靖誠合書

暮春之杪，展年兄見寄之札，知闊踪相望，不得訂析疑義，悵怏有同心也。友朋中以研理辨惑爲事，切己體驗者，良不易覯。經書理解，吾儕誠宜反覆推勘，所關於學術非細。「誠意」章解，朱子屢易其稿，今注乃係絶筆，推勘的確，後學奉爲不刊典訓。唯首章注「意者心之所發」，安溪夫子易爲「意者心之所主」，蓋以人性皆善，好善惡惡，乃其本心，必發之真而無所參雜，行之決而無所牽制，則能實其好善惡惡之意，而非虚矣。實兼真實、踐實二義。若將意字作念字説，則善惡皆念也，善念當實，惡念豈可實乎？自欺者自掩其本心之明也，自慊者自快足其本心之明也。獨者本心之明，獨知其好善惡惡之真切不真切，從善去惡之勇決不勇決，其欺其慊莫遁於纖毫也。此從天所命之明德中，有此真鑒，以照察吾心，無時不炯然者。下文十目、十手所視、指，即此本心之所獨知也。自幼至老，一刻不離，自庸至聖，無人不具。甫入大學，十四五時，即須於此猛省用力，不待已經致知之久者乃然也。古聖賢先儒皆同，但至致格工夫到後，識見融徹耳。蓋論字義，意是好善仁惡惡義之意，獨是本心之明智照察吾意者，與意相俱相隨，初無先後。雖義微有分，而總在一心。謂意者己所獨知，慎者意之所由誠，語本直截了當。唯於上所云云更一提掇，尤見根源，亦非甚有歧互也。書院講義發明慎字處，揭出主敬，爲成始成終之要，最得綱領關鍵。《中庸》首言戒慎恐懼，即敬之常存也。慎獨，即敬中之省察克治也。窮理讀書，一以敬爲本，體驗玩索，莫非反身省察工夫。先儒學規云：立志以端其本，居敬以持其志，講學以致其知，力行以踐其實。文貞公本此以解《大學》，知止、有定，立志也；静、安，居敬以持志也；慮，格物致知也。敬爲窮理之基，而即貫乎窮理之中。固執篤行，則敬之所以成終而歸於誠矣。《性理精義》論説甚詳，理學源流，工夫次第，至爲明晰。望爲後學有志者諄切示之。外附《經書言學指要》一册，上有細硃字數行，並希訂之。臨緘馳企，不既所云。

讀詩所紀後

學者之於經義，必得其條理，而後可究指趣之歸，求致用之實。稽《詩》之爲教，見於《虞書》「典樂教胄」之文。周公制禮作樂，采文王之世二《南》之詩，被之管弦，爲房中之樂，令鄉黨、邦國皆肄之。博采謡俗以觀民設教，而列國之《風》具焉。燕饗會朝之詩，登諸二《雅》，以通上下之情，陳先王之德。郊廟樂歌，厥名曰頌，用以美盛德，告成功於神明。此周公之舊也。世衰風降，美惡淆雜，二《雅》則有中興及誹刺之詩，《頌》則侯國亦擬而有作，此則其變也。夫子删《詩》正樂，曰："「自衛反魯，《雅》、《頌》各得其所。」"是三百篇皆經手定，而秩然不可亂者。今欲求其條理，合於聖訓，而儒先舊解，難盡據以爲定。緣部分所歸，解者多以意爲之説，遂至時世舛易，失其情實，終不能使人允協於心，更何由而領性情之真趣，資倫教之實益乎？李文貞公作《詩所》一編，一一爲之疏解，發明其所以然。卓識名理，超軼無前，論定取舍，要歸至是。文詞易簡昭融，亦渾乎化工無跡。嗚呼至矣！名時受而讀之，尋繹玩味，昭若發矇，心悦以解。於是而恍見當年删定之心，與周公以《詩》立教之心。蓋周公以文王教者也，故四始皆首文王焉。自家達之朝廷、邦國、天下，以至通於神明，非文王之道無由也。文王之道，即豳公所修后稷之道也，故風、雅、頌皆究於豳焉。文王之道，成之者周公，是以《豳風》之末繫居東之詩，豳雅、豳頌之後繫東都之詩。營洛者公之志。周詩之後，繫以《魯頌》，猶斯志也。魯以侯國而侈焉作頌，夫子奚取乎？考《駉》、《駜》、《泮水》所稱，物阜人和，修文興學，政猶足紀。《閟宫》之稱作廟上自姜嫄、后稷，以及太王、文、武受命，周公啟宇，莫不備載，存之以終三百，誌不忘周公云爾。抑文王之道，傳自成湯，以承虞夏者也。湯之纘禹，日躋聖敬，簡阿衡而式九圍，秉玄王桓撥率履之烈也。猶文之紹湯，亹勉緝熙，宏作人而新周命，本后稷思文配天之功也。唐虞之治，稷契成之，稷契之澤，文湯究之，以至於今未艾。《詩》始文王而終《商頌》，述文湯而溯稷契，其旨不亦深乎？其義不亦廣乎？

附録

先生孝德尤著，年踰强仕，父母摩拊如嬰兒。其防南河，同出者多以爲難，而先生獨以近奉二親爲喜。數年中生養死藏，毫髮無憾，然後以身許國，夷險一節，而無所係牽。方苞撰墓志。

雍正末，用兵黔苗，時以爲功。先生還朝，上疏論其事，略謂：馭夷之道，貴在羈縻；服貳之方，務彰誠信。今奏報者必以苗民殄滅幾盡，難民復業過半，苗疆不日底定爲辭，以臣計之，未可盡信。勦撫兩難，惟有下剴切之詔，布寬大之恩，棄苗疆而不取，將重兵還駐内地，修築垣壘於要害處所，俾民有可依，兵有可守。賊來則互相應援，協力擒捕；賊去則分兵撲滅，勿事窮追。明懸賞格，擒縛首惡，犯輕而率衆歸順，或鄰近苗人奮勇殺賊者，皆給與土官世襲，分管其地。熟苗加以撫綏，勿使爲生苗所劫掠，爲官兵所欺凌，自當抒誠向化。若因循粉飾，臣恐兵端不能遽息，糜餉勞民，終非柔遠寧邊之善策。疏上，頗有異議，高宗獨是之。後卒撤兵，除新畺之賦，黔人以寧。家傳、事狀。

內廷翰林余棟丁母憂，予假六月，先生請聽其終喪以盡子道。因言翰林梁詩正服未除，應緩其行走。上從之。同上。

方望溪曰：余始於督學高公使院見公試藝，闔郡無與儔，有意於其人，而無因緣會合。繼至京師，見公於李文貞公所，辨經析義，公端坐如植，言不及終，己無言。及後同直南書房，始知公於文貞所講授，篤信力行。凡古昔聖哲相傳性命道教之指要，異人異世，更相表裏，互爲發明者，皆能探取而抉其所以然。公之用無不宜，忠誠耿著，而人無閒言，蓋有以也。墓志。

唐鏡海曰：先生從李文貞問學，而闇然爲己，則其自得者也，不盡出於師授。平時省察縝密，推勘精嚴，《劄記》、《講義》諸篇，往往能補師之所未及。讀其書，想見踐履之篤實，操持之堅苦，以視夫講學家之籠統陵駕，居之不疑者，相去遠矣。《學案小識》。

家學

楊先生名宁

楊名宁，字簡在，凝齋從弟。雍正癸卯拔貢，官山西徐溝、福建侯官、山東陵縣知縣。好學不倦，經史諸子靡不貫串，長於考證。著有《碎録》、《水輯》、《類音》、《雜詩》諸書，校注顧亭林《日知録》，盧氏文弨甚重之。參《江陰縣志》。

弟子

夏先生宗灡

夏宗灡，字起八，號震軒，江陰人，諸生。幼强敏，通諸經。父敦仁，與凝齋爲執友。父殁，謁凝齋於滇南，從受經義，相依七年。凝齋以安溪《易》説、《詩》説授之，盡通其義，録所講授爲《易義記講》、《詩義隨記》二編，皆有所發明。凝齋領國學，薦經明行修者七人，先生與焉。授國子監監丞，掌繩愆廳，領六堂時議。諸生肄業三年，明其黜陟，至期滿，拔其尤五人列薦。凝齋既卒，當事難之，先生力争成隙，遂摭他事落職。後南巡迎鑾，復之。歷主畿輔、湖北書院，以經術講授，能傳安溪、凝齋之學。參劉若曾撰《監丞夏公傳》。

王先生文震

王文震，字夢屺，一字孟起，江陰人。雍正乙卯拔貢，乾隆戊午副榜。從凝齋受學，通三禮，薦授國子監助教，分堂教授，兼三禮館校對。出爲山西吉州知州。著有文集、詩集。參《江陰縣志》。

靖先生道謨

靖道謨，字誠合，黄岡人。康熙辛丑進士，改庶吉士，歷官雲南姚州知州。初受學於關中王心敬，及官滇南，乞病去職，從凝齋講學，著弟子籍。後歸，歷主鼇山、白鹿、江漢諸書院。凝齋一再貽書，爲反覆推勘學術，期其爲後學有志者諄切示之。乾隆中，迭舉博學鴻詞及經學，皆不赴。著有《過庭編》，又纂雲南、貴州兩省《通志》、《黃州府志》。參《湖北通志》、《黃州府志》。

交遊

方先生苞 別爲《望溪學案》。

黃先生叔琳 別見《元孚學案》。

冉先生覲祖 別見《敬庵學案》。

朱先生軾 別爲《高安學案》。

徐先生用錫 別見《安溪學案》。

秦先生蕙田 別爲《味經學案》。

蔡先生德晉 別見《味經學案》。

莊先生亨陽

莊亨陽，字復齋，南靖人。少受學於李文貞。康熙戊戌進士，授山東濰縣知縣。母喪，廬墓三年，自是未嘗一日離父。乾隆初，以凝齋薦，授國子監助教。訓士有法，同列皆一時之儁，都下號爲四賢五君子。首輔鄂文端公問士於方侍郎苞，首推先生。使同官達意，欲見之，先生不往。文端曰：「以老諸生視我，何如？」乃一見。遷吏部主事，出爲德安府同知，連擢徐州知府，按察司副使，分巡淮、徐海道。振灾治水多異政，通算術，測量淮、徐水道，規畫全局。請開毛城鋪及天然壩、三壩、范公隄，分水注洪澤、高寶、興鹽諸湖，時不能用。參方苞撰墓志、《東越儒林傳》。

官先生獻瑤

官獻瑤，字瑜卿，安溪人。受學於蔡侍郎世遠及方侍郎苞。以凝齋薦，授國子監助教。上教士事宜六條，被採用。乾隆四年成進士，改庶吉士，充三禮纂修，授編修。典浙江鄉試，督廣西、陝甘學政，遷洗馬。乞養親歸里。著有《讀易偶記》、《尚書偶記》、《尚書講稾》、《思問録》、《讀詩偶記》、《周官偶記》、《儀禮讀》、《喪服私鈔雜記》、《春秋傳習録》、《孝經刊誤》、文集、詩集。參《東越儒林傳》。

徐先生恪

徐恪，字昔民，江陰人。父世沐，學宗程朱，著書明道，附見《桴亭學案》。先生康熙丙寅拔貢，官直隸棗强、廣西羅城知縣，有惠政。少承家學，與凝齋游，往復貽書論學甚備。著有《周易引説》、《見聞稽疑録》、《桑梓見聞録》、《九鑪山人集》。參《江陰縣志》、《文定文集》。

清儒學案卷四十八終

清儒學案卷四十九

天津徐世昌

高安學案

正一身以正家國天下者，其禮乎？清代名臣大儒莫不以是爲兢兢，健庵、味經其尤著者也。可亭爲《儀禮節略》一書，一以《經傳通解》爲宗，而删繁舉要，博採諸家，附以獨見，所言皆明白洞達，可謂知本務矣。述《高安學案》。

朱先生軾

朱軾，字若瞻，號可亭，高安人。康熙甲戌進士，改庶吉士，散館授潛江知縣，以薦入爲刑部主事，轉員外郎、郎中，督陝西學政。以關中先儒張子知禮成性、變化氣質之學爲諸生摩刮，秦士大悦。歷光禄寺少卿、奉天府尹、通政使，出爲浙江巡撫，擢左都御史。雍正二年拜文華殿大學士，兼吏部尚書。坐撫浙時失察吕留良私書，吏議革職，命仍視事。尋還職，兼管兵部尚書事。高宗御極，命協辦總理事務，賜世襲雲騎尉，充纂修三禮館總裁官。乾隆元年卒，贈太傅，謚文端。先生爲政練達有體，自治縣及撫浙，未嘗假賓佐，摘發多洞中，吏不能爲奸。浙俗浮靡，以身教儉，郡邑吏望風自飭。及登政府，視山西賑，治浙江海塘，與怡親王同籌畿輔營田水利。乾隆初，疏陳四川、廣西、河南丈田報墾之不實，又言法吏以嚴刻爲能，請嚴飭各行省，皆見施行，向之以興利爲功者相繼罷去。忠誠爲國，有古大臣之誼。其學以敬爲主，以致知力行爲工夫，以經史爲法守，以日用云爲爲實驗。著《周易傳義合訂》十二卷，因程子《易傳》、朱子《易本義》互有異同，爲參校以歸一是，不復兩可其説，以滋歧貳。惟兩義各有發明，可以並行不悖者，仍俱録焉，而附以諸儒之論。其諸儒之論有實勝《傳》、《義》者，則竟舍《傳》、《義》以從之，己所見亦各附於後。又著《儀禮節略》二十卷，分冠、昏、喪、祭四大綱，而冠禮後附以學義，昏禮後附以士相見、鄉飲酒，於喪、祭二禮尤詳。大旨以朱子《家禮》爲主，雜採諸儒之説，而斷以己意。蓋欲權衡於今古之閒，故於今禮多所糾正，於古禮亦多所變通。又有《春秋鈔》十卷，《孝經注》一卷，《名儒傳》八卷，《名臣傳》三十五卷，續編五卷，《循吏傳》八卷，文集四卷，《軺車雜録》、《廣惠編》各若干卷。參史傳、《四庫全書提要》、張廷玉撰墓誌銘、《學案小識》、文集。

《周易》傳義合訂凡例

一、《本義》經傳分釋，而詳於經，略於傳。今合經傳文於一處，傳以解經，傳義明而經旨了然矣。

一、講《易》以程《傳》、朱《義》爲宗，二書互有同異。今止録其一，同者無容重複，異者恐滋歧貳也。其或各有發明，則仍並録焉。《傳》、《義》之後，閒引諸儒論説，而附鄙見於其末。亦有止録諸儒語，不及《傳》、

《義》者，《傳》、《義》或不如諸儒所論之切當也。亦有止陳鄙見者，或舊解太繁，撮其大要而述之，或一知半解，於先儒少有發明也。若穿鑿以示異，勦竊以立名，則吾所不敢。

一、講《易》遺象言理，自王輔嗣始，至伊川程子又闡發而歸於正道，而後納甲、飛伏等術數之學息矣。然易者象也，有象斯有理，理從象生也。孔子《彖》、《象》二傳，何嘗非言象乎？無論雷風山澤，以及《説卦》所舉乾馬、坤牛、震龍、巽雞之類，皆象也，即卦之剛柔上下，爻之應比承乘，何莫非象乎？舍是而言理，吾不知所謂理者安在矣。易道之取類大，精粗巨細無所不有，即納甲、飛伏等術數之學，不可謂非易之一端也。矧中爻、互卦，倒巽倒兑，厚離厚坎之象，皆卦體之顯而易明者乎？今釋卦爻，一遵程朱德、位、時及承乘應比、往來上下之義，閒有艱晦難明者，並取互卦等象釋之。

一、八卦除乾、坤、坎、離外，實止二卦，倒震即艮，倒巽即兑也。六十四卦者，八其八。三十六宮者，六其六也。四十八卦中，四正反，大、小過、中孚、頤，對易也。其屯、蒙等二十八宮，反易也。反易之義，先儒言之已備。來矣鮮謂之卦綜，謬矣。又卦卦以此取義，而矜爲孔子以後獨得之祕，謬之又謬也。今除泰、否、損、益顯有反易相因之義，其餘槩弗取焉。

一、程子不取卦變之説，謂凡卦皆自乾、坤來。然合之《彖傳》，畢竟有未盡協。今一遵朱子一陰一陽自姤、復之説，詳見《圖義》。

一、宋元以來易圖不下數千，於四聖人之精義全無干涉，今一槩不録，止以鄙見，縷晰朱子篇首各圖之義，而圖仍不載。

春秋鈔總論

孔子曰：「我欲載之空言，不如見之行事之深切著明也。」時至春秋，大道隱矣，聖人周流列國，所進説於人主，及退而設教、與七十子之徒講習而討論者，無非闡明堯、舜、禹、湯、文、武相傳之心法，而聖人以爲是皆載之空言也。今夫名山大川，遊覽所不至，考之記載而知某水某丘之勝槩，與夫雲霞之蒸蔚變幻，鳥獸木石之珍奇光怪，心焉慕之而未之信也。有繪圖示之者，曰：「此某水某丘之勝也，雲霞之蒸蔚變幻，鳥獸草木之珍奇光怪也。」則不啻親履其地矣。《春秋》之作，二百四十年之圖畫也，言道者曰：「如此則忠，如此則孝，如此則不忠不孝而爲天理王法之所不容。」智者喻而愚者懵焉。比讀《春秋》，乃知若而人之甘心不忠不孝如是也，若而人之陷於不忠不孝而不自知如是也，微惡必懲，隱慝必誅，天理王法昭然不爽如是也。於是善者謹覆轍，凜殷鑒，不善者如照秦鏡，自見其形容，自呈其心術，儼然刀鋸斧鉞之刺於心而戮於身矣。程子曰：「五經如藥方，《春秋》猶用藥治病。」方書所載某方祛寒，某方已熱，盧扁未敢信其必然也。迨用某方投某病，而果無不效也，斯庸醫知所遵循矣。《春秋》對症施藥，方則堯、舜、禹、湯、文、武之所傳授也，孔子酌而劑之，以適於用，而二百四十年風魔妖妄之疾，霍然起矣。

《朱子語類》云：「孔子作《春秋》，據他事實書之，教人見得當時事是如此。」又曰：「聖人不過直書其事，而義自見。」果爾，則齊桓、晉文之事，舊史具在，孔子之作不幾多事乎？且晉之《乘》，楚之《檮杌》，皆勸善懲惡之書也，何必魯之《春秋》？又曰：「以日月名字上寓褒貶，聖人不解恁地細碎。且忽用此説以誅人，又用此説以賞人，使人求之而莫識其意，是後世弄法舞文之吏之所爲也。」案：《春秋》編年之書，雖無事，必備載四時。至事有以日計者則書日，不可以日計則書月，不可以月計則書時，原無關於是非之義也。若書人、書爵、書名、書字，則魯史舊文也。孔子曰：「吾猶及史之闕文。」蓋言史官之慎也。「韓宣子聘魯，見《易象》、《春秋》，曰：『周禮盡在魯矣。』」是《春秋》舊史典禮昭然，非他國可比。若忽而書名，忽而書字，絶無取義，信筆記録，雜亂無章，即晉《乘》、《檮杌》未必如是草率也。況孔子作《春秋》以教天下萬世，肯任舊文之參差，而不爲校正乎？蓋以官爵名字寓褒貶，乃史官定例。聖人據事考義，可因者因之，不可因者改而正之，閒有變例，或予之爵謚以重其罪，或責備賢者而嚴其辭，是皆確乎有據，無可疑者。若義不可通，則簡編之誤，闕之可耳。蓋經文從三傳録出，而三傳所載字句時有參差，先儒謂由口授，數傳而後，不免訛誤。今必欲逐字引例，委曲以求其同，則鑿矣。

史家編年記事，有綱有目，綱斷而目案也。事之本末，目已詳矣，乃酌理原情，斷以片言，而獄成焉。後之讀史者不得於綱，而稽其目，猶有疑焉，則究隱察微，更進一解，而是是非非之精意出矣。孔子之所修者綱也。目以記事，無俟聖人之筆削，後人因非孔子所定，遂從而佚之。目佚而傳作，傳即目也。左氏詭異浮誇，無當於聖人之取義，而事之不泯猶賴有此。論者謂屬事比辭，《春秋》教也。魯桓弒於齊，而莊公主齊婚，與齊人狩，大無麥，而築郿，告糴于齊，而新延廐。凡此皆比而觀之，而美惡自著，何必詳其事而後見其義乎？然與其窮原竟委而後知，何如一見瞭然之爲善？況有尋究而必不得其故者乎？乃謂盡去諸傳，而後《春秋》之義明，何其謬也！吾謂註《春秋》，須將三傳及前編等書，撮其記録事實者，列於逐條之下，以補《春秋》之目。然後另講書法，以求其義，斯聖人之微旨著矣。至《記》言屬辭比事，謂學《春秋》而得其義，則能比勘事之是非，斷以辭而親切允當，非謂讀經者當比事而觀也。至前略而後詳，此隱而彼著，由後遡前，即此推彼，凡書皆然。況《春秋》編年記録，隨其月日所有之事而繫之，有一事而散見於各年各月者，又有數事而相爲本末終始者。自必博觀廣覽，乃能融會貫通。然《春秋》謹嚴，一句一字具有精義，如天地之廣大周徧，脉絡經緯，固自比密。苟非逐字逐句，體認真切，又安能博觀廣覽，融會貫通乎？

《春秋》明天道，修人紀，撥亂反正，辨名定分，天子之事也。天子之事，惟天子能行之，惟聖人能言之。周衰王迹熄，天子不事其事。孔子作《春秋》，言天子之事，非事天子之事也。論者乃謂孔子以匹夫假二百四十年南面之權，謬矣。「亂臣賊子，人人得而誅之」，誅之者正其罪也。殺人者可殺，非士師而殺之，是亦殺人也。以亂易亂，《春秋》之所禁也。然則所謂人人得而誅之者，權在則誅以斧鉞，權不在則誅以言也。誅以斧鉞者，天子也，諸侯奉命討賊可也。誅以言者，凡能言者皆得而誅之。亂臣賊子智巧足以飾非而謝過，而言者方攻其隱而誅其心，雖幸而苟免於身，而一字之誅嚴於身後，此亂賊之所以懼也。或曰：「亂臣賊子，天理良心滅絶已盡，何有於一字之誅，而懼而不爲乎？」曰：天理良心如何滅絶得盡？亂賊之人，未有不諱其爲亂賊者。孟子曰：「邪説暴行有作。」邪説者，暴行之所自來也。桓之弑隱，由隱之讓也。惠公以桓爲適，隱公亦以桓爲適，桓遂自以爲適也。桓方信羽父之反譖，以爲隱將據位而殺適也，是以弑也。以桓爲適者，邪説也。又如闔廬之弑王僚，曰：「我王嗣也，僚安得立？」不知僚已儼然君也。衛輒之拒父也，曰：「不得父其父，即不得子其子。」雖子貢之賢猶疑之。甚矣邪説之誤人也。暴行之作，由惑於邪説，至陷大惡而不自知，又或甘心爲惡，而託邪説以自掩。邪説不放，則大義不著，此孔子之所以懼也。吕氏曰：「邪説暴行，天下所同聞見，而孔子獨懼焉，何也？手足風痹，雖加笞箠，頑然而不知痛。無疾之人，一毫傷其膚，固已頻蹙慘怛，中心達於面目。人皆風痹，而孔子獨無疾，是以懼也。《春秋》成而亂賊懼，猶倉、佗和緩療以鍼石，血氣流注，復知痌癢也。」故曰：「知我者其惟《春秋》，罪我者其惟《春秋》。」知者懼也，罪者亦懼也，盡天下之人無不懼，則人心正而庶民興，邪慝無由而作。猶之倉、佗療疾，先驅風邪，而後鍼石可施，至血脉通而元氣復，外邪又不待屏而自消矣。

黄氏曰：「《春秋》，教戒之書，而非褒貶之書也。」愚謂褒善貶惡，正聖人之所以教戒也。善不褒，何以教，惡不貶，何以戒乎？然聖人善善長而惡惡短，情有可原，雖罪必矜，事有可取，雖微必録。邵子謂《春秋》爲聖人之刑書，蓋本欽恤爲平允，堯、舜刑期無刑之意也。程子曰：「五經之有《春秋》，猶法律之有斷例也。」又曰：「《春秋》百王不易之法，乃文質之中，寬猛之宜，是非之公也。」自昔論《春秋》者，無過此數言之親切。蓋五經所言，文質也，寬猛也，是非也。酌其宜而準於中，以合乎天理人心之公，而爲百王不易之法者，《春秋》也。故曰「猶法律之有斷例也」。

《春秋》之法，專治諸侯。諸侯治則天子尊，統一而分定，上下各得其所，而僭竊争鬭之患息矣。故曰：《春秋》天子之事也。然諸侯受治於天子，而天子又受治於天，芸芸者皆天産也，而大君爲宗子，故尊其號曰天王。王，尊也，子，親也。凡所以繼天立極者，無非奉若天道。天子之事，即天之事也。周衰，王迹熄，孔子作《春秋》，昭王法，明天道也。

朱子曰：「聖人只欲備二百四十年之事。若硬説那個字是舊史，那個字是聖筆，如何驗得？」愚案文以記事，而義即於是乎見。孔子曰：「其義則丘竊取之。」義於何取？於文乎取之也。若曰文盡從舊，吾不知孔子之所取義又安在也。舊史豈盡無當，但微顯闡幽，當名辨物，非聖人不能。是故有一字而兼數義者，有數事而合爲一義者；有逐字取義者，有取義在一字者；有以實字取義者，有以虚字取義者；有取義在一事而因及他事者，有取義不於本文本事者；有假之名而諱其實者，有嘉其事而恕其情者；有著其功並録其罪者，有略其罪而大其功者。凡此皆聖人之筆，雖游、夏不能贊，況史官乎？一字而兼數義者，如鄭伯假許田，許田也而可假乎？罪公也，罪鄭伯也。然第曰假耳，公非予也，鄭非取也，暫假焉耳。所以寬公之罪，寬鄭伯之罪也。曷寬乎耳？凡假物於人者，將以還諸其人也。此又聖人開二國遷善之門也。數事合爲一義者，如文十八年子卒，前書「公子遂、叔孫得臣如齊」，後書「夫人歸於齊」，又書「季孫行父如齊」，總以明魯臣之謀廢立。子之卒，卒於弒也。逐字取義者，如「鄭伯克段于鄢」，曰「鄭伯」，罪伯也；曰「克」，力勝而去之也；曰「段」，路人也；「于鄢」，操之已蹙也。取義在一字者，如一國以數國之師，以者不以也，以人與以於人，皆非也。以實字取義者，如「天王使宰咺來歸惠公、仲子之賵」，曰「天王」，曰「宰」，何其鄭重也；曰「惠公、仲子」，微也。歸賵之非，不待言矣。以虛字取義者，如「公自京師遂會晉侯」云云，曰「遂」，重朝王也，而魯侯無君之罪著矣。取義一事而因及他事者，如「春王正月」本以編年，見尊王敬天之意，而繫時於「王正」之上，又寓行夏時之意焉。若曰此建子之春，乃時王一歲之首月，改故時移，非帝出乎震之孟春也。取義不於本文本事者，如桓、宣書「有年」，明他年之常歉也。假之名而諱其實者，如晉文召王而曰「王狩」，以狩爲名，諱召也，仍其名而書之，名之所關者大也。嘉其事而恕其情者，如「莒去疾自齊入于莒」，志存乎得國也，去疾入而展輿奔，展輿弒君之賊也。聖人嘉去疾之能討賊，而繫以國，明去疾之宜有莒也。著其功並録其罪者，如「楚殺陳夏徵舒」，嘉討賊也，又書「楚人入陳」，貶也，功過不相掩也。大其功而略其罪者，如首止之盟，諸侯會王世子，近於要君，然定世子之功大，故不以要君罪齊桓，功足以掩過也。大抵事之是非昭然共見者，只直書其事，而義自見。其有事小而所關者大，亦或似是而實非者，名字爵秩、予奪褒貶之外，必抑揚高下其辭，使人玩味而得其是非之實。直書其事者，舊史已明則仍之，有辭義未顯者則達之。其高下抑揚，使人玩味而得其是非者，皆聖筆也。

學者讀《春秋》，但將隱、桓二公時事細細體認，確然有見於褒貶予奪之例，則二百四十年治亂得失之故，與夫聖人筆削之苦衷，瞭然在目矣。蓋隱、桓世遠，《春秋》所紀較他公爲略，然壞法亂紀、滅倫絶義之事實，始於隱而熾於桓。如盟蔑、盟宿，私盟之始也。祭伯來，私交之始也。會戎于潛，外交之始也。入向、入極，取牟婁，入國取邑之始也。鄭人伐衛，諸侯專征伐矣。無駭帥師，大夫專兵矣。考仲子之宫，嫡妾紊矣。戎伐凡伯，天尊地卑之義亡矣。瓦屋之盟，伯主所由興也。宋、陳、蔡、衛會伐，諸侯之黨所由分也。至於桓，而君臣父子、昆弟夫婦之常經敗蔑幾盡，蒙羞忍恥，靦然在位者十八年，卒喪身於逆姜之手。惡莫惡於是，醜莫醜於是矣。況乎宋督弑君，以賄賂而得免。鄭突篡位，結强鄰以自固。王師敗績於鄭，天王僅以身免，王綱終於不振。齊、魯、宋、衛紛紛誓盟，朝修好而暮興戎，人心世道之壞，終春秋之世不過如是而已。學者於此考訂詳而體察精，全經之微言大義，盡在斯矣。

《左氏》紀事最詳，《穀梁》取義較切，《公羊》不及二傳，然亦有《左》略而《公》詳，《穀》泛而《公》切者。此三傳所以並存而不可缺者也。胡傳於天理人欲之介，辨之極精，言之最篤，而梳櫛義例，直截痛快，有《春秋》謹嚴之意焉。然有時用意太過，取義太深，又或旁見側出，而於本條反多遺漏。蓋文定輔成君德、挽回人心之苦衷，勤勤懇懇，言之不足而長言之，非若杜、林、何、甯之釋經，但取尋章摘句已也。

胡傳於征伐、會盟、聘問，無大關係者，多不釋其故，三傳亦時有缺略。蓋當日諸侯强陵弱，衆暴寡，而寡弱之國又每不度德量力，而干犯强大。一言以蔽之，曰：無名之師也。至會盟、聘問，無非趨勢附利，朝恩暮怨，機械變詐，不可端倪。文、宣以下，大夫專政，作威作福，惟所欲爲，又不待求其故而知其悖理滅義，爲王法所不容矣。凡如此類，聖人因舊史以垂戒，善無可褒，惡不待貶，讀者必尋究其所由來，以合於褒貶之例，亦近於鑿矣。

或有問於予曰：「横渠張子謂《春秋》乃仲尼所自作，非理明義精，殆未可學。若胡文定公，可謂理明義精者乎？」曰：是非予所能知也。雖然，胡傳本之程子，公私理欲之介，言之洞然，他書弗及已。予於聖人筆削之旨，茫然未有所知，惟恪守胡傳。間有辭旨未暢，及鄙意所未安者，妄陳管窺之見，敢以質諸學《春秋》而理明義精者。

儀禮節略凡例

一、是書以朱子《家禮》爲綱，旁及晉、唐、宋、明諸禮書。其近世儒者論説，於禮少有發明，輒隨所見採入。至折衷聚訟，以求適合，則必以十七篇爲正鵠焉。

一、邱文莊《儀節》敷演明晰，間有舛誤，及詳略未通，悉爲增損辨正。惟祭儀煩多，槩置不録。

一、杜佑《通典》竪議明辨，他書弗及。惜無善本，魯魚亥豕，多不可句。篇中所引，未敢意爲更定，仍之以俟校正。

一、自《儀禮》不列學官，習焉而得其解者罕矣。是篇引述節略，雖片語單辭，梳櫛必求其當。若附會前人，偏執己見，則吾未敢。

一、是書務矯時弊，力崇古道。然古禮有必不可行，近俗有必不可廢，斟酌損益，頗費研慮。《曲禮》曰：「禮從宜。」孔子曰：「禮之中又有禮焉。」變而通之，觸類而長之，又非是書所得盡矣。

一、是書既逐條辨晰，更掇拾先儒時賢語爲餘論。餘者，正條所未盡也。附論則一知半解，聊質之當代之學古者，議禮云何哉！

一、《士相見》、《鄉飲酒》二篇，朱子謂何處可行，今觀《相見禮》嚴肅簡易，何不可行之有？《鄉飲酒》獻酬煩多，聊存大槩，而尊讓潔敬之義已具。

一、喪期服具，友人王帶存所述。其所未詳，更彙輯羣論，附以己意，庶讀者無憾焉。

一、《儀禮》、《禮記》言喪事幾半，而諸家之論亦較他禮爲詳。蓋送死大事，古人慎之又慎，亦辨之又辨也。是篇採録頗衆，悉本健庵《讀禮通考》。

一、是書原刻三卷，今增爲二十卷，始事丁酉季夏，迄己亥秋而卒業。簿書鞅掌，日無寧晷，篝燈搜閱，隨手録記，不復省視，舛誤實多，所望明禮君子指摘而惠教焉。

孝經四本序

漢以來傳《孝經》者，皆顔貞所出今文本。朱子《刊誤》獨據孔壁二十二章，豈疑今而信古歟？以爲誤皆誤也，朱子偶拈其一正之耳。元儒吴文正公因《刊誤》參校古今文，從其長者，條章理節，則於朱子本時有更定。

予始讀而駭，深味而嘆先儒讀書用意之精也。爰裒益舊註，附以臆見，編諸易齋《三本》後。易齋，予同年友。三本者，今文、古文、《刊誤》也。易齋于經學弘衍邃深，折衷允當，豈予固陋所能贊一詞？顧念學者讀朱子《刊誤》，參以文正之所論定，於微言奥旨不無發明，是文正固朱子功臣。而予一得之見，其諸易齋之河海細流歟？易齋將計偕過予，别出所校經史性理諸書示予，《孝經三本》其一也。

歷代名儒傳序

盡天下之人，别其業而命之，士、農、工、賈四者而已，而士獨以儒稱，重之也，亦責之也。戰國異端蜂起，其最甚者爲楊、墨，挾其爲我、兼愛之説以誣民，而與儒抗。顧其爲術淺陋，入人不深，孟子辭而闢之，二家之患亡矣。漢初學者惑於黄老之術，儒道大衰。迨後佛教興，其所論著，較老氏之恍惚杳冥爲尤甚，而信從者益衆。韓子曰：「古之民四，今之民六。古之教一，今之教三。」吾謂天下之人，不歸老即歸釋，二氏之學徧天下，而儒教幾乎息。是教二而民五，農也，工、商也，緇流、衲子也，無所謂士。然非佛、老之過，儒者之過也。今聖天子崇儒重道，超軼漢唐，嘗謂：「朕所重者大儒、真儒，所惡者小儒、僞儒也。」覺世牖民之盛心至矣盡矣。孔子訓子夏曰：「女爲君子儒，無爲小人儒。」即此意也。彼佛、老方張大其説，以爲彌天蓋地而莫能外，又竭力殫心以工其術，而儒者以其小且僞者當之，有不退然沮喪者乎？吾思大儒、真儒一也，而小與僞有别焉。聖人與天地相似，惟其公而已。彼小忠、小信、小廉、小謹，昫昫之仁，孑孑之義，皆挾私用智之爲害也。然小也非僞也，一涉于僞，則無所不至矣。是故有儒而阿諛取容者，公孫弘、張禹是也。有儒而依權附勢者，馬融、王肅也。有儒而毁禮滅義者，王弼、何晏也。若夫不逞之徒，以邀名市利之心，假託仁義道德之説，以惑人聽聞，久之而一倡百和，别户分門，同者黨之，異者伐之，甚而恣其横議，變亂黑白，犬吠梟鳴，無所不至，猶自號于人曰：「吾儒也。」何怪乎學者以儒爲汙，而相率入于二氏乎？漳浦蔡聞之先生嘗與余言儒之雜揉謬亂，痛心切齒。余曰：堯舜在上，黜邪崇正，千載一時。顧欲盡去雜揉謬亂之穢習，莫如表彰先賢，使學者知儒術之有真，而浮僞者不得而託，庶少贊一道同風之聖化于萬一。於是倣《大全》編次諸儒之例，録漢至元儒者凡若干，各訂其本傳，彙爲一編，曰《名儒傳》。書成，有難者曰：「何休之黜周王魯，文中子之僭經，惡乎取之？」曰：過不掩功也。「小戴以貪去官，劉向以獻書進，不録可也。」曰：聖之去官，忤何武也。或曰九江太守德也，非聖也。向父得鴻寶祕書於淮南，向欲不獻而不敢，非以干進也。始于漢而終于元者何？漢儒拾殘經于灰燼之餘，有功于道術不小。晉、唐如范甯、孔穎達之徒，類能發明經義，以輔翼聖教。至宋而濂、洛、關、閩諸儒，直接鄒魯之傳。前乎此者開其先，後乎此者皆紹其緒者也。明儒未有史傳，故弗録也。傳以名儒稱，何也？猶言純儒、真儒、君子儒也。學術邪正之分途，名與實而已。無所爲而爲者爲君子，有所爲而爲者小人也。學者誠能體察于身心之閒，存理遏欲，進進不已，則聖人可學而至，何有于名儒乎？所貴乎儒者，爲其學而至于聖人也。明乎此，而章甫縫掖之士，能不顧名思義乎？

歷代名臣傳序

名臣傳，始漢留侯，迄元董搏霄，凡二百有奇。或曰：「人才莫盛於虞周，五臣、十亂盡之矣。夏禹、啟問類皆先代之臣，殷伊尹、仲虺、伊陟、臣扈、巫咸、甘盤、傅説外，他無聞焉。今編名臣若干，毋乃濫乎？」曰：必如皋、夔、伊、傅、周、召，而後謂之名臣，則得與斯選者幾何？且取法乎上，僅得乎中。集中所載，皆上法古人，而卓自樹立者也。孟子曰：「有安社稷臣者，有大人者，有天民者。」如汲長孺、魏文貞者，非所謂社稷臣乎？漢之武侯，唐之宣公，宋之韓、范、司馬，第其品，在天民、大人之間歟？或謂：「武侯、宣公、韓、范、司馬之有功聖道者不少，何以不列於名儒？」曰：天生聖賢，以爲天下。未有功名不本於道德，亦未有道德而不發爲功名者。不幸而著書育才，以守先待後，非得已也。程、朱之不爲名臣，有以夫！是故有堯舜而後有五臣，有文王、武王而後有十亂。漢唐以下遭際不同，聲績亦異，總其要歸，多由元首。我皇上嘗訓廷臣，謂：「非皋、夔、稷、契成堯舜，堯舜實成皋、夔、稷、契。吾君臣其交勉之！」恭繹聖言，夙夜警惕。自念遭遇聖明，不能感發刻勵，附日月之末光，垂榮施於無窮，可謂上負吾君，下負所學矣。爰録名臣，都爲一編，審其所值之時，所行之事，所守之節，所建之業，或俊偉光明，直行己志，或委婉曲折，務達其心之所誠然而後已。雖不能與皋、夔、伊、傅、周、召等量而齊觀，要從此日以尚友，千載高山景行，其長人神識志氣者豈少哉！夫求珠者必于淵，求玉者必于山，適伯樂之廐者，纖離緑駬，惟駕所適。願覽斯集者各取法于上，而設身處地，參觀效法，以自奮于堯舜之世。《書》曰：「汝翼，汝爲，汝明，汝聽。」《詩》曰：「有馮有翼，有孝有德。」行將旦暮遇之矣。

歷代循吏傳序

傳曰循吏，仍史目也。吏者，涖也，爲天子涖此民也。自牧伯監尹，下逮一州一邑之長，統謂之吏。吏得其人則民安，民安而天下治矣。顧必如何而後爲得人？曰廉，曰才，曰慈惠，曰强幹，四者盡之矣。而史傳不以四者名吏，而標其目曰循，循之爲言良也。舍四者無所謂良，而卒不得謂之廉吏、才吏、慈惠、强幹吏者。然則所云循良者，可會而知矣。《論語》記仲弓子夏諸賢之爲宰，嘗問政於孔子，而其爲政無可考。子賤、子游以鳴琴弦歌傳，其他亦未有聞焉。漢史稱龔、黄、卓、魯之治郡多異績，吾不知其爲政於聖門諸賢何如也。宋張觀自謂：「守官以來，惟持勤、謹、和、緩四字。」又云：「世閒何事不從忙後錯過？」蓋爲其事而輒計其效，則進鋭者退必速，即幸而有成，而急遽苟且，終遺後日之悔。彼悃愊無華之吏，循守繩墨而程能效功，日計不足，月計有餘。况煦育涵濡，以養以教，事不煩而民享和平之福，此王道之所以悠而久也。循良之目，其謂是歟？顧吾猶有慮焉。庸庸者自託於簡易鎮静，以文其迂拙，固卑卑不足道。其或慕古人之雅化，而優遊無爲，即使子賤鳴琴而理，而怨咨愁苦之聲不息，雖日奏南風之曲，能使阜財解愠乎？有恒産而後有恒心，假而終歲不飽，而欲使家弦户誦，吾知子游有所不能也。我皇上念切民依，勤求吏治，嘗謂：「司民牧者存一沽名市譽之念，將有廉而矯激、寬而姑息者矣。朕非教人以不廉，廉且不可，而況於不廉乎？非教人以不寬，寬且不可，而況於嚴乎？惟中道而行，實政實心，上爲國而下爲民，莫善於是。」大哉聖謨，無以復加矣！蓋中者，堯、舜、禹、湯、文、武之所以傳心，施之於政事，即《洪範》「無黨無偏，王道平平蕩蕩」，《商頌》「不競不絿，不剛不柔，敷政優優」之謂也。由乎此，則處爲顔、孟、周、程，出爲皋、夔、稷、契。悖乎此，雖一郡一邑，可得而治乎？今傳循吏若干，其所爲治，雖未必盡有合於聖訓，而優遊無爲與矯激姑息以立異者，槩不録焉。讀者循覽體察，庶於吏治或有少補歟！

文集

太極圖説解

乾坤者，對待之體。六子者，流行之用。筮卦之數，陽極於九，陰極於六。陽主進，進至於無可進則退。九退爲八，八，少陰也。陰主退，退至於無可退則進。六進而爲七，七，少陽也。《圖極》所説「動極而静，静極復動，動静互爲其根」者，即筮卦九六進退之謂也。動極静極者二，太陰生於動極；陽生於静極者，六子也。圖、書不言四象八卦，義已見於是也。此陰陽流行之用，總不外乎兩儀對待之體。先言用而後及體者，一生於兩，一見而後兩立也。或問：陽變陰合而生五行，五行非即四象八卦乎？曰：四象八卦乃兩儀之倍分，五行則兩儀之所資以爲用也。

文圖離坎居乾坤之位，後天入用故也。五者之氣彌綸充塞，播於四時，凡陰陽之流行，皆此五者行之也。此水火木金土之所以名行也。二氣五行同出於太極，生則俱生，而無極太極之藴，即在陰陽五行之中，同出於太極者，亦各具一太極也。无妄之理，與不二之氣，渾淪融洽而無間。其合也，其妙也，妙合者一也。五行一陰陽，陰陽一太極，氣含乎理内也。五行之生各一其性，理行乎氣中也。理氣之絪緼，分之無可分，兩非兩，五非五也，一而已矣。一故妙，妙故凝，凝則生生不息矣。乾天也，坤地也，言乎其質則五行生成於天地，言乎其氣則二五實生乾坤。乾道成男，坤道成女，男女分而形交。氣感萬物，化生天地者，萬物之大父母也。人與物同具此太極之理，而所禀之氣有清有濁。人靈於物，而人之中又有頑秀之别焉。五性動而善惡分出，吉凶悔吝所以紛然多故也。惟聖人定以中正仁義而主静，人極立而三才位焉。定之者，定此感動之性也。感於物而動，性之欲也。定之以中正仁義，所謂先立乎其大，其小者不能奪也。中正者，仁義之中正也。先儒以中正爲智禮，禮所以節文斯二者，智則二者之正而固也。言禮智不足以盡中正，言中正而禮智在其中矣。《通書》云：「性者，剛柔善惡中而已矣。」剛惡柔惡故非中，剛善柔善亦未必皆中，剛柔者仁義之偏也。凡物立於偏陂之地，則脚根不定，中則得所止而定矣。《大學》曰知止，得止，《易》曰艮止，定之謂也。求止之功在格致誠正，而其要不外於主静。静者動之本，《易》所謂「無思無爲，寂然不動」是也。廓然大公，性也。無極，太極也。物來順應，情也，太極之理藴於中而發於外也。天禀陽，動而靜，地稟陰，靜而動，而要皆本於太極。太極之理本靜也，聖人主靜而性以定，定則動靜隨時而因應不窮，聖人一天地也。極者至也，道理至此盡頭，更無去處，故推行變化而不可測，皆自極生也。自氣言爲陰陽，自質言爲剛柔，自人心而言爲仁義。動極者，純陽也，動極而靜，乾卦所謂用九，陽而陰，天極也。靜極者，純陰也，靜極復動，坤卦所謂用六，陰而陽，地極也。主靜而動以定者，聖人洗心藏密，吉凶與民同患，仁而義，人極之所以立也。曰陰陽、曰剛柔、曰仁義，對待之體也。曰陰與陽、剛與柔、仁與義，流行之用也。與云者，自此及彼，一而二，二而一，張子所謂「一神兩化」也。原始反終，無終無始者，精氣游魂，屈伸往來之妙也。大哉易乎！聖人立教以裁成輔相，君子脩德以趨吉避凶，孰有外於是乎！

張子全書序

歲己丑，予奉命巡學陝右，蒞扶風，率諸生謁横渠張子廟。雖車服禮器鮮有存者，然登其堂，不覺斂容屏息，肅然起敬焉。既而博士繩武示予《横渠全集》，且曰：「是書多錯簡，欲重刻未逮也。」予自幼讀《西銘》、《正蒙》，雖未窺見奥藴，然每一展卷，輒胸臆爽豁。既得讀全書，益有鼓舞不盡之致焉。大抵言性言命，使人心玩之而如其所欲言者，必身體之而適得其力之能至者也。集中《經學理窟》諸篇，于禮、樂、《詩》、《書》，井田、學校，宗法、喪祭，討論精確，實有可見之施行。薛思菴曰：張子以禮爲教。不言理而言禮，理虚而禮實也。儒道宗旨，就世間綱紀倫物上著脚，故由禮入最爲切要，即約禮、復禮的傳也。《西銘》言仁大而非夸，蓋太極明此性之全體，《西銘》狀此性之大用，體虛而微，用弘而實焉。《正蒙》論天地、太和、絪緼、風雨、霜雪，萬品之流行，山川之融結，即器即道，皆前人之所未發，朱子所謂親切嚴密是也。史稱横渠以《易》爲宗，以《中庸》爲體，以孔孟爲法，與諸生言學，每告以知禮成性、變化氣質之道，學必爲聖人而後已。以爲知人而不知天，求爲賢人而不求爲聖人，此學者大蔽也。又曰：「爲天地立心，爲生民立命，爲往聖繼絶學，爲萬世開太平。」卓哉張子！其諸光輝而近于化者歟！若其所從入，則循循下學，《正蒙》所謂「言有教，動有法，息有養，瞬有存」，數語盡之矣。是故學張子之學，而實踐其事者，斯不愧讀張子之書而洞晰其理。予也不敏，何足以言學？然竊喜讀張子書而有鼓舞不盡之致，用校正而梓之，以成博士志焉。

與王遜功論氣質之性

論性而言情與才，自孟子始。才者，才力也，才幹也。性發而爲情，才則効能於性情者也。仁能愛，義能敬，禮能讓，智能知。凡天下萬事萬物，莫非此心此理之良能。而有不能者，非不能也，不用其能也。此孟子之所言才，乃天命之性之才也。成性以後，理麗於氣，氣有清濁之分，才亦隨之。姑息非能愛也，而不謂非仁。鹵莽非能斷也，而不謂非義。善反之，則其所不能者，正其所以能也。此程子之所言才，乃氣質之性之才也。氣質之性之才有不善，而天命之性之才則無不善。故曰：「爲不善，非才之罪也。」集中有云：「孟子所謂才，即程、張所謂氣質。」淺見於此，不能無疑。變化氣質固存乎人，然當其始，則氣質固不能无咎焉，豈得謂非其罪乎？況孟子既以性驗情，而斷其爲善，若以才爲氣質，則當云「若夫爲不善，乃氣質之故」，不當云非氣質之罪也。至云「善正從相近處見，相近亦正從善處見」，二語最爲醒豁。顧愚更有進者，善不但從相近處見，亦可於習而相遠處見。所謂相近相遠者，如分途各出，一上一下，上者逾上，下者逾下，漸行漸遠。或相什伯，或相倍蓰，或相千萬而無算者，其源頭總從一路上來。若原是兩路，又何從較其遠近乎？周子《通書》云：「性者，剛柔善惡中而已矣。」有生之初，剛善柔善者去中無幾，即剛惡柔惡亦未至於甚遠。迨習焉各隨其性之所近，而一往莫返，不但惡者益惡，而善者亦流於惡矣。然姑息、鹵莽都由仁義而起，非仁無緣得愛，非義無緣得斷，非愛與斷無緣得姑息、鹵莽。惡者善之惡也，知惡爲善之惡，益知性之無不善矣。

冠者見

見即拜也，未有往見而不拜者，故不言拜而言見。不然冠時兄弟具在，烏用見爲？或曰：拜兄宜也，弟可言拜乎？曰：兄弟云者，就所見之諸昆言之。凡一從再從者，俱統之以兄弟云。故後「入見姑姊」不言妹，敖氏《集説》謂妹未冠不與爲禮，則弟亦不與爲禮可知。然則何以云答拜？冠者拜兄，兄以其成人也而禮之。再拜者，兄與冠者互拜也。冠者答拜，則兄受而無辭。答者，謝也，謝兄之與爲禮也，卑幼見尊長率由是。至北面拜母，非送脯也，而適當執脯，故就脯言之。意冠者取脯，適東壁北面跪奠脯，再拜興，執脯進於母。母使人受，子又拜，母亦起而拜。有似乎拜受、拜送者，然取脯而進之母者，告冠也。母受脯而拜者，知子已冠而禮之也。母又拜者，禮婦人俠拜，非子既拜而母又拜之也。考《周禮》九拜，曰稽首、頓首、空首、振動、吉、凶、奇、褒、肅。稽首者，頭至地而留也。頓首者，頭叩地也。稽、頓頭俱至地，稽則留地稍久，頓至地即舉，若以首叩物也。空首拜頭至手，《書》所謂「拜手」也。振動者，戰栗變動，《書》曰「王動色變」是也。吉拜，拜而後稽顙，謂先作頓首，後作稽顙，期以下拜是也，别於三年之喪，故曰吉。凶拜，稽顙而後拜，斬衰拜也。奇讀基，與褒對，一拜也。褒，報也，謂再拜也。肅，俯下手也。九拜稽顙最重，空首輕，肅尤輕。《冠禮》所謂母拜，肅拜也。冠者見於母，母起立而與爲禮也。古人席地而坐，有所敬則伸腰而起，兩膝拄席，拜則俯下手，頭不至地，樂府所謂「伸腰再拜跪」是也。今不地坐，但起立曲身，叉手引下，前裾沾地而已。見於姑姊如見母，注云：「如見母者，亦北面，亦使拜。」竊意見姑姊不當北面，且母拜受，冠者拜送，就脯言之，見姑姊則無所謂受與送也。姑雖尊，不得比於母，姊則猶乎兄也。不但見姑姊不如見母，即見姊亦不得同乎見姑。《禮經》謂姑姊之俠拜如母，非冠者見姑姊如見母也。又禮無見父之文，豈有見於兄弟，見於姑姊，見於鄉先生，而獨不見其父者乎？若云父主冠故不見，則兄弟具在，又何以見也？禮已孤而冠者，掃地祭禰而後見於伯叔父，豈父存而反不見乎？《孟子》曰：「丈夫之冠也，父命之。」今終冠無父一辭，可知《禮經》殘闕，非復周公之書矣。

笄禮

《儀禮》女子十有五年許嫁，笄而字。雖未許嫁，年二十而笄，禮之。婦人執其禮，燕則鬈首。注：婦人執其禮，明非許嫁之笄。謂未許嫁而笄，則不戒女賓，而自以家之諸婦行笄禮也。疏：既未許嫁，雖已笄，猶以少者處之。故既笄之後，復去笄而分髮爲鬌紒也。予謂所貴乎賓者，謂老成典型，堪爲小子師耳。故戒賓辭曰「願吾子之教之也」、「願吾子之終教之也」。不然正纚加冠，一僕隸任之有餘，烏有賓爲？女之笄，猶男之冠也。許嫁而笄，與未許嫁笄，均笄也。婦之賢而習禮者，求之姻親中恐不易得。今以家之諸婦執其禮，能必其賢而習禮乎？將不擇而使之乎？不待嫁而笄者，欲早責以成人之道也，而苟簡若是，是不以禮教也，何如不笄？且與其使諸婦也，何如母自爲加？竊意經言婦人執禮，謂加笄母爲主，而賓以女，父不與焉，非未許嫁不戒賓之謂也。燕則鬈首者，謂笄後有事則笄，燕則卸之。若云已笄猶以少者處之，則何不待許嫁而笄乎？今俗親迎有期而後冠笄，似乎可從。蓋婦人外成，未嫁尚可少寬其責也。

納采問名納書納吉

《儀禮》賓至納采，致命出，擯者出請事，賓入問名。是納采、問名一使一時事也。納采者以男名進而告之女氏，使采擇也。辭曰惠貺室某某者，男名也。然女擇男，男亦擇女，故問名，而主人曰：以備數而擇之。或曰：既以媒妁通言而許之矣，夫何擇焉？曰：擇者，擇吉凶也。婚姻大事，雖年相若，德相稱，人事本無可擇，猶必待命於鬼神。

曰：然則女氏亦卜筮乎？曰：在古有之。懿氏卜妻敬仲，晉獻公筮嫁伯姬於秦是也。《士禮》無之，謂男之吉即女之吉也，故納采致命，女氏無答辭。納吉乃曰「子有吉，某與在，某不敢辭」，疏曰：「夫婦一體，夫既得吉，婦吉可知。」故曰「與」。其卜筮者爲男擇女，亦爲女擇男也。納吉則擇定而婚禮可成矣，故從而納徵。徵者，証也，成也。束帛儷皮，假物爲証，以成其婚姻也，故納徵又云納幣。曰：前此不嘗以雁往乎？曰：雁非聘物，乃賓贄也。贄必以雁者，取不再匹之義。士贄應用雉，今用雁，爲婚姻也。故禮云下達，用雁，無貴賤一也。曰：納采、問名，一時事也，何以再用贄？曰：重婚姻也，且納采、問名兩事也。然則卜筮不吉，將奈何？曰：不吉則男氏以所卜筮告之女氏，女氏將曰：某之子不教，今卜筮不從，敢辭。此所謂采也。曰：《周官》婚禮必先問年月日，而後及乎名。《儀禮》問名，不問生年日，何也？曰：爲卜筮也。卜筮必以男女名告鬼神，名者別也，子非一子，女非一女，故男名待告，女名待問。若生年月日，媒氏已通言而知之矣。禮辭曰「敢請女爲誰氏」，疏謂不敢必其爲主人子，故問之，不知納采已云某之子矣，何問焉？又曰問所出之母也，取其女而問其母，亦屬無謂。《詩》曰「仲氏任只」，氏即名也。誰，何也，問女何名也。然則禮何以無答詞？曰：婦嫁則稱氏，女子不以名行，故不以名面告使者，意必書而致之也。

廟見

禮婦入三月而廟見，解者曰：歷三月，而婦無可去之行，而後廟見而成婦。若然則廟見矣，雖有可去之事，將不去乎？若猶去也，何取乎三月而後見也？父母之於子婦，祖父母之於孫婦，未有不欣喜愛憐，相見依依而不忍捨者。死猶生也，若必遲之三月而後見，此三月中祖父母、父母有知，悦乎否乎？子心安乎不安乎？冠禮既冠，掃地祭禰，而後見於伯叔父，昏禮何獨不然？婦入三月之内，見於宗黨親戚者遍矣，壻見外舅外母矣，而獨靳廟中之一扱，事死如生之道，顧如是乎？朱子《家禮》改三月爲三日，程子議以婚之明日，是皆以意斷，而於禮制終有未洽也。夫必明日、三日而後見者，豈非以未同牢合巹，尚不爲婦乎？自母以女授壻御輪三周而來，已不爲女而爲婦矣。《春秋》於文公、宣公、成公夫人之至，皆稱婦，蓋婦者有姑之詞也，何待同牢合巹而後爲婦乎？鄭忽昏於陳，先配後祖，緘子曰：「是不爲夫婦，誣其祖矣。」緘子之意，謂不祖而配，無異野合，而猶以婦見，若未配者然，是誣罔其祖也。或曰：緘子所謂祖，告親迎也。信如斯説，既以親迎告矣，迎至而不見，何如不告乎？昏禮納采、納徵皆告而往，歸而復以告，何獨親迎不然乎？《春秋》於婦入書至，至者，以至告諸廟也。哀姜不書至，而書入，傳曰：「不至者，不可以見宗廟也。」此至日廟見之明証也。議禮不衷於《春秋》，而遷就附會乎漢儒之説，未見其有當矣。《記》曰：「三月祭行。」祭行，即廟見也。不曰祭而曰見者，前以新婦見，至是以主婦見也。必三月者，鄭注謂三月天道一變，乃可以事神，且三月之内，人事紛錯，不誠不敬，必三月而後可齋戒潔蠲以祭也。又曰「擇日祭於禰」者，猶父母存者，既以棗栗段脩見，又饋特豚於室，故不嫌數也。凡此皆爲冢婦言也。若衆婦，至日一見已耳。三月祭行，奠菜於四親也，擇日祭禰，則不及其祖矣。或曰：婦至次日，乃以禮見舅姑，廟見何必不於明日、三日乎？曰：見舅姑之必於次日，猶廟見之必於至日也。禮緣義起，各適其宜而爲之制，而禮得矣。

同姓不婚

律禁同姓爲婚，分别問罪離異。禮云：「取於異姓，所以附遠厚别也。」「故買妾不知其姓，則卜之。」又曰：「同姓雖遠，男女不相及，畏黷敬也。黷則生怨，怨亂毓災，災毓滅性，是故取妻避其同姓，畏亂災也。」《家語》曰：「同姓，雖百世婚姻不得通，周道然也。」今世古道不講，同姓爲婚者，士夫家時復有之。獨吾江西，則村野田夫、奴隸下賤，亦知其不可。吾謂禮失而求諸野，其必於吾鄉乎？友人王帶存嘗云：「姓氏有分别，同出一祖者爲同姓而或異氏，不同出一祖者爲異姓而或同氏。」鄭夾漈謂：「氏同、姓不同者，婚姻可通；姓同、氏不同者，婚姻不可通。」愚意出同一祖者，如魯出周公、晉出叔虞是也。同祖而異氏者，魯之孟、季，晉之欒、郤是也。異姓同氏者，其氏偶同，非真同氏。如晉有欒，齊亦有欒，魯有季，楚亦有季氏是也。自宗法廢，人有不知五屬之親者，何從别其爲姓爲氏之異？今有季人、欒人於此，考其果爲魯爲楚，爲晉爲齊耶？吾家之比鄰有魯氏者，本葉姓，其女子出嫁稱葉，慎婚姻也。然不婚葉，并不婚魯，謂夫魯本出葉，而他魯之是葉非葉，不可知也。三代以後，有賜姓，無分氏，今人即氏即姓，雖有好古者，不能以無徵之言爲之辨晰源流，不如據見在同姓不婚之爲確也。

曾子問

曾子曰：「昏禮既納幣，有吉日，女之父母死，則如之何？」孔子曰：「壻使人弔。如壻之父母死，則女之家亦使人弔。父喪稱父，母喪稱母，父母不在則稱伯父伯母。壻已葬，壻之伯父致命女氏曰：某之子有父母之喪，不得嗣爲兄弟，使某致命。女氏許諾而弗敢嫁，禮也。壻免喪，女之父母使人請，壻弗取，❶而後嫁之，禮也。女之父母死，壻亦如之。」按男女婚姻，時爲大禮，次之《摽梅》之迨吉，畏强暴也。《綢繆》之詩曰「見此良人」、「見此粲者」。若謂不圖今夕得見，出望外也。以是知愆期之患匪輕矣。況室家嗣續所關綦重，年三十、二十矣，父母之心能無汲汲乎？又或親老待養，井臼之供不可缺，女父母老且死，無期功之親可依。必待婚姻於三年之後，豈徒情有未安，勢亦有所不可。不寧惟是，天時人事常出意外，假而烽煙乍起，饑饉荐臻，轉徙流離之不免，相待也，不相負乎？壻之辭，爲女計，女之辭，爲壻計也，古人之厚道也。或曰：納幣矣，因喪而易之，貞婦義夫當不其然。曰：同牢而後成妻，廟見而後成婦，未親迎，尚未爲夫婦也。未爲夫婦，何不貞不義之有乎？女子已嫁，爲其父母降服期，既爲人婦，不得而子之也。若在室，則服斬衰，猶然子耳。知禮君子忍以己喪累人子乎？曰：果爾，何以許而不嫁？既不嫁，又何以許爲？曰：不嫁者，禮之常也。苟有故，如所謂女無依，男不能待，烽煙饑饉之出於意外，則竟嫁矣，許諾者

❶ 「取」，原作「敢」，今據《禮記・曾子問》及下文「請而弗取而後嫁」改。

不敢必三年中之必無故也。幸而無故，不敢遽嫁，此女氏之自處以禮也。男與女各盡其道，於此見古人之厚，禮意之周焉。曰：女不敢嫁，壻何爲而不取？曰：致命而諾矣，又從而取之，何以處夫有故而嫁者？曰：請而取，於義無害乎？曰：始而謝之，禮也。女氏再請，則復行納幣禮，如新議婚，誰曰不宜？待而弗嫁者，經常不易之道，有故而輒嫁者，權也。苟非有故，斷不得假愆期之説而別嫁別取，故曰「諾而不敢嫁，禮也」，又曰「請而弗取而後嫁，禮也」，語意最斟酌無弊。或曰：末俗有喪中嫁取者，亦皆不得已而爲之乎？曰：制禮之意，正謂喪中嫁取，人子之所必不忍，不得已，寧致命而辭。女氏不得已，寧別嫁。所以全人子之至性，而防後世隱忍遷就之弊，爲萬世名教計至矣。曾子之問，孔子之答，非爲婚姻言之也。

變禮

曾子問曰：「如壻親迎，女未至，而有齊衰大功之喪，則如之何？」孔子曰：「男不入，改服於外次，女入，改服於內次，然後即位而哭。」曾子問曰：「除喪則不復婚禮乎？」孔子曰：「祭，過時不祭，禮也。又何反於初？」黄叔暘曰：「親迎未至，猶未成婚也，舅姑與廟猶未見也。齊衰大功之喪，視舅姑與廟孰爲輕重？豈有舍成婚見舅姑與廟之重，而遂改服即位，以哭其輕喪者乎？且除喪不復婚，則將苟合已乎？終廢見舅姑與廟見之禮乎？」愚按合室衰麻哭踊，而壻與婦盛服成婚，苟有人心，奚忍出此？改服即位，天理人情之正也。至除喪不復婚禮，所謂禮者，注云「同牢饋饗相飲食之道」，非廟見及見舅姑之禮也。古者廟見於三月之後，若除喪而婚，婚之日即廟見，無待三月。況婦入門，雖未成婚，無不見舅姑之理。舅猶可也，寧有期年九月之久，婦姑隔絶不相見者乎？既相見矣，能不一拜再拜乎？意既殯，喪事稍就，以深衣見舅姑。除喪合巹，不事陳設贊拜。注言「飲食之道」，正謂陳設贊拜之儀，非謂同牢之禮盡可廢也。

追服辨

《禮經》及先儒論追服之制詳矣，然事境之變遷無定，有非禮文所能盡者，試約舉數端言之。曾子曰：「小功不税，是遠兄弟終無服也，而可乎？」或曰：聞喪在五月之外，則不服；五月之内，則服其殘月。或云：既税則當全服。吾謂小功之别於大功者，一間耳。苟念骨肉之親，聞喪能不悲哀乎？孔子曰：「戚容稱其服。」悲哀矣，而不爲之服，可乎？豈惟小功，即緦麻之親，亦骨肉也，不税可乎？且使此小功緦麻之親别無主，後其葬其祭，身爲之主，不服其服可乎？《喪小記》云：「生不及祖父母、諸父、昆弟，則父税喪，已則否。」注：「謂子生於外者也。」不税者，不責非時之恩於人所不能也。夫綱常倫紀之地，不可以恩之厚薄論。至尊至親如祖父母，而以不及見而等之路人，於心安乎？然則有生於祖父母既卒之後者，在期年之外，固無税服之制。若卒後未周而生，將必服此未周之月乎？曰：除未生之月，所服月數或多或寡，成何服制？且服未周之月，是降殺其祖喪也，何如不税之無害於禮乎？然有不可概論者。假而父没，子隨母歸，母追服三年，而孫承祖重，拜賓主祭，可晏然食稻衣錦乎？又有父在爲祖期，已除而父殁者，適孫承重斬衰三年，不待言矣。然期後父没之前，此數月中未嘗持服，稅乎？不稅乎？或父亡祖在，而曾祖没，三月五月之外，祖又亡，則祖之適孫即曾祖之適曾孫，以三月易三年，非若期與再期之相去未遠也。不知練祥禫以死之日計月，抑以承重之日爲始乎？曰：承重者，承喪祭之重也。祭之重，終其身，喪則再期而止。父祖存日，變除無缺，固不待追。且已服三月期年，非若外出者之始聞喪，而情有不容已也。又荀伯子與何承天論亡未周而立後者，曰：「出後晚異於聞喪晚，而稅服應以亡月爲周。」難者曰：「假令甲死已再期，弟乙攜二子遠歸，始聞喪，以長子丙後甲。丙弟丁爲伯父追服期，丙以出後之故，反緦縞旬日而除，深淺舛錯不是過也。」荀伯子曰：「甲死，婦女持服再周，將即吉矣。而來繼之子門庭凶素，此婦女無由避此凶居，别卜吉宅，又不可使婦女歌於内，而嗣子哭於外。以此知追服亦未爲便，不若待服除出後爲當。」予思喪無無主，已議立後，刻不容緩。若待即吉，何如不立？且萬一服未除而母又死，將奈何？此事理之必不可者也。婦女雖已除喪所天，不復縞素釐居，何有於吉？假使親子遠出，父卒數年而歸，將以不便於母，竟不制服耶？以義斷之，先服本服，未及期，先五月九月而出後者，以亡月爲周。本服已除，或本無服，自當以出後日爲始，追服三年。抑更有説焉。世有既殁十年數十年始爲立後者，日月已遥，哀思不至，稅服則文不稱情，不稅則此出後之子，於所生父母既降爲期，而於所後又不得伸一日之服，得毋有難爲情者乎？曰：爲人後者，受祖宗之重，非專爲所後父母也。男子之出後，猶女子之出嫁，豈有新婦而爲久没之舅姑追服者乎？凡此數者，倉卒不無疑義，然度理度情，自有一定之則，但行其心之所安，而禮得矣。獨是自宗子法廢，而族無統紀，仕宦商賈家居之日少，而貧窮失業之人又遷徙無常，五服之喪有不相聞者矣。即聞而年月已久，有漠不動念者矣。如韓退之所云不稅小功而憂形於色者，有幾人乎？是故非知之難，而行之難也。

喪具

《檀弓》曰：「喪具，君子恥具。」具也而恥乎哉？注曰：「辟不懷也。」然則何不曰不忍具？具，豫也，備也，惟豫故備也。無論限於分，屈於財，而不得備，不能備，即此沾沾求備之心，若曰如是而可無憾。君子以爲存一如是而無憾之心，則其爲哀已淺也。物以表哀，哀不足而物是務，具物也，具文也，施之他人他事且不可，親死之，謂何而忍出此，尚得謂有心人乎？此則君子之所爲恥也。顧人非甚不肖，誰不知哀其親？其忘之者，有移之者也。夫孰有重於親者，而使得移之？則亦未嘗返而求之心焉耳。《朱子語類》：「或謂哀慕之情，自是心有所不能已也，豈待抑勒？只是時時思慕，自哀感。所以説祭思敬，喪思哀，只是思著，自是敬，自是哀。」予謂一思字曲盡孝子深情。思，慕也，生而愛，死而哀，均慕也。帝舜大孝，只是終身慕父母。少艾、妻子、利禄舉無足以奪此心者，斯之謂不忘其親，没而哀，亦猶是也。今友朋相與，忽而生死睽違，雖日月已遥，回想生平笑語，不禁泣下。矧人子抱終天之痛乎？入户而思所歷也，登堂而思所作也，居處思所安也，飲食思所嗜也，出無所告而思，反無所面而思也。無所省，無所定，而思無間乎晨夕也。無時無事而不思，斯無時無事而不哀矣。阮籍初聞母喪，留客圍碁，決賭飲酒，既醉，嘔血數升，哀毀骨立。彼獨非人情乎？始則制其思而哀弗動，繼乃不能已於思，而哀劇矣。忘哀者人子之通病，思則治病之要藥歟！吾願爲人子者生事死哀，念念不忘父母，毋徒習爲具文已也。

停柩

停柩不葬，人子莫大之罪也。近世士大夫家有累世不葬者，有累數柩不舉者，詰其所以，則有三焉。一曰家貧不能葬。孔子不云乎：「苟無矣，斂手足形，縣棺而封，人豈有非之者哉！」葬之需儉於斂殯，未聞有家貧而委其親不斂不殯者。亦既斂而殯矣，何獨至於葬而難之？一曰不得葬地。古者按圖族葬，未没而葬地已定，夫何擇焉？《孝經》言卜地，卜也，非相也。風水之不足信，昔人言之詳矣。一曰時日不利。三月而葬，禮也。老聃黨巷之葬，日食而返。鄭葬簡公，毁當路之室，則朝而窆，不毁則日中而窆，是不擇日擇時之明証也。竊意不葬之患有四。古者塗殯以防火也，今中堂三月，尚須慎防，況可久淹乎？若厝之荒野無人之處，保無意外之虞乎？此其不可者一也。木性受風則裂，膠漆乾久而脱，甚至蛀嚙腐朽，至於檢骨易棺，子心其何以安？此不可者二也。葬者，藏也，欲人之不見也。今人有金銀寶貴之物，囊之篋之，又從而緘縢扃鐍之，未已也，必藏之密室，或深埋土中，而後乃無患。殯而不葬，是猶緘寶物而置之道路也，人子之愛親曾不如物乎？始死而襲、而斂、而棺、而椁，凡爲葬計也，衣衾覆尸，棺覆衣衿，椁覆棺，統而覆之於土，而後其藏也密而固。今棺而不葬，何異不棺不斂乎？與其不葬也，毋寧葬而裸。此其不可者三也。《禮》「既葬而虞」，謂送形而往，迎精而返，虞以安之也。不葬矣，又何虞焉？不虞，則卒哭、祔俱無所用之。不知停柩不葬者，將不虞乎？不卒哭乎？祔乎不祔乎？祥而禫乎否乎？服不除不祭，禮也。將蒸嘗之祀可終廢乎？葬而後有虞主，祥而後有練主，主附廟則遷其當祧之祖，而改承祀之名。既不葬矣，將終不遷乎？此其不可者四也。張文宗《齊家寶要》云：「今國律雖有停柩之禁，卒無舉行者。若禮官援禮『棺未葬不除服』之文，而申暴露之罰，特請於朝，著爲令甲。凡服除未葬者，仕宦不准補官，生儒不許應試，其補官呈詞必須明開某年月日成服，某年月日安葬於某處，某年月日除服，仍取宗族鄰右及墓地人等結狀，方准補官。其或未葬而詭言葬者，如有首發，俱以匿葬論罪，連坐結狀之人。若夫庶人服滿不葬者，許宗族鄰里首其暴棺之罪。庶乎人人知警，無有不葬其親者矣。」旨哉斯言！有心世道者，其毋忽諸。

返　虞

按《禮》注：「骨肉歸於土，魂氣無所不之，孝子爲其徬皇，三祭以安之。」此語非精於禮者不能道。蓋葬矣，亡矣，魂氣之徬皇不可見，以孝子之心之徬皇想見死者魂氣之徬皇，此時悲愴瞀眩，莫知所據。先王知其然，爲制卒葬之祭，而名之曰虞。虞者，疑也，危也，於彼乎？於此乎？無不之而無之也，危也。虞之者，安之也。何以安之？立之主而主之也，主之斯安之矣。非必神之果主於是，而孝子之精誠主之，則死者之魂氣亦遂主之矣。虞祭之設，所以致孝子之精誠也。《檀弓》曰：「葬日虞，不忍一日離也。」

葬矣亡矣，得如生時之依依膝下乎？而謂不忍離乎？離之象，恍兮惚兮，若遠也，若近也，離矣不可即矣，虞所以即之也。離而即之，危而安之，此其情爲何如，而能一日已乎？虞爲祭之始，自此而祔，而奠，而祥禫，而蒸嘗禘祫，凡所爲君蒿悽愴僾見愾聞者，皆虞之意也。敖氏謂柔日曰：「用其非葬日矣。祝云夙興夜處，與葬日不同明矣。」此不惟不識孝子皇皇汲汲之深情，即禮文亦未甚解。凡祭俱用柔日，所不待言。此云柔日者，以别於三虞之用剛日耳。葬日即柔日也，夙興夜處謂孝子之心刻不即安，所謂傍皇是也，豈越日之謂歟？日中虞者，虞必於葬日内，不拘早暮，但葬畢即虞，非大事用日中之謂，故下文緊接葬日云云。古葬不擇時，必以朝，未有朝葬而暮不畢者。若待盈坎成墳，一日未能卒事，尚當虞於葬處。《禮》反哭而虞，亦就葬日言之。若出家經宿以上，必待返哭。古人有廬於墓者，豈竟不虞耶？周公、太公葬於周，必返齊魯而虞耶？愚謂路遠，初虞、再虞於所館，行禮儀節不妨少省，三虞待返哭可耳。孔子善衛人之葬曰：「其返也如疑。」子貢曰：「豈若速返而虞乎？」孔子不言速返之非，第曰：「小子識之。」蓋如疑者，迫欲返而如疑也。以迫欲返虞之情，當窀穸未卒之頃，若或驅之，又若或縶之，此孝子之所爲踧踖躊躇也。藉非迫欲反虞，則亦可以從容暇豫，熟視成墳，何如疑之有？

嫂叔無服説

古者嫂叔無服。唐人定制爲小功，於情得矣，然終不得議古人無服之非。《大傳》言服術曰親親，曰尊尊。嫂叔異姓，無親親之誼；同列，無尊卑之分。近在家庭，禮別嫌疑，至當不易之論也。若云嫂叔何嫌，則授受不親、不相通問之禮，不幾贅歟？程子云：「師不立服，不可立也。當以情之厚薄、事之大小處之。」然則嫂叔之恩誼，固有不可槩論者，如韓退之少孤，育於嫂，加等可也。禮不立服，亦猶弟子之於師歟？獨是家庭之内，誼無厚薄，較厚薄於嫂叔，亦將較厚薄於昆弟乎？以爲待我厚也而厚之，假而待我薄也，亦遂薄之乎？《記》曰：「嫂叔之無服，推而遠之也。」凡事引之使近則順，而漸歸於自然，推之使遠則逆，而不可以終日，人情大抵然也。今曰遠之，是本近也。本近而推之使遠，其所爲推之者，亦大費隱忍矣。有如嫂之喪，父母爲大功，妻小功，子期，而已獨晏然於心，安乎？推之者，推其所不安也。自制禮之始，人各懷一推之念，以及於唐，遂有久抑而不容不伸。即欲推之而不可得者，此亦必然之勢也。制禮者逆知後世必有增爲之制者，姑缺其儀，以示別嫌明微之義，而聽後人之改制，以遂其不容已之情。蓋幾經審慎而出之，非苟焉而已也。至《喪服·記》「夫之所爲兄弟服，妻降一等」，此後儒杜撰，非古禮文也。婦爲夫之姑姊妹在室服小功，是降服二等矣，豈於夫之兄弟獨降一等乎？

立後

李孝述適長兄已取，無子而没，孝述求從兄禰祼之子爲之後，朱子與論主喪承重及題主之名甚悉。大抵謂嗣子幼，孝述主喪祭，但主其事，名則宗子主之，不可易也。予思喪有無後，無無主，無後而爲之主者攝也。喪主可攝，安用立後爲？且自宗法廢，凡所謂宗子者，皆小宗也，小宗無爲後之制。孝述不忍其兄之無後，而求從兄子立之，既立則儼然宗子之後矣。後宗子者，非獨後宗子，後宗子之父、之高曾祖也。後宗子父，必宗子同父弟之子，亡則從兄弟子，亡則再從、三從子，謂夫猶是宗子之曾祖祖出也。孝述立再從子爲兄後，他日孝述有子，反不得祀其祖若曾，恐亡者之心未即安也。且幸而有從兄子，假令再從、三從均無可立，將親盡無服者亦立之乎？《禮》云：「何如而可爲之後？同宗則可爲之後。」此爲大宗言之也。爲大宗後者，必同大宗之子，況小宗而可越親及疏乎？且凡汲汲於立後者，爲主喪祭也。今所立之子方在襁褓，而孝述攝主喪祭，立而攝與不立而攝，均攝也。即宗廟之祭，必俟此子稍長而後能主其禮。與其攝而待嗣子之長，何如攝而待己有子而後立耶？如孝述所爲，近於非禮之禮，不知朱子何以不爲辨正也。

異姓爲後

《禮》：「神不歆非類，民不祀非族。」史稱賈充亂紀，《春秋》譏莒人滅鄫，甚言異姓之不可爲後也。魏時有四孤之説，謂遇兵飢有賣子者，一也。有棄溝壑者，二也。有生而父母亡，無緦麻親，其死必然者，三也。有俗人以五月生子妨忌之不舉者，四也。田瓊曰：「絶祀而後他人，固屬非禮，然此四孤非故廢其宗祀，乃是必死之人，他人收以養活，所謂恩踰父母者也。其家若絶祀，可四時祀之於門外。」王脩儀曰：「當須分别此兒有識未有識耳。有識以往自知所生，雖創更生之命，受育養之慈，枯骨復肉，亡魂更存，當以生活之恩報公嫗，不得出所生而背恩情。報生以死，報施以力，古之道也。」愚謂生與養固兩不可負，惟是天屬之親，死生一氣，不可强也。苟所養之家無後，則送死服闋而後歸宗，世世祀之别室，恩與義兩得之矣。

附録

乾隆四十四年，高宗追念先生清操宿學，御製《懷舊詩》，稱爲「可亭朱先生」。詩曰：「皇考選朝臣，授業我兄弟。四人胥宿儒，徐朱及張嵇。設席懋勤殿，命行拜師禮。其三時去來，可亭則恒矣。時已熟經文，每爲闡經旨。漢則稱賈董，宋惟宗五子。恒云不在言，惟在行而已。如坐春風中，十三年迅耳。先生抱病深，命輿親往視。未肯竟拖紳，迎謁仍鞠䠻。始終弗踰敬，啟手何殊爾。嗚呼於先生，吾得學之體。」史傳。

先生湛深經術，尤邃於禮，酌古今之宜，期可躬行。家居時嘗刻三禮及前儒議禮書，爲《家儀》三卷。撫浙時著《儀禮節略》三十卷，以爲浙人程式。又增定《禮記纂言》、《周禮註解》，訂正《大戴記》、吕氏《四禮翼》、温公《家範》、《顔氏家訓》等書。墓志銘。

先生與蔡聞之宗伯同輯《歷代名儒》、《名臣》、《循吏》三傳，皆本諸舊史，而詞之游者删之，義之疑者缺之，其嘉言懿行見於他書者採而益之。安溪李世爾立侯、南城張百川、南靖張季良、漳浦藍玉霖爲之草創，先生與蔡公討論折衷，總其成。文集、史傳、三編總序。

高安交游

蔡先生世遠

别爲《梁村學案》。

方先生苞別爲《望溪學案》。

楊先生名時別爲《凝齋學案》。

程先生廷祚別見《習齋學案》。

王先生承烈別見《梁村学案》。

吴先生隆元

吴隆元，字炳儀，號易齋，歸安人。康熙甲戌進士，選庶吉士，改山東齊河知縣，有政聲。雍正元年，召見，授主事。歷官太常寺卿，兩校鄉會試，督學江南，稱得士。先生篤志經學，尤邃於《易》，著《易宫》三十八卷。大旨取來知德之説，以不反對之卦爲錯，反對之卦爲綜，錯者一卦自爲一宫，綜者兩卦合爲一宫。上經三十卦，不反對者六，合之爲十八卦。下經三十四卦，不反對者二，合之亦十八卦。總二篇分配之數，適符邵子三十六宫之義，故以名書。又《讀易管窺》五卷，又《孝經三本管窺》一卷，大旨以古文爲是，蓋以朱子《刊誤》用古文本云。參《四庫全書》、《湖州府志》。

儀禮節略序

子朱子於乾道五年著《家禮》，而自序之曰：「謹名分，崇愛敬，以爲之本。至其施行之際，則又略浮文，務本實，以自附於孔子，從先進之遺意。」書始成，爲人竊去，不及再加考訂。晚更以《儀禮》爲經，《禮記》爲傳，編爲《經傳通解》，勉齋黄氏續成之。其書惟章句是正，使學者知有古禮，而其宜於今與否，固未嘗有所論斷也。蓋朱子于《儀禮》、《家禮》，皆有望於後人之損益折衷，故疾革時，命門人參酌《儀禮》、《書儀》而行，其意可見。而要其定禮之大旨，則不越乎《家禮》之序之所云而已矣。今大中丞朱可亭先生撫浙之明年，刊其所著《儀禮節略》二十卷行世，蓋合朱子二書而折其衷者。隆元受而讀之，既深服公用力之勤，而又曉然于公所以化民成俗之道也。昔者曾子有「國奢示儉，國儉示禮」之言，儉與禮相提並論，而各有所宜。後人泥于其説，遂謂禮所以救儉，非所以止奢，是大不然。夫春秋時之所謂奢者，本有是禮，而以下僭上，如公室視豐碑，三家視桓楹之類是也。故君子矯之以儉，恥盈禮焉。若今之習俗，則本無是禮，而妄爲奢靡，行之既久，習爲固然。司風教之柄者，但以儉示之，不足以厭服其心。惟斟酌古今，定爲程式，如射者之有的，然後奢靡之習不令而自止。在《易・節》之《大象》曰：「君子以制數度，議德行。」此示儉示禮合而用之之道也。公既勵《羔羊》素絲之風，而又頒布是書，訓于蒙士，其權衡諸禮，皆與朱子「略浮文，務本實」之意脗合，寓示儉于示禮之中，所以化民成俗者至矣。隆元與公有蘭譜之雅，而於分爲州民，讀公之書，被公之教，將與鄉黨有志之士共卒業焉。故爲之推論其大旨如此，非敢言序也。

任先生瑗

任瑗，字恕庵，號東澗，江蘇山陽人。年十八，棄舉業，講學静坐三年，見心之妙者機。既而嘆曰：「聖人之道，歸於中庸，極於盡性。『精義入神，以致用也，利用安身，以崇德也』，豈是之謂哉！」於是取孔孟程朱之書，潛玩力索。其爲學恪遵程朱遺規，以上求孔孟心精。其言曰：「不得聖賢心精，不足以盡道之極致。近世所謂心學，以爲探本握要，不知道精微而難窮，心易蔽而多私。心其所心，非聖人之心也。故得聖人之心，則得道矣。知聖人之言，則知心矣。」又以陽明逞其私智，變易經訓，於是作《反經説》、《傳習録辯》，冀有志之士解其惑，正其趨，庶孔孟程朱之道賴以不墜。少即有志經世。父宗延，官延平知府。曾佐平順昌寇，在里興舉淮安水利，俱有成效，方略載於遺書。素爲高安朱文端公所知，乾隆初，舉博學鴻詞科，應徵至都，文端已薨。廷試報罷，遂不復出，隱居著述以老。乾隆三十九年卒，年八十有二。所著書《論語困知録》二卷，續編一卷，補遺一卷，《易象數傳心録》一卷，《太極圖説析疑》一卷，《通書測》二卷，《讀經管見》一卷，《小泉筆記》一卷，《困學恐聞》二卷，《反經説》一卷，《陽明傳習録辯》二卷，《小泉集》一卷，《知言劄記》二卷，《朱子年譜》一卷，《讀史衡説》二卷，《史記論文》一卷，《史記筆談》一卷，《六溪山房文稾》五卷，《六有軒存稾》二卷，《寒山吟漫録》四卷，《拊缶集》二卷，《和陶》一卷，《六有軒詩漫鈔》二卷，《藝林》一卷，《纂注朱子文類》一百餘卷，《大學困知録》、《周易筆解》各若干卷。參韓夢周撰墓表、《學案小識》。

清儒學案卷四十九終

清儒學案卷五十

天津徐世昌

位山學案

位山力學窮經，老而彌篤，其治《禹貢》、《竹書》，於胡、孫兩家有所補正，號爲精密。皖中學者於江、戴未興之前，言考據者推位山焉。述《位山學案》。

徐先生文靖

徐文靖，字位山，號禺尊，當塗人。雍正癸卯舉人，乾隆丙辰薦試鴻博，辛未又薦舉經學，壬申會試後，以年老特授翰林院檢討，尋假歸，卒年九十餘。先生貫串經史，擇善而從，不墨守先儒，亦不妄加排詆。著《禹貢會箋》十二卷，因胡氏渭《禹貢錐指》所已言，更推尋所未至。首列《禹貢》山水總目，以《水經》所載爲主，附論於下。次爲圖十有八，各係以説。書中皆先引蔡《傳》，而博據羣書，斷以己意。辨證之文，較《錐指》益爲精密。又著《周易拾遺》十四卷，大旨宗程子《易傳》，而於漢唐諸家亦多發明。又著《竹書紀年統箋》十二卷，作於孫之騄《考定竹書》以後，本沈約舊注爲之，引證推闡，凡考正地理，訂明世系，視之騄書爲詳。又著《山河兩戒考》十四卷，前八卷本唐僧一行之説，廣採羣籍以爲之證。自卷九以下，則自爲續補，取《堯典》之中星言四象，取《禹貢》之南條、北條言兩戒，取《春秋緯》之旦建、昏建言斗魁治内、杓治外，取《史記》之中國山川言雲漢起於東井没於尾箕，取《素問》之《五帝大論》言帝墟，取《史記》之《律書》言水火金木治季孟月，皆詳於考古，不涉占驗。又著《管城碩記》三十卷，推原《詩》、《禮》諸經之論，旁及子史説部，語必求當。鄞全氏祖望見之，服其考據精博。所爲詩賦，别爲《志寧堂稿》二卷。參史傳、夏炘撰别傳、《四庫全書提要》。

禹貢會箋凡例

一、冀州舊圖，依蔡《傳》「涑水出覃懷西」。今按《周·職方》，并州「其川涑、易」，非冀州浸也。《山海經》沁水注河，入懷東南，因改從沁。舊以洞庭爲九江，今据經「九江孔殷」在「江漢朝宗」之下，仍依《漢志》九江在尋陽，餘仿此。

一、《禹貢圖》古未嘗有，聞漢明帝議治汴渠，賜樂浪人王景《禹貢圖》，當猶是收秦圖書所得。晉司空裴秀著《禹貢圖》十八篇，序載于晉史，而圖不傳。今爲圖，多參取艾千子，間採之《六經圖》、《指掌圖》。至於駁正譌誤，不敢附會前人。

一、「會箋」取四海會同之義，蓋雜採經傳子史、九流百家，支分派别，悉會于一。猶百川歧流汊港，悉會于海，使有所歸也。

一、仰觀俯察，皆學者窮理之事。然仰觀易，俯察難。周天三百六十五度，試登高望之，皆可一覽而知，而至於地理不然。數十里之外，目力所不及，足跡所不周。即或親歷其境，東西易位，高下頓殊，而欲確指其山澤所在，以求無舛于經，則將指延安之洛以爲《禹貢》之漆、沮，據安豐之石以爲《禹貢》之大別。説非無本，其實疏也。

一、是編主于駁正疑誤，故列蔡《傳》于前，是者可之，不是者否之。要皆各有所證發，寧可得罪於先賢，不敢貽誤於後學，漸至白日塵昏，聖經蕪穢也。

一、《會箋》於近纂《禹貢》者略加考訂。如《山海經》「漢水出鮒鰅之山」，「漢」乃「濮」譌，而郭注妄引「嶓冢導漾，東流爲漢」，近遂以鮒鰅爲嶓冢之別名。《西河舊事》「三危山，俗亦謂昇雨山」，《夏本紀》注譌作「卑羽山」，今仍因之。譌以傳譌，伊于胡底，故于是編中約略正之。

一、胡氏《禹貢錐指》考訂漢唐注疏，最爲詳密。謂釋《禹貢》者莫先於安國之《書傳》，安國武帝時人，孔穎達所謂「身爲博士，具見圖籍」者也。今觀其注《禹貢》山水地名，並顢頇鶻突，不甚分明。菏澤在定陶，而云在湖陵。伊水出盧氏，而云出陸渾。澗水出新安，而云出澠池。横尾山北去淮二百餘里，而云淮水經陪尾。江水南去衡山五六百里，而云衡山江所經。又若穀城爲瀍水所出，魏始省穀城入河南，而傳云瀍出河南北山。金城郡乃昭帝置，而傳云積石山在金城西南。孟津在河陽之孟地，東漢始移其名于河南，而傳云在洛北。明非西漢人手筆。此等考證，真發前人所未發，《會箋》中不敢勦襲雷同，而又不忍爲割愛，故列於此。

一、漢劉秀上《山海經》，奏曰：「禹別九州，任土作貢，而益等類物善惡，著《山海經》。皆聖賢之遺事，古文之著明者也。」按《禹貢》與《山海經》，猶《春秋》內、外傳也。《禹貢》之山水，多具見于《山海經》。以禹之經，解禹之書，其不致有譌誤也明矣。❶故《會箋》于《山海經》所引爲多。

一、宋易氏袚，字彦祥，别號山齋，所著《禹貢疆里記》，胡朏明謂其書亡。余於徐常吉《禹貢解》中備録原文，冀藉以廣其傳云。至以澧水爲醴陵，九江爲洞庭，蓋浸淫宋人之説，亦小疵也。

禹貢圖自序

《周公職録》曰：「黄帝受命，風后授圖，割地布九州。」是九州本依圖而立也。《水經注》曰：「禹理水，觀于河，見白面長人魚身，授禹《河圖》而還于淵。」是禹之治水亦依圖而治也。自是而後，夏少康使商侯冥治河，帝杼十三年冥死于河。殷祖乙避河遷耿，二年圮于耿，復遷于庇。求如《禹貢》之治水難矣。鄭樵《通志》曰：「桀焚黄圖，夏圖所繇盡亡也。」《爾雅》九州，説者皆以爲商制，圖無聞焉。周圖書大備，大司徒掌天下土地之圖，周知九州之地域。司險掌九州之圖，知山林川澤之阻。漢入關，收秦圖書，得具知天下阸塞。武帝時齊人延年上書，言河出昆侖，經中國，注渤海，是其地勢西北高而東南下，可按圖書觀地形，令水工準高下，開大河上領，出之胡中。明帝永平中，議治汴渠，上引樂浪人王景問水形便，因賜景《山海經》、《河渠書》、《禹貢圖》。《禹貢》之有圖尚已。後世圖事闕略，晉司空裴秀惜之，乃潭思著《禹貢地域圖》十有八篇。其制圖之體有六，一曰分率，二曰準望，三曰道里，四曰高下，

❶「也明」，原作「者少」，今據《四庫全書》本《禹貢會箋》凡例改。

五曰方邪，六曰迂直，悉因地制形。王隱《晉書》曰：「裴秀爲司空，作《禹貢地域圖》，事成奏上，藏於祕府，爲時名公。」誠有所慕而云也。唐《大衍》、《山河兩戒》，取《禹貢》論三條四列之説，而不及圖。程大昌撰《禹貢論》，繪圖三十有一。鄭東卿著《尚書圖》，《禹貢山澤圖》二十有五。然皆未有見。余家藏有《六經圖》，《禹貢圖》一二而已。又所藏宋大觀中《地理指掌圖》，其中有帝嚳及堯《九州圖》、《舜十二州圖》、《禹迹圖》。然臚列當時郡縣，於《禹貢》山澤六十餘地不能備載。少嘗見艾千子《禹貢圖》，簡而能該，第從前譌誤尚未駁正。章氏本清《圖書編》名山大澤皆有圖，不專爲《禹貢》設，故雖有圖而不精。近見王太史蒻林刻乃祖《禹貢圖》，胡氏朏明《禹貢》山澤閒有圖，而圖之前後左右少有脉絡可尋。此圖《禹貢》者所以難也。

陸氏文裕曰：「余嘗欲取今之州縣，推而上之，會于《禹貢》之命名，以著古今之離合遷改爲一書。」志誠偉哉！余竊有志而未逮，顧已爲《禹貢會箋》一書，又何能已于圖也？爰列圖若干于前，並以圖説附注之，稍訂其譌誤如此。後之君子按圖而興，感思大禹明德之遠，而不爲小智之鑿，則又《會箋》、繪圖者之私願夫。

周易拾遺自序

《易》明言「天尊地卑，乾坤定矣」，聖人作《易》，首乾、坤，師天地也。乃又言「易有太極，是生兩儀」，豈无形无象，假設一太極之名，謂在天地之前哉？蓋必實有是物，乃可以言「易有」也。《易》云有而注疏家轉以爲无。韓康伯曰：「夫有必始於无，故太極生兩儀也。」邵子曰：「太極何物也？无爲之本也。」張子曰：「大《易》不言有无，言有無者乃諸儒之陋也。」然則安所折中哉？惟朱子謂：「原極之所以得名，蓋取樞極之義。」此則最爲不易之論也。桓譚《新論》曰：「北斗極，天樞，天之中也。」王希明《太乙經》曰：「燧人氏觀斗極，定方名。」夫犧皇，燧人氏子，仰觀天文而畫卦，豈遂遺天極乎？要以太極之在天，有象者也。太極之在易，無象者也。故周元公《太極圖説》曰：「無極而太極。」極，一也。以一生二，於是乎有陰儀，有陽儀。儀者，儗也。「聖人有以見天下之賾，儗諸其形容，象其物宜」，天垂象而聖人儗之也。夫聖人得天地之秀而最靈，其心一太極也，有時用之於卜筮，則蓍龜之靈亦其靈也。乾用九，坤用六，大衍之數五十，其用四十有九，皆聖人之用之也。倘不用聖人分二、掛一、揲四、歸奇之法，徒然乞靈於蓍龜，豈遂能知吉凶哉？《易》自商瞿氏受學孔子，至今以《易》名世者千數百家，潔凈精微之緼發揮殆盡矣，縱極意探索，不過殘膏賸馥中稍拾其餘瀋耳。余家世學《易》，伯兄熙菴、仲兄冠山舊藏《易傳》凡數十種，後得《通志堂經解》《易》數十種，循環觀玩，不勝有望洋之歎，茫無厓際。竊幸生右文盛世，經學脩明，得仰窺《御纂折中》，奉爲天極，庶藉以考正朝夕，而不致迷於方向。以是知聖皇師天地以作《易》，《易》之有極，亦猶《洪範》之「皇建有極」。周子謂：「主静立極，莫匪兩極者也。」誠齋楊氏曰：「荀卿不云乎，學者以聖王爲師，願銘斯言於右。」其亦此意也夫！

竹書紀年統箋凡例

一、《紀年》一書，自周隱王十七年瘞於梁襄王冢，至晉武太康二年乃得此書，凡五百七十九年。其時考正者有和嶠、束晳、衛恒、荀勖、王庭堅、王接、潘滔、摯虞、謝衡諸人，皆博物多聞之士。晉、隋、唐諸志皆有是書，梁沈約始爲附注。約好言符瑞，於事實罕有發明。今特爲統箋，逐事分載，以紀其詳。

一、《統箋》之下所引書傳，辭義相同者則連書之，其稍有不同，則加「又按」，其確有徵驗可辨析者，則加「據」字。例皆倣此。

一、是書於《紀年》中逐字詳注，而謂之箋者，倣鄭氏《詩箋》之例，所以別於注也。謂之統箋者，不特於《紀年》箋之，附注箋之，諸凡所引書傳，間有譌誤，亦併箋之也。

一、《紀年》逐條之下間有細字，皆休文附注，故各於箋按之上加圈以別之。至歷代某帝某王，推原其先世發祥之自，亦皆大字，僅低一字者，世誤以爲《竹書》之本文，今並見《宋書·符瑞志》中，實亦休文所自撰，採後世讖緯諸書而成，當時謂之附注。以爲《竹書》本文者，由未讀《宋書》故也。乃附注之外，又有所爲「約按」者，以其非習聞，而自爲立説者也，實亦附注之例也。

一、《紀年》初瘞之歲，下距始皇燔書之歲八十六年，則是書在未焚之前，信而可徵也。至今以經傳校之，一一符合。

一、《紀年》始於黄帝，蓋黄帝使大撓作甲子，自是而後始得以甲子紀年故也。《周禮》外史掌三皇五帝之書，《易大傳》黄帝之前有神農、伏羲，孔安國《書序》伏羲、神農、黄帝爲三皇，温公《稽古録》亦始伏羲。故特倣司馬承禎《三皇補紀》之例，列之於前，非好爲蛇足也。

一、劉道原《通鑑外紀》、金仁山《前編》，皆依邵堯夫《經世》紀年，以《竹書》較之，多有不合。如外丙、仲壬，《經世》所無。《胤征》「辰弗集于房」，《經世》以爲在仲康元年，唐一行《大衍》推合在仲康五年，與《竹書》合。《小雅·十月之交》「朔日辛卯」，孔仲達疏據王基之説，謂在共和以前，梁虞鄺推合幽王六年乙丑，與《竹書》合。如此類不可枚舉。近世耳學者每於《通鑑》編年下，乃云據《經世》正之，殊可歎也。

一、《紀年》最可議者，莫如「太甲潛出自桐，殺伊尹」一事。方是時，齊田和遷康公於海上，晉三卿徙桓公於屯留，往往假伊尹放君之名以爲解釋。時作《紀年》者特設爲潛出殺尹一案，以見戰國諸君爲臣所放，皆可潛殺其臣也。不然前言命尹爲卿士，後言「祠保衡」，此獨言潛出殺尹，不亦自相矛盾哉！故沈約謂此文與前後不類，蓋後人所益。

一、劉知幾作《史通》，不知殺季歷者爲文丁，誤以文丁爲文王。韋昭注《國語》、杜預注《左傳》皆以攜王爲伯服，不知爲王子余臣。如此類者甚夥，不有《竹書》，烏從而證之？此余之統箋所由作也。

一、《紀年·雜述》裒諸簡端，無分先後，亦《容齋隨筆》例也。俗儒眇見寡聞，多以《紀年》爲齊東野語、稗官脞録，殊不知晉隨諸史列之《中經》，取證經史，毫無差謬。古今來博物君子，著書立説，未有不取證於是書者。觀之《雜述》，了了可見，而俗儒轉不之信。束廣微校正《竹書》而外，又有《發蒙》一記者，其亦有感而作者與？

一、《紀年・雜述》之下，凡有譌舛宜辨者，只用「按」字，不言「箋按」。蓋自述謏聞管見，無與於箋注之例故也。

天下山河兩戒考自序

天體渾然太極也，赤道界其中，而分之爲南北極，南爲陽，而北爲陰，陰陽各一太極也。由是分而爲四正四維，爲十二次，以下應於十二國，而分野之説起矣。《國語》伶州鳩謂：「歲之所在，則我有周之分野。」周置掌天星之官，以星土辨九州之地，所封封域皆有分星，以觀妖祥。分星古有其書，至漢而書亡，而其存可言者，十二次之分而已。《淮南子》星部地名、《史記・天官》、《越絶書》、《漢・地理志》，或分以州，或分以國，言次次同，言國國異，往往各據其所聞，聚訟不一。迨唐開元末沙門一行考山河兩戒，以爲觀兩河之象，與雲漢之所始終，而分野可知。王伯厚謂其最得天象之正，鄭漁仲謂其區處分野如指諸掌。劉誠意《清類天文分野》即用其説以爲序，故近世言分野者皆悉宗焉。蓋天下山河之象存乎兩戒，南河南戒，北河北戒，在天成象者也。河源爲北戒之首，江源爲南戒之首，在地成形者也。而分野又必據山河以分者，天則有列宿，地則有疆域，觀文察變，各有所主也。余讀《唐史》，深有味乎其言也，因以注之。竊以爲戒者，界也。史遷謂「朝鮮之拔星茀河戒」，班《志》引《星傳》「月南入牽牛南戒」，統謂之戒。《黄帝占》及《荊州占》皆言「客星守河界」，是界與戒一矣。北戒自三危，南戒自岷山，其即《禹貢》之導山，馬融以岍爲北條，嶓冢爲南條乎？斗魁治内，杓治外，其即《春秋緯》「平旦建者魁，海岱以東北；用昏建者杓，自華以西南」乎？雲漢起東井爲秦蜀墟，没於尾箕，其即《史記》「中國山川東北流，其維首在隴、蜀，尾没於勃、碣」乎？五帝之墟皆乾、巽内外，其即《素問》謂五運始於戊己之閒，戊己者奎、壁、角、軫，爲天地之門户乎？古稱須女吴，虚危齊，昴畢趙，角亢氐韓，皆不得七宿之中，一行四正之中皆三宿，餘皆二宿，其即太陰在子，歲星居氐、房、心，太陰在卯，歲星居女、虚、危，四正之中皆三宿，餘皆二宿乎？《抱朴子》謂天河從北極分爲兩頭，至南極隨天而轉入地下過，《晉志》謂天漢起尾、箕，皆始艮終坤，一行獨始坤終艮，此其不同者一也。古稱壽星鄭，大火宋，一行以壽星屬陳，而以鄭附於成周，陳爲舜後，當自爲分野，此其不同者二也。又《堯典》以中星正四時，觀象者皆推測求合而不得，一行以七宿之中分四象中位，玄枵中虚九度，大梁中昴六度，鶉火中七星七度，大火中房二度，四序進退不踰午正閒，此其不同者三也。古以十二國配十二次，一行以《春秋左傳》考之，附見於齊者國十，皆屬玄枵，附見於衛者國十有二，皆屬豕韋，《晉志》所謂百三十九知其所居者，瞭如指掌，此其不同者四也。迺若星家所説，猶有不能無疑者，則又可得而考焉。一則齊東而玄枵在子，魯東而降婁在戌，吴越南而星紀在丑，東西南北相反而相屬，何也？傳稱「宋大辰之虚」，劉歆以爲宋先祖掌祀大辰之星。「實沈參神也」，林氏以爲晉主祀參星。僖公三十一年「猶三望」，服虔以三望爲分野之星及國中山川，孔氏以爲魯祭分野之星，其祭奎婁之神也。一行以降婁、玄枵其神主於岱宗，星紀、鶉尾其神主於衡山，是即星所主土之説也。因其星所主土而祀之，故其山川之精與星氣相屬，而順逆應之，南者反北，北者反南，何疑也。一則三家分晉，方始有趙，而韓、魏無分，趙獨有之。蓋魏地西距高陵，北固漳鄴，皆晉之舊壤，而河内又爲衛分。韓地西接弘農，東接汝南，而與陳、鄭同星分。是以晉、衛、陳皆有分，而韓、魏僅散見於七國。若趙地北踰衆山，盡代郡、鴈門、雲中，西抵塞垣，非晉之舊壤可比，故趙獨著於分野。一則《漢志》取《三統書》十二次配十二野，鶉首分地極多，而鶉火何以極狹？蓋地廣則分野亦廣，魏徙大梁而西河合於東井，秦拔宜陽而上黨入於輿鬼，故鶉首不得不多。周之先王畿千里，後乃以郟周賜秦，河内賜晉，又漸爲諸侯所侵，僅得河南七縣，故鶉火不得不少。一則乾象之大，列星之夥，何爲分野只繫中國？一行以島夷蠻貊附於星紀；朝鮮、三韓附於析木；安南諸州附於鶉尾；西羌、吐番、吐谷渾、西南徼外附於鶉首；北河之表，西盡塞垣，皆旄頭故地，附於大梁；而東甌、青丘、狼弧、狗國諸星靡不分麗於各次之下。蓋論天下之形勝，負山負海，各有其方，而計國勢之强弱，用武用文，悉因其地。而且河、漢、淮、濟之内外，嵩、岱、恒、華之陰陽，山川繡錯，宛然如在。昔人謂州郡躔次紀於甘、陳，山河兩戒創自一行，天象分野不可不知，其以是哉！所以然者，天左舒而起牽牛，日月五星之所始也，而十二國、十六星總係於牛、女焉。地右闢而起畢、昴，山陵川澤之所紀也，而陽陽國、陰陰國分列於天街焉。紫宮爲皇極之居，大一下行九宮，始坎而終離，天子巡行於列國也。太微爲粹陽之廷，十二諸侯之府，百辟上朝於明堂也。天市爲聚衆之所，東蕃爲宋、燕、徐、吴、齊、趙諸國，西蕃爲韓、楚、巴、蜀、晉、秦諸國，梯山航海，各以其職致貢也，此則其陰陽之統會也。五星經緯於其閒，各主其方之七宿，熒惑主南方六宿，鎮獨主東井一宿。鎮爲土，土旺於季夏，東井爲水事，水比於地有建萬國親諸侯之象，故以兩河分夾於井爲戒也。而其著大於兩戒中者，北斗爲天綱。十一月而一陽生，斗建在子，陽氣肇初於玄枵，其改建而過宫必於戌，降婁在戌爲純乾，斗之位也。自乾攜巽，含陽而吐陰，鶉尾所以爲負海之虚。雲漢爲地紀，五月一陰生，漢起於午，陰氣潛萌於鶉火，其始交於列宿則於未，鶉首在未爲純坤，漢之倬也。自坤抵艮，陽聚而陰散，析木所以爲山河之竭。至於魁枕參首而實沈居之，衡殷南斗而星紀居之，杓檇龍角而壽星居之，則四維皆其所屬。雲漢自南正達於西正爲升，而大梁位焉。自北正達於東正爲降，而大火位焉。西北居升降之中，而娵訾位焉。則四正皆其所經，此則其陰陽之流行也。蓋從來陰陽之精，其氣本在於地，而上發於天，雜者爲妖，正者爲祥，各隨其方域以爲感召。德隆則晷星，星隆則晷德。考分星以知休咎，因垂象以見吉凶。聖人之布度定紀，分州繫象，未有不由乎此也。

今皇上御極方新，三階平而七政齊，四海晏而九河清，西土覘鳥喙之星，南極紀大浪之異，東窮於鞠陵之岨，北逾於冰海之陬，誠有非漢唐分野所可得而限量者。近就其昆侖東南之地，鄒子之所謂赤縣神州，西洋之所謂亞細亞洲，山河之象存乎兩戒，固仍與古無異也。或曰：戰國以前，各君其國，各守其疆，分野屢有明驗矣。自是而後，天下皆歸於一統，野又烏從而分之？然如四星聚柳、張而光武興洛，四星聚牛、女而晉元王吴，熒惑出東井而姚興據秦，景星見箕、尾而慕容德復燕，則分野又確有可據者。或曰：天事湛密，自昔所禁，今獨胡爲而注之？余曰：禨祥之説，占驗之書，乃世所禁也。讀《周禮》而不知馮相之所掌，何爲十有二歲；讀《國語》而不知武王之克商，何爲歲在鶉火，月在天駟；讀《春秋左傳》，不知僖公五年何爲龍尾伏辰，襄公二十八年何爲歲在星紀而淫於玄枵：是豈上之所求於下，與下之所以應於上乎？且余之注之，將以格物而窮理。彼之所衍者數，余之所窮者理也，何不可也？天地大物也，分野又天地所合撰者，於此而不知，猥欲以拘攣小忌而廢弘廓，妄矣。近西儒謂遠西至中夏，歷九萬里而遥，凡瀕海陡衺之處，察其南北面之脈絡，大抵皆向南北兩極。蓋地球南北兩極，正對天上南北兩極而不離。向使離之，而或上或下，或左或右，將在赤道之南者倏易而北，赤道之北者倏易而南，十有二次且將參錯而不齊。然則南北河戒者，天道之陰陽也。山河兩戒者，地道之剛柔也。分野者，山川之精，上爲列星，即因其分星所主，以與政事相俯仰，天地人之合撰也。苟因十二辰而求之四正四維，求之南北兩極，又進而求之渾然太極之初，其於天地之理思過半矣。《易》有之：「仰以觀於天文，俯以察於地理。」窮理之事也。格物以窮理，而求其端於天地，則古所謂賢人者，辨星辰逆順者也。從而考之，或庶幾希賢之一助乎？若夫終始古今，深觀時變，而察其精粗，疇人子弟自所優爲，於我何有哉！

管城碩記自序

余株守一經，不能盡蓄天下之書，羅古今之富，凡耳目所經涉者，不過數千卷書耳。而姿稟愚鈍，又不能博聞强記，積貯逾時，縱窮年繙閱，掩卷輒忘。迴憶平生，枵腹如故。不得已而託之管城子，假以記室。凡經傳子史、騷賦雜集，遇有疑信相參，先後互異者，則速爲濡毫摛翰，類聚部分。寸積銖累，裒爲一集，凡三十卷。其於《易》也，遠稽乎子夏，旁攬乎康成、輔嗣，以及程《傳》。其於《書》也，兼採乎古文、今文，暨《日記》、《裨傳》，以糾正蔡氏之訛。其於《詩》也，仍宗毛《序》，悉有證據，所與朱《傳》契合者，惟數十篇。《春秋》以左氏爲主，公、穀附之，胡康侯以夏時冠周月，開卷差謬，餘亦可知。三禮以《周禮》爲經，《儀禮》爲緯，而《禮記》則二禮之傳注。《楚辭》爲《詩》之變體，故次於經，而逸注淺陋，如該秉朴牛之類，貽誤千載，莫究其非。史學、字學、詩賦、雜集，其有鈔録箋注，沿襲承謬者，一皆參伍折衷，悉記其有可信無可疑。夫天地之大，載籍之繁，誤謬頻仍，不可殫述。余亦頗擇其善者，識其大者而已。周公《釋詁》曰：「碩，大也。」《小雅》曰：「蛇蛇碩言，出自口矣。」朱子謂善言之出於口，宜矣。是善且大兼賅者，無過於碩。郭弘農叙述《方言》，品爲碩記，意亦有見於此乎？顧《方言》者，一方之言也，拘於一方而不能相通。如宋齊之閒之所謂碩，而他或以爲嘏，爲介，爲夏，爲京者，此類是也。以姿稟愚鈍之人，目不覩古今之富，而妄欲擇其善者，識其大者，是亦方隅之見而已矣。爰遂名之曰「碩記」，而又不敢没管城之勢，因并弁之於首云。

附　録

先生舉鄉試，年已五十有七。典試者爲黄侍郎叔琳，歸語人曰：「他人但以榜中有狀頭爲榮，吾得三不朽士，其學皆博而純，今世大手筆也。」蓋指先生及任啟運、陳祖范云。《皖學編》。

先生試鴻博不遇，乾隆九年詹事張鵬翀以所著《山河兩戒考》、《管城碩記》進呈，賜國子監學正。十七年，巡撫衛哲治又以經學薦。會萬壽開恩榜，先生年八十六，入場，賜檢討。同上。

先生箋《禹貢》，謂汾水西入河，非東入河。徒駭即河之經流，非別有一經流。三江既入，終以南江、北江、中江爲正。九江在潯陽，非洞庭。皆不爲蔡《傳》所囿。至於蔡山，則闕其所疑，不主《寰宇記》周公山即蔡山之説。於惇物，則取《金史·地理志》，謂在乾州武亭縣，今武功縣之東南二百里。三危山，引《西河舊事》爲昇雨山，謂《史記注》作「卑羽山」蓋字之誤，並辨胡渭之謬，皆具有考證。蓋説《禹貢》者，宋以來棼如亂絲，至胡氏《錐指》出，而摧陷廓除，始有條理可案。先生因所已言，而更推尋所未至，故較益爲精密，繼事者易爲功也。惟信《山海經》、《竹書紀年》太過，是則僻於好古，不究真僞之失耳。《四庫全書提要》。

位山交游

任先生啟運 別爲《釣臺學案》。

陳先生祖范

别見《震滄學案》。

趙先生弁

趙弁，字文冕，高淳人。貢生，考授縣佐。好古嗜學，蓄書甚多。所居距位山家僅二十餘里，時以文字相往來。爲位山刊《禹貢會箋》，序之曰：天下之名山大澤不勝數也，其見之於《禹貢》者，山澤六十有餘耳。自漢晉唐宋，以迄於今，言《禹貢》者不下數百家，求其於某山某澤，確有證據，而一一無舛錯者，了不可得。蓋高者遐搜冥討，競爲新異，妄有穿鑿。卑者鈔録舊文，略加增省，毫無所發揮證驗。則以前人之成説横據於中，而不復尋流溯源，更加探索，以致此也。當塗徐位山先生鴻才博學，著述等身，康熙壬辰歲所纂有《禹貢會箋》凡十二卷，以《禹貢》聖人之經，苟非積累前聞，旁蠡衆説，賞析奇疑，毫無繆誤者，何敢輕以問世？故所刻有《山河兩戒考》、《管城碩記》、《竹書紀年統箋》共六十餘卷，久已進呈御覽，風行寓内，而是書藏之巾箱垂四十二年，未肯示人。庚午春保舉經學，辛未應詔入都，壬申恩科特授檢討，給假旋里，時年八十有八矣。燈下猶蠅頭細書，不需瑑鏡，爰出從前之《禹貢會箋》，逐一讎校。如《山海經》之雷澤在吴西，舊誤以爲《禹貢》之雷夏。禹初封虹，爲夏伯，在江淮南，地饒，産翟爲夏翟，舊承《周禮注》以染夏爲采名。泗濱浮磬，即邳磬，《左傳》浮來之山即邳來之山，舊以爲浮生土中，不根著者。《周·職方》荆州其川江漢，揚州其川三江，漢不在三江之數，舊乃以漢爲北江。《漢志》九江在尋陽，傳以九江爲洞庭，則經文「九江孔殷」不當在「江漢朝宗」之下。如此類者不可枚舉，皆發前人所未發，其有功於翼經者何如？因授梓公諸同好，以爲後學之司南。《禹貢》六十有餘之山澤，展卷瞭然，無復致有迷津之歎者，從可識也。孟子之功不在禹下，守先待後，豈虚語哉！參《禹貢會箋·凡例》。

位山從游

馬先生陽

馬陽，字葵齋，當塗人。家蓄書甚富。位山所著《竹書統箋》每與之商榷，遇有紕謬，均爲訂正。嘗與同學崔萬煊取《統箋》刻以行世，而各爲之序。參《竹書統箋·凡例》。

毛先生大鵬

毛大鵬，字雲翼，當塗人。娶位山兄女。嘗爲讐校《易》稾，多所補益。所自著有《易學源流》一編，於歷代作者及書名卷數臚舉靡遺，位山稱其包羅今古，俾學者有尚友百世之想，信可行遠傳後，因附刻其書，爲《周易拾遺》之末卷云。參《周易拾遺·略例》。

清儒學案卷五十終

清儒學案卷五十一

天津徐世昌

望溪學案

阮文達輯清一代經解，不收望溪之作，蓋漢宋顯分門户也。望溪學宗宋儒，於宋元人經説，薈萃折衷其義理，名物訓詁則略之。館修《三禮義疏》，義例出其手定。文章源於經術，姚氏惜抱承其緒，傳衍甚遠，桐城文派，遂爲一代大宗。述《望溪學案》。

方先生苞

方苞，字靈皋，又字鳳九，號望溪，桐城人，寄籍上元。兄舟，諸生，高才篤行，好《左氏傳》、《太史公書》。著述未成而卒。先生少從之學，以孝弟相勖。循覽《五經注疏》、《大全》，少者三數周。補諸生，游京師，入太學，安溪李文貞公見其文，曰：「韓、歐復出，北宋後無此作也。」萬徵士斯同降齒與之交，曰：「子於古文信有得，願勿溺也。」於是一意求經義。好讀宋儒書，謂宋五子之前，其窮理之學未有如五子者。五子之後，推其緒而廣之，乃稍有所得；其背而馳者，皆妄鑿牆垣而植蓬蒿，學之蠹也。舉鄉試第一。康熙丙戌成進士，聞母疾，歸侍，家居三年。以戴名世《南山集》之獄牽連被逮，在繫經歲，揅經不輟。讞論重辟，聖祖矜疑，五次折本不下。李文貞陳其文學，力救之。免死，隸旗籍。召至南書房，試以《湖南洞苗歸化碑文》、《黄鐘萬事根本論》、《時和年豐賦》，聖祖嘉賞，命入直南書房。又移直蒙養齋，編校樂曆律算諸書，諸皇子皆呼之曰先生。充武英殿總裁。世宗即位，命出旗籍，授左中允，三遷爲内閣學士。免趨直，專司書局，教習庶吉士。充《一統志》總裁，校訂《春秋日講》。高宗在亮陰，將行三年之喪，下廷議。尚書魏公廷珍諮於先生，爲陳古人以次變除之制，内外臣工各分差等，爲除服之期。魏公上其議，終格不行。再直南書房，充纂修《三禮義疏》副總裁。命選有明及本朝名家制義，頒布以爲舉業準的。擢禮部右侍郎，以足疾辭，詔免隨班，許數日一赴部。迭上疏，請定經制；又請矯除積習，興起人材；又請九卿會議有異議者並列上聞，翰詹科道與議得專疏自達；又請定庶吉士館課散館則例；又請定孔氏家廟祀典，及湯斌從祀孔廟，熊賜履、郭琇入賢良祠；又請禁種煙燒酒；又論南河督臣違衆議，開毛城鋪之愎。所言或行或不行。自康熙朝，先生雖未與廷議，於時政得失，每就李文貞公及徐文定公陳讜言，多得採取上達，見諸施行。復與鄂文端、朱文端、蔡文勤、楊文定諸公相引重，多有所建議。性抗直，遇會議屢有爭執，爲時所忌。於是河督疏訐有所屬託，先生自知孤立，以老病自請解任，許之。以原銜食俸，仍留教習庶吉士，充經史館總裁。會庶吉士散館，請後到者補試，被劾徇私，落職，仍在三禮館修書。洎《周禮義疏》成，乞解書局，賜侍講銜回籍。乾隆十四年卒，年八十有二。

先生篤於倫理，制行方嚴，造次必遵禮法。自以脱纍囚而登朝列，忠悃圖報，於國計民生大端，竭誠獻替，不恤出位之咎。如邊務河工，所持議皆切中利害，世稱讜言。嘗論爲學宗旨曰：「制行繼程朱之後，文章在韓歐之間。」衛道尤力，遇同時學人攻程朱者，反覆剖辨，必伸其説而後已。於諸經尤深於三禮、《春秋》。通志堂輯刊宋元人經説，凡三度芟薙，取其粹言而會通之。御纂《三禮義疏》特命總其事，發凡起例皆出手定。自著之書，《周官集註》十二卷，《周官析疑》四十卷，《周官辨》一卷，《儀禮析疑》十七卷，《禮記析疑》四十六卷，《喪禮或問》一卷，《春秋通論》四卷，《春秋直解》十二卷，《春秋比事目録》四卷，《詩義補正》八卷，《左傳義法舉要》、《删定管子荀子》、《離騷正義》、《史記註補正》各一卷。《文集》初爲門人王兆符、程崟編刊，後同邑戴鈞衡重編，《正集》十八卷、《外集》十卷、《補遺》二卷，行於世。删定通志堂宋元經解，未刊行，未見傳本。子道章，雍正壬子舉人，有學行。參《年譜》、全祖望撰《神道碑》、馬其昶撰《桐城耆舊傳》。

禮記析疑序

自明以來，傳註列於學官者，於《禮》則陳氏《集説》，學者弗心饜也。壬辰、癸巳間，余在獄，篋中惟此本，因悉心焉。始視之若皆可通，及切究其義，則多未審者，因就所疑而辨析焉。蓋《禮經》之散亡久矣，羣儒各記所聞，記者非一時之人，所記非一代之制。必欲會其説於一，其道無由。第於所指之事、所措之言無失焉，斯已矣。然其事多略，舉一端而始末不具，無可稽尋；其言或本不當義，或簡脱而字遺，解者於千百載後意測而懸衡焉，其焉能以無失乎？注疏之學莫善於三禮，其參伍倫類，彼此互證，用心與力可謂艱矣。宋元諸儒因其説而紬繹焉，其於辭義之顯然者亦既無可疑矣，而隱深者則多未及焉。用此知古書之藴非一士之智、一代之學所能盡也。然惟前之人既闢其徑涂而言有端緒，然後繼事者得由其間而入焉。乃或以己所得瑕疵前人而忘其用力之艱，過矣。余之爲是學也，義得於《記》之本文者十五六，因辨陳説而審詳焉者十三四，是固陳氏之有以發余也。既出獄，校以衛正叔《集解》，去其同於舊説者，而他書則未暇徧檢。蓋治經者求其義之明而已，豈必説之自己出哉？後之學者有欲匯衆説而整齊之，則次以時代而録其先出者，可矣。

周官析疑序

《周官》一書，豈獨運量萬物，本末兼貫，非聖人不能作哉？即按其文辭，舍《易》、《春秋》，文武周召以前之《詩》、《書》，無與之並者矣。蓋道不足者，其言必有枝葉。而是書指事命物，未嘗有一辭之溢焉。常以一字二字盡事物之理而達其所難，顯非學士文人所能措注也。凡義理必載於文字，惟《春秋》、《周官》則文字所不載而義理寓焉。蓋二書乃聖人一心所營度，故其條理精密如此也。嘗考諸職所列，有彼此互見而偏載其一端者，有一事而每職必詳者，有略舉而不更及者，有舉其大以該細者，有即其細以見大者，有事同辭同而倒其文者，始視之若樊然淆亂，而空曲交會之中，義理寓焉。聖人豈有意爲如此之文哉？是猶化工生物，其巧曲至而不知其所以然，皆元氣之所旁暢也。觀其言之無微不盡而曲得所謂如此，況夫運量萬物而一以貫之者乎？余初爲是學，所見皆可疑者。及其久也，義理之得，恒出於所疑。因録示生徒，使知世之以《周官》爲僞者，豈獨於道無聞哉？即言亦未之能辨焉耳。

周官集注序

朱子既稱《周官》徧布周密，乃周公運用天理熟爛之書，又謂頗有不見其端緒者，學者疑焉。是殆非一時之言也。蓋公之兼三王以施四事者，具在是書。其於人事之始終，百物之聚散，思之至精而不疑於所行，然後以禮樂、兵刑、食貨之政散布六官而聯爲一體。其筆之於書也，或一事而諸職各載其一節以互相備，或舉下以該上，或因彼以見此。其設官分職之精意，半寓於空曲交會之中而爲文字所不載。迫而求之，誠有茫然不見其端緒者；及久而相説以解，然後知其首尾皆備而脈絡自相灌輸，故歎其徧布而周密也。余嘗析其疑義以示生徒，猶苦舊説難自别擇，乃並纂録合爲一編。大指在發其端緒，使學者易求。故凡名物之纖悉，推説之衍蔓者，概無取焉。蓋是經之作，非若後世雜記制度之書也。其經緯萬端，以盡人物之性，乃周公夜以繼日，窮思而後得之者。學者必探其根原，知制可更而道不可異。有或異此，必蔽虧於天理，而人事將有所窮。然後能神而明之，隨在可濟於實用。其然，則是編所爲發其端緒者，特治經者所假道，而又豈病其過略也哉！

春秋通論序

《記》曰：「屬辭比事，《春秋》教也。」凡先儒之説，就其一節，非不持之有故，言之成理也；而比以異事而同形者，則不可通者十八九矣。惟程子心知其意，故曰：「《春秋》不可每事必求異義，但一字異，則義必異焉。」然經之異文，有裁自聖心而特立者，如魯夫人入各異書之類是也；有沿舊史而不能革者，稱人、稱爵、稱字、稱名、或氏、或不氏之類是也。其間毫芒之辨，乍言之若無可稽尋，及通前後而考其義類，則表裏具見，固無可疑者。抑嘗考《詩》、《書》之文，作者非一，而篇自爲首尾，雖有不通，無害乎其可通者；若《春秋》，則孔子所自作，而義貫於全經。譬諸人身，引其毛髮，則心必覺焉。苟其説有一節之未安，則知全經之義俱未貫也。又凡諸經之義可依文以求，而《春秋》之義則隱寓於文之所不載，或筆或削，或詳或略，或同或異，參互相抵，而義出於其間。所以考世變之流極，測聖心之裁制，具在於此。非通全經而論之，末由得其間也。余竊不自忖，謹師《戴記》與程子之意，別其類爲三十有六，而通論其大體，凡九十章，又通例七章，使學者知所從入。至盡其義類，與聖心同揆，而無一節之不安，則願後之君子繼事焉耳。

春秋直解序

自程、朱二子不敢以《春秋》自任，而是經爲絶學矣。夫他書猶孔子所删述，而是經則手定也。今以常人自爲一書，其指意端緒必有可尋，況聖人之不得已而有言者乎？蓋屈摺經義以附傳事者，諸儒之蔽也；執舊史之文爲《春秋》之法者，傳者之蔽也。聖人作經豈豫知後之必有傳哉？使去傳而經之義遂不可求，則作經之志荒矣。舊史所載，事之煩細及立文不當者，孔子削而正之，可也；其月日、爵次、名氏或略或詳，或同或異，策書既定，雖欲更之，其道無由，而乃用此爲褒貶乎？於是脱去傳者、諸儒之説，必義具於經文始用焉，而可通者十四五矣；然後以義理爲權衡，辨其孰爲舊史之文，孰爲孔子所筆削，而可通者十六七矣。余之始爲是學也，求之傳注而樊然淆亂，按之經文而參互相抵，蓋心殫力屈，幾廢者屢焉。及其久也，然後知經文參互及衆説殽亂而不安者，筆削之精義每出於其間。所得積多，因取傳注之當者并己所見，合爲一書，以俟後之君子。其功與罪，則非蒙者所能自定也。

文集

讀古文尚書

先儒以古文《尚書》辭氣不類今文而疑其僞者多矣。抑思能僞爲是者，誰歟？夫自周以來，著書而各自名家者，其人可指數也。言之近道，莫若荀子、董子。取二子之精言而措諸《伊訓》、《大甲》、《説命》之間，弗肖也。而謂左丘明、司馬遷、揚雄能爲之與？而況其下焉者與？然則其辭氣不類今文，何也？嘗觀《史記》所采《尚書》，於「肆覲東后」則易之曰「遂見東方君長」，「太子朱啟明」則曰「嗣子丹朱開明」，「有能奮庸熙帝之載」則曰「有能成美堯之事者」，如此類不可毛舉。因是疑古文易曉，必秦漢間儒者得其書，苦其奧澀，而稍以顯易之辭更之，其大體則固經之本文也。《無逸》之篇，今文也，試易其一二奧澀之語，則與古文二十五篇之辭氣其有異乎？遷傳《儒林》曰：「孔氏有古文《尚書》，而安國以今文讀之，遂以起其家逸《書》。」而安國自序其書，謂「科斗書廢已久，時人無能知者，以所聞伏生之《書》考論文義，定其可知者，增多二十五篇」。夫古文既不可知，僅就伏生之《書》以證而得之，則其本文缺漫及字體爲伏生之《書》所不具者，不稍爲增損以足其辭，暢其指意，此增多二十五篇所以獨爲易曉而與伏生之《書》異與？然則遷所云「以今文讀之」者，即余所謂「以顯易之辭通其奧澀」，而非謂以隸書傳之也。

讀大誥

昔朱子讀《大誥》，謂「周公當時欲以此聳動天下，而篇中大意不過謂周家辛苦創業，後人不可不卒成之。且反覆歸之於卜，意思緩而不切，殊不可曉」。嗚呼！此聖人之心所以與天地相似，而無一言之過乎物也。蓋紂之罪可列數以聳人聽，而武庚之罪則難爲言。所可言者，不過先王基業之不可棄，與吉卜既得，可徵天命之有歸而已。夫感人以誠不以僞，此二者乃周人之實情，可與天下共白之者也。其於武庚，則直述其鄙我周邦之言，未嘗有一語文致其罪；其於友邦君，第動以友伐厥子之私義，而不敢謂大義當與周同仇也。非聖人而能言不過物如是與？不惟此也。周初之《書》，惟《牧誓》爲不雜。武王數紂之罪，惟用婦言、棄祀事，而剖心、斮脛、焚炙、刳剔，諸大惡弗及焉。至於暴虐姦宄，則歸獄於多罪逋逃之臣。故讀《牧誓》而知聖人之心之敬，雖致天之罰，誓師聲罪，而辭有所不敢盡也；讀《大誥》而知聖人之心之公，審己之義，察人之情，壹稟於天理，而修辭必立其誠也。然《大誥》之書，自漢至宋千有餘年，讀者莫之或疑，至朱子而後得其間焉。是又治經者所宜取法也夫！

讀尚書記

《書》説之謬悠，莫如《君奭》篇。《序》稱「召公不悦」，及周公代成王作《誥》而弟康叔。自唐以後，衆以爲疑。朱子出，其論始定。然折之以理，而未得其情也。余既辨《周官》，正《戴記》，然後悟曰：「是二者，亦劉歆之爲耳。」蓋歆承莽意，作《明堂記》，奏定居攝踐阼之儀，而《戴記》所傳無是也。故豫徵天下有逸《禮》、古《書》、《周官》文字者，令記説於廷中，以示《明堂記》所自出，不徒購其書，而徵其人，使記説利其無稽也，故前後至者以千數。而又多爲之徵，於《文王世子》之篇竄焉。周末諸子言禮者莫篤於荀卿，而網羅舊聞莫先於《史記》，故於荀氏、司馬氏之書亦竄焉。奏稱周公踐阼而召公不悦，所以探漢大臣之心，而多爲之變以攜之也。而於《記》無可附，故於《君奭》之序竄焉，而並竄《魯》、《燕世家》以爲之徵。莽改元，稱《康誥》「王若曰『朕其弟，小子封』」，以爲周公受命稱王之文。則當是時尚無篇首「周公作洛衆會」之文也。使此文前具，則必引爲明證而不徒虚爲之説矣。歆知其説爲天下所心非，故復竄此以設疑於後世爾。蓋是篇乃伏生之書，博士弟子所循誦也。若早竄焉，則衆譁然而辨其非矣。蘇氏謂《康誥》之首，乃《洛誥》錯簡，羣儒因之，亦非也。其地其時，實與《多士》篇應，而「見士於周」義亦近焉。蓋五服之國，各登其民治而貢士於周，故公因而告之。然大義無存焉。雖存而不論焉，可也。余憫漢唐諸儒爲歆所蔽，使聖人之經受其誣，而記《禮》者及荀氏、司馬氏亦爲歆而受惡，故辨其所由然，使後有考焉。

讀尚書又記

西伯受命稱王而斷虞、芮之訟，及以是年改元，自歐陽氏辨其妄，羣儒昭然若發矇矣。然特謂司馬氏、孔氏、毛氏之妄耳。《書》之傳、《詩》之序，自前世多疑其僞，惟《史記》爲完書。遷知六藝必折衷於孔子，文王服事殷，武王未受命，周公成文、武之德而追王，孔子之言甚著，而敢妄爲異説乎？蓋莽既稱《康誥》以爲周公居攝稱王之文，故復爲此以示居攝稱王而復臣節者，周公也；受命稱王而不復爲人臣者，文王也。紂君天下數十年，西伯斷二國之訟，諸侯鄉之，遂以是年改元，制正朔。況孺子襁抱，劉崇渚，翟義滅，宗室王侯、公卿大夫、郡國吏士同心相推戴乎？緯書言文王受命，有白魚負圖、赤雀銜書之瑞，亦莽受銅符、帛圖、金策，據以即真之符驗也。《詩》、《書》之文曰「文王受命惟中身」，謂繼世而爲諸侯也；曰「文王受命，有此武功」，謂受命爲西伯而專征伐也。以受命爲稱王，自《史記》始，而後爲《書傳》、《詩序》者因之耳。《史記》宣成間始少出而未顯，今所傳乃歆所校録，而可據爲信乎？《周本紀》「詩人道西伯，❶蓋受命之年稱王」，至「王瑞自太王興」，不獨與《論語》、《中庸》顯背，繩以文義，亦多駢旁枝。削之，前後語意正相承無間。朱子謂《史記》之妄，歐陽氏所辨明矣，惟九年大統未集，實爲痕瑕。嗚呼！《武成》之

❶「道」上，原衍「蓋」字，今從沈梁校據《史記》卷四改。

篇，古文也。古文《尚書》、《毛詩》皆自歆發。歆爲《三統曆》，考上世帝王，以爲文王受命九年而崩，則《武成》及《周本紀》之文爲歆所增竄，尚何疑乎？嗚呼！歆之偏竄羣書以曲爲彌縫，乃其姦之所以卒發於後世與？

讀君牙冏命吕刑文侯之命費誓秦誓

《尚書》自《畢命》以下所存六篇，先儒多未達其義。余嘗考之，《費誓》則事可傳也，《君牙》、《冏命》、《秦誓》則言不可廢也，《吕刑》、《文侯之命》則事不可没也。三代之刑典，至穆王而始變；文、武之舊都，至平王而終棄，可無志乎？《吕刑》之言，雖或不可廢，而孔子録之則非以其言也。觀《文侯之命》，無一言之當物而弗删，則以著事變而非有取於其辭義，審矣。司馬遷作《史記》，於《費誓》具詳焉，於《秦誓》删取焉，而《文侯之命》則没之。蓋以其言無足存，而不知事不可没也。用此觀之，聖人删述之義，羣賢莫之能贊，豈獨《春秋》之筆削哉！

《書》存《文侯之命》，而宣王中興，用賢討叛，事列正雅者，其誓誥策命之文無一見焉。先儒以謂亡於幽王之亂，而余竊意所亡者不惟宣王之書，自《君牙》以下六篇皆孔子摭拾於亂亡之餘，非得之周室之史記也。自唐、虞、夏、商非關一代廢興之故，不以列於《書》。故《周書》自《畢命》以前，皆造周毖殷、保世靖民之大政也。若專取辭意之善，則成、康之際，周、召共政，史逸作册，其命官之辭，遠過於《君牙》、《冏命》者必多矣，孔子乃舍彼而取此，義安處與？用此知康王以前，策命之大者已與誓誥並列於學官而立爲四術，其餘内史所藏，孔子蓋未之見也。《吕刑》則布在四方而有司籍之，若魯、若晉、若秦之書則其國傳之，《君牙》、《冏命》則其家守之。子嘗學禮而病杞、宋之無徵，故於《周書》惜其僅有存者而録之以垂法戒焉耳。使得諸周内史所藏，則豈宜闕希而不類如此哉？使内史之籍尚存而孔子未之見，亦不宜竟以《君牙》以下六篇續備有周一代之書而定以百篇之數。抑觀《君牙》、《冏命》、《秦誓》，而又以歎世變之亟焉。文、武之政刑皆變亂於穆王，而讀其書，彬彬乎，去成、康不遠也。秦穆悔過思賢之言可法於後世，而力逞其忿以遂前愆，言與行顯背，而謂可塗民之耳目，夏殷之末造未嘗有是也。二帝三王純一忠敬之風，其尚可復也哉？此又序《書》之隱義也。

讀二南

二南之《序》曰「繫之周公」，「繫之召公」。余少受《詩》，反覆焉而不得於心。及觀朱子《集傳》云：「得之國中而雜以南國之詩，謂之《周南》；得之南國者，直謂之《召南》。」然後心愜焉。而《漢廣》、《汝墳》所以獨列於《周南》，則其義未之前聞也。夫周道興於西北，自北而南，地相直者江、漢也，風教遠烝於此。則周之西南，沿漢與江，庸、蜀、羌、髳、微、盧、彭、濮之怙冒舉諸此矣。至於《汝墳》，則又自西而益東，自南而漸北，殷，商國畿而外皆周之宇下，所謂「三分天下有其二」也。且其辭義，以視《召南》諸篇，亦瑩然而出其類。方是時，被化之國其土之風教，雖能應於《關雎》、《麟趾》，而下之禮俗猶未盡淳。觀《漢廣》之愛慕流連而知其不可求，則與《行露》、《野有死麕》悄乎其有懼心者異矣。《草蟲》、《殷雷》，自言其傷而已耳，《汝墳》則憂在王室而勉其君子於文王以服事殷之心若或喻之。録此二詩，而被化之先後，疆略之廣輪，觀感之淺深，一一可辨矣。十三國之《風》，其篇次列於周大師，或孔子更定，所不敢知；而二詩之在《周南》，則爲周公所手訂，決也。惟《何彼襛矣》，其作於鎬、洛，若齊人爲之，皆不宜以入《召南》。豈秦火之後《詩》多得之諷誦，漢之經師失其傳而漫以附焉者與？

讀行露

《行露》之詩，世儒多引《韓詩》及劉向《列女傳》，以謂申人之女許嫁於酆，夫家不備禮而欲迎之，雖致獄訟，女終不行。誣矣哉！嬰與向胡同而傳此乎？蓋此詩既女子所自作，則失怙恃且無兄弟之依可知矣。曰許嫁，則許之者必父兄也。遭家之變，莫爲之主，雖自歸於舅姑，不得謂非義，況其夫就而迎之乎？既有獄訟，以召伯之明，則必開以大義而官爲之配矣。其詩曰：「誰謂汝無家？」信如所傳，是故有室家之約也。以一禮未備而終不肯行，則將轉而之他乎？此害義傷教，不近於人情，而可列正始之風，以爲教於閨門、鄉黨、邦國與？嬰、向之蔽，良由未達於「室家不足」之云而以辭害義。不知設詐以求偶，即此已不足爲人夫，此貞女所以疾之深而拒之決也。以朱子之勤經，豈其未見嬰、向之書？蓋嚴而斥之，以無溷後人。而羣儒乃援《集傳》「禮或未備」一語以曲證其誣辭，不亦悖乎？

讀邶鄘至曹檜十一國風

漢唐諸儒於變風傅會時代，各有主名，以入於美刺。朱子既明辨之，而世儒猶曉曉。蓋謂一國之詩，數百年之久，所存必政教之尤大者。閭閻叢細之事，男女猥鄙之情，即間録以垂戒，不宜其多乃至於此，而不知删《詩》之指要即於是焉存。蓋古者自公卿至於列士職以詩獻，而衰世之臣孰是如《大雅》之舊人、家父、凡伯者乎？故《淇澳》、《緇衣》而外，士大夫憂時閔己之詩所存無幾，而叢細猥鄙之辭則無一或遺。蓋民俗之真，國政之變，數百年後，廢興存亡，昏明之由，皆於是可辨焉。稽之《春秋》，中原建國，兵禍結連，莫劇於陳，鄭，衛次之，宋又次之，而淫詩惟三國爲多。《樂記》雖云「宋音燕女溺志」，然特論其音，且燕女非必淫奔也。以此知天惡淫人，不惟其君以此敗國亡身殞嗣，其民夫婦男女亦死亡危急，焦然無寧歲也。而淫詩之多寡實與兵禍之疏數相符，則删《詩》之指要居可知矣。齊、晉、秦三國最强，而兩國無淫詩。齊襄災及其身，崔杼弑君，陳氏竊國，皆由女禍，故《齊詩》終於《猗嗟》、《載馳》、《敝笱》，❶始於《雞鳴》。秦之亡，以親奄幸，疾師儒，故《秦詩》始於《車鄰》、《駟鐵》，終於《夏屋》。唐俗勤儉，固其所以興也，然纖嗇筋力，則黷以利而易動，故其後趙盾、欒書皆爲國人所附，而晉卒分於三族，乃桓叔、武公爲之嚆矢耳。國以此始，亦必以終，兹非其明鑑與？若魏，若曹，若檜，國小而鄰逼，故君民同憂，未敢淫逞。而君少偷惰，臣或貪愚，則國非其國矣。總而計之，邶、鄘無徵，魏、檜早滅，衛、鄭以下七國之亡徵並於所存之詩見之，非聖人知周萬物而百世莫之能違，其孰能與於此？然則鄭之亡轉後於陳，而衛之亡又後於宋，何也？鄭之淫風盛於下而未及其上，衛有康叔、武公之遺德，雖至季世，猶多君

❶「載馳」，按《齊風》倒數第二篇爲《載驅》，《載馳》在《鄘風》末篇。參陳校。

子。「國於天地，必有與立。」或同始而異終，或將傾而復植，豈可以一端盡哉？以是知天命無常，國之興亡一以人事爲準也。

讀邶鄘魏檜四國風

《魏》、《檜》之詩皆作於未並於晉、鄭之先，其辭其事可按而知也。晉自桓叔以後，陰謀布德以收晉民，而魏偪介焉，所任非人，賢者思隱，吏競於貪。此君子所以歎心憂之「誰知」，而小人則已望「樂郊」而思適也。《檜風》之作，蓋在厲王之世，有識者憂宗周之殞，爲將及焉，此《萇楚》、《匪風》所以作也。羣儒乃以比於《邶》、《鄘》，謂所言皆晉、鄭之事，而朱子亦承用焉。《集傳》謂《魏》詩爲晉作，《檜》詩爲鄭作，並引蘇氏《檜》詩之説。必出自他人，朱子誤記爲子由耳。夫晉至武、獻，思啟封疆，方欲用其民而撫輯之，豈復有「碩鼠」之號？而檜并於鄭在東遷以後，武莊强盛，王室再造，大難已夷，又何風駭、車傾之懼乎？邶、鄘舊國之詩無一存焉，何也？以諸國之風比類以求其義，必其君有大美大惡，民心以動，國俗以移，而後風謡作焉。魯、宋望國，歷年久長，而《詩》無風，況蕞爾之邶、鄘，立國又日淺哉？魯、宋之君有篡弑而無淫昏，篡弑之惡宜載於册書，而國之臣民則不忍作詩以刺也。其俗由舊而無大改更，故無風之可陳。觀魯爲吴公子札所歌風詩止十五篇可知。孟子説《詩》，必以意逆志，而又在於論其世，其此類也與？

讀王風

世儒謂讀《王風》而知周之不再興，非深於《詩》者之言也。方是時，上之政教雖傎，而下之禮俗未改，其君子抱義而懷仁，其細民畏法而守分，以道興周，蓋視變魯、變齊而尤易焉。《黍離》、《兔爰》，憂時閔俗，百世以下，猶使人悱惻而流連。「大車檻檻」，師都猶能正其治也。《君子陽陽》，匿跡下僚而不改其樂也。《采葛》憂良臣之見讒，《丘中》懼賢者之伏隱。觀其朝，有若榮公、皇父、師尹之敗類者乎？《君子於役》發乎情、止乎禮義者，無論矣。《葛藟》悲無兄弟，則宗子收族，大功同財之淳風猶未泯也。戍者懷其室家，而於君長無怨言。思奔之女自誓於所私，按其辭意，亦未嘗心非其大夫。觀其民，有若晉國之誣於欒氏，齊、魯之隱民心歸於陳、季者乎？十篇之中，淫志溺志、敖辟煩促之音無一有焉。蓋自周公師保萬民，君陳、畢公繼治於伊、洛，自上以下，莫不漸於教澤，愜於德心，而知禮義之大閑。故降至春秋，篡弑攘奪接跡於諸夏之邦，而王室則無之，以衆心之不可搖奪也。子頹、子帶、子朝之亂，國民鄉順，官師守常，故侯伯公卿倚是以定謀，而亂賊皆應時誅討。使當是時，上有宣王，下有方、召，則其興也勃矣，況能託國於周、孔乎？然孔子志在東周，其於齊、衛之君猶瞻瞻焉，而適周則未嘗一自通於共主及二三執政，何也？蓋周之政在世卿久矣，以羈旅之士一旦奉社稷以從，非聖如湯、文，安能蹈此？故必得大國而用之，踐桓文之迹，然後能成周召之功。此孔子之志事也。世儒以周不能興，遂謂《王風》氣象蕭然不可振起，是所謂見其影而不見其形者也。《孟子》言誦《詩》讀《書》，道在知人論世，而自道其學曰「知言」，有以也夫！

讀齊風

余少讀《著》，疑與《鄭》之《丰》、《衛》之

《桑中》爲類，而非譏不親迎。親迎之禮，壻本御輪三周，先俟於門外。且跬步之頃而三易其瑱，不惟無此禮數，亦非事之情。及少長，見班固《地理志》，然後得其徵。蓋此女所奔者非一人，《東方之日》則奔之者非一女也。齊自襄公鳥獸行，下令國中，長女不得嫁，爲家主祠，名曰巫兒。至東漢之初，俗猶未改。故當其時，奔者亦若無怍於父兄，受其奔者亦可無憎於里黨，蓋惟聽其奔，然後可以安人情，別天屬也。顯言而公傳道之。是以鄭、衛之詩，按其辭，可知爲淫奔。而《著》與《東方》，其事其辭，與夫婦之唱隨者幾無辨也。《國語》稱襄公田狩畢弋，不聽國政，而惟女是崇，則《還》與《盧令》亦同時所作耳。齊之立國能强，由其民習於武節，而其後簒弒竊國之釁皆由女寵。其詩十一篇，二爲遊田，五爲男女之亂，而冠以古賢妃之警其君。蓋齊之所以始終者具此矣。孔子删《詩》，事有細而不遺，辭有污而不削，以是乃廢興存亡之所自也。非然，則鄭、衛、齊、陳之淫聲慢聲胡爲而與《雅》、《頌》並立與？

書周頌清廟詩後

舊説此周公既成洛邑而朝諸侯，率之以祀文王之樂歌。蓋以四時祫祭皆於太廟，無獨祀文王之禮。然武王革殷之後，洛邑未作之前，不宜竟無祀文王之樂歌。《尚書·武成》「王來自商，至於豐」，則「邦甸、侯、衛，駿奔走，執豆籩」，尚在五廟中之稷廟。及武王遷鎬，乃立天子之七廟，而周公於是時特起大義，立廟於豐，獨祀文王。成王作洛，至於豐而發命，則豐廟作於遷鎬之初可知。凡爵命公侯卿大夫，皆於豐廟。康王命畢公保釐東郊，則步自周至於豐。《江漢》之詩，召虎錫命，「告於文人」是也。蓋祫祭先公先王於后稷之廟，率諸侯以致孝享，宜也。爵命當世之公侯卿大夫，而臨以上古之侯伯，則義有未安。鎬京雖有文王之廟，然后稷及先公先王皆式臨焉，而獨受命於文王之廟，非文王之心之所安也。郊祀后稷，而别立明堂以宗祀文王，亦此義也。然則《載見》辟王何以有獨祀武王之詩？曰：此其事與文王異。是乃成王免喪，初遇吉祭，奉武王之主以入王季之廟而特祀焉。《儀禮》所稱「吉祭猶未配」，謂此也。蓋事應祧之祖之，終不可缺一，時祭故必祫於太廟，奉祧主以藏夾室，然後特祀新主於所入之廟。文王，侯伯也，吉祭於廟，不宜有樂歌。成、康以降，後王皆有吉祭，而不爲樂歌。古人事君親，要於誠信，不敢溢言虚美以滋天下後世之口實也。

又書清廟詩後

或謂《武成》「丁未祀於周廟」，天子諸侯之出，歸告於祖禰之正禮也。即事者，惟邦甸、侯、衛耳。「越三日庚戌，柴，望，大告武成」，告至於前所告者之正禮也，以順天革命，故特舉柴望耳。「既生魄，庶邦冢君暨百工受命於周」，乃庶邦君臣受命於周之始。古者爵命必於祭，安知非此時特祭於文王之廟而作是詩也？然方是時，先公先王之樂歌未作，不宜先薦文王之詩；五廟之舊制未更，樂章不宜首舉《清廟》爲義。且朱子既據孔疏所推日曆而升「既生魄」三語於「丁未」之前，則未知孰爲定論也。或謂據《戴記》，天子犆礿、祫禘、祫嘗、祫烝，則時祭亦有犆，安知此詩非用於犆祭時乎？不知以禘爲時祭，乃漢儒約《春秋》所書魯禘傅會而爲之說，前儒之辨明矣。雖夏、殷之世，禮文質略，事亦難舉。至周，則前期卜日卜尸，散齋七日，致齋三日，使日祭一廟，祭之明日繹而賓尸，自致齋以至終事兼旬，中無一日之間，人力則實不能勝，國事則一切廢置，加以天地、社稷、山川、百神之事，六服羣辟朝聘會同之政，日不暇給矣。用此知時祭必無禘，而凡祀文王之樂歌，皆始作豐廟時所薦也。

讀周官

嗚呼！世儒之疑《周官》爲僞者，豈不甚蔽矣哉！《中庸》所謂「盡人物之性以贊天地之化育」者，於是書具之矣。蓋惟公達於人事之始終，故所以教之、養之、任之、治之之道無不盡也；惟公明於萬物之分數，故所以生之、取之、聚之、散之之道無不盡也。運天下猶一身，視四海如奥阼，非聖人而能爲此乎？然自漢何休，宋歐陽修、胡宏皆疑爲僞作。蓋休耳熟於新莽之亂，而修與宏近見夫熙寧之弊，故疑是書晚出，本非聖人之法而不足以經世也。莽之事不足論矣。熙寧君臣所附會以爲新法者，察其本謀，蓋用爲富强之術，以視公之依乎天理以盡人物之性者，其根源較然異矣。就其善者，莫如保甲之法，然田不井授，民無定居，而責以相保相受，有辠奇衺相及，則已利害分半，而不能無拂乎人情矣。修與宏不能明辨安石所行本非《周官》之法，而乃疑是書爲僞，是猶懲覆顛而廢輿馬也。是書之出千七百年矣，假而戰國、秦、漢之人能僞作，則《冬官》之缺，後之文儒有能補之者乎？不惟一官之全，《小司馬》之缺，有能依倣四官之意以補之者乎？其所以不能補者，何也？則事之理有未達而物之分有未明也。嗚呼！三王致治之迹其規模可見者，獨有是書。世變雖殊，其經綸天下之大體卒不可易也。若修與宏者，皆世所稱顯學之儒，而智不足以及此，尚安望爲治者篤信而見諸行事哉？必此之疑，則惟安於苟道而已。此余所以尤痛疾乎後儒之浮説也。

周官辨僞一

凡疑《周官》爲僞作者，非道聽塗説，而未嘗一用其心；即粗用其心，而未能究乎事理之實者也。然其間決不可信者，實有數事焉。《周官》九職貢物之外，别無所取於民，而《載師》職則曰：「近郊十一，遠郊二十而三，甸稍縣都皆無過十二。」市官所掌，惟廛布與罰布，而《廛人》之紋布、總布、質布别增其三。夏、秋二官，敺疫，禬蠱，攻貍蠹，去妖鳥，敺水蟲，所以除民害，安物生，肅禮事也，而以戈擊壙，以矢射神，以書方厭鳥，以牡橭象齒殺神，則荒誕而不經。若是者，揆之於理則不宜，驗之於人心之同然則不順，而經有是文，何也？則莽與歆所竄入也。蓋莽誦六藝以文姦言，而浚民之政皆託於《周官》。其未篡也，既以公田口井布令，故既篡下書，不能遽變十一之説，而謂漢法名三十税一，實十税五，則其意居可知矣。故歆承其意，而增竄《閭師》之文，以示《周官》之田賦本不止於十一也。莽立山澤、六筦、榷酒、鑄器，税衆物以窮工商，故歆增竄《廛人》，以示《周官》征布之目本如是其多也。莽好厭勝，妖妄愚誣，爲天下訕笑，故歆增竄《方相》、《壺涿》、《哲蔟》、《庭氏》之文，以示聖人之法固如是其多怪變也。夫歆頌莽之功，既曰「發得《周禮》，以明因監」；而公孫禄數歆之罪，又曰「顛倒五經，使學士疑惑」。則此數事者乃莽與歆所竄入，決矣！然猶幸數事之外，五官具完，聖人制作之意，昭如日星，其所僞託，按以經之本文而白黑可辨也。古者公田爲居，井竈場圃取具焉，國賦所入，實八十畝。《孟子》及《春秋傳》所謂十一，乃總計公私田數以爲言。若周之賦法，不過歲入公田之穀，并無所謂十一之名也，又安從有二十而三與十二之道哉？《閭師》之法通乎天下，又安有近郊遠郊、甸稍縣都之别哉？《載師》職所以特舉國宅、園廛、漆林，以田賦之外，地征惟此三者耳。今去「近郊十一」至「無過十二」之文，而《載師》職固辭備而義完矣，《周官》之田賦更無可疑者矣。周之先世，關市無征。及公制六典，商則門征其貨，賈則關市征其廛，蓋以有職則宜有貢，又懼所獲過贏而民争逐末耳。肆長之斂總布，蓋總一肆買賒官物所入之布而斂之，非别有是征也。若質布，則本職無是，斂布則通經無是也。今去「斂布」、「質布」、「總布」之文，而《廛人》職固辭備而義完矣，《周官》之市征更無可疑者矣。《方相氏》之索室敺疫也，《庭氏》之射妖鳥也，《硩蔟氏》之覆妖鳥之巢也，乃聖人明於幽明之故而善除民惑也。害氣時作，妖鳥夜鳴，人之所忌。其氣餤足以召疾殃，故立爲經常之法，俾王官帥衆而敺之，引弓而射之，則民志定，其氣揚，而夭厲自息矣。夫疫可敺也，而蒙熊皮，黄金四目，與莽之遣使負鷩持幢何異乎？卜得吉兆以安先王之體魄，而入壙戈擊四隅以敺方良，與莽之令武士入高廟拔劍四面提擊何異乎？妖鳥之巢可覆也，而以方書日月星辰之號懸其巢；❶妖鳥之有形者可射也，不見其形而射

❶「之」，原漫漶不清，今據《望溪集》卷一補。

其方，猶有説也。神之降，不以德承焉，不以其物享焉而射之，可乎？水蟲之怪可敺也，而其神可殺乎？神無形而有死，神死而淵可爲陵。其誑燿天下，與莽之鑄威斗，鐫銅人膺文，桃湯赭鞭，鞭灑屋壁，異事而同情。今於《方相氏》去「蒙熊皮、黄金四目」及「大喪」以下之文，於《哲蔟氏》去「以方書」下之文，覆其巢，則鳥自去矣。以方書懸巢上，是不覆其巢也，與上文顯背。於《壺涿氏》去「若欲殺其神」以下之文，於《庭氏》去「若神也」以下之文，則四職固辭備而義完矣，其他更無可疑者矣。凡世儒所疑於《周官》者，切究其義，皆聖人運用天理之實。惟此數事，揆以制作之意，顯然可辨其非真，而於莽事則皆若爲之前轍而開其端兆，然則非歆之竄入而誰乎？昔程子出《大學》、《中庸》於《戴記》，數百年以來，莫有異議。朱子斥《詩小序》，雖有妄者欲復開其喙，而信從者稀矣。惜乎！是經之大體，二子斷爲非聖人不能作，而此數事，未得爲二子所薙芟也。雖然，理者，天下之公也；心者，百世所同也。然則姑存吾説以俟後之君子，其可哉！

周官辨僞二

《媒氏》：「仲春之月，大會男女，奔者不禁。」近或爲之説曰：「是乃聖人之所以止佚淫而消鬭辯也。每見甿庶之家，嫠者改適，猜釁叢生，變詐百出，由是而成獄訟者十四三焉。豈若天子之吏以時會之，而聽其相從於有司之前，可以稱年材，使各得其分願哉？管子治齊，以掌媒合獨，猶師其意，則斯乃民治之所宜也，審矣！」嗚呼！管子生政散民流之後，而姑爲一切之法，是不可知。若成周之世，則安用此哉？自文王后妃之躬化遠蒸江、漢，至周公作洛，道洽政行，民知秉禮而度義也久矣。又況《周官》之法，冠昏之禮事，黨正教之；比户之女功，酇長稽之。凡民之有衺惡者，雖未麗於法，而已坐諸嘉石，役諸司空，任諸州里，尚何怨曠、陰私暴詐之敢作哉？管子合獨之政，乃取鰥寡而官配之。若會焉而聽其自奔，則雖亂國污吏，能布此爲憲令乎？蓋莽之法，私鑄者伍坐，没入爲官奴婢，傳詣鍾官者以十萬數，至則易其夫婦，民人駭痛。故歆增竄《媒氏》之文，以示《周官》之法，官會男女而聽其相奔，則以罪没而易其夫婦，猶未爲已甚也。莽之母死，而不欲爲之服。歆與博士獻議，《周禮》王爲諸侯緦衰，弁而加環絰，同姓則麻，異姓則葛。今《周禮·司服》無「弁而加環絰」三語，則《媒氏》之文爲歆所增竄也，決矣。按：莽欲九錫，則增易《左傳》，謂周公越九錫之檢。莽欲稱假皇帝，則云《書》逸《嘉禾》篇，周公奉鬯，立於阼階，延登，贊曰：「假王涖政，勤和天下。」其僞構經文，皆歆爲之謀主也。又以文義覈之，於「奔者不禁」下承以「無故而不用令者罰之」，則所謂「不用令」，未知其何指也。既曰「大會男女」，又曰「司男女之無夫家者而會之」，重見贅設，失言失序。必削去「仲春之月」以下三十七字，然後《媒氏》之文與義皆完善。嗚呼！聖人之法，所以循天理而達之也；聖人之經，所以傳天心而播之也。乃爲悖理逆天之語所混淆，至於二千餘年而不可辨，則歆誠萬世之罪人也。余嘗病《班史》於莽之亂政姦言纖悉不遺，於義爲疏，於文爲贅。然《周官》之爲歆所僞亂者乃賴《班史》而備得其徵，豈非聖人之經，天心不欲其終晦，而既蝕復明，固有數存乎其間邪？或曰：歆於《司服》職轉不竄入三語，何也？蓋他職所增皆怪變不經，故必竄入以惑人聽。《司服》職則本有爲諸侯緦衰及其首服皆弁絰之語，而「弁而加環絰，同姓則麻，異姓則葛」乃禮家之常談，衆共知之。歆之姦心，以《周官》雖藏册府，而恐吏民或私有其書，故以莽之亂政竄入諸官，頒示天下。而於己所獻議，禮家之常談，轉不竄入，使人疑古書之傳有同異，以比於《易》、《詩》、《書》之文引用或有增損者。正所謂「顛倒五經，使學士疑惑」也。

書周官大司馬四時田法後

聖人之政，盡萬物之理而不過者，不惟其大，惟其細；聖人之文，盡萬事之情而無遺者，不以其詳，以其略。周公五官之典皆然，而《大司馬》四時田法尤其顯著者也。蓋觀春與秋，而知冬夏之田，王及諸侯皆不與焉。春著王與諸侯所執之鼓，秋著所載之旗，冬夏則特標羣吏。盛暑隆寒，不宜以武事煩尊者。學士冬夏不習舞，亦此義。且官徒殷，則勞費大也。觀虞人所萊之野，樹表者三百五十步，圍禁前後之屯百步，而知鄉遂、公邑、都家之車徒，皆前期各習於其地，而赴禁圍者無幾焉。《鄉師》前期出田法於州里，《大司馬》前期命修戰法茇舍治兵，所辨號名旗物，畿以內毋漏焉，則前期而備教之，可知矣。使偏陳於禁圍，則一鄉一遂之車徒有不能容矣。此所以事習而民不煩也。魯人大蒐，自根牟至於商、衛，革車千乘，殆其遺教與？戰法田法之詳，至冬狩始見者，雖各修於其地，然必待築場納稼之後，乃可徧簡車徒，稽人畜、旗物、軍器。行於三時，則奪農功，而無地以陳車馬。辨夜事於仲夏者，人可露處，而衣裝約也。於茇舍特舉辨軍之夜事，則知「以教坐作、進退、疾徐、疏數之節」，通乎三時矣。於夏舉勺，於冬舉蒸，則祠、嘗視此矣。於春舉社，則秋報可知矣。於秋舉方，則春祈可知矣。《小雅》「以社以方」，疏謂：「皆秋報也。」《大雅》「方社不暮」承「祈年」之後，必春祈也。吕氏《月令》所述多周制。孟春命祀山林川澤，邦畿四面皆有之。《月令》於春末及方祭，疑即方也。仲春命民社。二者正次「祈穀」之後，可與《大雅》相證。於秋冬曰「致禽」，則春夏獻禽之約可知矣。於冬特舉「饁獸」，則秋猶未敢備取，而不足以供四郊之饁可知矣。田法戰法，冬詳其目，而春舉其綱。仲冬大閲，「司馬建旗於後表之中」至「不用命者斬之」，即春蒐「以旗致民，平列陳，如戰之陳」也。「中軍以鼙令鼓」至「鳴鐃，且卻，坐作如初」，即春蒐「所教坐作、進退、疾徐、疏數之節」也。「以旌爲左右和之門」至「車徒皆譟」，即春蒐「表貉，誓民，鼓，遂圍禁」也。前期修戰法，四時所同，而於冬乃出之，則三時專辨其一，而大閲備舉，其全具見矣。使以晚周、秦、漢人籍之，則倍其文尚不足以詳其事。經則略舉互備，括盡而無遺，是之謂聖人之文也。

讀儀禮

《儀禮》志繁而辭簡，義曲而體直，微周公手定，亦周人最初之文也。然其志惟施於成周爲宜。蓋自二帝、三王彰道教以明民，凡仁義忠敬之大體，雖甿隸曉然於心，故層累而精其義，密其文，用以磨礲德性，而起教於微眇，使之益深於人道焉耳。後世淳澆樸散，縱性情而安恣睢，其於人道之大防，且陰決顯潰而不能自禁矣。乃使戔戔於登降進反之儀，服物采色之辨，而相較於微忽之間，不亦末乎？吾知周公而生秦、漢以降，其用此必有變通矣。獨是三代之治象，與聖人仿偟周浹之意，可就其節文數度，省想而得之。故昌黎韓子讀此，惜不得進退揖讓於其間。然其辭以類相從，其義以合而見，而韓子乃分劀而別著爲篇，則非吾之所能知矣。

書考定儀禮喪服後

余少讀《儀禮·喪服傳》，即疑非卜氏所手訂，乃一再傳後，門人記述而間雜以己意者。而於經文，則未敢置疑焉。惟「尊同者不降」，時憯然不得於余心。乃試取傳之云爾者芟而去之，而傳之文無復舛複支離而不可通曉者。更取經之云爾者芟而去之，而經之義無不即乎人心。然後知是亦歆所增竄也。蓋喪服之有厭降，見於子思、孟子之書；惟尊同不降，則秦、周以前載籍更無及此者。而於莽之過禮竭情以侍鳳疾，及稱供養太皇太后，義不得服功顯君事尤切近，故假是以爲比類焉。嗚呼！先王制禮，有迹若相違而理歸於一者，以物之則各異，而所以爲則者無不同也。尊同而不降，物之則無是也。曾是可厚誣先聖，而終蔽人心之同然者乎？夫莽誦六藝以文奸言，其於《易》、《春秋》間有稱引，皆自爲之説而謬其指。《書》之傳、《詩》之序，雖有假託，而經文則未嘗增易焉。然則公孫禄皆謂「顛倒五經，使學士疑惑」者，《喪服》經、傳之文尤顯見於當時，而爲老師宿儒所指斥者歟？時《周官》始出，《戴記》尚未列於學官。

讀孟子

余讀《儀禮》，嘗以謂雖周公生秦漢以後，用此必有變通。及觀《孟子》，乃益信爲誠然。孟子之言養民也，曰制田里教樹畜而已。其教民，則謹庠序之教，申之以孝弟之義。凡昔之聖人所爲深微詳密者無及焉。豈不知其美善哉？誠勢有所不暇也。然由其道層累而精之，則終亦可以至焉。其言性也亦然。所謂踐形養氣，事天立命，間一及之，而數舉以示人者，則無放其良心以自異於禽獸而已。既揭五性，復開以四端，使知其實不越乎事親從兄，而擴而充之，則自無欲害人、無爲穿窬之心始。蓋其憂世者深，而拯其陷溺也迫，皆昔之聖人所未發之覆也。嗚呼！周公之治教備矣，然非因唐、虞、夏、殷之禮俗層累而精之，不能用也。而孟子之言，則更亂世，承污俗，旋舉而立有效焉。有宋諸儒之興，所以治其心性者信微且密矣，然非士君子莫能喻也。而孟子之言，則雖婦人小子，一旦反之於心，而可信爲誠然。然則自事其心與治天下國家者，一以孟子之言爲始事，可也。

辨明堂位

《明堂位》列《戴記》，先儒以爲誣舊矣，而余尤疑是篇不知何爲而作也。謂周人記之，則於明堂方位、度數、朝會禮儀宜詳；謂魯人自侈大，則宜先周公勳勞、法則，以及山川、土田、附庸、殷民、周索、命誥、典册，而無一具焉。至魯君臣相弒，三傳無異辭，初誦經書者皆識焉。記者能詳四代之服器官而獨昧於此，豈不異哉？及讀《前漢書》，然後知此莽之意，而爲之者劉歆之徒耳。莽之篡，無事不託於周公。其居攝也，羣臣上奏，稱《明堂位》以定其儀。故《記》所稱，莫不與莽事相應。其稱周公踐天子之位，以治天下，朝諸侯於明堂，以莽踐阼，背斧依，南面朝羣臣也。賊臣受九錫以爲篡徵，自莽始，故備舉魯所受服器官，以爲是猶行古之道耳。其稱魯君臣未嘗相弒，又以示傳聞不可盡信，若將爲平帝之弒設疑也。其篇首曰：「昔者周公朝諸侯於明堂之位，天子負斧依南鄉而立。」易「周公」以「天子」，與當日羣臣所奏「周公始攝則居天子之位，非乃六年然後踐阼」隱相證也。莽贊稱「假皇帝」，則奏稱《書》逸《嘉禾》篇：「周公奉鬯，立於阼階，延登，贊曰：『假王涖政，勤和天下。』」《書》既逸矣云云者，誰實爲之？又況漫無所稽之雜記哉！或疑周公踐阼，倍依以朝諸侯，別見《史記·魯燕世家》，而荀卿《儒效》篇亦曰「以枝代主」，疑《明堂記》或有所授。不知古用簡册，祕府而外，藏書甚希。《太史公書》，宣、成間始少出。自向校遺書，歆卒父業以序《七略》，東漢宗之。凡後世子史之傳，皆歆所校録也。歆既僞作《明堂記》，獨不能增竄太史公、荀子之文哉？《詩》、《書》而外，周人之書成體而不雜者，莫如《左氏春秋傳》，史克之頌、祝鮀之言，於魯先世事詳矣，無一語及此。而悖亂之説皆見於歆以後始顯之書，則歆實僞亂增竄以文莽之姧也，決矣。

嘗考《魯世家》削去「成王臨朝」至「匔匔如畏然」，《燕世家》削去「成王既幼」至「召公乃説」，前後文義脗合無間。而《周本紀》所謂「周公攝行政當國」，與《尚書》「位冢宰，正百工」義正相符。是則劉歆之徒所未及改更而尚存其舊者。且《金縢》乃伏生之《書》，始出即列於學官，稱「王與大夫盡弁」，又云「公爲詩以貽王，而王亦未敢誚公」，則年非甚少，斷可識矣。以是觀之，凡言「成王幼」者，皆莽、歆之誣妄也。蓋欲言周公踐阼，則不得不言成王幼，不能踐阼耳。昔韓子論學，首在別古書之正僞。取其正者以相參伍而得其會通，則昭昭然如分黑白矣。

書考定文王世子後

余少讀《世子記》，怪其語多複喈枝贅。既長，益辨周公踐阼之誣，武王夢帝與九齡之妄，而未有以黜之。及觀《前漢書》，王莽居攝，羣臣獻議，稱《明堂位》周公踐阼，以具其儀，然後知是篇誣妄語亦當時所增竄也。是篇所記，教世子之禮也，而稱成王不能涖阼者再，周公踐阼者三。成王幼而孤，無由習世子之禮，非關不能踐阼也。周公抗世子之法於伯禽，豈必踐阼而後法可抗哉？其强而附之，增竄之跡隱然可尋。莽將即真，稱天公使者見夢於亭長曰：「攝皇帝當爲真。」故僞附此《記》，以示年齒命於天，而夢中得以相與，昔周文、武實見此兆，則亭長之夢信乎其有徵矣。嘗考《周官》，顯悖於聖道者實有數端，而察之莫不與莽事相應。故公孫禄謂歆「顛倒五經，使學士疑惑，其罪當誅」。意當其時，老師宿儒必具見《周官》、《禮記》本文，而憤其僞亂，故禄亦疾焉。余於《周官》之不類者既辨而削之，乃并芟薙是篇，稍移其節次，而發其所以然之義。孟子曰：「余豈好辨哉？予不得已也！」之數者乃禮義之大閑，自前世或疑而未決，或習而不知其非，故不自揆，刊而正之，以俟後之君子。

莽之亂政，皆託於《周官》；而僭端逆節，一徵以《禮記》。其引他經，特遷其說，謬其指，而未敢易其本文。其受九錫，奏稱：「謹以六藝通義，經文所見，《周官》、《禮記》宜於今者，爲九命之錫。」蓋他經則遷就其義，而《周官》、《禮記》則增竄其文之徵也。蓋武帝時，五經雖並列於學官，而《易》、《詩》、《書》、《春秋》傳誦者多，故說可遷，指可謬，其本文不可得而易也。《儀禮》孤學，自高堂生而外，學者徒習其容而不能通其義。故於《喪服》，微竄經文，附以傳語。至《戴記》，則後出而未顯，《周官》自莽與歆發，故恣爲僞亂。然恐海内學士或間見《周官》之書，而傳《儀禮》、《戴記》者能辨其所增竄，故特徵天下有逸《禮》古《書》、《毛詩》、《周官》、《爾雅》、天文、圖讖、鍾律、月令、史篇文字者，並詣公車。至者以千數，皆令記說廷中。而又使歆卒父業，典校羣書而頒布之。使前見《周官》、《儀禮》、《戴記》之本文者亦謂歆所增竄雜出於廷中記說，而疑古書所傳或有同異。其巧自蓋者，可謂曲備矣。自班固志《藝文》，壹以歆所定《七略》爲宗，雖好古之士，無所據以别其真僞。而每至歆所增竄，則鮮不以爲疑。蓋書可僞亂，而此理之在人心者不可蔽也。戴氏所述《禮記》無《明堂位》。至東漢之初，馬融始入焉。其爲歆所僞作，無可疑者。而此《記》所稱「周公踐阼」及他誣妄語，莫不與莽事相應，一如莽之亂政，分竄於諸官。先聖之經，古賢之記，爲歆所僞亂者，轉賴其自蓋之迹，以參互而得之。豈惟人心之不可蔽哉？蓋若天所牖焉。後之人或以專罪余，則非余之所敢避也。

莽之求書，先逸《禮》，以戴氏所傳無《明堂位》及此《記》所增竄也。次古《書》，以稱《周書》逸《嘉禾》篇「假王涖政」也。次《毛詩》，以毛氏後出未顯，俾衆疑其引《詩》而還其說，謬其指者，或出於毛氏也。如謂「普天之下，莫非王土」爲以天下養之類。次《周官》，其亂政皆分竄於諸官也。並及《爾雅》雜家，使衆莫測也。《易》、《春秋》無求焉，以莽事無所託，雖有稱引，而於本文無增竄也。昔朱子謂《戴記》所傳，或雜以衰世之禮。然相提而論，其誣枉未有若「周公踐阼，居天子之位」者；其妖妄未有若「武王夢帝與九齡」，而「文王復與以三」者；其悖謬未有若「大夫爲其父母兄弟之未爲大夫者之喪服如士服」，及「士之子爲大夫則其父母不能主」者。凡此，皆先儒所深病，蒙士所心非也。莽爲其母功顯君服天子之弔服而不主其喪，則《雜記》之文毋亦歆所增竄，以示大夫士相去一間耳？而古者，子爲大夫，於父母之服即有變，況踐阼居天子之位乎？子爲大夫，父母之爲士者，尚不敢主其喪，況居天子位與尊者爲體，而可私屈爲母喪主乎？歆既邪惡，而文學乃足以濟其姦。凡所增竄，辭氣頗與《戴記》、《周官》爲近，故歷世以來，羣儒雖究察其非，終懷疑而未敢決焉。班史謂：「自書傳所載，亂臣賊子，無道之人，考其禍敗，未有如莽之甚者。」余攷自古承學之士，通經習禮，而爲妖爲孽，亦未有如歆之甚者也。然莽以六藝文姦言，當其時即交訕焉。而歆蠹蝕經傳，以誣聖人，亂先王之政，至於千七百餘年而莫敢薙芟，則歆之罪其更浮於莽也與！

文王十三生伯邑考辨

余少閱《大戴記》，稱文王十三生伯邑考，即辨其誣而未得證驗。先兄曰：「『文王嘉止，大邦有子。』安有是？」然猶不能無疑。及考《王莽傳》，平帝年十有二，而莽欲以女配。故歆先竄此於《大戴記》，以示文王始婚，亦年十有二，然後莽請考論五經，以定天子之娶禮。又恐《戴記》出宣、元間，學者多見其書，故其後復徵羣士，使記説逸禮於廷中，以欺惑學士。莽之篡，無事不託於文、武、周公。蓋夏、殷以前，先聖之事與言所傳甚希，衆皆耳熟焉，難以鑿空構立。而經傳諸子皆周人之書，遭秦火而始出於漢，故使歆典校，卒向之業，以售其姦。自東漢相傳以至於今，皆歆所校録也。學者可溺於前儒傳授之言，而不別其真僞哉？

成王立在襁褓之中辨

武王崩，成王幼，在襁褓之中，説見《家語》，又見《史記》，又見賈誼《保傅》篇。而《漢書》亦云：「武帝命畫周公負成王圖以賜霍光。」蓋莽與歆既曰成王不能踐阼，則年宜甚幼，而《金縢》之篇無是也。其《書》乃伏生所傳，舊列學官，不可譸張爲幻，故於《戴記》竄焉。又恐《戴記》出宣、元間，學者間有其書，故欲多爲之徵，而《論語》乃世儒所習誦，故又於《家語》竄焉。漢興，博學多聞，莫如賈生；繼《春秋》，創史法，囊括載籍，爲世所宗，莫如太史公：故又於二書竄焉。至《漢書》所云，或武帝偶命作圖以示立少子之意；或其事亦歆等構造；又或史官所記本周公輔成王圖，而歆易爲「負」，班固因之：皆不足據也。衆言樊亂，必折諸經。《金縢》之篇曰：「王與大夫盡弁。」則既冠明矣。「公以詩貽王，而王亦未敢誚公。」則已甚達於世事矣。以是知古書中言成王幼不能踐阼者，皆妄也，而況云「在襁褓之中」哉？幸而《金縢》之篇尚存，不然，則歆之怪變竟無從而得之矣。或又以王自稱「沖子」，周、召稱王「孺子」爲疑。是惑也，《盤庚》之誥自稱「沖人」，范文子爲大夫，贊軍謀，而武子呼爲「童子」，嗣君之自謂，師保之規箴，其稱言義當若此，不可以弗察也。

讀經解

此《記》中間所述多荀卿語，疑出於漢之中葉而傳荀氏之學者爲之也。三代盛時，國不異政，家無殊俗，《詩》《書》禮樂布在庠序，以爲四術。降至春秋，王道雖微，而周禮未改，孔子贊《易》，作《春秋》，其徒守之。陵夷至於戰國，百家放紛，儒術大絀，焉有一國而專立一經以爲教者哉？遭秦滅學，至漢景、武之間，諸老師各抱一經以授其徒，於是齊、魯、燕、趙、鄒、梁之學興。而承其學者復以教於鄉邑，各自爲方，不能相通，而其人之性質行能亦漸摩於經説而別異焉。記者既列教之所由分並其説之有所失，而又念一道德而同風俗，非羣儒之私教所可冀也，所以養君德，施政教，正俗化，莫急於禮，而禮非天子不能行。禮之興，然後君德可成，而百官得其宜，萬事得其序，和仁信義得其質，宗廟朝廷得其秩，室家鄉里得其情。禮之廢，則君臣、父子、夫婦、長幼恩薄道苦，序失行惡，其亂百出，而不可禁禦。凡此，皆荀氏所謂「原先王，本仁義，禮正其經緯蹊徑。不道禮憲，而求之於《詩》《書》，不可以得之」之本指也。夫六經火於秦，並出於漢；而《禮》之廢，則自漢始。河間獻王獻古邦國禮五十六篇，武帝不用，而沿襲秦故，以定宗廟百官之儀。其士禮之僅存者，亦未布頒以爲民紀。自是以來，學者循誦《易》、《詩》、《書》、《春秋》之文而虛言其義，有得有失，一如《記》所稱，而《禮》則湮沈殘缺，每至郊廟大議，衆皆冥昧而莫知其原；閭閻士庶喪祭賓婚，蕩然一無所守而競於淫侈。《記》所云「以舊禮爲無所用而去之者」，意在斯乎？學者可習其讀而弗察歟？

書辨正周官戴記尚書後

余以《王莽傳》辨《周官》所僞亂，循是以考《戴記》、《尚書》及子史傳注，然後知舍莽政之符驗，《周官》無可疵者；舍莽事之比類，古聖無見誣者。循是以討去之，然後諸經之賊蝕一旦而廓然。嗚呼！《書》更秦火，篇殘文缺而已耳。而歆所僞亂，則混淆於本文之中，伏闇而不可見，疊出互證，深固難搖。自程、朱二子出，然後能辨古書之正僞。而後之儒者知以理義爲衡，故凡《周官》、《戴記》、《書傳》、《詩序》之紕謬，雖未辨所從生而鮮不以爲疑。疑之者衆，然後或得其間而白黑可判焉。漢儒之治經莫勤於鄭氏，然以莽事訓《周官》，而於周公踐阼、文王受命稱王皆篤信焉，而益漫其支流，況毛《序》、孔傳之僞雜乎？世俗之貿儒尚或以經説惟漢儒爲有據，而詆程朱爲憑臆，非所謂失其本心者歟？

擬定纂修三禮條例劄子

臣竊惟明初《五經大全》皆各主一人之説，且成於倉卒，不過取宋、元儒者一二家纂輯之書稍摭衆説以附之。數百年來，皆以爲未盡經義，不稱「大全」之名。是以聖祖仁皇帝特命重修四經，頒布學官，昭示羣士。然惟《周易》多裁自聖心，所取至約，而前儒未發之藴開闡實多，故特名《折衷》。餘三經，則曰《彙纂》。我皇上躬履至道，重念先聖遺經未盡闡揚，詔修三禮，乃漢、唐以來未有之盛事。而三禮之修，視四經尤難。蓋《易》、《詩》、《書》有周、張、二程以開其先，而朱子實手訂之。《典》、《謨》以下，亦抽引端緒，親授其徒。胡氏《春秋傳》雖不免穿鑿，而趙、啖、二陸、劉、孫、胡、程之精言採録實多。諸經大義已昭然顯著，故《折衷》、《彙纂》但依時代編次先儒之言，而不慮其無所歸宿也。陳澔《禮記説》自始出即不饜衆心，詆議紛起。《周官》、《儀禮》則周、程、張、朱數子皆有志而未逮，乃未經墾闢之經。欲從《大全》之例，則無一人之説以爲之宗；欲如《折衷》、《彙纂》但依時代編次羣言，則漫無統紀，學者終茫然莫知其指要。必特起凡例，俾大義分明，而後兼綜衆説，始可以信今而傳後。臣等審思詳議，擬分爲六類，各注本節本注之下。一曰正義，乃直詁經義，確然無疑者。二曰辨正，乃後儒駁正舊説，至當不易者。三曰通論，或以本節本句參証他篇，比類以測義，或引他經與此經互相發明。四曰餘論，雖非正解，而依附經義，於事物之理有所發明。如程子《易傳》、胡氏《春秋傳》之類。五曰存疑，各持一説，義皆可通，不宜偏廢。六曰存異，如《易》之取象，《詩》之比興，後儒務爲新奇而可欺惑愚衆者，存而駁之，使學者不迷於所從，庶幾經之大義開卷了然，而又可旁推交通以曲盡其義類。伏惟我皇上聖學崇深，剖析經史，通微抉奥，故敢略陳愚見，仰求聖誨，鑒定施行，以便排纂。爲此謹奏。

讀管子

《管子》之用《周禮》也，體式之繁重，一變而爲嚴急，一變而爲徑捷焉；氣象之寬平，一變而爲嚴急焉。非故欲爲此也，勢也。蓋周公之時，四海一家，制禮於治定功成之後，故紀綱民物可一循其自然之節，以俟其遲久而成。管子承亂，用區區之齊，將以合勢之散，正時之傾，非及其身不能用也，非及其君之身不能用也，而豈可俟哉？惟欲速而苦其難成，故其行之也亦不得不嚴且急焉。是管子之不得已也。然《周官》之作，依乎天理以盡萬物之性，而管子之整齊其民也則將時用以取所求，是則其根源之異也。而讀其書，尚知令行禁勝之必本於君身，聰明思慮當付之衆人而不自用，則又非諸法家之所能及矣夫。

書史記孟子荀卿傳後

騶衍以下十一人錯出《孟子荀卿傳》，若無倫次。及推其意義，然後知其不苟然也。蓋戰國時，守孔子之道而不志乎利者，孟子一人耳。其次惟荀卿，而少駁矣。故首論商鞅、吴起、田忌以及從横之徒，著仁義所由充塞也。自騶衍至騶奭，説猶近正，而著書以干世主，爲志則已鶩於功利矣。其序荀卿於衍、奭諸人後者，非獨以時相次也。荀卿之學雖不能無駁，而著書則非以干世，所以别之於衍、奭之倫也。自公孫龍至吁子則舛雜鄙近，視衍、奭而又下矣。至篇之終，忽著墨子之地與時而不一言其道術，蓋世以儒、墨並稱久矣，其傳已見於荀卿所序列而不必更詳也。夫自漢及唐，《莊》、《列》皆列於學官，而《孟子》猶未興。以韓子之明，始猶曰「孔、墨必相爲用」，而較孟子於荀、揚之閒。子長獨以並孔子，一篇之中其文四見。至荀卿受業於孔氏之門人，則弗之著也。老、莊、申、韓、衍、奭諸人皆有傳，而墨子則無之。蓋孟子拒而放之之義。然則子長於道，豈概乎未有聞者哉！

書史記儒林傳後

子長序《儒林》曰：「余讀功令，至於廣厲學官之路，未嘗不廢書而歎。」蓋歎儒術自是而變也。古未有以文學爲官者。以德進，以事舉，以言揚。《詩》、《書》六藝，特用以通在物之理而養其六德，成其六行焉耳。戰國、秦、漢所用，惟權謀材武。其以文學爲官，始於叔孫通，弟子以定禮爲選首；成於公孫弘，請試士於太常。而儒術之污隆，自是而中判矣。其意蓋曰，自周衰，王路廢而邪道興，孔子以儒術正之，道窮而不悔。其弟子繼承，雖陵遲至於戰國，儒學既絀焉，而孟子、荀卿獨遵其業。遭秦滅學，齊、魯諸儒講誦不絶。漢興七十餘年，自天子公卿皆不悦儒術，而諸老師尚守遺經，其並出於武帝之世者，皆秦漢間摧傷擯棄而不肯自貶其所學者也。蓋諸儒以是爲道術所託，勤而守之，故雖困而不悔。而弘之興儒術也，則誘以利禄，而曰以文學禮義爲官，使試於有司。以聖人之經爲藝，以多誦爲能通而比於掌故，由是儒之道污，禮義亡，而所號爲「文學」者，亦與古異矣。子長所讀功令，即弘奏請之辭也。自孔子以來，羣儒相承之統，經戰國、秦、漢，孤危而未嘗絶者，弘乃以一言敗之，而其名則曰「厲賢材」。悼道之鬱滯，不甚可歎乎？嗟夫！漢之文學雖非古，猶以多誦爲通經也。又其變，遂濫於詞章，終沈冥而不返焉。然則子長之所慮，其遠矣哉！

是書叙儒術，至「漢興」，首曰「於是喟然歎興於學」，繼曰「天下之學士靡然鄉風」，終曰「自此以來，公卿大夫士吏斌斌多文學之士」。驟觀其辭，若近於贊美，故「廢書而歎」，皆以爲歎六藝之難興也。然其稱「歎興於學」也，承太常諸生之爲選首；稱「學士鄉風」，承公孫弘以白衣爲三公；稱「斌斌多文學之士」，承選擇備員：則遷之意居可知矣。其述諸經師，備及弟子子孫之爲大官，而首於申公之門别其治官民能稱所學者不過數人，而復正言以斷之曰「學官弟子行雖不備，而至於大夫、郎中、掌故以百數」，其刺譏痛惜之意，不亦深切著明矣乎？其於孔子之門獨舉五子，若曰是於聖門非殊絶也，而大者爲師傅卿相，小者友教士大夫。其受業於子夏之倫者，亦爲王者師。蓋儒者寧隱而不見，其出也必不肯自輕其道如此。今乃以記誦比掌故，補卒史，此中尚有儒乎？由弘以前，儒之道雖鬱滯而未嘗亡；由弘以後，儒之途通而其道亡矣。此所以廢書而歎也。而習其讀者，乃以爲贊美之辭。噫，失之矣！

附録

先生事父至孝，父嘗曰：「吾體未痛，二子已覺之；吾心未動，二子已知之。」事母尤孝，年四十餘，宛轉膝下如嬰兒；被逮時，詭言被薦入内廷。洎事解，迎養，太夫人至京，竟不知其事。與兄百川、弟椒塗相友愛，不忍離。百川約曰：「吾兄弟異日當共葬一丘。」後卒如約。每遭期功喪，皆率子姓準古禮，宿外寢。《年譜》。

先生性剛直，好面折人過。交游中官既遂，必以吏疵民瘼、政教得失相責難，諸公頗厭苦之。惟朱文端公篤信其言，先生所知見，壹爲盡言。同上。

李文貞公以直撫入相，先生叩之，曰：「自入國朝，躋兹位者，凡幾？」公屈指得五十餘人。先生曰：「甫六十年，而已得五十餘人，其不足重，明矣。望公求其可重者。」《與陳占咸尺牘》。

先生在館中，徐公蝶園及顧公用方時就問《周官》疑義，詳爲辨析。遇館中後生，則爲講《喪服》，聞而持行者數人。顧公謂筆之書然後可久存，先生乃出其在獄所作《喪禮或問》，又爲《周官辨》，浹月而成。顧琮撰《周官辨序》。

先生耄期猶嗜學，日有課程。治《儀禮》十易其稾。年八十，日坐城北湄園，矻矻不置。雷鋐撰《行狀》。

陳滄洲曰：「望溪可負天下之重。觀其讀《周官》、《儀禮》、《孟子》、《管子》、《荀子》，可知所見閎廓深遠。此等文可徵其平易詳慎。不能平易詳慎，則閎廓深遠非真，而用之必窒矣。」《評書李習之平賦書後》。

全謝山曰：「有經術者未必兼文章，有文章者未必本經術，所以申、毛、服、鄭之於遷、固，各有溝澮。惟是經術、文章之兼固難，其用之足爲斯世斯民之重，則難之尤難。桐城方公，庶幾不愧於此。」《神道碑》。

姚惜抱曰：「先生與鄂、張兩相國論制準夷事，憂國忠友之情，則皆可謂至矣，於公平生風義所關頗重。」《跋與鄂張兩相國書稾》。

邵位西曰：「先生當官敷奏，俱關國計民瘼。今觀請定經制等劄子，煌煌鉅篇，乃經國遠謨，足與靳文襄公生財裕餉諸疏並垂。餘亦直抒所見，不肯一字詭隨。生平嚴謂之概，可以想見。」《鈔奏議序》。

又曰：「盧召弓嘗言，望溪先生評《史記》真本，藏北平黄氏。王定甫買得《史記》評本，不著評者名氏，細察之，與《望溪集》中讀《史記》諸文語意相應，知是望溪評而他人傳録者。望溪別有《史記注補正》，而兹評所開發尤多，學者由是可悟作史爲文之義法。」《史記評語跋》。

望溪弟子

沈先生廷芳別見《餘山學案》。

官先生獻瑶別見《梁村學案》。❶

❶「梁村」，原作「凝齋」，今據本書卷六〇及卷四八改。

雷先生鋐 別爲《翠庭學案》。

王先生兆符

王兆符，字龍篆，號隆川，宛平人。康熙辛丑進士。父源，文學氣節著於時，與望溪爲執友。先生甫成童，從望溪學於京師。父没，移家金壇，仍從望溪於江寧。及成進士，未仕，家益貧。有欲餽金以資其仕者，望溪爲計買田而耕以養母，以成其學，未就而卒。於《周官》、《史記》、《莊子》用力最多，望溪稱其文學義理可與深言。所排纂《周官》及詩文若干卷，金壇蔣衡爲之編録，藏於家。參方苞撰《墓志》、蔣衡撰《傳》。

程先生崟

程崟，字夔震，歙縣人。康熙癸巳進士。兵部主事。少與王隆川同受業於望溪，隆川治經，先生治古文。《望溪文鈔》初爲隆川所録，先生又續增刊行。經説中《周官集註》、《儀禮析疑》亦其所序刻。參《望溪文鈔序》及《年譜》。

案：戴鈞衡輯《望溪年譜》，所載列弟子籍者，僅此數人。外此曾與李恕谷易子而教。恕谷子習仁，已附見其父傳中。大學士陳大受是所教習之庶吉士，故稱師事。安徽布政使李學裕、江蘇學政侍郎尹元孚，皆於望溪晚年家居時造謁，執弟子禮。望溪固辭避之，非傳學者，兹不列。又高密單作哲，字紫溟，亦稱望溪弟子，家有望溪未刻之文十九篇，及《聞見録》殘稾，見於《集外文補遺》，應附著焉。

望溪交游

李先生光地別爲《安溪學案》。

蔡先生世遠別爲《梁村學案》。

朱先生軾別爲《高安學案》。

楊先生名時別爲《凝齋學案》。

陳先生鵬年別見《敬庵學案》。

李先生紱別爲《穆堂學案》。

萬先生斯同別爲《鄞縣二萬學案》。

李先生塨別爲《恕谷學案》。

王先生源別見《習齋學案》。

顧先生棟高別爲《震滄學案》。

韓先生菼

韓菼，字元少，號慕廬，長洲人。康熙癸丑進士，會試殿試皆第一，授修撰，纂修《孝經衍義》。聖祖召見，命作《太極圖説》及四書文，命呈平日文稾。每進應奉文字，輒稱善。累遷至禮部尚書，兼翰林院掌院學士。立朝正色，持議侃侃。江南總督阿山奏布政使張萬禄虧庫金三十餘萬，費由南巡，非侵牟。上怒，下廷議。有謂阿與張爲姻家，法當誅。折之曰：「其情私，其言則公。斯言得上達，所益不細。」忌者增益其言以聞，由是見疏。御試翰林，欲黜二人，命劾奏。與同官言：「此民譽也，姑徐之。」召對詰責，徐曰：「此二人在院中，不在應黜之列。文雖不工，惟上寬恕之。」上霽顔乃止。或請故大學士達海從祀孔廟，議覆曰：「達海造國書，一藝耳，法不當從祀。」時上每有震怒詰責，大臣伏闕請罪，則解曰：「吾身可危，臣節不可辱也。」望溪初至京師，見其文，禮先焉，交久而篤。晚失上意，望溪勸之去，曰：「剛當位而應，與時行也，吾後而失其時矣。」及上請，果奉詰責。康熙四十三年，卒於位。湯文正嘗語人云：「表裏洞然，不可奪以非義，惟韓公耳。」乾隆中，諭：「故禮部尚書韓菼，種學績文，湛深經術，制義清真雅正，足爲藝林楷則，追謚文懿。」著有《有懷堂集》。參史傳、《先正事略》、《望溪文集》。

文集

孝經衍義序

臣按：《孝經》一書，蓋萬化之權輿，六經之統會也。人受天地之中以生，莫不具有五常之德，而仁爲之本。仁者，人之所以生也，故曰：「元者，善之長。」其體無方，其用至大。而愛親之一心，乃仁之發端最真而不容揜者。仁之全體大用皆已具諸此，無有偏倚，無有闕漏，赤子不損，大人不加。由之於日用動静之間，而推之爲聖神功化之極。仁此之謂仁，履此之謂禮，宜此之謂義，知此之謂智，信此之謂信，强此之謂强，順此之謂樂。君臣之所以定也，夫婦之所以别也，兄弟朋友之所以順而信也。推而言之，天地之所以位，萬物之所以育，元會運世之所以循環而無間，皆此孩提至真无妄之一心充塞徧滿，維持不蔽而然也。此心一息不存，三綱淪，五常斁，人道滅絶。其變故豈比於星辰逆行，百川沸騰，陵谷遷易之異而已也！夫唐虞三代之治，尚矣。其君皆躬秉神聖之德，積純孝之行。而其時之民，去醇古未遠，服於其化，安於其俗，目擊而心化，不言而躬行，耕田而食，鑿井而飲，父安其子，兄友其弟，和氣洋溢，嘉祥順流，暴民不作，兵革不試，寒暑時，年穀熟，庶草蕃，百物遂，一孝治之所感也。自周之衰，王道不行，教化微缺，愛敬之誼衰而篡奪之風熾，邪説暴行雜然並作，而無父無君之禍且浸淫於天下。孔子布衣，不得居得爲之位，乃起而扶絶業，存大義，贊《周易》以明天道，删《詩》《書》以維王迹，述禮樂以明人情之本然，而猶以見諸空言不如託諸行事之深切著明也，起而作《春秋》。《春秋》者爲爲人子、爲人臣者而作也，故曰爲人子者不可以不知《春秋》，爲人臣者不可以不知《春秋》。爲人子而不知《春秋》者，必陷於首惡之誅；爲人臣而不知《春秋》者，守經事而不知其宜，遭變事而不知其權。然而其稱文也婉，其指事也微，筆則筆，削則削，弟子不能贊一辭，蓋有不易知其意之所在者。退復與門人質言王道之本，明百行之原，而《孝經》作焉。故曰：「某志在《春秋》，行在《孝經》。」又曰：「《春秋》屬商，《孝經》屬參。」先儒以爲，魯哀之十四年西狩獲麟，作《春秋》，後作《孝經》。然則此書之作，固與《春秋》相表裏者與？且夫天下之勢固必有所極，而禍必有所開。當春秋之世，猶未有楊、墨之禍也，然而子不父其父，其勢必至於墨之爲無父；臣不君其君，其勢必至於楊之爲無君。且寧獨楊、墨而已？楊朱，師老氏者也，則老氏道德之説固不待莊周而已有傳之者。而其間復有釋氏者出，其説蓋參乎楊、墨之間。孟子之闢楊、墨也，即所以闢老也。時釋氏未入中國，故亦不得而及之也。然而夫子則固已憂之，爲之説曰：「攻乎異端，斯害也已。」正不知其時異端者誰乎？毋乃預知夫有蔑絶仁義，放棄人倫以禍吾道，而攻之者之衆乎？聖人之旨固不易知，然臣嘗三復於「異端」之謂，而參之於是經孝治天下之意，固未嘗不相發明也。夫所謂異端者，其德必誕妄而非實得，其道必邪曲而非大中，其教必畔君臣，逃父子，離夫婦。然則將奈何而坊諸？曰：「君子反經而已矣。經正則庶民興，庶民興，斯無邪慝。」是莫若以孝治之，使知道其道者之非道，惟此之謂要道；德其德者之非德，惟此之謂至德。别之以天子諸侯卿大夫士庶五等之差，正之以士農商賈四民之業，習之以冠婚喪祭之事，養之以粟米麻絲果蔬魚肉之常，明之以禮樂政刑，而教之以愛敬和睦謹身節用寡過之利，使知先王之道德不過如是，而於天下後世之竊爲仁義道德之説者已大爲之坊。嗚呼！此其作經之旨之深切著明者也。抑又嘗論之，自良知之説昉於孟子，後之學者遂欲直見本性，幻妄一切，以入於清虚寂滅之學而不自知。然孟子已以愛敬之真心實之矣。孔子之言性也不概見，既繫之於《易》之《十翼》，而更切著之於《孝經》，曰：「父子之道，天性也。」直從孩提發皆中節者以顯夫喜怒哀樂未發之本體。放之則塞乎天地，橫乎四海，而約之在一舉足、一出言之間，出之無勉强擬議之煩，而操之有戰戰兢兢臨深履冰之懼，所以不可不格物，不可不慎獨，不可不道學問，不可不察識擴充。而或者一舉而空之以自認其所爲知者，則非其知矣。昔人以爲，《春秋》，孔子之刑書；《孝經》，孔子之教書。而臣則曰，《孝經》，孔氏之性書也。其關於學術人心，豈細故哉？臣之仰窺是經之旨者如此。若夫諸儒之説，自《正義》而後，亦無慮百家。臣今一以朱子之説爲宗，而後之學者能不悖乎其傳者，則綴其言之大略，次於篇端。

廣理學備考序

言「性」始《商書》，言「理」始《易・繫辭》。性即理也，賦之爲命，體之爲德，統之爲道，殽之爲教，實之爲誠，化之爲神，麗之爲器，布之爲氣，而反之爲欲。學也者，别理欲之間者也，故莫先於窮理。《書》言「惟精」，《詩》言「物則」，《大學》言「格物」，子思言「擇善」，孟子言「知性」，一也。濂、洛、關、閩五子出，而紹古不傳之緒互相發明，初無異致。蓋自《老子》言「谷神不死」，《莊子》言「精神聖人之心」，告子以生爲性，《孔叢子》亦言心之精神謂之聖，已開異學之端。而釋氏之黠者乘隙而入，變爲禪學，挈以心傳心之旨，而以理爲障。儒者溺于其説，反以吾儒之説文之。「春風舞雩」、「魚躍鳶飛」抉爲證明，而下學上達、大宗一統之傳幾亡矣！學也者，又别心與理之閒者也。夫理具於心，豈容有二？第吾儒萬理皆實，異端萬理皆空。任心之虛靈知覺，超詣頓悟，高者不過如雙明扇訟，一月鏡花，而其流失至失心于垂盡之餘，酗酒于悟道之後。顧數百年以來，學者愈神其説而不之返也。凡此者，即以「學」稱，要可別爲「心學」，而不可謂之「理學」。蓋理學寥寥無幾人矣！洪洞范彪西先生向有《理學備考》一書，兹復從而廣之，何居？余曰：微哉，先生之指也！心學盛於佛氏，昔也以老、莊之言文之，今也以孔、孟之言文之。龍無角，蛇有足，是猶知吾道之不可不援也。窮子逃於外，忽焉掩有其家之富而不知也，不如告之以其家也。先生以理學爲的，以廣近世之學者，曰：「此固一家之子，庶逃者其一歸乎！不然，亦以備識者之考擇焉爾。」況兹集所載所爲，寥寥幾人者，固具於斯。其餘淺深離合，並存互見。孰爲言心，孰爲言理，孰爲言理則理與心一，孰爲言心則心與理二，不假去取，好學自知。《詩》不云乎：「高山仰止，景行行止。」又曰：「他山之石，可以攻玉。」是先生之微指也。

楊　墨

楊朱，先儒胡氏以爲即莊周所謂「楊子居」者，與老聃同時。墨翟又在楊朱之前，宗師大禹而晏嬰學之者。然則兩家之説已行於春秋時，而至戰國時而益熾。聖王不作而橫議生，歐陽氏所謂「乘間而入」者也。楊學于老，故莊、列之書皆稱之。佛氏之初，如不愛身以濟衆生之説，固近于墨。然朱子以爲非其深者，蓋其學亦仍是楊氏，所以其徒後皆竊莊、老之説以附之而益精矣。《墨子》七十一篇，以貴儉、兼愛、尊賢、右鬼、非命、上同爲説。稱堯、舜、禹，稱周公，一依經據禮。其後有相里氏之墨、相芬氏之墨、鄧林氏之墨、隨巢子之墨、胡非子之墨，雖韓愈亦以爲與孔子相爲用。甚矣，其易惑人也！夫由楊、墨之迹，固未至於無君父也。由其説而推其害，直可以無君父。孟子固憂其禍之無終也。後佛學入，直敢冒不韙，使大倫幾塗地無餘，陰挾兩家之勝，不屑爲子莫之中，而天下靡然從之。嗚呼！夫然後知孟子之言，謂之「先覺」，可矣。真所謂「作于其心，必害於其事；作於其事，必害於其政」者與？程子曰：「佛氏之言近理，又非楊、墨之比，然實楊、墨之學有以驅天下而爲之倡也。」《孟子》七篇之中，反覆闢告子，闢楊、墨。而佛氏之言，有似告子者，似墨者，似楊者。故諸儒之説亡而佛氏之書愈盛，而儒者復將以吾儒之書佐之。譬之秦人蠶食六國，而争割地以入之不止，其亦可痛也已。

告子

告子知守其心而不知性，故其論性第以其能知覺運動者而言，直欲混善惡而外仁義。既乃自知其説之窮，猶内仁而外義，此其「不得於言，不得於心」之根，正以平日無集義之功，而其不動心之速亦即所謂直提頓悟而無階級積漸之可言者。此所以陷於異端而孟子不得不爲之辨也。後世西江之學全類此，然彼亦固知義之不可爲外而益精其説矣。謂「義固在内，讀書求義理，正是義外」，又謂「義只發于我之先見者，便是如飲水飲湯之類。若待外面商量，如此便不是義，乃是義襲」。此又直以佛氏不得擬議、不落思惟者爲義，其内義尤足以禍義也。孟子之所爲集義者，正以萬物皆備于我，無一非内者。若不讀書，不求義理，以爲義内，則視天下之物無一非外者，而義仍在外矣。彼固諱其爲告子，而終不出乎告子也。至陽明乃直揭之曰「無善無惡者心之體」，自以爲漏洩天機，而湍水之喻固已漏洩之久矣。然則告子者，固異學之首禍，其罪浮于楊、墨也。

查先生慎行

查慎行，字初白，號悔餘，海寧人。康熙癸酉舉人，以薦召直南書房，特賜進士出身，選庶吉士。未散館即授編修，充武英殿校勘官。乞病歸。因弟嗣庭獲罪，牽連就逮。世宗知其端謹，特原之，放歸鄉里。少受學於黄南雷。於經邃於《易》，著《周易玩辭集解》十卷，於《易》家一切雜學灼然不惑。其《河圖説》、《卦變説》、《天根月窟考》、《八卦相錯説》、《辟卦説》、《中爻互體説》、《廣八卦説》，辨證具有根據。尤長於詩，得宋人之長而不染其弊。《敬業堂集》五十卷，世推爲大家。《補註蘇詩》五十二卷。望溪與交久，先後直南書房，謂「於時賢中，獨自矜異，謹介恬淡，爲時所稱述」云。參史傳、《望溪文集》。

朱先生書

朱書，字字綠，宿松人。康熙癸未進士，官編修。望溪爲諸生時與訂交，兄事之。以選貢入太學，褐衣布履，與諸名流議論相上下。喜談經世之略，文章雄健，博聞强記。尤熟於有明遺事，抵掌論述，不遺名地。既通籍，預武英殿修書館中，先達皆嚴憚之。歸，築室於杜溪，將著書終老，家貧復出，卒於京師。著有《杜溪文集》十卷。參方苞撰《墓表》、方東樹撰《杜溪文集序》。

張先生自超

張自超，字彝歎，高淳人。康熙癸未進士，未仕而卒。著《春秋宗朱辨義》十二卷，大意本朱子據事直書之旨，不爲隱深阻晦之説，惟就經文前後參觀以求其義，不可知者闕之。如單伯逆王姬，則從王氏之説，以爲魯之大夫。於秦獲晉侯，辨所以不書名之故。於宋師敗績，辨所以不書公之故。於司馬華孫來盟，辨胡傳義不係乎名之説。於盟宋，罪趙武之致弱。於楚公子比、公子棄疾弑立，書法見《春秋》微顯之義。於齊殺高厚，謂非説晉。而於衛人立晉一條，尤得《春秋》深義。其書著録《四庫提要》，稱其務求心得，非南宋以來穿鑿附會者比，望溪《春秋通論》多取其説。先生既歿，望溪感舊，與王源、劉齊、劉捷合作《四君子傳》。齊，字言潔，無錫人，以選貢入太學。爲官學教習，議敘州判，持清議。公卿争欲延攬之，不顧也。不得意，歸，未及五十而卒。捷，字古塘，先世懷寧人，居桐城，又寓江寧，遂寄籍。康熙辛卯解元。篤於行誼，爲文不徇衆好。望溪被逮時，爲伴送家屬，誤試期。後病衰，終身未與禮部之試。參《四庫全書提要》、方苞撰《四君子傳》。

汪先生份

汪份，字武曹，長洲人。康熙癸未進士，官編修。命督雲南學政，未之任而卒。早以文學知名，游太學時，遇要人常遠避，甚負時譽。與望溪交久，相知深。望溪論文，深屏虞山錢受之，時不以爲然，先生謂非過言。晚歲辨《春秋》書爵非褒，書人非貶，爲書三卷，義多儒先所未發。又有《河防考》十卷。參方苞撰《墓表》。

王先生澍

王澍，字若霖，一字篛林，號虛舟，金壇人。康熙壬辰進士，官編修，累遷户科給事中。雍正初，以六科隸都察院，先生謂：「科臣掌封駁，品卑任重，隸臺臣將廢科參。」偕同列抗疏力争。世宗怒，召詰之。從容奏對，上意稍解，遂改吏部員外郎，告歸。著有《禹貢譜》二卷，《大學困學録》一卷，《中庸困學録》一卷，《大學本文》一卷《古本》一卷，《中庸本文》一卷。當望溪在逮時，閒日入獄省視，討論經義。後復常主其家。參史傳、《望溪文集》、《學案小識》。

姜先生宸英

姜宸英，字西溟，慈谿人。早負文名。入都主大學士明珠家，授其子經，持躬嚴正，不阿權貴，聖祖聞其名。與秀水朱彝尊、無錫嚴繩孫並目爲「三布衣」。會開博學鴻詞科，葉學士方藹薦之，不及期而罷。又薦入《明史》館充纂修，食七品俸，分撰《刑法志》，極言明一代廷杖廠衛之害，世推殷鑒。又從徐尚書乾學於洞庭山修《一統志》。湯文正公爲時相所忌，祭酒翁叔元疏劾其僞學，先生移書責之，翁甚愧。又以語忤徐尚書，遂遭忌抑，久不達。康熙丁丑，成一甲三名進士，授編修，年已七十。典順天鄉試，爲同官所欺，致物議，被劾，同逮治。事未白，死於獄中，時論惜之。著有《湛園集》八卷，《葦閒詩集》十卷，又

《劄記》二卷，皆證經史之語，考論禮制最詳。望溪於同時爲古文者，盛推先生之雅正。及其歿，欲誌其墓，而家人未之請，爲作《紀言》一篇，載《文集》中。參史傳、《望溪文集》。

戴先生名世

戴名世，字田有，號褐夫，又號南山，桐城人。才雋辯逸，不事生産。家落，授徒自給。以制義名，刊本流布，自曰：「此非吾之文也。」以諸生得貢，爲官學教習，議叙知縣，偏游南北。其學長於史，考求明季佚事，爲文以抒湮鬱。又以古文名，負才睥睨，人亦多忌之。康熙己丑，成進士，會試第一，殿試第二，授編修，年五十七矣。越二年，都御史趙申喬劾其所著《南山集》狂悖，逮治伏法。其被禍也，由於有志爲《明史》，聞桂王舊閹有爲僧者，欲訪求之。又得鄉人方學士孝標所著《滇黔紀聞》，書中沿用永曆年號，坐大逆，論極刑。孝標已歿，剉屍，家屬戍邊。望溪亦因作《南山集序》，同罹其難。先生既被法，遺書燬禁。久之，文集乃出，隱其名曰宋潛虚，清末始行於世。有傳其所輯《四書朱子大全》鈔本，專取朱子一家之學。參《桐城耆舊傳》、蕭穆撰《方戴兩家書案記》。

文集

與余生書

余生足下：前日浮屠犁支自言永曆中宦者爲足下道滇、黔間事，余聞之，載筆往問焉。余至，而犁支已去，因教足下爲我書其語來。去年冬，乃得讀之，稍稍識其大略。而吾鄉方學士有《滇黔紀聞》一篇，余六七年前嘗見之，及是而余購得此書。取犂支所言考之，以證其同異。蓋兩人之言各有詳有略，而亦不無大相懸殊者。傳聞之閒，必有訛焉。然而學士考據頗爲確核，而犂支又得於耳目之所覩記，二者將何取信哉？昔者，宋之亡也，區區海島一隅，僅如彈丸黑子，不踰時而又已滅亡，而史猶得以備書其事。今以弘光之帝南京，隆武之帝閩、越，永曆之帝兩粵，帝滇、黔，地方數千里，首尾十七八年，揆以《春秋》之義，豈遽不如昭烈之在蜀，帝昺之在崖州？而其事漸以滅没。近日方寬文字之禁，而天下之所以避忌諱者萬端，其或菰蘆山澤之間有廑廑誌其梗概，所謂存什一於千百，而其書未出，又無好事者爲之掇拾，流傳不久，而已蕩爲清風，化爲冷灰。至於老將退卒，故家舊臣，遺民父老，相繼澌盡，而文獻無徵，凋殘零落，使一時成敗得失，與夫孤忠效死，亂賊誤國，流離播遷之情狀，無以示於後世，豈不可歎也哉！終明之世三百年無史，金匱石室之藏恐終淪喪放失，而世所流布諸書缺略不詳，毁譽失實。嗟乎！世無子長、孟堅，不可聊且命筆。鄙人無狀，竊有志焉。而書籍無從廣覯，又困於饑寒，衣食日不暇給，懼此事終已廢棄。是則有明全盛之書且不得見其成，而又何況於夜郎、筇笮、昆明、洱海，奔竄流亡，區區之軼事乎？前日翰林院購遺書於各州郡，書稍稍集。但自神宗晚節，事涉邊疆者，民間汰去不以上，而史官所指名以購者，其外頗更有潛德幽光，稗官碑誌，紀載出於史館之所不及知者，皆不得以上，則亦無以成一代之全史。甚矣其難也！余夙昔之志於《明史》有深痛焉，輒好問當世事，而身所與士大夫接甚少，士大夫亦無有以此爲念者，又足跡未嘗至四方，以故見聞頗寡，然而此志未嘗不時時存也。足下知犂支所在，能召之來，與余面論其事，則不勝幸甚。

望溪從游

全先生祖望 別爲《謝山學案》。

劉先生大櫆

劉大櫆，字才甫，一字耕南，號海峯，桐城人。自爲諸生，以文章名。年二十餘至京師，望溪奇之，以爲昌黎、永叔之儔。朝士望塵請交。出督學者，率請任校閱。兩登雍正己酉、壬子副榜，竟不獲舉。乾隆元年，望溪薦應博學鴻詞，爲同邑張文和公所黜。後薦經學，復不録。逾六十，官黟縣教諭，數年告歸，居樅陽江上不出，卒年八十三。望溪自矜重，不假借後生，其推挹先生獨至。後姚惜抱受文法於先生。三人相繼，爲學者所宗，稱「桐城派」。望溪不爲詩，先生詩文並工，能鎔鑄古人之異體，才調獨出。所著《文集》八卷，《詩》十二卷，《古文約選》四十八卷，《歷代詩約選》五十二卷，《論文偶記》一卷。參《桐城耆舊傳》。

葉先生酉

葉酉，字書山，號花南，桐城人。乾隆丙辰，試博學鴻詞，未遇。己未，成進士，官編修，累遷左庶子。降編修，督學貴州、湖南，後主鍾山書院十餘年。學務窮經，師法望溪，每見輒舉諸經疑義相質。著《春秋究遺》十六卷，大旨遵望溪之説。又有《易經補義》

十二卷，《詩經拾遺》十三卷。參《桐城耆舊傳》。❶

姚先生範

姚範，字南青，號薑塢，桐城人。乾隆壬戌進士，官編修，充三禮館纂修，不十年告歸，主天津揚州書院。蓄書十萬餘卷，手自校勘。於十三經、《史記》、《漢書》、《通鑒》、《文選》致力尤深，天文地志、小學訓詁以逮二氏之説，無不貫綜。操行一準先儒，未嘗撰述。所校訂是正悉具於諸書眉端。從子鼐，欲整理遺説，未果。至曾孫瑩，乃輯爲《援鶉堂筆記》五十卷。有《文集》七卷，《詩集》六卷。與葉書山交相厚，❷所學異趣。望溪治經，多取心裁，不甚資佐證。書山守其説。先生斷斷，時見駁正。鼐少承家學，而受文法於海峯，兼通其郵焉。參《桐城耆舊傳》。

海峯弟子

王先生灼

王灼，字明甫，號悔生，桐城人。乾隆丙午舉人，官東流教諭。少居樅陽，海峯奇賞之，從游八年。繼館於歙，與金蕊中、程易疇、吴殿麟及歸安丁小疋、武進張皋文爲友。時皋文顓志經學，先生見其《黄山賦》，曰：「子之才可追古作者。」因舉所從受文法於海峯者告之。後皋文論文必及先生，故陽湖派古文亦往往與桐城相近。所著《文鈔》八卷，《詩鈔》八卷，《樅陽詩選》二十卷，《今體詩選

❶ 「傳」，原作「集」，今據上文改，下同，不再出校。
❷ 「厚」，原闕，今據《桐城耆舊傳》補。

補》四卷。參《桐城耆舊傳》。

海峯從游

姚先生鼐別爲《惜抱學案》。

清儒學案卷五十一終

清儒學案卷五十二

天津徐世昌

白田學案

自朱陸有異同之辨，而爲陸學者於朱子每多誣罔，陽明《晚年定論》，其尤著者也。白田讀朱子書數十年，於朱子生平，爲學誨人，次第本末，條析精研，訂爲《年譜》四卷，俾有志朱學者不致爲異説所迷眩。其有裨聖道，較之《閑闢録》、《學蔀通辨》二書，直遠出其上矣。述《白田學案》。

王先生懋竑

王懋竑，字予中，寶應人。少從叔父樓村先生學，篤志經史，恥爲標榜聲譽。精研朱子之學，身體力行。康熙戊戌成進士，年已五十一。乞就教職，授安慶府學教授。雍正元年以薦被召引見，授翰林院編修，在上書房行走。二年以母憂去官，特賜内府白金爲喪葬費。先生素善病，居喪毁瘠。明年，入都謝恩畢，遂以老病辭歸。乾隆六年卒，年七十四。先生性恬淡，少嘗謂友人曰：「老屋三間，破書萬卷，生平志願，於斯足矣。」歸里後杜門著書。以明李默所定《朱子年譜》多删改原編，與《晚年定論》、《道一編》暗合，因取《文集》、《語類》等書，條析而精研之，以正年月之後先、旨歸之同異，訂爲《年譜》四卷，《考異》四卷，《附録》二卷。未第時即編是書，至易簀前數日乃成。大旨在辨爲學次序，以攻姚江之説。又著有《白田草堂存稾》二十四卷，内《雜著》八卷，於朱子《文集》、《語類》考證尤詳。謂《易本義》前九圖、《筮儀》皆後人依託，非朱子所作，爲宋元以來儒者所未發。《朱子答江元適書薛士龍書考》一篇，《語盈》一卷，皆根柢《全集》、《語録》，鉤稽年月，辨别異同，求其始末，幾微得失，無不周知。故其言平允，非浮慕高名，借以劫伏衆論，而實不得其涯涘者也。他著有《朱子文集注》、《朱子語録注》、《讀經記疑》、《讀史記疑》。參史傳、《四庫全書總目》、錢大昕撰傳。

文　集

易本義九圖論

《易本義》九圖，非朱子之作也，後之人以《啟蒙》依放爲之，又雜以己意，而盡失其本指者也。朱子於《易》，有《本義》，有《啟蒙》，其見於《文集》、《語録》，講論者甚詳。而此九圖，未嘗有一語及之。九圖之不合於《本義》、《啟蒙》者多矣。門人豈不見此九圖者，何以絶不致疑也？朱子於《本義》叙畫卦約略《大傳》之文，故云：「自下而上，再倍而三，以成八卦。三畫已具，八卦已成，則又三倍其畫，以成六畫。而於八卦之上各加八卦，以成六十四卦。」而不敢參以邵子之説。至《啟蒙》則一本邵子，而邵子所傳止有《先天圖》，即《六十四卦方圓圖》也。其《伏羲八卦圖》、《文王八卦圖》則以《經世演易圖》推而得之。同州王氏、漢上朱氏《易》皆載《伏羲八卦圖》、《文王八卦圖》，《啟蒙》因之。至朱子所自作《横圖》六，則注《大傳》語及邵子語於下，而不敢題云《伏羲六十四卦圖》，蓋其慎重如此。今乃直云《伏羲八卦次序圖》、《伏羲六十四卦次序圖》、《伏羲八卦方位圖》、《伏羲六十四卦方位圖》，是孰受之，而孰傳之耶？又云：「伏羲四圖，其説皆出邵氏。」案邵氏止有《先天》一圖，其《八卦圖》，後來所推。六《横圖》，朱氏所作，而以爲皆出邵氏，是誣邵氏矣。又云：「邵氏得之李之才挺之，挺之得之穆修伯長，伯長得之希夷先生陳摶圖南。」此明道叙康節學問源流如此。漢上朱氏以《先天圖》屬之，已無所據，今乃以移之四圖。若希夷已有此四圖者，是並誣希夷矣。文王八卦，《説卦》明言之，《本義》以爲未詳，《啟蒙》别爲之説，而不以入於《本義》。至於「乾，天也，故稱乎父」一節，《本義》以爲揲蓍以求爻，《啟蒙》以爲乾求於坤，坤求於乾，與「乾爲首」、「乾爲馬」兩節，皆文王觀於已成之卦而推其未明之象，與《本義》不同，蓋兩存之。今乃以爲《文王八卦次序圖》，又孰受之而孰傳之耶？自周子《太極圖》以黑白分陰陽，後多因以爲説。龜山先生於詹季魯問《易》，以一圈示之，而墨塗其半，曰：「此即《易》也。」是皆以意爲之。朱子《答袁機仲書》所云「黑白之位」當亦類此。今此圖乃推明伏羲畫卦之次序，其必以奇偶之畫而不可以黑白之位代之，彰彰明矣。爲問伏羲之畫以奇偶乎，以黑白乎？則以黑白之位爲伏羲之畫，雖甚愚，知其不可也。今直題爲《伏羲八卦次序》、《伏羲六十四卦次序》，而皆以黑白之位，又孰受之而孰傳之耶？《答袁書》止有八卦黑白之位而無六十四卦，又云「三白三黑、一黑二白、一白二黑」等語，與今圖亦有不同。此書云黑白之位亦非古法，今欲易曉，故爲此以寓之。後書云：「僕之前書已自謂非是古有此圖，只是今日以意爲之，寫出奇偶相生次序，令人易曉矣。」則又明指六《横圖》而言，非黑白之位。故竊疑袁書此一節或後人勦入之以爲九圖張本，而非本文。又其後云：「此乃《易》中至淺至近而易見者。」黑白之位原非《易》中所有，考其文義，都不相屬。《答袁書》凡十一，論黑白僅見於此，而他書皆以奇偶論。其或有所增損改易而非本文，未可知也。《卦變圖》，《啟蒙》詳之。蓋一卦可變爲六十四卦，《彖傳》卦變偶舉十九卦以爲説爾。今圖卦變皆自《復》、《姤》、《臨》、《遯》等十二辟卦而來，以《本義》考之，惟《訟》、《晉》二卦爲合，餘十七卦則皆不合，其爲謬妄尤爲顯然，必非朱子之舊明矣。故嘗反復參考九圖，斷斷非朱子之作，而數百年以來未有覺其誤者。蓋自朱子既没，諸儒多以其意改易。《本義》流傳既久，有所篡入，亦不復辨。馬端臨《文獻通考》載陳氏説《本義》前列九圖，後著《揲法》，疑即《筮儀》。學者遂以九圖、《揲法》爲《本義》原本所有，後之言《本義》者莫不據此，而不知《本義》之未嘗有九圖、《揲法》也。明永樂《大全》出，以《本義》改附《易傳》，而九圖、《筮儀》遂爲朱子不刊之書矣。今詳《筮儀》之文，絶不類朱子語。其注有云：「筮者北面，見《儀禮》。」案：《儀禮·士冠禮》、《特牲饋食禮》、《少牢饋食禮》，筮者皆西面。惟《士喪禮》筮宅以不在廟，筮者北面。今直云「筮者北面，見《儀禮》」，此等瞽説不知何來？推求其故，則學《易》者但見《漢上易叢説》有引《儀禮》「筮宅者北面」之文，而並未嘗考之《儀禮》也。朱子豈不見《儀禮》者，而疏謬若是耶？由是以言，《筮儀》亦斷非朱子之作。而《通考》所云「前列九圖，後著《揲法》」者，皆爲相傳之誤，而不可以據信矣。余故曰：《易》九圖非朱子之作也。後之人以《啟蒙》依放爲之，又雜以己意，而盡失其本指者也。今考其大略如此。其碎義瑣説有相發明者，別附於後。世之君子，得以覽觀而審擇其是非焉。

易本義九圖論後

自朱子著《本義》、《啟蒙》，門人勉齋黄氏、盤澗董氏、瓜山潘氏、節齋蔡氏各有訓説，今皆不傳。其後雙峰饒氏、厚齋馮氏、進齋徐氏、廬陵龍氏轉相傳述，其書亦不復見。惟近日徐氏所刻《經解》，有六本：天台董氏《傳義附録》，鄱陽董氏《周易會通》，梅邊熊氏《本義集成》，雙湖胡氏《本義附録纂注》，雲峰胡氏《本義通釋》，及玉齋胡氏《啟蒙通釋》，尚可參考。天台、鄱陽俱載九圖、《五贊》、《筮儀》，梅邊止載九圖，雙湖止載《五贊》、《筮儀》，雲峰則盡去之。其天台、鄱陽、梅邊三本，九圖各有不同，注亦小異。天台本最先出，題云《易圖》，下云朱子。其中縫則云董氏《易圖説》。梅邊本云：「《易圖》，朱子集録。」鄱陽本方云：「《朱子易圖》。」天台本，《八卦次序》、《六十四卦次序》皆用黑白之位。梅邊本，《八卦》以黑白，《六十四卦》則以方空而不用黑白。鄱陽仍用黑白，而又依梅邊例以方空別之。其參錯有如此者，以此推之，九圖固未嘗有一定之本也。雙湖不載九圖，此今刻之脱誤。其書後自作「四圖三論」，云：「不敢列於九圖，附《五贊》後。」是固有九圖矣。玉齋《啟蒙通釋》亦載《本義》九圖語，今本《大全》九圖小注往往有雙湖語，至雲峰則無之。然雲峰不載九圖，亦不言其所以不載之故也。今刻雲峰《本義通釋》，上下經解極詳。以《大全》本考之，增多者十之三四。

《象傳》以後語皆與《大全》同，無增多者。疑《通釋》自《象傳》後已失去，後人鈔集《大全》所載以續之耳。又《大全·序例》謂胡氏《通釋》既輒變古《易》，又於今《易》不免離析先後。考今刻乃一依古《易》，此不可曉。或者今刻非原本與？反復參考，其以九圖爲朱子所自作，絶無所據，疑爲門人輩所纂輯。天台董氏、玉齋胡氏去朱子已幾百年，而梅邊、鄱陽又遠在其後，天台本《自序》以度宗咸淳丙寅，距朱子之卒已八十餘年。鄱陽董氏謂「此書近出，雙湖胡先生並未之見」。則天台本之出於元仁宗皇慶以後，距朱子蓋百六十餘年矣。梅邊《自序》以元英宗至治壬戌，鄱陽《自序》以元文宗天曆戊辰，二書大略同時，蓋又二十餘年也。玉齋，天台同時人而少後之。流傳既久，莫可識別，但據所傳以爲朱子所作，無能辨其非者。至《大全》出，則諸本異同不復可見，學者亦無所據以致其疑。案三家本止云「《朱子易圖》」，《大全》輒增之云「《朱子圖説》」。朱子《答袁機仲書》「黑白之位本非古法」四語，三家本皆附載於諸解後，而增「後六十四卦次序放此」九字，已屬附會；《大全》更以系於《八卦方位圖説》之下。若《圖説》注所本有者，其爲疑誤後學益甚矣。朱子復古《周易》，而門人蔡節齋爲《訓解》，已大變其例；節齋《訓解》今不傳。其更改次序，見鄱陽董氏所述中。以《易》爲卜筮作，而門人林正卿以爲設教。見勉齋黄氏答書中。蓋不待七十子喪，而大義已乖矣。況於一再傳之後，謬以益謬，則天台、梅邊、雙湖、鄱陽所述又安可據信耶？向讀《本義》即疑九圖之非，而未敢質言之。比得《經解》諸家考之，乃知九圖斷斷非朱子之作，而猶以未盡見勉齋、北溪、潛室、盤澗、瓜山諸集以決斯疑也。姑識於此以俟考焉。

《黄勉齋先生集》有《答胡伯量書》，論所刻《本義·先天圓圖》，止言其印本之錯，不可流傳以誤後人，而不言《本義》元本若何。

勉齋、伯量皆朱子門人，若《本義》果有此圖，則但據元本，伯量不必以此正於勉齋，而勉齋亦不當有不及細讀之答矣。疑圖或爲伯量所自作，而勉齋書答語不甚分明，後來者遂無以決斯疑也。

天台本黑白之位，與今《大全》本同，止以黑白分陰陽，而無所謂一奇一偶各生一奇一偶之象，與《答袁書》「三白三黑、一白二黑、一黑二白」之云皆不合。鄱陽本黑白各以方空別之，其與《袁書》合矣。而分裂破碎，爲尤甚焉。既不見一奇一偶各生一奇一偶之象，而兩儀四象皆不可識別，正與朱子所云「非本有此六十四段」者相反。且以六十四卦包八卦四象兩儀，朱子與林黄中辨子在母外，子在母中，亦此圖與六《横圖》之別也。或謂如其圖自上而下，六爻之奇偶，六十四卦無不相值。此亦數之偶合，而指此以爲伏羲六十四卦次序，其斷斷不然矣。

天台、鄱陽本皆列九圖、《五贊》、《筮儀》。《文獻通考》前列九圖，後著《揲法》，而無《五贊》。《揲法》當即《筮儀》也。朱子《與吕子約書》明云：「《五贊》附《啟蒙》後。」《語録》亦云「《啟蒙·五贊》」，則《本義》之《五贊》爲後來所增入，非朱子之舊，明也。今《大全》本以《五贊》入《箴銘類》，又與兩董本不同。《啟蒙·明著策篇》其言揲法已詳，而《明筮贊》又詳言之，不必更爲《筮儀》。《明筮贊》云：「信手平分，置右於几。」則無所謂牀與木格者。而「擇潔地爲蓍室，日焚香致敬」，是又類臧文仲居蔡之爲，朱子必不爾也。惟「單拆重交」，《啟蒙·明筮》之所未及。然此《火珠林》已有之，人人所曉，可無庸及也。單拆重交，賈公彦《儀禮疏》中亦有之。

《伏羲六十四卦方位圖》後，載「此圖圓

布者」至「方者，静而爲地也」一條，《皇極經世纂圖指要》以爲西山蔡氏語，見《性理大全》。吴氏《纂言》又以爲伯温邵氏語，未詳孰是，要之必非朱子語矣。《啟蒙》亦不載之。梅邊熊氏於此圖後依《啟蒙》載《説卦》「天地定位」、「雷以動之」兩節，而無「伏羲四圖，其説皆出邵氏」等語。其「此圖圓布者」一條載於後小注中，又誤以爲朱子語，與兩董本不同，故嘗以爲九圖非有一定之本者，此亦其一證也。

黄義剛録云：「《漢上易》卦爻變只變到三爻而止，於卦辭多有不通處，某更推盡去方通。如剛自外來而爲主於内，只是初剛自《訟》二挨下來；柔進而上行，只是五柔自《觀》四挨上去。此等處，案《漢上》卦變則通不得。」注云：舊與季通在旅邸推。潘時舉録云：「《訟卦》本是《遯卦》變來。《遯》之六二上爲《訟》之六三，其九三下爲九二，乃爲《訟卦》。此類如柔來而文剛，分剛上而文柔，與夫剛自外來而爲主於内，皆是如此。若畫圖子起，便極好看，更不待説。案，此兩條皆主《本義》卦變言。」黄録云：「舊與季通在旅邸推。」潘録云：「若畫圖子，便極好看。」可見《本義》之未嘗有圖也。黄、潘録皆在癸丑以後，其距丙午《啟蒙》之成已八年，而距丁酉《本義》之成則十八九年矣。使《本義》先有此圖，黄、潘何爲録此語耶？邵浩録：「請見印《易》圖看。曰：方今雕版未了。」此不見於《語類》，見朱子明《文公易説》。浩録丙午所聞，《啟蒙》成於丙午，是此云「《易》圖」自指《啟蒙》，非《本義》圖也。惟董銖録云：「二陽四陰自《遯》來者十四卦，《訟》即初變之卦。」其説與今《卦變圖》合，然只舉《訟》一卦。潘録亦舉《訟卦》，然以《賁》與《无妄》並言，則自主《本義》。以《本義》

考之，《訟卦》外惟《晉卦》爲合，其餘十七卦則皆不可推矣。銖録在丙辰以後，《文集》叔重通書在甲辰以前，所録未必在丙辰後，此或有誤。其録與黄、潘録不同，要未可據。世或以銖録在晚年，疑爲後來之論，故附辨之。

潛室陳氏曰：「伊川破《否》、《泰》卦變之説，故以卦變皆從《乾》、《坤》來。蓋與其主《否》、《泰》，寧主《乾》、《坤》。《乾》、《坤》猶卦之父母，《否》、《泰》則甚無義。若知諸卦皆可變爲六十四卦，則主《乾》、《坤》者猶非，況《否》、《泰》乎？卦變之法，一卦可變爲六十四卦。如《賁》之變，主内卦則自《損》而來，主外卦則自《既濟》而來。此晦翁之通例，不必三陰三陽皆可推也。」此條見《大全・啟蒙・考變占》小注。案潛室親受業於朱子，而於卦變主《啟蒙》三十二卦圖，謂自《否》、《泰》來者無義，則知《本義・卦變圖》「自《復》、《姤》而來」、「自《臨》、《遯》而來」、「自《泰》、《否》而來」者，斷斷非朱子所作矣。其謂《賁》之卦變爲晦翁之通例，則尤爲明證也。

旻淵録云：「八卦次序是伏羲底，時未有文王次序。三索而爲六子，這自是文王底。各自有這道理。」又録云：「大概《乾》求於《坤》而得《震》、《坎》、《艮》，《坤》求於《乾》而得《巽》、《離》、《兑》。一二三者，以其畫之次序而言之也。」《易説》以此條爲黄顯子録。案：《本義》、《啟蒙》不言次序，而淵録言之。如胡伯量之《本義》圖，董叔重録與《卦變圖》合，是皆於九圖略有仿佛而卒未敢明言九圖之出於朱子也。故嘗疑九圖乃門人所纂輯而託之朱子者。蓋自理宗寶慶以後，朱子之學大行，諸門人亦爲世所尊信，凡其所作無有擬議之者，流傳既久，不復可別。迨《大全》合《本義》於《易傳》，世乃以爲朱子之書，並《本義》原本亦不之考，況能辨九圖之是非乎？

《啟蒙》：「《坤》求於《乾》而得《震》、《坎》、《艮》，《乾》求於《坤》而得《巽》、《離》、《兑》。」淵録明與之反，自是誤記。則次序之云亦亞夫之意，非朱子語也。《九圖》於《文王八卦次序圖》後但云「右見《説卦》」而無其説，蓋以與《本義》、《啟蒙》皆不合。天台、鄱陽附載《啟蒙解》，於次序無當也。梅邊本除去「右見《説卦》」四字，亦不載《啟蒙解》，豈亦覺其誤與？

論尚書叙録

元臨川吴氏作《尚書叙録》，前載今文而別繫古文於後，其後爲《纂言》則盡去古文，而獨注今文二十八篇。明震川歸氏因其説，亦爲《叙録》，而《纂言》則未之見，乃以其意釐爲今文。歸氏書今亦未之見也。余嘗以兩《叙録》考之，大都辨古文之僞其説皆是，而亦不免小誤。蓋伏生之《書》出於壁藏，以多所亡失，僅存二十九篇，而晁錯往受其學原非口授，兩《漢·儒林傳》所載甚詳。至《書序》云：「伏生失其本經，口以傳授衛宏。」《序》云：「伏生使其女傳言教錯，錯所不知，以意屬讀。」明與《儒林傳》不合。乃一手僞作，互相印證，以飾其僞。其爲謬妄顯然。至《泰誓》後得，據陸氏《釋文》自在二十九篇之外，爲三十篇。《藝文志》古經四十六卷，以三十篇合之安國增多十六篇，正得此數。張霸《百兩篇》當時已廢不行，與古經初無所涉，亦自明白可案。吴氏力攻古文而反引《書序》、《衛序》以斷伏《書》，謂「今文二十八篇，乃伏生所口授而晁錯所屬讀者」，又謂

「古經即張霸僞《書》」。歸氏亦謂「伏生垂如綫之緒於女子之口」，又謂「古經，漢世之僞書，班《史》以別於經，不以相混」。是皆爲顔注、孔疏所誤，可謂目察秋毫而不見其睫也。安國增多之《書》略見於《史記》、《班志》，其文多斷續不可考，必有譌缺。王莽時雖立學官，旋以廢罷。東漢又重讖緯之學，是以其書不傳，馬、鄭諸儒皆未之見。而東晉所上之《書》疑爲王肅、束晳、皇甫謐輩所僞作。其時未經永嘉之亂，古書多在，採摭綴緝，無一字無所本，特其文氣緩弱，又辭意不相連屬，時事不相對值，有以識其非真。而古聖賢之格言大訓往往在焉，有斷斷不可以廢者。凡分別古今文之有無自朱子始，而朱子於《周禮・王會解》已自發其例。蔡《傳》亦朱子所命，而不及見其成，疑當更有所釐正，如吴氏之前載今文而別繫古文於後。若《纂言》一決而去之，則大不可也。至於姚方興之二十八字，昔人已明言其僞，直當黜之無疑，敢因兩《叙録》而申論之。又考鄭注，逸《書》別有《舜典》、《大禹謨》、《益稷》等篇，雖得之傳聞，恐爲安國之舊，微言奥義必有一二存者，而散亡磨滅無一語見於世。韓退之云：「平生千萬篇，金薤垂琳琅。流落人閒者，泰山一毫芒。」典謨訓誥之重，萬萬非《詩》篇比也，而百不傳其一二，使後世不得見二帝三王之全。嗚呼，惜哉！

《泰誓》在二十九篇之外，則伏生《書》少一篇，疑是《書序》。《史記・本紀》多載《書序》，又有與今《書序》不同者，或是伏生所傳也。鄭注有亡《書》，有逸《書》。亡《書》即壁内所藏，亡失數十篇；逸《書》則逸而不傳，蓋安國《書》也。朱子嘗言「或者以爲今文自伏生女口授晁錯時失之，則先秦古書所引之文皆已如此」，固已不信口傳之説。而又有「暗誦者偏得其難，而考文者反得其所易」之語，此偶有所未及察。故曰：「義理無窮，精力有限。」朱子於臨没，尚修《楚辭注》，改《大學》「誠意」章注，其孳孳不已如此。後之人偶有一得之見，而斷然自信，不復致疑，抑未知於古人何如也？

家禮攷

《家禮》，非朱子之書也。《家禮》載於《行狀》，其序載於《文集》，其成書之歲月載於《年譜》，其書亡而復得之由載於《家禮・附録》。自宋以來遵而用之，其爲朱子之書幾無可疑者。乃今反復攷之，而知決非朱子之書也。李公晦叙《年譜》，《家禮》成於庚寅居祝孺人喪時。《文集・序》不紀年月，而《序》中絶不及居喪事。《家禮・附録》陳安卿述朱敬之之語，以爲此往年僧寺所亡本，有士人録得，會先生葬日攜來，因得之。其「録得」、「攜來」，不言其何人，亦不言其得之何所也。黄勉齋作《行狀》，但云：「所輯《家禮》，世所遵用。其後多有損益，未及更定。」既不言成於居母喪時，亦不言其亡而復得。其《書家禮後》亦然。敬之，朱子季子；公晦、勉齋、安卿，皆朱子高第弟子。而其言參錯，不可攷據如此。案《文集》朱子《答汪尚書書》、與《張敬夫書》、《吕伯恭書》，其論《祭儀》、《祭説》往復甚詳。汪、吕書在壬辰、癸巳，張書不詳其年，計亦其前後也。壬辰、癸巳距庚寅僅二三年，《家禮》既有成書，何爲絶不之及，而僅以《祭儀》、《祭説》爲言耶？陳安卿録云：「向作《祭儀》、《祭説》，甚簡而易曉，今已亡之矣。」則是所亡者乃《祭儀》、

《祭説》，而非《家禮》也，明矣。《文集》、《語録》自《家禮序》外，無一語及《家禮》者。惟《與蔡季通書》有「已取《家禮》四卷納一哥」之語，此《儀禮經傳通解》中《家禮》六卷之四，而非今所傳之《家禮》也。甲寅八月跋《三家禮範》後云：「嘗欲因司馬氏之書，參攷諸家，裁定增損，舉綱張目，以附其後。顧以衰病，不能及已，後之君子必有以成吾志也。」甲寅距庚寅二十年，庚寅已有成書，朱子雖耄老，豈盡忘之，至是而乃爲是語耶？竊嘗推求其故，此必有因《三家禮範》跋語而依仿以成之者，蓋自附於後之君子，而傳者遂以託之朱子所自作。其《序》文亦依仿《禮範》跋語，而於《家禮》反有不合。《家禮》重宗法，此程、張、司馬氏所未及，而《序》中絶不言之，以跋語所未有也。其《年譜》所云「居母喪時所作」，則或者以意附益之爾。敬之但據所傳，不加深攷，此如司馬季思刻温公書之比。公晦從游在戊申後，其於早年固所不詳，祇叙所聞以爲《譜》。而勉齋《行狀》之作，在朱子没後二十餘年，其時《家禮》已盛行，又爲敬之所傳録，故不欲公言其非，但其辭略而不盡。其《書家禮後》，謂《經傳通解》未成，爲百世之遺恨，則其微意亦可見矣。後之人以朱子《家禮》季子所傳，又見《行狀》、《年譜》所載，廖子晦、陳安卿皆爲刊刻，三山楊氏、上饒周氏復爲之攷訂，尊而用之，不敢少致其疑。然雖云尊用其書，實未有能行者，故於其中謬誤亦不及察，徒口相傳以熟文公《家禮》云爾。惟元應氏作《家禮辨》，其文亦不傳，僅見於明邱仲深濬所刻《家禮》中。其辨專據《三家禮範》跋語，多疏略，未有以解世人之惑，仲深亦不然之。故余今徧攷《年譜》、《行狀》及《朱子文集》、《語錄》所載，俱附於後，而一一詳注之。其應氏、邱氏語亦並附焉。其他所摘謬誤亦數十條，庶來者有以知《家禮》決非朱子之書，而余亦得免於鑿空妄言之罪也夫。

孟子序說攷

案《史記》：「梁惠王三十六年，子襄王立。襄王十六年卒，子哀王立。齊湣王十年，齊人伐燕。又二年，燕人立太子平。」《通鑑》：「梁惠王三十六年稱王，爲後元年。又十六年卒，子襄王立。」而無哀王。齊宣王十九年，齊人伐燕。是年宣王卒，子湣王立。又二年，燕人立太子平。其不同如此。朱子《綱目》一依《通鑑》，而《序說》、《集注》則從《史記》，亦有不同。今攷沈莊仲所錄朱子語，以編年當從《通鑑》，伐燕當從《史記》，而《孟子》齊宣王當從齊湣王。此爲晚年定論，而《大全》不載其語，諸儒亦無及此者。故據《史記》、《戰國策》、《荀卿》及《汲冢紀年》、《古史》諸書一一疏通證明之，俾後之讀《孟子》者有攷焉。至仁山金氏、新安陳氏所云亦附辨於後，庶無疑於其說。未知世之君子以爲何如也。

《汲冢紀年》：「魏惠成王之三十六年稱王，更爲一年，又十六年卒，今王立。」其叙事盡今王之二十年，時未卒，故不稱謚。惠成王即惠王，今王即襄王也。杜預《春秋集解後序》言汲郡人發古冢得之，《晉書》言發魏襄王冢。其曰「或云魏安釐王冢」則非。安釐王距襄王已歷兩世，不得稱襄王爲今王也。

《世本》：「魏惠王卒，子襄王立。襄王卒，子昭王立。」即無哀王。此可爲《紀年》之證，故《通鑑》據《紀年》以改《史記》。《語錄》謂《通鑑》此一節爲是，而《序說》不著《紀年》、《集注》亦略之，蓋疑焉而未定也。《語録》謂發安釐王冢，此襲《晉書》之誤。

《史記·孟子列傳》先游齊，事齊宣王；後適梁，見梁惠王；於伐燕，則略之。故《古史》謂孟子先事齊宣王，後乃見梁惠王、梁襄王、齊湣王。此本《史記》，而又合以伐燕之事，故以爲再至齊事齊湣王也。案孟子先見梁惠王、梁襄王，後事齊宣王，叙次甚明。又載「於崇見王」，及「致爲臣而歸」，始末詳悉，初無再至齊之事。則《史記》、《古史》之誤，不可從也。《魏世家》：「惠王之三十五年，孟子至梁。」以《年表》計之，又二十三年齊湣王伐燕，又二年燕人畔，其時孟子方在齊。當孟子見惠王時，惠王已稱爲叟，度其年五六十矣。更二十五年，孟子年蓋逾八十。而致爲臣而歸，又在燕人畔之後，齊王安得有繼此得見之語？而孟子亦不得有舍我其誰之歎也。以此攷之，則《史記》、《古史》之誤愈明白矣。

《史記》惠王未嘗稱王。襄王元年，齊、魏會於徐州以相王，始追尊惠王爲王。然《孟子》則書「見梁惠王」，與言皆稱王。或者以爲著書之時追稱之，則與王言不得稱王也。《史記》知其不合，乃改王爲君，蓋失其實。又惠王自言三敗之事，齊虜太子申在惠王之三十年，而喪地於秦、辱於楚，則《魏世家》惠王時無其事。襄王五年，予秦河西地。七年，盡入上郡於秦。此則所謂「喪地於秦七百里」者。十二年，楚敗我襄陵。《楚世家》：「懷王六年，柱國昭陽破魏於襄陵，得八邑。」即襄王之十二年。此則所謂「南辱於楚」者。杜預以《史記》誤分惠王之後元年爲襄王之元年，以此證之，則《史記》之誤無疑。故孟子實以梁惠王之後十四五年至梁，而《史記》既誤分後元年爲襄王，遂移之三十五年。《通鑑》既依《紀年》以改《史記》，而於孟子至梁仍從《史記》。以惠王之三十五年，則距襄王之立凡十七年。孟子在梁無如是之久，而書梁事亦不得如是之略。此又《通鑑》之誤，不可從也。以梁惠王「寡人恥之，願比死者一洒之」語攷之，則卑禮厚幣以招賢者必在其時。自是後十二年以後事，而孟子至梁，又在其後，明矣。

《通鑑》據《孟子》，以伐燕爲齊宣王。而宣王卒於周顯王之四十五年。又三年，慎靚王元年，燕王噲始立。又七年，齊人伐燕。則不可以爲宣王之事也。於是上增齊威王之十年，齊威王卒於周顯王之二十六年，《通鑑》卒於周顯王之三十六年。《史記》齊威王在位三十六年，《通鑑》在位四十六年。下減湣王之十年，齊湣王即位於周顯王之四十六年，《通鑑》卒於周赧王之二年。《史記》湣王在位四十年，《通鑑》在位三十年。而移宣王之十年以就伐燕之歲。其增減皆未有據，而又以伐燕爲宣王時，燕人畔爲湣王時，與《孟子》亦不合。此《序說》所以疑焉，而不敢質也。齊湣王初年，彊於天下，與秦爲東西帝。其所以自治其國者，亦必有異矣。末年，驕暴以至於敗亡。此則唐玄宗、秦苻堅之比。玄宗開元之治，幾於貞觀；苻堅始用王猛，有天下大半，其初豈可不謂之賢君哉？故《孟子》謂「以齊王由反手」，「王由足用爲善」，皆語其實。而湣王之好貨、好色、好樂、好勇，卒不能以自克，末年之禍亦基於此。後來傳《孟子》者乃改湣王爲宣王，以爲孟子諱，蓋未識此意。《語録》疑門人改之，亦意其或然。大略傳《孟子》者私改之耳。今以宣王爲湣王，則處處相合，而《通鑑》之失亦可置而不論矣。孟子在齊，約略之不過四五載。其去齊當在湣王之十三四年，下距湣王之歿更二十五六年，孟子必不及見。若孟子所自著則不得稱謚；即門人記其所言，亦未必定在一二十年後也。

故《公孫丑》兩卷皆稱王而不稱謚，乃其元本。而《梁惠王》兩卷則稱宣王，其爲後人所增無疑矣。孟子之卒不詳何時，然去齊時年當六七十矣，必不及見湣王之没也。

《通鑑》從《紀年》，改襄王之年爲惠王後元年，此爲最得。而仍謂孟子以惠王之三十五年至梁，則其誤也。《序説》有疑於《通鑑》，故於惠王、襄王之年皆不詳注，而於孟子至梁之年仍本《史記》。至於惠王言「喪地於秦」，則引十七年秦取少梁，其事爲已遠。又云「數獻地於秦」，攷之《魏世家》，惠王初無其事。《魏世家》止言秦用商鞅，收地至河，而不言獻地。《商君列傳》言魏割河西地以獻於秦，去安邑，徙都大梁，而《魏世家》至襄王五年始予秦河西地，則《商君列傳》蓋通言之，非必三十五年前事也。又云「與楚將昭陽戰，敗，亡其七邑」，則襄王十二年事，不可以屬之惠王。此《集注》之未及改正者，當以《語録》爲定也。七邑今《史記》作八邑。張氏存中謂與《集注》不合，未知孰是。今案：《索隱》注古本作七邑。是《史記》元作七邑，而今本乃後來所改，《集注》蓋據元本。

仁山金氏謂：「齊宣王伐燕，孟子所見，以爲湣王，則荀卿所聞，《史記》又所傳聞，不得以所聞、所傳聞而疑所見。」而以《序説》、《集注》之據《史記》以疑《孟子》爲未然。此皆失之不詳攷而漫爲是言也。又據《戰國策》以伐燕爲齊宣王，不知《戰國策》亦後來以《孟子》而改。案：蘇秦死於齊湣王之初年，蘇秦死，蘇代乃出游説燕王，則代不得事齊宣王。而燕王噲即位於湣王之四年，則代之説燕王噲讓國，其非宣王時，明矣。仁山亦以《通鑑》改威王、湣王之年爲無據，而反欲據《戰國策》以證《通鑑》，此大誤也。

新安陳氏謂：「以淖齒事證之，湣王爲是。」此語不可曉。其謂「《孟子》以齊湣王爲齊宣王乃傳寫之譌」，則略如《語録》之説，而亦不引《語録》爲證。又謂：「無所折衷，姑以《綱目》爲據。」《綱目》，朱子初年所修，多出於門人之手，後來欲更定而未及。《序説》則在其後，未可據此以疑《序説》。新安自爲騎牆之見，亦不必辨也。

答朱宗洛書

前辱手書，以病未及作答也。昨覆閱鄒琢老所寄《年譜》，其規模大槩本之尊公先生，而議論則多取愚説。所增入《文集》、《語録》，欲發明朱子學問次第，爲舊《譜》之所未及。其删削聯比，甚費苦心，而考訂歲月先後尤極精密。但不著舊《譜》異同，僅指摘其舛誤；閒有增入數條，亦不言其所據；又以他人之説與己説混而不明：此則非著書之體也。主静之説，前與尊公先生往復論難，卒不能合。大抵此等向上地位，與吾人相去甚遠，未可以意見窺測。今但以《文集》、《語録》求之，略見彷彿，非敢自立一論也。程子曰：「敬則自虚静，不可把虚静唤做敬。」又曰：「言静則偏了，而今且只道敬。」又曰：「若言静，便入於釋氏之説也。」朱子之論本此，而發明尤詳。如曰「道理自有動時，自有静時，不可專去静處求。所以伊川説只用敬，不用静，便説得平也。是他經歷多，故見得恁地正而不偏，此其大指亦瞭然矣」。朱子教人，專以《四書集註章句》，而《集註章句》未嘗有主静一語。《大學或問》發明「敬者，聖學所以成始成終」最詳且盡，只言主敬，不言主静也。主静之説，出於周子。朱子作《濂溪祠記》凡四，未嘗一及主静。以此爲證，更大煞分明矣。《太極圖解》以仁義中正分動静，而言「非四者之外别有主静工夫」。其引翕而後闢，專而後遂，亦言其先後輕重之序耳。下言君子小人，只以敬肆分之，不及主靜也。尊公先生謂「必從主敬以透主靜消息」，以愚見妄論之，則既曰主敬又曰主靜，心有二主，自相攫拏，非所以爲學。又主敬之上更有主靜一層，未免頭上安頭，是太極之上又有無極，上天之載之上又有無聲無臭，恐其卒歸於虛無寂滅而已。朱子以靜爲本，必曰主靜之論皆在己丑、庚寅閒，壬辰、癸巳以後則已不主此說。其或隨人說法，因病與藥，亦有以靜爲說者，而非學問之通法也。至於從居敬以透主靜消息，則反復朱子之書，未有所據，故未敢以爲信然耳。來示所云與舊說略有不同，而未免以主靜兼說。至所論朱子爲學次第，以愚見求之，亦有未盡合者。蓋朱子自十五六時即用力爲己之學，內外並進，齊頭用功，未嘗有偏。即其出入老釋，亦從心地本原處用力，故延平言其從謙開善處下工夫來，皆就著裏體認。至於考釋經書，講磨義理，則自其時用心爲已極矣。及見延平，始悟老釋之非。其於考釋講磨，益以精密。獨受求中、未發、默坐、體認之旨，反而求之，未有以自信，是以延平歿而往問南軒。已而自悟心之動靜皆爲已發，而未發爲性體，自以爲無疑矣。比至潭州，與南軒論不合。朱子謹守師說，而南軒以求中、未發、默坐、澄心爲不然，至未發、已發則無以異。其後又卒從南軒受胡氏之學，先察識，後涵養，戊子諸書皆主此論。己丑春乃悟已發、未發之各有界地時節，於是改從程子，而於未發復尋延平之說。又至庚寅，乃極言「敬」字用功親切之妙，拈出程子「涵養須用敬，進學則在致知」二語，與呂東萊、劉子澄書與延平之云亦少異。自是指歸一定，終身守之不易。若三十年以來，考釋講磨之功雖有淺深精粗之異，而未嘗一日廢也。蓋於《答江元適書》而知戊寅前出入釋老之非，於《答薛士龍書》而知己丑前馳心空妙之失，於《答陳正己書》所云「中閒非不用力，而所見終未端的，所言雖或誤中，要是想像臆度」，則自己丑以前亦非錯用功夫也。又云：「反復舊聞而有得焉，乃知明道先生『天理二字自家體貼出來』者爲不妄。」此亦自明所得，非延平之傳所能盡矣。來示云：「見延平後一意於格致上用功，己丑悟未發之旨，乃知主敬涵養爲學問本領。」似未免説成兩截，非所以言朱子之學也。又前云主静涵養，後云主静持守，中又有「主敬持守」字，未知涵養工夫主敬乎，主静乎？蓋敬可以貫動静而静不可以該動，其不可混而爲一，明矣。來示又言：「於一本涵養栽培，而平日之銖積寸累者皆豁然貫通。」此亦似説成兩截。又云：「及造之熟，則至虚至靈之中，萬理咸備。」是豁然貫通之後又有造之、熟之一層矣。《大學或問》云：「盡心之功，巨細相涵，動静交養，初無内外精粗之擇。及其真積力久而豁然貫通，則有以知其渾然一致，而無内外精粗之擇矣。」《補傳》云：「及其一旦豁然貫通，則衆物之表裏精粗無不到，而吾心之全體大用無不明矣。」夫衆物之表裏精粗無不到，而吾心之全體大用無不明，是所謂渾然一致者，非「衆物之表裏精粗無不到」後又有一層工夫，而後「吾心之全體大用無不明」也。至虚至靈之中，萬理咸備，此惟顔、曾方能與此，子貢以下所不得聞。今日何敢擬議及此？然嘗聞之程子曰：「性中只有仁義禮智而已，何嘗有孝弟來？」又曰：「在物爲理，處物爲義。」是所謂萬物咸備者即《或問》所云「心之虛靈，足以管乎天下之理」，非必事事物物納入心中而後徐徐自此出之也。陳白沙曰：「一片虛靈萬象存。」楊慈湖默自反觀，覺天地萬物通爲一體，非心外事，與此亦復何異，而何以爲禪學乎？即云從格致得來，非由反觀而見，亦朱子所云「別有一物，光明燦爛，動盪流轉，必要捉取此物藏在胷中，而後別分一心，出以應事接物也。毫釐閒，其不陷而入於虛無寂滅者，幾希矣」！凡此皆與鄙見有未盡合處，輒爾妄言之，亦未知其是否也。尊公先生閉户讀書，不涉世事，於静中大有得力處。其於《文集》、《語類》反覆推尋，非儔輩之所能及。今日當識其苦心用功及其自得處，而於小小離合自可置而不論。顧念創始之難，而思有以賡續成之。常欲以《文集》、《語類》一一考其前後而極異同之趣，其中可疑者亦各疏於其下以待後人之考證。此不過言語文字之閒，而於學問源流實大有關係。今已衰且病，度不足以了此望，足下與星兄共有以成之也。嘗妄論朱子少時知行並進，幾類於生知安行，無積累之漸者。及己丑、庚寅後指歸一定，終身不易，又與孔子之「不惑」、孟子之「不動心」略同。其後則所謂「獨覺其進，而人不及知」者。《語録》載朱子言六十一歲方始無疑，又云「上面隔得一膜」，此皆謙己誨人，有而不居之辭。而或者以爲晚年始悟，不亦妄乎？朱子曰：「曾子工夫只是戰兢臨履是終身事，中閒一唯，乃不期而會，偶然得之，非別有一節工夫做得到此。而曾子本心蘄向，必欲得此而後施下學之功也。」其言最爲明了。今日學朱子之學者只於平實切近處加功，默默做去，而至於豁然貫通境界且可置之。雖云射者之的、行者之歸，而行遠自邇，登高自卑。今遽妄論及此，正患朱子所訶，必欲蘄向得此而後施功也。愚見若此，未知如何，幸有以訂正之。病後心思枯竭，語多冗長，前後亦有不相應處，亦不能復改正也。作字已，覆閱之，語多冗長，而喫緊處尚未分明。大抵此要分別「敬」、「静」兩字。敬者，心在之謂，與「畏」字相似，即《中庸》之戒慎恐懼也。朱子曰：「當自整頓得醒醒了了，即未發時不昏昧，已發時不放縱而已。」此言似淺而實盡之。故居敬、窮理對言則分內外，以統體言則未有窮理不本於居敬者。此敬所以貫動静而可言主敬也。至於静，則无思无爲，寂然不動而已；及其感而遂通，則爲動而不名爲静。故静與動對，而別無不與動對之静。此静不能以該動而不可以言主静也。蓋敬專以心言，動静則以時節言。如人閉户獨坐，默然無思，此静也。忽有一念之起，將禁之乎；忽有一事之來，將卻之乎？若以静爲主，必屏絶念慮，坐禪入定，則類朱子所云「貌曰僵，視曰盲，聽曰聾，言曰啞，思曰塞」者，而又必以静統動，則雖應事接物，而其心塊然如木石，一無所動於中，又朱子所謂「未發別爲一物，與已發不相涉入」而已。發之際常挾此物以自隨者，而豈理也哉？夫人之心不可以二用，當其動也必不可別有一心以主静，此亦最易明之事矣。《中庸》戒慎恐懼與慎獨時節不同，而工夫則一，此即敬貫動静之旨。既曰致中，又曰致和，此即静不可以該動之旨。未有致中而不能致和者，未有致和而不本於致中者，此正發明敬貫動静意，故曰體立而後用行。其實非有兩事，而一體一用，動静之殊，則終合并不得也。聖人發用處在行達道時出之，而立大本溥博淵泉爲行達道時出之之本。

若止立大本溥博淵泉，則聖人之學亦無所用。來示云「自此而感，自此而通」，孔子六十九歲尚未敢云「從心所欲」，即「七十從心所欲」，尚著「不踰矩」三字。曾子一唯之後，戰戰兢兢，臨深履薄，死而後已，非自此感，自此通，遂都無事也。若云立大本又行達道，溥博淵泉又時出之，則仍是兩言之而非主静之謂矣。翕而後闢，專而後遂，此不貞則無以爲元之義。以此爲主静之證，不又曰元爲四德之首而貫乎天德之始終，不又可以主動乎？亦可以啞然而一笑矣。今之言主静者，據朱子「以主静爲本」，「必曰主静」兩書之語，皆在己丑、庚寅閒。言主敬者，則據朱子《大學或問》「敬者，聖學之所以成始成終」，及甲辰《答吕士瞻》，戊申《答方賓王書》。楊道夫、葉賀孫、沈僩諸録，皆在甲辰、癸卯後，而《大學或問》則朱子之手筆，以爲垂世立教之大法者，其所據之前後得失亦自曉然矣。陽明《晚年定論》所以惑世誣民者，在顛倒歲月先後，而詆《四書章句集註》爲未成之書。今將力攻其失而不悟其覆轍，可乎？凡此數條，似較爲明晰。唯一屏諸説，詳考而較正之，則合并爲一，亦必有日矣。

附　録

先生爲安慶府學教授時，教諸生「反之身心，真實體驗。行得一寸便是一寸，行得一尺便是一尺。空言全不濟事，亦不必深求，只於日用尋常行事處仔細檢點，不一毫放過。積漸久之，自然得力」。諸生聞之，有踴躍奮起者。先生子箴聽撰行狀。

先生嘗謂：「經學自朱子而大明，所謂言六藝者折衷於夫子。元明諸儒解經者病於疏略，或患蕪雜。其矯然特出者，多一用己意自名所學。明永樂中修《五經大全》，大較以朱子爲宗。而去《儀禮》、《周禮》，專重《禮記》；《春秋》盡廢《左氏》、《公羊》、《穀梁》，非朱子之指。其所載朱子語，皆割裂刪削，且有脱漏，而於諸儒之論，去取一無所準，今宜更加刪定。《注疏》爲程朱所自出，其言名物度數所當具列。至諸儒則辨其異同，考其離合，精擇而慎取之。而凡朱子之言，詳考備載，不可以遺也。」先生之論經，規模意例大略如此。同上。

唐鏡海曰：「先生與朱湘陶爲切磋友，存稿中《答湘陶書》三。湘陶殁，又重答其書，拈來書語，分十二則，詳細辨之。謂就來書剖判，自不免於破碎繚繞之病。然謂主敬窮理以透涵養未發，主静立極之功則斷斷非是。此可信其不誤者。又《書重答湘陶書後》引董叔重問語而分釋之，以決宗旨在主静者，失朱子垂世立教之意。則先生之端學術，爲洛閩傳正脈，爲陽儒陰釋絶假託者，其慮亦至深遠矣。」《學案小識》。

白田交游

朱先生軾
別爲《高安學案》。

蔡先生世遠
別爲《梁村學案》。

方先生苞
別爲《望溪學案》。

朱先生澤澐

朱澤澐，字湘陶，號止泉，寶應人。諸生。生而端慤，爲兒童不好嬉戲。得程畏齋

《讀書分年日程》，即尋其次序，刻苦誦習。嘗講求經世之學，凡天文躔度，山川形勝，以及水利河渠，農田社倉，學校諸法，考核精詳。又學天文於泰州陳先生曙峯。久之，有志於聖人之道。念朱子之學，實繼周、程，紹顏、孟，以上溯孔子。有謂朱子爲道問學，陸、王爲尊德性者，以是蓄疑於中，復取朱子《文集》、《語類》觀之，潛思力究，至忘寢食。初從中和舊説，序已發未發説與湖南諸公、《答張欽夫書》，知其用功親切，惟在靜中持守，動中省察，而又以靜中之動，動中之靜，終未融澈，不能無疑。乃玩《答陳超宗》、《陳器之》、《林德九》、《林擇之書》、《玉山講義》及《太極圖説》、《西銘注解》，恍然悟未發時四德渾具，自有條理；已發時四端各見，品節不差。而《語類》中陳北溪所録窮究根源來歷一條，爲教人入門下手處。由是深信朱子居敬窮理之學，爲孔子以來相傳的緒，不可移易。蓋居敬者，存其天理之本然，而非空寂；窮理者，窮其天理之條件，而非外馳。故從來道問學莫如朱子，尊德性亦莫如朱子。彼執尊道分途以爲早晚異同之論者，豈知朱子者哉？嘗講學錫山，通書關中，皆闡明朱子之學。雍正六年，同邑劉艾堂官直隸總督，奉詔舉所知一人，擬疏薦先生，先生作書懇辭乃免。晚得脾疾，一日讀《易》至《益卦》，謂其子光進曰：「《益·象》言『遷善改過』，此功夫無時可已。直到曾子易簀，猶是進益處。」又曰：「聖賢功夫，正於困苦時驗之。若稍縱弛，便至墮落，可不懼哉？」疾甚，吟邵康節詩，怡然而逝，年六十七。著有《止泉文集》八卷，《外集》五卷，《朱子聖學考略》十卷，《學旨》、《朱子誨人編》、《先儒闢佛考》、《王學辨》、《陽明晚年定論辨》、《吏治集覽》、《師表集覽》、《保釐集覽》各若干卷。參史傳、王箴傳撰行狀、沈錫鼎撰傳、《學案小識》。

文集

朱子未發涵養辨一

主敬存誠即所以涵養於未發，以貫通乎已發，實用力者自喻其微。然朱子未發涵養一段工夫原極力用功，後儒爲之諱者，其防微杜漸之意自有所在，特以陽明《晚年定論》一書取朱子言收放心存養者，不分早晚，概指爲晚年，以明朱陸合一，定學者紛紜之議。若更言涵養是羽翼，陽明無以分朱陸之界，故概不置詞，俟學者自爲尋討，可謂用意深遠矣。然朱子涵養原與陸王兩家不同，乃有所避忌，不顯明指示，無以闡朱子涵養之切要，且益增章句文義之譏，而目爲道問學之分途矣。縱有言及者，又似自陳所見，按之朱子涵養切要之序不甚相合。蓋朱子於程子未發之旨辨之精，有一毫之未當不敢以爲是；思之切，有一毫之未信不敢以爲安。驗喜怒哀樂之前氣象而求所謂中者，延平得之豫章，以上承龜山、伊川者也。凡言心者皆指已發而言，程子之言也。與其信程子轉相授受之言，不如信程子之言親切而有味。是以用功於察識端倪，而不以觀心於未發爲然。然惟其辨之精，思之切，有一毫之未當、未信者不敢以爲是而安，故於季通辨論之餘，疑而悔，悔而悟，反覆於程子諸説，而自覺其少涵養一段工夫也。朱子悟涵養之旨自己丑始，悟涵養之旨無諸賢之弊亦自己丑始。集程子諸説，參而求之，會而通之，因疑心指已發之未當而不可信，始悟心兼體用，必敬而無失，乃所以涵養此中；必實致其知，日就光明而學乃進也。悟心兼體用，而有涵養於未發、貫通乎已發之功，則向來躁迫浮露之病可去而有寬裕雍容之象矣；悟敬以涵養又必致知，則絶聖去智、坐禪入定、歸於無善無惡之弊有所防，而陽儒陰釋之輩無所假借矣。自此以往，涵養之功愈深，所見愈精，本領愈親，如涵養於未發之前，則中節者多。湖南諸友無前一截工夫，則有答林擇之書；平日有涵養之功，臨事方能識得，則有答胡廣仲之書。此尤章章可考者也。夫以朱子好學之篤、功力之專，自不數年而體立用行，然猶需之數十年者，亦有説焉。答吕伯恭、周叔謹輩，往往從涵養中自見支離之失而不諱，固所以致友朋，箴來學，而自己之由疏而密，由淺而深，亦層進而有驗。蓋涵養而略於理者易，涵養而精於理者難；涵養而處事不當者易，涵養而事理合一者難；涵養而偏於静者易，涵養而動静合一者難。朱子自四十後用許多工夫，漸充漸大，漸養漸純，至丙午答象山，有「日用得力」之語；至庚戌，有「方理會得恁地」之語。又曰：「幸天假之年，許多道理在這裏，所謂涵養於未發而貫已發者，心理渾融無閒，而歸於一矣。」要其用功一遵程子涵養之序如此。此直上溯伊川，以接子思子之脈者，原與後世陽儒陰佛，假未發之旨以實行其「不思善、不思惡」之術者，較若黑白，亦何爲有所避忌而不言哉？或曰：「子言朱子涵養之序詳矣，彼援朱入陸者，方爲晚同之論以混於一，吾子之言，得毋中其欲而賫以糧乎？」曰：不然。彼良知家多言朱子晚年直指本體以示人。今朱子之書具在，如答度周卿、晏亞夫、潘子善、孫敬甫諸書皆六十以後筆，皆以涵養致知爲訓，曷嘗單指本體乎？其言涵養也，莫精於答呂寺丞「純坤不爲無陽，無知覺之事而有知覺之理」；其言進學在致知也，莫精於答張元德橫渠成誦之説最爲捷徑。此皆甲寅、戊午後之言，又何嘗不以涵養致知爲訓，又何嘗單指本體，與良知家有一字之同乎？如單指本體，不惟理不能窮，中無所得；即所養者，亦無理之虚靈知覺，正朱子所云「一場大脱空」者，亦不俟明者而知之矣。

朱子未發涵養辨二

朱子之色莊言厲，行舒而恭，坐端而直，言貌之涵養者然；整容正坐，緩視微唫，虚心涵泳，切己體察，讀書之涵養者然。静而常覺，静之涵養者然；動而常止，動之涵養者然。仁之包義禮智也，求仁之涵養者然；仁義禮之歸於智也，藏智之涵養者然。歷觀朱子註疏、纂輯、删述粹精之理，居官事君治民忠愛之道，立身行事之大小，無不皆然。此所以動静周流，皆貫通於涵養未發之中者也。然其閒尤有當辨者。朱子曰：「敬字工夫貫通動静，但以静爲本。」言乎主敬而静也。程子曰：「敬則自虚静，不可把虚静唤做敬。」言乎主敬則無弊，主静則有偏也。二説不同，亦自相須。必以敬爲主，肅然收斂，無有雜念，乃是性體。此下手要著敬到熟處，自然一念不雜而静。朱子無時不敬，無時不静，敬静一者也。若有意於静，而不知主敬，誠有如程子所言者。故朱子答胡季隨、呂寺丞講「戒謹」、「慎獨」二節，言徹頭徹尾，隨時隨處，無不致其戒懼之力；於獨之起處，尤爲切要，更加謹懼，所以涵養須用敬。庶幾有未發之中以省已發，慎所已發以全未發之中，而用敬、用静之不可不辨也。

朱子言未發，見於《語類》者詳；見於《文集》者，僅答擇之、廣仲數書，其他不多有；惟答呂寺丞再三言之，至於辨以未發爲太極爲不是，未發者太極之静，已發者太極之動，尤極細密。若以未發爲太極，勢必直趨静寂一路，不至於遺棄事物、專守本體不止。故答張元德有「特地將静坐做一件工夫，卻是釋子坐禪」之語。謂延平《行狀》下得重者，殆指此耳。試取《玉山講義》、《答陳器之書》讀之，至静之中而四德畢具，渾然一理有燦然者存，是安得第言未發，不詳所以涵養即所以立人極，而陷於無善無惡之説，此尤不可不辨也。

貴人性

天地以一元之氣生物號萬，而鍾於人者爲靈且秀，遞生遞長，不知幾千萬年而有已之身。以己之身，視飛走愚蠢之物，豈不貴哉？其所以貴於物者，何也？以其有仁義禮智也，以其知仁、知義、知禮、知智也，以其行仁、行義、行禮、行智也。烏得不貴也？以是問之人，人亦曰貴也。以是問人之何以不求仁義禮智也？曰：吾飲食之不遑而暇此也。禽曰：吾謀飲而謀食。獸曰：吾謀飲而謀食。人亦曰：吾謀飲而謀食。形不同於禽獸而飢渴之私與禽獸同，烏在其可貴也？人且曰：吾有惻隱、羞惡、辭讓、是非之心，而禽獸無知，惡乎不貴？然而騶虞仁矣，鶻有義矣，雁有序矣，黄鳥知止矣，人亦安得以惻隱、羞惡、辭讓、是非之心駕乎其上？然而貴於物者，何也？以禽獸有仁義禮智之偏而人得其全，而又能知而行之，是以貴也。豈獨貴於物，且貴於庶民。民之生也，其氣繁，其事雜，合十三省一千三百八十二州縣之民不啻千萬，分四民而計之，爲農者十之六，爲工商十之三，府史、胥徒、醫卜、僧道、兵寇之屬十之一。以農卒、工商、府史、胥徒、醫卜、僧道數千萬之中而獨得爲士，不可謂非人之靈且秀者。乃農曰：吾謀飲而謀食。工商曰：吾謀飲而謀食。府史、胥徒、醫卜、僧道曰：吾謀飲而謀食。士亦曰：吾謀飲而謀食。名則士也，實則同一謀飲食之心也，人之靈秀而貴者如是乎哉？《易》曰「百姓日用而不知」，《孟子》曰「終身由之而不知其道」者，衆也。百姓者，執一器，習一藝，耳不聞學士之講論，目不覩聖賢之書籍，篤在守業，求知不能，不知無害。士日講求乎仁義禮智之説，而以《詩》、《書》爲商賈之資，以文字爲錢鎛之具，期於獲食而止，異乎百姓之業，同乎百姓之心，是以百姓自爲矣。夫欲一千三百八十二州縣之士皆不同乎百姓之存心而聞聖賢之道，猶之欲一千三百八十二州縣之民之知道也。然一千三百八十二州縣之士必有知所以異乎庶民之存心而聞聖賢之道者，則君子之貴乎庶民，誠未易易也。董子曰：「知自貴於物，然後知仁義。」百姓貴於物，其去禽獸幾何；士貴於百姓，其去百姓之於禽獸又幾何？澐其懼之哉！

舍客氣

人之汩没利欲，不知立志者，吾無望焉耳。苟其能立，行己治家，與人涖官，亦職惟戾，拘於氣也。古之哲人，有終日坐如泥塑人，接人是一團和氣者；有平居恂恂，若無甚可否，及酬酢事變，斷以禮義，截然不可犯者。古人豈生而然，變化之功，非一朝一夕。其克其偏戾也，如大將攻城破敵，必禽首禍，痛斷其根株乃止。其防其竊發也，如重門擊析，惟恐暴客之至。其養其天君之和順也，如慈母育孤子，保護教訓，以爲一家主。亦以剛大之氣甚微，偏勝之氣易盛，不辨氣之消長，而爲氣所用，則後起之縱更甚於有生之初，第曰氣拘之，終無益已。夫人之應事接物有理，不得以私行之。有理之極，不得以意見行之。無見於理，是以氣助私也；有見於理而未極，是以氣助意見也。氣助私者，剛至於暴，柔至於詐；氣助意見者，剛非其剛，柔非其柔。即以理治氣，而一時之氣之浮，氣之躁，氣之怯，氣之疏，有層見錯出者，是故欲静其氣，必辨其氣之宜舍而舍之。舍氣以從理、循理，而氣可化矣。或曰：「子之舍氣，非告子之勿求於氣乎？孟子深闢勿求之非，而以養氣示人，子亦悖於孟子矣。」曰：「非也。孟子所養者，正氣也；予所舍者，客氣也。配義者，正氣也；助私助意見者，客氣也。凡人之病，皆邪氣害之。庸醫不去其邪氣，則正氣不可得而長。今人之不病者寡矣，知其客氣之病而舍之，抑又寡矣。程子曰：『能於怒時遽忘其怒，而觀理之是非。』即舍客氣之説也。不舍客氣，而曰吾養吾氣，吾未見不病者也。」或曰：「氣猶水也。客氣，水之暴怒激盪也；正氣，水之流通舒徐也。豈激盪者一水，而舒徐者又一水乎？化客氣以歸於正，可也，乃曰舍之，是歧而二之矣。」曰：「人之有氣與人之有心同也，氣不可分，心又安可分乎？氣不可分客氣與正氣，心又安可分人心與道心乎？人心易私己也，已可克，客氣獨不可舍乎？能克，則化人心以聽命於道心；能舍，則化客氣以培植其正氣。不知分而二之，遽欲渾而一之，是不決泛漲洶湧之波，必挽之使入於不能容之道，豈能免於奔潰哉？」

孟子性善論

孟子之言「性善」，告子之言「生之謂性」，韓子之言性有三品，人皆知是孟子矣，韓子之説則非之，告子之説則大非之。非之，然也，而特未知孟子之所以是也。人性有仁義禮智，宜其皆仁人也，義人也，禮人、智人也，何以悖之者之多也？必曰生之非性，人不能不飲食，不能不婚嫁，廬舍、衣服不能絶，相生相養之道不能滅。既闢「色即空、空即色」之非，而又曰生之非性，是拒寇而齎之以糧也。孔子曰「性相近」，又曰「唯上知與下愚不移」，必曰性無三品，豈部婁可以植松柏，而牛蹏之涔可以生鱣鮪也？即執是以折二子，不惟不能服二子之心，已不足以語孟子性善之説。惟無得於孟子性善之説，勢必一折而黨二子。仲虺曰：「惟天生民有欲。」欲者，寒欲衣、饑欲食也。《洪範》曰：「沈潛剛克，高明柔克。」因質之異而克其過也。《湯誥》曰：「惟皇上帝，降衷於下民，若有恒性。」衷者中也，統元亨利貞之理而成性也。令天生人而食色自淡，氣質無偏，不失其仁義之性，行道人皆堯舜也。禮樂刑政之設，其亦可以已也。古之聖人，何爲再三言之哉？孟子曰「人皆可以爲堯舜」者，究乎理之本原而教人之苦心也。堯舜之所爲，至矣神矣。如告之以日月之所以行，江湖之所以流，恭讓之所以安。禮而清也，所以交於神明；樂而諧也，所以和於鳥獸。人必驚且疑，以爲聖人之性爲之也，非吾儕之性爲之也。孟子憂人之一切諉之，故舉孝弟之道以見性之善，豈曰人盡堯舜哉？如曰人何以不盡堯舜？孟子必曰陷溺其心也。如曰人何以陷溺其心？孟子必曰人皆可爲堯舜者，仁義之性自生而然；而陷溺其心者，食色之性、氣質之性有以累之。且夫孟子言性未嘗不兼乎食色、氣質也。如「動心忍性」、「性也，有命焉」之論，顯以食色之性教人矣。其於氣質雖無明訓，然襄何以不似人君，宣何以足用爲善，教何以分而爲五？而專言性善者，欲後世有識之士分而别之，不使混而雜之。及乎宋儒，非不欲隱食色之性、氣質之性，直指之曰性善，無如不言食色而相生相養之欲自在，不言氣質而智愚區别之數日分。故周子之五性感動，程子之論性論氣，張子之合虚與氣，先後發明。人知宋儒發前人所未發，而不知皆孟子所包涵蘊蓄者也。人知孟子專言性善，而不知其囊括《書》義而淵源於孔子以啟宋儒也。惟明乎孟子性善之故，孰爲食色之性，不以害仁義。孰爲氣質之性，不以害仁義。雖六經之教，二帝三王、羣聖人之道，不外乎此。彼二子者崇食色以排仁義，專尚氣質而不識天命之原，執麤而賊精，泥偏而遺全，如之何其可也？

養民

天下有其人至賤，其力足以有爲，散之不見其多，聚之足以爲亂者，閒民也。古之閒民十之一，今之閒民十之六；通都大邑之閒民十之三，窮荒州縣之閒民十之六。有無田之閒民，有無業之閒民，有有田而無田、有業而無業之閒民。夫民何可以閒？知其爲閒民而不處之使自力，幾何而不爲亂也？自井田毁，限田之制累朝不能行，非通都大邑、財貨聚積之所則取財之途不廣，謀生之術無所施。《周禮》九職曰閒民。《閭師》：「凡無職者出夫布。」《孟子》曰：「廛無夫里之布。」廛之設也，所以處閒民；夫布之罰也，所以驅閒民使業廛。三代聖王，位閒民有地，教閒民有法，閒民之多寡有無，上皆知其數而措置之。今則督撫不問，郡守不問，州縣不問。豐歲優游坐食，一遇凶荒，相聚爲非，何所不至？夫吏之於民，州縣爲親。近日州縣之吏，司錢穀之出入而已，百姓多寡虛實之數不知也；司催科之緩急而已，百姓流離生死之故不知也。災祲猝至，閒民嗷嗷，仰望官粟，給之不足於用，不給展轉溝壑，擊目傷心。一歲飢則爲盜，再歲、三歲飢則爲寇；一郡飢則流離就食，一二省飢則寇盜之變有不可言者。吕祖謙曰：「上者修先王預備之政，其次修李悝之政。」不修預備而講求於臨時，未見其有濟。先王預備之政，自井田毁，數千年不復。吕氏猶以此爲上者，貴得其意耳。《詩》曰：「嗟嗟保介，維莫之春。亦又何求，如何新畬？」《月令》曰：「王命布農事，命田舍東郊，修封疆，審端徑術，善相丘陵、阪險、原隰，土地所宜，五穀所殖，以教道民，必躬親之，農乃不惑。」古者設農官，親行田畝，教誨農事，至再至三。《王制》曰：「士無故不殺犬豕，庶人無故不食珍，庶羞不踰牲。」又曰：「九年耕，必有三年之食。」《月令》曰：「命有司趨民收斂，務蓄菜，多積聚。」古者有司教民蓄積，食時用禮，諄諄懇懇，非故事也。三代聖王養民之制縱不能復，猶得於載籍中推求其懷保無已之意，今並其意而亡之矣。既亡其意，即曰修補救之政，欲民不閒游坐困，豈可得哉？夫預備之政不復，徒存此區區之意，烏足以濟而不知其非也？今日州縣之吏所漠然無有者，此意耳。責今日州縣之吏，使顛連無告之民代種富民之田，定之以令不行也，隨之以罰不行也，又使顛連無告之民日習百工之業，教之不勝教也，督之不勝督也。所望於州縣之吏者，惟此意也。今之爲吏者，有能致意於溝之洫之、耕之耨之者乎？有能致意於食之用之、節之積之者乎？有其意而行之不善，於民無益也；亡其意而靦然處於民上，將焉用之？一邑之勢養無田無業之閒民難，養有田有業之閒民易；養閒民於災荒之日難，養閒民於豐亨之日易。邑有里，里有鄉，鄉有圖，圖有老。一圖也，有田有業者幾家？有田不耕、有業不勤者幾家？無田無業傭工操作者幾家？老預教之，官親行之，教之以耕耨，教之以攻業，教之以濬畎澮，教之以遠服賈，教之以量食，教之以節儉，教之以多蓄積。民自爲積，而以爲己之事。民之奉行，不以爲官之事，而以爲己之事。官之意入乎民，民之意體乎官，先王預備之政也。官之教之，不以爲民之事，以爲己之事。官之意入乎民，民之意體乎官，有田有業之民有所餘，無田無業之民有所賴，而又有常平、社倉、義倉之積，以備不時之用，此在吏之善爲之也。嗚呼，其亦難矣！漢、唐以來，養民之政，陵夷墮壞，無一存者。循吏如龔遂、朱邑輩，傳其人不傳其政。非政之不傳，一人之政而非一代之政，宜其不傳也。當此政敝壞、民游佚之時，望有循吏其人者，因意以立政，立政以養民，豈不難乎？幸有其人，所用非所長，所長非所用，加之時勢之倥傯，賠補之累累，大吏之阻撓，奸宄之讒毀，卒不得志以去。坐使有田有業之民，樂歲終身苦，凶年不免於死亡，又何問乎無田無業之民乎？此有識者所深憂也！

止泉家學

朱先生光進

朱光進，字宗洛，止泉子。少承家學，又

從白田游。十四五歲即自治立省身法，長益致省察克治之功。於敬怠、義欲辨之極明，終其身不少倦。性至孝，居母喪，以毁卒。著有《過庭紀聞》、《梁谿紀聞》、《讀禮偶鈔》、《詩文集》。參史傳、《寶應儒林傳槀》。

止泉弟子

喬先生漌

喬漌，字星渚，號省齋，寶應人。少有氣節。水決子嬰隄，衆走避，先生獨倡率捍塞。不十日隄成，田穀數千頃獲保全。年近五十始折節向學，受業止泉之門，遵朱子《讀書法》讀四書六經，一反之身心。體察之有所疑，必相質難。止泉亟稱之，曰：「從吾游者多矣，異日仔肩斯道者，漌也。」嘗閱薛文清《讀書録》，至「知一字行一字，知一句行一句」，益痛自刻厲，自謂向道已晚，須用人一己百之功，因題其堂曰「困學」。聞弟卒江陵，即日冒雪行數千里扶櫬歸。乾隆元年舉孝廉方正，辭不就。所著有《日省録》、《訓子要言》、《困學堂遺槀》。參史傳、《揚州府志》、《寶應儒林傳槀》。

清儒學案卷五十二終

清儒學案卷五十三

天津徐世昌

釣臺學案

釣臺學綜漢宋，而以朱子爲歸。所著書皆存古義，通訓詁，考制度，闡義理。《四庫提要》稱其「不媿窮經之目，雖專主漢學者不相菲薄」，蓋所得粹矣。述《釣臺學案》。

任先生啟運

任啟運，字翼聖，號釣臺，荆溪人。雍正癸丑進士。通籍時年已六十有四。會世宗問有精通性理之學者，張尚書照以先生名上。特詔與同薦八人廷試。問《太極圖》大旨，進呈御覽，稱善。於臚唱前一日引見，特授翰林院檢討，在阿哥書房行走，專授皇子讀，不與翰詹考試。世宗恩禮有加。嘗問及内典，以未學對。上曰：「朕知卿非堯舜之道不陳耳。」高宗御極，仍命直書房，充日講起居注官。累遷侍讀學士、左僉都御史、宗人府丞，充三禮館副總裁。乾隆九年卒，年七十五。先生少時博覽强記，諸子百家靡不探討。已以泛濫無益，乃一意治經。其學宗朱子，尤深於三禮。嘗謂「諸經已有子朱子傳，獨未及《禮經》」，乃著《肆獻祼饋食禮》三卷。以《儀禮》特牲、少牢《饋食禮》皆士禮，因據三禮及他傳記之有關三禮者推之。不得於經，則求諸《注疏》以補之。凡五篇，一曰《祭統》，二曰《吉蠲》，三曰《朝踐》，四曰《正祭》，五曰《繹祭》。其名則取《周禮》「以肆獻祼享先王，以饋享先王」之文。較之黄幹所續《祭禮》更精密。又《宫室考》十三卷，於李如圭《釋宫》之外别爲類次，曰門，曰觀，曰朝，曰廟，曰寢，曰塾，曰宁，曰等威，曰名物，曰門大小廣狹，曰明堂，曰方明，曰辟雍，考據精確。又《禮記章句》十卷，以《大學》、《中庸》朱子既成《章句》，則《曲禮》以下四十七篇，皆可釐爲章句，但所傳篇次序列紛錯，爰仿鄭康成序《儀禮》例，更其前後，併爲四十二篇。其有關倫紀之大，而爲秦漢、元明輕變易者，則衆著其説，以俟後之論《禮》者酌取。晚著《周易洗心》九卷，謂讀《易》當先觀圖，不外《論語》「五十以學《易》」之言。文、周卦畫自《羲圖》出，《羲圖》自《河》、《洛》出。五十者，《圖》、《書》之中也。然詮釋經義，觀象玩辭，實不盡從《圖》、《書》生解。文句異同亦多從馬、鄭、王弼、王肅諸家之本。即有不從，亦注某本作某，以存古義，非竟舍經談數。又有《尚書章句内篇》五卷、《外篇》二卷、《尚書傳注》四卷、《附》一卷、《四書約旨》十九卷、《孝經章句》十卷、《清芬樓遺稿》四卷、《孟子時事考》、《夏小正注》、《逸書補》、《竹書證傳》、《竹書紀年考》、《白虎通正譌》、《女教經傳通纂》、《史要》、《女史通纂》、《田賦考》、《同姓名考》、《記事珠》、《家禮酌》、《任氏世録》、《任氏史册備考》各若干卷。參德保、任泰、吴德旋撰傳，《先正事略》，《四庫提要》，《釣臺遺書·已刻待訪書目》。

周易洗心序

《易》者，聖人洗心藏密之書也，而以爲

卜筮作，豈其然哉？子曰：「以言者尚其辭，以動者尚其變，以制器者尚其象，以卜筮者尚其占。」曰：「聖人以此洗心，退藏於密。」蓋以言以動，乃君子下之用《易》；以洗心，則聖人之用《易》也。自河出《圖》，洛出《書》，而伏羲十言之教作，曰「乾、坤、坎、離、震、艮、巽、兑、消、息」渾然一圖，目擊而心喻焉耳。嗣後開之，代圖以畫，或演爲《連山》，或演爲《歸藏》，文字漸興，要於義未盡。文王參取二書，更互演繹，然後六十四卦之名定；作爲《彖辭》，以明内外二體用九用六之大旨。周公又析六爻，觀其承乘應變互易，而後萬物之情，凡所爲愛惡相攻，遠近相取，情僞相感，千態萬狀，無不畢見其中。而以至一馭至繁，以至常待至變，則非洗心莫由也。孔子懼人僅以文辭視之、卜筮用之也，故于《大象》指其學之之實曰：「君子以自强不息。」此即《大學》「明明德」之功。曰：「以厚德載物。」即《大學》「親民」之事也。曰：「多識前言往行，以格物而致知。」曰：「見善則遷，有過則改，所以誠意。」曰：「懲忿窒慾。」曰：「言有物，行有恒，以修身而齊家。」餘若建國、親侯、制度、作樂、慎行、治曆諸事，基於童蒙育德，極於天地之輔相裁成，治平大法略具，而獨無一卦及正心。周公《咸》、《艮》二卦，取象人身。《咸》之四曰：「憧憧往來。」明動之過。《艮》之四曰：「艮其限，❶危熏心。」明心之過。言其失養，不言所養。而子《大象傳》獨於正心未及。非不及也，心者天地萬物之統會，舉天地萬物有

❶「艮」，原作「列」，今從陳校、沈梁校據《周易注疏》卷五《艮》卦九三《象》改。或據九三爻辭，「限」當作「夤」，下句「危」當作「厲」。

一物不若于道，即于吾心有未安；吾一息不與天地萬物相通，即于吾心有未盡。故舉天地萬物而吾與之各安其位，各得其所，乃吾心之所爲正。而子于《繫傳》一言以蔽之曰：「聖人以此洗心，退藏于密。」見六十四卦之皆所以正心。心之體如是其大，正之之功如是其精深浩博而未有涯也，顧其爲要，則總不外《論語》「五十以學《易》」之一言。文、周卦畫自《羲圖》出，《羲圖》自《河》、《洛》出。五十者，《圖》、《書》之中也。《圖》一三、七九、二四、六八周行于外，獨五、十在中，五又在十之中，藏於密也。《圖》爲體，《書》爲用，至《書》而十並不可見，藏于密也。八卦者，一三、七九、二四、六八之象，五乃未發之中，十即中節之中也。學《易》不以五、十，失其本矣。周公教人用九用六，此剛柔之分，消息之端，《易》之用也。孔子自言以五以十，此剛柔之合，消息之原，《易》之本也。由五達十，斯顯諸仁，非藏胡顯；去十存五，仍藏諸用，即用即藏。蓋舍五十，無以洗心藏密矣。運不敏，學《易》有年，初取周公之爻，觀其參，觀其伍，觀其變，頗有以識《小象》所由殊。繼取文王之卦，觀其錯，觀其綜，觀其易，漸有以識《大象》所由立。既由爻《象》反之《圖》、《書》，乃恍然於洗心藏密之旨，而知孔子之五十學《易》，即堯舜執中之旨也。夫孔子，大聖人也，韋編且三絶矣，然猶止言可以無大過。心愈密，辭愈危，聖人望道未見之心，固如是也。運何人哉！「小過過也，大過顛也」，日用而不知，惟是日惕之心，終吾身焉已矣。

肆獻祼饋食禮纂序

孔子曰：「我欲觀夏道，是故之杞，而不

足徵也。欲觀殷道，是故之宋，而不足徵也。」孔子大聖，去夏、殷未遠，且周監二代而損益，夏禮、殷禮半在周禮中。杞、宋修其禮物，作賓王家，全體故在。迨後下衰，宋若正考父猶能校商名頌十二篇於周太師。杞雖即夷，其故府必猶有存者。又其時老氏爲柱下史，習於先代之故，列邦若子産號稱博物，左史倚相能讀《三墳》、《五典》、《八索》、《九丘》，取而徵之，豈不易易？而孔子所歎，且猶若此。然則學者生數千百年後，禮樂盡絶，先王無杞、宋之傳，後學無老聃、倚相之掌，僅僅從漢箋唐疏思拾遺補闕，以想見成周明堂清廟之規模，無徵不信，詎不迂哉，疇不曰妄哉？嗟乎，周禮之亡也久矣，周天子禮之亡也尤甚矣！祖龍焰虐，萬策灰飛。漢儒后氏出之煨燼中，得《古經》十有七篇，其閒爲士禮者七，爲大夫禮者四，爲諸侯禮者亦四，爲通禮者一，天子止《覲禮》一篇而已，郊社禘嘗諸大禮隻字無有。《戴記》掇拾，閒一及之，而首尾本末不相聯屬。當時漢有天下，叔孫通綿蕞苟簡，頗爲魯兩生所譏。則吾不知此兩生者既不忍爲通所爲，何不探討載籍，博咨遺耉老成人，定百王之大法，藏之名山以俟後世，亦王者師也。計不出此而聽其散滅，何哉？康成鄭氏最號博綜，其所箋註，多足補《禮經》之闕。抑吾又不知康成自箋註外，其藏之胸中，因無所繫而未筆之書者，又幾何也？子雍王氏雖曰操鄭之戈，實亦裨鄭之闕。而賈氏、孔氏爲鄭袒左，王是以不傳。然言《禮》者自四家外，亦幾寥落矣。予讀《戴記》，反覆經傳幾二十年，思欲通其條貫，而識微學淺，將伯無人，中夜旁皇，仰天嘆息。適有友吴氏問《禮》于我，因書《天子廟祭禮略》一篇以應其意。既又念言之不詳，恐成掛漏，復取四家之説，推此證彼，考異據同。書成，名之曰《肆獻祼饋食禮纂》。又念古人宮室之制不明則位置進退多不可曉，别作《朝廟宮室考》一篇以附其後，庶以爲裨氏之草創云爾。方今文治休明，傑儒輩出，倘有憫其志願，諒其狂愚，正其愆違，補其闕略，使明堂清廟之盛，儼如在目，而相與詠歌奔走於其閒，是吾師也。僕雖艾矣，固將攝衣受教稱弟子焉。

尚書内篇章句序

《古書》或謂三千二百四十篇，自黃帝始。孔子刪之，存百有二十，以百二篇爲《尚書》，十八篇爲《中候》。秦火燬之，不可考已。漢興，伏生始傳《尚書》。伏生，故秦博士。其所傳，虞夏之書四，曰《帝典》，曰《皋陶謨》，曰《禹貢》，曰《甘誓》；商之書五，曰《湯誓》，曰《盤庚之誥》，曰《高宗肜日》，曰《西伯戡黎》，曰《微子》；周之書十九，曰《牧誓》，曰《洪範》，曰《金縢》，曰《大誥》，曰《多方》，曰《康誥》、《酒誥》、《梓材》，曰《召誥》、《洛誥》，曰《多士》，曰《君奭》，曰《立政》，曰《無逸》，曰《顧命》，曰《吕刑》，曰《文侯之命》，曰《費誓》，曰《秦誓》，凡二十八篇。縱遺缺不全，後賢後王慎取而善推之，大法亦略云具矣。自漢廣下求書之令，於是真僞雜出，先之以《秦誓》，後之以《古文泰誓》，云河内女子壞老子屋得之，古文則云魯共王得諸孔壁。然劉歆曰古文十六篇，張霸又曰二十五篇。僞《泰誓》故有鄭傳，張霸本託鄭傳以行，今廢久。梅賾本託孔傳，唐孔疏因之，宋蔡傳又因之，世所習五十九篇者是也。顧唐孔氏之言曰：「劉向作《別録》，班固作《藝文志》，劉歆作《三統曆》，皆不見孔傳。歷及後漢之末，無人傳説。晉太保公鄭沖始得之。」又云：「孔所傳者，膠東庸生、劉歆、衛宏、賈逵、馬融等。」鄭意師祖孔學，王肅似竊見孔傳。其言源流益荒謬難信。昔子夏、子張、子游以有若似聖人，欲以所事孔子事之。曾子不可，蓋其慎也。夫僞《泰誓》，張霸本掇拾未全，後儒得乘其隙，故遂廢。梅賾本補苴備矣，然衷諸孔子，得毋似之云乎？今姑存伏生本以自附於曾子之義，且取漢馬氏、鄭氏、王氏、孔氏，唐孔氏，宋蔡氏，元吴氏，明王氏、姚氏諸説，旁及《紀年》、《史記》、《大紀》、《通鑑綱目前編》，考其事，玩其文，通其意，反覆由繹，輯爲章句，曰《尚書内篇》，信者著之，疑者闕焉。

附蔡傳跋

以蔡傳較二孔注疏，其淺深疏密，奚啻什伯？然蔡氏亦有未至者。大約探索之功深，涵泳之味少，于語意輕重、離合虚實斷續之間多不甚分曉。又多欲推淺而致之深，遂使求之必過乎其分。又疏于考古，凡事多以臆斷之。孟子曰：「頌其詩，讀其書，不知其人，可乎？」此皆蔡氏所短也。至於説理之病，則一序概見之。子思子曰：「天命之謂性，率性之謂道。」朱子曰：「道者，日用事物當行之路，皆性之德而具于心。」故治己皆有治己之道，治人則有治人之道。今曰「二帝三王之治本乎道」，則道在治之先，而治非道矣；曰「二帝三王之道本乎心」，則率心之謂道，而未必盡合于天理當時之則矣；曰「言天則嚴其心之所自出」，則又似天命之謂心；而謂「言此以嚴之」，則又似假此以自愓，而不見所性之分定矣。至於「曰德，曰仁，曰誠，曰敬，言雖殊而理則一，無非所以明此心之妙」，則更不然。德有以「出于天」言者，即天命之性，《大學》所謂「明德」是也。有以「修于人」言者，則行道而有得於心之謂，《論語》所謂「據於德」是也。天之理本無不誠，故曰「誠者天之道」。天誠而命亦誠、性亦誠也。容有不誠者，人之心自非聖人，其理不能皆實，必去其不誠以歸于誠，故曰「誠之者人之道」。心誠而後所性之理無間于天也。若夫仁，則此理中生意周流之妙。萬物生生，變化無窮，天之仁也。一私不存，與物無間，人之仁也。至于敬，則人之心所以爲主，求仁立誠之功皆繫于此。自下學以至達天，未有能頃刻離者也。故德者理之虚位，誠者物之實理。言其實理則謂之誠，言其生理則謂之仁。誠與仁之德皆原于天，而敬之德則非人莫屬也。可概混而列之曰「此心之妙」乎？且如其説，似最妙者莫過于心，而此數字特假設之以明其妙，則《大學》可曰明心，《中庸》可曰心者天之道，《論語》可曰據于心、依于心矣，有是理乎？朱子謂程子門人倍其師説而淫於佛、老者有之。如蔡氏者，蓋亦不免也。故詳辨之，而書其《序》之後，以諗萬世之學者。

尚書外篇章句序

今文多艱澀，然久讀之，真意流溢，并性情聲貌都見行間；古文辭雖明潤，然讀之味短，既又思精言粹語多見梅本中。漢氏醇儒自董江都外，能及此者少，何況晉人方尚清談乎？則意必有所受之。又細核之，則精粹多見他書。如「危」、「微」二語一見《管子》，一見《荀子》，俱曰《道書》，不曰《禹謨》。「遜志時敏」，《記》引之曰《兑命》；「咸有一德」，《記》引之曰《尹吉》。又意魏晉古書尚多，或掇拾補綴成之也。因思漢初諸儒閔秦火之烈，得古聖遺語，輒以己意補綴成章。如《孔氏家語》、《伏生大傳》、《韓詩內外傳》、董子《繁露》、劉向《説苑》《新序》，或均一言而問答異，或一節合而首尾殊，則所謂古文亦大約類是，不可盡信，亦不可盡疑也。孔子歎杞、宋不足徵，如周問禮，老聃答；曾子問禮，再曰老聃云。然則孔子苟見此梅本，忍盡汰之乎，毋亦有筆削其間乎？孟子曰：「吾於《武成》，取二三策。」此即筆削之旨也。予故取他書異同，獻其疑於理釋者，詁其義，俟後之君子折衷焉。

禮記章句序

世傳五經舊矣，然《禮記》固非孔子定也。孔子删《詩》、《書》，定《禮》、《樂》，贊《周易》，修《春秋》，四經具在而《禮》獨湮没，惜哉！漢河間獻王收孔子弟子書百三十一篇，劉向校之，亡其一。後又得《孔子三朝記》、《明堂陰陽記》、《王氏史氏記》、《樂記》，共二百十四篇。戴德删并爲八十五，戴聖又删之，損益離合爲四十六，戴聖所删，今名《大戴禮》。其合者，如《釁廟禮》，如《雜記》中「坐如尸」二句入《曲禮》中。分者，如《廟事篇》分爲《朝義》、《聘義》，《曲禮》、《檀弓》、《雜記》各分上下篇。可謂博收而慎取之矣。馬融取諸劉向，增入者三，《樂記》善矣，《月令》稍濫，《明堂位》益夸。《四制》不知益自何人，約《大戴·本命》篇，竄以己説，而《朝義》復亡。今所傳四十九篇者是也。鄭康成注之，孔穎達疏之，遂列諸經，與孔子所定《易·象》、《詩》、《書》、《春秋》等矣。或曰：「《儀禮》，經也；《禮記》，傳也。」此以論《冠》、《昏》、《飲》、《燕》、《射》、《聘》諸義則然，他篇不可概論。或曰：「治天下大法具在《周禮》，是宜經。」然作聖門庭閫奧，若《大學》、《中庸》；探禮樂本原，若《禮運》、《樂記》。其言多與《易傳》、《詩》、《書》相表裏，而《曲禮》、《少儀》、《內則》尤治身治家要法。非是，即《周禮》何以行哉？《記》四十九篇言喪祭蓋半，而喪居三之一，古人於此兢兢焉，此意即禮之本也。而或乃廢之，謬矣。《月令》、《王制》間雜秦、漢，要亦掇之虞、夏、商、周爲多。傳曰：「禮與時宜。」學者苟綜所聞，得聖人之意，因時進退，而以道爲權，虞、夏可師，秦、漢亦可監也，何必成周？漢注唐疏多附會，要所援據，雜而不越，義藴殊可尋。宋朱子作《大學中庸章句》，精粹越諸儒，然自是漢儒之學微矣。學者牽於所聞，或飾虛辭以自遁，不務會通，而妄相呰謷，奚益！夫聖人之禮，將以宰天地，順萬物，其事行於班朝涖官之地，而其義皆寄諸學者誦說討辨之中。學者之討辨，極於微渺，而後施之銖黍，不爽其衡。儒者之論，荒而悠謬，漸浸於朝宁。自秦、漢以逮元、明，菲議《周禮》而輕變之，本末失衡，輕重倒置。君臣之交壞於秦，父子之恩薄於漢，唐爲母三年而夫婦之序廢，明爲妾母服斬而嫡庶之分淆，中乎人心，沿乎風俗，雖一時議政者過，要亦學者講不精、理不明之致也。故曰：「禮之義明，而萬事可得而理矣。」運幸生聖世，沐浴教澤，於禮之意，竊與有聞，因朱子《學庸章句》，悉取《戴記》，條其次，補其闕，正其違，通其異，而尤慎於喪。凡有關倫紀之大，而爲秦、漢、唐、宋、元、明輕變易者，著其説，俟定《禮》者酌取焉。

孝經章句序

漢興，河間顔貞出其父芝所藏《孝經》，長孫氏、江氏、翼奉、后蒼、張禹、鄭衆遞相傳述，越三國、兩晉，辨説滋益多。要自康成定爲十八章，後皇甫侃《義疏》備三十家，於十八章未之或改也。隋王劭始言得漢孔安國古文舊傳凡二十二章，信乎？否哉？唐初並存，劉識鄭惑，司馬斥孔鄙，明皇集儒官，令狀章名，重加商訂，今所傳者是也。顧《閨門章》既除，而數猶十八，知非鄭氏之舊矣。宋朱子《刊誤》定爲經一章，傳十四章。運遵朱子，加以訓釋。從《禮記》例，亦名《章句》。既成，今上之元年，運以鄉舉入都，遂從劉學使山右於佛龕得鈔本，見有文同《戴記》而今本無者，攜以歸。徐審之，蓋傳之十章也。孔子言：「身體髮膚，不敢毀傷，孝之始；立身行道，揚名後世，孝之終。」又言：「始於事親，中於事君，終於立身。」傳釋「不敢毀傷」及「事親」、「事君」，而去「立身」，於義何居？知此必逸文也。舊注言：「孔子云行在《孝經》，則《孝經》孔子自作。」朱子闢之，謂曾氏門人所記。諒哉！曾氏門人，子思尚矣。餘如樂正子春、公明儀、公明高，大都篤謹，能守其師説。《中庸》言「修道以仁。仁者人也，親親爲大」。「反身不誠，不順乎親。」非專言孝，而孝之義畢該。傳《孝經》者，未之逮也。顧經傳體裁絶似《大學》，其出曾子門人，無疑耳。我皇上孝治天下，而《孝經》之全，即於元年出，殆所謂「志氣如神，有開必先」者歟？運幼受《戴記》，於「不辱其身」二語，日奉以周旋，而常以一言幾致折臂，保身之難，至於如此。今年逾六十，手足之啟，正未可知。此運今所爲補定此章，而彌復戰懼者也。

白虎通德論訂譌序

世稱《白虎通》尚矣，顧其書不全。元大德間，吾郡錫山學者始得之於許魯齋弟子劉平父，遂梓焉。今世板本雖殊，然其脱誤一也。史言漢宣帝博徵群儒於石渠閣論定五經。後學者滋益，多各以私説破大道。章帝中，校書郎楊終請帝於白虎觀選名儒共論異同，當時奏上，謂之「奏議」；帝親臨決，謂之「通德論」。白虎，觀名，地在北宮；論名「通德」，言此説於義理通也。而世乃以比於應劭之《風俗》，曰漢有「二通」，謬哉！時與選者，丁鴻、樓望、成封、桓郁、班固、賈逵及廣平王羨七人。❶班固名在五，而今書獨以固專之，何也？固《漢書》論律呂以呂爲侶，此以呂爲拒，意義迥殊，不皆出固，明甚。豈帝臨決，固輒録之，猶淳于恭未與白虎之選，而名《淳于恭白虎奏議》，亦以纂録故歟？顧《通德論》傳而《奏議》亡，則吾不知當日異同，其得失果何如也。今世板本或缺或衍，或譌以形，或譌以聲，或合兩字爲一，或分一字爲兩，或初譌一二字，而展轉附會，譌以增譌，甚者至不可讀。余博覽他書，謬加攷證，其確者曰某當作某，疑焉曰某疑作某，他書同異附入，名之曰《白虎通德論訂譌》。事雖微末，要亦攷古君子之一助也。吾聞漢時最

❶「廣」，原作「東」，今從沈梁校據《後漢書》卷三七改。

重經術，其風自武帝開之。故廢昌邑，大難也，而決其議，必曰「博士臣霸、臣雋舍」等。僞衛太子詣闕，大疑也，而雋不疑據《春秋》收之。董江都一代大儒，《天人三策》，一本之《公羊》。故子曰「誦《詩》三百，不達於政，多，奚以爲」。古人窮經致用類如此。至唐、宋詩詞舉藝作，而此意寖亡矣。然制科之設，明初五經俱主《注疏》，《詩》參朱，《易》參程、朱，《書》兼蔡，《禮》參《三禮注疏》及陳，《春秋》參《左》、《公》、《穀》、程、胡、張氏。猶欲學者辨同異，而折衷以驗其所得。顧上以實求，下以名應，人止一經，經止一説，後并經傳盡棄之，止記爛熟講章一二語，以圖弋獲。幸而得之，則從容天禄、石渠之府以爲榮。遇國家大難大疑，則目瞠骨戰，舌撟不能出一語。是非朝廷不重經術，習經者自卑之、自棄之也。余所爲，即此一書，追念古昔，而慨焉長太息者也。

女教經傳通纂序

余輯《女教經傳通纂》一書，凡十有三章，既畢而序其端曰：「女教，正家之始，王化之端也。昔漢劉向氏言，古凡生子，擇於諸母與可者，必求其寬裕、慈惠、温良、恭敬、慎而寡言者，使爲子師，其次爲慈母，其次爲保母。夫阿保於女職最下，必自其臣之妾以降始得爲之。而寬裕、慈惠、温良、恭敬，則世所推仁人有道之容，求諸學士文人未易多覯，而古阿保之賢，乃至於此。豈古女子生而即賢歟，或其所以致此固有道歟？吾聞《書》稱『釐降』，以是爲登庸之大端。而《傳》言夏之興也以塗山，殷之興也以有莘，其在成周有太姜、太任開其始，太姒、邑姜嗣其徽。母德之隆既足以儀天下，法後世，而元公定《周禮》，有内宰以陰禮教六宫，以陰禮教九嬪，以婦職教九御。當其時，上自王后及公侯之夫人，莫不受學。其《詩》曰：『言告師氏，言告言歸。』宋伯姬之言曰：『保傅不具，禮不下堂。』即下至委巷之女，亦莫不有師。故《傳》曰：『賢而四十無子，則爲人間女師。』教之之備如此。而其所教，則惟以内外之嚴、嫡庶之辨、父子之親、君臣之敬、賓客之交、喪祭之禮，故其《詩》曰：『威儀棣棣，不可選也。』言是數者具而有之也。『誰其尸之，有齊季女』，言『幼而習之，如性成也』。舉凡驕奢靡侈之習，曾不得一交於耳目；慆心佚志之術，曾不得一接於燕閒。故在家則爲賢女，既嫁則爲賢妻，嫁而生子則爲賢母。當其妊子，則坐不邊，寢不側，有胎教焉。子既生，則欽有帥，記有成，有童教焉。爲女則以教而賢，爲母又以賢而教，其於禮法不啻首之適冠、足之適屨，不待問而後知。此成周當日所以大化翔洽，賢喆篤生，雖兔罝賤士亦足備公侯干城、腹心之選，而阿保之微其得於耳濡目染，亦具寬裕、慈惠、温良、恭敬之德至於如此也。秦漢之世，后夫人不以德升，既不足以聽天下之内治，而閭里之遺風餘訓亦寖消寖滅以至於亡。劉向氏作《列女傳》八卷，思有以障禍水之狂瀾，而在當時，亦無能爲力。自是而後，妻敗其夫，母敗其子，載胥及溺，可不痛哉？三代以降，惟趙宋最名有家法，以故當時大家名族亦頗修於内政，敦孝讓，重廉恥，薰陶涵育之久，至程朱出而遂有以接孔孟之傳。雖其希聖固賢哉，要其所自來者不可没也。其餘或間氣所偶鍾，或聞風而興起，《列女》所載諸傳雖不乏人，然去二《南》之化遠矣。我皇上作人，壽考過於周、文，於變之風行與動、華比蹟。運不自量，以生於聖世，竊取朱子《小學》之意作爲此篇，思以教家。而一二同志謂有裨於風化之萬一，遂謀梓之以廣其傳。譬諸勺水益海，掬塵增山，雖無補於大化之高深，或亦泰山所不讓、河海所不擇，故有不得而辭也。若夫敬身以敬家，敬家以敬國，則所以爲正家之本，更自有在。孟子曰：『身不行道，不行於妻子。』已不自治而僅求之婦人女子間乎哉?」

文集

九卦説

孔子於文王序卦，上經取三，曰《履》，曰《謙》，曰《復》，以參天也；下經取六，曰《恒》，曰《損》，曰《益》，曰《困》，曰《井》，曰《巽》，即天之數倍之，以兩地也。天地合而人事即出其間，修德致治、悠久化成之道俱在於此。何也？一人之心，天也；耳目手足，皆地也。天下之大君，天也；萬國臣民，皆地也。天位乎上，而澤下行以及地，故《乾》一而《兑》二次之。地位乎下，而上聳以達於天，故《坤》八而《艮》七先之。《禮》之《記》曰：「天降時雨，山川出雲。」言天施澤以及地，地藉山出雲以接天也。夫天地之道，嚴於上下之分，而交於上下之情。天澤曰《履》，分至嚴也，而澤自天降，情已通焉，故曰：「履以和行。」地山之《謙》，德至厚也，而山出雲以上於天，而終不敢及天，分彌肅焉，故曰：「《謙》以制禮。」天以一陽交地而地受之，天地之心始見，故「《復》以自知」，乃天地之始交也。此所取於上經三卦之説也。若夫下經六卦之説，又可略陳矣。蓋天地之氣之交，莫捷於雷，莫徧於風。地雷之《復》，天之根也。雷之配必以風，雷自地奮，風以天行，故《震》四《巽》五居《乾》、《坤》中。天下之物，有其動之，必有其入之，動之於最先而入之必於其久遠，此雷上風下之所以爲《恒》，風上雷下之所以爲《益》。古之語曰：「井水知天風。」井之深也，風且入之，何所不入？此《恒》之一德，《益》之興利，《井》之辨義，皆取諸《巽》者也。非是《巽》也，《乾》之陽何以益下，《井》之養何以上行哉？故就《益》綜之爲《損》，去所當損而害遠，即務所當益而利興；《井》綜之爲《困》，知所由困而思通，即知所當止而義辨。其權衡之當，惟《巽》爲「德之制」，故能稱「物而施」，此九德之序所爲終於「《巽》以行權」也。蓋《巽》之象風，風動於不自知，而善化於不及覺。唐虞之世，四方風動。風者《巽》，而風之動即以配《震》得之，隨風之《巽》與雷風之《恒》相爲終始。聖人久於其道而天下化成，用是道也。《履》之《象》曰：「君子以辨上下，定民志。」《井》以辨之，《履》道乃成。《謙》之《象》曰：「君子以裒多益寡，稱物平施。」《巽》以稱之，《謙》道乃成。夫而後上下之分定，上下之情通。以之修德，心廣體胖；以之致治，萬物協和。悠久化成，道不外此。此古《南風》之詩所爲作。解愠者《損》、《困》之用，阜財者《井》、《益》之用，而《巽》以行權之妙，舉在聖人揮弦以治中也。

與周犁曾論旅酬書

先生學問爲吾邑之望，著《述朱大全》以嘉惠後學，不日付梓，幸甚。某僻陋，未得侍教。往歲許外弟少來述先生論旅酬，謂某「明日繹祭」之説爲無據。近晤錢方瞻，述先生旨亦云：「成周天子諸侯禮已無全書。」某誠不敢臆説，然尊者禮詳，卑者禮簡，亦其制之大較也。《特牲饋食禮》「不儐尸」，士卑，禮不備也。《少牢禮》「若不儐尸者」，鄭曰：「下大夫也。」其儐尸者則上大夫。《有司徹篇》鄭曰：「卿大夫既祭而儐尸，禮崇也。天子諸侯明日祭於祊而繹。」《爾雅》曰：「繹，又祭也。周曰繹，殷曰肜。」《尚書・高宗肜日》，孔曰：「正祭之明日爲肜。」《詩・緑衣》序「繹賓尸也」，❶鄭云：「又祭也。天子諸侯曰繹，以祭之明日。」《鳧鷖》朱傳曰：「祭之明日繹而儐尸之樂。」《春秋》「辛巳有事于大廟，壬午猶繹」，杜云：「繹，又祭，陳昨日之禮，所以賓尸。」《公羊傳》曰：「繹者，祭之明日也。」《穀梁傳》曰：「繹者，祭之旦日之享賓也。」《國語》韋注：「繹，又祭也。唐尚書云：『祭之明日也。』」天子之有繹，繹之爲儐尸，儐尸之在明日，審矣。先生豈以《詩》、《書》、《春秋》、《爾雅》經傳并《儀禮・少牢饋食》、《有司徹》諸篇皆不足據耶？抑即據《儀禮》之《特牲》、《少牢》以士之旅酬，大夫之儐尸，而旅酬即屬祭日，而謂天子必無異禮也？天子諸侯無異禮，則《特牲》、《少牢禮》不過三獻，將先儒所稱天子九獻、公侯七獻、子男五獻，凡所以辨尊卑貴賤者舉不足信耶？不然而曰信之，則大夫三獻儐尸、天子九獻禮備而節詳，正祭之日，尚得暇儐尸耶？夫聖人之制祭祀也，通幽明之故，辨尊卑貴賤之分。正祭之事尸也，神之也；繹祭之儐尸也，神而人之也。蓋聖人之立尸也，以吾祖吾父之氣則已涣矣，非子孫之氣不足以凝之，凝之斯神之矣。至於正祭既畢，則

❶「緑衣」，按引文出《絲衣》序，參陳校。

祖父之氣將反諸冥漠之中。其既離乎不敢知也，其未離乎不敢知也，無已，則以神與人之間待之。《特牲》有陽厭，《少牢》有儐尸，無陽厭。鄭曰：「儐尸薦俎有祭象，亦足以飫神。」則猶神之也。《特牲》旅酬，尸未出廟。未出廟，則全乎神，故尸不與乎旅酬，尸尊也。《少牢》之儐尸，則出廟而復入。出廟而復入，則疑神既離之矣，雖不敢必其既離，而大約以人道待之者居多焉，故擇於異姓，立侑以輔之。輔之者，人之也。尸與侑北面於廟門外，鄭曰：「其賓之，尸卑也。北面執臣道，尸彌卑也。主人出迎尸，而宗人擯賓客，尸而迎之，主人彌尊也。尸啐酒告旨，尸彌卑也。主人受酬酢即設席，尸彌卑，主人彌尊也。大夫尊，故崇敬也。至於尸自作三獻之爵而與乎旅酬，則全乎人，雖曰尸，而實無異於臣之爲賓矣。」夫大夫之尊，去士不過一等，而儐尸之禮則異於士如此。而謂天子諸侯之貴，反降於大夫而從士禮，即無他書可證，某猶決其萬萬不然。況天子之有繹，繹之爲儐尸，儐尸之在明日，其見於《詩》、《書》、《春秋》、《爾雅》及《儀禮少牢》、《饋食》、《有司徹》諸篇經傳者彰彰甚明，而猶曰無據，則無據非某之所敢任也。且先生謂旅酬之禮不行於儐尸者，則烏乎行？尸始入，王以圭瓚灌，后以璋瓚灌，非旅酬時也。尸出在堂，王酌泛齊獻，后酌醴齊獻，非旅酬時也。尸復入室，王酌盎齊獻，后酌醍齊獻，非旅酬時也。尸飯畢，王朝獻，后饋獻，賓加獻，非旅酬時也。如是而正祭畢矣。惟大祫九獻後有賓兄弟之加爵，有嗣子之舉奠，要亦非旅酬時也。若旅酬之禮不行於儐尸者，則烏乎行？伏惟先生著書將以嘉惠後學，苟一字未當，皆足以貽誤後生而取譏來哲。是以不敢不竭其愚誠如此，惟先生擴淵海之量而辱賜審擇焉。某惶恐再拜。

爲人後者爲之子辨上

祖宗之統可繼，而父子之名不可假也。《喪服》「斬衰」章曰父，曰君，曰爲人後者，三者實不相兼，而名亦不相混。異乎，公羊氏之說曰：「爲人後者爲之子。」若似乎不爲之子即不得爲之後，既爲之後則已爲之子，則吾不知子行無應爲後之人，積之三世四世，若商之陽甲、盤庚、仲丁、仲辛，公羊氏將何以處之？不絕其統，必至於亂倫，從公羊氏之說者無一而可也。且其爲此說也，爲「仲嬰齊」發也。其言曰：「曷爲謂之仲嬰齊？爲兄後也。爲人後者爲之子。仲者何？以王父字爲氏也。」則其說亦未核也。夫公子曰公子，公子之子曰公孫。至公孫之子，去公子已遠，故使之以王父字爲氏，所以重公子也，非謂不可以父字爲氏，而必有待於其孫也。魯之所重者仲遂，非重歸父，何居其後歸父乎？子國之子稱國僑，叔牙之子稱叔孫戴伯，皆以父字爲氏也，豈必得一歸父次其間而後可以「仲」爲氏乎？故嬰齊稱「仲」，後仲遂也。公羊氏求一「仲」字之解不得，妄爲是說，欲令嬰齊父其兄，祖其父，以合孫以王父字爲氏之例，不亦拘哉？孔子曰：「必也正名。」正父子之名也。如公羊氏之說，輒可父靈公矣，悖教傷義，莫此爲甚。而後世議禮者必斷斷據之，吾不知何說也。

爲人後者爲之子辨中

繼統何昉乎？《喪服》「爲人後者」，是其義也。雖然，《喪服》言宗法，宗法非所施於天子，則舜繼堯，禹繼舜，其繼統之初乎？舜之「受終於文祖」，太史公曰：「文祖，堯之太祖。不於其所祖受堯之終，必於堯之祖廟。」夫必於堯之祖廟，則奉堯之祀可知。帥諸侯爲堯三年喪，則降其父可知。説者謂有庳之封所以守瞽瞍之祀，則舜不親祀瞽瞍可知。議者不探其本，而但引《公羊》爲説，宜其轇轕而難通也。雷氏次宗之釋《喪服》曰：「不言爲所後之父，或後祖，或後高、曾祖，皆未可定。」一家之大宗且然，而謂入繼大統曾不及大宗之廣大明白而無所私，必不然矣。且夫父子之恩，天子不能奪也，知其不可奪，故不必奪人之子，而吾恃有統之重焉，統之重亦父子之所不能奪也。統不奪親，親亦不得奪統，而統乃特重。如《公羊》之説，統必賴父子而定也。統賴父子而定，則不至奉其父母入廟，如明世宗之於興獻不止。何也？以其不重統而重親也。夫既重親矣，親重名乎，重實乎？吾知重名之不如其重實也，重實則興獻真其父也。以伯叔爲之父，何如以父爲父、以伯叔爲伯叔、以兄爲兄之快然而無憾也？夫《公羊》豈不欲重統哉？立説不審，其弊必至於此！漢成帝、宋仁宗更親命哀帝、英宗爲子。以他子爲子，婦女之見耳，猶之名也，非實也。師丹不能以立太子時明大義抑私情，褒然爲之太傅，至上共王尊號，然後從而争之，疏矣！司馬光不能鑒前之失，明指立定陶爲趙昭儀、傅后、王根之所爲，反引《公羊》以實之，而欲準期功親屬以待濮王，是尤不近人情。諸人之議，霍光、師丹而外，吾獨有取於張璁。璁，大禮議之罪人也，然其言曰「繼統不繼嗣」，曰「繼統公，立後私」，數語皆爲不易之論。楊、何輩各挾一必勝之私，以人廢言耳，如何而可以繼統？統在武宗，則繼武宗乃謂之繼統，如何而可謂之公？父孝宗，私也；尊興獻，亦私也。不以私害公，乃可以繼統。

爲人後者爲之子辨下

入繼大統者五，漢宣帝最先，而亦最得其正。霍光奏議曰：「《禮》：『人道親親故尊祖，尊祖故敬宗。』大宗無嗣，擇支子孫賢者爲嗣。孝武皇帝曾孫病已，操行節儉，慈仁愛人，可以嗣孝昭皇帝後，奉承祖宗，子萬姓。」欲尊故戾太子、史皇孫，有司曰：「《禮》：『爲人後者爲之子。』故降其父母不得祭，尊祖之義也。陛下爲孝昭帝後，承祖宗之祀，宜謚親爲悼皇，母爲悼后，比諸侯王園。」其次則師丹之議曰：「定陶共王號謚已前定，❶義不得復改。子亡爵父之義，尊父母也。陛下既繼體先帝，持重大宗，承宗廟天地社稷之祀，義不得復奉定陶共王祭入其廟。」言皆粹然可爲後世法，然未聞或奪其父母之稱也。且夫父母之名，何所施乎？古未聞有以父稱天子者。上可以戚下，下不可以戚上。《詩》、《書》所稱，曰王，曰后，曰寧王，曰昭考。「正父」乃蔡傳妄説。考者成也，凡廟皆稱考，非專於父也。祝稱「孝王某」，不必稱子也。即其父之廟號，若宣帝之稱悼皇、悼后，亦非有父稱也。何居乎，宋儒之必争此名也？其爲仁宗親命英宗爲子，與漢宣異乎？親命爲子，婦女之見也。此師丹之議所以絶不一語及之，而宋儒亦不敢明舉其説者也。且濮議亦先後矛盾矣。如不以親命爲子爲據，則不當禁其父濮王；如以親命爲子爲據，則不當引宣帝爲例。乃始則引宣帝矣，而既又引《公羊》爲子之説以禁其父濮

❶「王」，沈梁校引《漢書》卷八六作「皇」。下同。

王，漢宣何嘗不父悼皇哉？曰濮王宜準期功親屬，不順；曰宜稱伯叔父母，不倫；曰宜稱本生父母，不典；曰孝敬之心分於彼不得專於此，不達。至明大禮議，則曰爲武宗後者爲孝宗子，直不復可解，《公羊》且不任咎。此皆當日之所謂正人君子，其議如此，益思漢儒明經之效也。獨光武皇帝立四親廟於洛陽，張純言「爲人子奉大宗降其私親」，遂復祀宣、元二帝，遷哀、平主於長安，四親主於章陵，其事爲仁者之過。是時新莽之篡已十有八年，漢已亡矣。光武以長沙之支崛起，祀漢配天，則初之以高帝爲祖，文、武二帝爲宗，章陵、鬱陵、鉅鹿、南頓爲四親，爲得禮之正。本無所受，安得援「爲人後」以例之？若謂承漢諸帝即爲人後，則宜後孺子嬰；謂嬰不終其位，則宜後平帝，以爲世次。當後元帝，其意甚厚，然南頓而上皆祖也，既以身貴而廢其祖，哀、平而下皆君也，又以行尊而廢其君，於禮兩無所據。其誤張純導之，而宋儒乃重稱之，多由一濮議横亘於胸中也。

遂人匠人溝洫辨

鄭氏謂：「遂人是貢法，匠人是助法，采邑爲井，鄉遂與四等公邑不爲井。」又謂：「畿内用夏之貢法，邦國用殷之助法。」朱子謂：「溝洫以十起數，井田以九爲數，決不可合。鄭分爲兩，是也。」愚謂：溝洫以正疆界，備旱潦，凡以爲田計耳。井田必有溝洫，豈可判爲兩事？且王者立法，以身先之，自近而遠，豈有公邑皆用貢而惟采邑用助，畿内皆貢而使邦國行助之理？且公邑授之大夫即爲采地，采地削奪即爲公邑，外諸侯亦有益地削地，豈有授之諸侯大夫即行助法，歸之天子即用貢法之理？且如其説，都鄙用助法，則野爲都鄙，何反以遂人治之？治野宜用助，何反以十家之貢法屬之？鄉遂用貢法，則國中鄉遂之地也。匠人營國宜用貢，何反以九夫爲井言之？今按其文，遂人言以達於畿，所重在道路，故以徑直言；匠人言專達於川，所重在溝洫，故以開方言。遂人乃總計之辭，匠人乃營造之法，二者相爲表裏，皆天下之通法，三代之同制也。蓋治田之法在正經界，經界之法必始於方。而方者一區，則猶可稍廣狹於其間；井田九區，若少有偏斜，即衆目共見，故必方者九，而所謂百畝者乃尺寸不可多少，然後制爲方田之法。即不方者亦以方之尺寸度之而可知矣。故可井則井之，不成井而有三百畝、一百畝亦可授三夫、一夫，隨其山川之勢之大小向背以制宜，而要之百畝中之必有畎，田首之必有遂，一也。成井則以井計，而四井爲邑，四邑爲丘，四丘爲甸，旁加一里爲成。季氏本謂：旁加一里之説不見於經，當作「五井爲邑，五邑爲丘」，不用旁加。不成井，則自十夫、百夫至九百亦爲成。匠人舉方法，則一井九夫而溝周之；一成九百夫，中有九洫，而總達於澮；一同九萬夫，中有九澮，而總達於川。遂人以直計，則行十夫之地所經惟有溝，至百夫之地見有洫，千夫之地見有澮，萬夫之地見有川。其實百夫之洫即成間之洫，千夫之澮即同間之澮，萬夫之川即兩山間之川，非有二法也。遂人舉其略，故約計之；匠人職其法，故詳言之。先言九夫爲井，以明經界之法必自整方起；終言兩山之間，以見山川之勢必不能方，不可以整若碁局者，定爲萬井、九夫，互爲首尾以見意也。蓋山川之勢多曲，方平九百畝則有之，方平九井者已少，方平九十井、九百井則斷斷無有，故惟舉一井以見法，而於成即言十里以見數，不言方九井。蓋十者，數之成也，豈匠人專以九爲數，與遂人異法哉？

明堂説

明堂之制大備於成周，禮從其朔，依古以來百家可攷也。尸子言：「神農曰天府，黄帝曰合宫，陶唐曰衢室，有虞曰總章。」循其名，思其義，以求其制，天府其以事帝乎？漢公玉帶上《黄帝合宫圖》四面無壁，中有一殿，覆以茅茨。上古樸略，制如是足矣。宫之言穹也，上覆穹窿也；室之言室也，旁有所室也。唐曰衢室，疑有壁矣。四達之謂衢，其四户乎？明四目、達四聰之義實寓諸此。王仲淹曰：「堯有衢室之問，舜有總章之訪，其用略同。」夫言總，猶合之義也。《考工記》『夏后氏世室』，家天下於是乎始。五室、九階、四旁夾窗，室分而户牖亦備矣。尸子言：『殷曰陽館，取向明而治之義也。』《考工》著其制，四阿重屋。蓋殷人尊神，神人不瀆，故上事神，下安身。方士言神人好樓居，因此爲誕耳。至於周人明堂而大備，明即陽義也。然其説頗乖異。《考工》之記曰：『明堂度九尺之筵，東西九筵，南北七筵。五室，每室二筵。』《大戴·盛德》之篇曰：『明堂九室、十二堂、三十六户、七十二牖，宫方三百步，天子之路寢也。』於是五室、九室，説者爭衡。」愚謂：九室猶五室也。康成言土室居中，水木用事交於東北，木火用事交於東南，火土用事交於西南，金水用事交於西北。蓋五室則太室居中，四室居隅。冬至入東北之室，春分遷而東南，夏至西南，秋分西北，各居九十一日。「周公宗祀文王於明堂，以配上帝」，合諸侯，而班政令焉。因變四爲八，丑、寅二室位於東北。辰、巳二室位於東南，未、申西南，戌、亥西北，子、午、卯、酉位四正之中。其所爲交以用事者，未之有異也。魏李謐極訾鄭氏，謂《考工》得之五室而謬於堂之修廣，《盛德》得之户牖而失之九室，則一室得七户十四牖，何以置之？尚户餘一，牖餘二，何以析之乎？愚謂明堂有廟，有堂，有室。廟以事神，堂以布政，室以安身，而其間有分有合。《月令》於中言太廟太室，爲太廟又爲太室，地合而用分者也。分祀五帝，則明堂、玄堂、青陽、總章爲四廟，合太廟而五；以居身，則四左个，四右个，爲八室，合太室而九。若夫臨諸侯，班政令，則又即此四太室以爲堂，故明堂、玄堂早被以堂之名，此廟與朝用之時殊而地實合者也。故《作雒篇》所稱四阿，《攷工》所謂重屋，《白虎》所稱四闥，專指太廟而言。張衡所稱八達，由太廟以及四太廟而言；蔡邕所稱二十八柱，康成所稱交以用事，則專指八室而言；《盛德》所稱三十六户、七十二牖，則通九室而言。按之五行，則曰五室；按之九州，則曰九室；按之十二辰，則堂各直其室。孟季居隅，四仲居正；按時以啟太室之户牖，則一室有四室之用，即謂之十二室，亦無不可也。故李謐争四室不可居隅，誤以室爲廟，不知廟自居正，室自居隅也。争户牖之間不容斧依者，誤以室爲堂，不知朝必於堂，不於室也。或又争四仲無室可居，孟季無堂可莅者，不知四仲之室即太室，而孟季之朝即四廟之堂也。至袁翻謂室即爲堂，譏堂後有室之説爲巨異，則全不知古人堂室之制，明堂、玄堂、青陽、總章未嘗不在九室之外也。若夫李謐言《攷工》誤於修廣則誠然，蓋古今之變，自質而文，依古以來大率如是。《攷工》於夏言修二七，廣四修一；於殷言修九尋；❶於周言室二筵。先儒謂夏度以步，是夏之堂廣十丈五尺；殷堂深五丈六尺，視夏幾減其半；周室一丈八尺，視夏不及十之一也，毋乃傎乎？愚按：《攷工》文多譌闕，夏言二七，不舉其度；殷言修七，不舉其廣，皆闕也。夏言九室，周又言五室，必譌也。先儒又謂太廟、路寢、明堂制如一，此可舉一以相例，則寢廟之室視堂皆得三之一，烏知所謂廣四修一非即謂此，而二筵者非即謂堂深七筵、室深二筵，雜舉寢廟爲説乎？恐非。明堂統五廟、九室、十二堂祇廣九筵，若是其隘，李謐疑當側身出入者也。《尚書大傳》言路寢九雉，以六雉爲堂，則正室二雉，夾室雉半。雉長三丈。《作雒篇》言路寢、明堂、太廟同爲五宗。《盛德篇》言明堂宮九百步，天子路寢也。蔡邕《獨斷》云明堂外廣二十四丈，以較《大傳》路寢少一雉焉，差可據信。蓋宗廟路寢之堂燕享諸侯，諸臣皆在明堂，於諸侯立而朝之耳，不妨稍狹也，豈有廣狹迥絶如《攷工》之注之説者哉！嘗攷古今明堂諸説，漢蔡邕《獨斷》爲詳，而亦有譌者，則太廟方三十六丈一語也。唐李氏覲爲備，❷而亦有不必者。《記·明堂位》惟言應門及南北四門，何必具皋、庫諸門也？惟就九百步之地，外爲二門，南三門以周之，於中區爲五者，五中太廟太室，庭周之。四廟位諸正，於中廟達八室，位四隅，各置四户八牖，外爲堂，庭又周之。則方廣二十四丈，而下可方以象

❶ 「九」，陳校：據《周禮·匠人》當作「七」，此文後即作「七」。

❷ 「覲」，沈粱校改「謐」。

地；各缺其隅，使上可圜以象天；户牖皆有所受明，而爲廟、爲室、爲堂各得其用，於以協陰陽之義，酌文質之宜，彙諸儒之所長，而各祛其蔽，則使離婁引繩，公輸削墨，復成周明堂清廟之規不遠也。

音律説

《虞書》曰：「律和聲。」《孟子》曰：「以六律正五音。」則未有律之不知而能使音之和且正者也。顧古之言律者有二：《吕氏春秋》曰：「昔者，黄帝命伶倫之阮隃之陰，取嶰谷之竹，斷兩節，間長三寸九分，吹之以爲黄鍾之宫。」是最短者，黄鍾之宫也。《史記》之言曰：「置一而九三之以爲法，實得九寸，命曰黄鍾之宫。」是最長者，黄鍾之宫也。夫五音以宫爲君，十二律以黄鍾爲本，黄鍾之宫未定而升降何則焉？嗣後宗《史記》者，蔡氏曰：「由黄鍾下生，三分去一，爲林鍾，六寸。上生，三分益一，爲太蔟，八寸。一上一下，至應鍾之四寸六分六釐而終。」宗《吕覽》者，王氏曰：「由黄鍾益六分而大吕，又遞益九分極蕤賓之九寸而極。復降六以爲林鍾，又遞降九，仍復於黄鍾之宫。」以二説較之，十二律尺寸無一同者。或曰：二説一也，十二律特人假是以名耳。由本順數之可，由末逆數之亦可。然則其間升降之分寸必有合矣，而無一同者，何也？竊以理推之。夫天地之道，陰陽而已。陽氣升，陰氣降；陽道饒，陰道乏；春夏陽，秋冬陰。此一歲之大陰陽也。而陰中有陽，陽中有陰，奇月陽，偶月陰。此小陰陽也。十二律者，十二月之象也。黄鍾子，大吕丑，太蔟寅，以爲春；夾鍾卯，姑洗辰，仲吕巳，以爲夏，應《乾》之六爻。蕤賓午，林鍾未，夷則申，以爲秋；南吕酉，無射戌，應鍾亥，以爲冬，應《坤》之六爻。此《周易》即周正之説也。商以丑正，夏以寅正，春秋之月改，而黄鍾之爲子，蕤賓之爲午，一定而不易，故《易》於《泰》曰「小往大來」，於《否》曰「大往小來」。天地之氣，有升必有降，自然之理，即自然之法象也。在《易》以《坤》遇《乾》之初曰《復》，冬至一陽始生，《復》之始也。以《乾》遇《坤》之初曰《姤》，夏至陽極，一陰生，《姤》之始也。《史記》言始於冬至，周而復生，是明以黄鍾爲冬至矣。而其法黄鍾九寸，是陽方始而已極也。且由是遞降，大吕八寸三分七釐零，降者六分三；太蔟八寸，降者三分七；夾鍾七寸四分三釐七，降者五分六；姑洗七寸一分，降者三分三；仲吕六寸五分八三四六，降者五分一。其所降之多寡，思之不得其説。而蕤賓六寸二分八，林鍾六寸，夷則五寸五分五五，南吕五寸三分，無射四寸八分八四八，應鍾四寸六分六，止有遞降，無遞升，是有一至無二至也。突接九寸之黄鍾，是天地之氣，十二月皆降，惟冬至一日驟升也。無怪乎以其法候氣，而無一管之應也。則不如王氏宗《吕覽》之遞升遞降，衷諸理而可信也。

然則三寸九分爲黄鍾之宫，所自起何也？曰：以古志推之，仍以理斷之。《管子》曰：「凡音之首，先生一而三之，四開以合九九。」伶州鳩曰：「攷中聲而量之以制，紀之以三，平之以六，成於十二，天之道也。」《禮》曰：「五聲六律十二管還相爲宫。」《漢志》曰：「天之中數五，五以爲聲；地之中數六，六以爲律。」蓋天一陽之奇也，位乎上；地二陰之偶也，位乎下。天地合以生人，是名三才。故人者，天地之中也。有人聲而天地之中聲在是矣，故聲必先紀之以三，所謂先生一而三之也。上與下有中，前與後亦有中，左與右亦有中，合前後左右則四開之矣，故不特三有中，五有中，七有中，極之九而有中。中者，動之樞，天之則也。若地則偶而已，偶則居前後左右而無中矣。非無中也，天之中實而運，地之中虛而受。然則《志》言地之中數六，何也？曰：此特偶之中也。天之數一三五七九而五居中，地之數二四六八十而六居中，舉五以爲音，舉六以爲律，而以一三七九開爲四以居正，二四八十開爲四以居隅，四開以合中而九成矣。故九者天數之極，九十者天地合數之極也，故管之長至九寸而極也。子夏曰：「四九三十六，六爲律。」故由九寸而溯其源，則四其九而三十六者，天地之合體。九者天之圜，四者地之方也，以合體，故無可名。邵子所謂「冬至子之半，天心未改移，一陽初動處，萬物未生時」者也。加三分乃名之曰黃鍾之宫，則自此加六分爲黃鍾之商、角，加九分爲黃鍾之徵、羽矣。所謂紀之以三，平之以六，自此始也。由是升之，五其九而爲大吕之四寸五分，六其九而爲太蔟之五寸四分，七其九而爲夾鍾之六寸三分，八其九而爲姑洗之七寸二分，九其九而爲仲吕之八寸一分，至蕤賓之九寸而極矣。由是降之，存其三以爲紀，林鍾得八寸四分，夷則得七寸五分，南吕得六寸六分，無射得五寸七分，應鍾得四寸八分，仍反之黃鍾之三寸九分。而一周升者六，降者六，如是而天地之氣平，所謂「平之以六」也。由是合之，黃鍾之元合林鍾得十二寸，大吕合夷則，太蔟合南吕，夾鍾合無射，姑洗合應鍾，仲吕合黃鍾之宫，無不各得十二寸焉，則所謂「成於十二」者，亦大略可覩矣。

或曰：「子識應鍾之四寸六分升黃鍾之九寸爲驟，是固然矣。而每月升降皆九分。敢問此月之中不升不降，必改月乃一升降乎？」曰：「氣無時不升降，總一月計其差則然耳。曆家言日行一度，非曰止行一度，較之天不及一度耳。曆家言是月昏某星中，但某星中非此星一月中不移，必改月乃移也。律管之長短起於冬至之子半，極於夏至之子半，其分寸皆以月之中氣爲準。其在中氣以前，必於是律不及，其不及正中聲也；中氣以後，必於是律漸過，其過正中聲也。其或天道之變，人事之違，則有宜正而偏，宜過而不及，宜不及而過者。故吹律以知吉凶，所謂攷中聲而量之以制者，用此道也。非有是一定之則以爲之制，則所爲五音之亂，於何取中乎？以律管準之，氣之升降日三釐，旬則三分，月則九分，而南北山澤高卑又微有差。善律者必先得其地與人之中聲，而後可以過不及，知其休咎也。」

「然則管必十二，而《孟子》止言六律正五音，何也？」曰：「音固不止於五也。有二變焉，有五清焉，合之則十二也，非十二管不足以盡音也。今夫陽主動，動則善遷。凡聲皆陽也，故即一聲而有清濁，有高卑，聽之迴殊矣。古人量清濁，準高卑，名之以宮商角徵羽，象之以君臣民事物，而天下萬殊統之。然而五者不可等量齊觀也。君至尊，物至賤，且天子大君也，天下不能以獨治衆建而爲君。正宮之下次以變宮，此公侯伯子男各君其國之象也。黃鍾之正宮不爲役，而變宮未嘗不爲役。用正宮則變宮不用，明土之無二王；用變宮則變宮即爲宮，明於其國未嘗不成君也。治民有治民之事，治物未嘗無治物之事。正徵之下，次以變徵，然變徵雖有聲而各調無用之者，以治物之事原以爲民，物事不外民事中也。若夫清聲，即正聲之高耳。徵已清，變徵更清，羽極清，故無變徵清及羽清。此聲之所以十二，而清聲即正聲之高，去二變不用，則仍五聲也。今以旋宮之法計之，黄鍾周十二管得五清，大吕得四清，太蔟得三清，夾鍾得二清，姑洗得一清，皆可補救，以全其清。仲吕無清，並無羽而不可用。林鍾即黄鍾之宮清，夷則即大吕之變宮清，南吕即太蔟之商清，無射即夾鍾之角清，應鍾即姑洗之徵清。是十二管以備音之全，而正五音者止六律也，故曰不以六律不能正五音也。」

或曰：「必以律正音，則音受命於律矣。吾聞天地之道，陽能治陰，陰必從陽，未聞陽反受命於陰也。而必以律正音，何也？」曰：「天地之道，豈一端而已？子不見天地之相倚乎？地在天中一點耳，四面皆虚而終古不墜，以天之行健，大氣舉之而四周之也。天之運如轉圜，而南北爲經，終古不易，以地之德方，居中鎮之也。不有陰之方以爲前後左右，即陽安所取中哉？夫惟陽動而陰静，動則無方，静則有常，以律正音，以有常定無方也。此又天依於地之理而中之，一正藉此四開者以取中也。」

然則《史記》所謂黄鍾九寸，三分損益，隔八相生，上生四其實，三其法，下生倍其實，三其法，皆非歟？《史記》寧無所受之歟？余謂此其説亦不誤，特從而推衍之者誤也。蓋三寸九分，黄鍾之始形也；極於九寸，黄鍾之極數也。自冬至微陽始生，至夏至而極。故蕤賓之律九寸而蕤賓無羽，此九寸者已入林鍾之初。林鍾者，黄鍾之清宮也。夫音濁卑而清高，卑可轉而高，高亦可轉而卑。則三寸九分者，黃鍾之低宮；極於九寸者，黃鍾之高宮。即謂黃鍾九寸亦無不可。且自黃鍾至蕤賓皆上生，自蕤賓至黃鍾皆下生。上生置四九以爲實，而加三分以爲黃鍾之宮，又三其三以爲遞加之法。下生反前所升，而存三以爲遞降之法，亦未嘗非三分損益。黃鍾宮隔八生林鍾宮清，太蔟商隔八生南吕商清，亦未嘗非隔八相生。故愚謂《史記》所受不誤，而推而衍之者多誤也。

或曰：「子言氣之升降，悉矣。以是候氣，應乎？」曰：「氣非管之可候也。今夫天者，氣之清；地者，氣之濁。盈天地間無物非氣，無處非氣也。物之虛者，氣即充之；物之實者，氣即周之。今截竹爲管，而管之虛氣已充之，實以葭灰，而灰之實氣已周之矣，安所得空隙之處而又有外來之氣入此管而灰飛乎？且候氣而必在地中，是地之上無氣也。候地中之氣以寸分，是地中之氣又止在此寸分也。驗其灰之飛而出，是此分寸之氣，又止自下而上，不自上而下也。此於理皆不可解也。吾意爲是説者，必實不知音，而托此以自遁，謂審音非難，定律爲難，候氣而氣不應則律不定，律不定則音不可得而正，猶方士言三神山可望不可即，將至，風輒引而遠之耳。吾請即其説以窮之。自九寸而下，至三寸九分，以絲忽遞降，爲管數萬，徧埋之，則子月灰飛者爲黃鍾，丑月灰飛者爲大吕，不出一年而律定矣，何難之有？然吾知終無一管之應也。何也？氣非管之可得而候者也。」

古今尺考誤

《王制》百步爲畝，三百步爲里，方一里者爲田九百畝，方十里者爲田九萬畝，方百里者爲田九十億畝，十萬爲億。方千里者爲田九千億畝，方三千里者爲田八萬一千億畝，俱當以陳氏爲是。至古今畝里之數，《正義》固誤，陳氏注亦未精。蓋古者以八寸爲尺，以周尺八尺爲步，則一步有六尺四寸。今以周尺六尺四寸爲步，則一步有五尺一寸二分。以古步六尺四寸自乘，得四十尺九十六寸，爲古一步之積，與百畝一萬步相乘，得四十萬九千六百尺，爲古百畝之積。以今步五尺一寸二分自乘，得二十六尺二十一寸四十四分，爲今一步之積，與一畝百步相乘，得二千六百二十一尺四十四寸，爲今一畝之積。以方百畝之積爲實，以今一畝之積爲法除之，得一百五十六畝二十五步，即古者百畝當今畝之數也。本法以古步八尺自乘，得六十四尺，與百畝一萬步相乘，得六十四萬尺爲實；以今步六尺四寸自乘，得四十尺九十六寸，與一畝百步相乘，得四千九十六尺，爲法除之，相得。又捷法，今步爲古步十分之八，則今步積爲古步積百分之六十四，以百分爲實，以六十四分爲法除之，亦得。三百步爲一里。以古步六尺四寸與一里三百步相乘，得一千九百二十尺，爲古一里之尺數。又與百里相乘，得一十九萬二千尺，爲古百里之尺數。以今步五尺一寸二分與一里之百步相乘，得一千五百三十六尺，爲今一里之尺數。以古百里之尺數爲實，以今一里之尺數爲法除之，得一百二十五里，即古者百里與當今里之數也。本法以古步八尺與百里三萬步相乘，得三十四萬尺爲實，以今步六尺四寸與一里三百步相乘，得一千九百二十尺爲法除之，即得。又捷法，今步爲古步十分之八，以十分爲實，以八分爲法除之，亦得。蓋古今步法不同，當以其尺數計算。畝兼長闊，故以步之尺數自乘爲比例。里專在長，故但一步之尺數爲比例，不用自乘。此畝、里比例之別。經文不言八寸爲尺，其義已明，古以八尺爲步，今以六尺爲步，其尺之數雖異，其尺之實則同，故不必又言八寸爲尺也。但其數不合，當是所傳有誤。疏以一尺又作八寸計算，已是舍易就難，然於義猶無害；至謂今一步有五十二寸，則顯誤矣。陳氏謂今以周尺六尺四寸爲步，則一步有五尺一寸二分，誠是；至以每步賸出一尺二寸八分計算，當今一百五十六畝二十五步之下又有一寸六分十分寸之四，則算術未精也。如以每步賸出一尺二寸八分計之，則當以賸出之一尺二寸八分爲方法，以今步五尺一寸二分倍之得十尺二寸四分爲廉法，方與廉併得十一尺五寸二分。以方法乘之，得一十四尺七十四寸五十六分，爲每步賸出之積。上文古步六尺四寸自乘得十尺九十六寸，今步五尺一寸二分自乘得二十六尺一十一寸四十四分，兩數相減，亦剩出一十四尺七十四寸五十六分。以百畝一萬步乘之，得一十四萬七千四百五十六尺，爲百畝一萬步賸出之積爲實，以今一畝積二千六百二十一尺四十四寸爲法，除之，得五十六畝二十五步，爲百畝賸出之數。合之百畝，則是古者百畝當今百五十六畝二十五步。此數原無奇零，陳氏算術未精，致有餘數。且十分寸之四即是四分，合之一寸六分，則共爲二寸，安得有所謂一寸六分十分寸之四者乎？又按：經言方一里者爲田九萬畝，則里以方積而言。然以方積言之，則古者百里當今百五十六里又百分里之二十五，每方一里爲田九萬畝，里之小餘須以里法通之，始得畝數。百分里之二十五，乃二萬二千五百畝也。與古百畝當今畝之數同。今里數與畝不同，故知里數專以長言，或者止據一邊爲說也。今以原注寸計之法正之於前，復以尺計之本法及用分數計之捷法明之於後，其數皆合，庶幾無誤云。

經義雜識

伏生今文《尚書》次序，《多方》第十四，《多士》第二十。按：《多方》篇云：「惟五月丁亥，王來自奄，至於宗周。周公曰：『我惟大降爾命。』」《多士》篇云：「王曰：『多士，昔朕來自奄，大降爾四國民命。』」則其前後甚明，無可疑者。僞孔傳因《多方》文有「至於再，至於三」句，因倒其次，謂必武王伐紂時常一伐奄，周公東征時再伐奄，成王即政之明年，商、奄又叛，周公又征之，乃得有三伐。明郝敬謂「臣我監五祀」，我，周公也。周公治洛之五年，奄人又叛也。愚謂至再至三，本非實數，大意我之教汝至再至三，而汝猶不從，則將大罰殛之耳。武王伐紂時伐蜀，伐磨，伐衛，伐霍，俱見逸《書》，何曾兵到山東奄地？成王三年，王師伐奄。四年，入奄。五年，王在奄，遷其君於蒲姑，遂以其地封伯禽爲魯。《孟子》所謂「伐奄三年，討其君」者是也。此後安得又有奄國？周公治洛，四年致政，歸於豐，王使周公子平公君陳代治東都，周公何曾有五年留洛？且如其說，成王七年營洛之誥已明言「庶殷丕作」矣，顧於周公留洛之明年，奄人復叛，將奄人復反奄地而伯禽失國耶，將奄君反於蒲姑之地耶？時蒲姑爲齊太公封國，將太公失國而奄君據之耶，或即反於洛邑之中耶？成王留公於洛，如是鄭重，公留一年而商、奄皆叛，周公苛刻激變耶？僞《書》妄說至此，而後儒猶偏信之，舉伏生《大傳》、鄭氏傳而皆廢之，誠不知其何心矣。

公劉遷邠，想當請命王室。《竹書》：「商祖乙十五年，命邠侯高圉。盤庚十九年，命邠侯亞圉。祖甲十三年，命邠侯祖紺。武乙元年，邠遷於岐周。三年，命周公亶父，賜以岐邑。」是亶父遷周亦請命。公劉之請命而封侯，可知前止命爲侯，而至亶父則爲公，實始翦商，信而有征也。《爾雅·釋言》：「劑、翦，齊也。」太王避狄人之難，不過因以爲辭耳。一國之民，扶老攜幼，日行不過數十里。倘狄人輕騎蹂躪，安能到得岐下？況太王遷岐之後，不聞邠地遂爲狄人所有也。非擇而取之，亦孟子之對滕文云然耳。其實，岐陽以爲居，梁山以爲蔽，度形勢之地，肇基王迹，均非苟而已也。不然，我能往，寇亦能往，欲邠之土地，豈獨不欲岐之土地耶？其不爲宋人崖山之舉，幾何？

伏生《大傳》：「惟后王元祀，帝命禹步於上帝，禹乃共辟厥德，受天休命，爰用五事，建用皇極。」后王，禹也；帝，舜也。禹攝，舜猶在帝位，禹但攝政，未攝其位，故稱后王，但別於群后，而非帝也。王之名於是乎始。步即陟也，所謂舜薦禹於天也。「皇極」本作「王極」，唐明皇乃改王爲皇，今無知者矣。

《書序》言武王十一年伐殷；梅賾《書》十三年伐殷；僞孔傳言文王受命九年，武王即位爲十年，歷三年喪畢爲十三年，始伐殷。又據《洪範》「十有三祀，王訪於箕子」，謂武王克殷，即釋而訪焉。是克殷在十三年也。今考《竹書》：「帝辛四十一年，西伯發元年。五十一年，乃武王十年，諸侯會孟津請伐紂，武王以爲不可。帝辛五十二年，殺比干，囚箕子，微子出奔，周始儆師伐殷。秋次鮮原。冬十有二月，周師有事於上帝，庸、蜀、羌、髳、微、盧、彭、濮從周師伐殷，敗之於坶野。王親禽受於南單之臺，遂分天之明，立紂子禄父。」此下繫周史。周正建子，故十二年無正月也。伏生《大傳》亦言武王十一祀伐殷，十二祀克殷。《史記》亦言武王十二年克殷。年數歷歷可考，武王何曾上冒先君九年？歐陽氏反覆辨論詳矣。然但據理折之，不如據《竹書》、《大傳》、《史記》以折之爲確有明證也。又但折僞傳上冒九年之妄，終不辨僞古文十三年之妄。《史記》：「克殷之二年，王問箕子以大道。」《大傳》：「惟十二祀克殷，釋箕子囚，箕子不忍周之釋，走之朝鮮，朝鮮人君之，王因其地封之。十三年來朝，王因訪焉，作《洪範》。」則伐殷在十一年，克殷在十二年，作《洪範》在十三年，歷歷明著，而諸僞《書》、僞傳不攻自破矣。

《孟子》所引《書》，若「天降下民」節，是未伐紂征諸侯之辭，故《孟子》引以證交鄰。其文曰：「有罪無罪惟我在，天下曷敢有越厥志？」天下指諸侯也。僞《書》改「天下」字爲「予」字，於文悖矣。「有攸不爲臣」節，是既伐紂而東征諸侯，若蜀、磿、艾、霍之辭，故曰「紹我周王見休」，而《孟子》引以證「行王政，四海欲以爲君」，皆非伐紂語也。「王曰無畏」節，則武王伐紂，將入商，而商民待於郊語。「我武惟揚」節，則周師歌頌武王之辭，所謂前歌後舞而入時語也。今僞《書》强爲牽合，以「我武惟揚」爲武王自稱，不成文理。至以「若崩厥角」爲武王語，而割裂其文，并不成句法。至《論語》所云：「雖有周親，不如仁人。」言親者未必賢，雖至親不如仁人耳，未必周親屬紂邊。「百姓有過，在予一人」，則與上節「萬方有罪，罪在朕躬」一例。僞《書》僞傳下增「今朕必往」一句，釋之者曰：「我不伐紂，百姓必過責我。」亦不成文理矣。

滅國五十在成王時，則殷也，奄也，蒲姑也，熊盈之十有七國也，東夷諸國也，唐也，其餘無考。豈通武王伐紂時所滅諸國言之歟？

武王十二年立武庚，十三年命三叔監殷，十七年武王崩，成王元年殷畔。《書》所稱：「天惟五年，須暇之子孫臣我，監五祀。」自十三年至元年，武王存殷，中間五年也。

武王十五年有誥妹土之誥，成王六年又有明大命於妹邦之誥，故舊本首書「成王若曰」，以別於武王之誥也。唐孔氏謂他篇皆稱「王若曰」，無稱謚之例，遂刪去「成」字。至宋蔡氏，并移《康誥》三篇皆屬之武王。金仁山云：「《梓材》篇首，伏生原本作『周公曰』，孔安國改『王曰』。若唐孔氏不刪『成』字，漢孔氏不改『王曰』字，蔡氏亦不應有誤矣。」

《召誥》：「戊申，太保朝至于洛。厥既得卜，則經營。」《洛誥》：「予惟乙卯，朝至于洛師。我卜河朔黎水，我乃卜澗水東，瀍水西，惟洛食。我又卜瀍水東，亦惟洛食。」朱子謂：「周公乙卯至洛，又卜。」金仁山謂：「召公戊申之卜，卜王城也；周公乙卯之卜，卜下都也。」按：召公得卜而經營，以庶殷攻位，五日甲寅位成。翼日乙卯，周公達觀新邑營，無他議也。周、召同心輔政，況營洛之事，周公爲主，召公爲輔。召公先周公相宅，豈有不與周公商度而自卜自營者？萬一周公又卜不吉，將改易一處，別作經營，亦不成事體矣。至金氏之説亦不然。瀍水西，澗水東，今所營之東都也。瀍水東，五年所營，成周之地，以居殷民者也。周公以營洛來，何故舍洛邑不卜而卜成周乎？蓋古之卜，有命龜，有述命。天子尊，再述命。召公之卜，必王命之。周公述王命以命之，召公再述命而身莅卜也。周、召雖二人，自朝廷言之則皆我耳。朝至於洛師，以至之日告我卜云云，以卜之吉告，非謂乙卯又卜。

《洛誥》與《召誥》相爲首尾。《召誥》順序，故年月日順序於前。《洛誥》倒序，故先言戊申，其日也；十二月，其月也；惟七年，其年也。僞孔傳爲攝政之七年，猶近之。蔡引吴氏爲周公留洛七年乃薨，尤謬。蓋公留洛止四年，而公薨於成王之二十二年，則自此以後，公尚十五年而薨也。

伯禽之封，《通鑑》以爲成王元年，其説本之皇甫謐《帝王世紀》。以爲成王八年春正月，其説本之唐孔氏，謂成王即政之元年實八年。二書皆謬，而《通鑑》尤謬。蓋元年周公以冢宰攝政，萬無汲汲即封其子之理。且是年流言一至，公即居東，成王方疑周公，必無封其子之事。又徐、奄方助武庚爲亂，曲阜爲奄之國都，安所取其地以封伯禽乎？考《竹書》，三年伐奄；四年入奄；五年春王正月，王在奄，遷其君蒲姑；夏五月歸自奄。蓋奄助武庚之亂，周公討之，三年後克，則迎成王親莅其地，臨以天子之威。然王不能久居奄，周公又不能久留鎮奄，欲得重臣以鎮撫之，至親至賢者莫如伯禽，故建爲魯侯以鎮其地。《公羊》所稱「周公拜於前，魯公拜於後」，爲得其實。則伯禽之封斷在五年之春無疑也。四年，王師伐淮夷，而徐戎未討，故伯禽一受封即征徐戎。若伯禽受封在八年，則此數年中，守奄地者何人耶？討淮夷而不即討徐戎，則又何説也？

《吕刑》一篇，蔡氏言穆王耄荒，車轍馬

迹徧於天下，吕侯竊《舜典》贖刑創爲此法，聚斂民財，供其侈用。按：如此，則吕侯長君逢君，爲罪已重，聖人何取焉？考穆王佚遊之事皆在十七年之前，因祭公《祈招》之諫，其後享有天下又三十八年，則必有悔其前失者，安得以其前過概其終身耶？且吕侯於王百年入相天子，以三公領司寇，不知三十年前吕侯已繼世爲侯否，吕侯安能以三十年後之贖鍰供三十年前之侈用乎？如此持論，亦迂遠而無當矣。且本文明云「五辭簡孚，正於五刑」，是罪之當者，原不許贖；「五罰不服，正於五過」，是罪之宜赦者，原未嘗一概勒贖，又何嘗富者得生，貧者得死，如蔡氏之説乎？經文言「上下比罪」，蓋所贖者多是比罪。如宫，淫刑也，而司馬遷爲李陵遊説，比於淫律，是豈不可贖者耶？

《史記》「秦穆公自茅津渡河，封殽中尸，爲發喪，哭之三日，乃誓於軍」，與《左傳》合。今按：其文「截截諞言」指杞子，「仡仡勇夫」指三帥，是穆公不特悔聽杞子，而用三帥亦悔之矣。所以明年晉伐秦而秦不報，此後秦穆未嘗更一用兵。故聖人取其悔過而列之《書》。《書序》乃以爲敗於殽所作，則殽役之後，彭衙、王官復過甚矣，聖人何取此空言無實之悔乎？

弑逆，大故也。臣弑而子與之，則子罪重於臣。金仁山《通鑑前編》，於幽王九年，立伯服爲王，太子宜臼奔申。十一年，申侯與犬戎入寇弑王。晉、衛、秦以兵來援，平戎，與鄭世子共立故太子宜臼。直言平戎而立宜臼。身在行間，而申侯之弑王，宜臼親見其弑，不特與聞乎故矣。曾是而尚可爲天下共主乎？以衛武之賢而肯奉弑父之人以爲主乎？考《竹書》，幽王五年，世子宜臼出奔申。八年，王立褒姒之子伯服爲太子。九年，申侯聘西戎及鄫。十年，王師伐申，申人、鄫人及犬戎入宗周弑王，殺王子伯服，執褒姒以歸。魯侯、許男、鄭子立宜臼於申，虢公立王子余臣於攜。是其年二王並立也。明年，平王東徙洛邑，錫晉文侯，命晉侯，令衛侯、鄭伯以師從王入於成周。是平王自申入洛，並未嘗一涉西周之地也。蓋幽王弑，伯服殺，二王分立，而宜臼爲故太子，名義較正，故晉、衛立之。至二十一年，晉乃殺余臣於攜。是二十年之内，周猶二王也。宜臼在申，則申侯之入寇，宜臼必與聞之。然以其與聞乎寇，謂宜臼有無父之心則可，謂宜臼直與乎弑則不可。且晉在北，衛在東，申自南直趨西北，外連西戎，故其勢便，而晉、衛此時兵猶未出，秦在此時亦未嘗與。金氏所書，皆非實也。

平王東遷，前人訾議，似平王全有西周，以畏犬戎而東遷，輕舉其地畀之秦者。其實西戎内逼已久，故申侯合勢，一舉弑幽王。宜申侯去而豐、鎬、鄠、杜之區莽爲戎藪矣。宜臼雖立於申，不得晉助之，東都洛邑且不能定，況敢一窺西周之地哉！其後秦仲亦死於戎。至秦襄公滓厲報仇，始能逐戎，而以岐東地來歸。是秦之有其地，乃取之戎，非受之周也。且以岐東地來歸，然後周人始得一至其地。《王風·黍離》之作，當在此時。想文武之墓至此時始得一展耳。《詩序》止言過故宗廟宫室，不及文武陵寢。東周已立宗廟，言故宗廟，其辭猶緩；文武墓無二，其不言，不敢言，不忍言也。平王不能如秦襄公之報仇自强，固爲可恨，然以棄西周罪之，則固非其罪也。故凡論事貴實，而後其罪之大小輕重明。

古者祖有功，宗有德，虞夏以前，文祖、藝祖、神宗皆繼天立極之聖，代有天下者之守祀也。夏殷以後，其有功德者即其世及者之祖父，然後宗祖之號專屬於一家。前賢未知此義，但據殷周以例上古，據《禮》有「祖顓頊」之文，遂謂虞舜妻其四世祖姑，妄矣！

三苗西控洞庭，東挾彭蠡，北扼大江，南倚諸嶺，故難服而易叛。舜攝位，竄三苗於三危，必遷其君與其人之尤頑梗者，而於其地猶立君以統之，故《虞書》之終，又有「分北三苗」之文。《禹貢》雍州「三苗丕叙」，此三苗之既遷者，以失地險，故易服。《皋陶謨》「苗頑弗即功」，此三苗之未遷者，以據地險，故難服。

「惟三月」至「乃洪大誥治」四十八字，在《康誥》之前。疑爲《洛誥》錯簡者，始於蘇長公。愚按：前篇《大誥》，伐武庚之誥也。武庚既平，將作大邑於洛，封康叔以統東諸侯，實爲造基之始。是時康叔爲方伯，故稱孟侯。又見《詩·旄丘》序。故使之以四方和會之意，由侯甸男邦下采衛，又由侯甸男邦采衛各下百工，以播告民和，而公特於就近之殷士見之而勤勞之，誥康叔以治法而屬遣之。則此四十八字，實爲《康誥》、《酒誥》、《梓材》之總序。

征苗而苗即來朝，何有三旬之逆命，又七旬來格耶？若禹、益以苗爲不當征者，則命征時何不昌言，至興師動衆歷三旬之久，而後益言禹拜耶？孔子犂牛之喻不斥雍父，舜之大孝而益斥之瞽瞍，與有苗倫比，有是理乎？舜之敷文德久矣，曰「乃誕敷」，何耶？何舜三四十年之文德不能格，而七旬之干羽特神速耶？諸儒竭力補救，吾謂不如以孟子讀《武成》之法斷之。

《左傳》「羿自鉏遷於窮石」，杜氏無注。黄氏云：「鉏在澶州，窮石在吐谷渾界。」是羿據冀、并、兖又跨雍地也。《地理今釋》云：「窮在今山東濟南府德州，有鬲縣故城。」《晉地記》言「河南有窮谷」，恐非也。羿國若在河南，何以反距太康於河之南乎？

《竹書》帝太康四年丙戌陟。帝仲康元年己丑即位，居斟鄩。丁亥、戊子二年不記。古者，子爲父，臣爲君，皆斬衰三年。仲康雖以弟繼兄，而實以臣繼君，若舜之繼堯，禹之繼舜，皆三年喪也。至商始以踰年改元爲定制。太康爲羿所距，不能反冀州平陽，乃依同姓諸侯斟鄩河南，《水經》河南尋地。築城以居，謂之南夏。漢名夏陽縣，宋名太康縣，今猶有太康故城遺址。仲康即位，即命允侯掌兵。不即討羿者，羿方强，仲康立國在外，勢未可爲。堯時，羲氏、和氏分掌四時。至夏合爲一官，司天如故也。羲、和有罪，執而誅之，一士師之任耳。篇中乃云：「以爾衆士。」蓋羲、和實黨於羿，不居王都，遠逋私邑。以昏迷之罪，興師誅之，陰翦羿之羽翼，師出有名，即羿亦未便援救。曰「殲厥渠魁，脅從罔治」，明以渠魁惟羿，羲、和若悔罪而來，即宜以脅從論，語意隱然可會。考二年而仲康崩，子相元年戊戌猶能征淮夷，二年猶能征風夷、黄夷，七年于夷來賓，豈允侯猶在列乎？八年，寒浞殺羿，使子奡居過以逼相，相居斟灌。奡又滅戈以逼斟灌，相居斟鄩。二十六年，奡滅斟灌。二十七年，滅斟鄩。二十八年，奡遂弑相，無有能敵之者。意時允侯已殁，而繼掌六師者非其人乎？至靡奉少康，收二斟之燼，卒復舊物，謂非仲康命允侯有以延其緒於數十年之久不可也。自二孔不明其實，以爲羿逐太康而立仲康。蘇氏軾更謂羲、和夏之忠臣，羿假仲康命，使允侯征之。夫征者，正人之不正也。古文即僞《書》，其事要非無據，不得任其名實乖悖，是非倒置也。

湯以二十九年甲戌陟，太子太丁早喪，其子太甲幼而縱逸，伊尹立太丁弟外丙，名勝，元年乙亥。蓋踰年改元，始於此矣。二年陟立外丙之弟仲壬，名庸，元年丁丑。四年陟乃立太甲，元年辛巳。金氏《前編》作「戊申」，非。未葬以前，群主聚始祖元王之廟，未可以祠。至此，主各歸其廟。厥祖湯也，不奉嗣王見契，諸廟所重在湯，臨以湯之靈爽也。金氏《前編》據《大紀》，於湯崩即書嫡孫太甲即位，非也。程子言古人謂齒爲年，外丙方二齡，仲壬方四齡，湯崩百有餘歲，何以有是孩赤，《孟子》何故以弟先兄乎？金氏疑外丙、仲壬皆太丁子，則《孟子》又何以先太甲而數二人乎？邵康節《皇極經世》：「史無二王名，《帝紀》不據古史，而據後人卦數推算乎？」蔡氏言「太甲繼仲壬，居仲壬喪」，是已，而言「爲人後者爲之子」，則非也。《禮》有爲子，有爲後。《喪服傳》臣爲君，子爲父，爲人後者爲所後，皆三年斬，而爲後尤重於爲子。故皆子也，而爲後者止一人，不當據《公羊》曲説以亂經也。且宗法始於別子，天子之別子爲諸侯，諸侯之別子爲大夫，故曰「別子爲祖」，豈可以先君爲別子乎？《禮》曰「天子立七廟，諸侯立五廟，曰皇考，曰顯考，曰王考，曰考」，不曰高、曾、祖、考。天子諸侯繼世不皆子，而新主必入考廟，遷則入王考廟，所以尊尊。太甲嗣仲壬，三年喪畢，仲壬主入考廟，此爲後之禮也。入繼之祖、父不皆帝王，則有高、曾、祖、禰之廟，所以親親。太甲祀太丁於禰廟，以天子之禮，此爲子之禮也。尊尊親親，並行不悖。宋儒泥《公羊》一語，始膠固不通。湯在時，正太丁太子之位，太甲立，以仲壬爲父而追廢太丁，使不得爲長嫡，有是理乎？

《書》舊序言：「太甲既立，不明，伊尹放諸桐。三年，復歸於亳，思庸，伊尹作《太甲》三篇。」是書乃太甲所作，思歸功伊尹也。《史記》言：「太甲既立三年，不明，亂德，於是伊尹放之於桐。伊尹攝行政事當國，以朝諸侯。太甲居桐三年，悔過自責，反善，伊尹迎而授之政。太甲修德，諸侯歸殷，百姓以寧。伊尹嘉之，作《太甲訓》三篇，褒帝太甲。」是書乃伊尹所作，載太甲之訓以美太甲也。今《書》三篇乃史臣紀傳之體，與二說絶異。《竹書》：「太甲元年，伊尹放王於桐，乃自立。七年，王潛出自桐，殺伊尹，大霧三日。」沈約云：「文與前後不類，乃後人所改。」愚攷皇甫謐引《竹書》「沃丁八年，伊尹薨，大霧三日。王以天子禮祠保衡。」今移「大霧三日」於「殺伊尹」下，而沃丁八年存「嗣保衡」三字，則爲庸妄所改，明甚。蓋周、秦之間，已多踳駮，觀萬章所述、孟子所辨可見。今以《孟子》爲正，則《史記》得之，而他書皆誤也。蓋太甲之放在三年，復辟在七年。伏生《大傳》有「維太甲元年十二月乙丑朔，伊尹祀於先王，誕資有牧乃明」，其下闕。詳其文意，與《伊訓》同。是太甲元年未放。蓋諒闇三年不言，古之達禮。伊尹以冢宰居攝，正可朝夕納誨，不應未誨而遽放，且遠之桐宮，使不得奉殯宮之朝夕奠。必三年喪畢，將臨政涖民，而太甲曾無改於其德，乃放之桐，而身攝耳。觀史遷《孔子世家》，是史遷與孔安國友，安國所傳古文，史遷必親見之，故《史記》所述，與伏生本大同，而《湯誥》、《湯征》與梅賾所上絶異。是史遷所述，乃真孔《傳》，而梅賾所上，則後人補綴成之者也。

《咸有一德》，鄭氏所傳舊序言「湯既黜夏命，復歸於亳，作《湯誥》、《咸有一德》」。是《湯誥》、《咸有一德》乃湯所作。《史記》言「以合諸侯，伊尹作《咸有一德》」。《禮記·緇衣》引尹吉曰：「惟尹躬及湯，咸有一德。」説者謂「吉」當作「告」，「誥」通。是湯即位，稱尹之功以告諸侯，不名而稱其字曰尹，以尊之也。張霸古文亦有此篇，目在《湯誥》下，《典寶》上，則亦以爲湯即位時書也。至梅賾改厠《太甲》下，增「伊尹作《咸有一德》」七字，並綴入「尹吉」一語。愚謂：湯尊尹而字之，可也；尹對君而自稱字，且數作神主、受天命而以己先湯，可乎？宋儒甚稱此篇，故指其謬。

《蔡仲之命》。按《竹書》：「成王元年丁酉正月，王即位，命周文公總百官。秋，武庚以殷叛，周公出居於東。」逸《書》：「二年，王作師旅，臨衛攻殷。殷大震潰降，辟三叔，王子禄父出奔，管叔經而卒。乃囚蔡叔于郭淩。」《竹書》：「奄人、徐人及淮夷入於邶以叛。秋，大雷電以風，王逆周文公於郊，遂伐殷。三年，王師滅殷，殺武庚，遷殷民於衛，遂伐奄，滅蒲姑。四年秋，王師伐淮夷，遂入奄。五年，春正月，王在奄。」與《金縢》正合。蓋所謂居東二年者，周公以元年秋居東，二年秋公歸也。東征三年者，二年冬伐殷，三年滅殷、滅蒲姑，四年秋滅奄也。鄭《傳》甚明。自梅賾上僞孔傳，訓周公言我不殺管、蔡，無以告我先王；又撰《蔡仲之命》一篇以實之，而居東即東征，周公被誣甚矣。二年春，王師臨衛，降，辟三叔，周公尚居東，周公何嘗殺管叔？《左傳》「王於是殺管叔而蔡蔡叔，以其與殷叛」，豈以其流言？《鴟鴞》詩「既取我子」下言「恩勤鬻閔」，以深痛管叔之死，次「毋毀我室」下言「桑土綢繆」，以求王室之安，正居東時也。厥後周公東征，殺武庚，「取子之痛」稍舒，弔二叔之不咸，管、蔡、郕、霍十六國並封。前之管、蔡皆岐周圻内邑名。唐孔氏言圻内之地已滅，故取其名以名新國。管在滎陽京縣東北，蔡在汝南上蔡，後平侯徙新蔡，昭侯徙九江下蔡。霍在今霍州西南，有故霍城。至是而「恩勤鬻閔」之思稍伸也。或疑公避東都，何以禦變？王終不悟，何以自處？曰：是時太公、召公在朝，亦必有以禦武庚，啟成王之悟。況至誠而不動者，未之有也。風雷之儆，無足異也。

《君陳》。鄭云：「伯禽弟。」《竹書》：「成王十年，周公致政，出居於豐。十一年春正月，王如豐。王命周平公治東郊。」沈約注：「周平公即君陳。蓋周公既致政，王即命君陳嗣爲周公，以統東諸侯也。後謚平。稱君者，貴之。」鄭本舊序：「命君陳分正東郊成周，作《君陳》。」在《賄肅慎之命》下。張霸無之。《史記》亦無者，以所見孔安國古文亦無也。梅賾所上孔傳乃有此篇，而於舊序上增「周公既歿」四字，又移其次於《亳姑》下，則大妄矣。成王二十一年，周文公薨于豐，安得謂「十一年，周公既歿」哉！彼見《論語》有「惟孝」十字，漢儒皆以爲《君陳》，而《坊記》、《緇衣》三引《君陳》，欲掇拾成篇，而絶不知君陳爲周公次子，與其嗣爲周公在周公尚存之日，並序所謂「分正東郊」，即周、召分陝之事也。無怪乎讀是篇者謂略無命子繼父職之辭，而反疑鄭氏之說爲非矣。

《畢命》。《竹書》：「康王釗十二年乙酉夏六月壬申，王如豐，錫畢公命。」鄭本舊序：「康王命作册畢，分居里，成周郊，作《畢命》。」《史記》「畢」下有「公」字。《漢律曆志》：「惟十有二年六月庚午朏，王命作册書《豐刑》。」是《豐刑》作於庚午，而《畢命》作於壬申也。但《竹書》不言所命何事，舊序又不知命之何人，惟《史記》作畢公，則孔安國本如此也。畢公名高，《左傳》言畢，文之昭。《逸書》：「武王師次鮮原，始與召公同召克商，命與衛侯同釋百姓之囚。」蔡氏謂常相文王，不知何據。康王立，畢公率東方諸侯，則成王時，周平公早卒，而畢公已代爲東伯矣。成王之世，齊太公爲太師。康王六年，太公薨，則畢公之爲太師，必在此後。今曰「命畢公保釐東郊」，即曰「嗚呼！父師」。失之矣。

《冏命》。舊序：「穆王命伯冏，爲周太僕正，作《冏命》。」按：《史記》：「穆王閔文、武之道缺，乃命伯臩申誡大僕國之政，作《臩命》。國復寧。」則史遷所見，乃是穆王命伯冏申誡國之政，非謂命伯冏爲太僕正也，與今序全異。考之《竹書》，亦無命伯冏事。

附　録

先生幼即穎異，讀《孟子》至卒章「然則無有乎爾，則亦無有乎爾」，輒哽咽流涕，大懼道統無傳人。立志遠大若此。德保撰傳、《先正事略》。

從父大任稱經師，從請業，授以《中庸》性天之學，憬然悟其宗旨，以聖賢爲必可爲。吴中號多名士，大都逐聲利。先生獨抱遺經，夷然不屑也。《先正事略》。

官起居注時，每遇經筵日講，口陳指畫，闡揭大義。退復疏通奧旨，日進積六十篇。德保撰傳。

先生初以《儀禮經傳通解》傳刻錯謬殊多，曾上書巡撫儀封張公，請開館校定，不果。行及晚年，爲三禮總裁，自謂一生志願，盡發中祕所儲，平心參訂。論必本天道，酌人情，求合朱子遺意。未及蕆事而卒。共事者方侍郎苞、李閣學紱，負宿望，館中莫敢與抗。每至齟齬不相下，折衷先生，得一言而兩家之論定。德保、吴德旋撰傳及《文集·上張撫軍書》。

先生年逾七十，刻刻窮研，常若不及。書自責語曰：「疇孝疇弟，汝亦喜之；匪忠匪孝，汝亦詆之。上古下今，言之亹亹。躬之不逮，曾不自恥。孔曾思孟，實惟汝師。日面命汝，汝頑不知。既頑且鈍，扑教宜施。痛自懲責，涕泗漣洏。於乎老矣，瞑以爲期。」德保撰傳。

乾隆中，詔舉經學，稱先生研窮經術，敦樸可嘉，與侍郎蔡聞之並以爲多士之式。及開四庫館，詔書中於本朝士林宿望沈潛經史者，特舉先生名，與顧棟高、陳祖範輩並查明著作，録備石渠之選。同上。

鈞臺交游

顧先生棟高別爲《震滄學案》。

方先生苞別爲《望溪學案》。

李先生紱別爲《穆堂學案》。

鈞臺從游

任先生德成

任德成，字象先，吳江人。祖大任，字鈞衡，有孝行，與徐俟齋爲友，於鈞臺先生爲從父，鈞臺所從受業者也。先生補長洲縣學生，父歿，哀毀，三年不入私室。母病目，以舌舐之，一年復明。居鄉勤於施濟，置社倉，創書院，濬萬頃江以達太湖。平生奉朱子《白鹿洞規》，檢攝言動，内養日充。嘗取自漢迄明先哲格言與《洞規》相發者，輯爲《洞規大義》五卷，在《四庫存目》中。雍正元年，舉孝廉方正，以侍養辭，且曰：「正誼明道，儒者分内事，豈假此以市名哉！」乾隆三十七年卒。參沈德潛撰《任鈞衡墓誌》、《吳江縣續志》。

象先家學

任先生思謙

任思謙，字純仁，象先先生子。幼入塾讀經，即通大義。比長，讀《周易》及宋五子書，獨具心悟。即得邵子《皇極經世》書，有省曰：「先天學主乎誠，誠豈待外求耶？」既奉父命，受業於嘉定張漢瞻。漢瞻，陸清獻高第弟子也，一見器之，曰：「師門一緒，得吾子有賴矣。」授以《松陽遺書》，曰：「程、朱正傳也。」年四十餘，以諸生貢入太學，即不應舉，惟恐以近名爲累。乾隆十四年，詔舉經學。有欲薦之者，以侍養力辭。年八十四，以微疾卒。所著有《易要》、《詩譜中星考》、《薛胡語要》、《皇極經世鈐解》、《經笥堂文集》，凡若干卷。參《吴江縣續志》。

任先生兆麟

任兆麟，原名廷麟，字文田，號心齋，純仁先生子，太學生。幼承家訓，又從彭二林、錢竹汀、褚鶴侶諸先生游。嘉慶元年舉孝廉方正，以侍養辭。後應阮文達公之聘，爲其二子師。先生自經傳子史、音韻古籀及詩古文，無不研索。嘗於《書大傳》檢出《王居明堂禮》，孔疏檢出《中霤禮》，以爲殷禮之僅存；河間《樂記》乃毛公所述，王禹所傳，至北齊信都芳釐定九篇；《孝經》「終於立身」，逸文出自山右，即本鈞臺《章句》爲之注；《齊論·問王》、《知道》二篇出於任城，補入《述記》；《孟子》伐燕，宣、湣本二事，燕噲爲易王名，《外書》四篇載及燕昭，爲孟氏門人所記：類多確覈。雖好古經説，而篤信朱子，故辨東原《原善》之作，以爲未聞聖道。闢蓮涇書堂，祀尹和靖。訂《家範》，立教規，以求躬行之實。以宋後説《詩》者異同雜糅，集周迄隋諸家之説不背於序者爲《毛詩通説》二十卷。以《春秋三傳》缺一不可，輯啖、趙、程、張諸説有裨三傳者爲《春秋本義》十二卷。又著《夏小正注》四卷，《孝經本義》、《孟子時事略》、《弟子職注》、❶《小爾雅注》、《聲音表》、《弦歌古樂譜》、《石鼓文集釋》、《壽者傳》各一卷，《虎阜志》十卷，《有竹居集詩》四卷，《文》九卷。輯《尸子》四卷，《四民月令》一卷，《襄陽耆舊傳》三卷，《文章始》一卷，《述記》四卷。又爲族兄子田訂正《蒼頡篇》二卷，《三蒼》一卷。又有《儀禮大要》、《大戴禮記注》，未見刊

❶「子」，原脱，今從沈梁校補。

行。參史傳、顧日新撰《有竹先生集序》。

文集

乾西北卦説

管輅問劉邠曰：「古之聖人何以處乾位於西北？」邠不能對。朱子曰：「乾西北卦位，未詳其義。」邵子曰：「坤統三女於西南，乾統三男於東北。蓋乾南坤北，位之正也；乾北坤南，氣之始也，故周公定冬至祀天之禮。然乾位不在正北，而進而西北。《爾雅》以亥爲陽月，明戰乎乾，盛陰相薄，陽終不息，而爲復生之始也。」何元子曰：「東南至正西皆陰卦，陰含陽也，物之成形，无不由於坤類也。西北至正東皆陽卦，陽含陰也，物之受氣在乾，而震則剛柔之始交也。」故乾位西北之説，吾衷諸雲臺阮君矣。其言曰：「北極即太極。本馬融、毛傳：「極，中也。」太極生兩儀，謂天地，兩儀生四象，謂四時。天具黄、赤道，與地員相遊行，以成四時春夏秋冬，即東南西北也。四象生八卦，則因四方以定八卦之位。《説卦》『帝出乎震』以下，其位也，乾西北，坤西南，此太極之實象也。」中國界赤道而居，北極斜倚於其北。以渾員之體論之，則但於赤道緯綫分内外，北極高低有別耳。至於南北極經綫，處處皆可謂當極之中。然中國以黄河爲起止，若執河、洛爲地中，則應以洛陽南北地面一綫之經爲地脊，其水當分東者向東，西者向西。今觀河、洛，皆由西向東，則中國大勢偏於東矣。故河源之西，水分東西流處，正當北極經綫之中，爲地之脊。古聖人居中國，而攷儀象，則乾居西北，坤居西南，職此故也。若非以乾當北極，倚於西北，下臨西南之坤，以定地脊，置坎、艮、震、巽、離五卦於偏東，則太極之寔象不顯矣。《爾雅》：「西北有崑崙虛。」朱子《楚辭注》：「崑崙，地之中也。」則亦不以河洛爲地中，可知矣。天學迨今而愈益詳密，學務實事求是，不信然歟？

論語朝儀説

天子之宫門五：曰皋門，曰庫門，曰雉門，曰應門，曰路門。諸侯之宫門三：《明堂記》「魯庫門，天子皋門；雉門，天子應門；路門從同」。天子諸侯之朝皆三：天子外朝在皋門内，朝士掌之，諸侯在庫門内；天子治朝在應門内，宰夫司士掌之，諸侯在雉門内；内朝皆在路門内大寢焉。天子内朝，大僕掌之；諸侯内朝，庶子掌之。若詢事之朝，亦曰外朝，在雉門外。《周官》小司寇致民三詢於此。外朝非聽獄制刑則不常御。治朝中庭左右謂之位，門廷之門謂之著。❶君朝辨色始入，適公所。位爲官府治事處。君出眡朝，當宁而立，司士擯，君徧揖群臣，大宰贊聽。治禮畢，君入路門。内朝南鄉聽政。或君有命，群臣有復逆者，過君虛位，入路門，由西階升堂。《詩》「狐裘在堂」，堂言路寢堂也。路門之外，皆廷而無堂。廷之爲言平也。堂制：天子崇九尺，階九等；諸侯崇七尺，階七等。《周書》：「大輅在賓階面，綴輅在阼階面。」鄭氏《周官》注：「王出，登車於大寢西階前，反降於阼階前，乘車出入。」故宜門外無堂也。復逆出，由西階降，反治朝中廷之位，以會治焉。既君使人出視大夫，大夫退，然後適小寢。禮日帥常。

〔鄭康成《周官·朝士》注〕：鄭司農

❶ 下「門」字，疑當作「間」。

説：「王五門：皋、雉、庫、應、路。外朝在路門外，内朝在路門内。」玄謂：「《明堂位》説魯公宫曰：『庫門，天子皋門；雉門，天子應門。』制二兼四。是庫門在雉門外，雉門爲天子中門。外朝在庫門之外，皋門之内。周天子諸侯皆有三朝，外朝一，内朝二。内朝在路門内，或謂之燕朝。」

按：〔江氏永《鄉黨圖攷》〕：天子外朝在庫門外，❶從鄭氏《朝士》注而槩之；諸侯外朝亦在庫門外，以《聘禮》「賓死柩止門外」及「賓拜饔餼無入門」之文爲證。不知經不見入門，從略也。當據《書大傳》爲確。

〔伏生《尚書大傳》〕：「諸侯之宫，三門三朝。其外曰皋門，次曰應門，又次曰路門。其皋門内曰外朝，應門内曰内朝，路門曰路寢之朝。」

按：〔《明堂位》〕：「庫門，天子皋門；雉門，天子應門。」《大傳》蓋據魯言也。〔鄭氏《詩箋》〕：「諸侯之宫，外門曰皋門，朝門曰應門，内有路門。天子之宫加以庫、雉。」明太王實殷諸侯也。〔戴震《攷》〕：「天子三門。」非是。

〔《周官》〕：《小司寇》「掌外朝之政，以致萬民而詢焉：一曰詢國危，二曰詢國遷，三曰詢立君」。

按：〔鄭《注》〕：「朝在雉門外。」此《通典》謂詢事之朝，諸侯亦當在雉門外。

〔《通典》〕：天子皋門内曰外朝，有疑獄，王集而聽之。雉門外有詢事之朝。應門内曰中朝，有九卿之室，理事之處。燕

❶「子」，原作「之」，今從陳校、沈王校據《鄉党圖考》卷四改。

朝者，路寢之朝，群公以下，常日於此朝見君也。惟詢事之朝，非常朝之限，故不與三朝同。

〔又〕：《朝士》「掌建外朝之法，左九棘，孤卿大夫位焉；右九棘，公侯伯子男位焉。左嘉石，平罷民焉；右肺石，達窮民焉。帥其屬而以鞭呼趨且辟，禁慢朝錯立族談焉」。

按：此以皋門内外朝言。

〔又〕：《太宰》，「王眡治朝則贊聽治」。《司士》「正朝儀之位。王南鄉，三公北面東上，孤東面北上，卿大夫西面北上，王族故士虎士在路門之右南面東上，大僕大右小臣御僕在路門之左南面西上。司士擯，孤卿特揖，大夫以其等旅揖，士旁三揖，王還揖門左，揖門右。大僕前，王入，内朝皆退」。師氏「居寢門之左，司王朝」。《匠人》：「外有九室，九卿朝焉。」鄭注：「路門之表也。」

按：此以應門内治朝言。〔《宮室攷》〕：「治朝無堂，即門以爲朝。」

〔又〕：《大僕》「掌正王之服位，出入王之大命，掌諸臣之復逆。王眡燕朝則正位，掌擯相」。《小臣》「掌三孤及孤卿之復逆，正王之燕服位」。《宰夫》「掌諸臣之復萬民之逆」。

按：此以路門、燕朝言。〔《困學紀聞》〕：「王有三朝：治朝在路門外，宰夫、司士掌之。燕朝在路門内，大僕掌之。外朝在皋門内，庫門外，朝士掌之。」

〔《魯語》〕：「天子及諸侯合民事於外朝，合神事於内朝。」〔韋昭《注》〕：「内朝在路門内。」

〔《禮·玉藻記》〕：「諸侯朝服以日視朝於内朝。朝，辨色始入。君日出而視之，退適路寢聽政。使人視大夫，大夫退，然後適小寢。」

按：〔鄭注〕：「王日視朝，皮弁服，其禮則同。」〔《宮室攷》〕：「於時諸侯復逆，太僕掌之；公孤復逆，小臣掌之；群吏復逆，掌於御僕；庶民之逆，宰夫掌之。若君有命，臣有所請，則過位入内朝升堂。」

〔《春秋左氏傳》〕：「韓獻子將新中軍，且爲僕大夫。杜注：「兼大僕。」公揖而入。獻子從公立於寢庭。」注：「路寢之庭。」

〔又〕：「郳子在門臺臨廷。」注：「門上有臺。」

〔《韓詩外傳》〕：「吾君有治事之臺。」

按：〔《記》〕：「天子諸侯臺門。」〔萬斯大曰〕：「天子五門，諸侯三門，門皆直入，無堂相間。路門内爲路寢，即内朝，治朝、外朝，就門而立。郳子臨廷，即視朝時也。然則路寢之外，別無朝堂。」〔《五禮通攷》〕：「君日視朝於臺，門外則廷。故古人稱朝廷，不稱朝堂也。」

〔《孟子》〕：「《禮》，朝廷不歷位而相與言，不踰階而相揖也。」

按：此謂治朝，諸臣治事處，有室自有階也。

〔鄭氏《周官·司士》注〕：「王日視朝於路門外之位，公及孤卿大夫始入門右，皆北面東上，王揖之，乃就位。」

按：〔《禮·世子記》孔疏〕：「天子之朝，三公北面，孤東面，卿大夫西面，士門西東面。諸侯之朝，卿西面，大夫北面，士門西東面。」

〔鄭氏《論語》注〕：「過位，謂入門右北面君揖之位。」

按：此實以路門治朝言。《曲禮疏》

鄭注：「朝者位於内，朝以序進。」此内朝即路門外朝也，對皋門内三槐、九棘之外朝，故稱内。若對路寢庭朝又爲外。故《文王世子》云「朝於外朝則以官」是也。

又按：胡氏縉謂：「過位者，聘禮賓入廟門，公揖賓於中庭左右之位也。」以《鄉黨》此節乃聘禮，非朝禮。然聘禮賓升堂必執圭，兩手奉玉，不復摳衣，與《鄉黨》攝齊升堂不合。攷享禮則奉束帛加璧，私覿則奉束錦，不得攝齊。又以鄭《注》屢引此爲證，不知《記》所稱入門、升堂、下階、没階之禮，朝、聘原無異也。但鄭《注》「下階，發氣怡焉」，引「孔子升堂，鞠躬如也」上去「攝齊」二字，是明知不與朝禮同。

包咸《論語》注：「過位，過君之空位也。」

〔韋昭《周語》注〕：「中廷之左右曰位，門廷之間曰著。」

按：謂路門外廷之間。〔《説文》〕：「廷，朝中也。」〔《釋名》〕：「停也，人所集也。」

〔李巡《爾雅》注〕：「正門内西塾門曰宁。」

按：《爾雅》應門謂之正門。

〔孫炎《爾雅》注〕：「門内屏外，人君視朝所寧立處。」

按：〔《荀子》〕：「天子外屏，諸侯内屏。」〔皇侃《論語疏》〕：「天子尊遠，故外屏於路門之外爲之。諸侯尊近，故内屏於路門之内爲之。」蓋古者每門有屏。路門内屏，所謂邦君樹塞門。是則雉門、庫門可例推矣。故孫注「門内屏外」也。若江氏《鄉黨圖攷》力闢孔疏「屏在路門外，近應門」之非，謂：「天子屏在應門外，諸侯屏在雉門内。」又謂「門屏之間，唯爲諸侯言之」。未知何據。〔《禮記義疏》〕：「路門之外，外屏之内，謂之宁。宁，待也。及諸侯至外屏之外，負扆受朝，若越王背屏而立，夫人向屏而送王，即諸侯路寢門之内屏也。」

〔皇侃《論語義疏》〕：「禮：每日旦，諸臣列在路門内以朝君。君日出而視之，則一揖卿大夫，而都揖士。過位，謂臣入朝君時也。位，君常所在外之位也，在宁屏之間，揖臣之處。」

〔《禮・檀弓・記》〕：「朝不坐，燕不與。」〔孔疏〕：「路門下正朝，大夫以下皆立。若燕朝於路寢，則大夫坐於上，如孔子攝齊升堂是也。升堂則坐矣。」

按：〔《記》〕所言止以明士，雖夕見無坐理。若大夫之坐，如孔子侍坐哀公，君命之乃坐也。〔孔疏〕：「引此特以證必在路寢之堂，非謂此復逆之朝。」〔江氏《鄉黨攷》〕「謂治朝無堂。燕寢之朝，或君有命，或臣有所言於君，乃升堂。其外或臣燕見，如孔子對問政、大昏、儒行是也」。

〔《儀禮・聘禮》〕：「使者夕，管人布幕於寢門外，陳幣。宰入告具於君，君朝服出門左南鄉。」〔鄭氏注〕：「寢門，外朝也。入告，入路門而告。」

按：朝所布幕，則知門外無堂。〔朱子曰〕：「路寢朝在路門之裏，議政事則在此。外朝在庫門外，詢衆庶則在此，非常朝也。每日常朝，王立寢門外，與群臣相揖而已。」〔胡明仲曰〕：「近世朝禮拜跪是秦法，周制不如此。」

〔《尚書・盤庚之誥》〕：「王命衆悉至於庭。」日本《攷文》：「古文庭上有朝字。」

按：此所謂詢國遷者曰廷，是外朝無堂也。

〔《詩・檜風》〕：「狐裘在堂。」〔毛公傳〕：「堂，公堂也。」〔孔疏〕：「在堂，正寢之堂。人君日出視朝，乃適路寢聽政也。」

〔鄭氏《周官・樂師》注〕「行以《采薺》，趨以《肆夏》」：「行謂於大寢之中，趨謂門外。《爾雅》堂上謂之行，門外謂之趨。然則王出至堂而《采薺》作，出路門而《肆夏》作。王如有車出之事，登車於大寢西階之前，及王降於阼階之前。」

按：《爾雅》：「堂上謂之行，堂下謂之步。」〔邢疏〕：「行謂大寢之廷。至路門門外謂之趨，中廷謂之走。」邢疏謂路門至應門。〔《曲禮》〕：「下卿位。」〔孔疏〕：「卿位在路門内之東，迎賓客則登車於大寢。或下卿位是諸侯禮，樂師是天子禮。」

〔《周書・顧命》〕：「大輅在賓階面，綴輅在阼階面，先輅在左塾之前，次輅在右塾之前。」鄭注：「門側之堂謂之塾，左塾在路門内之西北面，右塾在路門内之東北面。」

按〔金氏履祥《顧命圖》〕：「應門内外朝畢，門内路寢堂牖間南鄉，王平日朝群臣、覲諸侯之位。西序，朝夕聽政之位。東序，平日養老、享群臣之位。西夾，燕親屬之坐。四輅皆設路門内。」則《樂師》注確有據矣。

中月禫喪數閏不數閏説

《士虞禮》「中月而禫」，鄭康成據「中一以上」釋之，謂中間一月；王肅據「文王受命惟中身」釋之。愚謂「中月」當如《學記》「中年」義。《雜記》：「期之喪，十五月而禫。」汪苕文曰：「主二十七月者，據《閒傳》『中月而禫』之文也；主二十五月者，據《三年問》『二十五月而畢』之文也；主三十六月者，據《喪服四制》『三年而祥』之文也。惟鄭氏得其中，故歷代因之。且《三年問》、《喪服四制》二篇，朱子所定《儀禮》删之，不可爲典要。」朱子答胡伯量曰：「中月而禫，鄭注《虞禮》爲是。」《穀梁傳》謂喪不數閏，《公羊傳》謂喪數閏，《鄭志》謂喪以月數者數閏，以年數者不數閏，是三年與期不數閏，大功以下數閏也。❶何休云：「閏爲死月數，非死月不數。」蓋閏附前月，死之月不可移而下，是父母死於閏月未嘗不數。若閏當除喪之月，則亦不數。此又不可不知也。

周祭證

周祭制，證之《詩·小雅》：「禴祠烝嘗，于公先王。」此追王以後之典，《周官》、《爾雅》、《公羊傳》並同。此四時祭名也。《王制》所載「天子犆礿」一節，鄭康成以爲夏殷制也。禘、祫，祭名，證之《公羊傳》：「大事者何？大祫也。毁廟之主皆升，合食於大廟。」證之《爾雅》：「禘，大祭也。」《儀禮逸經·禘於大廟禮》「日用丁亥，其昭尸穆尸皆升，合食於其祖。祫於大廟禮，毁廟之主升，合食」。《周官·司尊彝》：「四時之間祀，追享，朝享。」鄭仲師注以爲禘祫，是也。祭之年數證之《禮緯》：「三年一祫，五年一禘。」許叔重《五經通義》：「三年一閏，天道小備，故三年一祫。五年再閏，天道大備，故五年一禘也。」祭之月數，證之《周官·大司馬》「仲夏享礿，仲冬享烝」，謂既獮而舉也。孟獻子曰：「七月日至，可以有事於祖。」以七

❶「功」，原作「公」，今從沈梁校據文義改。

月日至之禘，對正月日至之郊，則以夏正建午之月，於周時爲秋，故《魯頌》「秋而載嘗」，《祭統》「大嘗禘」，辟天子也。蓋禘舉於夏，舉禘則不復舉禴，此惟天子五年行之。祫舉於冬，漢張純以祫爲冬祭。故亦名大烝，舉祫則不復舉時祭，此天子諸侯通行之。明道程子曰：「禘，天子大祭；祫，諸侯大祭。皆取合食之義。」是禘、祫皆大祭，而特異其名爾。《大傳》曰：「禮，不王不禘。王者禘其祖之所自出，以其祖配之。諸侯及其大祖。大夫士省於其君，干祫及其高祖。」許氏《說文》：「祫，大合祭親疏遠近也。」《公羊傳》曰：「五年而再殷祭。」蓋言魯用禘樂也。《春秋》於魯禘不槩書，閔公二年八月「躋僖公」，昭公十五年二月「有事武宮」，定公八年十月從祀先公，皆著其非禮之尤者。東遷以後，禮樂陵遲，馴致《雍》徹佾舞，先王之典蕩如矣。此《春秋》所以譏變禮也。

宗法

大宗一，小宗四。承大宗者身繼五宗，禰之次子身事四宗，有大宗則事五宗。《禮・大傳》：「別子爲祖。」別子者，謂諸侯適子之弟，別於正適也。爲祖者，別於後世爲始祖也。「繼別爲宗」，謂別子之適長子，繼別子於族人，爲百世不遷之宗也。「繼禰者爲小宗」，謂別子之次子，以其長子繼己爲小宗，而其同父兄弟宗之也。「有百世不遷之宗」，「宗其繼別子者」是也，是謂大宗。「有五世則遷之宗」，大宗則一，小宗則四。有繼禰小宗，同父母兄弟宗之。有繼祖小宗，同堂兄弟宗之。有繼曾祖小宗，再從兄弟宗之。有繼高祖小宗，三從兄弟宗之。至四從，則親屬盡絕，所謂「五世則遷」者也。此古《禮經》

宗法。今擬圖如右，以始遷及初有封爵者爲始祖，準古之別子；又以始祖長子，準古繼別之宗；小宗帥古。

大宗小宗圖

始祖，始遷及初有封爵者。長子繼之，子孫世世爲大宗，統族人，主始祖廟祭，百世不遷。

高祖傳至玄孫，爲繼高祖小宗，統三從兄弟，主高祖廟祭，至其子五世則遷。

曾祖傳至曾孫，爲繼曾祖小宗，統再從兄弟，主曾祖廟祭，至其孫五世則遷。

祖傳至孫，爲繼祖小宗，統從兄弟，主祖廟祭，至曾孫五世則遷。

禰所生子，爲繼禰小宗，統親兄弟，主禰廟祭，至玄孫五世則遷。

附録

先生注《夏小正》，移「主夫出火」於三月，移「時見稊始收」於五月，復補「采芑」、「雞始乳」二條。王西莊稱其確當。史傳。

顧日新曰：「嘉慶丁丑，先生應阮督院聘，掌教粤中道南書院，授兩少君經。」《有竹先生集序》。

劉華東曰：「心齋十二世從祖東白先生，明洪武四年三十初度，方正學畫墨竹三竿爲壽，三祝意也。居谿是得名。」《有竹居記》。

段若膺曰：「始余與文田族諸昆領從、子田兩君游。子田深於《周禮》，輯著《弁服》、《深衣》等書；領從於《爾雅》裒然成書。

今又得文田，可稱三任。」《有竹居集序》。

任先生基振

任基振，字領從，象先先生族孫。篤志研經，著《爾雅注疏箋補》，戴東原爲之序，稱其「考索精詳」。東原著《爾雅文字考》多引其説。段懋堂與幼植、心齋及先生交游，有「三任」之目。參史傳。

清儒學案卷五十三終

清儒學案卷五十四

天津徐世昌

恒齋學案

湖湘之間，自船山王氏後，士多潛修。其著述可稱，學術純正者，推恒齋李氏。同游諸人皆恪守程朱之説，當時未大顯，鏡海唐氏乃表章之。述《恒齋學案》。

李先生文炤

李文炤，字元朗，號恒齋，善化人。康熙癸巳舉人，官穀城縣教諭。幼穎悟向學。十四補諸生，博通經史，前輩見而奇之。後與同縣熊班若，邵陽車補旃、王惺齋，寧鄉張石攻共勉爲濂洛關閩之學。於書無所不讀，務究其藴奥。子史梵書，必批其根柢。嘗言：「不察二氏之所以非，安知吾儒之所以是；不觀諸子之有純有駁，安知吾儒之醇乎其醇；不審秦漢以下之成敗得失，安知三代以上帝德王猷之盡善盡美也？」平生躬行實踐，以孝聞。學成，遠近争師之。主講嶽麓書院，從游者衆。先生學以朱子爲歸，教士以聖經賢傳之旨爲修己治人之方，親炙者各有所得焉。所著《周易本義拾遺》六卷，《周禮集傳》六卷，《春秋集傳》十卷，《太極通書拾遺後録》三卷，《西銘拾遺後録》二卷，《正蒙集解》九卷，《近思録集解》十四卷，《感興詩解》一卷，《訓子詩感》一卷，《家禮拾遺》三卷，《恒齋文集》十二卷，傳於世。其未出者，《語類約編》、《聖學淵源録》、《四書詳説》、《楚辭集註拾遺》、《增删儀禮經傳通解》、《古文醇》、《古詩的》、《嶽麓書院學規》、《續白鹿洞書院學規》諸書。參《國朝學案小識》、《濂學編》。

周易本義拾遺自序

《易》之體要，象、辭、變、占而已。辭者，卦之藴也；變者，爻之動也；象者，理之形也；占者，事之兆也。卦無定體，爻無定用，而聖人之精藴於是乎見焉。語其性情謂之德，語其形容謂之象，語其成位謂之體，語其對待謂之錯，語其流行謂之綜。卦之萬變由是而生矣。承其尊乎，乘其卑乎，應其敵乎，互其交乎，變其之乎？得奇之謂健，得偶之謂順。無過不及之謂中，質與位當之謂正。爻之萬殊由是而生矣。引而伸之，觸類而長之，則於聖人之情亦思過半矣。至哉，《十翼》之作乎！釋之以《彖》、《象》，申之以《文言》，經緯之以《序卦》、《雜卦》。《繫辭》所以明辭也，占在其中矣；《説卦》所以明象也，變在其中矣。《易傳》之作，蓋善於祖述者。雖《本義》亦大抵本其説而約之耳，然於辭則多得之，而於象蓋未深考，是亦不無遺議也。不揣愚陋，妄爲補葺，釋經則以象數爲主，釋傳則以義理爲歸，體用一原，欲推而明之；顯微無間，欲究而極之。而數載之間，憂哀沓至，横逆頻加，稍有暇日，未嘗敢釋於心也。草稿三易，始克成編，蓋七年於兹矣。觀會通以行典禮，豈所敢知；由辭以得意，或庶幾其萬一矣乎！

增刪儀禮經傳通解自序

五禮有庸，昉於虞廷，而秩宗之官，特典其事。自夏歷商，莫不由之。迄成周之代，元聖挺生，而制作於是乎大備。然行之既久，威儀大甚，忠信或薄；文物既繁，僭擬斯萌。孔子周流列國，參考互訂，思欲折三代之衷，爲萬世不易之成憲。夏時、殷輅、周冕、《韶》舞固已略見其概矣。乃詢之柱下，僅得周儀，徵之杞宋，不足文獻。是則雖有訂禮之意，而未必其成書也。然三百三千，經典具在，而七十子之徒作爲傳記，以故郁郁之盛，未嘗失傳焉。迨秦灰既烈之後，而其迹遂蕩然矣。漢人以金帛購書，真僞混淆，諸儒任意去取。《儀禮》之經僅存十有七篇，其《記》僅存四十有九篇。此外經之篇三十有九，記之篇一百有餘，雖或偶見於《大戴禮》及《註疏》稱引之間，不過存十一於千百耳。唐之元成魏公輯爲《類禮》二十餘卷，而故府不傳。宋之伊川程子始與門人呂與叔思欲大加刪訂，而迄不能就。惟朱子與門人黄直卿釐爲《儀禮經傳通解集註》，然卷帙浩繁而誦習者益寡矣。顧其書實爲稿本，而篇目之離合，《註疏》之得失猶多有可議者。蓋專以冠昏爲《家禮》，而喪祭列之續卷，則不當分而分也；《曲禮》、《少儀》之紛賾，生民所通用，《大學》、《中庸》之淵微，聖學之極則，而並入《學禮》，則不當合而合也。至於《周官》乃治平之全書，不專於言禮，而裂取其分土、制國、設官、建侯、師田、刑辟之事以充《王朝之禮》，能無筆削聖經之嫌乎？故知此書實爲稿本，而未可執之以爲定論也。炤自方壯之年，始得其書而誦習之。繼而重遭大故，乃留意於《喪》、《祭》之禮。據黃氏之所定者，去其重複，補其疏略。復取朱子之成書，分爲七類而解釋之。首之以嘉，則冠、昏、飲食、燕、射之必詳；次之以賓，則相見、聘、朝之必辨；次之以軍，則師田均建役刑之必晰。由是而慎終以凶，則殯虞練祥服制儀節不可以苟也；由是而追遠以吉，則祖考神祇廟貌文物不可以忽也。夫然後以通禮彌之。其居家也有《內則》，其入學也有《弟子職》、《少儀》，其立朝也有臣禮。優遊於日用則《曲禮》致其文，遜敏於庠塾則《學制》、《學記》立其規，合同於天人則《夏小正》、《月令》備其用。若《禮運》、《禮器》，則總文質之宜，具經曲之義，而一以貫之，而禮之爲教可得而悉矣。夫然後以通樂飾之，鄉有《南》，朝有《雅》，郊廟有《頌》，至於《樂記》，則聲容德政發揮無遺，而樂之爲教可得而推矣。夫禮樂之用，經三代聖人之作述而後成。今欲據殘闕之遺文而復還其盛，豈可得哉？然則是編之修，亦曰守其舊以俟之其人而已矣。風會推遷，無往不復，聖人有作，即始見終，據此而推明之，其必有以默識於意言之表乎？周子曰：「不復古禮，不變今樂，而欲致治者，遠矣！」建中和之極者，三復焉可也。

周禮集解自序

萬象融融，上天統之；庶類紜紜，后土含之；大運綿綿，四時紀之。而元化默宰於其間，王者有作，人極於是乎立焉。設官分職，綱舉目張，蓋取諸此而已矣。君者，極也；相者，陰陽五行也。司徒爲教養之相，宗伯爲禮樂之相，司馬爲征伐之相，司寇爲刑辟之相。司空爲田賦之相，播五行於四時也；冢宰爲脩齊治平之相，渾二氣於一元也。洪荒以來，茫昧莫稽，唐虞以降，損益迭出，及成周而後大備。《孟子》曰：「周公思兼三王，以施四事。其有不合者，仰而思之，夜以繼日，幸而得之，坐以待旦。」甚矣，制法之難也！周轍既東，王綱不振，諸侯惡其害己也，而皆去其籍，雖以子輿氏之哲，亦僅聞其略而已。然庖人之類見於《内則》，庶子之掌載於《燕義》，九伐之法述於《穰苴》，《職方》之紀出於《汲冢》，司樂之篇呈於竇公。蓋不待李氏女子之獻，劉氏天禄之校，而其言固已散出矣。去聖既遠，晦蝕繁多，有倣其迹而假之者，有竊其似而亂之者，有師其意而不能循序以施之者，天下之士益以惑焉。惟朱子以爲運用天理爛熟之書，而其論始定。顧表章雖明，而訓釋未逮。至於諸儒之説，則又未免以私意小智雜乎其間。非不有醇焉，而不勝其疵也；非不有詳焉，而不勝其略也。學者入於其中，能無望洋向若之歎乎？炤自弱冠，即不能無疑於此。於是熟讀深思，遠稽博采，不揣固陋，勒爲一編。上推列聖之因革，下鑒歷代之興衰，以竊附於《詩》、《書》集註之後。至若《冬官》既亡，則旁搜官名於傳記之中，以誌其梗概，而《考工記》亦存之，以備參稽焉。庶幾聖人之精意，不汩没於百家之曲説云爾。嗟乎！天地無心，生民有欲，其污隆升降，視乎君相之一念耳。志氣如神，百體從令，當躬具有位育也；朝廷建極，萬方承式，海宇不啻官骸也。外王内聖，果且有二道乎哉！自道術之裂也，論學者以虚無爲宗，而土苴世務；論治者以名法爲急，而迂疏性術。規矩準繩之不立，而思制天下之器，利天下之用也，其可得乎！然則是書固四子之梁筏，五經之模範。

糟粕煨燼，無非至教，神明變化，存乎一心，此傳之所爲作也。若曰「爲天地立心，爲生民立道，爲去聖繼絶學，爲萬世開太平」，則宇宙之廣永，當必有人焉任之，而豈區區之所敢議哉？

春秋集註自序

《春秋》，議道之書也。道之大原出於天，分而爲三綱，而人遂各戴其天焉。天子以之平天下，諸侯以之治其國，大夫以之齊其家，士庶以之脩其身，而宇宙無不得所之物矣。皇古以來，君師代作。成周有制，六典昭垂，融融灝灝，莫非天理之充周，即莫非道術之經緯，其斯以爲太和之運哉？東遷以後，下淩上替，卿尹之擾攘而百官失其統，邦國之呑蝕而四海失其均，世官用而賓興之法失，税賦增而養民之意衰。僭竊相仍，而禮樂變矣；争奪無已，而征伐擅矣；亂賊日滋，而刑罰縱矣；田邑踰制，而疆理壞矣。舉六典之所載者皆紊而廢之，則道術不用而智力相競，亦其勢然也。孔子生乎其時，夢想周公而不獲一試，於是因《魯史》而作《春秋》，以成周之道術治成周之臣民，掃陰雨晦霾之積沴，指示以太虛之本體，而宇宙之太和在其手矣。蓋其心如天之於萬物，包涵徧覆，以知則易，以能則簡。故形於言者，絶無委曲煩擾之迹；隨其所發，而莫非性命之精微：無我故也。後之儒者不能得聖人之心而思窮聖人之言，訐以爲直，儌以爲智，舍康莊而入於荆榛之中，又何道之能議耶？伊川程子略舉其端，未竟其緒。私淑其學者迭相闡明，譬諸以管窺天，而終不能盡見其全體。竊不自量，裒集之，擇取之，間亦附己意而足成之。未知於聖人之意果如何，而諸儒之穿鑿附會則盡去之矣。嗟夫，宇宙之綱維，一道而已！純之則爲王，駁之則爲霸，戾之則爲裔，戕之則爲賊，氣化之遷流，不能不叠興於其間。聖人未嘗不欲一切以道繩之，而僅寄一綫於簡册之中，此聖人之所深悲也。使凡有天下者與有國有家有身者讀其文，推其意，而思其義。一念之慊，不啻華衮之加也；一念之欺，不啻斧鉞之至也。則日用云爲，無適而非《春秋》，即無適而非聖心，無適而非天理矣。撥亂反正，莫要於此心。一身之三代既復，而後推之於家也可，推之於國也可，推之於天下也亦無不可。載之行事之深切著明，皆本乎天道以符乎六典，豈徒二百四十二年之陳迹已哉？不然，則是吏案而已矣，則是邸鈔而已矣。

通書解拾遺自序

此書本號《易通》，蓋因論《易》推及於他書也。以《乾·彖》盡造化之理，以《蒙》、《艮》立教學之歸，以《乾》、《損》、《益》動明修己之實，以《家人》、《睽》、《復》、《无妄》極治人之原，而《易》之精藴已思過半矣。其曰誠，曰純，曰一，《中庸》之樞紐也；其曰端本，曰善則，則《大學》之體要也；其曰視聽言貌思，曰剛柔善惡中，則《洪範》至切之目也；其曰禮樂政刑教，則《周禮》至當之規也；其曰正王道，曰明大法，則《春秋》至簡之義也。至於示不改之樂，發無言之藴，推性善之由來，明仁義之大化，而孔孟之心法於是乎昭然若揭焉。投五金於大冶，而精粹者上騰；萃百卉於一區，而英華者先露。

是書於群聖之作，亦若是而已矣。嗚呼，此其所以奮乎百世之下，而獨得乎千載不傳之緒歟？顧其言高而旨遠，辭約而義微。朱子之解恒引而不發，以俟學者之自悟。然嗣是以後，惟敬軒薛氏嘗究心焉。延及後世，而誦習者亦罕矣。炤自弱冠下第，登舟聞良友之訓導，始獲見其遺編而讀之，豁然如生長蔀屋之中，一旦決藩垣而忽覩天之廣大也。晝誦宵思，炎雪靡間，然後嘆條理之密，意味之深，誠有不我欺者，而歲華已十六易矣。竊因朱子之緒餘而推究之，章循其序，篇揭其綱，録爲一卷以備遺忘。而無極之真，陰陽五行之運，男女萬化之象，常若瞭然於心目之間。同志之士倘致思於此焉，則所謂「書不盡言，言不盡意」者，豈遂不可得而見耶？

正蒙集解自序

《正蒙》之書，張子言道而作也。蓋道在天地，而體諸聖人，寓諸六經。其下學上達，則存乎君子之自脩焉。一氣混茫，萬有森列。生天生地，成鬼成帝，皆是物也。有儀有象，則變化不窮。升之爲七政，布之爲五行，散之爲風雲雷雨，豈有他哉？與道爲體而已矣。萬物芸芸，天則覆之；庶民蚩蚩，聖則範之。故君子之學，必本天而宗聖。庶物人倫，明之察之，而理可窮矣；人心天命，研之精之，而性命可知矣。由是盡心而誠身，則自得之實也；由是脩己而及物，則時措之宜也。藴之而爲德，發之而爲業，行諸上而爲君相，明諸下而爲師儒，見諸日用而爲言行，爲政事，皆同歸而一致耳。《易》擬其象，《詩》宣其志，《書》述其事，《禮》、《樂》彰其用，百家之方術，豈足以紊之？大哉道乎！非仁且智，其何以凝之乎？訂其頑則仁，砭其愚則智，而於天下之道一以貫之矣。是《正蒙》之大旨也。雖其辭多未暢，理多未融，誠有如程子、朱子所譏者。然囊括造化，縷析聖詮，一洗異端之荒謬，俗學之支離，殆非天人之對、性道之原所能闖其藩籬也。是以忘其固陋，集諸説而以己意斷之，發明其大醇，辨晰其小疵。至若意見或殊而義理不妨兩通者，則亦並著其説以聽學者之自擇。然後此書之辭意，不至於苦其艱深而疑其偏窒也。或者謂此書不及《通書》、《易傳》之深醇，難以上接四子之傳，則其言過矣。《近思録》並列四先生之言，雖以《觀物内外篇》而不得班焉。《語類》又謂横渠之於二程，猶伯夷、伊尹之於孔子。夫《採薇》一歌傳聞匪實，且民到於今誦之。乃若《伊訓》數篇，表裏謨誥，未嘗因道之小偏，而遂廢其言也，則何疑於《正蒙》乎？然則是書固宜與《通書》、《易傳》並行，而上接四子之傳。特凡近之説，不能如《章句集註》之神會而心得之耳。是所望於同志者之商質也。

近思録集解自序

昔者衰周之運，百家競作，孔孟之徒有憂之，緝微言而成《論語》，遵正學而著七篇，使學者不迷於向方，其功盛矣。自秦漢以降，道術分裂，荀、揚、王、韓各駕其説而不能相一。有宋周子，以先知先覺之詣建《圖》屬《書》，弁冕群言，以傳之程氏，而張氏亦與有聞焉。推演廣大，辨析精微，所謂「爲天地立心，爲生民立道，爲去聖繼絶學，爲萬世開太平」者也。顧其業至廣，其説愈詳，學者乃或望洋而興歎。甚至未嘗究其顛末，而妄肆詆訶。有如陸九淵議《太極》之非，是大原可得而湮也；林栗攻《西銘》之失，是宏綱可得而絶也；程迥詆主敬之誤，是聖功可得而廢也；陳亮疑道治天下之迂，是王猷可得而雜也。朱子蓋深憫之，於是不得已而爲《近思》之録。著性命之藴，而天下之言道者有所宗；揭進脩之要，而天下之言學者有所準。至於窮理、居敬、克己之方，理家、入官、均平天下之法，以逮應物、教人、制心之則，與夫閑邪説、宗正學之歸，莫不舉之有要，而循之有序，誠可以羽翼四子，而補其所未備焉。欲求數君子之道，而不先之以是書，固不得其門而入矣。然其微辭奧義，多未易曉，朱子雖往往發明之，而散見於群書，蓋學者欲觀其聚焉而不可得也。竊不自揣，爲之裒集而次列之，而又取其意之相類與其説之相資者，條而附之，以備一家之言。至其所闕之處，則取葉氏、陳氏、薛氏、胡氏之言以補之。間亦或附己意於其間，庶幾可以便觀覽，備遺忘，以待同志者之取裁而已矣。嗚呼！學者誠能遜志於此書，則諸子百家皆難爲言，而於内聖外王之道不患其無階以升。較之役志於辭章之中，老死於訓詁之下，風推浪旋，無以自拔，而猶自矜衣鉢之傳者，其小大之不同量，爲何如也！聊志其概於此，以自警云。

家禮拾遺自序

先正朱文公宅祝太夫人憂，著《家禮》一書，藏之匣中。爲一僕童所竊，逮易簀後乃行於世。當著書時，年方强仕耳，故與晚年之論不無小異。然其規模之宏大、條理之精密，固無愧於制作之能事也。予自連遭大故以來，取是書而遵守之，誦習之，已而參之於《儀禮》、《周官》，復衷之於《語類》、《文集》，爲辨論數十則，上推先生之遺意，下輯群儒之公論，名曰《家禮拾遺》。郡侯崔公聞而嘉之，錫以弁言，然未敢出以示人也。比年以來，《三禮解》成，恐始學者未免有萬牛回首之歎，乃復取故編而訂正之。以爲有家者誠能守此而謹行焉，亦足以正其本矣。至若《藍田鄉約》，則鄉里之準繩也；《白鹿洞揭示》、《滄洲釋菜儀》，則學禮之權輿也。輒取以附其後，以爲三代之文物雖不能遽復，而因俗以宜民，道莫近乎此也。抑文中子有言曰：「冠禮廢，天下無成人矣；昏禮廢，天下無家道矣；喪禮廢，天下遺其親矣；祭禮廢，天下忘其祖矣。嗚呼，吾末如之何也已！」然則觀是書者，其毋以言近而忽之，倘亦寡過遠罪之一資乎？

語類約編自序

大化之運，元必歸貞；道統之傳，開必有會。是故修和之盛，司空告其成；謨烈之垂，家相成其德；洙、泗之傳，命世發其蘊。斯所卓然自立於一代而萬世共由之也。秦灰既烈，聖道中淪，雖董、韓、孫、石之才而莫能振其緒。迨濂、洛疊起，而道統於是乎中興。然合志者未免夷、惠之偏，及門者鮮有顏、曾之匹，而道術亦復爲天下裂矣。藉六經以文奸言，託三代以飾虐政，蠱中於君心，毒流於生民，是王氏之學也；尚縱橫之詭習，揚嵇、阮之餘波，其文適足以滅質，其博適足以溺心，是蘇氏之學也；恃履忠蹈信之資，蔑知言窮理之學，醇大而疵亦不細，功多而過亦不少，是司馬氏之學也；以佛乘爲道岸，以禪悟爲儒脩，肆淫詖邪遁之辭，攻螟螣蟊賊之技，是張氏之學也；昧心性之大原，務德業之崇廣，九層之臺不積於累土，千里之行不謹於舉步，是胡氏之學也；譏問學爲榛塞，詆思辨爲陸沈，聚精會神而以爲德性，任性率意而以爲天機，是陸氏之學也；擇善之不明而託於渾厚，立己之不固而流於通融，博學多聞固有之，守約窮源則未也，是呂氏之學也；即器而謂之道，即物而謂之則，侈心於制度之末，鑿知於文爲之繁，是永嘉陳氏之學也；義與利雙行，王與霸雜用，枉己而思以直人，詘身而思以伸道，是永康陳氏之學也。神徂聖伏，百喙争鳴，於是晦翁夫子獨與敬夫、季通左驂右介，攘剔之，扶持之，然後聖道大明，如日月之經天，江河之行地。從遊之士，幾徧天下。而訓誨諄懇，提撕反覆，憂之深而言之切，慮之遠而説之詳，顧紀録之多未免重複，識見之悮未免舛訛。敬軒薛子蓋屢以删脩詔後之人，而未有承其志者也。竊不自揣，擇其言之精粹者，勒爲一編，名之曰「約」。至若四書五經、《太極》、《通書》、《西銘》之説，則前民固已裒集於傳註之下，惟程張之書之發明者則附於《近思》之《集解》，禮儀之辨晰者則附於《家禮》之《拾遺》，故其所編者，獨此而已矣。其他文集則將入古文之選，而獨取知舊門人之問答列於各傳之末焉。嗚呼！宋之道統，先知先覺，周子以之，其斯道之元乎；有典有則，程子以之，其斯道之亨乎；無内無垠，朱子以之，其斯道之利貞乎？然則讀是書者，何異聆大成之再集也哉？

淵源全録自序

天牖生民，篤生至聖，顔、曾拔萃，翺翔兩驂，此道統之源也。然顔以明睿之資備中和之藴，而端木未足以並之，故天不假齡而有喪予之歎；曾則篤實宏毅，引年眉壽，思、孟復承其業，而其學於是乎光大矣。歷漢及唐，雜以百家之支離，亂以二氏之邪遁，雖或不無豪傑之士特立其間，譬彼支川之清泚、小澗之湍流，終不足與於四瀆環瀛之勝也。宋治休明，而卓爾之見忽發於月巖星墩之間，一門親炙，淵輿繼軌，然一則超詣而自得，一則持守以有成。超詣自得者，英才莫能窺其奥；持守有成者，遂主絶學之宗盟焉。乃若雪月風花之品題、野馬絪緼之窺測，則猶若倚於一偏而非正鵠之的。汴京南渡，斯文從之。然晦翁纘正叔之緒而底於大備，子静襲伯淳之諂而入於歧途，遂至朋分角立，歷數百年而未已。以故德温、叔心方續晦翁之傳，而公甫、伯安復張子静之幟，而有明末代之學術卒淪於淫辭詖行之歸。嗚呼，其亦不思而已矣！夫子淵雖見天心之復而必循循於博文約禮之功，茂叔雖探無極之真而必乾乾於窮理盡性之旨，其與明新、擇執、涵養、進學之義又何以異哉？蓋上智之資誠立而明通，大賢之品敬直而義方，學焉而各得其性之所近，不可誣也。不自度其氣質之若何，而凌高躐空，驚世駭俗，舍義理而任知覺，汩性命而攝精神，未嘗不言心而不知惟危惟微之分也，未嘗不言性而不知有欲有恒之辨也，未嘗不專心以求静而不知静存動察與守静致虚之殊途也，未嘗不妄意以晞神，而不知形生神發與誠精神應之異致也，幾何而不爲異端之赤幟也哉？今因《伊洛淵源》之録，溯而上之，以至於尼、嶧，沿而下之，以及於薛、胡，各倣世家列傳之體而録其行實，盡删異學之荒謬而使道術歸於一焉，庶幾讀《論語》諸書如聆左史之記言，讀《淵源》一録如觀右史之記事，而師資之儀型，宛然在目矣。若夫觀而摩焉，奮而興焉，則存乎其人云爾。

附録

先生十歲適郡城，父攜往文廟，告以群賢從祀之故。先生歎曰：「人能似此，不枉一生。」《學案小識》。

先生主講嶽麓時，曾作《中庸易通講義》。先生撰《王惺齋傳》。

唐鏡海曰：「先生身雖未顯而道在人耳目，至今鄉人偶論及之，未有不起敬者，其亦典型之不忘者歟？」《學案小識》。

恒齋交游

熊先生超

熊超，字班若，善化人。康熙庚午舉人，客京師，館於某王邸。王重之，欲爲援引，遽辭歸。後以母老不復赴禮部試。邃於《易》，有心得。研精程朱語録。參《濂學編》。

車先生无咎

車无咎，初名檀，字補旃，邵陽人。歲貢生。事親至孝。母卒，扶柩過資江，遇風，舟觸石將沈，號痛欲以身殉。俄而風止舟定，人稱其誠格。研綜典籍，與同縣王惺齋齊名。著有《尚書口義》、《辨類編》、《切己録》、《家鑑》、《承雅堂集》。參《濂學編》。

王先生元復

王元復，字能愚，號惺齋，邵陽人。歲貢生。天性孝友。兄亡無子，遺産悉以畀諸姪諸甥。邃深經學，諸儒語録及輿地、《象緯》、《内經》、《參同契》、《律吕新書》無不精研，皆有心得。初與同縣車補旃齊名。晚及恒齋提倡理學，湖湘間學者宗之。與恒齋討論增删《儀禮通解》，作《廣道》、《蠡測》、《鬼神》、《死生》四篇，恒齋稱之。所著文集、詩稿藏於家，著述多散佚。有《榴園管測》五卷，乾隆中開四庫館，曾以採進。參李文炤撰傳、《濂學編》。

張先生鳴珂

張鳴珂，字玉友，一字石攻，寧鄉人。貢生。幼嗜學，性鈍，久乃睿悟大啟。見濂洛書曰：「道在是矣。」與恒齋及王惺齋友善。恒齋所著《易》、《詩》、三《禮》，皆與參訂。事親孝，四世同居，内外翕然。參《濂學編》。

清儒學案卷五十四終

清儒學案卷五十五

天津徐世昌

穆堂學案

康熙中葉以後，爲程朱極盛之時，朝廷之意指、士大夫之趨嚮，皆定於一尊。穆堂獨尋陸王之遺緒，持論無所絀。雖其説較偏，信從者少，要亦申其所見，不害其爲偉岸自喜也。述《穆堂學案》。

李先生紱

李紱，字巨來，號穆堂，臨川人。康熙己丑進士，改庶吉士，授編修，累遷左副都御史，兼内閣學士。六十年，充會試考官，榜發，下第舉子鬨於門，坐未陳奏奪官，發永定河効力。雍正初，世宗召攝吏部侍郎，尋真除兵部侍郎，出爲廣西巡撫，擢直隸總督。河南巡撫田文鏡方承上寵，有能名，疏劾之，不當上意。會御史謝濟世復劾文鏡，所言有與先生奏相應者，上疑與濟世比而傾文鏡，召授工部侍郎。前在廣西捕亂苗下獄，既移督直隸，亂苗破獄逸去。事聞，命復往捕治，亂苗聞而自歸。直隸總督宜兆熊屢糾先生庇屬吏欺罔，奪官，下刑部論重辟。上貸其死，命纂修《八旗通志》。尋復以濟世在戍所自承劾文鏡實授指，召入詰責，復下刑部論死，仍命貸之。高宗即位，命以侍郎銜領户部三庫，尋真除侍郎。時方開博學鴻詞科，坐强副都御史孫國璽薦舉吴江王藻，左遷詹事，以母憂歸。服闋，起授光禄寺卿，遷内閣學士。以病乞歸，十五年卒。先生論學主象山，謂「當先立乎其大」，并力申陽明致良知之説。嘗謂：「朱子道問學之功居多，陸子尊德性之見爲卓。」高宗聞其語而韙之。及辭歸，問有所陳否，以「慎終如始」對，賜詩獎之。所著有《穆堂初稿》、《續稿》、《別稿》、《春秋一是》、《陸子學譜》、《年譜》、《朱子晚年全論》、《朱子不惑録》、《陽明學録》。參史傳、《先正事略》、《穆堂初稿》。

陸子年譜序

《陸子年譜》，始創稿於高第弟子袁正獻燮、傅琴山子雲，而彙編於李恭伯子愿，宋寶祐四年，劉應之林刻於衡陽者也。其後，陸氏家祠附刻於《全集》之末，凡集中所已見者，輒加删汰，止云見前某卷，以此施之著述文字可也。乃楊文元簡所撰《行狀》之辭亦不備載，則事實爲不全矣。至於諸兄爲陸子淵源所自，復齋並稱二陸，合梭山稱三陸，其行實尤未可略。今悉爲補入，而文字有當載者亦附見焉。明陳建等道聽塗説，勦襲舊聞，詆陸子爲禪學，實未究觀二家之書，不知朱子晚年之教，盡合於陸子。凡朱子所以致疑者，特以其弟子包顯道、傅子淵等過爲高論，而未及盡見陸子所以爲學與所以教人之説，故其所疑爲禪者皆懸空立論，未嘗實有所指。其實指而出之者，惟《輪對五劄》與《答胡季隨》一書耳。季隨書之駁出於《語類》，門人所記，容有譌舛；而《五劄》之譏，則屢見於筆札，所宜備載，俾天下後世得公聽而並觀，且亦陸子經國之大猷，不可略也。佗若無極之辨，爲朱、陸異同之始，而實則兩先生可以無辨，蓋非辨其理，特辨其辭耳。余别有論著。此《譜》仍照原本隳括，不復補入云。

陸子學譜序

昔朱文公與吕成公作《近思録》，記濂洛諸先生之言者也；文公又獨爲《伊雒淵源録》，記諸先生之行者也。言與行分而爲二，視《論》、《孟》所記，若有閒矣。孔子教人，自謂無行不與；孟子論君子之所以教者五，答問特其一耳。慈湖楊氏簡作《陸子行狀》，謂先生授徒即去今世所謂學規者，而諸生善心自生，容禮自莊，雍雍于于，後至者相觀而化，蓋以言教不如以身教。求先生之學者或分言與行而二之，豈有當哉？雖然，先生之教無方，而學者所從入則不可以無其方也。先生之教思雖無窮，而淵源所及，確乎可指目者自有其人，不可得而誣也。紱自早歲即知嚮往，牵於俗學，玩物而喪志，三十餘年矣。再經罷廢，困而知返，棄宿昔所習，沈潛反復於先生之書，自立課程，從事於先生所謂「切己自反、改過遷善」者五年於兹，於先生之教，粗若有見焉。獨學無友，不敢自信。今歲萬子宇兆奉召還朝，相見之次，叩其近業，心同理同，若同堂而共學也。既而同事書局，時相考證，益著益明，乃敢鈔撮先生緒言，併其教思所及，共爲一書，名曰《陸子學譜》。蓋兼用《近思》、《淵源》二録之體，先生之言與行略備，將以藏諸名山，傳之其人，俾有志於希聖者門徑可循，歸宿有所，不沈溺於利慾，不泛濫於章句，不參錯於佛、老，庶幾斯道有絶而復興之日矣乎！吾與萬子，既幸晚而有聞，同守斯編，歲寒相勉。若道聽塗説之流，未嘗身習其事，呫呫然動其喙，所不計也。雍正壬子仲冬，穆堂學人李紱書於京邸寓舍。

文集

原學上

「學」字古文作「斈」，其爲字從「爻」。今「學」字中亦從「爻」。《易傳》謂：「爻也者，效此者也。」故朱子釋《論語》，謂「學之爲言效」，確不可易，而效之義則未全也。《詩》稱「天生蒸民，有物有則」，《弟子職》謂「先生施教，弟子是則」。惟有則是以可效，惟能則乃謂之學，此學之所由以名也。效天生之則，則孟子所謂「凡有四端，擴而充之」者是也。效先生之教，則顔子所謂「步亦步，趨亦趨」是也。效有二義，故曰效之義未全。朱子之訓，得其一而遺其一者也。學主於效法，就行言，不就知言。蓋天生之則本於良知。孩提之童無不知愛其親，及其長也，無不知敬其兄。惟患不行，不患不知。親親敬長，達之天下，而天下可平。堯、舜之道，孝弟而已矣，此學之大規也。至於效先生之教，亦非導之以知，止於觀書册而勤討論。孔子謂「無行不與」，又曰「天何言哉，四時行焉，百物生焉」，皆不在語言之告教，書册之咿唔。聖門好問者莫若曾子，而夫子所告在于一貫；博學者無若子貢，而多學而識，夫子非之。其教弟子也，以孝弟、謹信、親愛爲主，必餘力乃學文。其在成人也，以志道、據德、依仁爲先，而游藝則居末。故先以敏事慎言，而後就正於有道，則以爲好學。夫子拱而尚右，二三子亦尚右，則以爲嗜學。孔門弟子好學，夫子獨稱顔淵。其好學之實，則曰「不遷怒，不貳過」。行也，非知也。蓋古未有以學爲知之事者。至朱子始以學問思辨俱屬知，因以窮致事物之理爲格物，又以《大學》未詳言格致之事也，因疑其義亡，而爲傳以補之，於是古人爲學之法，乃一變尋章摘句之弊，流爲玩物喪志，斷斷於口耳之間，舉古人躬行實踐之學不得而見之矣。《學記》稱：「大學之教，時教必有正業，退息必有居學。鄭注以「學」字連下句，誤。不學操縵，不能安弦。不學博依，不能安《詩》。不學雜服，不能安禮。不興其藝，不能樂學。」四者之中，並無誦讀、講論、窮理、格物之説。其論學之弊也，則曰：「今之教者，呻其佔畢，多其訊。」又曰：「記問之學，不足以爲人師。」然則專務讀書、講論、博聞、强記以爲窮理格物之事者，皆大學之所戒也。其始教也，「時觀而弗語」，「幼者聽而弗問」。弗語、弗問，始教猶然，烏有學爲聖賢，而專於講論，以爲窮理格物之事者哉！大學之法，「禁於未發之謂豫，當其可之謂時，不陵節而施之謂孫，相觀而善之謂摩」。四法之中，皆論行不及知。今之以窮致事物之理極處無不到爲格物致知之學者，自有大學以來，無此學也。然則《大學》所謂格物致知之説奈何？曰：古本在《禮記註疏》中，無庸辨也。致知即致其知先後之知，格物即格其有本末之物，知本即爲知至，如是而已矣。且朱子之以「效」釋「學」也，曰「後覺者必效先覺之所爲，乃可以明善而復其初」，是先行而後知也。其補格致傳，則曰「大學始教，必使學者即凡天下之物莫不因其已知之理而益窮之，以求至乎其極」，是又先知而後行也。物理固不可窮，又一人所著，彼此互異，後學之士，何所遵守？然則效吾心之天則，效先覺之遺則，恪遵訓效之解，而一力於躬行，雖違《大學》之

《章句》，而合於《論語》之《集註》。學之義既不荒，其於朱子之説亦可以無戾矣！

原　學下

「學」訓「效」，其義雖有二，而以效吾心之天則爲本義，效先生之教則餘力學文之事耳。蓋仁義禮智，我固有之，非由外鑠，察識而擴充之，則聖學無餘藴矣。親師取友，特提撕而使吾察識，鞭策而使吾擴充焉耳，非有加於吾性之外也。自宋南渡以後，學者不務其所當務而疑其所不必疑，不汲汲然患其知之而不行，鰓鰓然患其行之而不知，溺其志於章句訓詁之煩而篤其説於意見議論之末，置其身於日用彝常之外而勞其心於名物象數之中，未嘗一日躬行實踐而詡詡自以爲講學，吾不知其所講者何學也。試取《孟子》所謂本心、良心者一體察焉，有不茫然思，惕然懼者，必非人矣。楊龜山謂：「學者，所以學爲人也。」烏乎學爲人？《孟子》曰：「仁也者，人也。」學爲仁，所以學爲人也。烏乎學爲仁？《孟子》曰：「仁，人心也。」又曰：「學問之道無他，求其放心而已。」吾一日之間，自昧旦而起，至寢息而止，吾心發一念即自加審察。爲理耶？即奮然直前。爲欲耶？即毅然斷絶。由是推之，行事必求一於理而無欲，而心之理得矣，心之理得而全乎其爲人矣。此夫婦之愚不肖可以與知，可以能行，而人皆可以爲堯舜也。反是，則謂之放其良心；反是，則謂之失其本心。放其良心，失其本心，則孟子所謂「近於禽獸」而非人矣。至於所行之是非，則吾心自有良知。且餘力以學文，亦既知其大端矣，其措注則必臨事而後見，其細微曲折則必行之而後知，非事未至而揣度想像者所能得之也。即如事親，孩提知愛，本心自具此良知。常守此本心、良心，即大舜終身之慕矣。其所以盡孝之道，則《戴記》所云：「有深愛者必有愉色，有愉色者必有婉容。」以至於視無形，聽無聲，莫不本此深愛之心。是故昏而愛親則必思定，晨而愛親則必思省，冬而愛親則必思温，夏而愛親則必思清。推之事長、事上、使衆，無不皆然。豈有舍固有之良心而求之書册，求之講論，以爲外鑠之學者哉？若謂事上、使衆，天下國家之事繁重難知，必須豫爲講習，不知國家天下無異理也。昔魯哀公問政，孔子對以「文、武之政，布在方策」，言不待問也。一朝之興，各有會典，當官之職，各有掌故，時至事起，虚心延訪，實意推尋，未有不能知者。《大學》謂：「心誠求之，不中不遠，未有學養子而後嫁者。」如必豫爲講習，是學養子而後嫁也。至於常變經權，其理皆一，不過以此心權度之而已。昔顧東橋疑經事可以理推，變事非精義不能，恐須平時講解，因舉舜不告而娶，周公大義滅親二事爲問。陽明先生答以舜、周公亦止臨時以心度其輕重，並非平時預爲講習，見古人有不告而娶、大義滅親者而因而效法之也。蓋心之爲用，萬物皆備，苟能治心，無施不可。《中庸》論治國平天下，不過曰「絜矩」；曾子答一貫，不過曰「忠恕」；「己欲立而立人，己欲達而達人，能近取譬」，而仁不待外求矣。伊川程子論學，謂「學也者，使人求於内也。不求於内而求於外，非聖人之學也，以文爲主者是也。學也者，使人求於本也。不求於本而求於末，非聖人之學也，考詳略、採異同者是也。是二者皆無益於吾身，君子弗學。」若明道程子則明言「不可將窮理作知之事」。又曰：「存久自明，何待窮索！」朱子教人乃云「窮理以致其知」，固異於明道之説。其爲格致補傳謂「《大學》始教，必使學者即凡天下之物，莫不因其已知之理而益窮之，以求至乎其極」。夫即物窮理，豈非伊川所謂求之於外、求之於末者乎？以是爲竊取程子之意，正恐程子不受。蓋自《大學》補格致傳文，而孔孟之學乃失傳矣。雖然，朱子晚年固已盡覺其悟。余嘗輯《朱子晚年全論》三百七十餘條，並以尊德性、求放心爲主。而元明陋儒專取其中年未定之書，用以取士。明初附益之，編爲《大全》。科舉之學，因陋就簡；《朱子全書》，未嘗寓目。遂以講章訓詁之學爲足以師承朱子，此亦朱子所不欲受也。

心性説

羅整菴因伊川程子有「吾儒本天，釋氏本心」之語，遂爲釋氏有見於心，無見於性之説，以排世之爲良知之學者，其言似是而實非也。張子謂：「心，統性情者也。」心能兼性，性不能外心。若有見於心，豈無見於性乎？心之所統，五倫五常，萬物皆備。釋氏外人倫，棄萬物，豈能有見於心哉？伊川蓋偶爲此言，未及分析，而後人遂誤解之也。整菴又謂「今人心學之説，混於禪學」，其意亦指陽明，其實亦非也。心學肇自唐虞。堯舜授受，止曰人心、道心，未及所謂性。其言雖出於古文《尚書》，宋以來儒者未有非之者也。《大學》言心而不及性，亦未嘗謂之禪。若謂盡心爲正學而明心爲禪學，則朱子釋明德爲虛靈不昧，豈非心乎？又曰：「具衆理，應萬事。」伊川謂：「性即理也。」「具衆理，應萬事」，豈非心乎？以心釋明德，則明明德非明心乎？此心既明，發之爲五常，施之爲五事，明於人倫，察於庶物，固非聖人不能也。彼釋氏者遺棄人倫，空諸萬有，施之爲教，不可以修身，不可以齊家，不可以治國平天下。舉吾心所有者而悉昧之，何明心之有？使陽明之學而果如是，謂之禪，可矣。然謂陽明之學不足以修身、齊家、平均天下，雖童子知其不然也。不考之實事而漫爲心性之空言，使異端之徒得駕其謬悠恍惚之説，假心性以相欺誑；至吾儒之躬行實踐，有得於心學，實可以見之修齊治平者，則反推而遠之，以爲近禪，甚且辭而闢之，以爲害道，豈不悖哉？不獨明道程子謂：「在天爲命，在物爲理，在人爲性，主於身爲心，其實一也。」即伊川程子亦謂：「性之本謂之命，性之自然者謂之天，自性之有形者謂之心。凡此數者，皆一也。」明道又言：「心便是天，盡之便知性，知性便知天。」故本天本心，伊川實偶爲此言，未及分析耳。而後人遽欲分心性爲二，黨同而伐異，謬亦甚矣！整菴，吾鄉之先達，而陽明爲浙人，吾豈私所好於陽明者？然平心論之，整菴與陽明同在武宗之時，天下多故，身爲大臣，離事自全而已，能抗劉瑾乎？能誅宸濠乎？能靖粵西之亂乎？此實學與虛説之辨，不敢爲鄉先達諱也。若陳建輩無知妄論，則自檜無譏。❶余嘗爲《學蔀通辯辯》條析其説，今不復論云。

發明本心説

朱子因陸子教人有發明本心之説，遂以頓悟目之，而其實非也。《陸子全集》二十八卷，余家所藏宋本與明朝荆門州儒學藏本、

❶「檜」，道光十年奉國堂刻本《穆堂初稿》卷一八作「鄶」，合《左傳》襄公二十九年文。參陳校。

撫州家祠本並相同，無片言增減。嘗繙閱數十過，絶無頓悟二字。其生平教人，好舉木升川至，專以循序爲主，積小以高大，盈科而後進。即鵝湖之詩，必曰「涓流積至滄溟海，卷石崇成泰、華岑」，此天下所共見共聞者，其不爲頓悟之説也明矣。至於發明本義，並非頓悟。孟子論乍見孺子入井，即所以發明惻隱之心；論嘑蹴之與不受，即所以發明羞惡之心。而不辨禮義而受萬鍾者，則謂之失其本心。陸子發明之意不過如此，非如朱子所謂「一旦豁然貫通，而衆物之表裏精粗無不到」也。故嘗因楊敬仲扇訟一事，謂「是者知其爲是，非者知其爲非，即敬仲是非之本心」，此即發明之一證也。其所以必欲發明人之本心者，蓋專以效法先覺言學，則中材以下必且以資性諉爲不能。惟知仁義禮智皆本心固有，非由外鑠，然後夫婦之愚不肖者皆可以與知，可以能行，而人皆可以爲堯舜，無庸自諉，亦無可自棄。此發明本心之教所爲不可以已也。自聖賢之學變而爲科舉之業，剽竊口耳，不復以身心體認，陸子之書未嘗經目，而道聽塗説，隨聲附和，咸曰陸氏爲頓悟之禪學。不知《陸子全書》具在，絶無此説；而循序之教，則無時不然，無人不然，正與尚頓悟者相反。學者試取《陸子全書》讀之，則知娶孤女者不可誣以撾婦翁矣。或謂陸子既非頓悟之教，其弟子慈湖楊氏何以專言覺悟？❶曰：覺非聖學之所諱也。先知覺後知，先覺覺後覺，孟子不嘗言之乎？惟覺悟之後功夫正多，既察識，必存養，必擴充，以四端保四海，以親長達天下，終身之憂俛然日有孳孳。而敬仲一覺之後，純任

❶ 「悟」，原作「語」，今從陳校據《穆堂初稿》卷一八改。

自然，故有過高之論。黎洲黄氏云：「象山以覺爲入門，而慈湖以覺爲究竟，此慈湖之失其傳也。」以慈湖爲失傳，則知陸子之傳不如是矣。天下之人，試即吾説求之，其於陸子頓悟之誣庶幾釋然已夫！

致良知説上

良知之説始於孟子，所謂「孩提之童，無不知愛其親；及其長，無不知敬其兄」者也。良訓善，朱子釋以自然，語異而意同。蓋自然發見之善心，即所謂性也。顧中人以下，善端之發，道心甚微，而氣拘物蔽，人心甚危，良知不可全恃，則修道之教起焉。陽明先生有見於此，故即良知而加以致之之功。蓋盡人以合天，明善以復性，至當而不可易者也。其《答陸原静書》云：「性無不善，故知無不良。良知即未發之中，即廓然大公，寂然不動之本體，人人之所同具，惟不能不昏於物欲，故必致以去其昏蔽。然於良知之本體，不能有加損於毫末。所謂致良知者，不過如此。」致如致曲、致中和之致，朱子所謂推而極之也。《中庸或問》致曲之説，朱子謂人性雖同，而氣禀或異。自性而言之，則人自孩提，聖人之質悉已完具。以其氣而言之，則惟聖人爲能舉其全體，而無所不盡。上章所謂致誠盡性是也。若其次，則善端所發，隨其所禀之厚薄，或仁或義，或孝或弟，而不能同矣。自非各因其發見之偏，一一推之以致乎極，使其薄者厚而異者同，則不能有以貫通乎全體而復其初。此與陽明先生所以答陸原静者語有詳略耳，其意則豈復有絲毫異同也哉？或謂信如此言，則何不直舉致曲、致中和之説以示人，而必自爲致良知之名，致煩解説？曰：此非陽明先生之故欲爲異立標準而闢門户也。爲聖學者切己自修，真積力久，必各有躬行心得之妙。因各舉以示人，以爲學者入聖域之門徑。如濂溪之主静，明道之定性，伊川之敬，横渠之禮，紫陽之窮理致知，象山之求放心，白沙之静中養出端倪，甘泉之隨處體認天理，皆是也。而自善學者觀之，則皆與致良知之説無異。良知爲未發之中，所謂「人生而静」之天性，主静即致良知也。良知爲性之發見，定之則廓然大公，物來順應，事事皆本乎性，是定性即致良知也。敬則心存而知不昧，循禮則制外以養其内，主敬與執禮皆所以致良知也。即物窮理似涉於逐外，然窮理以致吾心之知，所謂察之念慮之微，則亦致良知也。求放心則陽明所宗主者，固爲致良知之説所自出。而胡柏泉謂：「良知者，良心之别名，則求放心即致良知也；端倪即良知，指發見之性由静中養出，亦致良知也；良知即天理之發見，隨處體認，亦致良知也。」蓋致良知之説，苟得其解，觸處洞然，一以貫之。故陽明先生之論亦非執定一端。其答歐陽崇一則謂「集義即是致良知」。《傳習録》謂：「事物之來，惟盡吾心之良知以應之，所謂忠恕違道不遠也。」又云：「所惡於上是良知，毋以使下是致良知。」蓋致良知之説，近求之濂洛關閩而盡合，遠求之孔曾思孟而無不同。推其解則萬變而不窮，極其功則四達而不悖。爲學之要，莫切乎此。而世俗陋儒沈溺於訓詁章句，嘵嘵然二百餘年而未已也，故爲之説以告天下之有志於聖學者，俾毋惑焉。

致良知説下

致良知之説，昭然無可疑。而至今未決者，支離之俗學以謬見駁之，而放蕩之門徒以末流失之也。自陽明先生倡道東南，天下之士靡然從之，名臣修士不可數計。其道聽塗説，起而議之者，率皆誦習爛時文講章以求富貴利達之鄙夫耳。間有一二修謹之士，闇然媚世而自託於道學者稍相辨論，不知其未嘗躬行，自無心得，不足以與於斯事而考見其是非之所在也。當時首與陽明辨者爲羅整菴，然往復二書，未及致知，止辨《朱子晚年定論》及格物而已。《晚年定論》考訂未確，固啟疑竇。格物之解，則《章句》固失之，而陽明亦未爲得，宜其駁也。至於致良知之辨，見於《答歐陽崇一》兩書。世俗之人，頗主其説，不知其支離而不足據也。其駁良知即天理之説，以爲良知乃知覺，非天理。崇一答之，謂知覺與良知，名同而實異。知惻隱、羞惡、恭敬、是非爲良知，知視、聽、言、動爲知覺，蓋即人心、道心之分也。整菴復書，乃謂人之知識不容有二，然則心亦豈容有二乎？蓋心本一也，就義理言則爲道心，就氣質言則爲人心。道心不離乎人心，而人心不能冒道心之稱，故必於人心之中別其爲道心也。知發於心，心本一，故知亦一。然就義理言則爲良知，就氣質言則爲知覺。良知不離乎知覺，而知覺之知不能冒良知之稱，故必於知覺之中別其爲良知也。整菴又謂：「知乃虛字，不可指爲天理。」而引程子「知是知此事，覺是覺此理」以爲證。不知先知後知、先覺後覺並指人言，則此知字即實字矣。《大學》八條目，格致、誠正、修齊、治平八字皆虛，而天下、國家、身、心、意、知、物皆實。且知即智也。春秋以前止有「知」字無「智」字，故《易》、《書》、《詩》、《春秋》、《禮記》、《論語》凡「智」字皆作「知」，《仲虺之誥》有「智」字，蓋古文贋《書》也。孟、荀、莊、列諸子始兼用「智」字。

智非實字乎？若謂知平聲，智去聲，此特齊梁以後之論，古未嘗分四聲也。又謂「天地萬物皆具天理，而良知則山河大地、草木金石皆未嘗有」，以證良知之非天理，則其説尤謬。人所具之天理，即《大學》所謂明德。蓋虚靈不昧具衆理而應萬事者也。動物之有知者猶不能全具，況草木金石豈能具人之天理乎？人具此理，可以參天兩地而立人極，草木金石豈能之乎？山之理峙，水之理流，草木之理曲直，金石之理堅剛，特理中之一端耳。如以一端論，則山川、草木、金石具一端之理，亦未嘗無一端之知。山川之神，列在祀典。有道之世，山出器車，河出馬圖，而草木咸若。蓂莢叶曆，屈軼指佞，奇木則連理，楧木則因時，皆不可謂無知。至於大地上配彼蒼，謂地無知，則北郊可不祀矣。其論之謬如此，顧可據以駁良知之説乎？然世之人據其言以相詆諆，紛紛然至今而未已者，雖由於章句口耳之俗學，道聽而塗説，而陽明之門不善學者，末流之弊亦有以啟其隙而召之謗，特不可以此上累陽明耳。當時親炙如鄒文莊，私淑如羅文恭，皆粹然無疵，一出於正。文莊作《九華山陽明書院記》，以愛親敬長爲良知，以親親長長達之天下爲致良知；以惻隱羞惡爲良知，以擴而充之以保四海爲致良知。而文恭《答郭平川書》謂致良知之説本於孟子，以入井怵惕、平旦好惡、孩提愛敬三言爲證，而歸重於致之之功，謂一端之發見，未能即復其本體，故言怵惕必以擴充繼之，言好惡必以長養繼之，言愛敬必以達之天下繼之。二子之論若此，亦復有何疑義？而一時從學之士不盡爾也。龍溪王畿首爲狂論，純任自然，洸洋恣肆，以禍師門。而心齋王艮亦多怪異。二王之學數傳而益甚。若羅近溪、周海門，遂參以異説，誠不可不辨。然詭異者不過數人。若徐文貞、李襄敏、魏莊靖、郭青螺諸公之勳業，陳明水、舒文節、劉晴川、趙忠毅、周恭節、鄒忠介諸公之風節，鄧文潔、張陽和、楊復所、鄧潛谷、萬思默諸先生之清修，其因致良知之説躬行心得，發名而成業者，未易更僕數，豈不猶賢於整菴輩訓詁章句，闇然媚世而一無所建立者乎？且學術之傳有得有失，雖聖如孔子，不能保後世所傳之無失。漆雕開未信不敢仕，而傳其學者世乃目爲賤儒；子夏之後爲田子方，子方之後爲莊周，遂爲荒唐之論；子弓之後爲荀卿，荀卿之後爲李斯，乃有焚書之禍。亦豈足以上累孔子也哉？然則欲知致良知之學者，毋惑於俗儒之論，而不以末流一二人之失上累立教之師，亦可以曉然而無疑，奮然而從事矣。

心體無善惡説附跋。

「無善無惡心之體」，本龍溪所記天泉會語，果否出於陽明先生尚未可知。其語亦無病，而後人輒詆之，謂心體不當言無善，是以辭害意而未審體字之義也。心之體，寂然不動，善惡未形，故曰「無善無惡」，就靜言。故即繼之曰「有善有惡意之動」，猶周子論誠，謂「靜無而動有」云爾。靜豈果無誠乎？至誠無息，如靜而無誠，則誠息矣。朱子釋「無極而太極」，謂「無形而有理」。極無形可曰「無極」，善惡未形獨不可曰「無善無惡」乎？或謂心之體當曰「有善無惡」，不當曰「無善無惡」，此説非也。心統性情，兼理與氣者也。謂性爲有善無惡則可，謂心爲有善無惡則不可。況性有義理之性，又有氣質之性。性猶不能俱有善而無惡，而況心乎？或又謂論學者當本性，不當本心。此説亦非也。義理與氣質爲定名，心與性爲虚位，義理之性即所謂道心也，氣質之性即所謂人心也。就義理言之，性固有善而無惡，心亦有善而無惡，道心是也；就氣質言之，心固有善而有惡，性亦有善而有惡，氣質之性是也。若謂當就義理言，不當就氣質言，獨不聞伊川謂「言理不言氣不備」乎？理乘於氣，性統乎心，與生俱生，與習俱長，心與性，一而二，二而一者也。如言心性者止言義理而不當言氣質，則舜之命禹止曰道心可矣，何必復言人心；孟子言「命也，有性焉，君子不謂命」可矣，何必復言「性也，有命焉，君子不謂性」乎？是故言性可，言心亦可；言有善無惡可，言無善無惡亦可。意各有所指，言各有攸當也。然則世之紛紛致疑者，何爲耶？曰：是成見所拘，而勝心害之也。在周子言無則不敢疑，在陽明子言無則紛紛然疑之；在陸子駁周子之言無則不敢信，而後人駁陽明子之言無則紛紛然和之。心不虚而氣不平，一己之心性且未能知，況於議古人之言心性者乎？雖然，學者苟有志於聖賢之學，躬行實踐可矣，何必言心性？孔子之自勉者在子臣弟友，若命與仁則罕言之；子貢亦謂性與天道不可得而聞也。孟子因告子論性而誤，故反覆與辨耳。其教門人則止曰孝弟而已，義利而已，未嘗言性。今之教人者不敢望孔、孟，從學者不敢望子貢，實行不修而高言心性，妄也甚矣！吾非敢言心性也，吾嫉夫世之實行不修，於陽明子無能爲役而高言心性者也。

余既爲此説，客有疑之者曰：韓昌黎作《原道》，謂「仁與義爲定名，道與德爲虚位」。龜山楊氏猶非之，謂韓子所謂道德云者，仁義而已，故以仁義爲定名，道德爲虚位。《中庸》曰：「天命之謂性，率性之謂道。」仁義，性所有也，則捨仁義而言道者固非也。道固有仁義，而仁義不足以盡道，則以道德爲虚位者亦非也。今子復以心與性爲虚位，得無有楊氏者起而議之乎？余笑曰：子亦審其所議者之是非而已，烏能保人之不議哉？若楊氏之議韓子，則韓子是也，楊氏非也。楊氏謂仁義不足以盡道，則《易傳》所謂「立人之道，曰仁與義」，楊氏何不併《易傳》而議之乎？論道之實有就五常言者，有就四德言者，而五常四德之中，惟仁義爲尤重，故《易大傳》以配陰陽柔剛而概乎人之道。孟子之告梁惠，亦曰「仁義而已」；其論士，曰「居仁由義，大人之事備矣」。曰已曰備，楊氏何不併駁其未全乎？韓子以仁義明道德，意實本於《易傳》。其《原性》也，則曰「所以爲性者五」。楊氏所云，豈韓子所不知哉？至其所云虚位，則明以「道有君子小人，德有吉凶」證之矣。此猶不解，尚可與論文義乎？且道德之爲虚位，不止君子小人、吉凶二者，韓子特舉其大凡焉耳。孟子謂「道二，仁與不仁」，又曰「妾婦之道」，「饜足之道」。《易》有吝道。《書》稱穢德、惡德、爽德、酒德、逸德、比德，又曰「夏德若兹」，《左氏》有涼德，《孝經》有悖德，《詩》有滔德，德可謂非虚位乎？其見於經者如此。若子史文集，不勝徵引，虚位之説，又何疑焉？宋儒惟周、程、張、邵、朱、陸數子足以衍孔、孟之傳。其餘拘文牽義，不過細行修謹而已。其天姿學力，見道之明，衛道之勇，則皆不及韓、李、歐、曾四君子，不可以楊氏爲程門弟子，而遂震而奉之也。又攷《朱子語類》，萬正淳問：「楊氏言仁義不足以盡道，恐未安。《易》只説『立人之道，曰仁與義』。」朱子答云「仁義不足以盡道，游、楊之意大率多如此。蓋爲老、莊之説陷溺得深，故雖聞二先生之言，而不能虛心反覆，著意稱停，以要其歸宿之當否。所以陽合陰離到急衮處，則便只是以此爲主也。此爲學者深切之戒。然欲論此，更須精加考究，不可只恃『曰仁與義』之言，而斷以爲然也。近得龜山《列子説》一編，讀了令人皇恐，不知何故直到如此背馳」云云。然則楊氏之論，朱子師弟已駁之矣，但朱子語亦過甚。楊氏爲程門高第，道南第一人，未必遂至背馳，徑以老、莊爲主，不過拘於五常舊目，又忘卻《易傳》耳。至所以教正淳論此須加考究，亦非切要法。凡欲知道者，直須躬行，而後心得。若止懸空考究，終無定見，不過望塔説相輪而已矣。

中庸明道論

道猶路也。凡道就所行者言，行必有其實，指其實，行乃不迷。《中庸》一書，子思爲明道而作。第一章止渾舉道之名義，尚未詳道之實際。如作文之有冒，蓋發端之辭云爾。謝秋水先生乃謂「首一章足以正道之名而定學者之趨向」，未也。必如「哀公問政」章，實指君臣、父子、夫婦、昆弟、朋友爲五達道，然後道之名正，而佛老二氏不得依附而假託焉。如子思作《中庸》止曰「天命謂性，率性謂道」而已，則二氏之徒未嘗不妄引天而謬談性。此曰天，彼亦曰天；此曰性，彼亦曰性：烏足以正道之名而定學者之趨向哉？南宋以後，諸儒與二氏辯者誤解本天、本心之説，終日言性、言心、言命，論愈多而聽愈熒。惟實指五倫爲道，然後二氏之徒無所容其身，無所置其喙。此《中庸》之功之所以爲大，而道之所以明也。至於論道之功效，中和位育亦渾舉之辭，二氏之徒猶可依附假託。必就五達道而推之於九經，然後爲性、道、教之實際，而二氏不得而依託焉。廬陵胡氏行釋《尚書》云：「典叙禮秩，天命之謂性也；五惇五庸，修道之謂教也。」其論切實，而世之論學者不盡在於是也。彼見自宋以來，儒者各有所主，以爲立教之法。周子曰「主静」，明道程子曰「定性」，伊川程子曰「主敬」，朱子本主敬之説而益以兩言，曰「窮理」，曰「躬行」，陸子曰「辨義利，求放心」，白沙曰「静中養出端倪」，陽明子曰「致良知」，遂亦妄舉一言以標宗旨。不知先儒亦各有躬行心得之妙，因舉其所得以示學者爲用功之法耳。然指其用功之法，未實指其用功之地，則異端邪説猶得影借，誠不若實指用功之地之爲愈也。用功之地，人倫而已矣。唐虞五教不過教以人倫，文王之教止在仁敬孝慈，孔子之自求在子臣弟友。故孟子謂「學則三代共之，皆所以明人倫」，蓋即《中庸》所謂五達道也。余於聖學功力至淺，不敢自立宗旨。有來問者則以明人倫告之，明人倫固周程、朱陸、陳王諸君子所不能違者也。道之名其正矣乎，學者之趨向其定矣乎！

書程山遺書後

秋水先生謂：「堯舜事業，隨出隨處皆有可施，不專指出身加民。」斯言固然。然必天德發爲王道，乃謂盡明明德之量。孔子稱堯，亦稱成功文章。蓋聖德神功與雜霸功利不同。且管仲之功，孔子亦稱之。乃謂唐虞治蹟不足邀儒者一盼，則亦過矣。廣土衆民，君子欲之；中天下而立定四海之民，君子樂之。畎畝樂道，何如堯舜君民修身見於世？特君子不得志者之所爲耳。故曰「載諸空言，不如見諸行事」。自程子有「堯舜事業，浮雲太虛」之語，世儒藉口輒欲以空言傲實績，不知程子就性分全量言之，自無窮際。故曰泰山之上，已不屬泰山。若腐儒撮土俱無，安敢藐泰山也哉？内聖外王之學一變而爲迂疎無用，至今天下以儒相謷訾，皆此等謬説啟之也。功業固須因時，道行固須由命，然道德既充，氣盛化神，隨在可見，不分窮達。大舜耕則人讓畔，漁則人讓居，陶則器不苦窳，所居成聚，二年成邑，三年成都。孔子所至，必聞其政。孟子後車千乘，傳食諸侯。朱子釋孔子賢於堯舜，亦就事功言之，則知矯語仁義而長貧賤者，未可以薄唐虞之治蹟也。自漢以來，惟諸葛武侯始著儒者之效。唐韓子、宋歐陽子用之不盡。濂溪、明道則十未用一。象山亦然。其餘則雖欲用之，未必有用。直至有明王文成公出，始大著儒者之效，一洗腐儒之恥。而世俗無知小人謬附講學者輒以空言詆之，不知此輩何所用於天地間也？人極之不立，豈可徒咎溺於嗜慾之人也哉？

附録

先生答方靈皋問《三禮書目》云：「宋元解經之書漸就銷亡，現在尚存什之二三者，惟《永樂大典》一書。禮局初開，若令纂修等官於《永樂大典》中檢出關繫三禮之書逐一鈔寫，各以類從，重加編次，而宋元以前三禮逸書復見於天下，其功當與編纂三禮等。」又云：「《永樂大典》二千八百餘卷，余所閱者尚未及千。然宋元三禮義疏，如唐成伯瑜《禮記外傳》、宋王荆公《周禮義》、易祓《周禮總義》、王昭禹《周禮詳解》、毛應龍《周禮集傳》、項安世《周禮家説》、鄭宗顔《周禮新講義》，今世所逸之書咸在，而鄭鍔、歐陽謙之等諸名家之説附見者尤多。擇其精義，集爲成書，豈不勝於購求世俗講章之一無可采者哉？其事簡，其功大，敢以此爲禮局獻焉。」《答方閣學書》。

全謝山曰：「公之生平盡得江西諸先正之裘冶。學術則文達、文安，經術則盱江，博物則道原、原父，好賢下士則兗公，文章高處偪南豐，下亦不失爲道園，而堯舜君民之志不下荆公，剛腸勁氣大類楊文節。」《鮚埼亭集》。

鄭荔鄉曰：「先生聲氣應求，太丘道廣，徐健菴以後一人；博聞强記，過目成誦，何義門以後一人；齦齦辨難，持之有故，而言之成理，毛西河以後一人。要其一生所瓣香者不出其鄉，於命世之志取介甫，於學術取象山，於文取廬陵，詩縱横爽朗，出入眉山、劍南，不盡學西江一派也。」《名家詩鈔小傳》。

穆堂交游

萬先生承蒼

萬承蒼，字宇兆，號孺廬，南昌人。康熙癸巳進士，改庶吉士，授編修。少喜讀宋儒書，與穆堂友善。穆堂主張陸學，於朱子多深文，先生常戒其偏。官京時，與穆堂同居，日偕全謝山相聚講學，間或考據史事，分韻賦詩。歸里後，益杜門勵學。所著《易傳》，論互體最精，一掃宋元林、吴諸子之謬。又有《萬學集》、《孺廬集》。參史傳、年譜。

謝先生濟世

謝濟世，字石霖，號梅莊，全州人。康熙壬辰進士，改庶吉士，授檢討。雍正四年，遷御史，疏劾河南巡撫田文鏡。上召入，還其疏。復力争，上疑與穆堂爲黨而傾文鏡，奪官，發阿爾泰軍前自効。在戍所撰《古本大學注》，將軍論劾，謂有怨望語，廷議罪當死。是時有陸生柟者與同戍，撰《通鑑論》，非議時政，被誅。同縛使視行刑，乃宣旨釋之。高宗即位，召復官。以所撰《大學注》、《中庸疏》進上，具疏，略曰：「臣蒙世宗憲皇帝赦其重辜，留之荒塞，俾得索居省過，閉户讀書。九年以來，四書麤曉，雖《論》、《孟》之箋未就，而《大學注》、《中庸疏》早成。《大學》一書，經振武將軍順承、郡王順保參其誹謗程朱，世宗並不詰問；又經九卿科道議其諷刺朝政，世宗復加寬容。蓋以誹謗者因先儒之有疵，諷刺者特行文之失檢。今書中九卿科道所議諷刺三句，臣已改删，惟是分章釋義遵古本不遵程朱。習舉業者有成規，講道學者無厲禁。當世道方隆之時，即聖學大明之日，但當發揮孔曾思孟，何必拘泥周程張朱？臣所慮者，程朱之説固非，臣之説亦未盡是，乞睿鑒舍其瑕而取其瑜，不勝惶悚。」上嚴飭，還其書。尋出爲湖南糧儲道，發衡陽善化浮徵弊。巡撫許容庇縣令，反劾解任，下總督孫嘉淦按治。岳常澧道倉德代其任，布政使張璨阿容指，貽書令更易長沙府詳牒。倉德以其函通揭，事得白，改驛鹽道。蔣溥繼爲巡撫，密進所著書，斥爲離經畔道。上置不問。又言其老病，乃罷歸家居，十二年卒。著有《篋藏十經》、《喪禮寧儉録》、《史評》、《西北域記》、《纂言内外篇》。參《先正事略》。

附　録

先生《纂言》有曰：「元之儒許與劉，明之儒薛與邱，欲覩洙泗之俎豆，惜其拾洛閩之緐蕕也。新會、餘姚歸陸逃朱，能翻考亭之科臼，惜其襲象山之箕裘也。」觀此可見其爲學之旨。《纂言》。

陳先生法

陳法，字定齋，貴州安平人。康熙癸巳進士，改庶吉士，授檢討，改刑部郎中。乾隆初，授登州知府，歷河東、運河、廬鳳、淮揚、大名諸道。十一年河決，奪官，謫戍。閱三年，召還。在翰林時，與孫嘉淦、謝濟世、李元直以古義相勖，時稱四君子。學宗朱子。莅政以教養爲先，手治文告，辭意懇摯，讀者爲感動。及遣戍歸，陳宏謀薦之。及舉經學，又以應詔，辭不復起。著《易箋》，大旨以《易》專明人事，論筮有理解，駮來知德錯綜之説。又有《明辨録》、《河閒問答》、《醒心集》、《内心齋詩稿》。參《先正事略》。

附　録

《明辨録》辨象山爲禪宗，略曰：象山於慈湖舉四端以發明本心，慈湖當下忽覺此心澄然清明，亟問曰：「止如斯耶？」象山曰：「更有何也？」於徐仲誠，令其思《孟子》「皆備於我」，「反身而誠，樂莫大焉」。仲誠處槐堂一月，問之曰：「如鏡中觀花。」象山謂其「善自述」，因與説云：「此事不在他求，只在自己身上。」仲誠因問《中庸》以何爲要語。答曰：「我與爾説内，爾只管説外。」看其機鋒迎擊，真是一棒一喝手段。嗚呼！孟子之言四端在察識而擴充之，由火然泉達之機，以至於保四海。而象山借之，以識取其靈覺之心。孟子之所謂「反身而誠」者，朱子謂乃「窮理力行工夫」。成就之效，貫通純熟，與理爲一處，則是非歲月之功所能至，而直欲於一月半月之間，瞑目安坐而得之，此所謂「直指人心，見性成佛」者耶？是則師弟之間傳授心法，無非瞿曇之故智，桑門之衣鉢，雖善辨者亦不能爲之解也。《明辨録》。

案：梅莊不遵程朱，乃併斥陸王。定齋排陸而宗朱，學術與穆堂異趨。特以穆堂雍正時得罪，與梅莊相牽連，定齋與同時負伉直名，故併著之。

清儒學案卷五十五終

清儒學案卷五十六

天津徐世昌

震滄學案

有清一代經學，以漢學爲盛，而康、乾兩朝御纂諸經，漢、宋兼採。乾隆中薦舉經學爲一時曠典，被擢者皆宋學也。其中震滄規模較大，最孚時論。同舉者附列焉。述震滄學案。

顧先生棟高

顧棟高，字震滄，又字復初，號左畬，無錫人。康熙辛丑進士，授内閣中書。雍正中引見，以奏對越次罷職。乾隆十五年詔中外大臣薦舉經明行脩之士，所舉凡四十余人，先生爲鄒侍郎一桂所舉。高宗嚴其選，惟先生及陳祖范、吴鼎、梁錫璵四人被擢，並授國子監司業，論者謂名實允孚焉。先生以年老不任職，會皇太后萬壽，入京祝嘏，特召見，命内侍扶掖奏對。首及三吴敝俗，請以節儉風示海内。上嘉之，陛辭，賜七言律詩二章。二十二年南巡，召見行在，加祭酒銜，賜御書「傳經耆碩」四字。二十四年卒于家，年八十一。先生學出於紫超高氏，治經于《春秋》最深。著《春秋大事表》五十卷，《輿圖》一卷，《附録》一卷。以列國諸事比而爲表，曰時令，曰朔閏，曰長曆拾遺，曰疆域，曰列國爵姓及存滅，曰列國地理犬牙相錯，曰都邑，曰山川，曰險要，曰官制，曰姓氏，曰卿大夫世系，曰刑賞，曰田賦軍旅，曰吉禮，曰凶禮，曰賓禮，曰軍禮，曰嘉禮，曰王迹拾遺，曰魯政下逮，曰晉中軍，曰楚令尹，曰宋執政，曰鄭執政，曰爭盟，曰交兵，曰城築，曰四裔，曰天文，曰五行，曰《三傳》異同，曰闕文，曰吞滅，曰亂賊，曰兵謀，曰引據《詩》、《書》、《易》三經，曰杜《註》正訛，曰人物，曰列女，凡百三十一篇，條理詳明，考證典核，其辨論諸篇多發前人所未發。《毛詩類釋》二十一卷《續編》三卷，采録舊説，發明經義，與但考故實體同類書者有殊。《尚書質疑》二卷，不載經文，不訓釋經義，惟標舉疑義，大抵多據臆斷。又有《大儒粹語》二十八卷，❶合宋元明諸儒門徑而一之，援新安以合金谿，爲調停之説。又有《毛詩訂詁》三十卷，《儀禮指掌宮室圖》若干卷，《司馬温公年譜》十卷，《王荆公年譜》五卷，《萬卷樓文集》十二卷。參史傳、《學案小識》、《錫金合志》。

春秋大事表

自序

憶棟高十一歲時，先君子靜學府君手鈔《左傳》全本授讀，曰：「此二十一史權輿也，聖人經世之大典於是乎在。小子他日當志之。」年十八受業紫超高先生，時先母舅霞峰華氏方以經學名世，數舉《春秋》疑義與先生手書相辨難，竊從旁飫聞其論而未心識其所以然。二十一，先君見背。讀《儀禮·喪服》，旁及《周官》、《戴記》，而於《春秋》未暇措手。年二十七八，執筆學爲古文，始深識

❶「大儒粹語」，陳校：非顧棟高作，係吳江顧棟南輯。不過史傳及《四庫總目》俱屬棟高。

《左氏》文章用意變化處，而嗤近日所評提掇照應者爲未脱兔園習氣。然于先君提命之旨及兩先生所往復辨論者未之及也。雍正癸卯歲，蒙恩歸田，謝絶勢利，乃悉發架上《春秋》諸書讀之。知胡氏之《春秋》多有未合聖心處，蓋即開章「春王正月」一條而其背違者有二。其一謂《春秋》以夏時冠周月，是謂夫子以布衣而擅改時王之正朔也；其一謂不書即位爲首黜隱公以明大法，是夫子以魯臣子而貶黜君父也。其餘多以復讐立論，是文定之《春秋》而非夫子之《春秋》，非夫子之《春秋》即非人心同然之《春秋》。又《春秋》强兼弱削，戰争不休，地理爲要。學《春秋》而不知地理，是盲人罔識南北也。雨雹霜雪失時爲災，蒐田城築非時害稼，時日尤重。學《春秋》而不知時日，是朝菌不知晦朔也。用是不揣愚陋，覃精研思，廢寢與食。家貧客遊，周歷燕、齊、宋、魯、陳、衛、吴、楚、越之墟，所至訪求《春秋》地理。足所不至，則詢之遊人過客、輿夫厮隸。乃始創意爲《表》，爲目五十，爲卷六十有四。首列《時令表》，明商周皆改時改月，以正胡氏及蔡氏《書》傳之非。於《吉禮表》，詳列十二公即位，或不書即位，明夫子當日皆是據實書，以正聖人「以天自處，貶削君父」之謬。列《朔閏》及《長曆拾遺》二表，以補杜氏之《長曆》，而《春秋》二百四十二年之時日屈指可數。列《疆域》及《犬牙相錯》五表，以補杜氏之《土地名》，而《春秋》一百四十國之地里聚米可圖。郊禘社雩，崩薨卒葬，蒐田大閲，會盟聘享，逆女納幣，雜然繁夥，列《吉》、《凶》、《賓》、《軍》、《嘉》五禮表，以紀《春秋》天子諸侯禮儀上陵下僭之情形。稅以足食，賦以足兵，乃魯稅畝而田制壞，作丘甲而兵制亦壞，列《田賦》、《軍旅表》以志强臣竊命、損下剥上之實。霸統興而王道絶，周室夷爲列國；霸統絶而諸侯散，列國淆爲戰争。列《争盟》凡五，《交兵》凡七，以紀春秋盛衰始終，矜詐尚力、强弱并吞之世變。晉楚争衡，互爲勝負，其當國主兵事者，《左氏》備載其人，列《晉中軍》、《楚令尹表》，以志二國盛衰强弱之由。宋鄭爲天下之樞，晉楚交争，宋鄭尤被其害，子産有辭而諸侯是賴，向戌爲弭兵之説而中夏遂靡，列宋鄭二《執政表》，以志二國向背關於天下之故。周室頽綱，魯亦守府，自襄王錫晉南陽而勢益不振，魯自僖公賜費而季日益强，列《王迹拾遺》、《魯政下逮》二表，以志周、魯陵遲，尾大不掉之漸。禘即祫，祫即禘，一祭二名，而朱子取趙伯循説，謂祭始祖所自出，殊不知帝嚳原非稷、契之父，《生民》、《長發》皆商、周尊祖禘祀之樂歌，斷無稱母而不稱父之理，著《禘祫説》，以明《戴記·祭法》、《大傳》之誣。去姜存氏，去氏存姜，不成文理，杜、孔已斷爲闕文，宋儒謂各有意義，殊不知文姜、哀姜之罪惡豈待去其姓氏而明？況上下截去一字，人復知爲誰某？聖人無此弄巧文法以俟後人推測之理，列《闕文表》，以一掃後儒穿鑿支離之翳。三傳各執一説，黨枯護朽，此是彼非，使學者茫然歧路，靡所適從，列《三傳異同表》，酌以義理，衷于一是，以祛後日説經雷同偏枯之弊。蠻夷戎狄，種類雜出，地界既殊，稱名復混，列《四裔表》，別其部落，詳其姓氏，以正史遷允姓姬宗目爲兄弟之妄。戰争滋興，技巧益甚，決機兩陳，制變無方，列《兵謀表》以志孫武、吴起、《六韜》、《三略》之始。文王囚羑里而演《周易》，周公成王業而作《詩》、《書》，一時學士大夫占筮決疑，歌詩贈答，引物知類，千里同風，列《三經表》以志漢宋儒者經説傳義之祖。大河遷徙，從古不常，而周定王五年河徙係己未，爲魯宣之七年。《春秋》以河爲境者六國，獨係於衛，列《河未徙》與已徙二圖，以志《春秋》與《禹貢》河流遷變之自。此皆有關於經義之大者，既著叙論百餘首，復編口號以便學者之記誦。蓋余之於此，泛濫者三十年，覃思者十年，執筆爲之者又十五年，始知兩先生於此用心良苦。先母舅霞峰先生博稽衆説，無美不收；高先生獨出心裁，批郤導窾，要皆能操戈入室，洞徹閫奥，視宋儒之尋枝沿葉，拘牽細碎者，蓋不啻什伯遠矣。余小子鈍拙無似，得藉手以告其成，以無負先君子提命之旨，與兩先生衣被沾溉、耳濡目染之益。謹述其緣起，以識於首簡，命之曰《春秋大事表》云。

丘甲田賦論

《春秋》成元年「作丘甲」，哀十二年「用田賦」，杜氏兩註馬牛之數，前後自相違戾，具見李氏廉辨論中。李氏特取文定之説曰：「作丘甲者，每丘出一甲士，而甸出甲士四人也，往者三人而今增其一。杜氏以爲『丘出甸賦加四倍』者非是。用田賦者往時田主出粟，而賦則取于商賈之里廛。今魯以商賈所當出之賦而于田上征之，蓋收區域之征以備馬牛車乘，若漢家收田賦泉以補車馬，亦其遺意。杜氏以爲『别其田及家財各爲一賦』者非是，因謂《司馬法》所云『甸出一乘』者，其實止出一乘之人，一切馬牛車乘，決非丘甸所出。」卓哉斯論！可破千古之惑。而後儒往往不之信者，則以《周禮·小司徒》及《鄉師》、《遂師》俱有「六畜車輦、旗鼓兵器，帥而至」之文，疑此言與《周禮》相悖。余謂《周禮》出于王莽時好爲繁重碎密之制，特傅會《司馬法》，以瞽當世之愚民，非周制之本然也。夫信《周禮》不若信《左傳》，信《左傳》尤不若信《詩》、《書》。《詩》、《書》非出于一人之手，學者可因文思義，以想見當時之制度，非若《周禮》勒成一書，有所增飾，故至今猶可考而知也。嘗攷《左氏傳》鄭莊之伐許，授兵于大宮，公孫閼與潁考叔争車，晉惠公御秦師乘小駟鄭入也：則車馬皆出自上可知矣。衛懿公將戰，國人受甲者皆曰使鶴，鄭子産授兵登陴，楚武王授師孑焉以伐隨：則甲仗兵器皆出自上可知矣。夫以六十四井之地，需出長轂一乘，戎馬四匹，牛十二頭，則必廬井溝洫之外別有牧地，圭伯亞旅而外別有圉人，築場納稼之餘別煩芻茭，且或秣飼不以時，或致臨事倒斃，不大敗乃公事乎？不特此也，果其馬牛車輦皆出民間，公家可以不煩畜馬，而《衛風》有「騋牝三千」，《魯頌》有「駉駉牡馬」，豈反不以備戰陣，而止以供遊觀乎？不特此也，馬牛車輦皆民自具，則必怨行役者兼述其供馬賦車之苦，勞歸士者並慰其車煩馬殆之勤，而《東山》止言「制彼裳衣，勿士行枚」，《何草不黄》之詩止云「匪兕匪虎，率彼曠野」，但曰民勞耳，未嘗一言及車馬也。且其制當自周初已定，武王勝商克紂，當云歸馬于民間，還牛于卒伍可矣，何云「歸馬華山之陽，放牛桃林之野」？此尤大彰明較著者也。且即《周禮》一書亦自相矛盾，既云馬牛供于丘甸矣，而《大司馬·校人》之職復云「掌王之六馬，十二閑」，又云「凡軍事，物馬而頒之」，《大司徒》牛人又云「軍旅，供其兵車之牛，與其牽徬，以載公任器」，與《左傳》授甲授兵正相類。

可見《周禮》一書，有真有僞，所貴好學深思之士旁通經傳，參互而別擇之，勿徒泥于先儒之成説，庶乎考諸三王而不謬也。謹因文定與李氏之説爲衡，定之曰：初税畝，加賦也；作丘甲，益兵也；用田賦，備車馬也。《春秋》當日之情事瞭然若睹，而諸儒之説亦有所折衷矣。

三傳禘祫説

今世之稱祫禘者，謂「祫，合也」。毁廟之主陳于太祖，未毁廟之主皆升合食于太祖。而禘，則惟祭始祖與始祖之所自出，不兼羣廟之主。周以稷配嚳，魯則以周公配文王，此朱子取趙伯循之説，而後世儒者多遵信之。然愚嘗偏考三傳、《禮記》、《孝經》、《論語》、《中庸》之義疏，與《商》《周》《魯頌》之樂章，從無周祀帝嚳及魯祀文王爲所自出之文，不知伯循據何典籍而云然也。夫信漢儒不若信三傳，信三傳尤不若信聖人之經。所謂漢儒之説者，則《戴記》之《大傳》、《喪服小記》、《明堂位》及《祭法》是也。所謂聖人之經，則《詩》所傳之三《頌》與孔子所書《春秋》之經文是也。且世謂周祭及于嚳者，因《祭法》有「禘嚳而郊稷」之文耳。然此禘，鄭氏謂祭天于圜丘，非謂宗廟之祭而以稷配之也。又因《小記》及《大傳》有「王者禘其祖所自出」之文耳。然此禘謂祭感生之帝于南郊，乃漢儒誣妄之説，亦非謂稷之生于帝嚳而因以祭之也。况質諸三傳，其禘之説又甚明。文二年八月，「大事于太廟」，《公》、《穀》謂之祫，《左氏》謂之禘，然其義並同。《公羊》云「五年再殷祭」，何休云：「祫，合也。禘，諦也。審諦無所遺失。」禘所以異于祫者，功臣皆得祭爾。閔二年「夏五月乙酉，吉禘于莊公」，杜預云：「三年喪畢，大祭以審昭穆謂之禘。」惟諸儒稱五年一行而杜謂三年一行者其義小殊，而其說禘並謂兼羣廟之主，絶未嘗有周公所自出而謂祭及于文王也。鄭康成又謂「禘之異于祫者，謂第陳毀廟之主，而羣廟之主則各就其廟祭」。徵之《春秋》實事，尤可信不誣。昭十五年「有事于武宮」，《左傳》謂之禘；昭二十五年《傳》「禘于襄公」，此各就其廟之明證也。然猶可曰此《左氏》之言耳。閔二年「吉禘于莊公」，僖八年「禘于太廟」，明明于各廟稱禘，豈孔子所書之經猶不足信乎？然猶可曰此《春秋》僭亂之禮耳。至《周頌》之《雝》爲文王禘太祖之樂歌，《商頌》之《長發》爲武丁大禘之樂歌，豈商、周盛世之樂章經傳說、周公之手定而猶不足信乎？《雝》之言皇考則文王，烈考則武王，未嘗及于嚳也；《長發》之言玄王則契，相土則契之孫，以及湯與阿衡，亦未嘗一語及嚳也。其列相土與阿衡，尤可爲陳毀廟及祭功臣之明證。其謂魯用天子之禮樂者，蓋如舞佾歌《雍》之屬，錫魯以矜隆盛耳，豈謂其祭文王于周公之廟，以諸侯祖天子，以干大戾乎？況《魯頌·閟宮》之詩明言之矣。其詩曰「白牡騂剛，羣公不毛」，未嘗言及文王之牲，何得言祭文王以周公配也？載觀《尚書》言「后稷建邦啓土」，《孝經》言「郊祀后稷以配天」，《中庸》言「上祀先公」，皆至后稷而止。又《禮記·明堂位》云：「季夏六月，以禘禮祀周公于太廟。」顔師古註《漢書》亦云：「禘者諦也，謂一一祭之。」徧觀載籍，從未有言祭及始祖之父者。余怪夫不知何人泥《小記》及《大傳》之文，而又厭感生帝之誣妄，遂以帝嚳當之。馴至漢祖堯，曹魏祖舜，牽合附會，爲千古笑。唐趙伯循復曲成其說，至謂魯祭文王，漫無依據，臆斷滋甚。此皆不深考于經之過也。後經朱子遵用之，而後世遂無異辭。夫信朱子，尤莫若信聖經，可也。

楚人秦人巴人滅庸論

據《左氏傳》，滅庸者楚也。而經文列書秦人、巴人，略無異辭，文定因謂庸有取滅之道，而蔿賈善謀國，《春秋》以是滅楚之罪。嗟乎！《春秋》豈爲楚計得失哉！就使謀國果善，亦祇益其狡焉。啟疆憑陵中夏之計，乃《春秋》之所深惡，聖人曷爲予之？其所以詳書不殺者，實著楚之交深黨固，橫行無忌，將有問鼎之漸，關于天下之故而書之也。考楚武、文之世，巴、庸嘗病楚。楚方經營近境之不暇，未敢以全力與中國争。而城濮之役，秦助晉攘楚，楚威稍挫，中國得安枕者十五年。今以晉靈幼弱，楚莊暴興，乃連結巴、秦滅庸。庸與麇俱爲今鄖陽府境，麇，今鄖陽府鄖縣。又竹山縣東四十里有上庸，故城即庸國地。界連秦隴，楚得其地則勢益，西北逼近周、晉。且滅庸而楚之内難夷矣，連巴、秦而楚之外援固矣。滅庸以塞晉之前，結秦以撓晉之後，斯不待陸渾興師，而早知其有窺覦周鼎之志矣。且夫庸非小弱也，周武時曾佐伐紂，立國已數百年。晉欒武子嘗稱楚自克庸以來，無日不討國人而申儆之，蓋亦重大其事。其所屬魚邑，實爲今夔州府奉節縣，地跨兩省，居秦、楚、巴三國之界，故不結巴、秦則不得滅庸，庸滅而秦、楚合勢，中國之藩籬撤矣。夫讀《春秋》者，貴合數十年之事，以徐考其時勢，不當就一句内執文法以求褒貶；宜合天下而統觀大勢，不當就一國内拘傳事以斷其是非。《春秋》爲天下之無王作，非爲一國作也。矧吴、楚蠻夷，其謀國之善否，何關于聖人之慮？又況其爲封豕長蛇洊食上國者哉！前此翟泉于温之盟，秦人皆與，志秦、晉之合，晉伯之所以盛。今此楚、秦滅庸，志秦、楚之合，晉伯之所以衰。晉伯之盛衰，周室之安危係焉，不可以弗志也。胡《傳》固非，而張氏洽亦第謂楚宜制服之而已，不當遽夷人宗社。以是爲楚罪，猶屬管窺之見。夫《春秋》豈沾沾焉責楚之滅庸而已哉！

春秋時楚始終以蔡爲門户論

楚在春秋，北向以争中夏，首滅吕、滅申、滅息，其未滅而服屬於楚者曰蔡。蔡爲今汝寧府上蔡縣。汝寧諸小國盡屬于楚，獨蔡存，故蔡自中葉以後，於楚無役不從，如虎之有倀；而中國欲攘楚，必先有事於蔡。僖四年，齊桓爲召陵之師，經云：「齊侯以諸侯之師侵蔡。蔡潰，遂伐楚。」蓋齊不伐蔡則不能長驅而至于陘也。定四年，吴闔閭之入郢也，經云：「蔡侯以吴子及楚人戰于柏舉，楚師敗績。庚辰，吴入郢。」蓋吴不得蔡爲嚮導則不能深入要害，因以直造郢都也。蓋蔡居淮、汝之間，在楚之北，爲楚屏蔽，熟知楚里道。其俗自古稱强悍，故春秋時服楚最早，從楚最堅，受楚之禍最深而其爲楚之禍亦最烈。始以楚爲可恃，故甘心服從；逮不堪命而反噬，則楚亦幾亡。故讀《春秋》者必熟曉地理，而後可知《春秋》之兵法，而後可知聖人之書法。乃後儒之以一字爲褒貶者，則曰侵蔡爲蔡姬，故書曰「遂」，是聖人貶之也。蔡用吴破楚，能報數世之怨，書曰「以」，是聖人褒之也。皆不考實事，懸空臆斷。殊不知齊桓以天下之故而伐楚，積謀二十餘年，豈爲一姬？其曰蔡姬者，或反借此爲兵端。若不討蔡之從楚，使楚不忌而預爲之備，因得輕行掩襲，疾驅至陘。而吴自舍舟淮汭，今壽州。過蔡境，蔡來會之，道吴自江南壽州，陸行經義陽三關之險，至湖廣漢川縣小別山，深入敵地一千一百里，此非唐侯所能與。故雖與唐偕，而獨書蔡侯。此皆當日之實事，聖人豈有褒貶于其間哉！夫《春秋》之作因《魯史》，《魯史》之書因赴告，故熟玩經文，而列國之地形，與當日之兵勢，瞭然可見矣。自哀三年，❶吴遷蔡于州來，汝寧之地全爲楚有，中國始無事于蔡，而蔡亦旋爲楚滅。自定公以上，蔡爲中國與楚之利害，豈不歷歷可驗也哉！

赤狄白狄論

《春秋》之世有赤狄、白狄，又有長狄。長狄兄弟三人，無種類，而赤狄、白狄種類最繁。案經傳所見，赤狄之種有六，曰東山皋落氏，曰廧咎如，曰潞氏，曰甲氏，曰留吁，曰鐸辰。白狄之種有三，曰鮮虞，曰肥，曰鼓。然以予考之，閔、僖之世，狄尤横。其時止稱狄，未有赤、白之號。蓋當時之單以「狄」舉者，皆赤狄也。赤狄最强，能以威力役其種類。白狄故居河西，其别種在中國者，赤狄能役屬之。而長狄尤其酋豪中之魁異者，合諸部爲一，力大勢盛，故能以兵威伐邢、入衛，滅温，伐周，又能仗義執言，救齊伐衛，以齊晉之强，莫之能抗也。其疆域自晉蒲屈以東，東與齊、魯、衛爲界。蓋自平陽、潞安，以及山東之境，雜居山谷，緜地千里，故當日邢、衛、宋、魯、齊、晉、鄭諸國胥被其患。逮魯僖公之三十二年，而狄始亂。明年伐晉，

❶「哀三年」，按事見《左傳》哀公二年。參陳校。

而白狄子見獲。蓋其種類自相攜貳，各分部曲，如匈奴之分五單于，勢分力弱。自是而赤狄、白狄紛然見經，而狄於以不競矣。論者謂長狄、白狄之各爲一國，非也。蓋其初皆屬于赤狄，後稍稍離異，始以名見于《春秋》。文、宣之世，威令不行，四出侵伐，屢見挫衄。經書「晉侯敗狄于箕，郤缺獲白狄子」，「叔孫得臣敗狄于鹹，獲長狄僑如」，皆狄之將佐。後僑如之弟焚如與潞俱滅，則狄之死國難者，《春秋》賤之，故不書，使不得與潞子嬰兒等，則其種之貴賤可知矣。綜而計之，莊公三十二年而狄伐邢，暴横中國。更三十有四年，而狄有亂，赤狄、白狄始分。又三十有五年，而赤狄潞氏滅于晉。又六十有五年，而晉滅肥。又十年，而晉滅鼓，白狄止存鮮虞。首尾百四十有四年之間，盛衰强弱之故，豈不較然也哉！晉里克之逐狄也，曰「懼之而已，無速衆狄」，則當狄之合，狄之所以盛也。郤成子之求成于狄也，衆狄疾赤狄之役，遂求成于晉，則當狄之分，狄之所以衰也。《春秋》始書狄，而後書赤狄、白狄者，蓋因列國之赴告，與狄之自通于中國者而書之，皆當時之實録，學者可由此思其故矣。

杜氏于吕相絶秦，以白狄爲晉婚姻，謂赤狄之女，白狄伐之，以納于文公。其意似以廧咎如爲赤狄，而重耳所奔爲白狄。此出于臆見，無可考據。廧咎如之女爲叔隗、季隗，而狄女亦稱隗后，則本爲一姓，當時之止稱狄者，皆係赤狄無疑也。太史公稱諸戎、翟自有君長，莫能相一，蓋據春秋之末至戰國而言耳，非所論于魯閔、僖之世也。

戎狄書子論

昔先王建國，胙土命爵，分爲公侯伯子

男，春秋時班班猶存。然亦有出于時王之所賜，如王命曲沃武公以一軍爲晉侯，郳犂來進爵爲小邾子是也。而于戎狄則無聞。乃吾觀宣、昭之間，赤狄之别有潞子嬰兒，白狄之别有肥子緜皋、鼓子鳶鞮者，聖人皆書之于經，而《左氏》不著其封爵之所自，杜預亦弗深考。余嘗疑之，其爵非先王之所賜，亦非時王别命以土，直以戎狄各居一方，桀驁難制，大國請于王而命之，如唐世外彝有叛者，就加節度使之類耳。而其先之不見于經，何也？閔、僖之世，狄最强盛，聖人止書狄，其時實未賜爵也。僖之末年而狄有亂，赤狄、白狄始分。宣三年，而赤狄始見經。八年，白狄始見經。自後凡書赤狄者七，書白狄者三，其時賜爵與否未可知。而聖人略之不書者，《春秋》于外彝多從其故號，如楚之武、文改爲楚已久，而終莊公之世止書荆人是也。逮晉滅諸國，則其君臣自誇武功，獻俘于王，必詳列其國號與其君之爵與名，如後世之露布自京師昭示遠近，《春秋》安得而不書其爵乎？至如甲氏、留吁、鐸辰，則實未有國號，未賜爵命，聖人亦第從其實書之也。經于潞氏及甲氏、留吁明書赤狄，而曰肥曰鼓，不著狄號。而杜氏知爲白狄之種者，此或别有考據。至其國名，則各從其地，潞氏以潞縣得名，鼓以鼓聚，肥以肥累城得名。此各因廬帳所在從而立稱，知出于春秋之季之濫加名器，而不得比于徐、楚、吴、越之列，明矣。推而計之，如所稱戎子駒支、無終子嘉父、戎蠻子嘉及陸渾子者，例皆書子。無終乃山戎之别種，陸渾係秦、晉之所遷，其非文、武之舊封，尤最易明者。他如楚之别爲夔，宋之别爲蕭，聖人皆書之于經，而未詳其封于何年。正義云：宋桓公之立，蕭叔大心有功，宋人封之爲附庸。孔晁註《鄭語》，謂熊摯有疾，而自棄于夔，子孫有功，王命爲夔子。此皆隱、桓以後之别封者。余悲夫春秋之國，日就微滅，而亦有别爲建置，如鮮虞亦曰中山，至戰國時，僭號稱王，與燕、趙爲列國，均非周初之舊封。余因得而備論之，庶春秋當日之興廢較然可睹焉。

孔子成春秋而亂臣賊子懼論

或曰：「子謂《春秋》之文因《魯史》，《魯史》之文因赴告，如是則弑逆之事得以自爲隱諱，何以稱孔子成《春秋》，而亂臣賊子懼乎？」余應之曰：「子謂亂臣賊子懼者，第書其弑逆之名于策而懼乎？吾恐元凶劭及安慶緒、史朝義之徒，雖日揭其策以示于前，而彼不知懼也。且此亦夫人能書之，何待聖人？況人已成爲篡弑而懼之，亦復何益？聖人之作《春秋》，蓋有防微杜漸之道。爲爲人君父者言之，則《書》所云『制治于未亂，保邦于未危』是也；爲爲人臣子者言之，則《禮》所云『齒路馬有誅』是也。聖人嘗自發其作《春秋》之旨于《坤卦》之《文言》曰：『臣弑其君，子弑其父，非一朝一夕之故，其所由來者漸矣，由辨之不早辨也。』是故兵權不可竊，翬帥師、公子慶父帥師及鄭公子歸生帥師必書，『謹其漸』也。盟會不可專，公子遂盟晉、盟雒戎必書，晉趙盾盟于衡雍，楚公子圍會于虢必書，亦『謹其漸』也。人君知其漸而豫爲之防，則無太阿旁落之患；臣子懍其漸而力爲之避，則無功高震主之疑。此則游、夏不能贊一辭，聖人獨斷之于心而書之于策，以詔天下萬世者也。且人而忍推刃于其君父，是人而禽獸也，禽獸焉知懼？惟當夫威權已逼，聲勢漸成，覬覦初萌，形迹未露，是人禽之界，聖人獨其隱微，而大書特書以惕之，俾天下萬世之讀是編者人人恥爲大惡，而不敢一毫踰臣子之常分，有以寢邪謀而戢異志，則聖人之作《春秋》所爲撥亂世而反諸正也。孟子謂孔子作《春秋》，以存幾希之統，直接堯舜湯文者，端在于此。若謂聖人第從其實而書之，且或未得其實而欲訪求傳聞而得之，則聖人豈能從百年後竊司寇之大權，而妄欲與《魯史》争真僞哉？」

左氏引經不及周官儀禮論

余年十八歲執經高先生，即令讀《周禮》。二十一，先府君見背，從授《喪服》及《士喪禮》三篇。已而漸及通經。當時深信篤好，見有人斥《周禮》爲僞者，心輒惡之。五十以後輯《春秋大事表》，凡十四年而卒業，乃始恍然有疑。非特《周禮》爲漢儒傳會，即《儀禮》亦未敢信爲周公之本文也。何則？《周禮》六官所掌，凡朝覲、宗遇、會同、聘享、燕食，其期會之疎數，幣賦之輕重，牢醴之薄厚各準五等之爵爲之殺。而適子誓于天子，則下其君之禮一等，未誓則以皮帛繼子男。而《儀禮》有《燕禮》以享四方之賓客，《聘禮》以親邦國之諸侯，《公食大夫禮》以食小聘之大夫，而《覲》爲諸侯秋見天子之禮，其米禾薪芻有定數，牢鼎、几筵、籩豆、脯醢有常等，靡不釐然具載。是宜天下諸侯卿大夫帥以從事，若今會典之罔敢踰尺寸。而《春秋》二百四十年，若子産之争承，子服景伯之卻百牢，未聞據《周禮·大行人》之職以折服强敵也。甯俞之不答《彤弓》及《湛露》，叔孫穆子之不拜《四牡》及《文王》，未聞述《儀禮》燕食之禮以固辭好惠也。郤至聘楚而金奏作于下，宋享晉侯以《桑林》之舞，皆踰越制度，雖恐懼失席，而不聞據周公之典以折之。他如鄭成公如宋，宋公問禮于皇武子；楚子干奔晉，晉叔向使與秦公子同食，皆百人之餼；而楚靈大會諸侯，問禮于左師與子産，左師獻公合諸侯之禮六，子産獻伯子男會公之禮六，皆不言其所考據，各以當時大小彊弱爲之等。是皆春秋博學多聞之士，而於周公所制會盟聘享之禮若目未之見，耳未之聞，是獨何與？若周公東之高閣，未嘗班行列國，則當日無爲制此禮。若概行之列國矣，而周公之子孫先未有稱述之者；豈果弁髦王制，不遵法守歟，不應舉世盡懵然若此。且孔子嘗言「吾學周禮」矣，而孔子一生所稱引無及今《周官》一字者；孟子言班爵禄之制，與《周官》互異；《家語》言孺悲曾學士喪禮于孔子，而其詳不可得聞。夫書爲孔孟所未嘗道，《詩》、《書》、三傳所未經見，而忽然出於漢武帝之世，其爲漢之儒者掇拾綴緝無疑。雖其宏綱鉅典未嘗不稍存一二，而必過信之爲周公所作，則過矣。余從事經學五十年，始而信，中而疑，後乃確見爲非真。傳有之：「疑事無質，直而勿有。」請以質當世好古之君子，後日論定者亦將有取于余言也。

附録

先生少受經於舅氏華天沐學泉暨高紫超，愈通三禮學。於諸經沈潛往復，鉤貫旁通，乃用史遷諸表例著《春秋大事表》。初與同縣華子宏孳亨同習《儀禮》，畫宮室制度於棋枰，以棋子記賓主升降之節、器物陳設之序，如以身揖讓其間。《錫金合志》。

《春秋大事表》諸表，多有從游諸人佐

輯。其見於《凡例》者，《氏族》、《世系》、《官制》三表出于同里華玉淳，《朔閏表》華文緯經始而玉淳成之，《輿圖》華淞所定。《春秋大事表·凡例》。

乾隆中，敕修《國史·儒林傳》，諭旨有曰：「果其經明行修，雖韋布不遺，豈可拘於品位，使近日如顧棟高輩終於淹没無聞耶？」阮文達創初稿引上諭，以先生冠首。及嘉慶末進呈，乃改以時代爲次。繆荃孫《紀儒林傳始末》。

方望溪曰：「《春秋大事表》，凡漢唐宋元人之書皆博覽而慎取之。其辨古事，論古人，實能盡物理，即乎人心。」《與震滄書》。

楊農先曰：「《春秋》家之弊有二：一則泥於賤霸，謂《春秋》專治桓、文之罪。一則惑於褒貶，謂《春秋》有舊例，有變例。得先生書，桓、文之功罪明，條例之謬誤亦見。」同上。

震滄交游

陳先生祖范

陳祖范，字亦韓，號見復，常熟人。雍正癸卯舉人。是年秋舉行會試，中式。同縣蔣相國廷錫重其學行，將援之高第，先生遂託足疾，不與廷試。歸里，楗户讀書，終不復出赴試。居數年，詔各行省設書院以教士，大吏争延之主講，訓課有法。或一二年輒辭去，曰：「士習難醇，師道難立。且此席似宋時祠禄，仕而不遂者處焉。吾不求仕而久與其列，爲汗顔耳。」乾隆十五年詔舉經學，張相國廷玉、王尚書安國、歸侍郎宣光交章薦之，褒然居首。以年老不任職，賜國子監司業銜。十八年卒于家，年七十有九。所著《經咫》一卷，膺薦時進呈御覽，高宗親批其卷，謂「論禘祭一條爲有識，論古今服制不同一條爲得用禮之體」。又有《掌録》二卷，《文集》四卷，《詩集》四卷。先生於學，務求心得。論《易》不取先天之學，論《書》不取梅賾，論《詩》不廢《小序》，論《春秋》不取義例，論《禮》不以古制違人情，皆通達之論。同縣顧主事鎮傳其學。參史傳、《先正事略》、《經咫》。

經咫

漢人以象數言《易》，星曆、灾祥、兵陣、修養、丹火無不託焉。魏王輔嗣一空諸膠葛泥滯之説，專言義理，並互體亦不論。唐修《正義》宗之，而荀、虞、鄭諸家俱廢。至宋突興康節先天之學，卦圖布置，方圓横縱，學《易》者不求諸文字而先觀圖象，以爲祕妙。黄東發有「羲畫以上晚添祖父」之譏，歸熙甫有「車書既造，更求轉蓬鳥迹」之比，可爲解頤，然世儒方從事焉。朱子以《易》本爲卜筮而作，故釋占專以筮得爲言。此義從前所未明指，或亦疑之。曾聞一老生云：「讀《易》且先理會《大象傳》六十四个『以』字。」要言不煩，極合聖人學《易》寡過之旨。《易》本隱以之顯，學《易》者務舍顯而求隱，得毋勞而寡效乎？

古文《尚書》之取信于人，以他書所引具見其中也，然參考而其僞轉著。黄梨洲摘「凡我造邦」五句，《國語》稱文、武之教，古文則在《湯誥》；《左傳》引《夏書》「辰不集於房」爲日食正陽之月之證，古文乃在季秋月朔，明是誤襲。予觀《禹謨》、《泰誓》罅漏尤多，請疏析之。《論語》「堯曰」一節，作三處插入，以符合於舜亦以命禹；舜「往于田」七句，《孟子》兩處分引。今總見於征苗、益贊、苗民逆命，忽言及帝之家庭，已覺不倫。謂父頑難于感格，有若神明，神明尚可以誠感，何有於苗頑？是苗頑猶不至如瞽瞍，而父之難化甚於苗民也，語病豈不大哉？「成允成功」云云，詞排義複，幾似九錫文譽臣語。「官占」云云，一兩言可竟，乃如此稠疊。「誓師」云云，通套常談爾。《泰誓》「受有臣億萬」云云，與「受有億兆夷人」云云，一義而再見。既曰「戎商必克」，又曰「受克予」，曰「寧執非敵」，臨敵誓師，豈宜口持兩端？尤可怪者，《孟子》引：「無畏，寧爾也，非敵百姓也。若崩厥角稽首。」文從而義順。請以古文較其句讀，豈成文義耶？「今朕必往」，一摹《湯誥》之語。「乃汝世讐」，罔顧「六七作」之賢聖君。此皆可疑者。口相傳以熟，不加詳察爾。前儒之議古文，在文詞之難易、格制之平弱，未及於義理。苟義理無疵，如《虺誥》、《說命》、《旅獒》、《周官》等篇，何必以不類伏、鼂口傳而疑之哉？

穿鑿附會，康成箋《詩》之病也；淺俗粗直，紫陽註《詩》之病也。紫陽《易義》，寧略無繁，謂「添一解，譬如燈籠添一骨子，障一分光」。其於註《詩》也亦然。自謂學孔子說《烝民》之詩，只下二「故」字，一「也」字，一「必」字，義便極明。而不自知其變《風》、《雅》爲村腔口號，穿鑿附會之病雖去，而蘊蓄深厚之美全失。一切託言、反言、遠言若有意無意而言者，靡不抹摋。辭近閨思，即以爲淫邪；辭近宴樂，即以爲讌享通用；辭近稱美，即以爲盛世之作。篇章相次，即以爲後答前篇；難於作解，即以爲不取義之興，或興而直以爲賦，則樂《萇楚》之無室、家，憂《有狐》之無裳、帶，《黄鳥》亦思教誨，將軍便是行役，不覺令人笑來。執著《詩》無美刺之成見，人言皆以爲自道；《桑中》、《溱洧》若自供罪狀者，《桑中》三姓女期送一處，《溱洧》男女合辭歌唱，非情理所有也。《小序》所列世次，指爲某時某事之作，其間即有附會，時代差近，師傳猶當十得七八。朱子除《詩》有明文者，概置不用，固是其謹慎處，亦是其師心自用處。

治《春秋》者，尊聖人太過，索聖人之意太深，至於苛密煩擾，彼此義例自相乖剌，而經旨愈益茫昧。粗舉一二。如開卷「元年春王正月」，《魯史》奉周正朔，紀事之常規，有何深義，而謂《春秋》謹五始之要？董子治《公羊》，以「正」次「王」，「王」次「春」，爲對策論端。假使冠「王」於「春」上，雖初學亦知其不順也。後來「夏時冠周月，改正不改時」之辨益紛紛矣。莊元年「夫人孫於齊」，上甫書「公與夫人姜氏如齊」，故不復著姜氏，省文也。閔二年「夫人姜氏孫於邾」，去莊二十四年「夫人姜氏入」已曠隔矣，不得不著「姜氏」。説者謂「殺夫罪重故去姓，殺子罪輕故不去姓」，此何理也？僖二年書「冬十月不雨」，三年書「春正月不雨」，「夏四月不雨」，「六月雨」，逐月分書，此必不雨者竟月踰月，非全無雨也。文二年書「自十有二月不雨，至于秋七月」，必中間絶不曾雨，故總書之也。此亦措辭之常，説者遂有僖公勤雨而文不憂雨之別矣。僖十六年：「正月戊申朔，隕石於宋五。是日六鷁退飛，過宋都。」假使倒易其文爲「隕五石於宋」，或云「宋隕五石，鷁退飛過宋都六」，便不穩順。聖人之筆，亦明簡而已矣，非有意參差其辭以寓義也。説者巧爲先數後數，目治耳治之別，贊歎爲聖人性命之文，果其然乎？孔穎達譏劉焯釋《尚書》「非險而更爲險，無義而更生義」，蓋是治經之通病，而《春秋》家尤甚。凡若此類，但可資爲談助，以爲得聖人之意則未也。

禘本前代夏祭之名，周改爲五年一舉之大祭，謂之追享。據《大傳》以考《春秋》之書禘，其故難通。《大傳》云：「王者禘其祖之所自出，而以始祖配之。」周人禘嚳，以后稷配。後代無祖所自出可當帝嚳者，故禘禮猝舉難行。若魯以文王爲所自出而周公配之，非諸侯不敢祖天子之義，是固然矣。及觀《春秋》所書之禘又不類此。一「吉禘於莊公」，一「禘於太廟，用致夫人」，一「禘于僖公」，於莊於僖，又當誰配？若無配位而但祭於其廟，則與時祭何別而名「追享」之禘乎？以意推索，必禘祭儀文特異他祭，不在於有配位。即成王賜魯，但云祀以天子之禮樂，未嘗追配文王也。唯儀文之盛不同時享，故移而用之他廟俱可，必泥所自出之配以求之則閡矣。一説謂三年喪畢，致新主於廟而祭之，以審諦昭穆，故名曰禘。此與《春秋》所書之禘爲近，而與不王不禘之制全别。豈禘有二，如冬至迎長日之郊與夏正孟春祈穀之郊名同而實異者乎？

歷考《禮》文，「父母之喪，三年不從政」，庶人「喪不貳事」，《王制》文也；「三年之喪，祥而從政」，祥謂大祥，《雜記》文也；夏后氏「既殯而致事，殷人既葬而致事」，致事者，致還君國之事，《曾子問》也；「古者臣有大喪，君三年不呼其門」，《公羊傳》也。《曾子問》又云：「三年之喪，卒哭，金革之事無避。」唯金革之事無避，明他事皆不與也。以上數條，其義悉合。惟《喪大記》云：「君既葬，王政入于國，既卒哭而服王事。大夫士既葬，公政入于家。既卒哭，弁經帶，唯金革之事無避。」《禮運》云：「三年之喪與新有婚者，期不使。」《檀弓》云：「父母之喪，使必知其反。」然則喪中未嘗不從政，君未嘗不使之。注家因《禮》文互異，謂《王制》三年不從政指庶人，明非庶人不免從政，以曲合于《大記》。又謂《大記》之服王事爲兵革之事，見與三年不從政原不相謬，然金革之事不恒有，豈得據以爲常？彼此遷就，終難彌縫《禮》文之異。由前數條，必三年予寧，乃合不奪人喪之誼；由後之説，則大臣丁憂，或期月而起復，亦似禮之所許，後之君子不必攘袂變色而争起復之失。但有説焉，王政入于國，公政入于家，身不離乎己之國與家也。侯服王事，越月踰時則反。大夫士弁經帶而從公事，不出乎父母之國；朞而奉使，亦不若後世繫官於朝，出典州郡，一去無還期，曾不得更盡其心于丘墓蒸嘗也。然則雖有《禮》文可以藉口，奪人之喪與見奪于上者，其能兩安而無歉乎哉？

古今服制不同，大都後加隆於前。如父在爲母期，禮也。唐父在亦三年，明又升爲斬衰。嫂叔無服，禮也。唐加小功。從母小功而舅緦麻，唐改舅爲小功。庶子爲父後者爲其母緦，明制則斬衰三年。士爲庶母緦，明制則杖期。其古禮有服而後直去之者，《儀禮》云「貴妾緦」，《喪服小記》云「士妾有子而爲之緦，無子則已」，後代不問有子無子皆無服。竊以理與勢權之，有難安者四焉：明以來，妾母之服一如正適子，於其母既全不厭降而抗卑於尊夫，於子之母又自尊而厭卑已甚，彼此何不相顧也？此一不安也。正妻若無子，妾有子，方藉妾子以承宗祀，而恝然於其母之喪，二不安也。或女君亡而妾攝職，生用其勞，殁曾不得比於同爨之緦，三不安也。服有報，妾爲君斬衰三年，君爲妾乃斉三月之報，四不安也。豈以人情多溺于私愛，以妾爲妻，故矯枉不嫌於過正與？要不若古禮之爲當矣。

泰伯章。太王遷岐，或云在商王廩辛時，或云武乙時，或云小乙時。大抵去克商時近，猶百有餘年，商道未衰，古公方避狄遷居，遽萌異志。揆之時勢，良爲乖剌。《詩》云「實始翦商」，猶《書》云「肇基王迹」，從既有天下後推本言之耳。朱子著一「志」字，便覺太王與曹瞞、司馬懿相似。《左傳》云：「泰伯不從，是以不嗣。」未嘗言所不順從者何事。大約謂太王殁時，泰伯出亡不在側，故不得立耳。朱註以爲不從翦商之志，是泰伯如新莽之子宇也，何以爲太王地乎？因文王以服事稱至德，遂謂泰伯亦必以讓商稱至德，影借《詩》與《左傳》之文爲左證以成其誣。金仁山、歸震川皆詳辨之，斷不必墨守朱註，代爲護前矣。

執圭。《周禮·典瑞》職云：「公執桓圭，侯執信圭，伯執躬圭，繅皆三採三就；子執穀璧，男執蒲璧，繅皆二采二就，以朝覲宗遇會同于王。諸侯相見亦如之。」此君所親執之命圭也。又云：「瑑圭璋璧琮，繅皆二采一就，以頫聘。」疏云：「遣臣聘，不得執君之圭璧，無桓、信、躬、穀、蒲之文，直瑑之而已。」其長皆降于君一等，如上公圭九寸則聘圭八寸也，古註甚明。朱子混云諸侯命圭如後世官之有印一而已，豈得令使臣持出耶？

文集

六藝論

六藝亡而道術裂，異端邪説並起而中之。祀鬼神之古禮廢，一時淫祀熾矣；喪祭之禮廢，浮圖、黄冠師修七、設醮之術用矣；樂廢，而優伶院本盛行矣。此關係世教之大，昔無而今有者也。其昔元有之，後因無傳而疑昔日未必有者，如聲音之妙，鼓瑟而魚出聽，聞絃而馬仰秣，奏清角而夏飛霜，或以爲形容過當，不知夔擊石拊石，百獸率舞，九成而鳳凰來儀，大司樂之六變，蠃羽鱗介諸物皆可得而致，其精妙入神載在六經，豈皆虚辭飾説乎？五射之參連，放一矢而三矢連去；襄尺，臣退君一矢；井儀，四矢貫鏃如井，是紀昌飛衛之巧，遊藝者習以爲常也。五御之逐水曲，能逐水屈曲而不墜水；舞交衢，能御車交道如舞，然御法既不傳矣。近世盛推西洋算法，黄宗羲云：「句股之學，其精爲容圓、測圓、割圓，本九數商功遺術，學者不能習，西洋人得之，改容圓爲矩度，測圓爲八線，割圓爲三角，中土人讓之爲獨絶，闢之爲違天，皆不知二五之爲十也。」若夫書，夫人而習之，然文字之别，象形、指事、會意、諧聲、轉注、假借之辨，操觚家曉其義者絶少。鄭漁仲謂梵人有無窮之音，華人有無窮之字。古字多通用，後乃日繁，以滋無窮之字，非聖人所尚也。字愈多而識字者愈少矣。《曲禮》、《玉藻》載容體之禮，立無倚，坐無陂，聲容静，頭容直，色容厲肅，視容清明。明者按之，以觀人於執玉高卑，身容俯仰，決人吉凶而不爽，豈非聖人之相法乎？後之學者，但高談性命，空語道德，其于藝事，本不能之，漫謂不足爲之。習之者少，其學遂亡。惟其少見，是以多怪，聞所稱述，則以爲虚言無實而不之信，蓋亦未深考焉耳。

吴先生鼎

吴鼎，字尊彝，號易堂，金匱人。乾隆甲子舉人。十五年舉經學，授國子監司業，累遷翰林院侍讀學士。大考，降左春坊左贊善，遷翰林院侍講，休致歸。熟精《易》理、三《禮》，著《易例舉要》二卷，倣《周易折中》卷義例益加推衍，上卷多輯先儒之説，下卷多出己意，凡一百四十八條，惟不及互卦、卦變二義。自序云「已詳《中爻考》、《卦變考》中」，而二考不載書中。又著《易象集説》九十卷，采宋俞琰，元龍仁夫、吴澄、胡一桂，明來知德、錢一本、唐鶴徵、高攀龍、郝敬、何楷十家之説。其論辨去取别爲《附録》十卷。蓋以漢唐舊説略備於李鼎祚《周易集解》，宋儒新説略備於董真卿《周易會通》，惟元明諸解未有專彙一書，裒此十家以繼二書之後。《易堂問目》四卷，以六經疑義綦多，三《禮》爲甚，條舉大端，設爲問答，論定商搉，以示歸宿。膺薦時，並呈御覽。又《東莞學案》，專攻陳建《學蔀通辨》而作。兄鼐，字大年，乾隆元年楊尚書名時以經學薦，會於是年成進士，授工部主事。以父憂歸，尋卒。著有《易象約言》二卷、《洪範集注》一卷、《儀禮集説》一卷、《春秋修註》四卷、《三正考》二卷、《朱門授受録》十卷、《未發質疑》五卷、《律吕源流》十二卷。弟熙，乾隆丁巳進士，官武義知縣。亦通經，著有《律悟》一卷、《律問》八卷。參史傳、《學案小識》、《錫金合志》。

梁先生錫璵

梁錫璵，字確軒，介休人。雍正甲辰舉人。乾隆十五年舉經學，授國子監司業。與吴鼎同食俸辦事，不爲定員。兩人同召對，高宗諭曰：「汝等是大學士九卿公保經學，朕用汝等教人，是汝等積學所致，非他途倖進。窮經爲讀書根本，但窮經不徒在口耳，須要躬行實踐。汝等自己躬行實踐，方能教人躬行實踐。」又諭：「所著經學，令翰林、中書各二十員在武英殿各謄寫一部進呈，原書給還。」稽古之榮，時以爲罕。尋直上書房，累遷少詹事。大考降左庶子，復擢國子監祭酒。坐遺失書籍鐫級。著《易經揆》一十四卷，附《啟蒙補》二卷。參史傳。

方先生苞別爲《望溪學案》。

惠先生棟別見《研谿學案》。

楊先生椿

楊椿，字農先，武進人。父大鶴，康熙甲寅進士，官至左春坊諭德，著有《春秋屬辭比事》。七子皆以文學著，農先，其第三子也。康熙戊戌進士，授翰林院檢討，分修政治典要兼《明史》及《一統志》、《國史》三館纂修。累擢侍講學士兼修《三朝實録》、《世宗實録》。乾隆初奉使祭告秦蜀，還奏途次見聞七事，議行豁免河灘地浮糧及酌給山西佐雜養廉二條。尋以原官致仕。家居二年，特召還修《明鑑綱目》。書成，年已老，以二子官京師，留就養。乾隆十八年卒，年七十有八。農先德行嶷然，經術史才爲時所重。久居館局，勤於所事，持論特高，總裁亦不盡用。於有明一代事貫弗，可匹鄞縣萬季野。所著賸稿長編及《一統志稽古録》、《水經注廣釋》、《古今類纂》、《毘陵科第牒譜》諸書藏于家。晚窮諸經，著《古周易》、《尚書定本》、《詩經釋辨》、《春秋類考》、《周禮訂疑》，齊侍郎召南稱其多創解，皆佚不傳。惟《孟鄰堂文集》二十六卷行于世。長子述曾，乾隆丙辰舉博學鴻詞，壬戌一甲二名進士，官至翰林院侍讀，纂修《通鑑輯覽》，能承其家學。參齊召南撰墓誌、《武陽合志》。

文集

春秋大事表序

昔之言《春秋》者莫善於義，莫不善於例。義者，宜也；例則舞文弄法，吏所爲，非《春秋》教也。自漢胡毋生著《公羊條例》，廷尉張湯用之以治大獄，丞相公孫弘以其義繩臣下；江都相董仲舒撰《決事比》，於是《公羊》家以《春秋》之義爲獄吏例矣。穀梁氏因之。《左氏》後出，經生恐不得立於學官，仿《公》、《穀》二家爲書不書之例，引孔子、君子之言附益之。後儒未察，謂皆出于丘明。杜預集傳中諸例爲《釋例》十五卷四十部，而習《春秋》者益但知有例，不復知有義矣。司馬遷云：「《春秋》文成數萬，其指數千。」指者，胡毋生例也。張晏曰：「《春秋》才萬八千字。」李燾曰：「今更闕一千二百四十八字。」則《春秋》文脱落，蓋甚於他經。後人欲於月日、名字、爵號、氏族之間以一二字同異爲聖人之褒貶，且云五經之有《春秋》猶法律之有斷例，豈不謬乎？先儒謂《公》、《穀》深於理而事多謬，《左氏》熟於事而理未明，叙事亦多失實。夫《公》、《穀》考事之疏不必言矣，至以祭仲出君爲行權，衛輒拒父爲尊祖，無父無君已甚，猶謂深於理乎？《左氏》則見聞之廣、紀述之詳，後之人讀之尚能發爲至論，況其自爲之，焉有所見之不明、所叙之失實如昔賢所譏者乎？隱二年「王貳於虢」，❶蓋鄭以王爲貳，王亦受鄭之言貳，欣然交質，《左氏》直書之，以著平王之不君，鄭莊之不臣耳，非以貳爲是也。「君子曰」以下，則經生所益之論斷，非《左氏》見理之不明也。齊桓侵蔡，釁由蔡姬；晉文侵曹伐衛，起於觀浴之與與塊，皆事之不可隱者。否則，召陵、城濮仁義之師，非霸者之舉矣。不得言《左氏》叙事之失實也。其他苛論，不可勝舉。余深病之，嘗欲采《左氏》事叙於經文之下，而去其書法論斷，取《公》、《穀》之事不同者附焉。又思平、桓之際，王迹雖衰，不可云熄，欲仿《史記・十二諸侯年表》爲《王迹表》一篇，叙霸者之事之盛衰，著王迹之熄之漸。又欲爲《天子》、《諸侯》、《大夫》、《陪臣》四表，以著春秋世變，禮樂征伐所自出，庶《春秋》之義明，例自無所用之矣。而浮沈史館，荏苒未成。今老矣，得異聞於先生，又恰如吾意之所欲出，故不辭而爲之序。

與明史館纂修吴子瑞書

蒙示明初后妃、諸王傳，點竄增損甚善，知足下用心專而致力勤也。第仍前謬誤，尚宜討論；目今所改，有宜復舊者。僕方欲再觀之，館吏來索，云足下待録甚急，因先附牋以聞。《誠孝張皇后傳》：「正統七年十月，

❶「隱二年」，按事見《左傳》隱公三年。參陳校。

后大漸，召士奇、榮、溥。士奇言：『建庶人雖亡，當修實録。』」按正統五年二月，楊榮請歸省墓，七月還朝，卒於杭州道中。張后崩，榮之卒已三年矣，何得與士奇、溥並召也？建庶人者，建文帝少子文奎。《天順實録》：「元年十月，釋建文君子孫，安置鳳陽。敕曰：『建庶人等自幼爲前人所累。』」前人即建文帝。明代君臣未有稱爲「建庶人」者，即成祖詔敕，亦稱建文君，未有「庶人」之號也。

《恭讓胡皇后傳》：「后善病，帝令后上表辭位，退居長安宮，賜號静慈仙師。大臣張輔、蹇義、夏原吉、楊士奇、楊榮等不能爭。」按：胡后之疾，託辭耳。贊其廢者，楊榮。順之者，蹇義。其始再三沮，後以以疾辭位之説進者，楊士奇也。張輔、夏原吉則始終不言而已。今傳不詳其事，亦不差別其人，則胡后之廢，後世何由而明？静慈仙師，胡后初崩之謚，見正統八年十二月、天順七年閏七月《實録》，而天順七年之敕尤明。今以爲生前賜號，非矣。

《晉恭王傳》：「太子巡歷燕、代，及晉，與棡昆弟飲，甚歡，浹旬。太子行，棡送至河南。太子令棡入朝。歸藩，更以恭慎聞，待長史桂彦良等有禮。」按：《實録》洪武二十四年八月，太子巡撫陝西。十二月，自陝西還。未巡燕晉。彦良以洪武十一年授晉王右傅，十三年改左長史，十八年以疾歸，二十年十二月卒於家，安得二十五年尚在，恭王待之有禮也？

《代簡王傳》：「建文時以罪廢爲庶人。成祖即位，復爵。永樂元年正月，還舊封。」按：建文元年，燕王移檄天下，三年上書於帝，歷數帝失。皆言罪代王而不言廢爲庶人。《實録》叙建文時事，亦止言代王得罪。四年六月己巳，燕王即位，七月壬辰，遺書召代王，亦不言復爵。十月辛酉，都督陳質以守大同，劫制代王，伏誅。永樂元年二月賜桂書曰：「吾弟縱恣暴戾，獨不記建文時拘囚困苦之辱耶？」蓋桂在建文中與燕王通謀，爲陳質所制，不得自由或有之，其廢則未也。若廢之，燕王書檄決不爲帝諱矣。《吾學編》、《憲章録》諸書見成祖書有「拘囚困苦」之説，因云「代王幽於大同」。夫代王果廢，自應如周、齊二王置之京師，何僅幽于大同耶？其爲謬妄，明矣。《寧獻王傳》：「權入燕軍，時時爲燕王草檄。燕王即位，乞改南土，請蘇州、杭州皆不許。令自擇建寧、重慶、荆州、東昌。權遂出飛旗，令有司治馳道。帝大怒，權不自安，悉屏從兵與老中官數人偕往南昌，稱疾卧城樓，乞封南昌。帝不得已，詔即布政司爲王邸，瓴甋規制，皆無所更。」按：《實録》建文元年十月，燕王拔大寧之衆及寧王權回北平。四年六月，燕王至京，遣人迎權。建文帝故閹胡伯顔邀之兖州，不得達。七月庚戌，復遣使詔權，俟秋涼，與宫眷同行。則權固未嘗在燕王軍中也。八月戊午，權遣人請封杭州，帝以畿内不許，曰：「往嘗許弟自擇封國，吾未嘗忘。」則權在成祖未即位前已乞改封，且非止乞南土，亦未請封蘇州也。帝令權自擇建寧、重慶、荆州、東昌，即在此詔中。自是五十五日，十月壬子，權至京師。越五日丙辰，與谷王橞同宴於華蓋殿。翼日丁巳，命所在有司營權妃張氏葬事。又五日辛酉，詔改江西布政司爲寧王府。是權之改封，乃在京時事。蓋權奉七月庚戌之詔，秋涼與妃同行。妃道卒，權方經理喪事，何暇出飛旗治馳道，又何暇往南昌？自是至明年正月，權在京師，二月己未之國，帝親製詩送之，更安有預往南昌之事？成祖即位，已嚴馭諸王。

岷莊王楩在國嗜酒多言，出入不謹，帝屢賜書戒之。寧王若擅治馳道，擅往南昌，擅臥城樓要封，帝豈不譙讓，而反不得已從其請以封之乎？當時諸王中，谷王橞功最高，賜賞亦最厚，其改封長沙，請營宫殿，不許，令擇衛府廨舍修理居之，亦見於《實録》。是永樂初改封諸王，瓴甋規製皆無所更，不獨一寧王矣。《岷莊王傳》：「建文初廢爲庶人，流漳州。永樂初復王。」按：楩降爲庶人，流漳州，燕王書檄中屢以爲言。未即位前，《實録》亦書之。及考洪武三十五年七月癸卯，遣都督袁宇鎮雲南，賜楩書曰：「今遣宇赴雲南，整肅兵備，鎮撫一方，凡事可與計議而行。」而不言楩自漳反滇，亦不言復爵。是楩未流，並未廢，且仍王雲南，可知。蓋建文中廢爲庶人者，惟周、齊二王。湘王柏自焚，謚爲戾，而不革其王爵。永樂元年正月辛卯，以周、齊、代、岷四王同復舊封，詔告中外者，蓋以愚天下，甚建文帝之惡，非實事也。《谷王橞傳》：「橞守金川門，燕師渡江，橞登城望見成祖麾蓋，開門迎成祖。」按：橞之開門，以出使燕軍，燕王誘之使開耳。不然，燕王頓軍龍潭，五日不進，及橞癸亥出使，甲子日何以遂下令乙丑入城乎？其入城也，不至東南朝陽、通濟諸門，而獨北至江濱之金川，非橞出使時成約而何？今傳不言出使，而但言登城云云，是以成祖之兵爲湯武之師，橞之開門爲傒后玄黄之士女矣，豈不失其實乎？《漢王高煦傳》：「成祖命高煦同仁宗謁孝陵，仁宗恒失足，高煦從後言曰：『前人蹉跌，後人知警。』」按：《水東日記》成祖嘗天壽山，命太子、太孫、漢、趙二王往視。過沙河，卻輦步行，太子恒失足。漢王顧趙王曰：「前人失脚，後人把滑。」太孫應聲曰：

「更有後人把滑哩。」蓋諺語也。歷代史此等語頗多。今以天壽山爲孝陵已誤，更改「失脚」爲「蹉跌」，「把滑」爲「知警」，欲求文而不成語矣。《襄憲王傳》：「英宗北狩時，諸王中瞻墡最長且賢，衆望頗屬。太后命取襄國金符入宫，不果召。」按：瞻墡者，誠孝張皇后少子。宣德末，張后以英宗幼，欲召立之。楊士奇、楊榮沮而止。詳見《菽園雜記》。土木之變，張后崩已久，孝恭孫皇后時爲太后，瞻墡之嫂也。孫后庶子郕王年已二十有二，尚未就封，大臣王直、胡濙、于謙、陳循皆賢之。孫后聞土木變，三日命郕王監國，又十八日命即位，何嘗舍其子而欲召立其叔乎？此皆僕所云「尚宜討論」者也。漢魏後，帝王以孫紹祖、以旁支繼大統者，其父雖追尊，然仍入諸王傳中，惟元睿宗、裕宗另爲一傳。足下倣之，以傳懿文太子，將以其爲天子父故尊之耶，則當爲本紀，列于太祖下、建文帝上可也，而足下不敢；若猶是傳也，則專傳之與諸王同傳何異？懿敬常妃，❶懿文太子元妃，建文帝之生母，尊吕妃爲皇太后，舊史倣《漢書》王夫人、丁姬、衛姬例，俱入《后妃傳》中。今止附書懿文太子之後，而虞王兄弟則另爲標目，同於諸帝之子，是足下體例未協，僕所云「宜復舊」者也。抑此諸傳中事有不可不增，亦有不可不遽删者。懿文太子在時，燕王覬覦儲位。晉恭王與太子相睦，燕王媒孽恭王；涼國公藍玉，太孫外親也，燕王以讒搆誣之。此皆《太宗實録》中奉旨所書，雖其辭隱，其旨微，而其實有不能全諱者，宜參考稗史以酌書之。宣德四年，寧獻王請赦高煦；天順元年，襄憲王請毁壽陵。

❶「懿敬」，《明史》卷一一五倒。參陳校。

皆《實録》所載，似亦不可不書。成祖爲逆，高煦實佐其謀，建文帝遂崩於火。舊史《高煦傳》末，宣宗往視高煦，高煦伸足句帝仆地，帝命積火炭於銅缸，覆之，火熾銅鎔，高煦及諸子皆死。蓋當在寧王請赦之後，舊史存之以著宣宗酷虐，且見天道好還，爲後世叛逆者戒耳。而足下删之，殆非《大易》餘慶餘殃、《春秋》懼亂臣賊子意也。僕才識短淺，未能佐足下一二，姑述見聞，惟足下擇之。謹白。

楊先生方達

楊方達，字符倉，武進人。雍正甲辰舉人。閉户著書，絶干謁，鄉里重之。舉經學不應，卒年七十九。著《周易輯説存正》十二卷，附《易説通旨略》一卷。分經二篇，傳十篇，一依《本義》之舊。大旨多主《本義》，惟卦變之説主程而不主朱。其體例以爲，必使正義先明，而後以旁義參之，賓主秩然，則條理可得，故凡言變互者，皆列之圈外，使不與正義相混。又以爻位之正不正，有應無應，乃卦中之大義，《彖辭》、爻辭皆從此推出，故每卦卦畫之下即爲注明。末附通旨，略雜引先儒《象》、《彖》、爻位之説，閒亦參以己見，蓋倣王弼《略例》而爲之也。又《易學圖説會通》八卷，《續聞》一卷，先天之學不離於陳、邵。又《尚書約旨》六卷，《通旨略》一卷，《春秋義補註》二卷，《正蒙集説》十二卷。參《武陽合志》、《學案小識》。

蔣先生汾功

蔣汾功字東委，武進人。雍正癸卯進

士。湖北即用知縣，乞養歸，改官松江府教授。課士有法，多所成就。爲文原本經術，於《孟子》致力尤深，著《孟子四編》九卷，《讀孟居文集》六卷。參《武陽合志》、楊椿撰墓志。

楊先生繩武

楊繩武，字文叔，長洲人。康熙癸巳進士。官翰林院編修，以父艱歸，遂不出。討論經義，折中同異。主講江寧杭州書院，甄拔多知名，台州齊侍郎召南其一也。著有《古柏軒集》。參《蘇州府志》。

華先生希閔

華希閔，字豫原，無錫人。康熙庚子舉人。官涇縣教諭。舉博學鴻詞，不赴。篤嗜儒先書，勤於著述，著有《性理註釋》、《易書詩春秋集説》、《中庸剩語》、《論語講義》、《通鑑地理今釋》、《延綠閣集》。參《錫金合志》。

案：震滄撰陳亦韓《經咫》序云：「海內留心經學，余相識不過數人。」歷數亦韓及方望溪、楊農先、蔣東委、楊文叔、楊符倉、惠定宇，蓋皆嘗共討論者。《春秋大事表》有華豫原序文，自稱老友，並附列之。

亦韓弟子

顧先生鎮

顧鎮，字佩九，號古湫，又號虞東，昭文人。乾隆十五年薦舉經學，後成甲戌進士，授國子監助教，遷宗人府主事，年老乞休。

先後主金臺、游文、白鹿、鍾山諸書院，善教士。卒年七十三。初師事陳先生亦韓，研經有心得，本師説而恢張之。著《虞東説詩》十二卷，其《詩説》大旨以講學諸家尊《集傳》而抑《小序》，考古諸家又申《小序》而疑《集傳》，搆釁不解者四五百年，乃作是書以調停兩家之説。紀文達亟稱之，《四庫經部·詩類》所採以是書爲殿，用破門户之見云。又著有《三禮劄記》。參史傳、《四庫全書提要》、袁枚撰墓誌。

清儒學案卷五十六終

清儒學案卷五十七

天津徐世昌

静庵學案

静庵求周徑密率自定捷法，出杜德美三術之上。是能以因爲創，疇人之傑也。述《静庵學案》。

明先生安圖

明安圖，字静庵，蒙古正白旗人。諸生。治天算，入欽天監爲天文生。順治初，用湯若望治曆。及康熙初，楊光先諍之，湯若望坐罷。聖祖親政，復用南懷仁治曆。是時中西兩家訐短襮長，齗齗相争持，聖祖以躬所未習，不能爲折衷，乃壹意治天算，深通諸術，疇人子弟每親爲訓迪。先生得聞緒論，所詣益進。乾隆中，歷官至監正。割圓肇自《九章》舊法，弧背求矢相傳已久，自西法入中土，設六宗三要諸術，爲割圓八綫起算，法始大備。六宗者，圓内容三邊、四邊、五邊、六邊、十邊、十五邊是也；三要者，以正弦求餘弦，以本弧正餘弦求倍弧、半弧正餘弦是也。復推廣之，用益實歸除及益實兼減實歸除，增求圓内容十四邊、十八邊與三分之一通弦，於是最小者爲五分之弦。其自一分至四分之弦，則中比例求之。特取數紆回，不能隨度以求弦矢，故非表無以濟算。及杜德美用連比例演周徑密及弧背求正弦正矢，不須開方，祇立乘除之數，號稱捷法，特未言立法之根。先生積思三十餘年，著《割圜密率捷法》四卷。一曰步法。於杜德美三法外，補弧背求通弦、求矢，❶弦、矢求弧背，通弦、矢求弧背六法，合爲九法。又增創餘弧求弦矢、餘弦矢求本弧及借弧與正餘弦互求諸術。二曰用法。以角度求八綫及直綫、弧綫、三角形邊角相求，凡設七題。謂今之法所以密於古者，以其能用三角形也。然三角形非八綫表不能相求，用此法以之立表則甚易，以之推三角形則不用表而得數與用表者同。又爲圖解，皆闡明弦矢與弧背相求之根。未成，病且革，以授季子，使與門弟子足成之。書成未刻，道光閒戴金谿以授羅茗香，茗香與其友岑紹周排比校刻，行於世。參《續疇人傳》、陳際新《割圜密率捷法序》、岑建功《割圜密率捷法序》、羅士琳《割圜密率捷法跋》。

割圜密率捷法

步　法

圓徑求周

法置通徑，三因之爲第一條。次置第一條四除之，又二除之，又三除之，或三數連乘得二十四，爲法除之，亦可。後仿此。得數爲第二條。次置第二條九因之，四除之，又四除之，又五除之，得數爲第三條。次置第三條二十五乘之，四除之，又六除之，又七除之，得數爲第四條。次置第四條四十九乘之，四除之，又八除之，又九除之，得數爲第五條。次置第五條八十一乘之，四除之，又十除之，又十一

❶「求」，原作「通」，今據《清史列傳》卷七一、《清史稿》卷五〇六及下文《割圜密率捷法·步法》篇目改。

除之，得數爲第六條。次置第六條一百二十一乘之，四除之，又十二除之，又十三除之，得數爲第七條。次置第七條一百六十九乘之，四除之，又十四除之，又十五除之，得數爲第八條。次置第八條二百二十五乘之，四除之，又十六除之，又十七除之，得數爲第九條。次置第九條二百八十九乘之，四除之，又十八除之，又十九除之，得數爲第十條。次置第十條以三百六十一乘之，四除之，又二十除之，又二十一除之，得數爲第十一條。併十一條之數得總數，即圓周。

按：此即後通弦求弧背法也。三因通徑即圓内容六等邊之周數也。圓内容六等邊，每邊與半徑等，故省比例乘除之數，其四除，各次所通用也。初次加二除、三除，二次加四除、五除，皆依次遞加一數以爲法也。初次用九乘，二次用二十五乘，皆依次遞加二數自乘以爲法也。三自乘爲九。三加二得五，五自乘爲二十五。下仿此。此以通徑數至億者爲例，故遞求至十一條。遇通徑數小者，次數可省；若依各數遞加爲法，求至無窮，皆能得其密數也。

弧背求正弦

法以弧背本數爲第一條。次以半徑爲連比例第一率，弧背爲連比例第二率，求得連比例第三率。次置第一條以三率乘之，一率除之，得第四率數，二除之，又三除之，得數爲第二條，應減，另書之。次置第二條以三率乘之，一率除之，得第六率數，四除之，又五除之，得數爲第三條，應加，書於第一條之下。次置第三條以三率乘之，一率除之，得第八率數，六除之，又七除之，得數爲第四條，應減，書於第二條之下。第一條、第三條相併，第二條、第四條相併，兩總數相減，得數即正弦。

按：此以連比例遞求四六八率，以加減二率也。四率用二除、三除，六率用四除、五除，皆依次遞加一數以爲法也。四率爲減，六率爲加，八率又爲減，相間以爲消息也。數小者尚可省，數大者依次求之。

弧背求正矢

法以半徑爲連比例第一率，弧背爲連比例第二率，求得連比例第三率，二除之，得數爲第一條。次置第一條，以三率乘之，一率除之，得第五率數，三除之，又四除之，得數爲第二條，應減，另書之。次置第二條，以三率乘之，一率除之，得第七率數，五除之，又六除之，得數爲第三條，應加，書于第一條之下。次置第三條，以三率乘之，一率除之，得第九率數，七除之，又八除之，得數爲第四條，應減，書於第二條之下。第一條、第三條相併，第二條、第四條相併，兩總數相減，得數即正矢。

按：此以連比例遞求五七九率，以加減三率也。三率用二除，五率用三除、四除，亦依次遞加一數以爲法也。加減亦相間爲消息也。其法大概與求正弦同。

弧背求通弦

法以弧背本數爲第一條。次以半徑爲連比例第一率，弧背爲連比例第二率，求得連比例第三率。次置第一條，以三率乘之，一率除之，得第四率數，四除之，又二除之，又三除之，得數爲第二條，應減，另書之。次置第二條以三率乘之，一率除之，得第六率數，四除之，又四除之，又五除之，得數爲第三條，應加，書於第一條之下。次置第三條以三率乘之，一率除之，得第八率數，四除之，又六除之，又七除之，得數爲第四條，應減，書於第二條之下。第一條、第三條相併，第二條、第四條相併，兩總數相減，得數即通弦。

按：此法與求正弦法同，但通加一四除耳。若四除第三率爲常用之數，則每次之四除可省。通弦求弧背同此。

弧背求矢

法以半徑爲連比例第一率，弧背爲連比例第二率，求得連比例第三率，四除之，又二除之，得數爲第一條。次置第一條，以三率乘之，一率除之，得第五率數，四除之，又三除之，又四除之，得數爲第二條，應減，另書之。次置第二條，以三率乘之，一率除之，得第七率數，四除之，又五除之，又六除之，得數爲第三條，應加，書於第一條之下。次置第三條，以三率乘之，一率除之，得第九率數，四除之，又七除之，又八除之，得第四條，應減，書於第二條之下。第一條、第三條相併，第二條、第四條相併，兩總數相減，得數即矢。

按：此法與弧背求正矢同，但通加一四除耳。若四除第三率爲常用之數，則每次之四除可省。矢求弧背亦同。

通弦求弧背

法以通弦本數爲第一條。次以半徑爲連比例第一率，通弦爲連比例第二率，求得連比例第三率。次置第一條以三率乘之，一率除之，得第四率數，四除之，又二除之，又三除之，得數爲第二條。次置第二條九乘之，又以三率乘之，一率除之，得第六率數，四除之，又四除之，又五除之，得數爲第三條。次置第三條二十五乘之，又以三率乘之，一率除之，得第八率數，四除之，又六除之，又七除之，得數爲第四條。次置第四條四十九乘之，又以三率乘之，一率除之，得第十率數，四除之，又八除之，又九除之，得數爲第五條。次置第五條八十一乘之，又以三率乘之，一率除之，得第十二率數，四除之，又十除之，又十一除之，得數爲第六條。次置第六條一百二十一乘之，又以三率乘之，一率除之，得第十四率數，四除之，又十二除之，又十三除之，得數爲第七條。次置第七條一百六十九乘之，又以三率乘之，一率除之，得第十六率數，四除之，又十四除之，又十五除之，得數爲第八條。併諸條，得總數，即弧背。

按：此即前圓徑求周所用之法也。若二率與一率等，則比例可省。諸法不論求弧綫求直綫，但視第幾條得數首位已在單位下便可住。若首位尚在單位前者，須依次再推方密。

正弦求弧背

法以正弦本數爲第一條。次以半徑爲連比例第一率，正弦爲連比例第二率，求得連比例第三率。次置第一條以三率乘之，一率除之，得第四率數，二除之，又三除之，得數爲第二條。次置第二條九因之，又以三率乘之，一率除之，得第六率數，四除之，又五除之，得數爲第三條。次置第三條二十五乘之，又以三率乘之，一率除之，得第八率數，六除之，又七除之，得數爲第四條。次置第四條四十九乘之，又以三率乘之，一率除之，得第十率數，八除之，又九除之，得數爲第五條。次置第五條八十一乘之，又以三率乘之，一率除之，得第十二率數，十除之，又十一除之，得數爲第六條。次置第六條一百二十一乘之，又以三率乘之，一率除之，得第十四率數，十二除之，又十三除之，得數爲第七條。次置第七條一百六十九乘之，又以三率乘之，一率除之，得第十六率數，十四除之，又十五除之，得數爲第八條。併諸條，得總數，即弧背。

按：此法與通弦求弧背法同，但通省一四除耳。

正矢求弧背

法倍正矢爲第一條，次以半徑爲連比例第一率，倍正矢爲連比例第三率，三率自乘，一率除之，得第五率數，三除之，又四除之，得數爲第二條。次置第二條四因之，又以三率乘之，一率除之，得第七率數，五除之，又六除之，得數爲第三條。次置第三條九因之，又以三率乘之，一率除之，得第九率數，七除之，又八除之，得數爲第四條。次置第四條十六乘之，又以三率乘之，一率除之，得第十一率數，九除之，又十除之，得數爲第五條。次置第五條二十五乘之，又以三率乘之，一率除之，得第十三率數，十一除之，又十二除之，得數爲第六條。次置第六條三十六乘之，又以三率乘之，一率除之，得第十五率數，十三除之，又十四除之，得數爲第七條。次置第七條四十九乘之，又以三率乘之，一率除之，得第十七率數，十五除之，又十六除之，得數爲第八條。併諸條，得總數，又爲連比例第三率與連比例第一率半徑相乘，開平方，得連比例第二率，即弧背。

按：此法與通弦正弦求弧背之理同，惟多一開平方耳。除法始于三、四，乘法遞加一數以自乘，用數小異焉。

矢求弧背

法置矢八乘之，即四乘又二乘。得數爲第一條。次以半徑爲連比例第一率，第一條爲連比例第三率，三率自乘，一率除之，得第五率數，四除之，又三除之，又四除之，得數爲第二條。次置第二條四乘之，又以三率乘之，一率除之，得第七率數，四除之，又五除之，又六除之，得數爲第三條。次置第三條九乘之，又以三率乘之，一率除之，得第九率數，四除之，又七除之，又八除之，得數爲第四條。次置第四條十六乘之，又以三率乘之，一率除之，得第十一率數，四除之，又九除之，又十除之，得數爲第五條。次置第五條二十五乘之，又以三率乘之，一率除之，得第十三率數，四除之，又十一除之，又十二除之，得數爲第六條。次置第六條三十六乘之，又以三率乘之，一率除之，得第十五率數，四除之，又十三除之，又十四除之，得數爲第七條。次置第七條四十九乘之，又以三率乘之，一率除之，得第十七率數，四除之，又十五除之，又十六除之，得數爲第八條。併諸條，得總數，又爲連比例第三率與連比例第一率半徑相乘，開平方，得連比例第二率，即弧背。

按：此法與正矢求弧背同，但第一條加一四因，余加一四除耳。以上九法皆至精至密，任有圜綫求直綫，有直綫求圜綫，雖推至無窮，靡不合也。但遇設數大者，推算次數較多，故增後法。

餘弧求正弦正矢

視所設之弧過四十五度者，與象限弧相減，得餘弧，次用餘弧。按弧背求正矢、正弦法，求得餘弧正矢爲本弧，餘矢與半徑相減，即得本弧正弦。求得餘弧正弦爲本弧，餘弦與半徑相減即得本弧正矢。

餘矢餘弦求本弧

視所設正弦、正矢數大于四十五度者，與半徑相減，得餘矢、餘弦，次用餘矢、餘弦按正矢、正弦求弧背法，求得弧背爲餘弧，與象限弧相減，即得本弧。

以上二法，施之弧背求正弦、正矢已爲省便，施之正矢、正弦求弧背尚有不能省便者，故又設後法。

借弧求正弦餘弦 餘弦即半徑正矢之較，三角形用正矢甚少，故借弧求餘弦。

視設弧過三十度至六十度内者，借四十五度之弧背，與所設弧背相減，得較弧背。按前法求得較弧之正弦、正矢，次以半徑爲一率，借弧之弦綫正弦、餘弦數同。爲二率，較弧之正弦、正矢相加減設弧小於借弧，求正弦則加，求餘弦則減；設弧大於借弧，求正弦則減，求餘弦則加。爲三率，求得四率爲弦較，與借弧弦綫相加減，設弧小於借弧，求正弦則減，求餘弦則加；設弧大於借弧，求正弦則加，求餘弦則減。得數爲設弧正弦、餘弦。

借正弦餘弦求弧背

有正弦求弧背，視正弦在十分半徑之三之内者，用本法求之。過十分半徑之九者，用餘矢求本弧法求之。若過十分半徑之三至十分半徑之六者，借三十度之正弦、餘弦用之。若過十分半徑之六至十分半徑之八者，借四十五度之正弦、餘弦用之。若過十分半徑之八至十分半徑之九者，借六十度之正弦、餘弦用之。法先求得本弧餘弦，然後以本弧正弦與借弧正弦相減，得正弦較爲股，以本弧餘弦與借弧餘弦相減，得餘弦較爲句，求得弦爲較弧通弦。次按前通弦求弧背法，求得弧背爲較弧，與借弧相加減，本弧正弦大於借弧正弦爲加，小於借弧正弦爲減。即得本弧。有餘弦求弧背，以餘弦爲餘弧正弦，如前求得弧背爲本弧之餘弦，與象限弧相減，即得本弧。

附録

岑紹周曰：「曩讀梅文穆公《赤水遺珍》，載杜德美有不須開方，祇立乘除之數，求周徑密率及正弦、正矢捷法，特未詳立法之根，學者恒苦莫抉其旨。監正明静庵先生暨其弟子陳舜五先生因杜氏三術推廣引伸，更補成弦矢求弧六術，使環轉相生術無賸義，詳加圖解，著爲是書，於割圓之理推闡無遺，尤可舍表徑求八綫。朱小梁觀察曾據術求得四十位周徑率爲徑一周三一四一五九二六五三五八九七九三二三八四六二六四三一八六三六七四七二二七九五一四，小餘七一五一九。與割圓本法所求者合。蓋推其原，先設十百千萬諸分弧，如本法乘除之，以求合于弦之二十四分、八十分、百六十八分，矢之十二分、三十分、五十六分諸數，俾弧矢奇耦率可互通。向之莫抉其旨者，一旦豁然。是誠術之至精且捷者也。」岑建功《割圓密率捷法序》。

羅茗香曰：「杜泰西三法無一語道及立

法之原。今觀静庵之法與解，始知杜氏法原。蓋用連比例術，以半徑爲一率。設弧共分爲二率。二率自乘，一率除之，得三率。以二率與三率相乘，一率除之，得四率。由是推之，循序而進，雖至億萬率，胥如是也。西法之妙莫捷于對數，以其用加減代乘除。而對數之用，莫便于八綫。以八綫之積數過多，運算匪易，用對數則一加一減即得弧度，不復更用乘除。又考對數之由來，亦起於連比例，安知當日立八綫表時不用此法推算耶？所謂六宗三要累求句股者，殆飾詞耳。静庵作是解，其始本欲發其自得之義，相與抗衡。其子又克繼父志，方之古人，堪與祖沖之父子媲美。祖氏以綴術求割圓密率，今静庵以連比例求密率捷法，綴術雖不傳，而連比例之屢乘屢除，繹其名義，似有近乎綴術之道，即謂之明氏新法也可。」《續疇人傳》論。

静庵家學

明先生新

明新，字景臻，静庵先生季子。習父業，充食俸生。静庵先生垂殁，以所著《捷法》授之。先生遵父命，與門下士共續成之。參《續疇人傳》。

静庵弟子

陳先生際新

陳際新，字舜五，宛平人，祖籍福建。諸生。官靈臺郎。爲静庵先生高第。静庵先生將卒，以《割圓密率捷法》書未竟，命先生續成之。先生尋緒推究，質以平日所聞面校之言，補述《圖解》。至乾隆三十九年始克成書。參《續疇人傳》。

弧矢弦相求圖解

凡解有因法而得者，有不因法而得者。因法而得者，法如是，解如是止也；不因法而得者，法如是，解不止於如是也。不因法而得，何以有是解乎？蓋其初非爲法解也，亦欲自立一法，與前法並行。及深思而得之，乃與作者脗合，遂以爲是法之解，故法如是，而解之曲暢旁通不止於如是也。先生初聞杜泰西圓徑求周、弧背求弦矢之法，知其義深藏，而不可不求甚解，欲自立一法以觀其同異。因思古法有二分弧法，西法又有三分弧法，則遞分之亦必有法也。由是思之，遂得五分弧及七分弧。次列三分弧、五分弧、七分弧三數觀之，見其數可依次加減而得，遂加減至九十九分弧。然其分數皆奇數也，又思之，遂得二分弧，依前法遞推至四分弧、六分弧，加減至百分弧，則偶數亦備矣。然猶分而不能合也。又思之，奇偶可合矣，然逐層求之，數多則繁，若累至千萬分，猶未易也。又思之，其數可超位而得，則以二分弧、五分弧求得十分弧，以十分弧求得百分弧，以十分弧、百分弧求得千分弧，以十分弧、千分弧求得萬分弧。既得百分弧、千分弧、萬分弧三數，然後比例相較，而弧矢弦相求之密率捷法於是乎成。及其成也，與杜泰西之法無異，遂以是爲解焉，豈非不因法而得者乎？計其次第相求以至成書約三十餘年，今觀其解，初若與本法絶不相侔，及循序而進，而其法之必由乎此，又有確然無可疑者。至于設一術取一數，反覆求之，諸法皆立而其用未盡，所謂法如是，解不止於如是也。際新親承指授，且不敢違遺命，輯其解，並述其意云。

張先生肱

張肱，字良亭，寶應人。諸生。入欽天監，官夏官正，遷户部主事。與陳舜五齊名，同受業於静庵先生，又同續《割圓密率捷法》，相與討論推步較録，舜五極爲稱道推許。其裔世業疇人，引而勿替。參《續疇人傳》。

静庵交游

何先生國宗

何國宗，字翰如，大興人。何氏世習天文，先生以算學受知聖祖，與梅文穆同值蒙養齋。賜進士，改庶吉士，授編修，歷官至禮部尚書。康熙中，預修《曆象考成》、《數理精蘊》諸書，並測繪輿圖。雍正八年，敕監正西洋人戴進賢修《日躔》、《月離》二表附《考成》後，而推算之法未備。乾隆二年，以尚書顧琮奏，增修表解圖說，以文穆爲總裁，先生副之。書成，命曰《曆象考成後編》。二十年又命出塞，徧歷邊陲，測定北極出地高度暨東西偏度，列入《時憲書》。復命測繪輿圖。先生最老壽，錢竹汀入翰林，聞其明算，先往過之，叩以步算諸術，言之平易詳盡，若惟恐人不知者。竹汀歎服，以爲猶有梅勿庵遺風云。參《疇人傳》。

博先生啟

博啟，字繪亭，滿洲正白旗人。乾隆中

官欽天監監副。嘗論句股和較諸術，前人言之綦詳，獨句股形中所容方邊、圓徑、垂綫三事缺而未備，乃爲立法六十則。其書久佚，今所傳者惟有方邊及垂綫求句股弦一題。法用平行綫剖容方冪爲四小句股形，借垂綫爲小句股和借方邊爲小弦，求小句、小股。以小股與垂綫比，若方邊與句比；以小句與垂綫比，若方邊與股比；以小股與股比，若方邊與弦比。道光初，監正方履亨以語羅茗香，茗香以天元一術補其佚。參《疇人傳》。

清儒學案卷五十七終

清儒學案卷五十八

天津徐世昌

慎修學案上

婺源江氏與元和惠氏同時並起，其後治漢學者皆奉爲先河。婺源之學，一傳而爲休寧，再傳而爲金壇、高郵。其學派傳衍，比於惠氏爲尤光大矣。述《慎修學案》。

江先生永

江永，字慎修，婺源人。歲貢生。數十年楗户授徒。爲人和易，處鄉黨以孝悌仁讓爲先，人多化之。嘗一至江西，一游京師。已歸家居，而朝廷求經術之儒，有欲進其所爲書且舉之者，則以頽老辭。先生爲學長於比勘，明于步算、鐘律、聲韻，而于三《禮》尤深。以朱子晚年治《禮》，爲《儀禮經傳通解》未就，雖黄氏、楊氏相繼纂續，猶多闕漏，乃爲之廣摭博討，一從《周官·大宗伯》吉凶軍賓嘉五禮之次，名曰《禮經綱目》，凡數易稿而後定。其論歲實消長曰：「日平行于黄道，是謂恒氣恒歲，實因有本輪、均輪、高衝之差而生盈縮，謂之視行。視行者，日之實體所至；而平行者，本輪之心也。以視行加減平行，故定氣時刻多寡不同。高衝爲縮末盈初之端，歲有推移，故定氣時刻之多寡且歲歲不同，而恒氣恒歲實終古無增損也。當以恒者爲率，隨其時之高衝以算定氣，而歲實消長可弗論。猶之月有平朔平望之策以求定朔定望，而此月與彼月多於朔策幾何，少於朔策幾何，俱不計也。宣城梅氏之言見歧未定也。」其論黄鍾之宫曰：「《吕氏春秋》稱伶倫作律，先爲黄鍾之宫，次制十二筒以别十二律。黄鍾之宫者，黄鍾半律，後世所謂黄鍾清聲也。唐時《風雅十二詩譜》以清黄起調畢曲，琴家正宫調，黄鍾不在大絃而在第三絃，合于古者黄鍾宫爲律本之意。聲律自然，古今不易也。《國語》伶州鳩論七律，而及武王之四樂，夷則、無射曰上宫，黄鍾、太簇曰下宫。蓋律長者用其清聲，律短者用其濁聲。古樂用均之法雖亡而因端可推。《韓子·外儲篇》曰：『瑟以小絃爲大聲，大絃爲小聲。』雖詭辭以諷，然因是知古者調瑟之法，黄鍾、大吕、太簇、夾鍾、姑洗、仲吕、蕤賓用半而居小絃，林鍾、夷則、南吕、無射、應鍾用全而居大絃也。《管子》書五聲徵羽宫商角之序亦如此，可以正《淮南·天文訓》、《漢書·律曆志》之誤。」其論古韻曰：「考古音者昉于吴才老，崑山顧氏援證益精博。然顧氏考古之功多，審音之功淺。顧氏分古音爲十部，猶未密也。真、諄以下十四韻當析爲二部，而先韻半屬真、諄，半屬元、寒。攷之三百篇，用韻畫然。侯之正音近幽，當别爲一部。虞、模部之隅、渝、驅、婁等字，蕭、豪部之蕭、寥、炰、好等字，皆侯、幽之類，與本部源流各别，三百篇亦畫然。侵、覃以下九韻，亦當以侈、斂分爲二部，而覃、鹽半屬侵，半屬嚴、添。蓋平上去三聲皆當爲十三部，入聲當爲八部，而三代以上之音始有條不紊也。」論今韻曰：「平上去三聲，多者六十部，少亦五十餘部。惟入聲祇三十四部。或謂支至咍，蕭至麻，尤至幽，無入聲。崑山顧氏《古音表》又反其說，於是舊有者無，舊無者有。皆拘于一偏。蓋入聲有二三韻而同一入者，如東、尤、侯同以屋爲入，真、脂同以質爲入，文、微同以物爲入，寒、桓、歌、戈同以曷、末爲入之類。按其呼等，察其偏旁，參以古音，乃無憾也。」所著書有《周禮疑義舉要》六卷，《禮記訓義擇言》六卷，《深衣考誤》一卷，《禮經綱目》八十八卷，《四庫總目》及通行刻本並作《禮書綱目》，自序亦然。諸家所撰傳、狀並作「禮經」，當據初名。《律呂闡微》十一卷，《春秋地理考實》四卷，《鄉黨圖考》十一卷，《讀書隨筆》十二卷，《學海堂經解》採説經者曰《羣經補義》凡五卷。《古韻標準》六卷，《四聲切韻表》四卷，《音學辨微》一卷，《推步法解》五卷，《七政衍》一卷，《金水二星發微》一卷，《冬至權度》一卷，《恒氣注曆辨》一卷，《歲實消長辨》一卷，《曆學補論》一卷，《中西合法擬草》一卷，《近思録集注》十四卷。乾隆二十七年卒，年八十有二。參戴震撰事略狀、王昶撰墓志銘、錢大昕撰傳、江藩《漢學師承記》。

禮書綱目自序

禮樂全經廢缺久矣，今其存者，惟《儀禮》十七篇，乃禮之本經，所謂「周監二代，郁郁乎文」者，此其儀法度數之略也。《周禮》爲諸司職掌，非經、曲正篇，又逸其《冬官》，蓋周公草創未就之書。《禮記》四十九篇，則群儒所記録，或雜以秦漢氏之言，純駁不一。其《冠》、《昏》等義，則《儀禮》之義疏耳。自三《禮》而外，殘篇逸義亦或頗見於他經，《論語》、《孟子》、《爾雅》、《春秋内外傳》、《大戴》、《家語》、《孔叢》等書。諸子則管子、荀況，漢儒則伏生、賈誼、劉向、班固之徒，亦能記其一二，然皆紛綸散出，無統紀。至於聲律器數，則又絶無完篇。《樂記》但能言其義，已失其數矣。夫禮樂之全雖不可復見，然以《周禮·大宗伯》考之，禮之大綱有五，吉、凶、賓、軍、嘉皆有其目，其他通論制度之事與夫雜記威儀之細者尚不在此數。樂則統於大司樂，律同度數，鏗鏘鼓舞，亦必别有一經，與禮相輔。竊意制作之初當如《儀禮》之例，事别爲篇，綱以統目，首尾偕貫，條理秩然，所謂「經禮三百，曲禮三千」者，此也。散逸之餘，《儀禮》正篇猶存二戴之《記》者，如《投壺》、《奔喪》、《遷廟》、《釁廟》之類，已不可多覯。其他或一篇雜録吉凶，一事散見彼此，又或殷周異制，紀載互殊，學者末由觀其聚，則亦不能會其通。夫禮樂之全已病其闕略，而存者又病其紛紊，此朱子《儀禮經傳通解》所爲作也。朱子之書以《儀禮》爲經，以《周官》、《戴記》及諸經史雜書輔之。其所自編者曰《家禮》，曰《鄉禮》，曰《學禮》，曰《邦國禮》，曰《王朝禮》，而《喪》、《祭》二禮屬之勉齋黄氏。其編類之法，因事而立篇目，分章以附傳記，宏綱細目於是燦然，秦漢而下未有此書也。顧朱子之書修於晚歲，前後體例亦頗不一。《王朝禮》編自衆手，節目闊疏，且未入疏義。黄氏之書《喪禮》固詳密，亦閒有漏落，《祭禮》未及精專修改。《喪禮》疏密不倫。信齋楊氏有《祭禮通解》，議論詳贍，而編類亦有未精者。永竊謂是書規模極大，條理極密，當别立門目以統之，更爲凡例以定之。蓋裒集經傳，欲其該備而無遺；釐析篇章，欲其有條而不紊。尊經之意，當以朱子爲宗；排纂之法，當以黄氏《喪禮》爲式。竊不自揆，爲之增損櫽括，以成此編。其門凡八：曰《嘉禮》，十九篇十二卷。曰《賓禮》，十篇五卷。曰《凶禮》，十七篇十六卷。曰《吉禮》，十五篇十四卷。皆因《儀禮》所有者而附益之；曰《軍禮》，五篇五卷。曰《通禮》，二十八篇二十三卷。曰《曲禮》，六篇五卷。皆補《儀禮》之所不備；《樂》一門居後。六篇五卷。總百單六篇，八十有五卷，並首三卷，共八十八卷。凡三代以前禮樂制度散見經傳雜書者蒐羅略備，而篇章次第較《通解》尤詳密焉。屢易稿而書成，姑繕寫本文及舊注一通，名曰《禮書綱目》。若夫賈、孔諸家之疏與後儒考正之說，文字繁多，力不能寫，且以俟諸異日。嗚呼！禮樂之書，精微廣大，前賢勤勤補綴，具有深旨，末學何敢與知，顧敢以其譾陋之識輒改已成之緒？蓋欲卒朱子之志，成禮樂之完書，雖僭妄有不辭也。世之君子取《通解》正續三書參之是編，考其本末，究其離合異同之故，或亦諒永之心也夫！

禮記訓義擇言

檀弓上

嫂叔之無服也，蓋推而遠之也。

案：嫂叔無服，唐太宗始采魏徵等議，兄弟之妻及夫之兄弟皆制服小功。後儒議論紛然，或是古，或是今，或兩是之，或酌古今之閒而云當服心喪。其說詳高安朱氏《儀禮節略》，難以一言斷也。程子云：「嫂叔所以無服，只爲無屬。今之有服亦是。豈有同居之親而可無服者？後聖有作，須是制服。」朱子云：「看推而遠之，便是合有服，但安排不得。故推而遠之，若有鞠養恩義，心自住不得，如何無服？」衆言淆亂，折衷于程朱可也。

又案：《儀禮・喪服記》云：「夫之所爲兄弟服妻降一等。」此謂外親兄弟也，故賈疏以爲當是夫之從母之類。近世言禮者引此條，謂此古者嫂叔有服之明證，所謂「没其文於經，補其説於記」。然則夫之兄弟降一等服大功乎？誤矣！朱氏謂此乃後人杜撰，勉齋經、傳删之者，是亦未然。黄氏《喪禮》以其無經可附也，遂偶遺之，非故删之也。愚編《禮經綱目》，以此條附小功章從母丈夫婦人報之下，從賈疏也，因論嫂叔無服附及之。

檀弓下

殷練而祔，周卒哭而祔，孔子善殷。鄭注：「期而神之人情。」程子云：「喪須三年而祔，若卒哭而祔，則三年都無事。卒哭猶存朝夕哭。若無主於殯宫，則哭於何所？」張子云：「古者三年喪畢，吉禘然後祔。因其祫祧主藏於夾室，新主遂自殯宫入於廟。國語云：『日祭月享。』廟中豈有日祭之禮？此正謂三年之中不徹几筵，故有日祭。朝夕之饋，猶定省之禮，如其親之存也。至于祔祭，須是三年喪終，乃可祔也。」吕氏云：「禮之祔祭，各以其昭穆之班祔於其祖。主人未除喪，主未遷於新廟，故以其主祔藏於祖廟，有祭即而祭之。既除喪，而後主遷於新廟，故謂之祔。」朱子《答陸子壽書》云：「先王制禮，本緣人情，吉凶之祭，其變有漸。故始死全用事生之禮，既卒哭、祔廟，然後神之。然猶未忍盡變，故主復於寢，而以事生之禮事之。至三年而遷於廟，然後全以神事之。此其禮文見於經傳者不一，雖未有言其意者，然以情度之，知其必出於此無疑矣。其遷廟一節，鄭氏用《穀梁》『練而壞廟』之説，杜氏用賈逵、服虔説，則以三年爲斷。其間同異得失，雖未有考，然《穀梁》但言壞舊廟，不言遷新主，則安知其非於練而遷舊主，於三年而納新主耶？至于《禮疏》所解，鄭氏説但據《周禮》『廟用卣』一句，亦非明驗。故區區之意，竊疑杜氏之説爲合於人情也。來諭考證雖詳，其大概以爲既吉則不可復凶，既神事之則不可以事生之禮接爾。竊恐如此，非惟未嘗深考古人吉凶變革之漸，而亦未暇反求孝子慈孫深愛至痛之情也。」朱氏云祔之論不一，「祔已反于寢，練而後遷」，鄭氏説也；「祔藏于廟祭則即祭之」，吕氏説也；「大祥祔而遷」，伊川、横渠之論也；「練而後祔」者，殷道，夫子之所善也。朱子從《禮疏》「祔於卒哭」，準程、張「遷於大祥」，折衷具有深意，而後儒乃以兩祔爲疑。要知祔而遷者，主高曾之祀之宗子也。烝嘗再期不舉死者能無恫然？「卒哭而祔」，蓋體死者痛念祀典之缺，而祔而祭之也。至喪事即遠，謂不以柩反也。若謂主出不得反，何以魂魄既出，待反虞而埋耶？又云：「既以明日之祔爲不忍一日無歸，則殷之練而祔，忍矣，孔子何以善之？此別記一説，亦疑其非，而未能決也。周人卒哭之祔，蓋祔已反於寢；殷人練而祔，祔而遷於廟。禮家合而較之，誤矣！孔子善殷，非實事。」

案：吕氏謂祔祭即以其主祔藏於祖廟，非也。假令祔後之主已在祖廟，則遷廟時主不出廟。考《大戴禮·諸侯遷廟》奉衣服由廟而遷於新廟，此廟實爲殯宮，則先儒謂祔後主反於殯宮者信矣。其不言奉主而言奉衣服者，鄭氏謂「毁易祖考，人神之所不忍」，是也。程子、張子考之不詳，謂祔

即是遷，故謂祔當於三年。不知祔與遷自是兩事也，祔後殯宮有主，《遷廟篇》固可證矣。而程子所謂「若無主於殯宮，則朝夕哭於何所」，張子所謂「日祭朝夕之饋，如親之存」，亦可見。至遷廟，先儒有二説，朱子斷從三年之説爲合於人情，愚又以《遷廟篇》證之，亦當是除喪之後。其云：「成廟將遷之新廟。徙之日，君玄服，從者皆玄服。」非除喪，豈可玄服乎？事畢後，安神之辭云：「擇日而祭焉。」此即所謂吉祭。使練而遷廟，則練與大祥之閒，豈可行吉祭乎？《左氏傳》云：「卒哭而祔，祔而作主，特祀於主，烝嘗禘於廟。」此亦可見練祥禫之祭，皆特祀於主，而主不在廟也。《穀梁傳》所謂「於練焉，壞廟」者，易檐、改塗，以示他日將遷於此而遷不於練也。「喪事即遠，有進而無退」，謂柩

不反，非謂主不反，則朱子論之當矣。其謂「卒哭而祔」，蓋體死者痛念祀典之缺而祔祭之，恐未必然。祔祭惟祔於同昭穆之祖，非同昭穆者不祭，則禮意蓋欲使親死者祔於同班之祖，而非爲祀典之缺也。

又案：殷人殯於祖，其在太祖廟乎？抑在昭穆同班之廟乎？其詳不可考矣。以意推之，殷練而祔，亦是行祔祖之祭，若遷廟當在除喪之後也。周人殯於寢，既葬，主猶在寢，故卒哭即行祔祭，使其神有所歸。殷人殯於廟，不患其所無歸，是以練而始祔祭也。祔以主祔於祖，爲以神道事之。以人情而言期，而神之者人之情，故孔子善殷。殷、周異制，其原自殯於祖、殯於寢已不同。「殷練而祔」與上文「不忍一日未有所歸」自不相妨，朱氏乃疑「記者別記一説」，謂「孔子善殷非實事」，過矣！

大傳

服術有六：一曰親親，二曰尊尊，三曰名，四曰出入，五曰長幼，六曰從服。鄭注：「親親，父母爲首；尊尊，君爲首；名，伯叔母子婦屬也。案：鄭注本作「名，世母叔母之屬也」，此所引疑有誤。出入，女子子嫁者及在室者；長幼，成人及殤也；從服，若夫爲妻之父母、妻爲夫之黨服。」孔疏云：「出入，若女子子在室爲入，適人爲出，及出繼爲人後者也。」

案：此經前五術當從注疏説。親親，謂父母妻子孫伯叔昆弟，凡以三爲五、以五爲九者皆在其中。尊尊，謂臣民爲君，又若以尊而厭降，或同尊而不降。名，謂伯母、叔母及子婦。出入，謂女子子在室、出嫁及爲人後者。長幼，謂成人與三殤。蓋此經通言服術，故須該制服之義。而吴氏泥於上文，謂親親爲子孫，尊尊爲祖父，名與出入爲男女，長幼爲昆弟。以下治子孫者居第一，非次也。尊尊不謂君臣，出入不兼爲人後，長幼不謂三殤，則制服之義不全，何足以盡服術乎？吴氏固守其說，謂注疏以尊尊爲君服，失此篇專言治親制服之正義，此吴氏之蔽也。

有小宗而無大宗者，有大宗而無小宗者，有無宗亦莫之宗者，公子是也。公子有宗道，公子之公爲其士大夫之庶者，宗其士大夫之適者，公子之宗道也。朱氏云：「有小宗而無大宗者，若君無同母弟，使庶長弟與諸庶弟爲宗，至其子則各自爲宗，故有小宗而無大宗。然所貴乎收族者，大宗也。周公爲文王别子，魯公爲繼别之宗，凡、蔣、邢、茅宗之，管、蔡、郕、霍亦宗之，邗、晉、應、韓亦宗之。至春秋、戰國，周女嫁於諸侯，猶魯爲之主。滕定公之喪，父兄百官曰：『吾宗國魯先君亦莫之行。』是魯之所係於周公非淺鮮矣。假如武王無同母弟，周公亦庶子，是周無大宗矣，孰與主王姬之嫁而爲同姓諸侯取則乎？且所以不令爲大宗者，爲其爲庶子也。假如大宗子無適子，庶子將不繼爲大宗乎？又使君無適子，將不以庶子爲君乎？君之庶可爲君，大宗之庶可繼爲大宗，而謂别子非適，遂不可爲大宗乎？《喪服傳》云：『如何而可爲之後？同宗則可爲之後。』謂士大夫家始祖不可無祀，故大宗不可絶而爲之後也。若無大宗，則士大夫之始祖不其餒乎？或曰：『此言繼世之君之公子，所謂一君一大宗者，如莊公之弟慶父與叔牙、季友爲宗，非若魯爲周同姓大宗也。』孔疏亦云：『如繼别之大宗，非正大宗也。』吴文正錯看注疏，乃云『兄弟不相宗，至其子乃爲宗。』果爾，則繼禰之宗又謂之何？惟一君一大宗，故無適即不立大宗，以有先君之大宗故也。此説近是。然一君一大宗，則是吾宗之外又有宗矣。未聞武、穆、成、昭，舍魯而别有大宗也。」

案：朱氏之説固辨矣，考之經傳似未合。此記所謂宗者，皆以士大夫之家言之，不謂諸侯亦有宗也。成王封周公於魯，留相周。公使伯禽就國。周公實魯國之君，不可謂之别子。魯公既爲君，則亦非繼别之宗。滕謂魯爲宗國，以其同出文王。假士大夫之宗法言之，未必諸姬皆以魯爲大宗，而自爲小宗也。使諸姬皆爲小宗，則始封之君亦將五世而遷乎？謂凡、蔣、邢、茅宗魯猶可也，謂管、蔡、郕、霍亦宗之，邘、晉、應、韓亦宗之，管叔爲周公之兄，邘、晉、應、韓爲武之穆，安得皆宗魯乎？春秋時，王姬歸于齊，使魯主昏，蓋魯近齊故也，非謂周女下嫁皆以魯爲主也。《喪服》大宗子死，族人爲之齊衰三月。如魯果爲大宗，則魯君薨，諸姬皆服齊衰三月乎？故宗法不可施於諸侯，魯非大宗之比也。又謂士大夫家始祖不可無祀，若無大宗，則士大夫之始祖不其餒乎？此亦未然。大宗所以統領族人，非止存始祖之祀也。古者士大夫廟有定制，大夫得立三廟，始爲大夫如季友者，固當爲太祖矣。若別子是士，自他國來爲始祖，其子孫雖爲大宗，豈能越二廟一廟之制，世世祀之爲始祖乎？後世始祖立祠，禮以義起，古禮未有此也。又謂莊公之弟慶父與叔牙、季友爲宗，亦恐考之未詳。慶父者，莊公之庶兄，非弟也。季友者，莊公同母弟。以正法言之，庶當宗嫡，慶父、叔牙皆當宗季友，豈有庶反爲嫡宗者乎？又案：此一節則公子之爲大宗者必是適，其小宗者必是庶也。然有大宗而無小宗，與無宗亦莫之宗，亦謂公子生存則然耳，傳之子孫，即無小宗者亦必有小宗矣。無宗而莫之宗者，如此公子是適，則後世以爲大宗之祖；如是庶，則後世以爲小宗之祖矣。惟有小宗而無大宗者，其後世世無大宗，亦不以他族之大宗爲宗。朱氏則因滕謂魯爲宗國一語，多生枝節耳。

深衣考誤

鄭氏曰：「深衣，連衣裳而純之以采者。」

孔氏《正義》曰：「所以稱深衣者，以餘服則上衣下裳不相連。此深衣衣裳相連，被體深邃，故謂之深衣。」

永案：深衣之義，鄭注、孔疏皆得之。獨其裳衽之制、裁布之法與續衽鉤邊之文，鄭氏本不誤而疏家皇氏、熊氏、孔氏皆不能細繹鄭説，遂失其制度。後儒承譌襲舛，或以臆爲之，考辯愈詳而誤愈甚。其失自《玉藻》疏始，今爲考訂如左。

《玉藻》曰：「深衣三祛，縫齊倍要。」縫音逢，齊音咨。要，一遥反。

鄭氏曰：「三祛者，謂要中之數也，祛尺二寸，圍之爲二尺四寸，三之七尺二寸。縫，紩也。紩下齊倍要，中齊丈四尺四寸。」

疏曰：「祛，謂袂末。言深衣之廣，三倍於袂末。齊謂裳之下畔，要謂裳之上畔。言縫下畔之廣倍於要中之廣，謂齊廣一丈四尺四寸，要廣七尺二寸。」又曰：「云三之七尺二寸者，案《深衣》云幅十有二以計之，幅廣二尺二寸。一幅破爲二，四邊各去一寸，餘有一尺八寸。每幅交解之，闊頭廣尺二寸，狹頭廣六寸，此寬頭嚮下，狹頭嚮上。要中十二幅廣各六寸，故爲七尺二寸，下齊十二幅，各廣尺二寸，故爲一丈四尺四寸。」

永案：深衣者，聖賢之法服，衣用正幅，裳之中幅亦以正裁，惟衽在裳旁，始用斜裁。古者布幅闊二尺二寸，深衣裳用布六幅，裁爲十二幅。其當裳之前後正處者，以布四幅正裁爲八幅，上下皆廣一尺一寸，各邊去一寸爲縫，一幅上下皆正得九寸，八幅七尺二寸。其在上者既足要中之數矣，下齊當倍于要。又以布二幅斜裁爲四幅，狹頭二寸，寬頭二尺，各去一寸爲縫，狹頭成角，寬頭得一尺八寸，皆以成角者向上，以廣一尺八寸者向下，則四幅下廣亦得七尺二寸，合於齊得一丈四尺四寸。此四幅連屬於裳之兩旁，别名爲衽。下文「衽當旁」是也。深衣裳裁縫之法本如此，玩下文鄭注可見。疏家不得其説，妄謂六幅皆用交解，狹頭去邊縫廣六寸，闊頭去邊縫廣一尺二寸，於是裳之前後惟中縫正直，其餘皆成奇衺不正之縫，可謂服之不衷，曾謂聖賢法服而有是哉！下文「衽當旁」疏及續衽鉤邊諸説之紛拏，皆由六幅皆交解之説誤之耳。

「衽當旁。」

鄭氏曰：「衽謂裳幅所交裂也。凡衽者或殺而下，或殺而上，是以小要取名焉。衽屬衣則垂而放之，屬裳則縫之以合前後，上下相變。」

永案：衽者，斜殺以掩裳際之名。深衣裳前後當中者不名衽，惟當旁而斜殺者名衽，故經云「衽當旁」，明其不當中也。當中則前襟而後裾是也。鄭云：「衽謂裳幅所交裂也。」玩「所」之一字，明其惟在裳旁者，以布二幅交解爲四幅，狹頭二寸，去邊縫成角；寬頭二尺，去邊縫一尺八寸也。交裂而名衽者交裂，其餘幅不交裂也。又云：「凡衽者或殺而下，或殺而上。」此廣解凡裳之衽也。衽有二：朝服、祭服、喪服皆用帷，裳前三幅，後四幅，裳際不連，有衽掩之，用布交解，寬頭在上合縫之，狹頭在下如燕尾之形，即《喪服》篇「衽二尺有五寸」是也，此衽之「殺而下」者也；深衣之衽當裳旁亦交解，而以狹頭向上，寬頭向下，此衽之「殺而上」者也。云「是以小要取名焉」者，謂棺上合縫之木亦名爲衽也。《喪大記》曰：「君蓋用漆，三衽三束。」鄭注云：「衽，小要也。蓋小要之形，上下廣而中狹，以掩棺蓋合縫之際，上半則殺而下，下半則殺而上，似衣衽之上殺下殺以掩裳際，是以有衽之名。」此借衣衽名小要，故鄭連及之也。云「衽屬於衣則垂而放之」，謂朝、祭、喪服之衽；云「屬裳則縫之以合前後」，即此深衣之衽也。其縫之以合前後者，惟左旁爲然。若右旁則不能縫合，別有鉤邊，見《深衣》篇。鄭亦略言之耳。此經與鄭注甚明。又以他文證之，《問喪》云「扱上衽」，謂裳之兩角插於帶間也；《論語》云「左衽」，謂夷俗衽掩于左，其縫合者在右也，皆衽當旁之證也。而疏家忽之，并失小要之義。

疏曰：「衽謂裳幅所交裂也」者，裳幅下廣尺二寸，上闊六寸，狹頭嚮上交裂一幅而爲之。按：裳幅不皆交裂。孔氏誤謂十二幅皆交裂，是未繹「所」字之意。云「凡衽者，或殺而下，或殺而上」者，皇氏云：「言凡衽非一之辭，非獨深衣也。」或殺而下，謂喪服之衽，廣頭在上，狹頭在下。按：朝、祭服亦如喪服之制。皇氏不及朝、祭服，非也。或殺而上，謂深衣之衽，寬頭在下，狹頭在上。云「是以小要取名焉」者，謂深衣與喪服相對爲小要，兩旁皆有此衽。按：小要者，棺上合縫之木也。皇說誤。熊氏大意與皇氏同。或殺而下，謂朝、祭之服耳。按：熊氏又不及喪服，亦非也。合皇、熊二說乃備。云「衽屬衣則垂而放之」者，謂喪服及熊氏朝、祭之衽。按：此說是。云「屬裳則縫之，以合前後」者，謂深衣之衽。云「上下相變」者，上體是陽，陽體舒散，故垂而下。下體是陰，陰主收斂，故縫而合之。

按：此皆得之。今删定深衣之上，獨得衽名，不應假他餘服相對爲衽。何以知之？深衣衣下屬幅而下，裳下屬幅而上，相對爲衽。按：《喪服》篇明言衽二尺有五寸，孔氏乃謂深衣獨得衽名，何耶？殺下、殺上明是與他服相對，孔氏乃謂「深衣衣下屬幅而下，裳下屬幅而上，相對爲衽。」衣下屬幅，何以謂之殺耶？且下文衽屬衣則垂而放之，豈得謂是深衣之衽耶？删定之説，大失鄭注之意。鄭注《深衣》「鉤邊，今之曲裾」，則宜兩邊而有也。按：鉤邊別是一物，此經未及。《深衣》疏「一旁有曲裾」，此云「宜兩邊有」，與彼疏亦自相牴牾。但此等無文言之，且從先儒之業。

《深衣》云：「續衽鉤邊。」

鄭氏曰：「續，猶屬也。衽在裳旁者也。屬連之，不殊裳前後也。鉤讀如烏喙必鉤之鉤。鉤邊，若今曲裾也。」

永按：續衽，謂裳之左旁縫合其衽也；鉤邊，謂裳之右旁別用一幅布斜裁之，綴於右後衽之上，使鉤而前也。漢時謂之曲裾。蓋裳後爲裾，綴於裾，曲而前，故名「曲裾」也。所以必用鉤邊者，裳之右畔前後衽不合，若無鉤邊，則行步之際露其後衽之裏，有鉤邊而後可以掩裳際也。鄭氏特引《孝經援神契》「烏喙必鉤」之「鉤」讀如之，明其爲鉤曲之義。使非別綴一幅曲而前，不得謂之鉤也。裳十二幅，象十二月，又有鉤邊，其以象閏歟？鄭氏不言左續衽、右鉤邊者，衣裳自左掩右，左可連，右不可連，其事易明，故不必言左右也。續衽鉤邊之義，鄭注分明，疏家汩之。後儒之説，并鉤邊失之。詳見後。

疏曰：「衽爲深衣之裳，以下闊上狹謂之爲衽，按：裳幅不皆下闊上狹，説已見前。接續此衽而鉤其旁邊，即今之朝服有曲裾而在旁者是也。」按：此説似合續衽、鉤邊而一之，若兩旁皆續衽而鉤邊者，其説誤矣。又曰「衽當旁」者，凡深衣之裳十二幅，皆寬頭在下，狹頭在上，按：此説甚誤，前已辨之。皆似小要之衽。按：小要上半殺而下，下半殺而上，須合他衽之殺而下者，方似小要。是前後左右皆有衽也。今云「衽當旁」者，謂所續之衽當身之一旁，非謂餘衽悉當旁也。按：裳幅當前後者不名衽，安得有餘衽？經明言「衽當旁」，安得謂前後左右皆有衽？云「屬連之，不殊裳前後也」，若喪服，其裳前三幅，後四幅，各自爲之，不相連也。今深衣裳一旁則連之相著，一旁則有曲裾掩之，與相連無異，故云「屬連之，不殊裳前後也」。按：一旁連之相著，謂在左者也。一旁有曲裾掩之，謂在右者也。此二句分明，最爲得之。然又云「與相連無異，故云屬連之，不殊裳前後」，恐非鄭注之意。續衽、鉤邊，鄭氏分別言之，右邊曲裾掩裳際，不可謂屬連之也。云「若今曲裾也」，鄭以後漢之時裳有曲裾，故以續衽、鉤邊似漢時曲裾。今時朱衣朝服從後漢明帝所爲，則鄭云「今曲裾」者是今朝服之曲裾也。按：孔氏《玉藻》疏謂曲裾兩邊宜有，似唐時朝服有兩曲裾，然以經文繹之，一邊既續衽，則曲裾惟宜施於右耳。

《家禮·深衣制度》云：「衣全四幅，其長過脇，下屬于裳。

《注》云：「用布二幅，中屈下垂，前後共爲四幅，如今之直領衫，但不裁破腋下。其下過脇而屬於裳處，約圍七尺二寸，每幅屬裳三幅。」

永按：深衣之領自左而掩於右，前襟亦自左掩右。右襟有表有裏，則前後當有五幅，如後世之袍制。而《家禮》謂衣前後四幅，如今之直領衫，恐誤矣。《家禮・深衣圖》亦是兩襟相掩。既相掩，則領不直，而衣不止四幅，豈朱子未定之説乎？又云「每幅屬裳三幅」，亦沿舊説之誤。前後四幅，每幅屬裳二幅，而衽之四幅在兩旁，衽之上頭但有角屬於衣。前襟之裏一幅，則有曲裾屬之耳。

「裳交解十二幅，上屬於衣，其長及踝。」

注云：「用布六幅，每幅裁爲二幅，一頭廣，一頭狹，狹頭當廣頭之半，以狹頭向上而連其縫以屬於衣，其屬衣處約圍七尺二寸。每三幅屬衣一幅，其下邊及踝處約圍丈四尺四寸。」

永按：孔氏誤釋《玉藻》「裳幅皆交解」，《家禮》遂承其誤。當以《玉藻》「衽當旁」鄭注爲正。又按：《深衣》篇：「制十有二幅，以應十有二月。」鄭注云：「裳六幅，幅分之以爲上下之殺。」此注亦略言裳以六幅分爲十二幅，下齊廣於要中耳。其爲上下之殺者，在當旁之衽，非謂十二幅皆殺也。

又云：「方領。」

注云：「兩襟相掩，衽在腋下，則兩領之會自方。」

永按：《深衣》云：「曲袷如矩以應方。」注：「袷，交領也。古者方領，如今小兒衣領。」孔疏云：「鄭以漢時領皆向下交垂，方領似今擁咽，故云若今小兒衣領，但方折之也。」司馬温公引《後漢・馬援傳》朱勃「衣方領，能矩步」注謂「頸下別施一衿，映所交領，使之方正」。又引《後漢・儒林傳》「服方領」注：「方領，直領也。」《左傳》「衣有襘」注：「襘，領會也。」《曲禮》注：

「祫，交領也。」謂領之交會處自方即謂祫，疑更無他物。朱子此說，蓋從温公後説也。鄭氏謂「如今小兒衣領」，豈漢時小兒衣領亦但曲之而自方，非如孔氏擁咽之説乎？但領既交會則不直，而在右之前襟必有表裏，前謂布四幅，不知何以制之也。

「曲裾。」

注云：「用布一幅，如裳之長，交解裁之，如裳之制。但以廣頭向上，布邊向外，左掩其右，交映垂之，如燕尾狀。又稍裁其内旁太半之下，令漸如魚腹，而末爲鳥喙，向内綴於裳之右旁。」《禮記·深衣》「續衽，鉤邊」，鄭注：「鉤邊若今曲裾。」

永按：曲裾別用一幅布裁之，綴於裳之右旁是已。然謂交解裁之，廣頭向上，左右交映垂之，如燕尾狀，則似朝服、祭服、喪服之衽，非鉤邊之制也。鄭注「讀如鳥喙必鉤之鉤」，此引《孝經緯》文，明「鉤」字之義非謂末爲鳥喙也。此條朱子後自有說。

蔡氏淵曰：「司馬所載方領與續衽、鉤邊之制，引證雖詳，而不得古意。先生病之，嘗以理玩經文與身服之宜而得其說，謂方領者，只是衣領既交，自有如矩之象；謂續衽鉤邊者，只是連續裳旁，無前後幅之縫，左右交鉤，即爲鉤邊，非有別布一幅裁之如鉤，而綴於裳旁也。方領之說，先生已修之《家禮》矣，而續衽鉤邊，則未及修也。」

永按：續衽鉤邊，朱子前後有三說。謂別布一幅裁之如鉤，綴於裳之右旁，此《家禮》之説也。謂左邊既合縫了，再覆縫，以合縫者爲續衽，覆縫爲鉤邊，此《衣圖》之說也。謂只是連續裳，旁無前後幅之縫，左右交鉤，即爲鉤邊，此蔡氏所聞之說也。

三說似皆未確，其源皆由孔氏釋《玉藻》誤之。使其不謂六幅皆交解，則當旁之衽左邊連屬之，右邊必須有別布一幅爲曲裾以掩之，非如合縫覆縫左右交鉤之說矣。其有別布一幅也，亦但綴於裳之後裾，鉤曲而前，非如交裁爲燕尾之說矣。

楊氏復曰：「深衣制度，惟續衽鉤邊一節難考。按《玉藻》、《深衣》疏，皇氏、熊氏、孔氏三說皆不同。皇氏以喪服之衽廣頭在上，深衣之衽廣頭在下，喪服與深衣二者相對爲衽。孔氏以『衣下屬幅而下，裳上屬而上』，衣裳二者相對爲衽。此其不同者一也。按：二說孔氏失之，皇氏但失不兼朝、祭服耳。皇氏以衽爲裳之兩旁皆有，孔氏以衽爲裳之一邊所有，此其不同者二也。按：孔氏謂所續之衽當身之一旁，非謂衽爲裳之一邊所有也。皇氏所謂廣頭在上爲喪服之衽者，熊氏又以此爲朝、祭服之衽。一以爲吉服之衽，一以爲凶服之衽，此其不同者三也。按：此非不同也，皇、熊各舉一邊耳。《家禮》以深衣續衽之制兩廣頭向上，似與皇氏喪服之衽，熊氏朝、祭服之衽相類，此爲可疑。是以先生晚歲所服深衣，去《家禮》舊說曲裾之制而不用，按：鄭氏解鉤邊爲曲裾，分明別有一物，但非如燕尾下垂耳。去而不用，恐乖鄭義。蓋有深意，恨未得聞其說之詳也。及得蔡淵所聞，始知先師所以去舊說曲裾之意。復又取《禮記·深衣》篇熟讀之，始知鄭注『續衽』二字，文義甚明，特疏家亂之耳。按：續衽與鉤邊是二事，鄭注分言之而楊氏即以續衽當鉤邊，是誤讀鄭注耳。按：鄭注曰：『續猶屬也。衽在裳旁者也，屬連之，不殊裳前後也。』按：鄭注別解鉤邊爲曲裾，此獨删去，何也？鄭注之意，蓋謂凡裳，前三幅，後四幅。夫既分前後，則其旁兩幅分開而不相屬。惟深衣裳十二幅交裂裁之，皆名爲衽。按：此沿孔疏之誤。見《玉藻》「衽當旁」注。按：鄭注衽謂裳幅所交裂也。言惟衽之四幅交裂，其餘八幅則不交裂也。楊氏亦未細繹鄭注耳。所謂續衽者，指在裳旁兩幅言之，謂屬連裳旁兩幅，不殊裳前後也。按：屬連之者，裳之左旁也。若右旁，兩幅各開，是以別有曲裾以掩裳際。楊氏但言裳旁，不辨左右，則右邊豈可屬連乎？疏家不詳考其文義，但見衽在裳旁一句，意謂別用布一幅裁之如鉤，而垂於裳旁，妄生穿鑿，紛紛異同，愈多愈亂。按：孔疏《深衣》「裳一旁連之相著，一旁則有曲裾掩之」二句，最分明的確。鄭注既解鉤邊爲曲裾，則安得混鉤邊於續衽，而謂非別用一幅布爲之乎？自漢至今，二千餘年，讀者皆求之於別用一幅布之中，而註之本義爲其掩蓋而不可見。按：鉤邊別用一幅布，正得鄭注之意。惟《玉藻》疏誤謂深衣裳皆名衽，十二幅皆交解，於是注之本義爲其掩蓋而不可見耳。夫疏所以釋注也，今推尋鄭注本文，其義如此，而皇氏、熊氏等所釋，其謬如彼，皆可以一掃而去之矣。按：皇、熊之説未嘗謬。先師晚歲知疏家之失，而未及修定，愚故著鄭注於《家禮》『深衣曲裾』之下以破疏家之謬，且以見先師晚歲已定之説云。」

永按：楊氏之説雖謂以鄭注破疏家之謬，而《玉藻》「衽當旁」之經文及鄭注「衽謂裳幅所交裂也」，「所」字之意未嘗細玩，又引《深衣》「續衽鉤邊」之註，但及其釋續衽者而遺其曲裾之説，於是疏説本不誤者以爲誤，而其真誤如孔氏所謂「裳幅皆交解」者反忽之，甚矣！《註》、《疏》亦未易讀也。深衣裳之誤已久，以聖賢法服而反類於奇衺不正，是以詳爲之考，俟當世君子論定焉。近世萬斯大之説尤誤，亦不必辨。

春秋地理考實序

讀《詩》者以鳥獸草木爲緒餘，讀《春秋》者亦當以列國地名爲緒餘。《春秋》暨《左氏傳》二百五十餘年地名千數百有奇，或同名而異地，或一地而殊名，古今稱謂不同，隸屬沿革不一，有文字語言之譌，有傳聞解説之誤，欲一一核實，雖博洽通儒猶難之。杜當陽癖於《左》，號武庫，《集解》外有《釋例》，《土地名》别爲部，地志之學號專長，然闕略不審者已多，所指紕繆亦間有。後出地理諸家，隨代加詳，視當陽孤守漢、晉紀載，宜有增擴。《春秋傳説彙纂》，國朝儒臣所修，俱經睿鑑欽定，地理考訂彌精詳。杜所不知，援古證今，能確指其所在；杜有乖違，隨事辯正，併杜注録出，可别成一書。然而學殖無涯，搜討難徧，更考前賢地志之書，及近代二三名家之説，核其虚實，精者益精，詳者益詳。從來著述家踵事增華，或亦功令所不禁也。家貧不能儲書，聊據所見聞者，輯成《春秋地理考實》四卷，竊取多識緒餘之意，或可爲麟經之一助云爾。年力衰頽，黽勉爲之，稿屢刊削，乃成定本。中間或遺或誤，知不免摘瑕指疵，則俟淹通博雅之君子。

鄉黨圖考

朝制補遺

《朱子語類》因説《周禮》「師氏居虎門，司王朝」，文蔚問：「《正義》謂路寢庭朝，庫門外朝，非常朝。此如何不是常朝？」朱子曰：「路寢庭在路門之裏，議政事則在此朝。

庫門外，是『國有大事，詢及衆庶』，則在此朝，非每日常朝之所。若每日常朝，王但立于寢門外，與羣臣相揖而已。然王卻先揖，羣臣就位，王便入。胡明仲嘗云：『近世朝禮，每日拜跪，乃是秦法。周人之制，元不如此。』」按：此條言朝制分明。路門内之朝，君臣於此議政事。鄭注《大僕》「燕朝，王圖宗人嘉事」者，舉一隅耳，非謂唯宗人得入，異姓之臣不得入也。《玉藻》言「退適路寢聽政，使人視大夫」者，每日常朝既畢，君自治文書於路寢，臣自治文書於官府，無所議者也。若有所議，則入内朝。成六年，晉人謀去故絳，諸大夫皆曰：「必居郇、瑕氏之地。」韓獻子將新中軍，公揖之入。獻子從。公立于寢庭，問獻子曰：「何如？」對曰：「不可。不如新田。」此内朝議政事之一證。《鄉黨》記過位升堂，正是内朝議政事時。位者，君立寢門外揖群臣之處也。既揖入寢門則此位虚矣。「過位」時宜無言，而云「其言似不足者」，謂諸大夫同入，或與夫子言，夫子不得不應對也。路寢庭無事，亦不升堂。或君有命，或臣有言，乃升堂，亦無拜跪之禮。其有時當拜堂下，君辭，乃升成拜者。或拜受命，拜受賜，必有故而後拜也。下階復位，復其堂下之位，俟諸大夫皆退，然後退。若治朝之位，諸臣皆不在，無至外朝復位之理也。其言出降一等，退而下堂，即謂之出，非出門之出也。此章不記正朝時事者，前已記君在踧踖、與與，故略之，兩章互相備也。觀朱子言路門内議政事在此朝，則知同異姓之臣皆得入矣。庫門外非每日常朝之所，則知過位不在此。且外朝在庫門外，非雉門外也。每日常朝，但立寢門外，與羣臣相揖，揖群臣就位，王便入，可知過位是此虚位。又引胡明仲之言，可知後世拜跪之儀是沿秦制，不得以此説周制。今人不考古人宮室之制，既不知三朝唯路寢有堂，又不知外朝在庫門外，又不善讀《周禮・大僕》注，泥其言，一若路門是禁地，異姓之臣不得入，於是以過位爲外朝，以在庫門外者移之雉門外，以升堂爲在治朝，使路門外平地忽然而有堂有階。一知半解，貽誤後學，因補朱子此條，詳言之以解惑。

考袒裼襲之異

《聘禮》：「公側授宰玉，裼降立。」受玉時襲，既受，以玉授宰，裼而降立以待享。注：「裼者，免上衣，見裼衣。凡襢、裼者左。」袒出左袖也。疏：「凡服，四時不同。假令冬有裘襯，身有禪衫，又有襦袴，襦袴之上有裘，裘上有裼衣，裼衣之上有上服皮弁、祭服之等。若夏以絺綌，絺綌之上則有中衣，中衣之上復有上服皮弁、祭服之等。若春秋二時則衣袷褶，袷褶之上加以中衣，中衣之上加以上服也。聘禮不必行於冬，故四時皆有裼襲，不止施於裘。中衣即裼衣也。云『見裼衣』者，謂開衿前上服見裼衣也。開衿方可袒出袖，其實是見左袖裼衣。故《玉藻》云：『裘之裼也，見美也。』襲者掩之，故云『襲，充美也』。言『凡襢裼者左』者，吉凶皆袒左是也。是以《士喪禮》主人左袒，《大射》亦左袒。若受刑，則袒右，故《覲禮》『侯氏袒右受刑』是也。」

按：古人有袒袖之禮，行禮時開出上服前衿，袒出左袖。喪禮插諸面之右，《士喪禮》：「主人左袒，扱諸面之右。」扱即插字。吉禮亦當以左袖插諸前衿之右也。凡經傳單言袒者，袒而無衣，肉袒也。言裼或連言襢袒者，袒而有衣也。喪禮肉袒，祭禮迎牲割牲，養老禮割牲，皆肉袒。《射禮》惟君袒纏襦，餘皆肉袒，而以拾韜左臂。拾以皮爲之。君在，大夫射則肉袒。《覲禮》侯氏請事右肉袒，與尋常左袒者不同，謂刑宜於右也。《左傳》鄭伯肉袒牽羊，謝罪也。古人自是有左袒右袒之法，故至漢初周勃討吕氏，有爲劉氏左袒，爲吕氏右袒之説。凡與襲對者皆是袒左袖，露裼衣；襲則掩其上服，不袒袖，别無所謂襲也。鄭注《玉藻》「袒而有衣曰裼」，合之此註「凡襢裼者左」，可知袒裼之義矣。知裼則知襲矣。後人不知裼襲之禮，雖草廬吴氏猶云「直其領而露裼衣謂之裼，曲其領而掩蔽裼衣謂之襲」，經義之難明如此。況後世講章時文家何能由《注疏》以通經乎？解經亦有知左袒之説者，又以《詩》「襢裼暴虎」，《孟子》「袒裼裸裎」爲疑。不知古禮與今人情不合者多，儻謂古人不以袒袖行禮，則《内則》所謂「在父母舅姑之所，不有敬事，不敢袒裼」者，又何以説乎？裼衣上便是上服，更無襲衣，此疏説是。

《曲禮》「執玉其有藉者則裼」，疏：「裼所以異於襲者，凡衣近體有袍襗之屬，其外有裘，夏則衣葛，其上有裼衣，裼衣上有襲衣，襲衣之上有常著之服，則皮弁之屬也。掩而不開則謂之襲，若開此皮弁，及中衣左袒，出其裼衣，謂之爲裼，故鄭注《聘禮》云：『裼者，左袒也。』」

按：此謂裼衣上有一重襲衣，又爲中衣，與賈疏異，非是。其云「左袒，出其裼衣，謂之爲裼」，甚分明。孔疏前後有不同者，見下。

《檀弓》「曾子襲裘而弔，子游裼裘而弔」，疏：「凡弔喪之禮，主人未變之前，弔者吉服而弔，謂羔裘玄冠緇衣素裳，又袒去上服，以露裼衣。主人既變之後，雖著朝服，而加武以經，又掩其上服。」《喪大記》「弔者襲裘」，「小斂之後來弔者，掩襲裘之上裼衣。若未小斂之前來弔者，裘上有裼衣，裼衣上有朝服，開朝服露裼衣。今小斂之後弔者，以上服掩襲裘上裼衣」。

按此二疏，裘之外是裼衣，裼衣外是上服，别無一重襲衣，與賈疏合。《曲禮》疏偶誤耳。凡言裘外有二重衣者非是。

群經補義

卦變考

按：《彖傳》中有言剛柔、往來、上下者，虞翻謂之卦變。《本義》謂自某卦而來者，其法以相連之兩爻上下相易取之，似未安。倘謂來無所自，往無所之，但虛言之，不指何卦，此注疏之説，又覺虛空無著。今更考之，文王之《易》以反對爲次序，則所謂往來、上下者即取切近相反之卦，非别取諸他卦也。往來之義，莫明于《泰》、《否》二卦之《彖辭》。《否》反爲《泰》，三陰往居外，三陽來居内，故曰「小往大來」；《泰》反爲《否》，三陽往居外，三陰來居内，故曰「大往小來」。《彖傳》所謂「剛來」、「柔來」者本此。而往亦爲上，來亦爲下。又或因卦之義而以上爲進爲升，以下爲反，其爲取諸相反之卦則一也。今舉諸卦列於後。

《訟》：「剛來而得中也。」

《本義》：「於卦變自《遯》而來，剛來居二而當下卦之中。」

今按：《本義》取相連之爻交易爲卦變。《訟》之二三兩爻由《遯》之九三來爲九二，《遯》之六二往爲六三也。然而兩爻相易，似無所取義。後皆倣此。今别爲之説，曰《需》反爲《訟》，《需》之九五來爲九二而得中也。

《泰》：「小往大來。」

《本義》：「小謂陰，大謂陽，言《坤》往居外，《乾》來居内。又自《歸妹》來，則六往居四，九來居三也。」

今按：《否》反爲《泰》，則小往而大來，亦即《坤》往居外，《乾》來居内之義也。然則《泰》自《否》來耳。

《否》：「大往小來。」

《本義》：「《乾》往居外，《坤》來居内。又自《漸》卦而來，則九往居四，六來居三也。」

今按：《泰》反爲《否》，則大往而小來，亦即《乾》往居外，《坤》來居内之義也。然則《否》自《泰》來耳。

《隨》：「剛來而下柔。」

《本義》：「以卦變言之，本自《困》卦九來居初，又自《噬嗑》九來居五。而自《未濟》來者兼此二變，皆剛來隨柔之義。」

今按：《蠱》反爲《隨》，《蠱》之上九來爲《隨》之初九，下於二三之柔也。初九爲成卦之主，爻辭謂之官。官者，主也。《本義》云：「初九以陽居下，爲《震》之主，卦之所以爲《隨》者也。」則剛來下柔，惟當以初九爲主。若九五之下上六，非所論矣。凡言「來」者，自外卦來也。初九之剛由《蠱》之上九，明矣。

《蠱》：「剛上而柔下。」

《本義》：「《艮》剛居上，《巽》柔居下，上下不交。或曰『剛上柔下』，謂自《賁》來者初上二下，自《井》來者五上上下，自《既濟》來者兼之，亦剛上而柔下，皆所以爲

《蠱》也。」

今按：此以卦變爲義，《隨》反爲《蠱》。《隨》之初上九而爲上九，❶《隨》之上六下而爲初六也。陽剛者居上，不任事；陰柔者居下，爲卦主：是以成《蠱》，取義甚明。

《噬嗑》：「柔得中而上行。」

《本義》：「本自《益卦》六四之柔上行，以至於五而得其中。」

今按：《賁》反爲《噬嗑》。《賁》之六二得中，上行以爲六五亦得中也。

《賁》：「柔來而文剛，故亨。分剛上而文柔，故小利有攸往。」

《本義》：「卦自《損》來者，柔自三來而文二，❷剛自二上而文三。自《既濟》而來者，柔自上來而文五，剛自五上而文上。」❸

今按：《噬嗑》反爲《賁》。《噬嗑》之六五來爲六二，而文乎初與三之剛。《噬嗑》之初九上爲上九，而文乎四與五之柔也。《噬嗑》與《賁》，皆剛柔分之卦。分剛者，分其三之一之剛也。柔來文剛，柔居中而剛不過，故亨。分剛上而文柔，剛在上，僅令柔不過而已，故「小利有攸往」。

《復》：「亨，剛反。」

今按：此句亦以卦變爲義。《剥》反爲《復》。《剥》之上九反而爲初九也。反亦來也，因卦爲《復》，故謂之反。

《无妄》：「剛自外來，而爲主於内。」

《本義》：「爲卦自《訟》而變，九自二來而居於初。」

今按：《大畜》反爲《无妄》。《大畜》之上

❶「初上九」，《群經補義》卷一作「初九上」。

❷「二」，原無，今據《群經補義》卷一及《周易本義》卷一補。

❸「上」下，原重一「上」字，今據中華書局點校本《周易本義》卷一删。

九自外卦來爲初九，而爲主於内卦也。此句之義尤分明，外者反卦，《大畜》之外卦，非本卦之外卦也。諸家有謂《无妄》内卦之初九，自外《乾卦》之初爻來，甚爲牽强。《乾》外卦之初爻未嘗變動，何以此爻自彼爻來耶？

《大畜》："剛上而尚賢。"

《本義》："以卦變言，此卦自《需》而來，九五而上。"

今按：《无妄》反爲《大畜》。《无妄》之初九上爲上九，而尚乎六五之賢也。

《咸》："柔上而剛下。"

《本義》："或以卦變言柔上剛下之義，而曰《咸》自《旅》來，柔上居六，剛下居五也，亦通。"

今按：《恒》反爲《咸》。《恒》之初六上而爲上六，《恒》之九四下而爲九三也。

《恒》："剛上而柔下。"

《本義》："或以卦變言剛上柔下之義，曰《恒》自《豐》來，剛上居二，柔下居初也，亦通。"

今按：《咸》反爲《恒》。《咸》之九三上而爲九四，《咸》之上六下而爲初六也。《咸》、《恒》相反，二卦之辭亦正相反。以此益知卦變取諸反卦。

《晉》："柔進而上行。"

《本義》："其變自《觀》而來爲六四之柔，進而上行以至於五。"

今按：《明夷》反爲《晉》。《明夷》之六二進而上行爲六五也。程子傳謂："凡卦，《離》在上者，柔居君位多。云『柔進而上行』，《噬嗑》、《睽》、《鼎》是也。欲見柔居尊者，《晉》、《鼎》是也。"今考之，皆是反卦之六二上行爲六五。

《睽》：「柔進而上行。」

《本義》：「以卦變言之，則自《離》來者柔進居三，自《中孚》來者柔進居五，自《家人》來者兼之。」

今按：《家人》反爲《睽》。《家人》之六二進而上行爲六五也。

《蹇》：「利西南，往得中也。」

《本義》：「卦自《小過》而來，陽進則往居五而得中。」

今按：《解》反爲《蹇》。《解》之九二往而爲九五也。宋時有薛温其者，説此卦云：「諸卦皆指内爲來，外爲往，則此『往得中』謂五也。《蹇》、《解》相循，覆視《蹇》則爲《解》，九二得中，則曰『其來復吉，乃得中也』。往者得中，中在外也。來復得中，中在内也。」按：此説正得反卦取義之意，惜未徧推諸他卦。宋熙寧閒，蜀人房審權《易義海》已收之。宋諸儒亦未有從之者，何也？

《解》：「利西南，往得衆也。其來復吉，乃得中也。」

《本義》：「卦自《升》來，三往居四，入於《坤》體；二居其所，而又得中。」

今按：《蹇》反爲《解》。《蹇》之九三往而爲九四，得五上二陰爲衆。《蹇》之九五來爲九二而得中。外卦一陽得二陰，即爲得衆，不必《坤》而後爲衆也。本卦無《坤》。《升卦》之《坤》，與此無預。

《損》：「損下益上，其道上行。」

按：《本義》以此爲卦體。今考之，亦卦變也。《益》反爲《損》。以《益》之初九爲上九，是爲損下益上，其道自下而上行也。

《益》：「損上益下，民説無疆。自上下下，其道大光。」

按：《本義》以此爲卦體。今考之，亦卦變也。《損》反爲《益》。以《損》之上九爲初九，是爲損上益下，自上而下下也。《損》以上爻爲主，《益》以初爻爲主，觀爻辭可知。

《升》：「柔以時升。」

《本義》：「卦自《解》來，柔上居四。」

今按：《萃》反爲《升》。《萃》之下三陰爻升而爲上卦也。上三陰雖同，《升》當以六五爲主。下云「剛中而應」，謂九二應六五也。

《鼎》：「柔進而上行。」

《本義》：「卦自《巽》來，陰進居五。」

今按：《革》反爲《鼎》。《革》之六二進而上行爲六五也。

《漸》：「進得位，往有功也。」

《本義》：「以卦變釋利貞之義。蓋此卦之變，自《渙》而來九進居三，自《旅》而來九進居五，皆爲得位之正。」

今按：《歸妹》反爲《漸》。《歸妹》之九二往而爲九五，《歸妹》之六三往而爲六四，皆爲得位之正。下云「其位，剛得中也」，則專以九五言之。諸家有謂「自二至五，四爻皆得正位」者。然曰進曰往，皆指上卦之爻，二三非所論也。

《渙》：「亨。剛來而不窮，柔得位乎外而上同。」

《本義》：「其變則本自《漸卦》。九來居二而得中。六往居三，得九之位而上同於四。」

今按：《節》反爲《渙》。《節》之九五來爲九二，《節》之六三來爲六四，得位乎外，而上同於九五也。

總論。文王演《易》，見卦有反對。不可反者八卦，可反者五十六卦，上下經以此爲序。天道人事，恒以相易而相反，又以相反而復初，此《易》中一大義。上古立卦名，如《泰》《否》、《剥》《復》、《蹇》《解》、《損》《益》之類，分明有相反之義，而文王作《彖辭》，特於《泰》、《否》二卦發之，夫子遂承其往來之義以釋他卦，又於《繫辭傳》言之，曰「上下无常，剛柔相易，不可爲典要，惟變所適」，正謂此也。此例亦可謂之卦變。程子不信卦變之説，朱子不從，其《本義》以卦變言者十九卦。今推之，當有二十二卦。如其例，五十六卦皆可以此取義，然不必皆然者，所謂「不可爲典要」是也。以此説卦變，似是文王、孔子本意。永少讀《易》即疑朱子卦變之説，後因讀《泰》、《否》二卦《彖辭》豁然有悟，遂以是例推之他卦，無不合者。惟《賁》卦「分剛上而文柔」，「分」字之義難解。數年後思之，《賁》與《噬嗑》皆剛柔分之卦，《賁》之「分剛上而文柔」，乃是於三剛中分其一也。於是諸卦皆釋然，故通考之如此。觀宋時薛氏温其説《蹇》、《解》二卦，則此義已有思得之者。至明時瞿唐來氏知德説《易》，❶專以「錯綜」二字言之，卦不可反者謂之錯，可反者謂之綜。雖「錯綜」二字未爲精當，而以相近之卦爲卦變，當爲確論。

春　秋

説者謂古者寓兵于農，井田既廢，兵農始分。考其實不然，春秋之時兵農固已分矣。管仲參國伍鄙之法，制國以爲二十一鄉，工商之鄉六，士鄉十五。公帥五鄉，國子、高子各帥五鄉。是齊之三軍悉出近國都

❶「知」，原作「之」，今據文義改。

之十五鄉，而野鄙之農不與也。五家爲軌，故五人爲伍，積而至於一鄉二千家，旅二千人，十五鄉三萬人爲三軍。是此十五鄉者，家必有一人爲兵，其中有賢能者。五鄉大夫有升選之法，故謂之士鄉，所以别於農也。其爲農者，處之野鄙，别爲五鄙之法。三十家爲邑，十邑爲卒，十卒爲鄉，三鄉爲縣，十縣爲屬，五屬各有大夫治之，專令治田供税，更不使之爲兵。故桓公問伍鄙之法，管仲對曰：「相地衰征則民不移，征不旅舊則民不偷。」謂隨地之善惡而差其征税，則民安。土著不移徙，農恒爲農，不以其舊爲農者忽隸於師旅，則民無貳志，不偷惰。豈非兵農已分乎？十五鄉三萬家必有所受田，而相地衰征之法惟施於伍鄙，則鄉田但有兵賦，無田税，似後世之軍田、屯田，此外更無養兵之費也。他國兵制亦大略可考而知。如晉之始惟一軍，既而作二軍，作三軍，又作三行，作五軍。既舍二軍，旋作六軍。後以新軍無帥，復從三軍。意其爲兵者必有素定之兵籍，素隸之軍帥。軍之漸而增也，固以地廣人多。其既增而復損也，當是除其軍籍，使之歸農。若爲兵者盡出農民，則農民固在，何必隨時改易軍制哉？隨武子云：「楚國荆尸而舉，商農工賈不敗其業。」是農不從軍也。魯之作三軍也，季氏取其乘之父兄子弟盡征之；孟氏以父兄及子弟之半歸公，而取其子弟之半；叔孫氏盡取子弟，而以其父兄歸公。所謂子弟者，兵之壯者也；父兄者，兵之老者也。皆其素在兵籍，隸之卒乘者，非通國之父兄子弟也。其後舍中軍，季氏擇二，二子各一，皆盡征之而貢於公，謂民之爲兵者盡屬三家，聽其貢獻於公也。若民之爲農者出田税，自是歸之於君，故哀公云：「二，吾猶不足。」三家雖專，亦惟食其采邑，豈能使通國之農民田税皆屬之己哉！魯君無民，非無民也，無爲兵之民耳。以此觀之，兵農豈不有辨乎？三家之采邑，固各有兵，而二軍之士卒車乘皆近國都，故陽虎欲作亂，壬辰戒都車，令癸巳至，可知兵常近國都，其野處之農固不爲兵也。郤至言「楚有六閒」，其一爲「王卒以舊」，此正如後世養兵有老弱不代補之弊。又如楚君有二廣，太子有宫甲，若敖氏有六卒，吴有賢良，趙有私卒君子六千人爲中軍，皆是别隸籍之親兵。微虎私屬徒七百人，冉有以武城人三百爲己徒卒，皆是臨時集合之兵，與後世召募屯聚之兵略髣髴，故夫子答問政，有足兵、去兵之説。使兵農全未分，亦何能别使之足？至不得已，又何必議去哉？按：宣十二年，隨武子曰：「楚國荆尸而舉，商農工賈不敗其業，而卒乘輯睦，事不奸矣。」此亦可見當時兵與農實分，故雖屢歲出兵無妨於農。否則入陳入鄭，動經數月，何能使農不敗其業？楚如此，他國可知。又按：《文獻通考》引林氏説曰：「如韋昭之説，則是國内無農，其六鄉爲工賈，其十五則爲兵而已。五屬之地，則皆農居之，四民之外，特有所謂士卒，則是兵農分矣。」或曰：「齊變周制，欲速得志於天下，則離國内之民，在十五鄉者，專使之爲士卒，亦必有田以授之，第不使出租税供他役，庶調發雖煩而民亦不爲怨。若其工商之六鄉，爲農之五屬，則皆不以爲兵。」按：林氏説得之，但未推及他國。

音學辨微引言

六書之學，有形，有聲，有義，而聲音在六書之先，形以寫之，義以寓之。夫聲出於口，自始生墜地，咿咿嚶嚶，萬國皆同，及其長而累譯不能相通。居平原者氣恒同，或千里百里而稍變；處山谷者氣彌異，或數里數十里而已殊。爲鴂舌，爲嘵音，亦甚樊然淆亂矣。而自皇古以來，《易》象《典》《謨》，詩歌志乘，達之四裔，無間遐荒，則聲音之道未嘗不歸諸大同，有所以同者在也。《周官》象胥諭言語，協辭命；瞽史諭書名，聽聲音，當有其書，今不存。周秦兩漢閒，人諷誦《詩》、《書》，因其人人通曉之音，閒有疑難，則假音之近似者比方之。至晉魏六朝，以迄隋唐，音學大暢，立四聲以綜萬字之音，區分二百六部以別四聲之韻。審其音呼出諸牙、舌、脣、齒、喉與半舌、半齒實有七音，分陰陽，辨清濁，異鴻殺，殊等列，括以三十六母，命曰等韻。雖五方水土有剛柔輕重，風氣有南北偏隅，吴越或失之剽，秦晉或失之濁，而以二合之音切定一字，則字有定音，能通直音之窮，能辨豪釐之差。而明者更因三十六位以櫽括乎殊方之音，鄉曲里言亦有至是，中原文獻亦有習非，不止爲佔畢之用已也。夫人聲本出自然，等韻一事非甚幽深隱賾不可探索者。余年近八十，遊輶稍及南北，接人不爲不多，何以談及音學者如空谷足音，未易得而聞也？及門欲講此學者質有敏有魯，大率囿於方隅，溺於習俗，齒牙有混而不知，脣舌有差而難易，辨濁辨清，辨呼辨等，能通徹了了者，實亦難其人也。自唐以後，宋、元、明以迄於今，立言垂世者，率皆淹貫古今，箸述等身，而言及音學，如霧裏看花，管中窺豹，又不肯循其故常，師心苟作，議減議併，議增議易，斷鶴續鳧而不恤，失伍亂行而不知。甚者若張氏之《正字通》，全懵於音韻源流，自撰音切，迷誤後學，貽譏大方，則音學何可不講也？余有《四聲切韻表》四卷，以區別二百六部之韻。有《古韻標準》四卷，以攷三百篇之古音。兹《音學辨微》一卷，略舉辨音之方，聊爲有志審音不得其門庭者，導夫先路云爾。

四聲切韻表凡例

《字典》、《音韻闡微》皆有《等韻圖》，等列分明，而音韻未備。《字彙》載《横》《直》二圖，師心苟作，音韻殽譌。《直圖》删易母位，變紊七音，尤爲紕繆。此表依古二百六韻，條分縷析，四聲相從，各統以母，别其音呼等列。本字之切，即註本字之下，開卷了然。學者繇此研思，庶無差舛。

昔人傳三十六母，總括一切有字之音，不可增減，不可移易。凡欲增減移易者，皆妄作也。列于表上，如網在綱。

見谿群疑，牙音。端透定泥，舌頭音。知徹澂孃，舌上音。邦滂並明，重脣音。非敷奉微，輕脣音。精清從心邪，齒頭音。照穿牀審禪，正齒音。曉匣影喻，喉音。來，半舌音。日，半齒音。此一定之七音，易之者，亦妄作也。審音辨似，别有《音學辨微》詳之。

見谿清，群疑濁；端透清，定泥濁；知徹清，澂孃濁；邦滂清，並明濁；非敷清，奉微濁；精清心清，從邪濁；照穿審清，牀禪濁；曉影清，匣喻濁；來、日皆濁。此一定之清濁，平聲然，上去入亦然。群定澂並奉從牀匣八位最濁，邪禪次之。中原音凡上聲當此十位，似去而非去也。最濁之上去入，似變爲最清，而實最濁也。不明乎此，將有誤切誤讀不自知者矣。

音韻有四等，一等洪大，二等次大，三、四皆細，而四尤細，學者未易辨也。各於韻首標明辨等之灋，須于字母辨之。凡字母三十六位，合四等之音乃具，一等之内不備也。前人爲《等韻圖》，未明言此理，所空之位人以爲有音無字。夫有音而未制字者有之，若當此位屢無字，則非未制字也，當是等則缺此位。猶琴之泛聲，當徽則鳴，不當徽則否，莫知其所以然也。各等之位詳于左：一等有牙，有舌頭，有喉，無舌上。有重脣，無輕脣。有齒頭，無正齒。有半舌，無半齒。而牙音無群，齒頭無邪，喉音無喻。通得十九位：見谿疑端透定泥邦滂並明精清從心曉匣影來也。

二等有牙，有喉；有舌上，無舌頭；有重脣，無輕脣；有正齒，無齒頭；有半舌，無半齒。而牙音無群，正齒無禪，喉音無喻。亦通得十九位：見谿疑知徹澂孃邦滂並明照穿牀審曉匣影來也。

三等有牙；有舌上，無舌頭；有喉；有半舌、半齒；有正齒，無齒頭。而脣音不定，或有重脣，或有輕脣。喉音則無匣母。通得二十二位：見谿群疑知徹澂孃照穿牀審禪曉影喻來日及脣音之四母也。

四等與一等同，有牙，有喉；有舌頭，無舌上；有重脣，無輕脣；有齒頭，無正齒；有半舌，無半齒。而牙音有群，齒頭有邪，喉音有喻。亦通得二十二位：見谿群疑端透定泥邦滂並明精清從心邪曉匣影喻來也。

凡二等有前後諸位者，通一韻爲二等也；無前後諸位者，但有照穿牀審四位，則附於三等韻，小字左書之。三等無正齒，乃大書之。無三等，則附一等。

凡四等與三等同韻者，舌頭、齒頭大字書之，牙音、重脣、喉音小字左書之。無三等字，乃大書之。皆于韻首註明。

凡牙音有群母者，必三、四等。歌韻一等有翗字，渠何切，俗字俗音也，今不取。有高曰：「今觀表中俗書多矣，何獨去翗字乎？又凡例末一條云：『表字取備音，稀僻俚俗不論。』與此條何戾也？可知著書不自牴牾之難。」余它時欲專取籀書九千字譜之，尚未暇也。

凡有舌頭、齒頭者，非一等即四等，以粗細別之。

凡舌上，非二等即三等，亦有粗細。

凡重脣，一二三四等皆有之。輕脣必三等。

凡三等，脣音輕重不兼。有輕脣而復有重脣之明母者，惟尤韻之謀字，屋韻之目、牧等字，腫韻之鸔字，三等之變例也。古音風字方愔切，入侵韻。侵韻已有重脣而復有輕脣，亦此類。

凡邪母必四等，禪母、日母必三等。

凡喻母必三四，而四等爲多。

凡半舌，一二三四皆有之。

六朝人音學甚精，李登之《聲類》、周顒之《四聲切韻》、沈約之《四聲》，今雖不傳，世所傳《唐韻》本之唐，唐又本之隋，其原蓋自六朝創之。平聲韻五十七部，上聲五十五部，去聲六十部，入聲三十四部，凡二百有六部，分韻細入毫芒，韻之相似如東冬鍾、支脂之當分而不可合，必有其所以然者。唐人爲詩賦律令，定爲獨用、通用。宋末劉淵遂并其通用之韻爲百有七部，詞家相沿用之，幾不知有《唐韻》矣。此表爲審音，必用舊韻。不止用舊韻而已，一韻之中復細分之，多者至五六類，合四聲凡百有四類，音韻于是始精密。

凡分韻之類有三：一以開口合口分，一以等分，一以古今音分。韻有有合口無開口者，有有開口無合口者，有兩韻一開一合者。

此外則一韻之中率有開合，須分之；有開合相閒不可分者，惟江講絳覺一類。又有平上去皆開口而合口獨見于入聲者，亦別出之，職韻之洫域是也。入聲又有可開可合者，屋沃兩韻是也。屋在東爲合口，在蕭尤侯幽則爲開口。沃在冬爲合口，在豪晧號分出之礐晧告則爲開口。又有開口借者，藥鐸兩韻是也。藥之脚卻一類，從陽之姜羌者本開口，而魚之合口亦借之。鐸之各字一類，從唐之岡、豪之高者本開口，而模之合口亦借之，則變例也。

開口至三等則爲齊齒，合口至四等則爲撮口。今從舊止分開口、合口，不標齊齒、撮口。俗又有卷舌、混呼等名目，皆意造也。

侵寢沁緝以後九類三十六部列于韻末，詞曲家謂之閉口音。細審之，亦不甚合。今從舊標開口。此皆有開口無合口者也。

方音呼開口、合口有相混者，如呼巾似斤，戈似歌，光似岡，王似黄，以合爲開；該、根、哀、恩，以開爲合，皆非正也。觀表可知其正否。

一韻有止一等者，有全四等者，有兩三等者。全四等則别出一等者爲一類，其餘以三等者爲主，二等與四等附之。有兼二等、三等、四等者，亦以三等者爲主，二、四附之。凡二等附三等者，必照穿牀審四位也。有三、四兩等者，視其字之多少，或以四附三，或以三附四。有二等兼一等者，以一附二。皆于韻首標明。

音韻古今有流變，韻書所定，皆其流變之音。古音則不盡然，一韻中有别出一支與它韻相通，如尤韻有通支，支韻有通歌，虞韻有通尤侯，庚韻有通陽唐，字之偏旁亦可辨。若概以今音表之，則古音不見，故特立分古今一例。支虞先蕭豪麻庚尤各有分出之類，以從古；切音仍舊，以從今。它韻亦有古今異音之字，如東韻之風，古通侵；弓雄，古通蒸登；軫韻之牝敏，厚韻之母，古通旨。此類字不多，且從今音列之，別有《古韻標準》詳之。

平聲五十七部，上聲少二部者，冬臻無上也。或謂腫韻之湩字是冬之上聲，然古人既未立部，則亦不敢增，仍從舊䰈勇切，爲腫之四等。

去聲獨有六十者，臻無去，少一部；祭泰夬廢無平上，又多四部也。四部無平上而有入，祭之入薛，泰之入曷，末夬之入鎋，廢之入月。卦者佳蟹之去，其入爲麥；怪者皆駭之去，其入爲黠；隊者灰賄之去；其入爲没；代者哈海之去，其入爲德。觀表所列音類等第，條理秩然。顧寧人《古音表》乃以泰承佳蟹，卦承皆駭，怪承灰賄，夬承咍海，隊代皆無平上。一韻失次，諸韻皆誤。又以月爲泰入，没爲卦入，曷爲怪入，末爲支入，黠爲隊入，鎋爲代入，亦非其倫類。蓋顧氏等韻之學甚疏，故至此茫然，棼如亂絲。今正之。韻學談及入聲尤難，而入聲之説最多歧，未有能細辨等列，細尋脈絡，爲之折中，歸于一説者也。依韻書次第，屋至覺四部配東冬鍾江；質至薛十三部配真諄臻文殷元魂寒桓删山先僊，唯痕無入；藥至德八部配陽唐庚耕清青蒸登；緝至乏九部配侵覃談鹽添嚴咸銜。凡調之聲音而諧，按之等列而協，當時編韻書者，其意實出于此。以此定入聲，天下古今之通論，不可易也。然執是説也，則此三十四韻之外皆無入矣。胡爲古人用入聲韻與三聲協者多出于無入聲之韻，而以一字轉兩三音如質質、惡惡惡，偏旁諧聲字如至室、意臆、慕莫、肖削之類，亦多出無入聲之類也？顧寧人于是反其説，惟侵覃以下九韻之入及歌戈麻三韻之無入與舊説同，其餘悉反之，舊無者有，舊有者無，此又固滯之説也。其説以爲屋承東，術承諄，鐸承唐，昔承清，若吕之代嬴，黄之易羊，以其音之不類也。不知入聲有轉紐，不必皆直轉也。曷不即侵覃九韻思之乎？侵寑沁韻，猶之真軫震質清静勁昔青迥徑錫蒸拯證職也；覃感勘合談敢闞盍，猶之寒旱翰曷桓緩換末也；鹽琰豔葉添忝㮇帖嚴儼釅業，猶之先銑霰屑僊獮線薛也；咸豏陷洽銜檻鑑狎凡范梵乏，猶之删潸諫黠山産襇轄元阮願月也。推之他韻，東董送屋唐蕩宕鐸亦猶是也。如必以類直轉乃爲本韻之入，則此九韻不能轉入矣。緝承侵，合承覃，不亦猶吕嬴、黄羊乎？入聲可直轉者，惟支脂之微數韻耳。猥俗者謂孤古故谷爲順轉，不知谷乃公鉤所共之入，而孤之入爲各，猶之暮之爲莫，惡之爲惡也。余别爲之説曰：平上去入，聲之轉也。一轉爲上，再轉爲去，三轉爲入。幾于窮，廑得三十四部，當三聲之過半耳。窮則變，故入聲多不直轉；變則通，故入聲又可同用。除緝合以下九部爲侵覃九韻所專，不爲他韻借，他韻亦不能借。其餘二十五部諸韻，或合二三韻而共一入，無入者閒有之，有入者爲多。諸家各持一説，此有彼無，彼有此無者，皆非也。顧氏之言曰：「天之生物，使之一本，文字亦然。」不知言各有當，數韻同一入，猶之江、漢共一流也，何嫌于二本乎？

數韻同一入，非强不類者而混合之也，必審其音呼，别其等第，察其字之音轉、偏旁之聲、古音之通，而後定其爲此韻之入。即同用一入，而表中所列之字亦有不同，蓋各有脈絡，不容紊殽，猶之江、漢合流，而《禹貢》猶分爲二水也。

二三韻同一入，一入又分二三類，愈析則愈精。

竦從束聲，冢从豖聲，叢从取藂，有高曰：「當作丵，士角切。」簗从竹聚，有高曰：「簗藂皆叢之俗別字，江氏誤矣。从偏旁言音，誠審音之一耑，然不取準于古，而牽俗字之近似者，以快一時之脣吻，吾竊恐其樹義不牢。好辯者且并其精確之處而肆其吹求。此數條既辯言偏旁，故予于是書，不得不糾正形體。」皆與屋韻近，故東董送轉而爲屋，而侯尤亦共之。讀讀復復覆覆宿宿祝祝肉肉一字兩音，畜畜族族音亦相轉。軸蹴之類，偏旁多通，故侯厚候得其一等字，尤有宥得其二三四等字。毛先舒以屋爲尤入，稍爲有見。而周德清以爲魚入，顧氏分入魚蕭，别分鐸陌麥昔爲矦入，誤矣。幽亦尤矦之類，得其繆字，繆字平去入三音也。尤有宥别分一類，古音通之。止志者，得其牧郁福服字。福服，今音輕脣，古音重脣，如職韻之愊逼也。蕭韻别分一類，古音通尤者，得其肅字，他音非其入也。條蓧之入，乃錫韻之滌字，其同音迪笛踧覿，古音皆屋韻也，又得惄寂戚字。因蕭肅之相通，而蕭之轉爲錫者，又有字通于屋，故蕭韻兼得屋錫。

東既以屋爲入，則冬宜以沃爲入，皆一等韻也。然沃從夭，古音鬱縛切，其類自宵豪來，而豪晧號分出一類爲礊皓。告者古音通矦尤，亦得以沃爲入，但以開口借合口耳。告纛去入兩讀，鵠酷從告得聲，是其脈絡通也。鍾燭皆三四等字，而虞麌遇分出一類爲拘枸。句古音通矦尤者，亦以燭爲入，故足趣屬皆去入兩音。而數字從婁，上去入皆有之，是其脈絡通也。燭韻無二等，故數字入四等，七玉切，而音朔者入覺韻。

覺韻二等，江肴所共者也。角從江嶽握等字，類于屋燭者從之；覺從肴樂學等字，類于肴效者從之。今音合爲一，古音分爲二。顧氏分覺之類爲肴入者是，分角之類爲模入者非。

寘從真聲，牝從匕聲，芹沂之類同从斤，而芹在殷韻，沂在微韻，故真軫震可轉質。諄臻以下亦如之。而質與贅通，桎姪窒室皆從至，詩亦多以去入同用爲韻，則質又脂旨至之入也。顧氏以質爲支入，術爲脂入，不知支之入在昔韻，而術之爲脂入者，乃其合口呼之字，與開口呼之字無與也。先韻分出一類，古通真者，亦借質爲入。

諄術同爲合口呼，四等兼三等，故轉爲入。而脂旨至分出合口呼之字，亦以之爲入也。帥率皆去入兩音，醉翠等字皆从卒，是其脈絡之通。

櫛韻爲二等開口呼，但有櫛瑟兩音，而臻韻亦止臻莘兩音，適與之配，則櫛遂爲臻入矣。櫛瑟本質術之類，而質韻自有二等字。術韻之二等字爲合口，亦不類。故雖兩音，亦必別出爲韻。脂旨至當此兩位，無二等開口字可轉，則臻韻遂得專之。

物韻三等合口呼有輕脣，與文吻問相配，而吻亦從勿得聲，故可轉也。微尾未亦爲入，尉蔚从尉，沸費从弗，是其脈絡之通。

迄韻三等開口呼，與殷隱焮相配，而微尾未之開口字亦以爲入，氣餼从乞得聲也。

月三等合口呼有輕脣，而廢韻亦以爲入，廢从發，茷从伐，去穢入噦，皆从歲也。

月之開口呼，則元阮願分出之鞬蹇建以爲入。钀从獻聲，訐从干聲，干亦元之類，故可轉。而廢之類無開口，則此類元韻專之。

没一等合口呼，魂混慁以爲入。腯音突，从

盾聲，故可轉。而灰賄隊亦以爲入，晬倅碎皆从卒也。没無開口呼字，故痕韻無入。

曷一等開口呼爲寒旱翰之入，末一等合口呼爲桓緩换之入，而曷又爲歌哿箇之入，末又爲戈果過之入，曷末又同爲泰韻之入，皆音呼等列同，得以相轉也。寒桓與歌戈音每相轉，如難字得通儺，笴有高曰：「笴字凡三見于《攷工記》：一曰妢胡之笴，鄭《註》云：『故書笴爲笱，笱當爲笴，笴讀爲稾，謂箭稾。』稾，《釋文》作稾，《疏》亦作稾。一曰以其笴厚爲之羽深，《註》云：『笴讀爲稾，謂矢幹，古文假借字。一云凡相笴。』愚按：《説文》無笴字，竊意鄭君所云當爲笴者，蓋哿也，故曰古文假借字。若古有从竹之笴，則與箭稾切合，何假借之云。鄭書至唐，或哿字上體脱爛，形似近竹，或傳寫譌混。陸氏作《釋文》不能詳攷，遂有古老切之音。賈氏作《疏》，不能審正，殊爲疏謬矣。又按：故書笴爲笱，笱當爲箘之誤。《禹貢》『荆州貢箘簵楛，三邦厎貢。』《註》云『櫄幹栝柏，四木名。幹，柘幹。箘，竹，聆風。楛，木類。此州中生聆風與楛者衆多，三國致之』云。『妢胡』，《註》云：『胡子之國，在楚旁。』《疏》云『若楚旁，則亦屬荆州』審然。故書笱之爲箘，無可疑者。鄭君改笱爲哿，讀哿爲稾，甚費甚曲，仍于經義未安，可不必矣。又按：《註》：『稾字本或从禾，當是稈之誤。』《説文》：『稈，禾莖也。稾，稈也。』或鄭君誤書稈作稾，或鄭書本作稈，故江氏有笴得音稈之謬也。又按：《攷工記》疏云『笴讀爲稾，❶謂箭稾者，即稾人職掌箭稾』是也。今按：稾人職無掌箭稾之文，賈《疏》謬矣。」字得音稈，若干即若个。鼉驒䩥皆从單，憚癉有下佐切之音，字从番。轉重脣者，桓韻爲潘蟠，而番有波音，皤鄱有婆音。至入聲則怛與笪从旦，頞从安，幹从乾省聲。何曷亦一聲之轉，故寒桓歌戈同用曷末爲入聲。泰韻亦一等兼有開口合口者也。曷从匃聲，匃在泰韻，而愒从曷，賴从剌，幸从大，捺从奈，脱从兑，害亦通曷，檜亦作栝，

❶「稾」上，原衍一墨釘，今從沈梁校據《周禮注疏》卷三九刪。

有高曰：「當作桰，古活切。矢本岐築弦處也。栝，它念切。炊竈木也。其誤自僞孔傳註《禹貢》始。杶幹栝柏，註云：柏葉松身曰栝。《正義》誤以爲《爾雅・釋木》文。按：《爾雅・釋木》無栝字。其曰松葉柏身者，樅也。其曰柏葉松身者，檜也。郭註引《詩》『檜楫松舟』，乃裴駰註《史記》，顏師古註《漢書》，下至撰《唐韻》、《廣韻》、《集韻》、《正韻》者，並祖述僞孔傳之譌，不能辨正。而江氏不知檜之譌栝，反謂亦作栝，又不辨桰與栝。抑疏矣。」蔡亦有桑葛切之音，有高曰：「此又誤矣。按：《左傳》昭元年，周公殺管叔而蔡蔡叔，註云：蔡，放也。《釋文》上蔡字音素葛反。《說文》作⿱殺米，音同，字从殺下米，云：『䊝⿱殺米，❶散之也。』會杜義疏，《說文》云『⿱殺米，散之也』，⿱殺米爲放散之義，故訓爲放也。隸書改作，已失本體⿱殺米字，不可復識，寫者全類蔡字，至有重爲一蔡字，重點以讀之者。定四年《傳》王于是殺管叔而蔡蔡叔，注疏略同。《疏》末云：『今定本作蔡，非。』江氏攷古，何大疏率也？」故泰之入亦爲曷末。

黠轄皆二等韻兼一等，各有開口合口呼。黠爲刪潸諫之入，轄爲山産襇之入。鬝，丘八切，而从閒；鬜，牛轄切，而从獻；揠，烏黠切，而从匽。獻匽皆刪山之類，是以音相轉也。而殺有所八、所戒二音，稭亦作秸，扴圿从介，則黠又爲皆駭怪之入矣。夬與轄音呼等列同，則轄又爲夬入。

先銑霰，四等韻也，除分出一類古通真者，以質之四等字爲入，其餘以屑爲入，屑皆四等也。而齊薺霽同爲四等者亦以爲入。砌从切，攦从麗，契挈同从㓞，睽闋同从癸，脈絡通也。

薛韻有二三四等，有開口合口呼，僊獮線以爲入，而祭韻兼開口，等列同，亦以爲入。説説、蕝蕝、脃膬兼去入，其餘相通者多也。陽養漾以藥爲入，同等也，有開合二呼，而宵小笑亦以其開口者爲入。蹻从喬，削从

❶「䊝」，原作「⿰扌悉」，今從沈粲校據四庫本《說文解字》卷七上改。

肖，釂从爵，脈絡通也。而魚語御亦借爲入。去聲著，轉入聲爲張略切，又爲直略切。豦音據，噱腂皆從之，而醵有其御、其虐兩音。汝與若，亦義因聲轉也。又虞麌遇分出之俱矩瞿一類，亦以其合口之矍縛等字爲入，與拘枸句一類不相通。顧氏分藥爲模豪入，是不知辨等也。毛先舒通以藥爲魚虞入，是不知辨類也，又不知宵小笑尤相近也。

鐸一等韻，有開口合口，唐蕩宕以爲入，而惡字平去入三音，度作錯去入兩音，模暮从莫，路从各，博从尃，涸从固，則鐸又爲模姥暮之入。鑿，在各切，又在到切，則又爲豪皓號分出高縞膏一類之入。

陌韻有數類。一爲格客之類者，二等開口也。其合口爲虢蟈之類。又有戟隙一類者，三等開口也。此一類，古音皆與藥鐸通協。又有屐字，三等開口；栅摵，二等開口，皆不與藥鐸通，而庚梗敬與之相配。其爲庚之類者，格也；觥之類者，虢也；京之類者，戟也，古音皆與陽唐通。擎生之類，屐摵也，皆不與陽唐通者也。又麻韻二等，亦分陌韻。其爲家假嫁之類者，用格；瓜寡坬之類者，用虢，蓋家瓜古音通虞模，亦以藥鐸爲入也。

麥韻二等，分開口，耕耿諍配之，而佳蟹卦亦二等，同用麥爲入。責字通債，畫字去入兩音，𢹂㦤从畫，是其脈絡通也。耕佳二韻用麥，皆不與藥鐸通。而麥韻猶有不盡之字，苲格啞劐割礭古音通藥鐸，則麻韻分出之，加冎，二類用之。

昔韻四等兼三等，分開合，清靜勁配之。擲字亦從鄭聲也。支紙寘分出開合二類，不通歌戈者，亦以昔爲入。積刺易皆去入二音，譬避皆从辟，是其脈絡之通。然昔韻亦有二類，清支之入，皆不通藥鐸者也。其餘昔踖之類，古通藥鐸者甚多。麻韻分出苴且一類以爲入。射字去入兩音，借籍瀉舄之類，脈絡相通者多也。麻韻兼陌麥昔三韻之入，皆與藥鐸通者。若非此類，則他韻收之不盡矣。孰謂麻無入聲乎？

錫韻四等分開合，青迥徑以爲入。幎塓从冥，音相轉也。又有激的，古音通藥鐸者，蕭篠嘯以爲入。弔溺去入兩音，竅皦激檄皆从敫，是其脈絡之通。蕭韻又分出一類，通尤侯者，用滌惄等字爲入。見前。

職韻三等兼二四，蒸拯證以爲入。凝嶷，音之轉也，而之止志亦以爲入。亟字去入兩音，疑嶷、值直、意億、異翼，脈絡皆通。蒸之皆無合口，字别出。洫域兩音，無平上去。

德一等，分開合，登等嶝以爲入。騰塍音相轉，而咍海代亦以爲入。塞塞兩音，貸忒通用。倍踣、亥刻，偏旁多通也。

緝合九部，無歧韻，可勿論。

切字者，兩合音也，上一字取同位，下一字取同韻。同位不論四聲，同韻不論清濁，明者一轉即是，不煩數位，亦不須他聲借轉。如不能遽然了了者，熟玩表切，亦當開悟。

舌脣二音，古或用隔類切；或以舌頭切舌上，舌上切舌頭；或以重脣切輕脣，輕脣切重脣。今一用音和，免致滋誤。

諸切大抵本舊韻書，有未安者，或字畫多者，閒有改易，亦不盡改，以存古。古今異音之字，亦不爲古昔切，恐滋惑也，明者自當知之。韻内字甚少，閒有借相近韻爲下一字者，亦仍舊。取上一字有寬有嚴，其嚴者，三四等之重脣，不可混也；照穿牀審四位之二等三等，不相假也；喻母三等四等，亦必有别也。各母所用之字，分别等第，列于表末。

表字取備音，稀僻俚俗不論也。

古韻標準例言

人靈萬物，情動聲宣。聲成文，謂之音。錯綜縱横，四七經緯，由是侈弇異呼，鴻殺異等，清濁異位，開發收閉異類，喉牙齒舌脣輾轉多變，悉具衆音。音之諧，謂之韻。前聖作書，江从工，河从可，霜从相，雪从彗，即韻之萌芽。古人命物，日者實，月者缺，水者準，準，古音之水切。水火毁，火，古音虎洧切。亦韻之寄寓。屬而爲辭，詩歌箴銘，宮商相調；里諺童謡，矢口成韻：古豈有韻書哉？韻即其時之方音，是以婦孺猶能知之協之也。時有古今，地有南北，音不能無流變。音既變矣，文人學士騁才任意，又从而汩之，古音于是益淆訛，如棼絲之不可理。三百篇者，古音之叢，亦百世用韻之準。稽其入韻之字凡千九百有奇，同今音者十七，異今音者十三。試用治絲之法分析其緒，比合其類，綜以部居，緯以今韻，古音犂然。其閒不無方語差池，臨文假借，按之部分，閒有出入之篇章，然亦可指數矣。以《詩》爲主，經傳《騷》子爲證，《詩》未用而古今韻異者，采他書附益之。標準既定，由是可考古人韻語；别其同異，又可考屈宋辭賦、漢魏六朝唐宋諸家有韻之文。審其流變，斷其是非，視夫泛濫群言、茫無折衷，槩以後世淆訛之韻爲古韻者，不有間乎？余既爲《四聲切韻表》，細區今韻，歸之字母音等，復與同志戴震東原商定《古韻標準》四卷、《詩韻舉例》一卷，於韻學不無小補焉。

唐人釋經不具古音，且云「古人韻緩，不煩改字」。宋吴棫才老始作《韻補》，蒐群書之韻異乎今音者別之爲古音。明楊慎用修又增益之，爲《轉注古音》。言韻學者謂二家爲古韻權輿，而《韻補》尤《毛詩》功臣。余謂凡著述有三難：淹博難，識斷難，精審難。二家淹博有之，識斷、精審則未也。三百篇後，古音亦漸尨矣。屈宋辭賦往往有齟齬之韻，漢雖近古，時有古音，而踳駁舛謬者亦不少。其故有數端：一則方音有流變；一則臨文不細檢；一則讀古不審，沿古而反致誤；一則韻學不精，雜用流於野鄙；一則恃才負氣，以爲不妨自我作古。夫音有流變，時爲之；韻之舛錯，則才人爲之也。魏晉而後古韻益微，降及唐宋，日習今韻而又間爲古韻。如習漢音者强效鄉音，其似者如叔敖之貌，其劣者若東施之顰，此何足爲典據？而二家惟事徵引，殊少决擇，古韻亦茫無界畔，似諸韻皆可混通，此識斷之難言也。古有韻之文亦未易讀，稍不精細，或韻在上而求諸下，韻在下而求諸上，韻在彼而誤叶此；或本分而合之，本合而分之；或閒句散文而以爲韻，或是韻而反不韻；甚則讀破句，據誤本，雜鄉音，其誤不在古人而在我。二家往往不免，此精審之難言也。余爲是書，淹博遠遜吴、楊，亦安敢言識斷、精審？有疏謬處，伏俟方家指摘焉。

萬曆閒，閩三山陳第季立著《毛詩古音攷》，又有《屈宋古音義》。其最有功於《詩》者，謂古無叶音，《詩》之韻即是當時本音。此説始於焦竑弱侯，陳氏闡明之，焦氏爲之作序。其書列五百字，以《詩》爲本證，他書爲旁證。五百字中有不必攷者，亦有當攷而漏落者。蓋陳氏但長於言古音，若今韻之所以分、喉牙齒舌脣之所以異、字母清濁之所以辨，槩乎未究心焉，故其書皆用直音。直音之謬，不可勝數。以此知音學須覽其全，一處有闕則全體有病。今書本證旁證之法本之，其説之善者多采録，若其舛誤處，閒摘一二，不能盡舉正也。

近世音學數家，毛先舒稚黄、毛奇齡大可、柴紹炳虎臣各有論著，而崑山顧炎武寧人爲特出。余最服其言曰：「孔子傳《易》，亦不能改方音。」又曰：「韓文公篤於好古而不知古音。」非具特識，能爲是言乎？有此特識，權度在胸，乃能上下古今，考其同異，訂其是非。否則彼以爲韻則韻之，何異侏儒觀優乎？細攷《音學五書》，亦多滲漏，蓋過信古人「韻緩不煩改字」之説，於天田等字皆無音。《古音表》分十部，離合處尚有未精，其分配入聲多未當。此亦攷古之功多，審音之功淺，每與東原嘆惜之。今分平上去三聲皆十三部，入聲八部，實欲彌縫顧氏之書。顧氏嘗言：「五十年後，當有知我者。」見《李榕村集》。蓋同時若毛氏奇齡輩自負該博，未肯許可。余學謭陋，匪云能知顧氏，然已傾倒其書而不肯苟同，是乃所以爲知，更俟後世子雲論定之。

毛氏著《古今通韻》，其病即在「通」字。古韻自有疆界，當通其所可通，毋强通其所不可通。若第據漢魏以後樂府詩歌，何不反而求之三百篇某韻與某韻果通乎？有數字通矣，豈盡一韻皆通乎；偶一借韻矣，豈他詩亦常通用乎？今書三聲分十三部，入聲分八部，疆界甚嚴。閒有越畔，必求其故，正所以遏其通也。

古韻既無書，不得不借今韻離合以求古音。今韻有隋唐相傳二百六部之韻，有宋末平水劉淵合併一百七部之韻。今世詞家習于併韻，談韻學者亦粗舉併韻，甚且誤以劉韻爲沈約韻。夫音韻精微，所差在毫釐閒。即此二百六部者，吾尚欲條分縷析，以别音呼等第，以尋支派脈絡，況又以併韻混而一之？宜乎不得要領，而迷眩於真文元寒删先之通轉，質物月曷黠屑之通轉也。顧氏書悉用《唐韻》，最爲有見，今本之。每部首先列韻目，一韻歧分兩部者曰分某韻，韻本不通而有字當入此部者曰别收某韻，四聲異者曰别收某聲某韻。顧氏分十部，今何以平上去皆十三部也？第四部爲真文魂一類，第五部爲元寒僊一類，顧氏合爲一也；第六部爲蕭肴豪分出一支，不與尤侯通，第十一部爲尤侯一類，當分蕭肴豪之一支，不與第六部通，而顧氏亦合爲一也；第十二、十三，自侵至凡，九韻當分兩部，而顧氏又合爲一也。其説詳於各部總論。

四聲雖起江左，按之實有其聲，不容增減，此後人補前人未備之一端。平自韻平，上去入自韻上去入者，恒也。亦有一章兩聲或三四聲者，隨其聲諷誦咏歌，亦有諧適，不必皆出一聲。如後人詩餘歌曲，正以雜用四聲爲節奏，《詩》韻何獨不然？前人讀韻太拘，必强紐爲一聲，遇字音之不可變者，以强紐失其本音。顧氏始去此病，各以本聲讀之。不獨《詩》當然，凡古人有韻之文皆如此讀，可省無數糾紛，而字亦得守其本音，善之尤者也。然是説也，陳氏實啟之。陳氏於「不宜有怒」句引顔氏「怒有上去二音」之説，駮之曰：「四聲之説起于後世，古人之詩，取其可歌可詠，豈屑屑毫釐若經生爲耶？且上去二音，亦輕重之間耳。」又於「綢繆束芻，三星在隅」註云：「芻音鄒，隅音魚侯切。」或問：「二平而接以去聲，可乎？」曰：「《中原音韻》聲多此類，音節未嘗不和暢也。」是陳氏知四聲可不拘矣，他處又仍泥一聲，何不能固守其説耶？四聲通韻，今皆具於舉例。其有今讀平而古讀上，如予字今讀去而古讀平，如慶字可平可去，如信令行聽等字者，不在此例。

唐人叶韻之叶字亦本無病，病在不言叶音是本音，使後人疑《詩》中又自有叶音耳。叶韻，六朝人謂之協句，顔師古注《漢書》謂之合韻。叶即協也，合也，猶俗語言押韻，故叶字本無病。自陳氏有古無叶音之説，顧氏從之，又或以古音有異，須别轉一音者爲叶音，今亦不必如此分别。凡引《詩》某句韻某字，悉以韻字代之。

毗陵邵長蘅子湘曰：「吴才老作《韻補》，古韻始有成書。朱子釋《詩》註《騷》，盡從其説。」又引沙隨程可久之言曰：「吴説雖多，其例不過四聲互用、切響同用二條。如通其説，則古書雖不盡見，可以例推。蓋才老《韻補》爲朱子所推服如此。今四子經書訓詁悉宗朱子，朱子宗之，吾從而詆排之，傎也。」論非不正，然古人著書，草創者未必盡精，《韻補》豈遂爲不刊之典？叶韻者，《詩》中之末事，朱子取《韻補》釋《詩》，所以便學者誦讀，意不在辨古音，故「桃之夭夭，灼灼其華。之子于歸，宜其室家」，「晝爾于茅，宵爾索綯」，「其桐其椅，其實離離。豈弟君子，莫不令儀」，此類今音可讀，即不復加叶音。今書意在辨古音，此類勢不得復仍舊貫；凡吴氏之叶音，《集傳》從之而不安者，亦不得不行改正，書之體宜爾。且朱子於經書既得其大者，古韻一事不暇辨析毫釐，亦何損於朱子？篤信先儒，固不在此區區也。

顧氏《詩本音》改正舊叶之誤頗多，[1]亦有求之太過，反生葛藤。如一章平上去入各用韻，或兩部相近之音各用韻，率謂通爲一韻，恐非古人之意。《小戎》二章，以合、軜、邑叶驂，以念字叶合、軜、邑，尤失之甚者。今隨韻辨正，亦不能盡辨也。

經傳《楚辭》子史百家可證《詩》韻者引之，亦不必多引，取證明而已。凡旁證，取其近古者，魏晉以後間引一二。欲考其詳，自有顧氏專書。音變源流及《詩》外之字亦多採顧說。

桐城方以智密之曰：「古音之亡於沈韻，猶古文之亡於秦篆，然沈韻之功亦猶秦篆之功。自秦篆行而古文亡，然使無李斯畫一，則漢晉而下各以意造書，其紛亂何可勝道；自沈韻行而古音亡，然使無沈韻畫一，則唐至今皆如漢晉之以方言讀，其紛亂又何可勝道？」此言實爲確論。方氏雖誤以今行之韻爲沈韻，然則韻之合併，亦因唐宋之同用。幸而二百六部之韻書猶存，考古者猶可沿流而溯源。使無其書，人自爲韻，則真侵寒咸亦且可合，不但如周德清、宋景濂等之併江陽與庚青蒸而已。一東且將闌入朋彭兄榮等字，不止風馮弓雄而已。甚則依吳、楊三家之書，雜採漢晉唐宋舛謬鄙俚之韻，而命之曰此古韻也，其紛亂曷有極乎？韻書流傳至今者雖非原本，其大致自是周顒、沈約、陸法言之舊。分部列字雖不能盡合於古，亦因其時音已流變，勢不能泥古違今。其閒字似同而音實異，部既別則等亦殊，皆雜合五方之音。剖析毫釐，審定音切，細尋

[1] 「顧」，原作「顔」，今據粤雅堂叢書本《古韻標準·例言》改。

脈絡，曲有條理，其源自先儒經傳子史音切諸書來。六朝人之音學非後人所能及，同文之功擬之秦篆，當矣。今爲三百篇攷古韻，亦但以今韻合之，著其異同，斯可矣。必曰某字後人誤入某韻，混入某韻，此顧氏之過論，余則不敢。今韻之有條理處，别有《四聲切韻表》、《音學辨微》二書明之。

顧氏曰：「三百五篇，古人之音書。魏晉以下去古日遠，辭賦日繁，而後名之曰韻。至宋周顒、梁沈約而四聲之譜作。然自秦漢之文，其音已漸戾於古，至宋益甚。而休文作《譜》乃不能上據《雅》《南》，旁摭《騷》子以成不刊之典，而僅按班張以下諸人之賦、曹劉以下諸人之詩所用之音撰爲定本，於是今音行而古音亡，爲音學之一變。」按：顧氏所以責休文者，似矣，愚謂不然。當時四聲之説新立，聲病之論甚嚴，又反切之學盛行於南北，而等韻字母亦漸傳自西域，演於緇流，休文蓋因李登、吕静之《聲類》、周顒之《四聲切韻》而譜之。觀其與王筠論《郊居賦》「霓」字之讀，首須嚴於辨聲，若夫東冬鍾、支脂之别之爲三，寒桓删山、蕭宵肴豪析之爲四，江次冬鍾不隨陽唐，侯問尤幽不厠愚模，此類蓋因當時通行之音審其粗細以别部居。若一部之中同韻異等，如公宫同母異呼，如饑龜同音異字，如岐奇皆别其音切，不令淆混，由當時反切等韻之理大明，故能條分縷析。然則四聲乃嚴於審音之書，亦爲避八病之用，不止爲詩家分韻而已。如欲分韻，則當時未有近體，取韻本寬，一聲分十數部足矣，奚必二百六部，若此其嚴密哉？謂休文不能上據《雅》《南》，旁摭《騷》子，僅按班、張、曹、劉以下之詩賦撰爲定本，以今韻書攷之，漢魏詩賦乍合乍離，恐非其所據。冬必别東，虞必別魚，詩賦豈能分析及此哉？且音之流變已久，休文亦據今音定譜爲今用耳。如欲繩之以古，風必歸侵，弓必歸登，宜爲必歸歌戈，舉世其誰从之？余所病休文者，當時若能別定一譜，與今韻並行，聽好古者自擇，亦足令古音不亡。既不能然，斯爲缺典。若責其不能復古，是怪許叔重作《說文》不爲鐘鼎科斗書，而顧祖李斯以亡古文也，豈足以服其心哉？

顧氏又曰：「天之未喪斯文，必有聖人復起，舉今日之音而還之淳古者。」愚謂此說亦大難。古人之音雖或存方音之中，然今音通行既久，豈能以一隅者槩之天下？譬猶窯器既興，則不宜於籩豆；壺斟既便，則不宜於尊罍。今之孜孜考古音者亦第告之曰：「古人本用籩豆尊罍，非若今日之窯器壺斟耳。」又示之曰：「古人籩豆尊罍之制度本如此，後之摹倣爲之者或失其真耳。」若廢今人之所日用者而强易以古人之器，天下其誰從之？觀明初編《洪武正韻》，就今韻書稍有易置，猶不能使之通行，而況欲復古乎？顧氏《音學五書》與愚之《古韻標準》，皆考古存古之書，非能使之復古也。

秀水朱彝尊錫鬯曰：「韻之失不在分而在合，然古人分韻雖嚴，通用甚廣，蓋嚴則於韻之本位毫釐不爽，通則臨文不至牽率而乖其性情，亂之自劉淵始也。且韻書之作，自李登以下，南人蓋寡。沈氏書既無存，傳者陸氏《切韻》耳。法言家魏郡臨漳，同時纂韻八人，惟蕭該家蘭陵，其餘盧思道家范陽，辛德源家狄道，薛道衡家河東，李若家頓丘，顏之推家臨沂，劉臻家沛：類北方之學者。黄公紹失考，謂『韻書始自江左，本是吴音』者，妄也。」按：此論深中今韻妄合之病。臨文或用古韻，當于平上去十三部、入聲八部通其所可通，毋學韲于後人，復亂鄙俚之韻，斯爲善用古韻矣。又今人之不通韻學者動訾韻書爲吴音，觀此亦可以闕其口。

近思録集注序

道在天下，亘古長存；自孟子後，一綫弗墜。有宋諸大儒起而昌之，所謂「爲天地立心，爲生民立道，爲去聖繼絶學，爲萬世開太平」，其功偉矣。其書廣大精微，學者所當博觀而約取，玩索而服膺者也。昔朱子與吕東萊先生晤於寒泉精舍，讀周子、程子、張子之書，歎其閎博無涯，恐始學不得其門，因共掇其關於大體、切於日用者爲《近思録》十四卷，凡義理根原、聖學體用皆在此編。其於學者心身疵病、應接乖違言之尤詳，箴之極切。蓋自孔曾思孟而後，僅見此書。朱子嘗謂：「四子，六經之階梯；《近思録》，四子之階梯。」又謂：「《近思録》所言，無不切人身，救人病者。」則此書直亞於《論》、《孟》、《學》、《庸》，豈尋常之編録哉？其間義旨淵微，非注不顯。攷朱子朝夕與門人講論多及此書，或解析文義，或闡發奥理，或辨别同異，或指摘瑕疵，又或因他事及之，與此相發，散見《文集》、《或問》、《語類》諸書，前人未有爲之薈萃者。宋淳祐間平巖葉氏采進《近思録集解》，采朱子語甚略。近世有周公恕者，因葉氏注以己意别立條目，移置篇章，破析句段。細校原文，或增或複，且復脱漏譌舛，大非寒泉纂集之舊。後來刻本相仍，幾不可讀。永自早歲，先人授以朱子遺書原本，沈潛反覆有年。今已垂暮，所學無成，日置是書案頭，默自省察，以當嚴師。竊病近本既行，原書破碎，朱子精言復多刊落，因仍原本次第，裒輯朱子之言有關此録者悉采入注；朱子説未備，乃采平巖及他氏説補之；閒亦竊附鄙説，盡其餘藴。蓋欲昭晰，不厭詳備。由是尋繹本文，彌覺義旨深遠，研之愈出，味之無窮。竊謂此録既爲四子之階梯，則此注又當爲此録之牡鑰，開扃發鐍，袪疑釋蔽，於讀者不無小補。晚學幸生朱子之鄉，取其遺編，輯而釋之，或亦儒先之志。既以自勖，且公諸同好，共相與砥礪焉。

清儒學案卷五十八終

清儒學案卷五十九

天津徐世昌

慎修學案下

翼梅

歲實消長辨

歲實消長，前人多論之者。勿菴先生大約主授時，而亦疑其百年消長一分以乘距算，其數驟變，殊覺不倫。又謂「今現行之歲實稍大於授時，其爲復長亦似有據」，因爲「高衝近冬至而歲餘漸消，過冬至而復漸長」之説，蓋存此以俟後學之深思。永別爲之説，謂平歲實本無消長，而消長之故在高衝之行與小輪之改爾。歲節氣相距，近高衝者歲實稍贏，近最高者稍朒，猶定朔、定望、定弦之不能均，惟逐節氣算其時刻分秒，而消長可勿論也。管見如斯，遂不能强同，爰引先生之言，逐節疏論於下。

勿菴先生曰：《曆學答問》。「《授時》以萬分爲日，故其歲實三百六十五萬二千四百二十五分。其數自至元辛巳歲前天正冬至積至次年壬午歲前天正冬至，共得三百六十五日二十四刻二十五分。若逆推前一年，亦是如此。如自庚辰年十一月冬至逆推至己卯年十一月冬至，亦是三百六十五日二十四刻二十五分。此歲實之數，《大統》與《授時》並同。

永按：歲實爲曆法大綱領，得其真確之數爲難。《四分曆》以前無論已。魏晉以後，漸知一歲小餘不及四分日之一。隨時測驗，一曆必更一斗分，不久即有差。此何以故？蓋步曆者泥「履端於始」之義，但以歲前冬至距今年冬至計其小餘時刻，并入大餘，以爲歲實，不知冬至距冬至所得者，活汎之歲實而非經恒之歲實也。欲得經恒歲實，宜於近春分時測之。元至元時當測定氣春分。今歲春分距來歲春分，苟得真時刻，則得真歲實。又以前後遠年測準之春分，計其日時分秒，均之各歲，則歲實之恒率確矣。此何也？太陽因有高卑而生盈縮，近數百年閒，春分則平行，當郭氏作曆時，定氣春分之日，正當平行之處，此以前以後雖有差亦甚微。故所得歲實爲恒率。得其恒，乃可以求其定，猶之月必有平朔之策，而後可求定朔也。郭太史改曆，自言創造簡儀高表，憑所測實數考正者七事，一曰冬至，二曰歲餘。其於歲餘攷之詳矣。其求冬至也，自丙子年立冬後，依每日測到晷影，逐日取對冬至前後日差，同者爲準，得丁丑年冬至在戊戌日夜半後八刻半。又定戊寅冬至在癸卯日夜半後三十三刻，己卯冬至在戊申日夜半後五十七刻，庚辰冬至在癸丑日夜半後八十一刻，辛巳冬至在己未日夜半後六刻。從甲子日始五十五日零六刻氣應五十五萬零六百分爲曆元。其求歲餘也，自劉宋大明以來，測景驗氣得冬至時刻真數者有六，用以相距，各得其時。合用歲餘考驗，四年相符不差。仍自宋大明壬寅年距至今八百一十九年，每歲合得三百六十五日二十四刻二十五分，減《大明曆》一十一秒，其二十五分爲今曆歲餘合用之數。愚以此二條考之，即郭氏當年所定之歲實已有微差，稽之於史，又多牴牾，其可以是爲消長之準乎？夫一歲小餘二十四刻二十五分，積之四年，正得九十七刻，無餘無欠。丁丑年冬至在戊戌日夜半後八刻半，則辛巳年冬至宜在己未夜半後五刻半，不應有六刻。如以辛巳之六刻爲確也，則丁丑年宜在九刻，不應只有八刻半。此四年既皆實測所得，則已多半刻矣，而云「相符不差」，何也？丁丑年之八刻半，雖約取整數，未必正是半刻，然已有數十分矣，其本法上攷已往，百年而長一刻，四年所長甚微，不應有半刻以下。然則當時冬至歲實，刻下之小餘不止二十五分矣。又攷劉宋孝武帝大明五年辛丑，祖沖之所測十月十日壬戌景長一丈七寸七分半，十一月二十五日丁未一丈八寸一分太，二十六日戊申一丈七寸五分强。以壬戌、戊申景相較，餘二分二釐半爲實。以丁未戊申景相較，餘六分五釐爲法。以法除實，得三十四刻六十分。以減距日四千六百刻，餘四千五百六十五刻四十分，折取其日，二千二百八十二刻七十分。加半日刻，午正測景，故加半日。得二千三百三十二刻七十分。命壬戌算外得十一月三日乙酉夜半後三十二刻七十分劉宋都建康，比元都里差應後五十七分，則大都此日冬至三十二刻一十三分。○按：劉宋時太陽最高衝在冬至前幾半宫，則取冬至前後二十餘日之景，折取中數，以求冬至，仍有差。詳見《冬至權度》。大都減半刻奇。大明壬寅辛丑年之十一月，即壬寅歲之始。下距至元辛巳八百一十九年，以《授時》歲實積之，凡二十九萬九千一百三十三日六十刻七十五分，以乙酉辰初三刻距己未丑初一刻，凡二十九萬九千一百三十三日九十二刻，較多三十三刻，而云自大明壬寅距今每歲合得此數，何也？如郭氏百年長一之法，以八百一十九總乘所長之數，則壬寅冬至甲申日七十九刻太，較當時所測算者，又先五十餘刻，失之愈遠矣。○詳《冬至權度》。又云「減《大明曆》一十一秒」，考祖沖之《大明曆》紀法與周天一歲小餘二十四刻二十八分一十四秒，《授時》減去三分一十四秒，亦非一十一秒也。邢士登《律曆考》謂金時趙知微重修《大明曆》，小餘二十四分三十六秒，實多《授時》一十一秒。郭所減者趙曆，非祖曆也。其説是。然則《授時》所定歲實，猶是近似活泛之數，而不可以爲恒。欲定經恒之歲實，則《西曆·恒年表》之恒率是矣。按《表》一歲小餘五小時三刻三分四十五秒，一日二十四小時，一小時四刻，一刻十五分，一分六十秒。以分通之，三百四十八分有奇；以秒通之，二萬零九百二十五秒。一日八萬六千四百秒。考其實，則《回回曆》已如此。《回回曆》法一歲三百六十五日，歲有十二宫，宫有閏日，一百二十八年閏三十一日，然則一歲閏一百二十八分日之三十一，正西法之歲餘也。以一百二十八乘二萬零九百二十五，得二百六十七萬八千四百。以八萬六千四百除之，得三十一。《回回曆》以春分爲歲首，其歲餘由累測春分得之。《歐邏巴曆》遂用之，至今因之，雖分下之四十五秒未必無朓朒，當亦甚微矣。以此平率爲準，隨其時之最高衝與最高之行而進退焉。冬至近高衝，則兩歲冬至之距必多於平率。今時多一分弱。夏至近最高，則兩歲夏至之距必少於平率。今時少一分弱。猶之太陰當朔時近入轉，兩朔相距之日時必少。若朔時近月孛，望時近入轉，兩朔兩望相距反是。又古時太陽本輪、均輪半徑之差大於今日，則加減均數亦大，而冬至歲實當更增。至元辛巳閒，高衝約與冬至同度，則歲實尤大。其小餘刻下之分約有三十分，而《授時》定爲二十五分，宜其自丁丑至辛巳四年之閒即有半刻之差，而郭氏未之覺也。一年少五分，四年少二十分，幾於半刻之半矣。丁丑年之八刻半，本爲約略之數，半刻以下，固難測算真的也。以西法歲餘依《授時》萬分日較之，只有二十四刻二十一分八十七秒半，少《授時》歲餘三分一十二秒半。當時冬至爲盈初小輪，半徑差又大，其多於平率，必不至三分有奇也。

「然《授時》原有消長之法，是其新意。其法自辛巳元順推至一百年，則歲實當消一分。依法推至洪武十四年辛酉滿一百年，其歲實消一分爲三百六十五日二十四刻二十四分。若是辛巳元逆推至一百年，則歲實當長一分。依法推至宋孝宗淳熙八年辛丑滿一百年，歲實長一分，爲三百六十五日二十四刻二十六分。每相距增一百年，則歲實消長各增一分。以是爲上考下求之準，《大統》諸法悉遵《授時》，獨不用消長之法上考下求，總定爲三百六十五日二十四刻二十五分，此其異也。

永按：冬至相距之歲實大於平率，最高衝有行度，而小輪均數又有大小，宜其歲實有消長分數。然必當時測定之歲實已真確，又知其無可復加，而後知將來之漸消。若《授時》歲餘刻下之二十五分尚非確數，其差分已見端於丁丑辛巳四年之間，則辛巳以後能必其果消乎？郭太史曆考正者七事，創法者五事，皆不數歲實消長，蓋未能真知所以消長之故。但暗用楊忠輔《統天曆》爲活法以推往古，意謂下考將來亦如是耳。明《大統曆》悉遵《授時》，獨不用消長之法，當時曆官元統非有確見，實測知其不當用消分也。以今觀之，猶幸《大統》不用消分。冬至縱有先天，尚未甚遠，倘遽改二十五分爲二十四分，其先天不愈多乎？當至元時，刻下小餘約有三十分。《授時》一歲少五分，百年約先天五刻。

「歲實即一年之日數，自一年以至十百年，共積若干，是爲積日，亦謂之中積。上考下求，皆距至元辛巳立算。假如今康熙庚午歲相距四百零九算，依《授時》法推得積日一十四萬九千三百八十四日零一刻八十九分，因距算四百以上歲實當消四分，爲三百六十五日二十四刻二十一分，以乘距算四百零九，得如上數。《大統》不用消長，則積日爲一十四萬九千三百八十四日一十八刻二十五分，兩法相差一十六刻三十六分。」以命冬至日辰，《授時》得癸卯日丑初三刻，《大統》得癸卯日卯初三刻。

永按：凡天行盈縮進退必以漸，無驟增驟減之理。郭氏百年消長一分，則是百年之内皆無所差，至一百零一年驟增減一分，又越百年皆平差一分，至二百零一年又驟增減一分，豈有此數與法乎？即如其法算，數百年後亦當逐節計其消分，積而數之，不當總計當消之分，而以距算總乘之也。如《大統》算康熙庚午冬至癸卯日卯初三刻，查時憲書乃是巳初一刻。《大統》先天一十四刻。《授時》、《大統》用消分，不用消分均之，無當於天行，其故何哉？當年所測歲實，刻下小餘，其數不真故也。歲實已弱，而又消之，安得不先天乎？使當年改二十五分爲三十分，由辛巳以後，漸而消之，或庶幾。曰：「至元歲餘若果二十四刻三十分，則上考當長乎？消乎？」曰：「上考亦消也。蓋至元時高衝與冬至同度，小輪均數又大，故冬至歲實爲長極之時，而上考下考皆當消，但消於三十分之内，非消於二十五分之内也。今時高衝在冬至後七八度，小輪又漸小，冬至歲餘以萬分日計之，約二十四刻二十八九分之閒。劉宋大明時，高衝在冬至前半宮，以祖沖之紀法除其歲周，當時歲實三百六十五日二十四刻二十八分一十四秒。可見至元前後皆消於三十分之内，其消甚遲，約四百餘年始消一分。蓋小輪均數在初宮，有若平差故也。至一宮以外，則漸疾矣。若以春分平歲實相較，則冬至歲實上下數千年皆在長限之中，而至元時尤爲長之極，必俟高衝行至春分，則冬至歲實始平。如今之春分。又數千年，高衝行至夏至，最高行至冬至，如今之歲實，始爲消之極耳。如今之夏至。然冬至歲實消，則春分歲實長，冬至歲實消之極，則夏至歲實又爲長之極矣。抑今日本輪差小，古時差大，則消長中復有消長。苟知此理，則後之治曆者，但隨時測高衝之行與小輪之差，以算定氣，而歲實消長，俱可勿論。猶之太陰，但實算定朔、定望、定弦，不必復計此月與彼月多於朔策幾何，少於朔策幾何也。」

又曰：《曆學疑問》。「問：『歲實既有一定之數，授時何以有消長之法？』曰：『此非《授時》新法，而宋《統天》之法。然亦非《統天》億創之法，而合古今累代之法而爲之者也。』」

永按：《統天曆》，宋寧宗時楊忠輔所造。其歲實與《授時》正同，以斗分乘距差爲躔差，暗藏加減之法，約百年加減一分零六秒弱。然行之未久，鮑澣之造《開禧曆》，臧元震造《成天曆》，皆增歲實，改各率紛紛，迄無定論云。

「蓋古曆周天三百六十五度四分度之一，一歲之日亦如之，故四年而增一日。其後漸覺後天，皆以爲斗分太强，因稍損之。

永按：古曆四年而增一日，其術甚疎。雖古斗分宜多，亦約百數十年即當後天一日，何以自周迄漢，久而後覺？曰：「周之曆卻失之先天。僖公五年辛亥日南至，昭公二十年己丑日南至，皆先天二三日。曆數百年，以有餘之歲實盈其所先之數，乃適得其平。約在周、秦閒。厥後猶執《四分》之術，漸失之後天，故久而後覺耳。」

「自漢而晉而唐而宋，每次改曆，必有所減，以合當時實測之數，故用前代之曆以順推後代，必至後天，以斗分强也。斗分即歲餘。若用後代之曆，據近測以逆溯往代，亦必後天，以斗分弱也。

永按：漢以前之冬至非實測，先後天或至二三日。後漢末，劉洪始覺其後天而減斗分，東晉虞喜始立歲差法，後秦姜岌始知以月蝕衝檢日宿度所在，而劉宋之初冬至猶後天三日。大明時，祖沖之始詳於測景，以冬至前後二十餘日之景折對取中而定冬至，然後冬至日躔漸得其實。猶不能盡合也，故唐一行謂《麟德曆》以前，實録所記，乃依時曆書之，非候景所得。郭太史謂自《大明曆》以來，測景驗氣得冬至時刻真數者有六，然則實測之能合天者亦鮮矣。

「《統天曆》見其然，故爲之法以通之，於歲實平行之中，加一古多今少之率，則於前代諸曆不相乖戾，而又不違於今之實測，此其用法之巧也。然《統天曆》藏其數於法之中而未嘗明言消長，《授時》則明言之，今遂以爲《授時》之法耳。郭太史自述創法五端，初未及此也。

永按：《授時曆》實暗用《統天》之法者也，其歲餘二十四刻二十五分與《統天》同，而上推百年長一之法亦相似，故《授時曆議》謂自魯獻公戊寅至至元辛巳冬至日名共四十九事，《授時》法合者三十九，不合者十；《統天》不合者，惟獻公戊寅與

《授時》異，餘三十八與《授時》同，❶二曆推冬至略相似也。然而劉宋大明壬寅歲前冬至乙酉夜半後三十二刻七十分，則當時祖沖之測景推算所得者縱有未確，亦不甚遠。當時所算，約後天十六刻。詳見《冬至權度》。依《授時》、《統天》法，皆推甲申日戌初初刻，先天甚多，豈可謂《大明》非而《授時》、《統天》是與？郭氏謂自《大明》以來，測景驗氣得冬至時刻真數者有六，用以相距。既以大明壬寅之冬至爲得真數之首矣，及用法推算，即失此至，乃謂日度失常，其可乎？以今觀之，一由《授時》所定歲餘本未真；一由長數當漸積，不當總計長分，而以八百一十九距算總乘之也。《統天》距差乘躔差減汎積，失亦略同。

「然則《大統曆》何以不用消長？曰：此則元統之失也。當時李德芳固已上疏争之矣。然在洪武時，去《授時》立法不過百年，所減不過一分，積之不過一刻，故雖不用消長，無甚差殊也。《崇禎曆書》謂元統得之測驗，竊不謂然，何也？元統與德芳辨，但言未變舊法，不言測驗有差。又其所著《通軌》，雖便初學，殊昧根宗，閒有更張，輒違經旨，如月食時差既内分等，俱妄改背理。豈能於冬至加時先後一刻之閒而測得真數乎？

永按：明初李德芳與元統争歲實消長，爲曆家一段公案，關係有明二百餘年之曆法。邢士登恨元統不用消分，致萬曆閒節氣後天九刻有奇。愚有以斷之。據《授時》歲實上考，固宜有長分矣。然而《授時》之歲餘本未確，則所據以爲長之端

❶「授時」，原倒，今從沈梁校據《守山閣叢書》本《數學》卷二《歲時消長辯》乙正。

者亦未真。既言每百年長一分，則當以漸而長，乃總計長分以乘距算，則又無此算法。觀其推至大明壬寅，已違當時之實測，又何論春秋以前乎？德芳所據者謂魯獻公十五年戊寅天正甲寅冬至，依《授時》法推得甲寅日夜子初三刻，依《大統》法推得己未日午正三刻，「己未」史誤作「丁巳」。相差四日六時五刻，當用至元辛巳爲元及消長之法，方合天道。夫魯獻公之年，史有舛錯，本難憑信。此自劉歆《三統曆》逆推當年甲寅冬至。《漢志》謂獻公十五年甲寅冬至是甲寅耳，豈有實測，紀之信史哉？而德芳以此駁元統，其無卓識可知矣。然統之不用消長也，初無實據。但云「上考下推，不用消長，以合天道」，又云：「天道無端，惟數可以推其機；天道至妙，因數可以明其理。理因數顯，數從理出，故理數可相倚而不可相違。」夫既未嘗實測，而憑虛以言天道，言理數，宜其不能服德芳也。今日曆學大明，由後觀之，前此二百餘年，猶幸元統不用消分，冬至加時，先天尚未甚遠。蓋《授時》歲餘一歲約少五分，自至元辛巳至洪武甲子，一百零三年固已先天五刻矣。使大統減一分，又越百年二百年而更減之，先天不愈多乎？邢士登謂萬曆閒《大統曆》後天九刻，此非有所測驗，但據用消分與不用消分積算如此，豈知明曆皆失之先天乎？觀前所舉康熙庚午年時憲書癸卯日巳初一刻冬至，依《大統》算，卯初三刻，先天一十四刻；若依《授時》算，丑初三刻，則先天三十刻。自辛酉溯戊辰五十餘年，約減二三刻，則戊辰以前，《大統曆》率先天十一二刻。若用《授時》法，先天遂至二十七八刻矣，此豈可厚非

《大統》乎？

「然則消長必不可廢乎？」曰：上古則不可知矣。若春秋之日南至，固可攷據，而唐宋諸家之實測有據者，史册亦具存也。今以消長之法求之，其數皆合。若以《大統》法求之，則皆後天，而於春秋且差三日矣，安可廢乎？

永按：春秋時曆法最疏，置閏或疏或密，日食或不在朔，則步冬至違天可知。僖公五年丙寅正月辛亥朔，日南至。以今法推，此年平，冬至乙卯日巳時。定冬至在甲寅，即令此時小輪均數大，能使定氣移前一日半，亦不過癸丑日之夜刻辛亥，實先天二三日，且定朔壬子，亦非辛亥也。昭公二十年己卯二月己丑，日南至。以今法推，此年平，冬至壬辰。定冬至辛卯，當時推己丑，亦先天二日，且己丑爲此年正月朔，安得爲二月也？《授時》推僖公五年冬至，以歲餘長十九分，乘距算一千九百三十五，加於中積，得辛亥日寅初二刻。是以總長分數乘距算，而非積漸而長，亦因《傳》有辛亥日南至之文，强爲此算以求合，不知辛亥非實測也。唐一行謂僖公登觀臺以望而書雲物，出於表晷天驗，非時史億度。愚謂《傳》言書雲，未嘗言測景。其推昭二十年冬至，以十八乘距算一千八百零二，則不得己丑，而得戊子日戌初三刻，其先天愈甚矣。此二事一合一否，皆不足爲據。且既能上合一千九百餘年之冬至矣，何以劉宋元嘉丙子十一月甲戌景長而推癸酉，大明辛丑十一月乙酉冬至即壬寅天正冬至。而推丙申？此二事皆八百餘年，反先天一日，豈非總分乘距算之法非法，故失之乎？

「然則《統天》、《授時》之法同乎？」曰：

亦不同也。《統天曆》逐年迭差，而《授時》消長之分，以百年爲限，則《授時》之法又不如《統天》矣。

永按：《統天》以距差乘躔差，其失亦與《授時》等。由其根數未確。

「夫必百年而消長一分，未嘗不是，乃以乘距算，其數驟變，殊覺不倫，鄭世子黄鍾曆法所以有所酌改也。假如康熙辛酉年距元四百算故消四分，而其先一年庚申距算三百九十九只消三分，是庚申年歲餘二十四刻二十二分，而辛酉年歲餘二十四刻二十一分也。以此所消之一分乘距算，得四百分，則辛酉歲前冬至忽早四刻，而次年又只平運，以實數計之，庚申年反只三百六十五日二十刻二十二分，辛酉年則又是三百六十五日二十四刻二十一分，其法舛矣！

永按：《授時》之謬法，勿菴先生亦已覺之矣。抑不惟如此而已，年愈遠則失愈甚。如推至春秋時一千九百年，則歲餘二十四刻四十四分。若一千九百零一年，歲餘增一分，此一分乘距算一千九百零一，前一歲忽增一十九刻有餘，則歲實有三百六十五日四十三刻有奇，豈不甚可笑乎？況又有遠於此者乎？

「問：『歲實消長之法既通於古，亦宜合於今。乃今實測之家又以爲消極而長，其説安在？豈亦有所以然之故與？』曰：『《授時》雖承《統天》之法而用消長，但以推之舊曆而合耳，初未嘗深言其故也。惟曆書則爲之説曰：歲實漸消者，由日輪之轂漸近地心也。余嘗竊疑其説，今具論之。夫西法以日天與地不同心，疏盈縮加減之理。其所謂加減皆加減於天周三百六十度之中，非有所增損於其外也。夫最高則視行見小而有所減，最卑則視行見大而有所加。加度則減時矣，減度則加時矣，然皆以最卑之所減，補最高之所加。及其加減已周，則其總數適合平行，略無餘欠也。若果日輪之轂漸近地心，不過其加減之數漸平耳。加之數漸平，則減之數亦漸平，其爲遲速相補而歸於平行，一也。豈有日輪心遠地心之時，則加之數多而減之數少；日輪心近地心時，則減之數少而加之數多乎？必不然矣！』

永按：冬至相距之日時，古今有多少，不過汎歲實與平歲實相差，其相差又有舒疾之漸耳。若知冬至有平有定，本不必言消長。必欲言其消長，則其故有二：一由高衝離冬至有遠近，一由日小輪古今有大小也。高衝秋分行至冬至，此三宮定冬至，皆在平冬至前；自冬至行至春分，此三宮定冬至，皆在平冬至後。總此六宮，上下約萬年，以今時最高衝行約之。皆在長限，以其冬至汎歲實皆多於平歲實故也。惟高衝正當春分秋分，此兩歲歲實皆平，即西法三百六十五日五小時四十八分四十五秒是也。離此則漸有差。前三宮由平而漸增多，是爲長中之長；至高衝與冬至同度，則定冬至與平冬至同日同時，是爲長之極，當郭太史作曆，正其時也。後三宮由極多而漸減以至於平，是爲長中之消。今時高衝在冬至後八度，其消尚未多也。若高衝過春分而行至夏至，此三宮定冬至亦在平冬至後；自夏至行至秋分，此三宮定冬至又在平冬至前。總此六宮，亦約萬年，皆在消限，以其冬至汎歲實皆少於平歲實故也。前三宮由平而漸減，是爲消中之消；至高衝與夏至同度，則定冬至亦與平冬至同日同時，是爲消之極；後三宮由極少而漸增以至於平，是爲消中之長。此通高衝行一周天而總論其消長也。然而太陽兩小輪半徑三千五百八十四，古多而今少。多則小輪稍大，日躔加減均亦稍大；少則小輪稍小，加減均亦稍小。高衡之行，一年一分一秒十微。西士後測。此一分一秒十微若在均數稍大之中，則度分變爲時分之秒數，以加減於平時者必稍多；若在均數稍小之中，則度分變爲時分之秒數，以加減於平時者必稍少。如崇禎戊辰所立之《加減差表》，初宮之初度，十一宮之末度，每一十分均數二十有二秒。高衡一年行一分一秒十微，約均數二秒有奇。此二秒有奇，變爲時約五十七秒，以加於平歲，餘五小時三分四十五秒，得五小時四分四十二秒。如小輪稍大，則初度一十分之均不止二十二秒，而一歲高衡之行不止得均二秒有奇，其變時亦不止五十七秒矣。如小輪稍小，則初度十分不及二十二秒，高衡之行得均數不及二秒，則變時亦不及五十七秒矣。此略舉初度之均數爲例，其他可類推。古今小輪之大小雖不可盡知，以劉宋元嘉、大明間屢年之實測，算當時之不同心差，蓋四千有奇，詳《冬至權度》。則均數必稍强。至元時，《授時曆》冬至盈初加分，多於今日之加分，則當時小輪半徑不止三千五百八十四。自此以後至今日，小輪漸小，均數亦漸少，高衡行度所得之均數，以減度加時者所得，亦稍弱焉。此又因輪轂漸近地心，而微有消分也。

「又考《日躔永表》，彼固原未有消長之說。《日躔曆》指言平歲，用《授時》消分定歲，則用最高差，及查《恒年表》之用，則又只用平率，是其說未有所決也。

永按：曆書非出一手，故有不相應處。其歲實平率出《回曆》，《回曆》得之實測春分。此曆書最緊要處，惜未明白剖析。其《日躔表說》辨論從前言消長者之非，則固有定說矣，但小餘微有不同耳。曆書平歲實小餘五小時三刻三分四十五秒，以萬分通之，是二四二一八七五也。今《曆象考成》亦用之。而《日躔表説》二四二一八八六四，較多一一四。

「又曆書言日輪漸近地心，數千年後，將合爲一點。若前之漸消由於兩心之漸近，則今之消極而長，兩心亦將由近極而遠，數千年後又安能合爲一點乎？彼蓋見《授時》消分有據，而姑爲此説，非能極論夫消長之故者也。

永按：七政皆有小輪，獨日之小輪有改變。竊意久亦必復，豈有與地心合爲一點之理？自至元辛巳以後，正是長極而消，非消極而長也。曰：「今實測之冬至，後於《授時》之中積，分明是長，而以爲消，何也？」曰：「前已言之矣。《授時》歲餘刻下之分當有三十分，而郭氏定爲二十五分也。《授時》之歲實，豈非出於實測？然因其自述丁丑辛巳四年冬至，得其自相乖違之處，因以知至元時爲長極而消之大界，與《日躔加減表》十一宮末度以前均數漸減之理固相符也。」

「『然則將何以求其故？』曰：『《授時》以前之漸消，既徵之經史而信矣，而今現行曆之歲實，又稍大於《授時》，其爲復長，亦似有據。竊考西曆最高卑，今定於二至後七度，依《永年曆》每年行一分有奇，則《授時》立法之時，最高卑正與二至同度，而前此則在至前，過此則在至後，豈非高衝漸近冬至而歲餘漸消？及其過冬至而東，又復漸長乎？余觀《七政曆》，於康熙庚申年移改最高半度弱，而其年歲實驟增一刻半强，此亦一徵也。存此以俟後之知曆者。』己未年最高在夏至後六度三十九分，庚申年最高在夏至後七度七分，除本行外，計新移二十七分。己未冬至庚戌日亥正一刻四分，庚申年冬至丙辰日寅正二刻二分，實計三百六十五日二十四刻十三分。前後各年俱三百六十五日二十三刻四分或五分，以較庚申年歲實，驟增一刻九分。

永按：歲實消長之故，一由最高衝之有行度。先生因最高改移、歲實驟增而悟及此，猶云存之以俟知者，亦欲後人由此致思也。然其所言消長，若與實算相反，何也？《日躔加減表》初宫與十一宫同均，而加減異號。至元辛巳以前，高衝行未及冬至，則用初宫之均度分秒加度而減時。辛巳以後，高衝行已過冬至，則用十一宫之均度分秒減度而加時。前減時則定冬至在平冬至前，後加時則定冬至在平冬至後。初宫之初度與十一宫之末度其均最大，則一歲高衝之行所得均數最多，變爲時以加減於平時者亦最多，故此處歲實極大，皆最長之時也。初宫若離初度稍遠，則均漸少，而變時以減平時者亦稍少，歲實亦稍減矣。十一宫若離末度稍遠，則均漸少，而變時以加平時者亦稍少，歲實亦稍減矣。故高衝行漸近冬至，其均由少而多，歲實正漸增以至於極也，而此謂歲餘漸消；高衝已過冬至，其均由多而少，歲實則由極多以漸減也，而此謂復漸長，豈非與實算相反乎？蓋先生論消長不主平歲實爲根耳。

「王寅旭曰：『歲實消長，其説不一。謂由日輪之轂漸近地心，其數浸消者，非也。日輪漸近則兩心差及所生均數亦異，以論定歲誠有損益，若平歲歲實尚未及均數，則消長之源與兩心差何與乎？識者欲以黄、赤極相距遠近求歲差朓朒，與星歲相較爲節氣消長終始循環之法。夫距度既殊，則分至諸限亦宜隨易，用求差數，其理始全。然必有平歲之歲差而後有朓朒之歲差，有一定之歲實而後有消長之歲實。以有定者紀其常，以無定者通其變，始可以永久而無弊。』

永按：古今言歲實消長者皆從冬至歲實言之，非論平率歲實也。因兩心差及所生均數異而定氣微有損益，是亦消長之一根，不可謂其無與。若黄、赤極相距遠近求差數，此説恐未然。其言「有平歲之歲差而後有朓朒之歲差，有一定之歲實而後有消長之歲實」，此數言極中肯綮。一定之歲實，從春分測定之平歲實是也。苟知此則但言平冬至定冬至，不必言消長，亦可矣。

「按寅旭此論是欲據黄、赤之漸近以爲歲實漸消之根。蓋見西測黄、赤之緯，古大今小，今又覺稍羸，故斷以爲消極復長之故。然黄、赤遠近，其差在緯；歲實消長，其差在經。似非一根。又西測距緯復羸者，彼固自疑其前測最小數之未真，則亦難爲確據。愚則以中曆歲實起冬至，而消極之時，高衝與冬至同度。高衝離至而歲實亦增。以經度求經差，似較親切。愚與寅旭生同時而不相聞，及其卒也乃稍稍見其書。今安得起斯人於九原，而相與極論以質所疑乎？」

永按：先生經緯之辨最確。而謂高衝與冬至同度爲消極之時，永已論之於前。

又曰：考最高行及歲餘。「按日行盈縮細考之，則春分距夏至，夏至距秋分，雖皆縮曆，而其縮亦不同；秋分距冬至，冬至距春分，雖皆盈曆，而其盈亦不同，且年年不同。細求之，則節節不同；又細求之，且日日不同矣。其故何也？蓋最高一點不在夏至，而在其後數度，又且年年移動，此太陽盈縮之根，而歲實所以有消長也。

永按：以太陽盈縮之根，推歲實所以

有消長，此先生之定見定説也。

「按：庚申年夏至至冬至一百八十三日十三刻六分，辛未年夏至至冬至一百八十三日十四刻九分，十二年中共長一刻零三分。中積只十一年。壬戌年冬至至次年夏至一百八十二日九刻九分，庚午年冬至至次年夏至一百八十二日八刻十分，九年中共消十四分。中積共只八年。又合計癸亥夏至至前半周一百八十二日九刻九分，冬至前半周一百八十三日十三刻十分，相較一日零四刻一分；辛未夏至前半周一百八十二日八刻十分，冬至前半周一百八十三日十四刻九分，相較一日零五刻十四分，八年中較數增一刻十三分。

永按：此以半年之氣，前後相較，驗最高之東移。若以兩歲冬至、春分、夏至、秋分及各節氣，兩歲相距，皆各有其歲實，而冬至爲最大，夏至爲最小，春秋分爲近平。又越數十年，而諸歲實亦微有不同矣。前代只知冬至歲實，不知逐節皆有歲實也。

「然二分之相距，則無甚差，何也？蓋最高移而東，則夏至後多占最高之度，而減度加時之數益多，故益長。高衝移而東，則冬至後多占最卑之度，而加度減時之數益多，故益消。其近二至處，皆爲加減差最大之處，故消長之較已極也。乃若二分與中距雖亦歲餘，而中距皆爲平度，不係加減。其最高前後視行小之度，固全在春分後半周；最高衝前後視行大之度，亦全在春分後半周，毫無移動，故無甚消長也。

永按：二分無甚差，故欲得平歲實，須於近二分時測之。若高衝行至春分則二分之距又最大，而二至反平矣。

「按：《授時》消分爲不易之法，今復有

長者，何耶？西法最高卑之點在兩至後數度，歲歲東移，故雖冬至亦有加減，不得以恒爲定也。此是西法中一大節目，其法自《回回曆》即有之。袁了凡先生頗采用《回回》法而不知此，熊礌石先生親與西儒論曆而亦不言及，何耶？」

永按：最高卑之有行度，誠西法中一大節目。袁氏《新書》不知有最高卑，又何以能較論前代諸曆之先後天乎？

又曰：《曆學疑問》。「袁了凡《新書》通《回回》之《立成》於《大統》，可謂苦心，然竟削去最高之算，又直用《大統》之歲餘而棄《授時》之消長，將逆推數百年已不效，況數千萬年之久乎？」

永按：袁書逆推數百年已不效，誠然。若棄《授時》之消長，則無足論。《授時》本非不刊之法也。今時《曆象考成》推步只有求天正冬至與求定冬至之法而不言消長，紛紛之論可定矣。

金水發微

勿菴先生曰：問：「五星之法，至西曆而詳明。然其舊説五星各一重天，大小相函，而皆以地爲心。其新説五星天雖亦大小相函，而以日爲心。若是其不同，何也？」曰：「無不同也。西人九重天之説，第一重宗動天，次則恒星，又次土星，次木星，次火星，次太陽，次金，次水，次太陰，是皆以其行度之遲速而知其距地有遠近，因以知其天周有大小，理之可信者也。星之天有大小既皆以距地之遠近而知，則皆以地心爲心矣。是故土木火三星距地心甚遠，故其天皆大於太陽之天而包於外；金水二星距地心漸近，故其天皆小於太陽之天而在其内，爲太陽天所包，是其本天皆以地爲心，無可疑者。惟是五星之行，各有歲輪。歲輪亦圓，象五星，各以本天載歲輪。歲輪心行於本天之周，星之體則行於歲輪之周以成遲疾留逆。若於歲輪上星行之度聯之，亦成圓象，而以太陽爲心。西洋新説謂五星皆以日爲心，蓋以此耳。然此圍日圓象，原是歲輪周行度所成，而歲輪之心又行於本天之周，本天原以地爲心，三者相待而成，原非兩法，故曰無不同也。」上三星在歲輪上右旋，金水在歲輪上左旋，皆挨度平行。

「夫圍圓象既爲歲輪周星行之迹，則遲留逆伏之度，兩輪皆有之，故以歲輪立算，可以得其遲留逆伏之度；以圍日圓輪立算，所得不殊。立法者溯本窮源，用法者從簡便算，如曆書上三星用歲輪，金水二星用伏見輪，皆可以求次均，立算雖殊，其歸一也。或者不察，遂謂五星之天，真以日爲心，失其指矣。」

「《曆指》又嘗言火星天獨以日爲心，不與四星同。予嘗斷其非是，作圖以推明地谷立法之根原，以地爲本天之心，其説甚明。其金水二星，《曆指》之説多淆，亦久疑其非。今得門人劉允恭悟得金水二星之有歲輪，其理的確而不可易，可謂發前人之未發矣。」

問：「金水二星之求次均也用伏見輪，《曆指》謂其即歲輪，其説非與？」曰：「非也。伏見輪之法起於《回曆》，而歐邏因之。若果即歲輪，何爲别立此名乎？由今以觀，蓋即歲輪上星行繞日之圓象耳。」王寅旭書亦云伏見輪非歲輪。

「然則伏見輪既爲圍日之迹，上三星宜皆有之，何以不用而獨用之金水？」曰：「以其便用也。蓋五星行於歲輪，起合伏終合伏皆從距日而生，故五星之歲輪並與日天同大，而歲輪之心原在本天周，故其圍日象又並與本天同大。上三星之本天包太陽外，其大無倫，又其行皆左旋，所以左旋之故，詳具後論。頗費解説，故只用歲輪也。至于金水本天在太陽天内，伏見輪與之同大，又其度順行，故用伏見輪。亦即繞日圓象。若用歲輪，則金水之歲輪反大於本天，以歲輪與日天同大，故皆大於本天。故不用歲輪，非無歲輪也。承用者未能深考立法之根，輒謂伏見輪即歲輪，其説似是而非，不可不知也。伏見亦起合伏終合伏有似歲輪，然歲輪之心行於本天之周，而伏見輪以太陽爲心，故遂以太陽之平行爲平行，皆相因而誤者也。」「然則金水既非以太陽之平行爲平行，又何以求其平行？」曰：「歲輪之心行於本天，是爲平行，乃實度也。實度者，周度也。以本天分三百六十度，而以各星周率平分之，則得其每日平行。如土星二十九年奇而行本天一周，則二十九日而行一度，每日平行二十九分度之一，是爲再遲。木星十二年周天，每日平行約爲十二分度之一；火星二年周天，約爲每日平行半度；金星二百二十餘日周天，約每日平行一度强；水星八十八日弱而周天，約每日平行四度：皆平行實度。若歲輪及伏見輪雖亦各分三百六十度，亦各有平行，然而非實度也，既非本天上平行之度，又非從地心實測之平行度。乃各星之離度耳。因此離度下文詳之。用三角法，從地心測之，則得其遲留伏逆之狀，亦爲實度矣。」此實度不平行，與本天之平行實度不同。「本天之度，平行實度也；歲輪及伏見，乃離度也。離度爲虚數，故皆以半徑之大小爲大小。」「伏見輪上行度與歲輪同，所不同者，半徑也。伏見之半徑皆同本天，歲輪之半徑皆同日天。」問：「何以謂之離度？」曰：「於星平行内減去太陽之平行，故曰離度，乃離日之度也。以太陰譬之，其每日平行十三度奇者，太陰平行實度；每日十二度奇者，太陰之離度也。於太陰平行内減太陽平行。

是故金星每日行太半度奇，水星每日約行三度，皆於星平行内減太陽之平行。因金水行速，其離度在太陽之前，乃星離於日之度，故其度右旋順行，與太陰同法也。若上三星，則當於太陽平行内減去星行，是爲離度。蓋以上三星行遲在太陽之後，乃星不及於日之度。其度左旋而成逆行，與太陰相反，然其爲離日之行度，一而已矣。王寅旭《五星行度解》謂上三星左行，蓋謂此也。然竟以此爲本天，則終非了義。平行者，對實行而言也。然實行有二：一是本天最高卑之行，亦曰實行；一是黄道上遲留逆伏實測，亦曰視行。是二者皆必以本天之平行爲宗。若金水獨以太陽之平行爲平行，是廢本天之平行矣，又何以求最高卑乎？圜日之輪，即伏見輪。起合伏終合伏是即古法之合率也，本天之行則古法之周率也，最高卑則古法之曆率也。又有正交、中交以定緯度，即如古法之太陰交率也。此一法是西法勝中法之一大端。是數者，皆必以本天取之，故不得以圜日之輪爲本天。《曆指》言金星正交定於最高前十六度，水星正交與最高同度，其所指皆本天之度，非伏見行之度，則伏見輪不得爲本天，明矣。今以《七政曆》征之，不惟最高卑之盈縮有定度，即其交南北亦有定度，故金星恒以二百二十餘日而南北之交一終，水星則八十八日奇而交終。此皆論本天實度，原不論伏見行，是尤其較著者矣。」

永按：七政皆有本天，本天皆有平行之實度。月與五星皆有次輪，而五星次輪亦曰歲輪，皆因離日遠近而生離度。月之離度起合朔，終合朔；五星離度起合伏，終合伏。土木火三星在日之上，其本天大，其右行之度遲，則於太陽平行度内減其星之行度，是爲歲輪上離度。合伏至衝日半輪，星西而日東；衝日至合伏半輪，星東而日西。金水二星在日之下，其本天小，其右行之度速，則於本天平行度内減太陽平行度爲歲輪上離度。合伏至衝日，星東而日西；衝日至合伏，星西而日東。金水本天雖小，而歲輪如上三星，與日天等。大星在歲輪上半周，則歲輪負星出日上，至下半周乃在日天下。其繞日之圜象，實由歲輪上星行軌迹所成，與上三星成繞日大圓者同理，而曆家別名爲伏見輪，所得不殊。又即以太陽之平行爲二星之平行，皆徑捷之權法，而承用者遂以伏見當歲輪，以日天爲二星本天，且置本輪均輪於日天上，而二星之本天與歲輪皆隱。得勿菴先生發其藴，本象始明。而觀者終疑金星二百二十四日奇周天，水星八十八日奇周天，何以能終古附日也？乃多作圖以顯其象。

附　録

先生生六歲，讀書日記數千言。嘗見明丘濬《大學衍義補》多引《周禮》，愛之，求得其書，朝夕諷誦，自是遂研覃《十三經注疏》。凡古今制度及鍾律、聲韻、輿地無不探賾索隱，測其本始。王昶撰墓誌銘。

先生嘗一至江西，應學使金德瑛之招也；一游京師，以同郡程編修恂延之也。是時三禮館總裁方侍郎苞自負其學，及聞先生名，願得見。見則以所疑《士冠禮》、《士昏禮》中數事爲問。先生從容置答，乃大折服。而荆溪吴編修紱於《儀禮》功深，及交先生，質以《周禮》中疑義，是以有《周禮疑義舉要》

之作。吴歎曰：「先生非常人也。」戴震撰事略狀、錢大昕撰傳、江藩《漢學師承記》。

先生家故貧，其居鄉嘗援《春秋傳》豐年補敗之義，勸鄉人輸穀若田，設立義倉。行之三十年，一鄉之人不知有飢。戴震撰事略狀。

先生殁後一年，詔修《音韻闡微》。秦尚書蕙田請於朝，令江南督臣檄取先生所著韻書三種進呈貯館，以備采擇。蓋戴編修震在京師，嘗爲尚書言先生之學，故有是請。尚書撰《五禮通考》，摭其曆説入《觀象授時》一類，而全載《推步法解》一書，憾不獲見《禮經綱目》也。戴震撰事略狀、錢大昕撰傳。

先生曰：「宣城有梅勿菴先生，曆算第一名家，年已耄，欲得人傳其學，且有爲永介紹者，因牽於俗累，不能往。一日游書肆，見殘紙二幅，或云是梅書。試閲之，皆《授時》、《大統》之説，永始疑先生之學蓋主中而黜西。果爾，則邢士登《律曆考》家有鈔本，不煩褰裳問津矣。自是遂絶意於梅。又廿餘年，先生久捐館，有太平崔君嘗游先生之門，携《勿菴書目》、《曆學疑問》、《疑問補》三書。假觀，永始歎服，亟録之。又二年，始賺得兼濟堂《曆算全書》，乃望洋驚怖，追憶前二紙，則《曆學駢枝》中語。此先生早年從《通軌》入手之書，後來研精西法，所詣大不爾也。因悔恨曩者既不獲及先生之門，中閒又爲二殘紙所誤，且不肯求先生之書。及晚歲得之，則精神瞀昏，心力鈍敝，不敢望嚌胾於堂，矧能燭照於室乎？」先生撰《翼梅序》。

戴震總校四庫書，乃盡取先生書二十種，寫之以藏祕府。王昶撰墓志銘。

先生弟子著籍者甚衆，而戴震、金榜尤得其傳。同上。

夏鑾曰：「近儒學術兼考據詞章者，惟

朱竹垞；兼漢學、宋學者，惟江慎修。江氏書無不讀，人知其邃於三《禮》，而不知其《近思録集注》實擷宋學之精。」又曰：「戴東原學出江氏，其著書文詞古質，可謂青勝於藍。然不如江氏書平易切實，人人可曉，足裨後學。」胡培翬撰《夏先生墓志銘》。

慎修弟子

戴先生震別爲《東原學案》。

程先生瑶田別爲《讓堂學案》。

金先生榜

金榜字蘂中，一字輔之，晚號檠齋，歙縣人。少有過人之資，受經學於江先生慎修，又以戴東原、劉海峰、方朴山爲師友。年三十一，高宗南巡，召試詩賦，賜舉人，授内閣中書，在軍機處行走。越七年乾隆壬辰，成一甲一名進士，授修撰。典山西鄉試，以父喪歸。服除，即乞假不出，著書自娱。有諷先生復入朝者，笑應之曰：「富貴者，一日之榮，猶冬之裘，夏之箑，時過無所用之。君子縱不獲争光日月，或得比壽丘陵乎？」治三《禮》以康成爲宗，然鄭義所未衷者必糾舉之，不誣家法。嘗舉《鄭志》答趙商之言曰：「『悉信亦非，不信亦非。』斯言也，敢援以爲治經之法。」所著《禮箋》十卷，大興朱文正公序稱爲「辭精義覈」者也。老年髀痛，卧牀席閒，猶手定其稿。嘉慶六年卒，年六十有七。參吴定撰墓志銘、江藩《漢學師承記》、《禮箋序》。

禮箋

周官軍賦

歲丁亥，與戴東原同居京師。東原以《司馬法》賦、出車徒二法難通，余舉《小司徒》正卒、羨卒釋之。東原曰：「此有益於爲《周官》之學者。」遂著録焉。

《夏官》諸司馬職亡，周人軍賦，莫可考見。其制有正卒以起軍旅，有羨卒以作田役，比追胥。《小司徒》職「均土地以稽其人民，而周知其數：上地家七人，可任也者家三人；中地家六人，可任也者二家五人；下地家五人，可任也者家二人。凡起徒役，無過家一人，以其餘爲羨。惟田與追胥竭作。」又云：「凡國之大事致民，大故致餘子。」此正、羨二卒，以《司馬法》計之，率十人而賦其一，其大法也。《司馬法》一云：六尺爲步，步百爲畝，畝百爲夫，夫三爲屋，屋三爲井，井十爲通。通爲匹馬，三十家士一人，徒二人。通十爲成。成百井，三百家革車一乘，士十人，徒二十人。十成爲終。終千井，三千家革車十乘，士百人，徒二百人。十終爲同，同方百里，萬井，三萬家革車百乘，士千人，徒二千人。蓋家計可任者一人，一成三百家，可任者三百人。而革車一乘，士徒凡三十人，是爲十而賦一，所謂「凡起徒役，無過家一人」者也。一云：九夫爲井，四井爲邑，四邑爲丘。丘十六井，有戎馬一匹，牛三頭，是曰匹馬丘牛。四丘爲甸。甸六十四井，出長轂一乘，馬四匹，牛十二頭，甲士三人，步卒七十二人，戈楯具備，謂之乘馬。甸六十四井，通上中下地率之定，受田二百八十八家，計可任者二家五人，凡七百二十人，出長轂一乘，步卒七十二人，亦十而賦一。如以一成三百家計之，亦得七十五人。甲士三人者，其軍吏，劉劭《爵制》曰：「古者兵車一乘，步卒七十二人，分翼左右。車大夫在左，御者處中，勇士居右，凡七十五人。」《李衛公問對》：「周制一乘，步卒七十二人，甲士三人。」以二十五人爲一甲，凡三甲，共七十五人。所謂「惟田與追胥竭作」者也。前法，家可任者一人，十賦一，爲正卒；後法，可任者二家五人，十賦一，爲通正、羡之卒。《大司馬》職：「凡令賦以地與民制之。上地食者三之二，其民可用者家三人。中地食者半，其民可用者二家五人。下地食者三之一，其民可用者家二人。」不言起徒役者家一人，爲下經「四時之田」立文，所謂「田與追胥竭作」也。《小司徒》職：「凡起徒役，毋過家一人。」不言可任者，蒙上「可任也者家三人，二家五人，家二人」省文，非謂家作一人爲徒役。其云「田與追胥竭作」，亦非竭作此家三人二人爲羡卒也。自「均土地」至「田與追胥竭作」，爲小司徒稽民數而辨其可任者之事。下云「大事致民，大故致餘子」，爲小司徒臨事徵調之事。先鄭云「餘子謂羡者」是也。後鄭謂「餘子爲卿大夫之子」，則當諸子帥之，至于太子宫正宫伯令之。小司徒掌萬民，不當致卿大夫之子。《族師》職曰：「五家爲比，十家爲聯。五人爲伍，十人爲聯。四閭爲族，八閭爲聯。使之相保相受相共，以役國事。」《士師》之職曰：「掌鄉合州黨族閭比之聯，與其民人之什伍，使之相安相受，以比追胥之事。」明聯其什伍。十賦一爲卒，爰使其居者相與共其馬牛、車輦、兵器諸用物。是爲周人以地與民制賦之成法。孫武言興師十萬，不得操事者七十萬家。彼與八家賦出一卒，七家相與共其用，故云「不得操事」，是猶略具周人任民遺意。管子治齊，作内政，寄軍令，卒伍定乎里，軍政成乎郊。其制士鄉十五，始家出一人爲卒。班孟堅氏所謂「隨時苟合以求欲速之功，故不能充王制」者也。《詩》頌魯僖曰：「公車千乘，公徒三萬。」與《司馬法》「革車一乘，士十人，徒二十人」數合。《春秋》成元年「作丘甲」，昭四年，子産亦作丘賦。說者謂此甸所賦，使丘出之，丘十六井，通上中下地，二而當一，爲七十二家，亦家出一人爲卒。至戰國時蘇秦謂臨淄之中七萬户，下户三男子，臨淄之卒固已二十一萬。始盡役其家之正羨爲卒，而禍變亟矣。儒者於《周官》軍賦往往襍引《管子》釋之，而于《司馬法》與《周官》更相表裏轉茫然莫辨，甚矣其惑也！成方十里，百井九百夫之地，以九百夫計之，山陵、林麓、川澤、溝瀆、城郭、宫室、涂巷三分去一，其餘六百夫，通上中下地率之一家受二夫之地。《司馬法》云「成三百家，出車一乘」是也。若以百井計之，三分除之不盡，又不便開方計算，故除其緣邊三十六井爲甸，方八里。《司馬法》「甸出長轂一乘」是也。二法起數雖殊而同制。《藝文志·軍禮司馬法》一百五十篇，《七略》入《兵家》，《班志》出之，入《禮》。言兵家者，蓋出古司馬之職，王官之武備也。下及湯、武受命，以師克亂，而濟百姓，動之以仁義，行之以禮讓，《司馬法》是其遺事也。自春秋至于戰國，出奇設伏，變詐之兵並作，明是書之作，遠在春秋以前。《隋書·經籍志》則云：「《司馬兵法》三卷，司馬穰苴撰。」是時此書已闕佚不全，徒據《史記·司馬穰苴傳》爲撰自穰苴。案：傳言齊威王使大夫追論古《司馬兵法》，而附《穰苴》于其中，因號曰《司馬穰苴兵法》。太史公曰：「余讀《司馬兵法》，閎廓深遠，雖三代征伐，未能竟其義，如其文也。」亦少褒矣。若夫穰苴，區區爲小國行師，何暇及《司馬兵法》之揖讓乎？其《自叙》云：「《司馬法》所從來尚矣！太公、孫、吴、王子能紹而明之。」又云：「自古王者而有《司馬法》，穰苴能申明之。」考《史記》諸文，則謂《司馬法》爲穰苴所撰者，由讀《史記》未審矣。曹公《新書》云：「攻車一乘，前拒一隊，左右角二隊，共七十五人。守車一乘，炊子十人，守裝五人，廄養五人，樵汲五人，共二十五人。攻守二乘，共一百人。見于《李衛公問對》及張預《孫子注》者可據。」蓋本《孫子》「馳車千駟，革車千乘，帶甲十萬」之說，與《司馬法》因井田制軍賦者絶異。唐杜牧誤引此爲《司馬法》，亦緣是時不見全書，遂滋譌舛，並附正之。

《小司徒》職曰：「乃經土地，而井牧其田野。九夫爲井，四井爲邑，四邑爲丘，四丘爲甸，四甸爲縣，四縣爲都，以任地事而令貢賦。」凡税斂之事，此經主于任地令賦。丘甸縣都者，出賦之定數也。古者一成百井，定出賦六十四井，謂之甸。甸之言乘也，謂出兵車一乘。賦法蓋權輿於此。《刑法志》曰：「一同百里，提封萬井，除山川沈斥、城池、邑居、園囿、術路三千六百井，定出賦六千四百井，戎馬四百匹，兵車百乘。一封三百一十六里，提封十萬井，定出賦六萬四千井，戎馬四千匹，兵車千乘。天子畿方千里，提封百萬井，定出賦六十四萬井，戎馬四萬匹，兵車萬乘。」今即一同之内出賦六千四百井計之，凡爲甸者百，爲縣者二十有五，爲都者六有奇，賦法備于一甸。小司徒經土地必計及一都之田，而後上中下地通率二而當一，井牧之法如此。鄭君釋其制爲造都鄙，更爲治洫治澮之説。榜謂大司徒之職，凡造都鄙，制其地域而溝封之，以其室數制之，不易之地家百晦，一易之地家二百晦，再易之地家三百晦。《周官》造都鄙之法具於是。至於匠人爲溝洫，司險設國之五溝五涂，皆掌其事於官。其用民力也，則均人均其力征，豐年公旬用三日，中年公旬用二日，無年公旬用一日。謂緣邊一里治洫，十里治澮，非古制也。如鄭君説，一同百里，僅四千九十六井出田税，又與《司馬法》丘乘之制不合。《小司徒》有九夫爲井之法，《遂人》有十夫有溝之法。地之險夷異形，廣狹異數，因地勢而制其宜。凡不可井者，濟以《遂人》法，而地無曠土。《孟子》請野九一而助，國中什一使自賦。國中城郭宫室差多，涂巷又廣，於《遂人》法爲宜。是《小司徒》實與《遂人》聯事通職，不以鄉遂都鄙異制，審矣。

冠衰升數

《喪服》經斬衰二章、齊衰四章、大功二章、小功二章、緦麻一章，咸未著其冠衰升數。《間傳》云：「斬衰三升，齊衰四升、五升、六升，大功七升、八升、九升，小功十升、十一升、十二升，緦麻十五升。去其半，有事其縷，無事其布曰緦。」後儒因齊衰、大功、小功各具三等，遂分降服、正服、義服當之。榜案：《喪服》經：「大功布衰裳，三月受以小功衰。」傳曰：「大功布九升，小功布十一升。」此大功章具有降服、正服、義服，同服衰九升、冠十一升，則五服冠衰升數，不以降服、正服、義服爲差，審矣。嘗以《喪服》記差之。記云：「衰三升，三升有半，其冠六升。以其冠爲受，受冠七升。」疏説三升半者爲諸侯爲天子、臣爲君之等。案：傳者於「斬衰菅屨」下但言「衰三升」，足明君父至尊，衰同升數，則三升有半爲布帶繩屨者言之，是爲斬衰二等。記云：「齊衰四升，其冠七升。以其冠爲受，受冠八升。」此齊衰有受服，明齊衰三月無受者不在其數。然則齊衰三年，與杖期、不杖期者同。衰四升，冠七升，所謂「至親以期斷」者如此。由是差之，齊衰三月者，其五升衰而八升冠乎？是爲齊衰二等。或以齊衰三年與期同升數爲疑。案：《喪服》經「疏衰裳齊，牡麻絰，古文此下有「冠布纓」三字，今從今文。削杖布帶疏屨，期者。」傳曰：「問者曰：『何冠也？』曰：『齊衰大功，冠其受也。』」鄭君以爲問之者見斬衰有二，其冠同。今齊衰有四，不知其冠之異同爾。然斬衰冠同者，亦以其冠爲受。此但言「冠其受」，無以明齊衰異冠。如鄭君説，殆非問者意也。經所陳疏衰以下，與上章三年者不殊。今文惟無「冠布纓」，故問冠不問衰，明衰同四升也。答以「冠其受」，明冠亦同七升。是三年期有差，而冠衰升數無差，記文固已該舉。注云「此謂爲母服」，失之。記云：「大功八升，若九升；小功十升，若十一升。」傳于大功章云：「大功布九升，小功布十一升。」則大功衰八升者冠，小功布十升謂殤大功也；大功衰九升者冠，小功布十一升謂成人大功也，是謂大功二等。傳曰：「緦麻小功冠其衰也。」經于大功言「三月受以小功衰」，明冠無受，疏云「受衰十一升，冠十二升」，失之。以大功冠十一升與所受小功衰升數同矣。記者于緦麻小功不復具言，明冠衰升數之差及所受服止于此。《閒傳》所列齊衰、大功、小功各有三等，注云「服主于受，是極列衣服之差」。今據《喪服》經校之，齊衰六升者，斬衰之冠及所受服也。大功七升者，齊衰之冠及所受服，又斬衰既練所受功衰也。其小功十一升爲成人大功之冠及所受服，則十升者殤小功冠衰，十二升者成人小功冠衰，是爲小功二等。此喪服冠衰升數，稽諸記與傳而可知者。

陰厭陽厭

《曾子問》：「孔子曰：『有陰厭，有陽厭。』曾子問曰：『殤不祔注云：「祔當爲備。」祭，何謂陰厭、陽厭？』孔子曰：『宗子爲殤而死，庶子弗爲後也。其吉祭特牲，祭殤不舉，無肵俎，無玄酒，不告利成，是謂陰厭；凡殤與無後者，祭于宗子之家，當室之白，尊於東房，是謂陽厭。』」注以祭于奧名陰厭，祭于西北隅得户明者名陽厭。又因曾子「殤不備祭何謂陰厭、陽厭」之言，明成人得備祭者當有陰厭、陽厭，故于《特牲》「尸謖之後，徹薦俎，敦設于西北隅」注云：「此所謂當室之白，陽厭也。」則尸未入之前爲陰厭矣。案：記云「是謂陰厭」、「是爲陽厭」，明陰厭、陽厭爲祭殤與無後者之定名，不得通于成喪之祭。《襍記》：「有父母之喪，尚功衰，而附兄弟之殤，則練冠附于殤，稱陽童某甫。」注云：「陽童，謂庶殤也。宗子則曰陰童。」是陰厭、陽厭以陰童、陽童得名，不繫于所祭之地。謂祭于奥爲陰，祭于西北隅爲陽，非《禮》意也。古者尸未入之前，祝酌奠之，祝于主前，謂之直祭，《郊特牲》「直祭祝于主」是也；注云：「謂薦孰時，如《特牲》、《少牢饋食》之爲也。直，正也。祭以孰爲正。」案：《祭統》云：「尸亦餕鬼神之餘也。」明祝于主者爲正祭。「尸謖之後，祝徹薦俎，敦設于西北隅」，謂之厭祭，《上經》「攝主不厭祭」是也。《曾子問》：「祭必有尸乎？」「若厭祭亦可乎？」本承上「攝主不厭祭」設問者。厭祭在尸謖後，則與陰厭、陽厭絶不相涉，不辨自明。

大學

周立三代之學，夏后氏之東序在東郊，殷之瞽宗、有虞氏之上庠在西郊，皆大學也。大學之教，樂正崇四術，立四教，順先王《詩》《書》禮樂以造士。《周官·大司樂》掌成均之法，以治建國之學政而合國之子弟焉。《成均》，五帝之樂，其法即五帝之遺法，《詩》《書》禮樂四術是也，故曰樂正、司業，其由來遠矣。《文王世子》：「凡曲藝皆誓之，謂之郊人，遠之於《成均》，以及取爵於上尊也。」遠之于《成均》，言其遠於《詩》《書》禮樂之教。注以遠之句絶，殆失其讀。《文王世子》：「春夏學干戈，秋冬學羽籥，皆於東序。

小樂正學干，大胥贊之。籥師學戈，籥師丞贊之。胥鼓南。春誦夏絃，大師詔之瞽宗；秋學禮，執禮者詔之；冬讀書，典書者詔之。禮在瞽宗，書在上庠。」鄭君注云：「周立三代之學，學《書》於有虞氏之學，學舞於夏后氏之學，學禮樂於殷之學。」是《詩》《書》禮樂造士之四術備具於東序。瞽宗、上庠，周之大學，實因此三學修而兼用之者也。《王制》、《內則》並言「有虞氏養國老於上庠，養庶老於下庠；夏后氏養國老於東序，養庶老於西序；殷人養國老於右學，養庶老於左學；周人養國老於東膠，養庶老於虞庠。虞庠在國之西郊。」注云：「上庠、右學，大學也，在西郊。下庠、左學，小學也，在國中王宮之東。東序、東膠亦大學，在國中王宮之東。西序、虞庠亦小學也，在西郊。」榜案：《樂記》：「武王克商，散軍而郊射，左射貍首，右射騶虞，而貫革之射息也。」注云：「左，東學；右，西學。」明左學、右學皆在郊。《王制》云：「大學在郊，天子曰辟雍，諸侯曰泮宮。」則辟雍、泮宮皆在郊也。故鄭君《駁異義》云：「《王制》大學在郊，辟雍即大學也。《大雅·靈臺》一篇之詩，有靈臺，有靈囿，有靈沼，有辟雍。則辟雍及三靈皆同處在郊。《王制》與《詩》，其言察察，亦足以明之矣。」《異義》說與《王制》注不同，蓋鄭君之定論也。《文王世子》曰：「適東序，釋奠於先老，遂設三老五更群老之席位焉。」明周人養老在東序。《記》變東序言東膠，猶上庠曰虞庠，右學曰瞽宗，王者相變之宜爾。三代之學，上庠右學在西郊，東序在東郊。周之虞庠在國之西郊，瞽宗以祭有道有德者，或謂之西學，《祭義》：「祀先賢于西學。」亦在西郊，皆循先代之舊。然則東膠在東郊，蓋可知也。辟雍者，大學之統名。周立三代之學，通名曰辟雍，猶五帝之學通名成均矣。目辟雍爲周學，上與虞、夏、殷名四學者，説禮者之末失也。《明堂位》：「米廩，有虞氏之庠也。序，夏后之序也。瞽宗，殷學也。泮宮，周學也。」魯立四代之學者。《禮器》曰：「魯人將有事於上帝，必先有事於頖宮。」注云：「先有事於頖宮，告后稷也。告之者，將以配天。頖宮，郊之學也。」然則魯立頖宮以祀后稷，是以有在泮獻馘獻囚之事，《通典》兖州泗水縣有泮水。猶《武成》逸《書》云「乃以庶國祀馘于周廟」是也。蔡邕《明堂論》引《樂記》武王代殷，薦俘馘于京太室。《吕覽》所引亦同。明獻馘在廟。後因以爲學，謂之周學。記言「諸侯曰泮宮」，言釋奠於學，以訊馘告，據魯禮爲説者歟？辟雍、頖宮皆在郊，先王處士於閒燕，使王太子、王子及諸侯卿大夫之子、國之俊選皆造於大學，其制如此。國之小學，諸侯立於公宮之左，天子則在王宮之四門。鄭君以西郊虞庠爲小學，非也。四門者，東南稱門，西北稱闈。見蔡邕所引《王居明堂禮》。《周官》師氏令其屬守王門，保氏令其屬守王闈。學禮有東學、南學、西學、北學。《祭義》「天子立四學，將入學而太子齒」，皆謂此四門之小學。王太子、王子及諸侯卿大夫之子學焉，謂之國子。《周官》經：「師氏掌國中失之事，以教國之子弟，凡國之貴游子弟學焉。」「大司樂掌成均之法，以治建國之學政，而教國之子弟焉。」鄭注皆云「公卿大夫之子弟謂之國子」，不下及於士。《燕義》：「古者周天子有庶子官，庶子官職諸侯卿大夫士之庶子之卒。」鄭注諸子職依用其説，兼數士之子，蓋據王族言之。《大傳》：「公子有宗道，公子之公爲其士大夫之庶者，宗其士大夫之適者。」此公族有大夫復有士之説也。然《喪服》經「齊衰以下，大夫以尊降，公之昆弟以旁尊降。凡于爲大夫者，則得服其親服。」《穀梁春秋》曰：「公子之重視大夫。」然則在王族者，不更別以大夫士，審矣。故鄭注或云公卿大夫之子弟，或兼舉士之子，義得兩通。惟《王制》、《尚書大傳》言王太子、王子、群后之太子、卿大夫元士之適子皆造焉。下及元士，又專舉適子，與周制不合，乃周、秦閒記人之異説也。其鄉人子弟不得學於王宮小學，父師少師教之門塾之基，見《尚書大傳》。所謂家有塾也。國子由小學入大學，鄉人子弟由家塾入鄉學，其俊選之士乃得入於大學。是其貴賤之差。

公卿大夫之子弟，當學者謂之國子，其職宿衛者則謂之庶子。《周官》經言士庶子者甚衆：《宮伯》：「掌王宮之士庶子凡在版者。」《酒正》：「凡饗士庶子，皆共其酒。」《外饔》：「饗士庶子，掌其割亨之事。」《大司馬》：「王弔勞士庶子則相，大會同則帥士庶子而掌其政令。」《都司馬》：「掌都之士庶子之戒令。」《掌固》：「頒其士庶子及其衆庶之守。」鄭君《宮伯》注云：「王宮之士，謂王宮中諸吏之適子。庶子，其支庶也。」竊以群經考之，《秋官・象胥》：「凡作事，王之大事諸侯，次事卿，次事大夫，次事上士，下事庶子。」《掌客》：「王巡守殷國，從者三公眡上公之禮，卿眡侯伯之禮，大夫眡子男之禮，士眡諸侯之卿禮，庶子壹眡其大夫之禮。」周人凡賓客之事，《射人》作「卿大夫從」，《司士》作「士從」，《諸子》作「群子從」。凡庶子於士，相差一等，故《燕禮》、《大射禮》於獻大夫、獻士後，並云「主人洗升自西階，獻庶子于阼階上，如獻士之禮」。《燕義》：「席小卿次上卿，大夫次小卿，士庶子以次就位於下，獻君。君舉旅行酬而後獻卿，卿舉旅行酬而後獻大夫，大夫舉旅行酬而後獻士，士舉旅行酬而後獻庶子。」此其先後受獻之差。王宮之士庶子在版者未聞其數，而朝大夫每國庶子八人，都則庶子四人。司士掌群臣之版，周知卿大夫士庶子之數。是庶子雖未受爵王朝，而其數已列於群臣之版如是。蓋已命者謂之士，《司士》所云「王族故士在路門之右」是也。未命者謂之庶子，《大僕》所云「聞鼓聲則速逆御僕與御庶子」是也。此公卿大夫之子弟宿衛王宮，而或曰士，或曰庶子，所由名位不同，要不以適庶殊也。

鄭先生牧

鄭牧，字用牧，休寧人。歲貢生。時同郡治考訂之學者戴震、程瑶田、金榜，治辭章之學者胡瑨、胡珊、胡賡善、方矩皆與友善，各以所長相攻錯。先生力宗程朱，四子六經不可有片語之違，故與諸人相得甚歡。及講論經義，常至於不合而争。年七十餘卒。參《休寧縣志》。

方先生矩

方矩，字晞原，歙人。諸生。學宗慎修先生，文宗劉海峰。居靈金山，有林泉之勝。親賢好學，四方賢者至歙，無不樂與之游。嘗謂：「孔門而後，言絶義乖，儒流滅裂。然人道所以不終爲鬼魅者，程朱之力也。吾儕師學之不暇，而敢妄有瑕疵乎？」學者稱以齋先生。參《歙縣志》。

汪先生梧鳳

汪梧鳳，字在湘，號松溪，歙人。諸生。與戴東原、汪松麓同師事慎修先生。又客東原、松麓於家，每語經義，有疑輒力辯，相持不下。於《爾雅》、《説文》、三《禮》、三《傳》、《史記》、西《漢》、八家之文，皆有論説是正，皆未成書。成者《詩學女爲》二十六卷，其中律學、地理、人物、典制、音韵、鳥獸、蟲魚之屬，皆援據賅洽，考核精審。又有《松溪文集》。參《歙縣志》。

汪先生肇龍

汪肇龍，字稚川，號松麓，歙人。乾隆壬午副榜貢生。專力治經，梯階於王應麟、閻若璩之説以上宗高密。通《爾雅》、《説文》、《水經》諸書。游京師，館贊善鄭虎文家。注石鼓文，定爲史籀所篆，虎文極稱之。參《歙縣志》。

慎修交游

方先生苞別爲《望溪學案》。

劉先生大櫆別見《望溪學案》。

清儒學案卷五十九終

清儒學案卷六十

天津徐世昌

梁村學案

梁村學宗程朱，深醇平實。紹李文貞、張清恪之傳，學派最正，教澤甚長。葛山繼之，兩世經筵，竭誠啟沃，無不以正道爲依歸，洵不負所學矣。述《梁村學案》。

蔡先生世遠

蔡世遠，字聞之，漳浦人。居邑之梁山下，學者稱梁村先生。康熙己丑進士，改庶吉士。請假省親，旋丁父憂。迨服闋赴京，以假滿逾期休致。時安溪李文貞方纂《性理精義》，薦爲分修。書成回籍，主講鼇峰書院。雍正元年特召入都，授編修，命侍高宗讀。歷官至禮部左侍郎。因失察族姓家人事，降二級調用，尋命復職。十一年卒，年五十有二。高宗御極，追贈禮部尚書，謚文勤，加贈太傅。先生父璧，以拔貢生爲羅源教諭，儀封張清恪撫閩，特延主鼇峰書院。先生少承家學，爲諸生時即卓然以古人自期，敦踐履，别義利，博覽經史，務爲有用之學。嘗語學者：「當爲第一等人。俗儒溺時文，希富貴，不自計樹立若何，此鄙陋之至，無足與論。即讀書止供作文，講學不務躬行，皆可恥也。」及入侍内廷，十年無一日之間。凡進講四書五經及宋五子之書，必近而引之身心，發言、處事所宜設誠而致行者。其觀諸史及歷代文士所述作，則於古今興亡治亂及君子小人消長異同反覆陳列，三致意焉。嘗與高安朱文端同編《歷代名臣》、《名儒》、《循吏》諸傳，及所選《古文雅正》，皆有益於學者。著有《鼇峰學約》一卷，《朱子家禮輯要》一卷，《合族家規》一卷，《二希堂文集》十二卷，《詩集》四卷。參史傳、方苞撰墓誌銘、李紱撰墓誌銘、《學案小識》、《先正事略》。

文集

歷代名儒傳序

聖人之道具於經，故必知道而後能明經。然傳經亦所以存道，自孟子後，漢儒有傳經之功，宋儒有體道之實。漢初，董江都學貫天人，定一尊於孔氏，罷申、韓、蘇、張之學，儒之醇者矣。然伏、毛、孔、鄭諸儒，各有傳經之功，不可忘也。有宋周程張朱五先生繼起，直接孟氏之傳，聖道如日月中天，道統之所由集矣。而其時師友之相與講習而衍派者，何其盛也！輕漢儒者，以爲徒事訓詁而少躬行、心得之功。不知代經秦火，漢儒收拾於灰燼之餘，賡續衍繹，聖人遺經賴以不墜。漢朝得收尊經之效，定四百年之基。六朝反之而替，唐貞觀因之而昌，漢儒之功，其可掩乎？議宋儒者，以爲研精性命，恐少致用之實。不知修己盡性，功施靡極。使程、朱得大用於世，隆古之治可復也。宋季指爲僞學，國隨以微。魯齋之在元，略見施用，有經邦定國之功。明初，正學昌明，成、弘之際，風俗淳茂近古。嘉、隆以後，人不遵朱，學術漓而政紀亦壞。非其明效大驗歟？譬之談周家王業者，漢儒其后稷、公劉、古公也；宋儒其文、武、成、康之盛治也。今尚論文、武、成、康，而忘后稷、公劉、古公之肇基累仁，可乎？然使但稱后稷、公劉、古公之能興周，而不及見文、武、成、康之盛治，其遺憾也不又多乎？我皇上尊經重道，作君作師，超越百王。漢、宋以來諸儒，特增從祀兩廡，天下靡然嚮風矣。高安朱先生體究正學，服膺儒行，論道經邦之暇，與世遠議修《歷代名儒傳》，因屬其及門安溪李君立侯纂爲傳論。李君通經考道，得家學之正傳，自漢至元，編摩閱歲。高安公與世遠又討論而考訂之，毋取其濫，飾節而墜行者雖有儒名必黜；毋取其隘，服古而清修者確守先緒必録。學者苟能志道以明經，復因經以求道，不歧於異説，不汩於功利，明善克私，惟恐不及，以兼收漢、宋諸儒之益，將藴之爲德行，行之爲事業，國家有用之儒，彬彬然輩出矣。

四書朱子全義序

聖賢教人之法，莫切於四子之書；解四書者，莫備於朱子。朱子之解四書也，有《集注》，有《或問》，有《中庸輯略》，有《論孟精義》，議論往復則散見於《文集》、《語類》諸篇。讀四書者即朱子之書三復之，而義具矣。四子之書平近無奇，長國家者恐人之不肯誦讀而玩索也，於是以經義取士，定爲程式，使自證其心得而發揮其藴奥。非由此者，雖奇材異敏、魁閎博通之士，不得以自進。又恐人之背馳其説，附會舛錯而莫知所折衷也，於是以朱子之註頒之學宫，使天下讀是書者有所依據，而返之於身以措之天下國家者，可不留餘憾矣。沿習既久，學者視爲具文，甚者惑溺於異説，汩没於講章，厭棄傳註，支離剽竊，無有力究聖人之微言大義者。嗚呼！朱子之學不明而四書之義亦因以晦矣。朱子竭一生之精神以作《集註》，精微洞徹，銖兩悉稱，然必參之《或問》以暢其說，參之《輯略》、《精義》以致其詳，參之《文集》、《語類》以博稽其義類而辨別其旨歸。其覽之也全，故其研之也悉；其知之也至，故其行之也力。以之爲文章，則是非不謬於聖人；以之建功業，則巍然爲命世之豪傑。然則今之讀四子之書者，專求之朱子之書而已足，而朱子之書，簡帙浩繁，無力者苦不能偏致，又不能合聚於章句之末，以得其要約之方也。柏鄉相國魏貞菴先生有憂之，採朱子諸書，彙於《集註》之後，名曰《四書朱子全義》。先生輔弼兩朝，聲績論著，炳烺天壤，顧此書尚藏於家，未鋟以行世。歲庚寅，季子念庭來守吾漳，始出以授詹兼山先生校而刊之。兼山爲吾漳隱君子，考訂既核，剞劂成書。念庭屬世遠序之。世遠海濱末學，何能窺見萬一？顧嘗讀此書，而歎其義蘊之畢該，編次之盡善也。前乎朱子之解四書者，朱子或則存之，或則爲說以辨之矣。後乎朱子之解四書者，其佳者多不出朱子之範圍；其自詡爲奇異可喜者，皆朱子《或問》中之所刊駁而不遺者也；其駕空躐等，恃超悟而誇新得者，皆朱子所謂「彌近理而大亂真」者也；其句釋字解使本文語意反以沈晦，則近世之講章而朱子所詆爲俗儒者也。方今天子神聖，久道化成，特躋朱子於十哲之次。凡朱子之書，靡不通貫而表揚之。是書之出，適當其會。吾知天下之讀是書者，由朱子以上求之四子，沈潛反復，不囿於科舉，而有以自奮其身於聖賢之歸。治隆於上，俗美於下，則貞菴先生之嘉惠後學，誠宏且遠也。念庭克承公志，而梓之以行世，亦可謂繼述之大者矣。

居業録序

《居業録》向未有刻本。世遠始見儀封張先生於三山署中，授以是書，曰：「玩此則見理自明，心自静。」且曰：「人可不自奮哉！敬齋先生，一布衣耳，巋然獨立，蔚爲一代儒宗，遂致從祀廟庭，享食百世。人可不自奮哉？」世遠讀而識之，不敢忘。至是將以授梓，因不辭固陋，而序之曰：「當正道顯晦，異學争鳴之日，徒得一二拘謹之人，不足以追踪往哲，而振拔流俗。謝上蔡稱孟子强勇，以身任道，所至王侯分庭抗禮，壁立萬仞，由其氣足以勝之也。朱子曰：『曾子大抵剛毅，故能獨得斯道之傳。子思行事，他無所考，如《孟子》所云何等剛毅。』由是觀之，血氣之氣不可有，義理之氣不可無，豈故爲矯異哉！不如是，則無以仔肩斯道，而畏縮囁嚅之態必不足以挽頽風而起末俗也。然苟非其心之細，見理之明，則雖揚躒踔厲，不過湖海豪氣，矜己傲物，與聖賢道義之氣何涉哉！詳考敬齋生平以求放心爲要，以居敬窮理爲宗，其研極天人，剖析理欲，真不遺餘力矣！而其剛大之氣，發見於語言行事之間。觀其主白鹿之教，毅然以斯道自任，與白沙同遊康齋之門，至譏其淩虚駕空，儱侗自大。羅一峰、張東白皆當時鉅公，往復論辨，無所屈攘。斥佛老，痛抑功利。使其立朝，則伊川經筵之疏，横渠召對之言，斷可爲敬齋信之也。且使敬齋少貶其道，以徇於人，勢位豈不可立致？然終不肯以彼易此者，見理明而浩然之氣勝也。張先生平日得力於是書者已久，兹特刊布，以開示來學。世之學者，苟能不懾於卑賤，收其心，養其氣，於以入聖賢之奥，不難矣！」

學規類編序

中丞儀封張先生以伊洛之傳，開閩中正學，仰體皇上崇儒重道、訓飭士子之意，特設正誼堂於三山會城，手訂《學規類編》一書，示學者以從入之方、用功之要。書成，命世遠序之，因述先生之意，而竊有言曰：「堯舜禹湯、文武周公之道至孔子而大明。孔子之道，至孟子幾息而復明。孔子、孟子之道，至周、程、張、朱久息而復益明。凡其循循啟迪，皆使人復其性而已。其要有三：曰主敬，曰窮理，曰力行。不主敬則無私之體何以澄之？不窮理則天下古今當然之則何以考之？不力行，則所謂道聽塗説而已，何由有以復其性之本然哉！明儒有言，道學不明，士子或趨於勢利，或溺於詞章，或流而入於禪學。世遠竊以今世之病，大半在於勢利，詞章其後焉者也，禪學又其後焉者也。士子束髮受書，凡父所以教其子，師所以教其弟者，不過以拾科第、取利禄爲急務，身心性命有如外物。甚或攀緣趨附，以爲進身之階。幸而得志，則以持禄固位、肥身保家爲長策。其有能卓然自立，成一家之言，以垂不朽者，有幾人哉！宋之眉山，明之北地，詞章之雄者也，雖其於道未能有聞，然素所樹立，類皆高自位置有所不爲，豈肯與夫己氏者決榮辱得失於夫夫之口哉！今之以詞章自名而不雜於勢利者，實未數數見。故曰：今世之病，詞章其後焉者也。宋朝當理學昌明之會，周、程、張、朱數君子比肩而起，德性問學之功昭昭若揭於天壤。學者有厭苦於格物窮理之煩者，倡爲心學之説，恃其超悟，淩躐等級，一以致虚、立本爲宗，其弊不爲佛氏明心見性之學不止。是以有心斯道者，起而攻之。然其爲人，大都義利辨，取與嚴，出處正，特以學術之差，有以誤天下後世，不能不急爲辨耳。今之人方且營營逐逐於外而無所止，尚慮其流入爲明心見性之學哉！故曰：禪學又其後焉者，此也。先生以一代醇儒，當倡明絶學之任，欲返禪學於道，藥詞章以正，而力啟夫勢利者隱微深錮之病。首刻是書，尤爲深切著明。學者苟能純主敬之功，窮理力行，以復其性之本然，將歷聖相傳之道，萬古猶一日也。洛閩之學，其復興乎！」

古文雅正序

康熙乙未歲，余自京師回閩，家居數載，評選歷代古文，自漢至元，約二百三十首。子弟及門，私自鈔誦，未敢以問世也。雍正元年，特召入京，與同志李君立侯、張君季長參論考訂，又是正之高安朱可亭先生。迨季長作令長洲，取以授梓，余因而序之曰：「是選也，採之各家文集者若干篇，採之二十一史者若干篇。若漢、魏之叢書，《文選》、《文粹》、《文苑》、《文類》，以及名臣奏議，偶有所喜，則登之。文雖佳，非有關於修身經世之大者不録也。言雖切，而體裁不美備，則賢哲格言不能盡載也。其事則可法可傳，其文則可歌可誦，然後録之。不及三《傳》、《檀弓》者，《檀弓》，經也；三《傳》雖傳，經也。不及《戰國策》者，多機知害道之言也。荀、韓、莊、列不載者，斥異學也。嗚呼！虚車之飾與犬羊之鞟交譏也，不加體察躬行之功，徒誇閎博雕鏤之用，先儒之所羞稱也。言不能以足志，文不能以行遠，亦大雅之所弗尚也。措之爲君臣、父子、夫婦、昆弟、朋友之倫，發之有經國大業，不朽盛事之美。言爲心聲，辭尚體要，斯集之所由選乎！凡余所評論，自寫心得，不倫不次，貽笑大方，弗恤也。名之曰《雅正》者，其辭雅，其理正也。」

困學録序

吾師儀封張清恪公所著《困學録正編》、《續編》，仲子師載校梓竣事，郵京師屬世遠序之。世遠讀畢，肅而歎曰：「中州古稱理學之區，國朝則湯潛菴、耿逸菴二先生最著。先生宗仰潛菴而與逸菴相師友，其學以立志爲始，復性爲歸。生平所自勉及所以勉人者，一以程朱爲準的。深憫世俗之汩没於勢利，惑溺於辭章，其高明者又爲姚江頓悟之學所誤，大聲疾呼，如救焚拯溺。嗚呼，先生之於道可謂不遺餘力者矣！憶康熙丁亥歲，先生巡撫吾閩，世遠方二十有六。先生使郡守禮致，晉謁之際，授以《讀書録》、《居業録》二書，曰：『由此而體究程朱，由程朱而上溯孔孟，由孔孟而上溯堯舜，道豈有二哉！』侍學二年，獎誨有加。每念庸虚，不甘暴棄，不敢忘所自也。先生生逢明盛，遭遇聖祖仁皇帝及今皇上眷遇之隆，始終一德。聖祖每稱曰：『天下清官第一。』皇上賜之匾曰：『禮樂名臣。』學術事功，炳燿天壤，生榮死哀，鮮有倫比。世遠獨歎先生躬行實踐之功爲不可及也。立心以忠信不欺爲主本，先生自少至老，未嘗一言欺人，可不謂不欺者乎？整齊嚴肅者，主一之功，先生自私居以至群萃，未嘗戲言戲動，可不謂主一者乎？學必先義利之辨，而大發其惻隱之心。先生分巡濟寧，時值歲饑，攜家資數萬，振活數十萬人。所屬倉穀，不待申請，輒行振糶，幾以此得罪而不顧。自中書洊歷内外，至大宗伯。常俸之外，未嘗受一錢，寸絲粒粟皆取之家中，深惡古節度之進羨餘以自浼者。凡有公餘，悉爲恤民養士之費，可不謂義利懔然，而滿腔惻隱者乎？自古聖賢，莫不以好善爲心。先生見人，則勖以第一等人事業：有一善，好之不啻口出。撫閩時，訪求讀書敦行之士，知其人則令所屬資送，未得其人則令薦送，來見則接以賓主之禮。延入書院，厚其既廩，月三四至，躬爲講論。爾時閩學大興，窮鄉僻壤，翻然勃然，至今風聲猶昨。及身爲大臣，薦達皆天下之選，及已薦而人不知者何限。此所謂身有之，故好之篤如斯也。或以爲先生温厚和平，而風節未甚表著。此又耳食之見。先生歷官四十年，未嘗以私干人，人亦莫敢干以私。撫閩三年，舉劾悉當，吏肅民安。撫吴，則直劾督臣噶禮之奸貪。疏辭有『除兩江之民害，快四海之人心』，天下傳誦。卒賴聖明，公道得伸。夫爲大臣而稍動身家之念，守令監司苟有攀援之私者，罪狀昭彰，尚依違繫戀，欲上彈章而不能自決。先生直節勁氣，愛國忘家，雖朱子之參唐仲友，許魯齋之劾阿合馬何異？大儒風節，萬古一轍。俗子徒以其小才曲辨而傲體道力行篤學守正之儒，亦見其不知量而已矣。先生刊布諸書，合理學經濟氣節之彦，共五十餘種。所自纂輯者，則《學規》、《養正》諸書。集解則四書，濂、洛、關、閩書及《正蒙》等書，皆刊行於世。斯《録》多先生心得之言。自效力河工以至垂没之年，皆有成卷。策躬覺世，言之重，詞之切，總不外自爲聖賢與勉人共爲聖賢之心。先生往矣，撫卷沈思，懼玷河、汾之門，常羞櫟、社之木，用誌餘愧，非能表揚萬一也。」

有高才能文章三不幸論

有才貴乎，無才貴乎？無才而齷齪卑瑣，碌碌焉守兔園以終其身，遇物而不能知，登高而不能賦，斯亦士君子之恥也。然吾以爲有才而自恃，又不如無才之善。伊川先生以有高才能文章爲三不幸，正謂此也。昔者，三代之取士也，以鄉三物教萬民，鄉老及鄉大夫考其德行道藝，獻賢能之書於王，取實行而不在文章。西漢以孝廉取士，東京四科，魏晉九品，皆重行誼。至隋建進士科，唐又分爲明經、進士二科，自是而後，則非文學詞章罕得進矣。節比由、夷，行同曾、史者多屈處於下而不能知；而一字之奇，一韻之巧，馳騁於詞壇，取高官顯名於天下。嗚呼，三代以下，所以多輕薄浮華之士也！夫樹木者以植根爲上，立品者以務實爲貴。才名過盛而矜己傲物，非大成之器也；恃其所有而攀緣趨附，輕於一試，尤喪檢辱身之士也。昔者禰正平、孔北海恃才而死，王粲、陳琳以才故卒爲曹操用，識者兩有譏焉。唐初四傑，果如裴行儉之言；江東二陸，終於非命。才之累人，一至此哉！其餘若孟堅之附於竇氏，中郎之屈於董氏也，歆之用於莽也，劉、柳之與八司馬之列也，之數子者皆才高天下，學冠一世，卒以負才欲試，與非其人，使千載以下論古者猶有遺憾。所謂雄雞不能斷其尾，而參天蔽日之材且纏絆於野藤刺蔓以自累也。然吾謂伊川先生其有激而言歟？當時王介甫以盛名致宰相位，新法行，爲有宋亂首而民不聊生。其子王雱警敏絶人，文章達於帝闕，竟夭其身。且蘇氏兄弟亦以文章顯著，卒與吕、陶等分爲蜀黨，與朱公庭、賈易等互相掊擊。此皆伊川先生所身歷者，故其時日與邵堯夫、張横渠諸人剖抉性命之精，以復性明善爲要，以近裏著己爲功，上以接孔孟之傳，下以開考亭之緒，使士知所重者在此不在彼也。至於文章與實學並足稱者，此又不可以概論。

與李巨來同年書

拙稿承改正評示，倒廩傾囷，非知愛之深、負大見識大手筆者不肯，亦不能也。尊稿高闊雄博，飽讀十日，强分爲三，閒附末見，以正高明。諸儒語録奉繳細閲，尊評極有卓識。然尊陸子可也，尊陸子而詞氣之閒不免過激，因而不足於朱子，似可不必。吾兄以人之議陸子爲非，則人不以吾兄之不足於朱子爲非乎？凡講學不在辨别異同，貴能自得師，知得一事便行一事。弟生平不敢言學，然總以力行爲貴，徒講解剖判，皆膚詞也。適館想已多時，規模氣概安能降格？但抑畏之心不可不時存，言論尤貴三緘，於不知不覺中防之又防耳。

答李立侯書

《性理精義》附至，甚喜，隨令書院同人鈔寫以爲講解之資。來教云：「論人物，當先學問而後經濟；論讀書，當先六經而後子史。」世遠年二十以前心粗氣浮，嗣後讀宋儒之書，知學問本原非此不可務，須從此體察，本深末茂，非徒藉一時意氣之激發也。至於有一二全不看史書者，每規之，亦謂其既知研極宋儒蘊奧，因而遍覽古今，考鏡得失，必能大有補於推行處。自餘指相規切者皆反此。至平日所規箴足下者，大都以英氣過勝，必以從容涵養爲主，此遭所論則又以不要畏避爲言。天下除是作一庸人，則悠悠過日。若有所抱負設施，自不能如意順適。況處家鄉尤難之又難，正不必以來教所云謗議爲患。但藉此以收斂畏懼，更見長益耳。嘗讀昌黎詩云：「磨礱去圭角，浸潤著光精。」六七年來，❶常奉以爲座右之銘。顧以移贈，亦同病相規之意也。《歷代名臣言行録》未知編就否？《學約》乞速改正。

寄寧化五峰諸生書

貴業師貫一相聚都門，屢稱諸賢志道之心甚鋭，深爲喜慰。是日重陽，正當休沐，持諸賢請業之書相示，不佞見之，喜而不寐也。年富力强，何事不可爲？只直捷要學聖人。夫求爲博雅則限於資，榮顯富厚則限於命，惟直捷要學聖人，可以操之自我。眼前立大志向，定大規模，隨所讀之書身體心驗，隨所行之事遷善改過，開其學識使益宏裕，養其德器使益堅定焉，斯已矣。蓋之來書謂澄本清源惟在義利一關，此最得之。義即天理，利即人欲，當認得透徹，斷得斬截。如寫書來京所言，學業有一毫不本中心發出，或拾前人成語，要使見者稱爲有志，此便是浮外。爲人之心即利心也。思大來書稱近日體認「吾未見剛者」一章與「整齊嚴肅」四字，覺更緊切，甚是。朱子謂徒得一二謹厚之人，未必能自振拔而有爲，故聖人止思得一剛者。蓋氣質剛勇始足任道，但戒浮氣矜氣耳。眼前非必便能事事合中，尚須細加涵養，然輭靡無氣骨人，必不能有爲也。程子論學之功莫要於主敬，曰：「主一之謂敬，無適之謂一。」又曰：「只整齊嚴肅則心便一，一則自

❶「六下」，原衍「十」字，今從陳校據雍正十年刻本《二希堂文集》卷八删。

無非僻之干。」然此際加功最難，過於矜持則苦而難久，稍寬緩又便怠弛，惟立志既堅，躬行又力，用謝氏心常惺惺之法，常自提撕斂束，自然坐立不至放佚，心體不至昏怠。以此窮理，心極清明；以此克己，氣極勇決。更日加涵養，自然德成而學就，所謂徹始徹終工夫也。又謂時文恐荒正業，欲暫去之。夫時文亦代聖賢以立言者，只要心得而寫以時文之體勢耳。心有實得，則文字自有精采，科名在其中矣。程子謂「科舉不患妨功，惟患奪志」，此言盡之。至文公《家禮》，最切日用，未有學道之人而不行禮者。此時得行即行，不可有待也。且化民成俗，莫大於此。思源嚮道，自比北溪，卻誰當得朱子？惟取朱子、北溪之書，體究實踐，不遺餘力，則亦朱子、北溪矣。況家有賢父兄，庭訓之下，益加刻勵，使父子繼美，與宋代胡文定、蔡西山二家比隆，是所深望也。與之來書，謂取「誠意」章默會，愈覺警切。此欺慊之介，體察入細，則毛髮竦然，願更策勵。《居業録》體勘極有益。敬齋只一布衣，唯能立志居敬，苦學程、朱，故能廟祀百世。觀其辨别何等精嚴，用功何等堅苦，身有與浮慕者，不但鬼神不可欺，天下後世更不可欺也。學山謂《朱子全書》閲畢，欲讀《近思録》。《全書》中有無限道理，體用俱備；《近思録》則領要存焉，總在讀時句句切己，行事時刻刻對照耳。昔在宋代，吾閩名儒甲天下，多在延建。今日臨汀風土人情最近古，貴業師倡之於前，諸賢互相講勵，如上灘之船不上不止，則道南之盛復見於今矣。不得面暢，屬望之深，忘其鄙譾，然皆肝膈之要。不宣。

與雷貫一書

兩載都門相晨夕也，以令祖母年高，急於趨省，不敢款留。歸後忽忽如有所失，不佞有疑莫析，兒輩不得聆誨言，能無繫念？不佞自數年來曾友天下士，要如賢友之純心篤志，以第一等人爲可學而至，講明踐履不少懈者，有幾人哉？學者患於無志，有志矣又苦不能篤實，篤實矣又苦不能曉事。以陳北溪之賢，受業漳州，與聞至道，越十年，往見朱子於竹林精舍，猶謂其尚少下學之功。勉之曰：「當學曾子之所謂貫，勿遽求曾子之所謂一；當學顏子之博約，勿遽求顏子之卓爾。」北溪自此精進有加，蓋篤實之難也。以司馬温公之學識，一代寧有幾人？明道猶謂君實不曉事。使明道得大用於世，其明通公溥比之温公自是不侔。然温公尚未足當曉事之稱，由是言之，學之進境，豈有涯哉？賢友年方三十有三，朝之巨公見者無不崇獎，庶所謂篤實而曉事者。然以北溪、司馬二公律之，有不爽然若失乎，又何加焉？仍在精義、集義二者交勖而不息焉耳。五峰諸生得承指授，英特不群，皆任道之器也。然今之士子囿於科舉，牿於習尚久矣，鄉人知所不屑矣，必勉之使爲天下所不可少之人。匪徒爲天下所不可少之人，又當爲一代所不可少之人；匪徒爲一代所不可少之人，又當爲千百代所不可少之人。志鋭守堅，捐其所甚利而追其所必至，自然日進於高明，臻於光大。夫鼓其趍而指其程途，師友之事也，餘則在學者之自勉而已。有已未克，誰則知之；半途而廢，誰能禁之？不佞望之深，幸爲我勖勵之。不佞粗疏寡陋，然此心實未嘗一刻少懈。賢友嘗勖我以静時加功，靡日不體斯言，庶後日相見時稍進故吾也。不宣。

附　録

先生家居，設族規，置大小宗祭田，孤嫠老疾月有餼，鄉人化焉。環所居三百餘家，二十年無博戲者。方苞撰墓誌銘。

臺灣朱一貴作亂，總督滿保討之。先生集鄉團保境，遺滿公書曰：「昔曹彬將破江南，忽稱疾不視事，誡諸將以破城日不妄殺一人。虞詡戒諸子曰：『吾事君直道，行己無虧。所悔爲朝歌長時殺賊百餘，其中豈無冤者？』今臺人特被脅爲盜耳，願公入臺時普曹彬之仁，以免虞詡之悔。」臺灣平復，遺書勸令選賢能，興教化，和兵民，其新墾之地，弗按籍升科，恐擾其樂生之計。滿公皆從之，人戴其惠。《先正事略》。

雍正七年，上以福建宜設觀風整俗使，命先生偕同籍京官會議，因合疏言：「泉、漳風俗未醇，或鄙劣薄行，致玷士類，其鄉民又多因忿互争，種種惡習，應設員防範化導。」得旨允行。史傳。

先生所居堂，顏曰二希。言學問未敢望朱文公，庶幾其真希元乎！事業未敢望諸葛武侯，庶幾其范希文乎！其務以古賢自期，見於是矣。雷鋐《二希堂集跋》。

高宗在藩邸時，嘗爲先生文集製序，其略曰：「先生教人，必先之以格致誠正之功，天人危微之判，而後繼之以文。」又曰：「先生之文，溯源於六經，闡發周、程、張、朱之理，而運以韓、柳、歐、蘇之法度，所謂『藴之爲德行，行之爲事業，發之爲文章』者，吾於先生見之。」其後御製《懷舊詩》曰：「先生長鼇峰，陶淑學者衆。奉命訓吾曹，風吟而月弄。雖未預懋勤，八載寒暑共。嘗云三不朽，德功言並重。立言亦豈易？昌黎語堪誦。氣乃欲其盛，理乃欲其洞。因以書諸紳，未敢擅操縱。德功吾何有？言則企賅綜。嗚呼於先生，吾得學之用。」《先正事略》。

梁村家學

蔡先生新

蔡新，字次明，號葛山，梁村從子。乾隆丙辰二甲一名進士，改庶吉士，授編修。入直上書房，歷官至文華殿大學士。以病致仕，高宗賦詩以寵其行。回里後，每有御製詩文，輒寄示閲看。壬子鄉試，重赴鹿鳴宴。嘉慶四年卒，年九十有三，贈太傅，謚文恭，祀鄉賢。先生之學以求仁爲宗，以孟子不動心爲指歸。因集先儒言操心、養心、存心、求放心之法，曰《事心録》，終身體玩之。生平端和恭謹，得諸梁村之教爲多。直上書房四十一年，其培養啟迪於根本之地者至深且久，諸皇子孫曾對於先生莫不敬信悦服，先生亦知無不言，而純樸和易，使人意融。所進呈經解，本末燦然，於敬肆欺慊及盈虚消長之所由來、治亂興亡之所必致，莫不悚切言之，不徒守經師舊談也。著有《讀史隨筆》一卷，《文獻通考隨筆》一卷，《緝齋詩文集》十六卷。參史傳、朱珪撰《緝齋詩稿序》、《學案小識》、《先正事略》。

文集

經史講義

九三，「无平不陂，无往不復，艱貞无咎，勿恤其孚，于食有福」。

案：天人治亂之機，其微矣哉！欲治而不亂者，天心之仁愛也；不能有治而無亂者，氣數之乘除也；懼其亂而保其治者，人事之所以維氣數而體天心也。自盈虛消息言之，則天心有時不能勝氣數；以制治保邦言之，則人事亦有時而符天心。謂數不可逃，《六月》、《雲漢》之詩何以光復舊物；謂時有可恃，開元、天寶之治何以不克令終？知此意者，於《泰》之三爻見之矣。夫《泰》，極盛之時也；三，亦猶陽長之候也。聖人於《否》，至四而後有喜詞；於《泰》，當三而即多戒懼，慮患之意深矣。蓋天下之亂也，不于其亂，而生于極治之時，何也？開創之始，國勢方興，人心未固，君若臣早夜孜孜，無非爲天下謀治安，爲子孫措磐石，其精神之所周貫，天人實繫賴之。履泰以後，上恬下嬉，漸忘其舊，君以聲色逸遊爲無害民生，臣以持禄養交爲安享暇豫，進諫者謂之沽直，遠慮者謂之狂愚，其上下之精神謀畫莫不狃目前之安，而圖一己之利。夫圖一己之利者，未有不貽天下之害者也；狃目前之安者，未有不來後日之悔者也，則堂陛之玩愒其一也。開國之初，簡節疏目，網漏吞舟之魚，而吏治烝烝，不恃法也。昇平以後，巧僞漸滋，則文網愈密，以繁文縟節爲足以黼黻太平，以科條律例爲足以釐剔姦蠹，由是百里之命可寄，而顆粒銖兩之出入不敢專焉；鈞衡之司可秉，而是非輕重之權宜不敢問焉。使其君子無所恃以盡設施，其小人有所援以售巧僞，行之既久，人人但以簿書期會爲盡職，而立法之初心，設官之本意，茫然莫辨矣，則政令之煩瑣，其一也。國以民爲本，民以食爲天。當泰之時，民物滋豐，而民之游惰耗之，俗之侈靡耗之，朝廷之徵斂愈密，經費日增耗之。古者以庶而致富，後世則以庶而愈貧。古者論貧富於民間，後世則計贏絀於内府。古者制國用量入以爲出，後世籌度支，則因出而經入。由是雖有恤民之令而民不見德，徒有足國之計而用不加饒，則物力之匱竭，其一也。人才者，國家之元氣，撥亂之世尚功，致治之初尚文，皆有經世之遠猷。泰運既開，承平日久，朝廷漸厭讜論，士大夫諱言風節，拘牽文義以爲學，熟習圓通以爲才，卑順柔詭以爲德，靡曼緐縟以爲文。俗以此爲尚，家以此爲教，莫不漸染成風，揣摩干進。夫貴之所向，賤之所趨也；家之所修，廷之所獻也。在朝無骨鯁之臣工，則草野之誦讀皆市心矣；居鄉無廉隅之砥礪，則登進之事功皆苟且矣。則人才之委靡，其一也。風俗者，盛衰之本源。當泰之初，其室家婦子里黨閭巷多有敦龐安集之思。厥後生齒緐，則家庭之詬誶日起；生計迫，則里巷之任恤漸衰。商賈之豪奢逾仕宦，駔儈之險健欺善良。朝廷敦寬大之政，然法行於愚戇而疏於奸民，是長其桀驁之氣也；吏治博安静之名而蠹胥之弊竇日啟，雀鼠之案牘常懸，是釀其刁悍之習也。則風俗之澆漓，又其一也。此數者，或由矯枉之過正，或因時勢之遞遷，皆人事與氣數相因而至者也。聖人知其然，故於《泰》之三爻，即戒以「无平不陂，无往不復」。霜雖未冰，月已幾望，誠甚懼乎其孚也。然可謂之氣數、人事，而不可謂之天心。蓋天心之仁愛甚矣。自古雖當衰亂之運，其君臣能恪謹天戒，側身修行，則天猶未有不予之以治者，況其未雨之綢繆乎？誠使爲人君者凛兢業之小心，存無虞之儆戒，念《六月》、《雲漢》之詩，鑒開元、天寶之事，廟堂之上恪恭震動，百爾臣工惟懷永圖，罔敢玩愒以迓天庥，然後崇簡易，敦大體，重責成，戒叢脞，則政令不煩矣；省浮費，戒屯膏，修地利，薄徵税，則財用不匱矣；審好尚，公賞罰，獎忠直，黜浮華，則人才咸奮矣；敦孝弟，重農桑，嚴豪猾，清獄訟，則風俗還淳矣。保大定功，和衆豐財，有苞桑之固，無復隍之憂，豈不于食有福哉？而必自君心之無玩愒始，則欲盡人事以體天心而維氣數者，誠不外艱貞之訓歟？

《大有》「元亨」

《鼎》「元吉亨」《本義》：「吉，衍文也。」

案：占詞之義，莫美於「元亨」，惟卦名下或有之，爻則不得一焉。然他卦皆於「元亨」之下繫以他詞，則猶有戒慎之思、儆勉之意也。無所繫而以「元亨」盡全卦之義者，惟此二卦而已。其故何也？《易》之義莫大於用賢，二者皆用賢之卦也。解《大有》者謂其時民物清宴，海内乂安，輿圖物力，式廓增阜，爲有之大。然而《泰》懼「復隍」，《豐》虞「日中」，聖人於此未嘗無戒詞也。解《鼎》者謂以木巽火爲民食之資，然而《噬嗑》「用獄」，《觀》、《頤》「貞吉」，聖人未嘗於此無勉意也。惟夫子觀卦爻之詞，合文、周之意，一則以遏惡揚善爲順天之本，一則以大烹養聖與享帝並稱，則二卦之義可知矣。大抵陽爲君子，《大有》以虚中之君，五陽應之，是衆正彙征之象也；初之無交，未遇於時則然耳；二之以載，自任以天下之重也；三曰用亨，有承宣之寄也；四曰匪彭，無僭逼之嫌也，此大有之臣也；五六皆君道，「厥孚以信」、「君之威如」以待小人，而總歸於「履信思順」，以尚賢而獲佑，其爲元亨，孰甚焉？《鼎》之爲卦雖以烹飪爲用，正位爲體，然命非賢不凝，民非賢不養也。其在《頤》亦曰，「聖人養賢，以及萬民」。故因才器使，或轉敗以爲功，或因賤以致貴，則顛趾出否之説也。凡厥庶民無有淫朋，人無有比德，則我仇不即之説也。上有求賢之君，則下無遺逸之士，方雨虧悔，而雉膏可食也。夫臣有以人事君之誠，則在位無力小任重之慮，折足無傷，故公餗不覆也。然要惟黄耳之尊，有以廣其明目達聰之用，則金玉之鉉自各盡其翼爲明聽之資。其在上曰「大吉，无不利」，與《大有》上九同詞，則其元亨，又何疑焉？夫恃法度以爲治者，法久而必變，井田封建，其道不行於後世，況其下者乎？恃勢力以爲治者，勢窮則必絀，秦始、隋文，其盛不能以再傳，況其次者乎？故自古未有無賢人而可以致治者，亦未有有賢人而不治者也。既爲用賢之卦，聖人又何多詞焉？此外惟《升》亦用賢之卦，故亦曰「元亨」。雖其下尚有餘詞，然皆以足元亨之義而無他戒，聖人之意深矣。抑又聞之，「知人則哲」，「惟帝其難」。自古未有不樂求賢以自輔者，然或用之而未必當，有之又患不知，將何道以致之？臣謹繹二卦之義，而知其要在於君德之誠，而其機莫先於近且貴者。二卦之上體皆離，離者明也，君道之所尚也，故曰「剛健而文明」，又曰「巽而耳目聰明」。而獨於五象，一則曰信以發志，一則曰中以爲實。曰信曰實，皆誠也，誠則明矣。三四皆大臣之位，三公侯之卦，四近侍之臣也。用享者無弗克之小人，則行塞無悔矣；匪彭者無陰邪之黨援，則形渥無羞矣。元祐人才之盛，成於司馬光；天寶衆正之消，基於李林甫。賢路消長之機，視大臣之賢否。所謂堯舜之智而不徧物者，亦先知其近且貴者而已矣。

亦言其人有德，乃言曰載采采。

案：觀人之法，德與才而已矣。德者，就其身言之。所謂行有九德，言其人有德者也。才者，以其事言之。所謂載采采者，先儒釋之，以爲論其人則曰斯人也有某德，言其德則曰是德也有某事。又曰人之行凡有九德，言人之有德者必觀其行事如何，誠有見於唐虞之取人必才全德備，體用兼優，然後爲純品也。抑臣考其文義，按其本末輕重之倫，而知皋陶立言之意固非漫無先後於其間也。蓋德者本也，事所從出者也；事者末也，德之見端者也。世固有有德而短於才者，然亦不過拘愨謹愿，無大設施耳。非若有才無德之徒，其本既失，其事雖或可觀，舉無足信也。觀人者，亦言其人大概有德，乃可驗其某事某事之善，若徒即事以求之，未有不失之者也。宋臣崔與之曰：「天生人才，自足供一代之用，惟辨其君子、小人而已矣。」忠實而有才者，上也；才不高而忠實存者，次也。人君求賢，豈不欲盡得其上者用之？而不可必得，則以其才浮於德也，毋寧德浮於才。唐、虞之世，方鳩僝功，終於擯棄。而漢、唐、宋以來，小人接踵而起者，皆信之於一二事也。且夫小人而至威權，氣燄足以籠絡臣民。使一人惟吾言之是聽，而爲所欲爲者，非實有英奇幹濟，負出群之資者不能。昔司馬光欲復差役，期以五日，同列病其太迫。知開封尹蔡京獨如期奉約，光喜曰：「使人人奉法如君，何不可行之有？」呂惠卿知大名，鐵騎過洛，寂不聞聲。詰旦，伊川乃知之，歎曰：「其才亦何可掩也！」故自古未有無才而能爲真小人者，亦未有無才之小人而能害人家國者也。幸而遇精勤之主，明察之君，權無旁落，術不盡售，雖時露其巧計逢迎，亦終有所逡巡畏縮而不得逞。此封德彝、宇文士及不能爲害於唐，而丁謂、王欽若未至貽毒於宋也。儻或喜其英奇，而樂其幹濟，勢且入其術中而不悟，就使不竟其用，猶將爲安石之禍宋。若一任其設施展布，俾得逞其陰賊險很之才，幾何不爲商鞅之治秦乎！夫安石毅然復古，欲興三代之治；商鞅審時度勢，坐收六國之全：亦豈後世瑣瑣薄技、嗜利懷私所可比者，而其害已彰彰如此。此《虞書》所爲重有德也。

「初一曰五行，次二曰敬用五事，
次三曰農用八政，次四曰協
用五紀，次五曰建用皇極，
次六曰乂用三德，次七曰明
用稽疑，次八曰念用庶徵，
次九曰嚮用五福，威用六極。」

案：九疇之文原本《洛書》之數，所謂「戴九履一，左三右七，二四爲肩，六八爲足」者也。五居其中，謂之皇極。其本末有序，其先後有倫，先儒論之詳矣，而對待之義鮮有及者。臣嘗繹之，其法以君心爲本，上下四旁備列天人，以監觀省察，互成其用，君天下之大法精而且備矣。何則？五行者，天道之始也；福極者，人事之終也。天以健順五常化生萬物，嚮之者福，背之者威。王者嚮明而治，賞以春夏，刑以秋冬。其協於極者，則爵賞所加也，而富壽康寧必及之；其罹於咎者，則刑罰所施也，而憂貧疾弱必及之。是聖人之與天共治也。故一與九對，而五行福極位焉。五事者，修身之要，人事之本也；庶徵者，感應之幾，天道之著也。人君一念之敬必形於外，則凡正身以正朝廷，正朝廷以正百官、萬民者，相因而至和氣之所以致祥也；一念之肆亦必形於外，則凡作於其心，害於其政，發於其政，害於其事者亦相因而至乖氣之所以致異也。乃《範》約言之，曰肅、乂、哲、謀、聖，則爲時爲若者應焉；曰狂、僭、豫、急、蒙，則極備極無者應焉。所以深著其感應之機，徵召之速，甚微而可畏也。自古明聖之君必於此而念之，是聖人之以天自治也。故二與八對，而五事庶徵位焉。八政者，治世之大端，布於人也。稽疑者，神道所設教，謀之天也。蓋王道之原，明則有禮樂，幽則有鬼神。惟明有禮樂，故聖人不敢矜無爲之治，而食貨、賓師、命官、分職之事從斯而起，所謂「建諸天地而不悖」者也；惟幽有鬼神，故聖人不敢矜睿思之智，而蓍龜、卜筮、三兆、五占之法從斯而立，所謂「質諸鬼神而無疑」者也。是聖人之本天以前民也。故三與七對，而八政稽疑位焉。五紀者，欽若之意，後天奉天也；三德者，君師之任，以人治人也。萬物幽鬱沈滯之氣，生於陰陽之愆伏，而默化於歲會之中和；人心偏陂頗側之端，起於剛柔之互勝，而無不可偕於正直之大道。故五紀布而歲功成，則風雨露雷無非教也，而歲月日時星辰象數莫不順序矣。三德敷而萬民化，斧鉞弓旌無非教也，而沈潛高明强弗燮友胥受裁成矣。是聖人之與天同功也。故四與六對，而三德五紀位焉。總之，皆建極也。故皇建一章，言皇建其有極，即申之以錫極，保極、協極、作極、會極、歸極，而不言建極之義者，八用總歸一建也。以五事修身，以八政理物，以三德立中和之紀，以威福持賞罰之公，天子行之則爲道義，庶民遵之則爲道路。由是經之以五行，故材不匱也；叶之以五紀，故序不愆也；參之以稽疑，故民聽不惑也；驗之以庶徵，故事行有考也。《易·大傳》曰：「河出《圖》，洛出《書》，聖人則之。」其以此歟？然則《河圖》虚太極於八卦之外，而《洛書》獨列皇極於九疇之中者，又何也？蓋太極，天道也，惟不雜乎陰陽，故能爲萬化之樞紐；皇極，王道也，惟不離乎事物，故能爲四海之會歸。此以見天人繫屬之故，有相維而不相離者，《範》之深意也。抑又考之，皇極一章，不汲汲於庶民之淫朋比德，而獨於凡厥正人三致意焉，俊民何與於庶徵，而言庶徵則以用章爲平康之本；秉彝無關于五福，而語五福亦以好德居考終之先。此又皇降之衷、陰騭之意所最先者，故其丁寧垂訓如此。《大學》平天下之道在於用人，錫福之君所宜深念焉。

文王惟克厥宅心，乃克立兹常事，司牧人以克俊有德。

案：人君之道，莫大於用人，故此篇專言任用賢才之道而以《立政》名篇，其即所謂「有治人，無治法」者歟？成周之隆，人才之興莫盛於文王，《詩》所稱「濟濟多士，文王以寧」者也。而周公述之，惟曰「克厥宅心」，則知克宅心者，立政用人之本也。考之傳註，蔡氏以爲知之深、信之篤，即上文「克知三有」，宅心而非謀面訓德之謂。真氏又以宅心爲安宅其心，故能立此常事。司牧之人皆賢而有德者説各不同。臣以爲二者於用人之道各有攸當，而探本窮源，則真氏之説爲尤得其要也。蓋君之於臣，用之則必信之。唐虞之世，工虞水火，典禮教胄，各有專官，《周禮》六卿分職，各率其屬，上無猜嫌疑忌之心而下亦無揣摩迎合之見，然後得以各盡其職而克奏厥功。此皆由人君克知灼見，素定於未用之先，故釐工熙績，收效於臣下者，如此其大也。然古稱知人則哲，惟帝其難，則所謂克知灼見者，又豈無本而然乎？唐太宗曰：「人主惟有一心，而攻之者甚衆。」夫君心者，邪正消長之所關而用舍予奪之標準也。自古不乏旁求俊乂，勵精圖治之主，然隱微念慮之閒，或遷於貨利，而頭會箕斂之士進矣；或移於聲色，而音樂玩好之術售矣；或萌於嚴刻，而繁刑峻法之徒用矣；或出於好大喜功，而拓地開疆、窮兵黷武之説至矣。蓋見可欲而即動者，未有不即以所欲中之者也。如此而望用人之皆當，行政之無失常事，司牧皆克有德也，其必不能。且使爲臣下者，而顯然爲聲色、貨利、嚴刻、喜功之説，則中材以上之君，皆知擯棄。惟其或稱足國，或言安静，或以爲更化善俗，或以爲居安思危，大都亹亹動聽，遂使人主誤聽而誤用之。苟非秉志清明，宅心安固，未有不爲所蔽者。是故暴德或近於義德，逸德或鄰於容德，彼羞刑暴德之同厥邦，庶習逸德之同厥政者，亦曷嘗不自謂不敢替厥義德，而自謂從容德者乎？是知君心一動，而壅蔽隨之。所謂王道原於誠意，本於慎獨者，實帝王傳心之大法，而非寡效之迂談也。臣故曰：真氏之説爲尤得其要也。

三年耕必有一年之食，九年耕必有三年之食，以三十年之通，雖有凶旱水溢，民無菜色，然後天子食，日舉以樂。

案：國以民爲本，民以食爲天，自古帝王未有不以民食爲先者。雖堯舜猶病。然使必解衣推食，家給而人賜之，雖堯舜猶病。是故順天之時，因地之利，導民之力，三代以來未之有改也。考之《周禮》，如散利、薄征、振窮、恤民諸政，非不盡善，然其取於不匱之府，藏於不涸之源者，則莫如餘一、餘三之可恃也。或謂三代以前民無甚貧，亦無甚富，終歲勤動，僅足供一家之食，亦焉得人人而有餘一、餘三之積乎？臣謹稽之古制，按之當今之則，約略計之，而知其不誣也。周制六尺爲步，步百爲畝。一夫受田百畝，程子以爲當宋之四十餘畝，若以周尺計之，爲今之二十餘畝，歲可得穀五六十石，此其入數也。《周禮》民食月自二鬴以至四鬴。今以八口之家計之，日食米不過四升，計歲食米爲今之十有四石四斗，穀數倍之，爲二十八石有奇，此其食數也。以所食之數，準之所入之數，僅居其半。而其時民俗儉朴，布帛取之樹桑，蔬菜取之園圃，雞豚取之孕畜，冠昏喪祭，賓朋燕享，各有限制，歲費不過十石，計可餘穀三之一，積至三年，適敷一年之食。此臣所謂以今準古，約略計之，而知其必有者也。或又謂三代之世，地廣人稀，後世田不加闢，而户口日增，勢必不能。臣又竊以爲不然。夫天地之所産，自足以供天下之食，以人數之漸多，而疑天地之不及，未可爲定論也。況自堯、舜以至成周，千有餘年，聖君代作，休養生息，雖夏、商之季，亦不聞有殺戮攻戰之事。文、武、成、康繼之，分田制産，食時用禮，男女以正，婚姻以時，不宜民數之尚少。戰國以後，秦、項、三國、六朝、五季經數兵燹，不宜民數之較多也。臣謹按：《王制》：「方百里者爲方十里者百，爲田九十億畝。山陵、林麓、川澤、溝瀆、城郭、宫室、塗巷三分去一，其餘六十億畝。」是大國地方百里，爲田萬井，去三之一，爲六千三百井，實五萬四百户。次國半之，爲二萬五千餘户。小國又半之，爲一萬二千餘户，成周盛時，千七百餘國，户不下三四千萬，雖有上地中地下地之殊，一易不易再易之分，未必地各爲井，井各八家，然概從減數大率亦不下三千萬。此其可攷者也。兩漢極盛，民數不過千六百七萬餘户。唐天寶十三載，亦僅九百六萬九千餘户。即使隱匿逃亡，詭寄脱漏，概從增數，亦不及二千萬。由此觀之，西周之世民數固不減於漢、唐。而自漢武拓地開疆以來，土田又實浮於古也，亦何人滿之足患哉！誠使仁聖之君，念稼穡之艱難，思民生之不易，力圖邦本，深計治安，遊惰何以復業？貧富何以相通？田野闢矣，而穀何以不加裕？年歲登矣，而户何以少蓋藏？溝渠畎澮之未修，沃壤亦等於石田也。吉凶賓嘉之無等，多藏可至於立匱也。官吏知催科而忘撫字，則胥役皆耕耘之擾也。小民輕菽粟而重金錢，則膏腴亦别種是圖也。其當寬以示教者，則如月吉布令，正歲讀法，而不爲迂；其當嚴以示罰者，則如宅不毛者有里布，民無職事者出夫征，而不爲刻。因地制宜，隨方立政，而又清心節用，正本澄源，使旱潦無災，百穀順成。以一人而養天下，斯以天下而奉一人，玉食萬方，日舉以樂，豈不休哉！

治必有爲而後無爲論

天下之治，治於上下憂勤惕厲之精神而不在於紀綱法度之改絃更張無漸也，然未有一任紀綱法度之陵替，高拱不事，而可坐希上理者。唐虞之世，工虞、水火、弼教、明刑、教稼、典樂諸大政不可謂不繁；上下之交警、交贊、吁咈之聲不絶於耳，不可謂不勤；或九載而弗成，或八年而底績，或三旬而逆命，或四罪而咸服，不可謂不勞且久。迨至平成奏績，時雍協和，一人垂拱於上而措天下於治安，故皋陶之告舜曰：「兢兢業業，一日二日萬幾。」自其有爲言之也。孔子稱之，則曰：「恭己正南面。」自其無爲言之也。夫治，固必有爲而後可以無爲者也。請試論之。開創之世，承積敝之餘，百度廢弛。其君臣上下，類多精明强固，明作有功，罔敢玩愒以迓天休。於是百廢俱修，思爲宗社措磐石之安，爲子孫樹苞桑之固。此其身任有爲之勞而未享無爲之逸者也。守成之代，蒙業而安，但能恪遵成憲，無大變更，而天下亦治。此其承有爲之後而獲享無爲之福者也。然天下無不敝之法，亦無可懈之心，所謂琴瑟不調，必取而更張之，又烏得執已成之法而曰無動爲大也？故凡上恬下熙，苟且旦夕者，未有不貽叢脞之憂者也；憂盛危明，綢繆未雨者，未有不享靈長之澤者也。其君晨興早寤於上，其大臣震動恪恭於下，其百司執事奉法守職於中外之閒，一時上下之精神謀慮，莫不有以通百年而周四海，勿逸也而日逸，勿休也而日休，夫而後可稱有爲，夫而後可以無爲。不然，若唐明皇天寶以後，日耽逸樂，如是而曰無爲，非無爲也，墮而已矣。宋神宗熙、豐之時，日事紛更，如是而曰有爲，非有爲也，擾而已矣。

守道論

嘗聞之朱子曰：「古之君子，一日立乎其位則一日業乎其官，一日不得其官則一日不敢安乎其位。是君子之仕，爲道也。爲道而仕，則官與道一者也。官之所在，道之所在也，未有守道而不能守官者。」此不易之論也。及觀左氏述齊景公招虞人事，君子韙之，以爲守道不如守官，而論者遂疑其道與官分而爲二，是未得乎守道之説者也。夫道之體甚大，其用在天下，日流行於綱常倫紀之閒；其見於官者，凡事君、理國、牧民、御衆，莫不各有隨分自盡、當然不易之經，是道之所寄以達者也。故曰「道爲虛位」，又曰「道不虛行」。君子而在下，則守身正所以守道；君子而在位，則守官即所以守道也。孔子，大聖人也。當其問畜牧，司會計，所守者委吏乘田之職耳，官也即道也；孟子之策蚳鼃，告距心，所守者士師邑宰之職耳，官也即道也。故以其泛言守道，不如守官之切也，爲在官者言之也。而柳宗元顧以爲非，豈知道者乎？抑所謂守者，必其信道篤，操持固，不爲威惕，不爲利疚，然後謂之能守。若其履亨途，逢聖世，或可自附於正直之林；一旦利害當前，爵禄重則名義輕，身家重則志趣靡，未有不頹然喪其所守者。此匡、張、孔、馬之徒所以貽譏於後世，而爲虞人之所笑也。

丹仁説

有爲三教合一之説者，謂老氏之丹即儒者之仁，特異其名耳，故老氏汲汲於還丹，聖門汲汲於求仁，其致一也。余始聞而惑焉。

竊自惟幼習儒書，於聖門求仁之方極意鑽研而未能得其領要。長而涉獵於道教，其閒所言性命精微之理皆杳冥恍惚，未能折其謬而服其心。因反覆深思，究其立心之始與成功之終，有判然而不相合者，始確然信其異而非同也。蓋老氏之汲汲於還丹，欲得之一己私也；聖門之汲汲於求仁，欲達之天下公也。得之一己者，所謂「刀圭一入口，白日生羽翰」，可一蹴而至，而於人無與也；達之天下者，所謂「苟存心於愛物，於人必有所濟，隨分可自盡」，而於己亦無與也。是其立心之始既判而不同，而成就之規復迥然其互異。乃欲以自私自利之心與胞民與物之量同類而並觀，亦惑之甚矣。或謂：「禮樂兵農皆濟世之具，孔子於由、求、赤三子許其功而不許其仁，抑獨何歟？」曰：「兵農禮樂，仁之散著，而非其本體也。若論本體，則天下歸仁，宇宙内事皆吾分内事，巍巍乎有天下而不與焉，惟聖者能之，豈一材一藝之可擬哉？」「然則老子丹成之後，上符天籙，造化生身，豈不與仁同功而異位乎？」曰：「拔宅飛升之事今亦未見，其人即使有之，亦賴仁人以濟世。無臯、夔、稷、契，將巢、許、隨、光亦淪胥以没矣，惡在其能成道也？故吾儒之學非濟世及物不爲功。」

三不可得説

余嘗苦此心難治，因集先儒言操心、養心、存心、求放心之法彙爲一册，爲《事心録》，晝夜體玩而終不能有得也。因看《金剛經》所云：「過去心不可得，現在心不可得，未來心不可得。」初甚樂之，咸謂事心之學莫過於此，與吾儒無將迎，無内外，擴然大公，物來順應之旨若合符節，此不動心之學也。

雖然，余亦嘗從事於斯矣。夫過去之事，其慊於吾心者忘之猶可言也；其差錯謬誤不安於心者，則必悔悟深切，痛自刻責以爲遷改之端。《易》曰：「震无咎者存乎悔。」昌黎亦云：「小人在辱，亦克知悔；及其既寧，終莫能戒。」在辱而悔之，既寧而忘之，非過去心之不可得乎？頻復之厲實基於此。若夫未來之事，其計度謀望之私，不存可也。其或事關艱鉅，時當盤錯，苟非講之有素，何能應之裕如？則豫之不可已也。《中庸》言：「凡事豫則立。」自古名臣碩輔所以定大疑，決大計，而成大務者，皆以豫也。豈得以未來爲出位之思，願外之想乎？至現在之事，則當幾之是非得失閒不容髮，非實有審幾之哲、決幾之力不能當幾而發，泛應曲當也。今在過去者視現在爲未來而不之問，未來者視現在爲過去而不復留，既無遠慮於前，徒貽借鑒於後，勢必旁皇失措，甚至鹵莽滅裂，一心之迴惑，尚可言乎？若謂無思無爲，寂然不動，感而遂通天下之故，此則知幾其神，惟聖者能之，豈所望於學人乎？故三不可得之説余既學焉而未能，亦明知其不可也，因爲之説以自解云。或曰：「然則不動心之道，其不可學歟？」曰：「此非孟子之不動心，乃告子之不動心也。三代之時，佛法未入中國，告子『不得於言』四句與此正相脗合，宜孟子於楊墨之外，獨嘵嘵於告子也。」

蔡先生長澐

蔡長澐，字巨源，號克齋，梁村仲子。廪生。乾隆三年以學行兼優薦，得旨發江南以知縣用，補安徽石埭縣知縣，累遷四川按察使，特擢兵部右侍郎。二十八年卒，年五十四。性行篤實，童稚時儼若成人。侍父疾，不脱冠帶而養者五十日。及居喪，悉惟《家禮輯要》是遵，世稱其孝。凡居官二十餘年，利在必興，害在必除，虚心實力，一矢勤慎。嘗語子弟曰：「人生惟剛一字最難體認，剛則無慾，無慾則公正。」又語僚屬曰：「居官以清正爲本，以勤爲先，然勤之一字必殫出其精神以貫注於一郡一邑中。」皆名語也。初仕時，謁高安朱文端邸第，謂其天性敦厚，充其所至，可作純儒。簡儀親王督兩江時先生爲屬吏，王愛其才，後入都引見，王指於衆曰：「此吾前日所稱江南第一清官者也。」其爲名流所賞識如此。參陳宏謀撰墓誌銘。

梁村弟子

雷先生鋐

別爲《翠庭學案》。

官先生獻瑶

官獻瑶，字瑜卿，一字石溪，安溪人。以拔貢生授國子監學正。受業於梁村及方侍郎苞。乾隆初元，楊文定名時管國學，薦爲助教。上事宜六條，倡明正學。四年成進士，改庶吉士，充三禮館纂修，授編修。記名御史，未及補。主浙江鄉試，督廣西、陝、甘學政，遷司經局洗馬。居官廉慎，導士以誠。因母老乞終養，遂不出。在家撫愛諸子弟，修大小宗祠，增祭田祭器。考《禮》經，遵國制，以定儀式，立鄉規以教宗人，置義租以恤親族之孤煢窮乏者。然其家故寒素也。卒年八十，祀鄉賢。先生治經以治身。其教人，欲於經求道。其治經，於《周易》、《詩》主李文貞光地，於《尚書》主宋蔡沈、金履祥，於《周官》主方侍郎苞，於《儀禮》主鄭康成及元敖繼公、本朝吴編修紱。斟酌衆家而擇其粹要，於《禮》尤密。著有《讀易偶記》三卷，《尚書偶記》一卷，《尚書講稿思問録》一卷，《讀詩偶記》二卷，《周官偶記》六卷，《儀禮讀》三卷，《喪服私鈔》並《雜説》一卷，《春秋傳習録》五卷，《孝經刊誤》一卷，《文集》十六卷，《詩集》二卷。參《東越儒林後傳》。

喪服説

《喪服》首陳父，自是而上殺、下殺、旁殺，凡以恩制者，皆由父而推之者也；次陳君，自是而爲君之父母、君之小君、君之長子，凡以義制者，皆由君而推之者也；次陳傳重者與受重者，自是而爲宗子，爲宗子之母妻，大夫爲宗子，凡以尊服，皆由此而推之者也；次陳妻爲夫，妾爲君，自是而妻爲夫之黨，妾爲君之黨，妾爲女君之黨，凡以親服者，皆由此而推之者也。服莫重於斬，而首章爲下數章之綱，挈其綱，思過半矣。斬衰升數之等有二，齊衰大小功之升數各有三，於同等之中猶有差者焉。衰莫重於降，而正次之，義又次之。此經與傳未有明言，而服是服者不可不知也。齊衰之升數多於緦麻之數，緦麻之縷細於齊衰之縷。大小功之升數多於緦麻之數，緦麻之縷細於大小功之縷。年月一差也，縷之精粗又一差也。升數以經之，年月以緯之，縷之精粗以錯互之。或伸此以屈彼，或進彼而退此，歸之於稱其情而後已。故曰：衰，與其不當物也，寧無衰。父卒，然後爲祖父者服斬。經不載者，統於爲人後也。受重者必以尊服服之，同宗之支子猶然，況嫡孫乎？用是而知承高曾重者亦服斬衰三年也。内宗外宗爲君服斬，經不載者，統於爲君也；與諸侯爲兄弟者服斬，經不載者，亦統於爲君也。諸凡經所不見者，皆可上附而求之，下附而通之也。喪服有可以彼決此者，有不可以彼決此者。如婦人之不二斬，此通例也。而内宗、外宗爲君皆斬，則爲夫斬，仍爲父斬矣。不爲父斬者，不二天也；得爲父斬者，尊君也，又一例也。爲人後者，於本宗餘親皆降一等，此通例也。然服之等，爲世叔父期，爲從祖父小功。今爲人後者之服其世叔父也，將遂降而小功乎？則是降其期之親二等矣。然則宜何服？曰：古者，姑在室期，已嫁大功；兄弟之女爲伯叔父期，嫁則大功；又爲伯父之長殤大功。是世叔父之正服雖無大功，而降服則有大功也。爲人後者，服世叔父大功，於義爲安，又一例也。婦人爲夫之黨，凡大功之殤，中從下，此通例也。而大夫之妾爲庶子，雖中而從上。蓋女君之爲此子與夫同，而妾爲君之黨得與女君同，故不可以婦人之從服者例也。大夫無緦服，下殤則不服矣，又一例也。並行而不謬，相别而不悖，故不盡乎禮之變者，未足與言禮。天先而地後，陽先而陰後，尊卑之義也。自臣言之，君爲至尊；自妻言之，夫爲至尊；自子言之，父爲至尊；自孫言之，祖爲至尊。尊無二上，故雖親不敢以屬通而服有絶焉。尊無二上，故不敢伸其私尊而服有厭焉。尊無二上，故足以加尊而服有降焉。尊無二上，故尊之統不可絶，而祖不可降，宗不可降，適亦不可降焉。適不可降，則人知貴而不敵親矣；宗不可降，則人知尊不先祖矣，禮無不順。春秋之時，貴者之子孫鮮不驕倨，是禮之末失也，非周公之過也。《國風》刺先母而後父，故父斬母齊而陰陽之分定矣。《春秋》譏先禰而後祖，故特重大宗者降其小宗，而水木之誼昭矣。家無二尊，人無二本。是二者，禮之綱也。父在，爲妻不杖，避尊者也。爲母得杖，而堂上不杖，避尊者之處也。避尊者之處者，恐貽尊者之戚也。故知父在爲母期，所以達父之情而便其事也。《傳》曰：「父必三年然後娶，達子之志也。」然其妻亡而未有子，苟時可以娶，將遂不三年歟？夫婦之倫，萬化之原也。一與之齊，終身不改，故夫死不嫁，知婦之隆於其夫，則知夫之不可殺於其婦矣。《記》曰：「期終喪，不御于内者，父在爲母爲妻。」《春秋》穆后、太子薨，《傳》曰：「王一歲而有三年之喪二。」若然，爲母三年，别於父之存殁者，爲父屈也。爲妻期，無别於父之存殁者，爲母屈也。後世夫婦之道不明，昧者至於毁瘁以傷其生，薄者反以不持内喪爲弗溺於愛，是皆不以齊禮之道待其妻也，内化何由而興乎？周之道，適子死則立適孫，是適孫將立乎祖後者也。《小記》云：「父卒而後爲祖後者斬。」假令父亡，未及成服而祖亡，柰何？曰：「服斬。」《傳》曰：「正體於上，又乃將傳重也。」是及父之存，已許是子以傳重矣。於此而不敢伸祖服，則主祖喪者將誰屬乎？故必如古者父母偕喪之禮，先成父服而後成祖服，皆斬。比父喪之除服，其除服卒事，反祖服以終其餘日。假令父在祖亡，既成服而父又亡，則其爲祖也柰何？曰：「服斬。」父亡而祖喪未竟，則主祖喪者，非適孫而誰？主喪而不重服，不可以爲主。假令祖亡於父後而曾祖尚存，則柰何？曰：「服斬。」子爲父斬，雖祖在猶然，則祖後父亡，適孫之服祖如子服父矣，豈以曾祖存而有所殺哉？又《小記》云：「祖父卒而後爲祖母後者三年。」假令祖母喪未竟而祖繼殁，奈何？曰：「並服三年，如父母偕喪之禮。」或疑始期而卒乃三年服，固可以二哀乎？曰：「嫁女未練而出則三年，是於未出之先固期衰矣。而卒以三年，何不可二喪之有？」假令父祖俱亡，有母在而祖母亡，承重之妻則奈何？曰：「舅殁則姑老，適孫承重，則適孫婦從服。」「然則婦、姑同服可乎？」曰：「母自以婦而服三年，嫡孫婦自以承重而服三年，何不可同服之有？」服以首貌，貌以首心，然人情所不能已者聖人弗禁，於是乎有心喪之禮。爲人後者爲其父母期而哀之發於容貌與發於聲音者未嘗不可以三年也。抑發於飲食與發於居處者，未嘗不可以三年也。後世乃屑屑於稱謂之間，其下相與争其名，而爲上者又未知果能稱其實，其亦不達於斯義也夫！《傳》曰：「適子不得後大宗。」漢儒謂，假令小宗僅有適子，而大宗無後，亦當絶小宗以後之。可謂達禮之權矣。蓋大宗者，尊之統也。以適子後大宗，適子之父雖絶，適子之父之祖則未嘗絶也。爲適子父者，將不絶己之後，而絶祖之後乎？抑寧絶己之後，而不絶祖宗之後乎？不絶祖之後，而附己於祖宗之廟，則於理順，於心安。故絶小宗以後大宗者，非惟存祖之祀，亦善體父之志也。天子及其始祖之所自出，漢儒、宋儒之説，義各有取。由漢儒之説，是萬物本乎天也。由宋儒之説，是人本乎祖也。本乎天則當尊天，《記》故曰：「郊社之禮，所以祀上帝也。」本乎祖則當尊祖，《記》故曰：「宗廟之禮，所以祀乎其先也。」小宗有四，而爲父後者居其一。女子之適人者，爲衆昆弟大功，而爲父後者期，則庶子雖不得爲長子三年，亦必隆於衆子可知矣。《小記》曰：「爲妻長子禫。」妻之禫指十五月者，疑此即指庶子爲長子服，同於妻十五月而禫歟？父母爲女子之服期者三：在室也，適人而無主也，被出而反在室也。而女於父母，惟在室與被出者三年。無主者，則仍期，何歟？曰：「女被出則移其天夫者天父矣，故與在室之女等。若無主之女，則未嘗去夫之室也，既爲夫斬，安得復爲父母斬乎？故憐其無主而服。」女子期者，仁之至。既無主，而猶内其夫家者，義之盡也。大夫之妾，其爲女君之姪也者，當在其室則當以姑爲姪服者服之。其爲女君之娣也者，當其在室則當以姊妹相爲服者服之，嫁而從則絶之不爲服，分得矣，於情有未安也。《曲禮》：「大夫不名世臣姪娣，[1]士不名家相長妾，生不名者死爲之緦。」女君從夫而爲貴妾緦也必矣。諸侯不臣寓公。《春秋傳》曰：「貴者無後，待之以初，雖失國，勿損吾異日也。」已則不可不自卑損，而爲之服尊服以重其報，皆所以教民厚也。沈存中謂：「由祖而上皆曾祖，雖百世有相逮者，必爲之服三月。」乃今思之，猶信。何言之？四世而緦，服之窮也，五世祖免，殺同姓也，六世親屬竭矣，而小宗之爲大宗，雖親盡戚單，必爲之服齊衰三月。《傳》：「尊祖故敬宗。」族人之世爲宗子服，即世爲始祖服也，有相逮者，必爲之服三月，又何疑乎？禮之止邪於未形，喪親之終，而國君於妾與庶子無服。死事如此，生事可知已。以此防民，而後世猶有以妾體君，以庶奪嫡者，其覆轍相尋而不知變，乃知聖人絶之深，憂之切也。古者同爨緦，而嫂叔無服。

[1]「不」，原脱，今從陳校據《禮記正義》卷四補。

雖無服，而厚終之禮則未嘗廢也。《記》曰：「子思之哭嫂也爲位。婦人踴。」推而遠之如彼，竭情而盡其慎又如此，後之君子可以得禮之意矣。周人尚爵，子得行父禮。然《傳》於大夫之降其期親之爲士者，則曰尊不同也。於大夫之子不降其期親之爲大夫者，則曰父之所不降，子亦不敢降也。於國君之所爲服者，則曰尊同也。於公子之不爲服者，則曰君之所不服，子亦不敢服也。其不降不言其尊同，其不服不言其尊不同，明乎尊在君與大夫，而不在公子與大夫之子。是二者之服凡數見，其亦從父之義爲多歟？

梁村交游

方先生苞 別爲《望溪學案》。

李先生紱 別爲《穆堂學案》。

朱先生軾 別爲《高安學案》。

王先生承烈 別見《二曲學案》。

詹先生明章

詹明章，字峨士，號兼山，海澄人。明遺民，隱居不出，力學著書。與梁村交，在紀、群間。張清恪撫閩，聘纂先儒諸書。晚居漳州，郡守柏鄉魏荔彤式其廬，屬參訂其父文毅公所輯《四書朱子全義》，爲築室，月饋粟肉。貧甚，日不再食，蕭然自得。卒年九十三，梁村爲文表其墓。所著《易義》等書凡二十餘種。參《東越儒林後傳》、梁村撰墓表。

鄭先生亦鄒

鄭亦鄒，字仲居，海澄人。康熙乙未進士，官内閣中書。澹於仕進，乞歸。結廬白雲洞之麓，倡南屏文社，從學甚衆。張清恪聘爲鼇峰書院學正。見梁村，折輩行與爲友。著述十餘種，曰《白雲藏書》，又詩文鈔若干卷。時侯官鄭任鑰同登第，齊名，號閩中二鄭。任鑰，字魚門，官翰林院侍講，督江南學政，梁村貽書與論教士之法。參《東越儒林後傳》、梁村《與鄭魚門侍講書》。

張先生鵬翼

張鵬翼，字蜚子，晚號警庵，連城人。康熙中歲貢生。年十四，講習四子書，即知檢束身心。連城萬山中無師，至四十避耿逆亂，得讀《近思録》、《朱子全書》；五十始讀薛文清《讀書録》，自是窮經觀史，學以日進，務敦實行。嘗曰：「考亭易簀之年乃我下帷之始，俛焉日有孳孳，不知老而且耄。」自治嚴整，跬步不苟，盛暑不袒裼，事親養志無違。居喪，疏食三年，不内寢，不外游，動必以禮。所居曰新泉，男女往來分二橋，市中交易先讓外客，皆服先生教也。年八十三卒。所著有《讀經説略》、《理學入門》、《歷代將相諫臣三譜》、《二十二史案》、《芝壇日讀小記》。梁村題「醇學」二字於其閭。雷氏翠庭嘗稱閩汀學者以先生爲冠冕云。祀鄉賢。連城理學始自宋之丘起潛、明之童東皋，而先生及童寒泉繼之。力敦倫紀，嚴辨朱陸異同。張清恪建文溪書院，祀起潛、東皋，後增建五賢書院祀宋五子，以先生及寒泉配焉。

寒泉别附《翠庭學案》。參張伯行撰傳、雷鋐撰傳及《鄉賢録序》、《東越儒林後傳》、《先正事略》。

李先生圖南

李圖南，字開士，連城人。康熙壬寅舉人。父夢箕字季豹，明末遭兵亂，艱苦成學，宗向朱子，以孝友著稱。嘗教人爲善最樂。人問：「其樂何如？」曰：「不媿不怍。」又嘗謂所親曰：「吾竭力檢身，將毋有不及省者，願言之，俾得聞過。」先生能世其學。初工詩古文，既而曰：「吾自有身心性命宜急者，可以虚名騖乎？」於是究心濂、洛、關、閩書，以反躬切己爲務。嘗曰：「學者惟利名之念爲害最大，越此庶可與共學。」與梁村講明修身窮理之要，梁村重之，爲其父作傳。雷翠庭謂：「學聖人必自狷者始，開士庶足以當之。」參梁村撰《李季豹傳》、《連城縣志》、《先正事略》。

藍先生鼎元

藍鼎元，字玉霖，號鹿洲，漳浦人。世爲將家。少孤力學，泛濫百家，徧游閩、越島嶼，南至南澳、海門。逾冠爲諸生。張清恪講學禮士，尤重梁村及先生，致之幕下，益肆力於宋明先儒諸書。周覽世務，慷慨有大略。清恪曰：「藍生經世之良才，吾道之羽翼也。」梁村序其文，謂善養其氣，卓然爲有用之學。康熙末，臺灣亂，從兄南澳鎮總兵廷珍統師赴之。先生佐其軍事，多所贊畫。七日而破賊。招降殄孽，綏番撫民，歲餘而大定。嘗論臺灣治亂之局，地積數千里，土沃産多，番民雜處，不爲經營疆理則爲盜賊倡亂之所。又恐寇自外來，將有日本荷蘭之患，因爲規畫建置，治理之策甚備。後之籌邊者奉爲名言，次第舉行，其利害徵諸百年之後無或爽者。雍正元年，膺選拔入太學，校書内廷，分修《一統志》。大學士朱文端公薦之，引見，授廣東普寧縣知縣，調攝潮陽，振饑治盜，除苛賦，懲訟蠹，改建棉陽書院，與諸生講學。忤上官，罣誤去職。尋得白，引見，特命署廣州知府，到官一月而卒。著有《鹿洲初集》二十卷，《東征集》六卷，《平臺紀略》一卷，《棉陽學準》五卷，《女學》六卷，《鹿洲公案》二卷，《修史試筆》六卷，《潮州府志》若干卷。參《東越儒林後傳》、梁村撰《鹿洲初集序》。

清儒學案卷六十終

清儒學案卷六十一

天津徐世昌

果堂學案

三禮之學，清代最盛，有就一事物一制度而著説者，如元和惠氏《明堂大道録》、《禘説》等書是也。果堂友於定宇，嘖意五業，乃取《周官》禄田、《儀禮》冠昏等禮疏之，凡所發正，咸有義據。湛深經術，齊稱定宇，允無媿焉。述《果堂學案》。

沈先生彤

沈彤，字冠雲，號果堂，吴江人。少補諸生。從何學士義門游。雍正間至京師，方侍郎望溪絶重之。乾隆元年召試博學鴻詞，報罷。預修三《禮》及《一統志》，議叙九品官，以親老歸。嘗以歐陽修有《周禮》官多田少，禄且不給之疑，後人多從其説，即有辨者，不過以攝官爲詞，乃詳究周制，撰《周官禄田考》三卷以辨正之。分《官爵數》、《公田數》、《禄田數》三篇。其説自鄭注、賈疏以後可云特出。又撰《儀禮小疏》一卷，取《士冠禮》、《士昏禮》、《公食大夫禮》、《喪服》、《士喪禮》爲之疏箋，具有典據，足訂舊義之譌。先生三禮之學蓋亞於惠士奇而醇於萬斯大。又撰《尚書小疏》一卷，《春秋左傳小疏》一卷。

其《果堂集》十二卷，多訂正經學之文。又有《氣穴考略》、《内經本論》。生平敦孝友，撫育諸弟，辛勤櫼桐。親喪居廬，稱服稱情。與人交，以至情相感，不侵然諾。十七年卒，年六十五。參史傳、沈德潛撰傳、沈廷芳撰墓誌、惠棟撰墓誌。

周官禄田考序

官之命者必有禄，禄必稱其爵，而量給於公田，是《周官》法制之大端。其等與數之相當，在當時固彰彰可考也。自司禄籍亡，先、後鄭註《内史》專取諸《王制》，而本經之禄秩以晦。迨歐陽氏發官多田寡禄將不給之疑，後之傅會者且踵爲誣謗，即信《周官》者亦未得二者之等數，而此制幾無從復顯。余嘗研求本經，旁覽傳記，得其端於《載師》之都邑，以爲有義例可推，確徵可佐，凡内外官之禄皆可得辨析整齊之，而前人之繆妄皆可得而破之。會吾友徐君靈胎撰《經濟策》，舉此相訪，余爲一陳梗概，靈胎謂：「曷不著書以盡闡其制？」乃遂攄曩時所得爲《官爵數》、《公田數》、《禄田數》三篇，復爲問答於每篇之後，反覆委蛇以明其所以定是數之故，而總名曰《周官禄田考》。夫自宋以來之稽官有未及鄉遂屬吏者，今乃并郊野之吏而補之；其稽田有不去山林川澤城郭等三之一者，今更通不易一易再易上中下之率。而二夫當一夫，則官益多而田益寡，宜禄之不給尤甚也。然以縣都已下數等之田食公卿大夫士數等之爵，非獨相當，且供他法用而有餘。是田禄與官爵之數在本經曷嘗抵牾？乃晦蝕且二千年而莫之開闡，何也？凡定公田之數以井數，定禄之數以其等，定爵之數以序官，而定爵之等以命數，定禄之等以爵等，❶亦以命數云。

書周官禄田考後

惠君定宇之序余《周官禄田考》，并讀者法數未該之疑而解之矣。既有疑每篇之問答與其所類及，已詳《官爵篇》之補正經文，可已。采傳註恒剟截有異義，立證多以一例其餘者，亦似是而非，不可以不解也。凡是書所定法數，其端固本於康成，而亦多《註》、《疏》所未及。使問答諸條不推極其義而盡其類，則所以定是法數者不明不固，而不足爲世所采用，故必至無可推而後已，而繁漫不計也。《官爵篇》之補正經文，雖於禄食大總數無甚嬴縮，然經者聖人之心，一字之譌闕，聖心即纖微不著，無所從考。斯無如之何。既考而知之矣，而不爲補正，安乎？且即爵數而寡其譌闕，亦曷嘗不善也。傳註之説，雜而未純，合於經者取之，不合者置之。或取而辨之，其義異於舊，而於經合者，則亦取之。凡援引之法皆然，獨是書而不宜然乎？聖人之法生於禮，等殺必有節，四達而準，非若後世之意爲參差，不歸於一。故每得一徵，而其餘皆可例推也。昔劉原父撰《春秋權衡》，始出，多有疑之者。乃以其不能讀，而自爲序以解之。余非敢效原父也，念定宇之序，且欲疑者之共曉其義例，以究窮是書，而吾乃使其終於疑，而不與聞聖人之大法，則吾之著是書何爲哉！故復自解而書其後。

❶「禄」，原作「録」，今據文義改。

果堂集

周官頒田異同説

《周官》之田有上中下三等，上者不易，中者一易，下者再易。其頒之也，家或百畝，或二百畝，或三百畝，而要以上地百畝爲準。《大司徒》之頒田於都鄙也，不易之地家百畝，一易之地家二百畝，再易之地家三百畝。鄭司農謂不易之地美，歲種之；一易之地薄，休一歲乃復種；再易之地，休二歲乃復種。夫休一歲、二歲而復種，則其美與不易之地等。二百畝、三百畝而各種百畝，則與不易之畝數亦正相當。《遂人》之頒田於野也：上地夫一廛，田百畝，萊五十畝；萊謂田之荒蕪者，如《孟子》「闢草萊」之「萊」。中地夫一廛，田百畝，萊百畝；下地夫一廛，田百畝，萊二百畝。夫田百畝而萊百畝，即一易之畝數也。田百畝而萊二百畝，即再易之畝數也。惟田百畝而萊五十畝，乃與不易之畝數異。而康成則謂其有所饒。考諸《大司馬》之職，上地食者參之二，中地食者半，下地食者參之一。夫食者參之二，謂三分百五十畝而歲種其二也；食者半，謂歲種二百畝者半也；食者參之一，謂歲種三百畝者一也。歲種二百畝之半，三百畝之一，固皆百畝也；三分百五十畝而歲種其二，亦曷嘗饒於不易之畝數哉？抑百五十畝而歲種其三之二，則歲休其一也。休其一而種其二，則是不易者多而易者寡，易止一歲而不易連二歲，其地特稍遜於皆不易者耳。此又上地與不易者之等，所以異而同者也。自漢而來於二者皆未得其説，故爲此以發明之。

頃閱半農先生《禮説》有云：「《遂人》

頒田，上地家百畝，加萊五十畝，所謂『上地食者參之二』。蓋以其地三分之而休其一，則天下無不易之田也。」其説獨先得我心。少異者，惟末句專就所休之一言耳。

周官五溝異同説

《遂人》云：「凡治野，夫間有遂，遂上有徑；十夫有溝，溝上有畛；百夫有洫，洫上有涂；千夫有澮，澮上有道；萬夫有川，川上有路，以達於畿。」《匠人》云：「匠人爲溝洫，耜廣五寸，二耜爲耦，一耦之伐廣尺深尺謂之甽。田首倍之，廣二尺深二尺謂之遂。九夫爲井，井閒廣四尺、深四尺謂之溝。方十里爲成，成閒廣八尺、深八尺謂之洫。方百里爲同，同閒廣二尋、深二仞謂之澮，專達於川。」凡二篇五溝之法，皆徧行畿内，似異實同。而自漢迄今，註解未定。彤沈潛反復有年，乃能悉其會通，而别爲之説曰：「《遂人》夫閒有遂，《匠人》田首謂之遂，夫閒爲畎水所入，即田首，本無異也。若《遂人》十夫有溝，《匠人》九夫爲井，井閒謂之溝；《遂人》百夫有洫，《匠人》成閒謂之洫，爲九百夫之地；《遂人》千夫有澮，《匠人》同閒謂之澮，爲九萬夫之地，則地形有大小或且懸絶，然即夫與尋尺互計，三溝之所占要無不合也。井九夫，以溝加一夫則得十夫。每九夫而間以溝，其溝不占井間乎？十井爲通，通九十夫，以洫加十夫則得百夫。九十夫所加之十夫，即并十井所各加之一夫。地非有多寡，因溝涂之大小而異其辭耳。餘皆倣此。九十夫於成爲十之一，每十之一而間以洫，其洫不占成間乎？成九百夫，以澮加百夫則得千夫。九百夫於同爲百之一，十成爲終，終九千夫，則又以九百夫加百夫而得千夫者九也。九千夫於同爲十之一，每百之一而閒以澮焉，每十之一而仍閒以澮焉，其澮不占同閒乎？故《遂人》之所有，即《匠人》之所爲，特《匠人》多舉其全體，《遂人》多舉其偏隅。所以或舉偏，或舉隅者，十百千萬既層遞而上，文勢即不得不然。而學者不察，遂以爲異法耳。且井閒廣四尺之溝，一溝長三百步。六尺爲步，三百步爲千八百尺。以四尺乘千八百尺得七千二百尺，除以六尺得千二百尺。千二百尺爲二百步，步百爲畝。畛如之。共四畝，畝百爲夫，是即九夫所加之一夫而占其二十五之一也。其餘則以爲洫與涂之屬焉。成閒廣八尺之洫，九洫長三千步。九其廣爲七十二尺，七十二尺爲十二步。以十二步乘三千步，得三萬六千步，爲畝三百六十，爲夫四而弱。涂如之。共七夫强，是即每九十夫所各加之十夫而占其十之一弱也。其餘則以爲澮與道之屬焉。同閒廣二尋之澮，縱横各九，按：畎縱者遂横，畎横者遂縱。遂與溝、溝與洫亦如之。惟澮則有縱有横而四達。蓋以川必環同，而澮專注於川，四達則水之來往便利。且都邑之封疆必環以溝，以縱横之澮當之，則四面皆廣深而足爲阻固也。各長三萬步。九其廣爲百四十四尺，百四十四尺爲二十四步。以二十四步乘三萬步，得七十二萬步，爲畝七千二百，爲夫七十二，倍之爲百四十四夫。道如之。共二百八十八夫，是即每九百夫所各加之百夫，而占其百之三强也。其餘則以爲川與路焉，然則《匠人》之所占俱《遂人》之所加，而三溝彼此之占地豈有殊哉？至萬夫有川，則以川之屬而加千夫於九千夫也。九千夫之地，爲川之屬所占者不及二百夫，乃加千夫而遂云萬夫，亦遞舉十百千萬成數之文勢然耳。乃《匠人》於川獨不見其度數，無從互計，蓋是固川之天成者。若其人爲者，環一同受澮所達，由澮而推之，每一偏長當如澮，亦三萬步廣，當倍澮爲四尋，四尋爲五步二尺，以五步二尺乘三萬步，得十六萬步，爲畝千六百，爲夫十六，四之爲六十四。夫川與四同爲界，當各分其半，半川爲三十二夫，川兩旁有路，當去鄰界一而爲之長，如道廣倍半，川爲六十四夫，共九十六夫。是即每九千夫所各加之千夫而占其百之一强也。其餘則以爲澮與道已上者焉。凡一同含十終，去一終，存九終。九終含九十成，九十成含九百通，九百通含九千井。九千井所各加之一夫，并而爲九百通所各加之十夫；九百通所各加之十夫，并而爲九十成所各加之百夫；九十成所各加之百夫，并而爲九終所各加之千夫。數層增而實不增，總爲九千。此九千夫，即所去之一終，自溝畛至千路，悉分布其閒，而占其十之二弱。溝畛占三百六十夫，洫涂占六百四十八夫，澮道與川路所占見上。餘十之八而强，則以爲城郭宫室之屬，而所占亦無多。其餘若平土則更爲田，若山陵林麓川澤則可田者田之，按：《地官》有山農、澤農，則山澤之地亦有爲田者。否則因之。至遂與徑所占，蓋即一夫之地。曰田首，明不在田外也。

《遂人》、《匠人》各具五溝之法，鄭注、賈疏以爲異，王氏《訂義》諸家以爲同。余以言同者爲得，而惜其尚未明，且有抵牾。雍正閒嘗自爲説以就正上元方望溪、臨川李穆堂二先生。穆堂稱爲有功《周禮》。望溪謂：「我《周官析疑》中亦云然。」因出以示，且戲曰：「吾鄉有《經解》，與李厚菴合，不知者謂我襲彼。子年小於我，人又將謂子襲我也。」時王艮齋同在。方氏曰：「沈子偏隅二字，實古今所未道，兩家可以相發。」近余著《周官禄田考》，覆閲舊稿，嫌其疎略，乃細算改作，附載《考》中，寄正於仁和吴東壁，東壁以爲先得我心。余念千里閒相知而説之合者有三人，三人中又有若余之不憚煩甚者，豈二法之非異，今遂可得而定也邪？

周井田軍賦説

周井田軍賦之制，説者多意爲推測，而其實散見於《周官》之經及《漢書》之《刑法志》、曹公之《新書》。《周官》經云：「《縣師》掌邦國都鄙稍甸郊里之地域，而辨其夫家、人民、田萊之數，及其六畜、車輦之稽。若將有軍旅、會同、田役之戒，則受法於司馬，以作其衆庶及馬牛車輦，會其車人之卒伍，使皆備旗鼓兵器，以帥而至。《稍人》掌令丘乘之政令，若有會同、師田、行役之事，則以縣師之法作其同徒輂輦，帥而以至。」夫曰「作其衆庶及馬牛、車輦」，其者，夫家也。而又曰「使皆備旗鼓兵器」，則馬牛、車輦與旗鼓、兵器皆夫家所出，明矣。曰「會其車人之卒伍」，人五爲伍、百爲卒，車亦如之。則一軍百二十五車，一車百人，明矣。曰「令丘乘之政令」，曰「作其同徒輂輦」，則四丘出車一乘而兼乎輂輦，明矣。輂輦所以載任器，人輓行者也。輂爲輦屬，當亦人輓行。《鄉師》註云：「駕馬。」非《周官》法也。四丘所出，蓋或輂或輦，與兵車合爲二乘。詳見後。曰「《縣師》掌邦國都鄙稍甸郊里之地域」，郊里包鄉，甸包遂，都鄙稍包公邑，其地域皆爲丘甸於其中。知鄉遂郊里稍皆爲丘甸者，以其皆制井也。詳見彤《周官禄田考》。曰「稍人以縣師之法，作其同徒輂輦」，縣師兼掌邦國，同徒者，同丘甸之徒，註以同爲方百里之同，固誤。《訂義》諸説亦似是而非。○姜氏兆錫《周禮輯義》已同余説。則丘乘之政令通乎畿内外，亦明矣。是成周軍賦之大綱，固灼見於本經也。《漢書・刑法志》云：「地方一里爲井，四井爲邑，四邑爲丘。丘十六井也，有戎馬一匹，牛三頭。四丘爲甸，甸六十四井也，有戎馬四匹，兵車一乘，牛十二頭，甲士三人，註云：「鄭氏曰：甲士在車上也。」卒七十二人，干戈備具，是謂乘馬之法。」乘馬之法非即丘乘之政令歟？由是推之，六十四萬井而萬乘，其法同也。《小司徒》云：「凡起徒役，無過家一人。」乃通言畿内外之極數，非常法，非專指六鄉。所謂六鄉六軍者，特預配卒伍以俟事，故調發不必盡行，則縣師作六鄉之車徒，當止萬四千六百三十人，百九十五乘，與作邦國都鄙稍甸郊里車徒之法無異。　曹公《新書》云：「攻車七十五人，前拒一隊，左右角二隊，守車一隊，炊子十人，守裝五人，廄養五人，樵汲五人，共二十五人。攻守二乘，凡百人。」見《李衛公問對》。　攻車，非即《縣師》所謂車，《稍人》所謂乘歟？守車，非即《縣師》所謂輂，《稍人》所謂輂輦歟？攻守二乘凡百人，非即《縣師》所謂人之卒伍歟？由二乘百人推之，二萬乘當百萬人也。二萬乘兼輕車重車，實古之萬乘，然則漢以後能詳説周家軍賦之節目而足補經之未備者，莫二書若矣。《漢志》、曹公《書》並本古《司馬法》。以曹公《書》本《司馬法》，從王氏應麟《困學紀聞》所引。　而《司馬法》又云：「通爲匹馬，士一人、徒二人，成革車一乘、士十人、徒二十人。」愚以通爲匹馬，則成出十馬。一士一馬，乃晚周之騎。按顧氏炎武《日知録》、毛氏奇齡《經問》，騎不始於晚周而晚周爲盛。　總爲十騎，而革車一乘，載其任器，二十徒更番輓行之，蓋所附《穰苴兵法》耳。齊威王使大夫追論古者《司馬兵法》，附《穰苴法》於其中，號《司馬穰苴兵法》。見《史記・穰苴傳》。《傳》云：「苴，齊景公將。」《戰國策》云：「在齊閔王時。」彤按：今所傳《司馬法》三卷，但存其論説，失其制度，故班、鄭、曹所引四條並無之。　康成以註《小司徒》，謂是采地之軍賦，誤也。又《鄉師》註引《司馬法》云：「夏后氏謂輦曰余車，殷曰胡奴車，周曰輜輦。輦一斧一斤一鑿一梩十鋤。周輦加二版二築。夏后氏二十人而輦，殷十八人而輦，周十五人而輦。」愚以十五人當作二十五人，其一爲士。《家語》曰：「叔孫氏之車士曰子鉏商。」王氏註云：「車士，將車者。」行則更番輓輜輦，牽負重之牛，即甸所出十二頭。止則爲炊汲守裝諸事，皆在此二十五人。舊作「十五」者，脱去「二」字。賈釋謂後代狹劣加版築而輓人少，亦誤也。至《論語》包訓、《公羊春秋傳》何學並以十井爲一乘，百里之國爲千乘。是制賦不去山林等三之一，視《小司徒》家役一人者且倍之，乃變法之極數，而《坊記》孔疏謂車馬牛兵器諸物皆國家所給者，亦明與《縣師》、《稍人》之法違。近望溪方氏辨之甚悉。見《周官辨惑》第五，及《析疑》縣師職。蓋四説皆不可從。

釋周官地征

《載師》云：「凡任地，國宅無征，園廛二十而一，近郊十一，遠郊二十而三，甸稍縣都皆無過十二。惟其漆林之征二十而五。」釋曰：此經皆著任地之征也。曰國，曰近郊，曰遠郊，曰甸稍縣都，皆所任之地也。國謂城中，宅即上經之里，公卿大夫士之所居也。此宅與宅田之宅同，專指下士以上言。廛謂農圃牧工商賈受田者之居，《遂人》所云夫一廛是也。若廛人之廛，則惟市中邸舍矣。園即上經之場圃，凡受田者之廛皆有之。廛之征，在凡受田者征嬪婦之布帛《閭師》云：「凡無職者出夫布。」蓋閒民亦有廛征也。詳方氏《周官析疑》。及所畜之豕犬雞；在市中則征廛布，征餘物滯物。園之征，征所樹草木也。近郊十一，農田之征也；合公私田百一十畝，而征十畝之穀，爲十一分而取其一。云十一者，舉成數耳。遠郊二十而三，藪牧所畜馬牛羊及他鳥獸之征也。牧者牧地，謂休不耕之田。此牧即《小司徒》井牧其田野之牧。詳見彤《周禮小疏》。澤無水曰藪，亦牧地也。本《太宰》九職註。甸稍縣都皆無過十二，山物澤物之征也。其所征，蓋自二十之三至十之二而止也。惟其漆林之征二十而五，乃於甸稍縣都山澤閒舉其所重征之一，以明外此皆無過十二也。「近郊十一」以上與上經相應，「遠郊二十而三」以下與上經相備也。所以知受田者之廛征布帛豕犬雞者，下經云：「凡宅不毛者有里布。」《孟子》云：「五畝之宅，樹之以桑，五十者可以衣帛矣。雞豚狗彘之畜無失其時，七十者可以食肉矣。」又云：「廛無夫里之布。」廛征夫布，《周官》之制也。非不毛而有里布，戰國之橫征也。孟子欲并去夫布，以當時國甚富而民甚貧耳。是布帛豕犬雞皆出於受田者之廛也。所以知市之廛征布及餘物滯物者，以廛人斂市之廛布，廛布外，所斂絘布、總布、質布、罰布皆非市征，故不及。詳見彤《周禮小疏》。斂屠者之皮角筋骨，按：註釋以當地稅。斂凡珍異之滯者也。亦以當地稅，非官買之。此布入泉府則泉也。皮角筋骨，屠者之餘物也。所以知園之征爲草木者，《閭師》「任圃以樹事，貢草木」也。所以知近郊十一之爲農田者，上經之以田任地自近郊始也。所以知遠郊二十而三之爲藪牧者，畜牧家之受田自遠郊始，則藪牧之畜事亦自遠郊始也。所以知甸稍縣都無過十二爲山澤之物者，以下經「惟其漆林」四字知之也。其者，指甸稍縣都。漆林厠山澤間，則「惟」字對山澤所産言，故知十二爲山澤之物也。公卿大夫士之宅所以無征者，於貴者優之也。註釋以國宅爲官府治事處，則無征不必言矣。布帛草木豕犬雞之征所以二十而一者，廛地小而所出微也。廛布及餘物滯物之所以二十而一者，蓋商賈貨賄之征當與市廛等，按貨賄但征於司門，不征於關市，關市並征廛税而已。市廛二十而一，則貨賄亦二十而一，并之如田税之十一，農末適均也。《管子·治國》篇云：「先王使農士工商四民交能易作，終歲之利無道相過，是以民作一而得均。」故知征之者亦等也。農田之所以十一者，多則食不足於民，寡則食不足於國也。馬牛羊及他鳥獸之所以二十而三者，較農田則人力少而利厚也。山物澤物與漆林之所以遞增者，人力尤少而利尤厚也。抑經文簡奥多包含，云國宅無征，園廛二十而一，則凡國以外之宅皆無征，國以外之園廛皆二十而一矣。云近郊十一，則凡近郊以外之農田皆十一矣。云遠郊二十而三，則凡遠郊以外之藪牧皆二十而三矣。蓋皆舉地之最近者以表其餘，乃征賦之總例也。若商賈之貨賄本非地征，非經所包含，故不得與嬪婦之布帛、藪牧之鳥獸並列。至百工之器物，當亦出於其廛，《論語》云：「百工居肆以成其事。」肆即所列之廛，蓋亦在關市也。廛與器物之征，當亦各二十之一如商賈矣。

《載師》地征，自註疏及王氏《訂義》諸説不皆有當，而近年聚訟尤甚。恐古制終不得明，故採求本經義例確證，以反覆條釋之。釋近郊十一，甸稍縣都十二，略本亡友蔡宸錫説。

釋骨

骨爲身之幹，其載於《内經》、《甲乙經》者以十百數，皆各有其部與其形象。然名之單複分總散見錯出，能辨晰而會通者實鮮。余方嗟其爲學者之闕，適吴生球從事經穴，數以是請，遂與之詳考而條釋以貽之。頭之骨曰顱。其上曰顛，亦曰巔。曰腦蓋，曰腦頂，亦曰頂。其會曰顖。《説文》作囟，訓頭會腦蓋，乃謂頭骨交會之腦蓋，非指蓋之全也。《玉篇》訓頂門。其横在髮際前者曰額顱，亦曰額。額之中曰顔，曰庭。其旁曰額角。其前在眉頭者曰眉本，在目匡上者曰匡上陷骨，眉間曰闕，其下曰下極，下極者，目間也。眉目間亦通曰顔。《五色》篇云：「闕者，眉間也。庭者，顔也。」下論「察色」之部云：「庭者，首面也。闕上者，咽喉也。闕中者，肺也。」是顔在闕上之上矣。《衛氣》篇云：「手陽明標在顔下。」蓋謂挾鼻孔之脈穴。若顔但在闕上，則去鼻太遠，故自庭至下極皆顔也。《説文》亦訓顔爲眉目之間。顛之旁嶄然起者曰頭角，亦曰角。左曰左角，右曰右角。《經筋》篇云：「足少陽之筋，循耳後上額角交巔上。」彤按：耳上近巔者乃頭角，非額角也，故額角爲頭角之訛。則其下所云右角、左角者，亦頭角也。舊説以左右角爲額角，誤。當耳之後上起者曰耳上角，曰耳後上角。其前曰耳前角，亦曰角形曲，故又曰曲角。曲角，經文俱誤作曲周。惟《氣府論》註「周」作「角」，今從之。顛之後横起者曰頭横骨，曰枕骨。其兩旁尤起者曰玉枕骨，其旁下高以長在耳後者曰完骨。頭横骨中央之下端曰顱際鋭骨顱，亦曰頭之大骨。自額顱而下，鼻之骨曰鼻柱，曰明堂骨。其旁微起者曰鼻髃，目之下起骨曰䪼。其下旁高而大者曰面鼽骨，曰顴骨，亦曰大顴，亦曰頄。鼽、頄古通用。頄之下端曰兑骨，兑，古鋭字。在耳前者曰關。穴有名上關、下關者，謂在關之上下也。有名顴窌者，謂在顴之下也。有名完骨者，謂在完骨之際也。凡穴名與骨同者，皆倣此。耳下曲骨載頰在頷後者頷，《説文》作頜，與頤同，訓顄。蓋從口内言之。若從口外言，則兩旁爲頷，頷前爲頤，不容相假。故《内經》無通稱者。曰頰車，曰曲頰，曰巨屈。亦作曲。曲骨前斷而若逆者曰大迎骨。通回帀口頰下之骨曰或骨。《骨空論》云：「或骨空在口下，當兩肩。」王太僕《註》云：「謂大迎穴也。」彤按：《說文》或即域本字，云或骨者，以其骨在口頰下，象邦域之回帀也。其在頤者曰角，曰斷基。口斷骨曰齒，上曰上齒，下曰下齒，凡十有二。牝齒曰牙，中央齒形奇，左右齒形偶。奇則牡，偶則牝。而《說文》、《玉篇》並以牙爲牡齒，恐傳寫之訛。上下各十，或八，或九，或十有二不齊也。其最後生者曰真牙。其自齒左右轉勢微曲者曰曲牙。《氣穴論》云：「曲牙二穴。」王《註》云：「頰車穴在耳下曲頰端。」彤謂耳下曲頰端去曲牙甚遠，恐非經意。若指牙之近頰車者，則其牙未嘗曲。吴生以二穴爲地倉，地倉俠口旁四分正當牙曲處，足證吾說。牙之後橫舌本者曰橫骨。自顱際鋭骨而下骨三節植頸項者通曰柱骨，其隱筋肉中者曰復骨。張景岳云：「復當作伏。」上曰上椎，下起骨曰項大椎。亦作顀。項大椎之下二十一節節亦曰顀，作焦誤。顀亦作椎。通曰脊骨，曰脊椎，曰膂骨，曰中⿰月吕。第一節曰脊大椎，形如杼，故亦曰杼骨。第十三節至十六節曰高骨。曰大骨。《生氣通天論》云：「腎氣乃傷，高骨乃壞。」王《註》云：「高骨，謂腰之高骨。」是高骨通謂腰間脊骨之高者也。《論》又云：「味過於鹹，大骨氣勞。」《註》云：「鹹歸腎也。」按：腰爲腎府，此大骨當在腰間，即諸高骨也。說者專指命門穴上一節爲高骨、大骨，未盡。其以上七節曰背骨者，則第八節以下乃曰膂骨。《骨度》篇云：「項髮以下至背骨。」又云：「膂骨以下至尾骶。」彤按：此篇文體，凡骨名相承說者，下皆同上，知膂本背字傳寫致訛。篇內又云：「上七節至於膂骨。」則上七節皆背骨，而膂骨自八節以下，明矣。又《說文》訓吕爲脊骨，訓背爲脊，而訓脊則兼背、吕，亦一脊而分上背下吕之證。又按：《氣穴論》云：「中⿰月吕兩旁各五穴。」《註》謂起肺俞至腎俞。肺俞在第三椎下兩旁，腎俞在第十四椎下兩旁。是中⿰月吕云者，謂第三椎至十四椎爲膂之中也。此又以背骨五節通稱爲⿰月吕也。末節曰尻骨，曰骶骨，一作骨骶，恐文倒。否則脊誤爲骨。曰脊骶，曰尾骶，亦曰骶，曰尾屈，曰橛骨，曰窮骨。其骨之扁戾者曰扁骨、俠脊骨。第一節至十二節環而前斜下者，二十四條皆曰肋。婦人則二十八條。其在腋下而後乳三寸者曰胠，胠骨五，左曰左胠，右曰右胠。其抱胸過乳而兩端相直者曰膺中骨，七。《氣府論》云：「膺中骨間各一。」王《註》云：「謂膺窗等六穴。」「膺中骨陷中各一。」王《註》云：「謂璇璣至中庭六穴。」彤謂穴在骨下閒，穴有六，則膺中骨當七矣。蓋乳上五，乳下二也。其在膺中骨之下及胠外者曰脅骨，曰脅肋。胠及膺中骨之在乳下者亦通曰脅。《至真要大論》註云：「脅謂兩乳之下及胠外也。」脅骨之短而在下者曰橛肋三。其最短俠脊者曰季肋。其橛肋之第三條曰季脅。凡脅骨之端通曰脅，支亦曰支脅，支端之相交者曰骹。張景岳以脅下之骨爲骹。下字誤。膺中骨之上，自結喉下四寸至肩端前橫而大者曰巨骨。其半環中斷者曰缺盆骨，在肩者曰肩上橫骨，在肩端者曰𩩲骨。《師傳》篇云：「五藏六府，心爲之主，缺盆爲之道，𩩲骨有餘以候髑骬。」彤按：此𩩲骨乃謂缺盆骨兩旁之端，即肩端骨也。蓋髑骬本蔽心之骨，而缺盆即心藏之道。髑骬之上爲膺中陷骨，缺盆骨之旁爲肩端骨。膺中陷骨之於缺盆骨，髑骬之於肩端骨，其長短皆各相應，故必用肩端骨候髑骬也。然則𩩲骨之爲肩端骨，信矣。舊說以𩩲骨爲髑骬之端，則與上文不貫。且髑骬甚小，不須更以端候。至有以𩩲作骷，而訓爲膝骨者，尤誤。𩩲骨之起者曰髃骨，曰肩前髃。微起者曰小髃骨。小髃骨之前歧出者曰肩端上行兩叉骨。缺盆外伏頸旁壅肉下者曰𡵿骨，曰缺盆外骨，其骨即肋骨之第一條也。肩後橫骨曰大骨，其在旁者曰曲腋上骨，曰肩臑後大骨。其成片被肩垂背者曰肩甲，亦作胛，下同。至《經脈》篇所云「別下貫胛」者，胛乃胂之誤字，故不列。曰肩髆，亦曰髆。肩甲之在上屈折者曰肩曲甲。其近小髃骨者曰肩中央曲甲。當膺骨兩端中陷下者曰膺中陷骨。陷骨下蔽心者髑骬曰鳩尾，曰心蔽骨，曰臆前蔽骨。髑骬直下橫兩股間者曰橫骨，曰股際骨。其中央兩垂而壓陰器者曰曲骨。陰器之後，繞脽腸而綴骶端者曰陰尾骨，骶之上俠脊十七節至二十節起骨曰腰髁骨，曰兩髁。其旁臨兩股者曰監骨，曰大骨，曰髂，一身之伸屈司焉，故通曰機關。關之旁曰髀樞，亦曰樞機者，髀骨之入樞者也。自肩兩旁而下，在肘以上者曰髆骨。肩與髆之會於前廉者曰肩端兩骨，其會於後者曰肩曲甲下兩骨。髆者大臂也，在肘以下者曰臂骨，臂骨二，上曰上骨，則下曰下骨也。其在肘者曰肘骨，曰肘大骨，曰肘外大骨，《本腧》篇、《甲乙經》所云肘內大骨者，內乃外之訛字，故不列。其內微起者曰肘內鋭骨。合其大者鋭者曰肘內側兩骨。肘大骨之上兩起者曰肘外輔骨。臂骨之在外者曰臂外兩骨。其在內近腕者曰關。穴有名內關、外關者，以此。至《本腧》篇所云「掌後兩骨」者，骨乃筋之訛字，故不列。若《難經》之所謂關，則上骨內端之微高者也。其下骨外端起者曰手外踝，亦曰踝外。踝前微起者曰腕骨，腕亦作宛。曰腕中兑骨，亦曰鋭骨。其又前者曰腕前起骨，束掌者曰掌束骨。掌束骨之後廉微起者曰掌後兑骨。舊説以手踝當之，誤。手大指本節後起骨曰壅骨，《邪客》篇論手太陰之脈云：「內屈與諸陰絡會於魚際，伏行壅骨之下，外屈出於寸口而行。」是壅骨固在魚際旁寸口前。舊説謂即掌後高骨，誤。兼旁之歧出者通曰大指歧骨。其與次指合形如谷，故又曰合谷兩骨。自兩髂而下在膝以上者曰髀骨，曰股骨。其直者曰楗。《骨空論》云：「輔骨上橫骨下爲楗。」是楗即髀骨之直者也。又考枯骨象，髀樞在關旁納機，不在機端。而説者名髀骨爲髀樞骨，又以爲在楗骨下，誤甚。其斜上俠髖者，則所謂機也。在膝以下者曰骭骨，骭亦作肝。骭者小股也，亦曰足脛，《説文》訓骭爲脛耑，然《內經》皆通稱，惟《大奇論》骭與脛對言，而《甲乙經》所集䯒亦作脛，蓋不可分也。脛與骭同。曰骸，曰骭。髀骭之閒曰骸關，《骨空論》云：「膝解爲骸關。」王《註》謂在膝外。彤按：即膝外解上下之輔骨，蓋名關，本取兩骨可開闔之義，故指骨解與兩骨並通。餘倣此。曰股樞，一作樞股，恐文倒。亦曰樞。蓋膝之骨曰膝髕，俠膝之骨曰輔骨，內曰內輔，外曰外輔。其專以骸上爲輔者，《骨空論》云：「骸下爲輔。」下乃上之訛也。則膝旁不曰輔，而曰連骸。骸上者，骭之上端也。䯒外廉起骨成䯒者曰成骨。《刺腰痛論》云：「成骨在膝外廉之骨獨起者。」彤按：膝之上下內外皆以髕爲斷。成骨旁䯒骨之端，不至上旁膝。膝乃䯒之訛也。成一作盛，亦誤。䯒下端起骨曰踝，內曰內踝，外曰外踝。外踝上細而短附䯒者曰絶骨。兩踝後在踵者曰跟骨。在內踝下者曰內踝之後屬。內踝下前起大骨曰然骨。足大指歧出者曰大指歧骨。大指本節後宛宛者曰腕骨。其在內側如核者曰核骨。核亦作覈。足外側大骨曰京骨。京骨之前當小指本節後者曰束骨。小指、次指歧出者曰足小指、次指歧骨。足上曰跗，其外側近踝者曰跗屬。一作屬跗，恐文倒。凡肘腋髀膕兩端相接骨通曰機關，亦曰關。髀之關，即《骨空論》所云：「膕上爲關。」王《註》云：「當楗之後者也。」穴有名髀關者，以其正直髀關之前故耳。膕之關即骸關也。手足腕兩端骨亦通曰關。

易爻辭辨

《周易》之爻辭，在漢儒或以爲文王作，或以爲周公作，蓋各有所受之也。及唐孔氏之《正義》，宋胡氏之《啟蒙翼傳》，皆辨爲周公而非文王焉。乃近又有據陸氏《釋文》所載梁武解立説者，謂《乾》、《坤》《文言》文王作之而孔子傳之。今篇中彖辭、爻辭並具，安見爻辭之不出於文王？且以爲作於周公，則《漢志》之於《易》，何第云「人更三聖」也？其説亦近是。顧《孟子》嘗云「周公思兼三王」，其上文並舉禹、湯、文、武，以文、武二人爲一代之王也。然則《漢志》或亦以文、周爲一家之聖，不足證爻辭之非周公作，況孔、胡二氏之辨爲周公作者，其證較多且確耶？余以爲《屯》、《蒙》以下之爻辭多作於周公；而《乾》、《坤》之爻辭則作於文王，故與其彖辭並稱《文言》。《乾》、《坤》爻辭之稱《文言》，蓋孔子之前已然也，是全《易》爻辭之繫文王少而周公多，文王開其端而周公卒其業。必舉而歸諸一人，安能無所牴牾？若以彖、爻辭義之悉符爲徵，則文、周爲一家之聖，道與心自無不同，豈必出一手所成而然哉？

保甲論

保甲之設，所以使天下之州縣復分其治也。州縣之地廣，廣則吏之耳目有不及；其民衆，衆則行之善惡有未詳。保長甲長之所統，地近而人寡，其耳目無不照，善惡無所匿，從而聞於州縣，平其是非，則里黨得其治，而州縣亦無不得其治。今之州縣官奉大吏之令舉行保甲，而卒無其效，非保甲之法之不善，爲保長甲長之人之未善也。夫今之保甲即《周官》之鄉之州黨族閭比，遂之縣鄙酇里鄰也；保長甲長即卿大夫之州長、黨正、族師、閭胥、比長，遂大夫之縣正、鄙師、酇長、里宰、鄰長之屬也。周之時，自鄰長而外皆爲士大夫，士大夫皆有德行道藝之賢者能者也，故分民而使之治而遂各道之以親親長長慈幼之恩，勸之以相保、相受、相葬、相救、相賙之誼，教之以祭祀、喪紀、昏冠、飲酒之禮。耕耨也則趣之，行役也則作之，財賦也則斂之，讀法也則從而勸戒之。媺者賞，惡者誅，而無或不共其職。故成、康之世，天下無有一家一人之不治焉。今之長保甲者雖不使之治其里黨，與周之里宰、黨正不同，而里黨之不法者、罹患害者皆得以達之州縣，是亦周時分里黨之治之一端也。爲之者，其人大率庶民之顧利無恥不自好者，弊且百出，安有其效？故舉行保甲，必先擇其長保甲之人而後可。保長長十甲，甲長長百户，分百户而十人長之謂之牌頭。牌頭擇庶民之朴直者爲之，保長甲長則必擇士之賢者能者而爲之。賢者能者，其陳説事之始終必有序而不殺，論列情之曲直必以實而無僞。抑其平日必有以表率之，教導之，使其心不終汩於邪僻；又必有以區畫之，安處之，使其食與衣不必由於兇惡。歷久漸馴，而里黨之風自歸於正。使處士之賢者能者爲今之保長甲長而有所不屑，則惟爲州縣者重其事，慎其人，求之以誠，聘之以禮幣，告之以欲分治之故與任分治之義，而使之整其所屬，糾其邪僻兇惡，達之州縣，亦得展其心思才力，自無不屑之患。統乎保者爲鄉，鄉則就搢紳聘焉。其遇之隆、任之專，較之保長甲長而更倍焉可也。及功過已著，則權其大小輕重而誅賞進退以爲勸懲，必且感德畏威而職無不盡也已。雖然，欲如是，非州縣之所得擅爲也，責在大吏；而大吏亦不得而自專，必也奏其事於朝廷，得額定其員，次第其禄位，立考績黜陟之法，而後可行也。夫《周官》鄉遂之制，自兩漢、後魏以迄唐之盛、明之初，略倣而行之，皆得以善治而宜民。而大儒若朱子，名臣若蘇綽，近世名儒若魏子才、顧寧人輩，又莫不稱爲治教之基，則非迂遠而闊於事情可知也。在更化之初，必有議其不便者；行之久而利，則相與安之，且歌誦之矣。比閲邸報，見内外大臣議保甲者多，故述爲此論，請正其得失於吾所友事者焉。

古文尚書考序

辨東晉所出《古文尚書》之僞者自趙宋而來約有兩端，曰文從字順而易讀，曰掇拾傳記而無遺。前之説，則所云讀以今文者之删添與傳者之私竄足以解之；後之説，則所云傳記之徵引自多古文者足以解之。皆不得謂挾持有故也。吾友惠君定宇，淹通經史，於五經並宗漢學，著述多而可傳。其《古文尚書考》二卷能據真古文以辨後出者之僞，大指言鄭康成所述二十四篇之目見於唐《正義》者，即《漢·藝文志》之十六篇，劉歆、班固以爲孔安國所得古文無異詞。自梅賾奏古文二十五篇列諸國學，孔穎達乃以二十四篇爲張霸所造，遂令梅《書》雜古經而大行，是謂僞其真而真其僞。余惟班之《藝文志》即劉之《七略》，劉在成、哀閒領校祕書，班在顯宗時典其職，於所謂十六篇者皆親見其文而載之於書。按：《正義》載鄭氏云：「《武成》逸《書》，建武之際亡。」是班撰《志》時尚存十五篇。十六而爲二十四，鄭析其《九共》一篇爲九耳。若張霸所造，乃百兩篇，且當時即以乖祕書見黜。然則鄭之二十四篇非張霸僞《書》而爲真古文，可決也；鄭之二十四篇爲真古文，則梅之二十五篇爲僞古文，亦可決也。夫二十五篇之古文非不依於義理，顧後儒之作雖精醇，不可以渾淆聖籍。揚子、文中子之擬經，皆謂之僭，况以僞亂真者？故欲尊古經，必辨後出者之僞；而欲辨後出者之僞，必據其前之真者而後可。此定宇之書所由高出於群言邪？得是，而後出古文之爲僞，雖素悦其理而信之者亦無以爲之解，而所謂足以解者皆轉而爲浮説矣。太原閻百詩，近儒之博且精者，著《尚書古文疏證》五卷，先得定宇之指，定宇書不謀而與之合，文詞未及其半而辯證益明，條貫亦益清云。

尋淮源記

《禹貢》謂導淮自桐柏。桐柏之山，今屬南陽之桐柏縣。余以雍正初元客郡齋，屢欲往桐柏山以觀淮之源，逡巡未果。越三歲，決往，乃跨馬出東郭門，濟川陟岡，經二百六十里而至桐柏之山。山綿亘可百里，西通襄陽之棗陽，東南連德安之隨州，峯巒森聳夾道，南北有紫霄、翠微、玉女、卧龍、蓮華諸名。其道南最西一峯，則曰胎簪，《水經》所謂平氏縣胎簪山也。有泉出其陰，北流至平地分二道，酈道元注所謂「西流爲灃，東流爲淮」者也。泉之旁，有池方七尺許，水清淺不流，俗謂之淮井，蓋泉所溢也。淮井東三十里爲桐柏縣城，城東北一里許爲淮瀆廟，廟南阻金臺，北枕淮水，中有漢延熹六年碑。山泉自分流後，穿沙石，屈曲而東至廟北，凡合南北澗水十餘道。以余觀之，皆淮源也；謂淮出胎簪山者，專指山陰之一泉耳。漢《延熹碑》云：「淮出平氏，始於大復，潛行地中，見於陽口。」《水經注》以爲潛流三十許里，東出桐柏之大復山南，謂之陽口。乃余訪之土人，考之近志，皆未有能確指其潛行之蹟及陽口之所在者。《府志》謂：「淮源初出即伏流三十里，湧爲三泉，因濬爲井。」則伏流在淮井上。《縣志》謂：「井邊有泉，三處湧出，伏流地中，經六七里成川。」則伏流在淮井下。皆與《水經注》不合。以目驗之，亦不盡然。而城東五六十里，有峯巍然而高，土人指爲大復山，謂在隨州界。淮水繞其南，於桐柏山爲最東一支，所謂陽口當在是。余又疑與潛流三十里之説遠近不符，欲并往觀之，馬病而返，其然否難定於今矣。大復之名始見《漢書·地理志》。《志》言《禹貢》桐柏大復山，淮水所出，以爲淮水出桐柏之大復山也。然胎簪亦固其源，不應獨遺。則其時所謂大復山者，蓋統胎簪以東諸峯言之。《元和郡縣圖志》以大復爲桐柏之異名，誤。後人名最西一峯曰胎簪，餘峯多別爲之號，而最東一支遂專大復之名矣。若道北諸峯，土人往往概稱桐柏山，猶多沿禹時之舊云。

附　録

先生游張清恪、楊文定兩公之門，講學不倦，故經義宏深，而於程、朱之傳尤身體而力行之。嘗言：「經者，天地之心、聖人之情而彝倫之則也。人不窮經則悖，文不根經則駁。」沈廷芳撰墓志。

方望溪見先生所疏三經，謂得聖人精奥；讀其文，又謂氣格直似韓子。乾隆初元，方輯《三禮義疏》，遂薦入館，名動輦下。同上。

先生爲人醇篤，盡洗中吴名士之習。讀書以窮經爲事，貫穿古人之異同而求其至是。其爲文章，不務辭華，獨抒心得。全祖望撰墓版文。

焦里堂贊《周官禄田考》曰：「官多田少，爲《周禮》謗，果堂考之，乃斥其妄。自公而降，自井而上，官爵公田，厥數適當。尚有餘財，他用以廣，郊野之官，不名州黨。不易再易，通三以量，減以攝試，增以加賞。」《雕菰集》。

胡培翬曰：「沈氏之書名《儀禮小疏》，

所箋釋僅止《士冠》、《士昏》、《公食》、《喪服》、《士喪》、《既夕》數篇，而考訂多精覈。」《研六室文鈔·讀儀禮私記序》。

果堂交游

惠先生棟別見《研谿學案》。

沈先生廷芳別見《餘山學案》。

方先生苞別爲《望溪學案》。

李先生紱別爲《穆堂學案》。

全先生祖望別爲《謝山學案》。

陳先生景雲

陳景雲，字少章，吴縣人。諸生。爲義門入室弟子，義門門下著籍甚衆，先生與果堂先生最著。湯文正公撫吴試士，拔第一，以應順天試。入都不遇，館於藩邸三年，辭歸。時年四十，以母老絶意宦遊。篤於内行，親喪每慟絶，祭必涕泗沾衣。外和内剛，不因人熱。晚歲名益高，跡益晦。終年杜門，足不蹋城市。朝齏暮鹽，怡然也。凡經史子集，地理制度，下及稗官家，無不綜覽。尤深於史學，温公《通鑑》略能背誦，明三百年事能剖決得失。校勘古籍，一守義門之法。著有《讀書紀聞》十二卷，《兩漢訂誤》五卷，《三國志校證》三卷，《綱目辨誤》四卷，《通鑑胡注正誤》二卷，《紀元考略》二卷，《文選校正》三卷，《韓文校誤》三卷，《柳文校誤》三卷，《文集》四卷。參《先正事略》。

茅先生星來

茅星來，字豈宿，號鈍叟，歸安人。七世祖坤，《明史》有傳。先生年近三十爲諸生。屢絀於有司，後遂專攻經世及程朱之書。念朱子《近思録》舊解未詳密，乃爲之集註，行止坐卧皆不輟，歷二十餘年，成書十四卷，其才識亦因之甚高。嘗依族人於山東滋陽，時黄崑圃爲布政使，數致候問，先生避嫌，卒不往。親知爲州縣，必懇之爲言安民之法。或刻於催科，則切責之，雖其人面赤汗流不顧。所著古文，亦往往於國維民瘼反覆致意。攜其稿謁方靈皋於京師，靈皋以爲勝宜興儲禮執，由是名聞遠近。以口吃，無敢薦達之者。與果堂先生交最久，嘗自傷不遇，圖所以不朽者。果堂先生謂曰：「諸生而可以不朽，其在爲有用之言乎？」其《近思録集註》亦遂爲士大夫所推重。乾隆十三年卒，年七十。參史傳、沈彤撰傳。

近思録集註後序

《近思録集註》既成，或疑名物訓詁非是書所重，胡考訂援據之不憚煩？爲曰：此正愚註之所以作也。自《宋史》分《道學》、《儒林》爲二，而後之言程朱之學者往往但求之身心性命之間，而不復以通經學古爲事。於是彼稍稍知究心學古者輒用是爲詬病，以謂道學之説興而經學寖微。噫，何其言之甚歟！夫道者，所以爲儒之具也；而學也者，所以治其具者也。故人不學則不知道，不知道則不可以爲儒，而不通知古今則不可以言學。夫經，其本也。不通經，則雖欲博觀今古，亦泛濫而無所歸也。《宋史》離而二之，過矣！伊川分學者爲三：曰文章，曰訓詁，曰儒者。夫六經皆文章也。其異同疑似，爲之博考而詳辨之，即訓詁也。子曰：「有德者必有言。」非儒者之文章乎？孟子曰：「不以文害辭，不以辭害志，以意逆志，是爲得之。」非儒者之訓詁乎？然則文章也，訓詁也，而儒之所以爲儒者，要未始不存乎其閒。然而伊川且必欲別儒於文章、訓詁之外者，何也？蓋謂求儒者之道於文章、訓詁中則可，而欲以文章、訓詁盡儒者之道則不可。其本末先後之閒，固有辨也。奈之何進訓詁、章句之學於儒林，而反別道學於儒之外，其無識可謂甚也！夫道學與政術判爲二事，橫渠猶病之，況離道學於儒而二之耶？甚矣，其蔽也！蓋嘗竊論之，馬、鄭、賈、孔之説經，譬則百貨之所聚也；程、朱諸先生之説經，譬則操權度以平百貨之長短輕重者也。微權度，則貨之長短輕重不見；而非百貨所聚，則雖有權度，亦無所用之矣。故愚嘗竊以謂欲求程、朱之學者，其必自鄭、孔諸傳疏始。愚故於是編備著漢、唐諸家之説，以見程、朱諸先生學之有本，俾彼空疎寡學者無得以藉口焉。

徐先生大椿

徐大椿，原名大業，字靈胎，號洄溪，吴江人。祖釚字電發，工古文詩詞，舉康熙博學鴻詞科，授翰林院檢討，纂修《明史》。著有《詞苑業談》、《本事詩》、《南州草堂集》。父養浩，熟於東南水利。先生性通敏，覃思《周易》、《道德》、《陰符》家言，旁通天文、地利、音律、技擊之術，而醫學尤邃。以諸生貢太學，尋棄去，專以醫活人。乾隆二十七年，巡撫莊有恭將開震澤七十二港，以洩太湖下流。先生白言其五十餘港非太湖下流，開且無益。惟附城十餘港濬之便。後卒從其言。蓋先生有得於家學也。嘗奉召至京師，視大學士蔣溥病，密奏過立夏七日當逝，至期果然。將授以官，力辭歸。後復召至京，以疾卒，年七十九。其奉召時，諭旨稱其字，故遂以字行。平生與果堂先生友善，雖爲學不同，而交相資也。所著書有《神農本草經百種録》一卷，《蘭臺軌範》八卷，《傷寒類方》一卷，《醫學源流論》二卷，《洄溪醫案》一卷，《慎疾芻言》一卷，《道德經註》二卷，《陰符經註》一卷，又《水利策稿》、《述恩紀略》、《待問編》。嘗爲新樂府曰《洄溪道情》，警動剴切，士林誦之。參《吴江縣續志》。

神農本草經百種録序

百物與人殊體，而人藉以養生卻病者，何也？蓋天地亦物耳，惟其形體至大，則不能無生。其生人也得其純，❶其生動物也得其雜，其生植物也得其偏。而人之所謂純者，其初生之理然耳。及其感風寒暑濕之邪，喜怒憂思之擾，而純者遂漓。漓則氣傷，氣傷則形敗；而物之雜者、偏者反能以其所得之性，補之救之。聖人知其然也，思救人必先知物，蓋氣不能違理，形不能違氣。視色别味，察聲辨臭，權輕重，度長短，審形之事也；測時令，詳嗜好，分盛衰，别土宜，求

❶「純」，原作「鈍」，今據清乾隆刻本《神農本草經百種録·序》改。

氣之術也。形氣得，而性以得。性者，物所生之理也。由是而立《本草》，製湯劑，以之治人。有餘，瀉之；不足，補之。寒者，熱之；熱者，寒之。温者，清之；清者，温之。從者，反治；逆者，正治。或以類從，或以畏忌，各矯其弊以復於平。其始則異，其終則同。夫天地生之，聖人保之，造化之能，聖人半之，天地不能專也。漢末張仲景《金匱要略》及《傷寒論》中諸方，大半皆三代以前遺法。其用藥之義與《本經》吻合無閒，審病施方，應驗如響。自唐以後藥性不明，方多自撰，如《千金方》、《外臺祕要》之屬，執藥治病，氣性雖不相背，而變化已鮮。沿及宋元，藥品日增，性未研極，師心自用，謬誤相仍。即用《本經》諸種，其精微妙義多所遺漏。是以方不成方，藥非其藥，閒有效驗亦偶中，而非可取必，良由《本經》之不講故也。余竊悲焉，欲詳爲闡述。其如耳目所及無多，古今名實互異，地土殊産，氣味不同，且近世醫人所不常用之藥，無識别而收採者，更有殊能異性，義在隱微，一時難以推測，若必盡解全《經》，不免昧心誣聖。是以但擇耳目所習見不疑，而理有可測者，共得百種，爲之探本溯原，發其所以然之義，使古聖立方治病之心，灼然可見，而其他則闕焉。後之君子，或可因之而悟其全。雖荒陋可嗤，而敬慎足矜也。

難經經釋叙

《難經》非經也，以《靈素》之微言奥旨，引端未發者，設爲問答之語，俾暢厥義也。古人書篇名義，非可苟稱。難者，辨論之謂，天下豈有以難名爲經者？故知《難經》非經也。自古言醫者皆祖《内經》，而《内經》之學，至漢而分，倉公氏以診勝，仲景氏以方勝，華佗氏以針灸雜法勝，❶雖皆不離乎《内經》，而師承各别。逮晉、唐以後，則支流愈分，徒講乎醫之術，而不講乎醫之道，則去聖遠矣。惟《難經》則悉本《内經》之語，而敷暢其義，聖學之傳，惟此爲得其宗。然竊有疑焉。其説有即以經文爲釋者，有悖經文而爲釋者，有顛倒經文以爲釋者。夫苟如他書之别有師承，則人自立説，源流莫考，即使與古聖之説大悖，亦無從而證其是非。若即本《内經》之文以釋《内經》，則《内經》具在也，以經證經，而是非顯然矣。然此書之垂已二千餘年，註者不下數十家，皆不敢有異議。其閒有大可疑者，且多曲爲解釋，并其書之是者反疑之，則豈前人皆無識乎？殆非也。蓋經學之不講久矣，惟知溯流以尋源，源不得則中道而止，未嘗從源以及流也。故以《難經》視《難經》，則《難經》自無可議；以《内經》之義疏視《難經》，則《難經》正多疵也。余始也，蓋嘗崇信而佩習之，習之久而漸疑其或非，更習之久而信己之必是。非信己也，信夫《難經》之必不可違乎《内經》也。於是本其發難之情，先爲申述《内經》本意，索其條理，隨文詮釋，既乃别其異同，辨其是否。其閒有殊法異義，其説不本於《内經》，而與《内經》相發明者，此則别有師承，又不得執《内經》而議其可否。惟夫遵《内經》之訓而詮解未洽者，則摘而證之於經。非以《難經》爲可訿也，正所以彰《難經》於天下後世，使知《難經》之爲《内經》羽翼，其淵源如是也，因名之爲《經釋》。《難經》所以釋

❶ 「針」，原作「計」，今據雍正五年刻本《難經經釋·叙》改。

《經》，今復以《經》釋《難》。以《難》釋《經》而《經》明，以《經》釋《難》而《難》明，此則所謂醫之道也，而非術也。其曰秦越人著者，始見於《新唐書·藝文志》，蓋不可定，然實兩漢以前書云。

醫學源流論

元氣存亡論

養生者之言曰：「天下之人皆可以無死。」斯言妄也。何則？人生自免乳哺以後，始而孩，既而長，既而壯，日勝一日。何以四十以後，飲食奉養如昔而日且就衰？或者曰：「嗜慾戕之也。」則絕嗜慾可以無死乎？或者曰：「勞動賊之也。」則戒勞動可以無死乎？或者曰：「思慮擾之也。」則屏思慮可以無死乎？果能絕嗜慾，戒勞動，減思慮，免于疾病夭札則有之，其老而眊，眊而死，猶然也。況乎四十以前未嘗無嗜慾、勞苦、思慮，然而日生日長；四十以後雖無嗜慾、勞苦、思慮，然而日減日消。此其故，何歟？蓋人之生也，顧夏蟲而卻笑，以爲是物之生死何其促也，而不知我實猶是耳。當其受生之時，已有定分焉。所謂定分者，元氣也，視之不見，求之不得，附于氣血之内，宰乎氣血之先。其成形之時，已有定數。譬如置薪於火，始然尚微，漸久則烈，薪力既盡而火熄矣。其有久暫之殊者，則薪之堅脆異質也。故終身無病者，待元氣之自盡而死，此所謂「終其天年」者也。至于疾病之人，若元氣不傷，雖病甚不死；元氣或傷，雖病輕亦死。而其中又有辨焉。有先傷元氣而病者，此不可治者也；有因病而傷元氣者，此不預防者也；亦有因誤治而傷及元氣者；亦有元氣雖傷未甚，尚可保全之者。其等不一，故脉病決死生者，不視病之輕重，而視元氣之存亡，則百不失一矣。至所謂元氣者，何所寄耶？五藏有五藏之真精，此元氣之分體者也，而其根本所在，即《道經》所謂丹田，《難經》所謂命門，《内經》所謂「七節之旁，中有小心，陰陽闔闢存乎此，呼吸出入係乎此，無火而能令百體皆温，無水而能令五藏皆潤，此中一線未絶，則生氣一線未亡，皆賴此也」。若夫有疾病而保全之法何如？蓋元氣雖自有所在，然實與藏腑相連屬者也。寒熱攻補不得其道，則實其實而虚其虚，必有一藏大受其害。邪入於中，而精不能續，則元氣無所附而傷矣。故人之一身，無處不宜謹護，而藥不可輕試也。若夫預防之道，惟上工能慮在病前，不使其勢已横而莫救。使元氣克全，則自能托邪于外。若邪盛爲害，則乘元氣未動，與之背城而一決，勿使後事生悔。此神而明之之術也。若欲與造化争權，而令天下之人終不死，則無是理矣。

方劑古今論

後世之方已不知幾億萬矣，此皆不足以名方者也。昔者聖人之製方也，推藥理之本原，識藥性之專能，察氣味之從逆，審臟腑之好惡，合君臣之配耦，而又探索病源，推求經絡。其義精味不過三四，而其用變化不窮。聖人之智真與天地同體，非人之心思所能及也。上古至今，千聖相傳，無敢失墜。至張仲景先生復申明用法，設爲問難，註明主治之症。其《傷寒論》、《金匱要略》集千聖之大成以承先而啟後，萬世不能出其範圍。此之謂古方，與《内經》並垂不朽者。其前後名家如倉公、扁鵲、華佗、孫思邈諸人各有師承，而淵源又與仲景微别，然猶自成一家，但不能與《靈素》、《本草》一線相傳爲宗枝正脈耳。既而積習相仍，每著一書，必自撰方千百。唐時諸公用藥雖博，已乏化機。至于宋人，并不知藥，其方亦板實膚淺。元時號稱極盛，各立門庭，徒騁私見。迨乎有明，蹈襲元人緒餘而已。今之醫者動云古方，不知古方之稱，其指不一。若謂上古之方，則自仲景先生流傳以外，無幾也；如謂宋元所製之方，則其可法可傳者絶少，不合法而荒謬者甚多，豈可奉爲典章？若謂自明人以前皆稱古方，則其方不下數百萬。夫常用之藥不過數百品，而爲方數百萬，隨拈幾味，皆已成方，何必定云某方也？嗟嗟！古之方何其嚴，今之方何其易！其閒亦有奇巧之法，用藥之妙，未必不能補古人之所未及，可備參考者，然其大經大法則萬不能及。其中更有違經背法之方，反足貽害。安得有學之士爲之擇而存之，集其大成，删其無當，實千古之盛舉！余蓋有志而未遑矣。

少章家學

陳先生黄中

陳黄中，字和叔，號東莊，少章先生子。讀書能承家學，尤長於史。乾隆初召試博學鴻詞。於時海内多士集闕下，罔不以聲氣相高。先生獨習静蕭寺，朝士罕識面。再赴京兆試，俱下第。乃幕游南北，爲養親計。學通古今，凡山川險隘及禮樂兵農諸大政、錢穀鹽筴之出納、律令格式之寬嚴，悉洞其要。又工於章奏，諸開府皆引以爲重而偪偪無少隱。嘗客湖南巡撫所，因争勸土苗議不合，拂衣竟去。又嘗上書海寧陳相國論時政利病，相國欲疏薦之，辭歸。忍飢不出，壹志著作，與閭井落落不偶，會其外姑家爲人所搆，强令排解，謝絶之。俄中以他事，禍幾不測。學《易》獄中，晏如也。既脱難，每酒酣輒爲拂鬱。至乾隆二十七年卒，年五十有九。平昔删修《宋史》，有稿一百七十卷，臨殁，以付彭尺木。又著有《新唐書刊誤》三卷、《謚法考》三卷、《殿閣部院表》六卷、《督撫年表》六卷、《導河書》一卷、《詩文集》四卷。參《先正事略》、沈廷芳撰墓志銘。

清儒學案卷六十一終

清儒學案卷六十二

天津徐世昌

健餘學案

健餘崛起孤寒，習聞夏峯、習齋教澤，中年志益篤，養益粹，一以朱子爲宗。事親爲孝子，服官爲名臣，卓然足以自立焉。述《健餘學案》。

尹先生會一

尹會一，字元孚，號健餘，博野人。雍正甲辰進士，授吏部主事，歷官河南巡撫，内調左副都御史。在臺數月，正直敢言。會母病，陳請終養。歸養五年，築健餘堂以奉母，高宗特賜詩以獎勵之。母卒，居喪悉遵古禮。服未闋，即授工部侍郎，及免喪始入京供職。未逾旬，命督江蘇學政，轉吏部侍郎。乾隆十三年卒，年五十八，入祀江蘇名宦祠及道南祠。先生幼孤，母李氏口授《論語》，即知孔子之言不可違悖。既長，篤信程朱。謂「治法不本於三代，皆苟道也」，故自服官後日取漢唐以來代不數見之人以自律。爲學務在力行，於古今學術純駁審擇之而未嘗攻斥，曰：「吾惡學者之好爲謾駡也。」嘗論爲學之要曰：「爲學要知學爲何事，人何故宜學。天既生我，便當效法爲人的樣子，所以小學不可不豫；既爲天所生之人，便當擴充爲人的分量，所以大學不可不講。能學可以作聖，不學則無以成人。常存此心，所學自正。」又曰：「聖人中禮，賢人守禮，學人當習禮，下學上達，無以易此。」又曰：「讀書要闕疑，然後所悟爲真得；修身要改過，然後遷善能日新。」又曰：「《蹇》以反身修德，《困》以致命遂志，君子處窮，所得爲者如斯而已；《大壯》以非禮弗履，《晉》以自昭明德，君子履盛，所可恃者如斯而已。此謂守約，此謂由己。」又曰：「學者終日之間，不但閒度可惜，或讀書，或應酬，或静坐，有所背於問學，即是不能博文，有所懈於德性，即是不能約禮。以此時時體察，日日警策，未有不進益者。」其持論切實，皆本心得，大率類此。所著有《續洛學編》五卷，《續北學編》三卷，《呂語集粹》四卷，《重訂小學纂注》六卷，《近思録集解》十卷，《尹氏家譜》八卷，《賢母年譜》一卷，《撫豫條教》四卷，《君臣士女四鑑録》十六卷，《講習録》二卷，《從宜録》一卷，《讀書筆記》六卷，《健餘劄記》四卷，《奏議》十卷，《文集》十卷，《尺牘》四卷，《詩草》三卷。參史傳、方苞撰墓誌銘、王步青撰神道碑、劉大櫆撰行狀、《健餘年譜》、《學案小識》、《先正事略》。

續洛學編自序

曩聞孫徵君既輯《理學宗傳》，則以《北學編》屬魏蓮陸，而以《洛學編》屬湯文正。余監撫豫疆，既得讀《洛學編》，心嚮往之，遂援釋菜國故之義，祑於大梁書院。既又商搉續祔，自徵君、文正二先生外，復得耿逸庵、張仲誠、張清恪、竇静庵、冉蟫庵諸先生，俱《洛學編》以後之遺獻也。既敬其人，奚可不臚其事？余固弗及文正公之蒐採該博，紀別精密，然竊有志焉，弗能已也。夫洛出《書》以迄於今，块圠苞符，權輿橐籥，繼繼承承，數千百年，天不變，道亦不變，後先相望，厥義惟均。自《洛學編》板於癸丑，又六十六年矣。此六十六年中雖僅得七人，抑亦未可云不聚也。七人之内，沈潛高明，指趣不必盡同，各履其實，以要於一致，淵源有自，何多讓焉？乃質之衣縫掖者，或張口呿呿，弗克實辨，並且懵其里居爵謚。嘻，亦太甚矣！先哲之就湮，後學之寡識，悠悠歲月，遂息薪傳。是余之大懼也，敢弗承文正公之志而續其後哉。抑考孫徵君《北學編序》，以遺海樵子七篇而憂之。若予之寡昧，爲憂滋甚。有能諗予以所遺者，則以似以續，昭茲來許，豈惟予拜嘉，亦學道者所深幸也。

續北學編自序

昔馮少墟先生輯《關學編》。其後中州則有《洛學編》，湯文正公所訂也；畿輔則有《北學編》，魏蓮陸先生所輯也。湯與魏同學於孫徵君，二編俱奉師命而成者。余撫豫時既取《洛學編》而續之，深以未見《北學編》爲憾。嗣於徵君之曾孫用正得其書，每欲倣《洛學編》附所見聞以就正當世，牽於公事未遑也。歲庚申，陳情歸里，迺從定省餘，檢魏本稍加較訂，補入四人，而續其後來者十三人。既竣事，有謂余者曰：「堯舜以來道學相承，僅可指而數也。《北學》原編由漢及明，既載三十餘人矣，子於一方數十年中復舉十有餘人，不疑於濫乎？」余乃喟然而歎曰：「正學之失傳久矣。異端害真猶在門牆之外，俗儒痼蔽即在章句之中。間得一二志士振奮於狂瀾既倒之時，或砥節厲行，或崇經翊傳，蜀之日，越之雪，空谷之跫音也，方愛之慕之表揚之不暇，而敢輕爲求備乎？余續訂是編，在北言北，亦猶之乎在洛言洛，在關言關耳。至於學無南北，惟道是趨，五事五倫，昭如大路。學者讀是書而興起，拔乎俗而不爲苟同，志於道而不爲苟異，千里百里有若比肩而立者，孔曾思孟而還，濂洛關閩，其揆一也。疇得而歧之，視此爲北方之學也哉？因識簡端，時以自勖，且望後之學者相續於無窮云。

吕語集粹自序

吕新吾先生著述甚富，皆心得之學，明體達用之書也，而《呻吟語》爲最。余反復玩味，見其推勘人情物理，研辨内外公私，痛切之至，令人當下猛省，奚啻砭骨之神針、苦口之良劑？顧先生自謂：「呻吟，病聲也。病語狂，擇其狂而未甚者存之。」然則先生平日之語，自删已多，蓋惟其精，不惟其富矣。今夫藥之爲物也，砒硫、芒硝皆有攻毒破壅之力，然雜於參苓、耆術之間用以養生，而擇之不精，遽爲嘗試，鮮或不誤。讀《呻吟語》而集其粹，謂是對證之藥殊不在多，亦猶先生之意也。嗟夫！余之善病而弗覺，覺而復病者亦屢矣！讀先生之語，能無汗下乎？自今以往，尚鑒於折肱良醫時時自藥也。因與監司黄君約取成編，用付剞劂。世有同病者，儻亦樂聞先生之病聲焉，其於修身治人之道蓋庶幾矣！

綱目四鑑録自序

《通鑑綱目》，所以資治也。竊謂主治者君，輔治者臣，受治而從風者士與女，取鑑於古而各盡其道，則治功成焉。不然，明於論人，闇於責己，雖上下數千年記誦無遺，亦等諸玩物喪志耳。爰録四編，用備觀省。正朝廷以正百官，而化行俗美，士敦志行，女厲安貞，豈待求諸遠哉？提事之要，觀我之生，不禁罣然高望，怵然爲戒也已。

君鑑録目次立政、用人、納諫、儆戒。

按：政者正也，心正則政立矣。三代而下，君德醇備，固未易言。而一念之正，未嘗不有一事之善以應之，可考而知也。顧政舉由於人存，君能得人而用之，乃可以成治。不知其道而欲立政，得乎？夫人君日有萬幾，立政用人之際，豈能無過？惟賴納諫以救其失，聖狂之分實由於此。此三者，平天下之大端也。人君苟欲求治，孰不知之？而害政生於心，□人踵其弊，❶拒諫遂厥非，史不絶書，亦獨何歟？時當逸樂，❷尤易怠荒，故儆戒無虞，明良之世，所以無廢。吁咈哉！

臣鑑録目次器識、諫諍、敬事、立身。

按：器識在人，有大有小。大役小則治，小役大則亂。爲大臣而矜才自用，功利眩於當時，災害及於家國，皆器識之小爲之也，故臣鑑以器識爲先。天下安，注意相；天下危，注意將。君子安不忘危，故器識以將相爲重。有器識而無其位，自成其大；有其位而無器識，包羞實多。故列其後以示戒然。器識云者，非如後世持禄養資、謀身利己之所得而託也，安社稷者始足以當之。欲安社稷，則諫諍之臣必致之君矣。古者諫無

❶「□」，沈梁本作「失」，未詳何據，疑當作「用」。

❷「當」，原闕，今據沈梁校補。

專官，故大小司直不加分別。❶後世專設言臣，尤當加之意也。敬事之方，内外職官略見大意，❷惟於守令特書重民事也。以上三者，❸皆本於身。其身不正而欲正人，難矣。古來人臣稍知自立，豈不思竭忠報國？但爲爵禄所縻，或爲威武所屈，所以有初鮮終也。孔子論君子之道，行己在事上之前，《孝經》所言立身在事君之後，欲有不負初心也，故取以終篇焉。

士鑑録目次師儒、俊傑、隱逸、卓行。

按：師儒之則，經明行修，出處去就，不詭於聖賢之道，故首列之。然三代而後，聖賢罕得而見之矣。出而無益於世，人以爲迂，故以奇士次之，則俊傑足貴焉。處而不信於人，又以爲僞，故以處士次之，則隱逸爲高焉。至於流俗靡靡，非志士不足以振之，志士孤行一意，未必盡合於中道，然而廉頑立懦，亦何可少哉，故終之以卓行。

女鑑録目次懿範、貞德、賢明、節烈。

按：《詩》首二《南》，后妃者，風化之所由始也，其懿範之宗乎？女宗端於上，則雅俗成於下矣。以言乎婦道，則有安貞之德；以言乎母道，則有賢明之著，故次之。夫女子之生，祝以無非無儀，至於聞望既昭，率多因乎事變，蓋有不幸而名彰者矣，然未有甚於節烈者也，故或以婦人而爲丈夫之事，以烈女而兼烈士之風，此固非坤道之常，然乘時度勢，建功立名，動關家國之大綱目，取之

❶「分別」，原闕，今據沈粱校補。

❷「職」，原闕，今據沈粱校補。

❸「者」，原闕，今據沈粱校補。

良有以也，録之以備覽觀云。

健餘劄記自序

昔薛文清嘗言：「自朱子後，性理已明，正不必著書。程明道、許魯齋皆未嘗有專著，而言道統者必歸焉，信足以定吾學之的矣。」然文清未始無書也，《讀書録》二十卷，其不得已而有言乎？夫言以足志，所重顧行，而著書干世，每與行違，迹相似而實不同，此聖賢之所以欲無言而終有言，雖有言而異於有言者之言也。余自四十以還，篤信正學，而精力就衰，難於彊記，有志未逮，終日在悔吝中，大懼荒落無成，因將耳目所經，凡切於身心，可以反求而得者，俱書於册，時時檢點，用以自省自克，匪敢附於先儒讀書諸録也。

文集

約言

戒盈

才者，德之末也。謙者，德之柄也。福者，德之徵也。柄不可棄，窮達以之。恃其末而求其徵，動即怨尤時命，奚啻樵於童山，漁於涸澤，植嘉禾於奥草，望大有於石田。《易》曰：「天道虧盈而益謙，地道變盈而流謙，鬼神害盈而福謙。」蓋盈之爲害甚矣！人知勢位崇隆侈然自足之謂盈，不知才人多傲骨，當夫酒酣興發，放軼恣肆，動以讀書萬卷相誇耀。夫即令誠然，學人自讀書而上固大有事在，而乃封己爲高，陵轢儕伍，庸獨非盈乎？高明之家，鬼瞰其室，其能免乎？迨至所如不偶，鬱鬱無聊，輒謂多才非福，古今同慨，甚且致恨於儒冠誤身而歎讀書之無益。嗚呼，人亦自爲其無益者耳！善讀書者得一二言即可成身而有餘，曾是萬卷而無以自澤也歟？吾觀《易傳》，《大有》受之以《謙》，此謂有大者不可以盈也；三陳九德，《履》先而《謙》次之，此示人以處憂患之道，踐履不外於謙也。惟謙亨終，無所擇於地，無所擇於人，可以居尊，可以居卑，可以處三之成勞，可以處四之无功，可以涉川行師，極夫人世之艱難險巇而无不利。嗚呼，爻辭備矣！世之讀書萬卷者，其亦反求而有省否耶？奈何不知修德守約，自求多福也？非才之難，所以自用者實難，則盈之爲害甚矣。用申大《易》之文以致戒。

通　蔽

爲政莫優於好善，不祥莫大於蔽賢。世儒宜無不知，而未能自克，則蔽於自用耳。善哉乎，子厚推言之也！曰：「相天下者立紀綱，整法度，擇天下之士使稱其職，能者進之，不能者退之。萬國既理，而談者獨稱伊、傅、周、召，其百官執事之勤勞不得紀焉。或者不知體要，衒能矜名，侵小勞，侵衆官，斷斷於府庭而遺其大者遠者，是不知相道者也。」古來論相用人之義莫切於此，雖然，用人者常苦於人無可用，則又蔽於求備耳。陸宣公言之審矣，曰：「衰季之時，咸謂無人足任；及雄才御寓，賢士相從如林。興王之良佐皆是季代之棄材，在季而愚，當興而智，可知人之才性與時升降。好之則至，獎之則崇，抑之則衰，斥之則絶，此消長之由也。天之生物，爲用罕兼。曲成則品物不遺，求備則觸類皆棄。付授當器，各宣其能，及乎合以成功，亦與全才無異。聖人愛人之才，慮事之弊，採其英華而使之，當其茂暢而獎之。不滯人於已成之功，不致人於必敗之地。是以鋭不挫而力不匱，官有業而事有終。」古來論用人之法，致懇惻而有條理，莫切於此。雖然，上欲用人，而天下賢才亦無不思爲上用，常苦於扞格難通，則又蔽於不求耳。朱子與劉貢父書言之審矣，曰：「大臣所賴以共正君心，同斷國論者，必有待於衆賢之助。君子將以身任此責，必諮詢訪問，取之於無事之時；而參伍較量，用之於有事之日。權力所及則察之舉之，禮際所及則親之厚之，皆不及則稱之譽之，又不及則嚮之慕之。如是而猶以爲未足也，又於其類而求之，不以小惡掩大善，不以衆短棄一長。」古來論訪問人材，詳達而曲盡者，莫切於此。執政覽此而善用之，庶免蔽賢之罪也夫。

正始

傳謂「身不修不可以齊其家」，修齊之義，和與敬盡之。關關起興，昭其和也。嘻嘻終吝，戒弗敬也。能敬且和，雝雝肅肅，女正位乎内，男正位乎外，胥不越此矣。而家之齊必自婦人始，何則？婦人性本陰柔，未嘗學問，然其觀我甚明，責我必厚。我於禮法有失，言論稍偏，彼已得而藉口。及其有過，包荒則易長傲，睚眦必致離心，心不服則言不和，言不和則家不順，婦怨無終，所關大矣。《易》有「説輻」、「反目」之象，夫子繫曰：「不能正室。」正室者，齊家之謂也。《詩》詠「刑于」，「刑于」者，修身之謂也。欲修身而齊家，以平好惡爲權輿，大事必循理，小事須順情，不可矯枉過正。而天經地義，尤莫切於事親。是故以好合而致父母之順者，此相因而致之理也；父父子子兄兄弟弟夫夫婦婦而家道正者，此由尊及卑之義也。身不行道，不行於妻子。此固士大夫之責，而豈可徒責之婦人女子哉？至於一家非之而不顧，振古有人，究非聖賢蹈道之爲。夫聖賢蹈道，先見於言行，故君子言有物而行有恒，終身以之。獨繫於《家人》之象，所以見身爲家本，而户庭之内日用不離，尤不可不善也。學之必自小學始，小學之教在於明倫，其要在於敬身。取古今嘉言以廣之，善行以實之，綱領正大，條目詳明，入德之門無所不備。學者誠能切己體察而力行之，則和敬之理得矣；和敬之理得，則修齊之道盡矣。

備德

人情好辭德而受福。雖舉山阜岡陵日升月恒之盛，侈詞稱願，亦將欣然樂之；聞賢聖之名，則避之惟恐不遠矣。乃世儒又以求福爲諱，是亦昧於不回之義，而離德與福而二之也。亮哉！子瞻之論《既醉》備五福，曰：「『君子萬年』，壽也。『介爾景福』，富也。『室家之壺』，康寧也。『高明有融』，攸好德也。『高朗令終』，考終命也。」凡言此者，美其全享是福，兼有是樂，而天下安之，以爲當然，必有以致之，推本於至誠，要之以不懈，可謂善觀《詩》矣。然猶於詩人言外明其有德也。吾則謂：德之美備，即不外於此詩。其曰「永錫爾類」，仁也；「籩豆靜嘉」，義也；「威儀孔時」，禮也；「介爾昭明」，智也；「令終有俶」，信也；「爾殽既將」，君以惠臣；「君子有孝子」，父以傳子；「釐爾女士」，夫有令妻。至於「朋友攸攝」，「攝以威儀」，則長幼有序。可知此其言德何詳，不已備五常而全達道哉！大凡古者以德爲福，未有言福而不徵於德者。即《天保》諸篇累言不盡，亦豈有殊旨歟？「聿修厥德」，「自求多福」，原非二道。善學《詩》者，自得其意耳。

立　身

士大夫立身自有本末，各成其是，皆足以傳後而無疑。以忠孝大節觀之，其在於漢，王陽爲孝子，王尊爲忠臣。孝子視九折阪爲畏道，不敢奉先人遺體乘險，竟謝病去。忠臣叱馭而驅之，文武自將，所在必發，竟卒於官。史傳所稱，無分優劣也。其在於宋，范文正公冒哀言事，自謂「其孝不逮，忠可忘乎」？著萬言書，一生功業皆素定。歐陽文忠公免喪入朝，仁宗怪其髮白，見意甚至，未幾乞致仕者六，足見其不忘孝矣。然人未有譏范文正公之居喪上書爲不孝者，蓋其先憂後樂之心，有以見信於世，而知其非貪利禄以希榮也。嗚呼！士大夫不貪利禄以希榮，則進非干澤，退非偷安，而忠孝之大節立矣。

重刻大學衍義序

皇上御極之元年，既命廣布御纂、經史各書，三年又敕發内廷書目，特許外臣奏請刊布。時會一巡撫河南，深念此都人士風氣醇樸，亟宜恢廓其器識而進於古，爰請頒給四種，内有《大學衍義》一書，夙稱國本，詔曰可。涓日開雕，閲五月而竣事。將以對揚天子之休命，而睎部之衣縫掖者知所嚮也，遂敬識其簡端曰：「《大學衍義》，真西山先生官户部尚書時以進理宗者也。其書發揮旁通，明體達用，廣大悉備，純正無疵，而其惓惓忠愛之忱，尤展卷而如見焉。蓋西山之學，以朱子爲宗。朱子《大學章句》、《或問》，既抉義理之精微，而西山《衍義》復綜古今之龜鑑，一經一緯，迺表迺裏。今三尺童子知誦《章句》、《或問》，而戴白老儒或未窺《衍義》，是數二五而不知十也。又或聰俊之士，馳騖博覽，搜索津逮，而是書無力就鈔，因失精要，是抱鍮石而遺兼金也。且或哆談經濟，鋭志匡扶，高心空腹，未究是書苞孕，是又覆明鑑而求炯照也。曩西山進書時，廑庪高閣，翻不如王氏《三經新義》得行學官。今恭逢皇上頒其遺書，昭示寰宇。蘇軾有云：『但使聖賢之相契，即如臣主之同時。』此之謂乎！中州伊洛淵源、考亭嫡脈，西山之旁搜遠紹，實在於兹。宣昭義問，大書深刻，或亦佐理至教，紹承前烈，嘉惠後學之一道也夫。」

重訂近思録集解序

余備官淮海時，闢安定故祠爲書院，與山長王罕皆太史每進諸生，申以《小學》。旋録《近思録集解》，講明而切究之。誠以修身大法，《小學》書備矣；義理精微，《近思録》詳之。考亭之言，固俟諸百世而不惑者也。又云《近思録》一書無不切人身、救人病者，則是精微之理，反求自得，所謂近思，其義尤明。學者未入其門，未歷其階而漫語博通，雖日從事於六經四子之書，恐猶昧於以類而推之要旨，其他又何論焉？自余視學江蘇，所以奉行功令，發揮《小學》者，不遺餘力矣。訂刊纂注既成，爰取安定書院所藏《近思録》舊版重加修補，與《小學》並行。有志之士苟能循是爲功，既厚培其本根，復詳求其次第，設誠於内而致行之，則博與約相乘互進，當有日新而不能已者。若陟遐必自邇，其於道也，蓋庶幾焉。

困學録集粹序

余少慕平湖陸稼書先生學術文章，粹然一出於正。蓋其著書立説散見編摩，又近宰鄰封，得諸身，被之口也。筮仕後，得悉儀封張清恪先生德望，每以未見遺編爲憾。嗣官維揚，獲交仲君又渠，幸讀先生諸書。已重鋟《近思録集解》於安定書院，與《小學集解》並授揚人士，今又渠復以《困學録集粹》視予，且曰：「先子一生精力所存，賢者閲之，自當水乳。」余反復紬繹，喟然歎先生之學純粹以精，而其牖世之苦心更深切而著明也。開卷云：「道莫大於體仁，學莫先於主敬。」提綱之旨，入手之功，徹始徹終之道，程朱嫡傳，於是乎在。至於闢異學，砭俗學，大聲疾呼，閔達人之遁於空虛，病庸流之溺於私利，不憚言之長，詞之複焉。凡爲學者，宜知返哉！以先生躬行心得之書，詳加體認，必自立志始。知困而能學，能學則不困，端其本，既其實，庶乎有恥有爲，賢聖可希，而顯藏無二，不致役役終身，與草木同朽矣。於戲！草野之中，元氣常足；朝廷之上，正氣常伸，先生之志也夫！元氣之足，不外體仁以長人；正氣之伸，要歸敬事而後食。先生講之有素，宜其利澤及民，風徽表著，歷久而彌新乎！蔡宗伯嘗親炙先生，所爲語焉而詳歟！蓋先生之學與陸稼書同，而遇則獨隆，故其究於用者異也。余承乏中州，儀型在望，而又渠憲副，政績報最，行且繼武南邦。先生所自勉以勉人者，願共勖焉。

江蘇學約序

國家建立學校，置教授、學正、教諭、訓導等官，蓋所以教天下之士，講明義理，以修其身，以爲齊家治國平天下之本，甚盛典也。乃今之教職知此意者蓋鮮，其所以課督士子者，時藝而外，竟若無事者。然爲師者不知所以教，爲弟子者亦不知所以學，是以名雖曰士，而立心、制行、語言、氣象實無異於凡民。其傑出者，不過務博覽，爲詞章，以釣聲名、取利禄而已。至所謂義理之學，則茫乎其未有聞焉。是豈立學教人之本意哉！使者督學江蘇，面聆聖訓，殷殷以培植人才爲先務。視事之始即表章朱子《小學》以勖多士，又作《秀才樣子》一通指示門庭，不啻三令五申矣。而諸生罕能興於正學。此非盡學者罪也，亦所以教之之法未備耳。夫教法莫備於成周，故當時辟雍化行，人才之盛，後莫與京。今去古已遠，古制雖難遽復，而後世大儒如胡安定公教蘇、湖二州遺法，明道先生《熙寧條議》，伊川先生《看詳學制》，朱子歷任同安、南康、漳州、潭州教士遺規，未始不可仿而行也。兹特會通其意，酌以今法，定爲條約十則。初非矜一己之臆見，亦非有至幽難窮之理，甚高難行之事。各學董率諸生，實力遵行，毋惑於浮議，毋視爲具文，以聖賢爲必可學，以性善爲必可復，以義理悦其心，以規矩約其外，漸摩之久，將必有學成德尊、明體達用之儒出於其間，而其次亦不失爲謹身寡過之士，於以共襄國家興賢育才之盛典，豈不美哉！

上朱高安先生書

四月既望，戴唐回揚，齎到鈞札，示以張弛之宜，兼賜《歷代名臣傳》，再拜盥誦，不啻親聆提撕，字字箴銘，時時佩服。匪獨兩淮情形從此揆其體要，即一生仕學亦幸得所指歸矣。師傳遠大，厚望殷肫，某雖魯鈍，敢不彊勉力行，以步趨於門牆之内？目今署理鹽政，仍管運司事，朝夕不遑，而於晚刻篝燈，必觀《名臣傳》一个，以自循省其能否。有獲心者，不禁躍然思起；有未逮處，不禁爽然自失。比來讀至漢季，見朱雲以故令而躋於名臣之列，尤覺開拓心胸，增長知識。人苟能自樹立，以身負天下之安危，雖不公卿，亦謂安社稷之大臣。公卿而或依違奉令，無所謂深識大力，祇爲具臣。如匡、韋之優遊養交，張禹之妨賢病國，雖位極人臣，不過患失之鄙夫而已。反覆由繹，足以廉頑立懦，非吾夫子之處一化齊，識絶千秋，無以創此義例也。曩猶見爲大行大效，必待乘時遠駕，今則益信盡其在我，無假異日，惟有彌堅素節以求自立，而願外之念頓息矣。未審將來可以不辱師門否。仰請指誨，伏惟崇鑒。

答陳密山書

接奉手教，大慰遠懷。惟是獎揚逾分，殊切悚惶。某嚮日所學毫無把柄，難逃知己洞鑒。垂老之餘，深懼泛泛悠悠，模糊到底，遂與草木同朽。每讀吕新吾、鹿江村、孫夏峰諸儒語録，方寸間實有開擴警省處，而行之不力，悔吝滋多。同志如大兄雖遠在數千里外，所望於切瑑者匪淺也。前讀奏摺，肅據實直陳，誠不免於張皇激切，以視從容坐鎮，潤色治平者，自覺縣殊。然目擊民艱，難容稍諱。現在單心補救，深虞不逮。素叨知愛，幸賜指誨爲禱！

上高東軒先生書

某少習舉業，未知爲學之序。四十以後備員兩淮，敬承指誨，始得與聞《小學》之義，比猶未能篤信不疑。十餘年來沈潛反覆，愈覺意味無窮。必明乎此，而後學爲人子，學爲人臣，以安詳恭敬，消除驕惰病根，不至隨所居所接而長。所謂修身大法、做人樣子，有裨於世道人心也，甚切亦甚大。今者視學江蘇，訓飭士子，講習《小學》，立限三月，法在必行，務期文勝之地胥曉然於明倫敬身之教，須臾離之而不可，終身由之而不盡，循循然起敬，訪之輿論，無不稱快。是大兄爲理學名家子，當有道之時，所以立身報主，見重於鄉國天下者，正賴有此。某方以剛健篤實、直内方外期吾兄之加勉，若聞仲氏吹篪而因以爲戒，其將何以自處乎？竊謂吾人之志既不在温飽，則言所當言，行所當行，置毁譽利鈍於度外，乃素位而行之道。明哲之義，即在其中與？孟浪懸殊，願大兄之熟思而堅守之也。醇叔之疏懶，雖久闊未能深知，大約亦志之不立耳。胸無主宰，一身之血氣官骸且提轉不起，何況由中應外，推之千變萬化耶？此過所關亦自不小，吾輩所當深戒者。大姪休官，安知非福？但至今未聞旋里，心甚懸懸耳。迂闊陳言，用以涉世則疑於狂，用以持身不詭於正大，君子自有決擇也。豫省夏秋以來，雨水爲災，皆某涼德所致。兩經具摺自劾，未蒙罷黜。在某諸凡磨礪而相安於爲下之不倍，庶無憂於三不幸，亦無蹈於三不祥。此則某之所願，上不負主知，下不負所學者也。惟當衰病之餘，强勉持衡，歷試常、通、淮、揚諸郡，雖幸免物議，而形神漸悴，大懼隕越貽羞。伏惟切加指示，俾得補過遷善，感甚幸甚。

上望溪先生書

承教學禮，手書反復讀之，彌仰人師爲則，克己之深，誨人之篤，實某父子所中心誠服者。先生幸勿以經師爲辭，麾嘉銓於門牆之外也。夫禮教之不行久矣，庸人溺於流俗，離經畔道而不顧；其或稍知自好，有志求古者，則群起而非之。以斯須不可去之道而摇摇莫定於心，何能獨立不懼，遯世而無悶乎？且古來議《禮》聚訟，言人人殊，欲折衷而定所從，亦難矣。故凡自棄於禮者，牽制於非古之浮言固多，阻於泥古之説而畏其難以推行者亦復不少。大抵《禮》之繁縟已肇於周末，故孔子有從先進之思；而大反本之問，斟酌先王之禮，以荅顔淵，道可識已。孟子之學，於喪禮、經界識其大者，而能因略以致詳，足征命世亞聖之才。朱子編次《儀禮經傳通解》，條理井然，誠得古聖賢遺意。顧於喪、祭之大，未暇手定，不無遺憾。其在於今，惟《禮》無成書，難昭法守。竊思「不知禮，無以立」，《論語》記以終篇，入德之要莫切於是。必知禮之本意與禮之節文，何者爲古今不易之經，何者爲因時損益之道，明其源委而斷以心安，乃能確然自立而不至耳目無加，手足無措。否則，辨之不明，雖欲好古，又見世俗之近情；方遵此傳，又覺他説之爲是。甚至莽、歆增竄之文，白黑莫別。

誤信邪説，必將陷於禽獸而不知。禮儀備而津逮末由，涉獵多而適以增惑，嘉銓懼焉。竊見先生言《禮》諸書，辨僞正訛，總向本原體貼，而摘其大綱節目以垂訓，私心竊喜，得所依歸。冒昧請業，適當先生耄而好學，嗣事《儀禮》之時，講其節文，導之先路，俾知所往而務踐其實，告之以重任，行畏塗至遠，期而必要其成，立教之終始具矣。先生必當以道自任，容令嘉銓親叩師門，橫經請益，感甚幸甚。

博陵社約説

吾博彫敝久矣，伊於胡底，識者有隱憂焉，振興蓋綦難耳。惟幸土瘠而多向義，厥心之臧，或庶幾乎？及是時，聚則猶可爲也，散則不可爲也，比而合之，其道尚容緩歟？昔藍田吕氏《鄉約》有四：一曰德業相勸，二曰過失相規，三曰禮俗相交，四曰患難相恤。有善則書於籍，有過違約者亦書之，三犯行罰，不悛者絶之。朱子因其節目而加增損，平實詳悉，迄今可約舉而行也。同志之士，覽觀而有合焉，將比類以成風，萃在兹，豐亦在兹矣。正德厚生，從帝之欲，其爲休美，較之沃土何如哉！願與諸君子共勉之。會期每月一次，齊集不得過午，言歡不得卜夜，食品以五簋爲常，人多或加四盤，諸從儉約。惟是威儀之攝，長幼之序，則善過所關，不容脱略也。

附　録

先生撫豫時，以北宋以來理學之傳，河南爲盛，因慨然以振興絶業爲任，增訂《洛學編》以詔學者。復命州縣於四鄉立社學，簡好修良士爲之長。每月朔望，長吏集諸生講論德義，因以察鄉之孝弟任卹與罷衺不率者而勸懲之。逾年，教化大行。《學案小識》。

先生少讀《義田記》，慕范文正之爲人。後見朱子社倉，益欽仰其懿範。嘗創立東章義倉以周給里黨。東章者，先生所居博野之村也。家居後復捐千金，修博野縣學；又立《博陵社約》，使里中人相勸以善；又設博陵義館，請有道而能文者爲之師。其誠心愛物類如此。行狀。

聞陽湖處士是鏡敦行孝弟，廬墓隱舜山。其地去江陰試院三十里，先生親往訪，相與論學。既歸，即草疏薦之於朝。同上。

方望溪侍郎以老家居，先生按試金陵時，徒步至清涼山下，直造其廬，操几席杖屨，北面再拜，願爲弟子。越日，又獨身走謁。望溪畏邦人疑詫，乃入九華山以避之。同上。

先生視學江蘇，以禮下士，不發學政條約，特作《秀才樣子》五則班示諸生，以立德、立功、立言相期。又重訂《小學纂注》，命諸生肄習。年譜。

先生事母篤孝。少時授經祁州，假館迎母侍養，凡七年，不忍一日離也。及居官，每夕必以所措施詳告其母，意或未慊，則跪而請罪，不命之起不敢起。官中禄賜出入壹稟於母，非請命，妻子不得取尺布錙金。日用外，多布之治所。墓誌銘。

先生既遘疾，自知不起，草遺疏，請任賢納諫，一意以誠。卒之日，扶杖至東齋。郡守入見，子嘉銓侍，尚爲辨人心道心之分。汗出霑衣，移時危坐而逝。同上。

健餘家學

尹先生嘉銓

尹嘉銓，字亨山，健餘子。雍正乙卯舉人。承家學，從王檢討步青講習《小學》、《近思録》，又執贄方侍郎苞門下，授以《儀禮析疑》。性至孝，居父喪，水漿不入口者三日。廬墓三年，哀聲動人。由刑部主事，歷官甘肅布政使，内調大理寺卿，原品休致。乾隆四十六年，西巡回蹕於保定行在，上疏爲父請謚，又疏請以湯斌、范文程、李光地、顧八代、張伯行及其父並從祀文廟，忤高宗意，逮治處絞，論者傷之。所著書因《名臣言行録》一編及《朋黨論》爲高宗所指斥，皆毀滅無傳焉。參《東華録》。

健餘交游

黄先生叔琳

黄叔琳，字崑圃，大興人。康熙辛未一甲二名進士，授編修。累遷刑部侍郎。出爲浙江巡撫，除巨猾，黜貪墨，賑災民，興水利，政績甚著。爲忌者誣劾免官。乾隆初復起，歷山東按察使布政使，内擢詹事，復坐事罷。晚以重赴瓊林宴，加侍郎銜。乾隆二十一年卒，年八十五。先生自少年研究性理、經世之學，有醇儒風。敭歷中外，以興賢育才爲己任。負人倫鑒，所識拔多績學端士。謂「世道之隆替，人才之消長爲之也」。撰述至老不倦，所著有《硯北易鈔》、《詩經統説》、《夏小正傳註》、《史通訓故補註》、《文心雕龍輯註》、《顏氏家訓節鈔》、

《硯北雜録》諸書。參《先正事略》、《學案小識》。

附　録

先生督學山東，建三賢祠於泰山之麓，奉宋胡安定、孫明復、石徂徠，俾學者知所景從。又興復白雪、松林兩書院，延師儒，選才雋，造士多窮經致用之英，翕然稱盛。《先正事略》。

先生爲《史通訓故補註》，於《疑古》、《惑經》二篇援昌黎削荀、揚不合聖籍之義删之，毋使貽誤後學。《北學編》、《學案小識》。

黄先生叔璥

黄叔璥，字玉圃，崑圃之季弟。康熙己丑進士，由太常寺博士遷户部主事，調吏部遷員外郎，以薦爲御史。巡東城，不徇權貴，莫敢干以私。巡視臺灣，亂初定，翦餘孽，釋脅從，反側遂安。還京後，中蜚語落職。乾隆初，起河南開歸道，調鹽糧道。母憂，歸。服闋，補江蘇常鎮揚道。以老致仕，卒年七十七。先生吶吶，言不出口。遇大事侃然執持，不少屈撓。究心宋五子及元、明諸儒集，深造有得。嘗曰：「道學即正學也。親正人，聞正言，行正事，斯爲實學。不然，空言性命，何爲乎？」著有《近思録集註》、《慎終約編》、《既惓録》、《廣字義》、《南臺紀聞》諸書。健餘官河南巡撫時，執後進禮，稱爲「立不易方，和而不流，君子人也」。參《北學編》、《學案小識》。

方先生苞別爲《望溪學案》。

陳先生宏謀別爲《臨桂學案》。

沈先生起元別見《味經學案》。

刁先生顯祖別見《用六學案》。

王先生步青

王步青，字罕皆，金壇人。雍正癸卯進士，改庶吉士，授檢討，以病假歸。健餘官兩淮鹽運使時，於揚州重建安定書院，延先生爲掌教，進諸生，授以《小學》。凡所訓迪，一遵鹿洞遺規。先生故以制義名當世，後以爲因文見道，不若直溯道源，乃作《朱子本義匯參》，抉經之心，擘傳之脈，擇精語詳，學者争奉爲圭臬焉。暮年猶勤學不倦，顔其齋曰「無逸所」。乾隆十六年卒，年八十。參陳祖范撰墓誌銘。

劉先生貫一

劉貫一，字古衡，博野人。雍正癸卯拔貢。至性過人，嘗設教都門，有盛饌不食，食其常味。門人問故，答曰：「家有老親，恐缺甘旨，不忍下咽也。」久之辭歸。父患疾，語言莫辨，以意揣度，飲食便溺不爽其候。居喪哀毁，盡禮七日，鬚髮皆白。嘗請業李剛主之門，與弟克一及健餘先生輩結社講學。健餘設博陵義館，丐先生主持其事，時以古誼相切礪。乾隆十年卒，年五十九。門人私謚孝莊先生。編爲《古衡言行録》，健餘爲之序。參《健餘尺牘》及《言行録序》。

清儒學案卷六十二終

清儒學案卷六十三

天津徐世昌

雙池學案

雙池居貧守約，力任斯道之傳。其爲學涵泳六經，博通禮樂，不廢攷據，而要以義理爲折衷。恪守朱子家法，與江氏慎修學派同中有異。慎修因東原爲之後先疏附，及身大顯。雙池遺書經百餘年，始得刊行，學術顯晦，固有其時歟？述《雙池學案》。

汪先生紱

汪紱，初名烜，字燦人，號雙池，又號敬堂，婺源人。幼稟母教，四書、五經八歲悉成誦。比弱冠，侍母疾，執爨調藥者累年。母歿，走金陵，泣勸父歸。父叱之去，乃流轉至閩中，爲童子師，授學浦城，從者日進。聞父喪，一慟幾絶。奔赴營葬而返，合衣冠於母墓焉。先生自少時已著書十餘萬言，三十後取所爲詩文盡焚之，益肆力學問。年五十一，强從族人弟子之請，始應督學試，補縣學生員。三應鄉試不第。乾隆二十四年卒，年六十有八。平生博極兩漢、六代諸儒疏義，而一以宋五子之學爲歸，旁及天文、地輿、樂律、術數、兵法，無不究暢。其爲《易經詮義》也，以明初《傳》、《義》並行，割朱以附程，其後專行朱《義》而襲用程本，蓋兩失之，故從朱子《本義》，分别經翼，程《傳》之精粹朱子未及收者，則慎擇以附於後；《本義》有未安者則稍爲辨析焉。其爲《書經詮義》也，以爲二《典》三《謨》、九疇《洪範》，伊周微言多與《大易》、《中庸》相表裏，故就蔡《傳》而益發明義理以究聖人之事而得其用心。此二書皆初稿久成，晚年重訂者。其於《禮》也，取雲莊《集説》，以爲平易純正，然病其雜引他説，不爲折衷，乃蒐輯紹聞，裁擇而删定之。又以《儀禮》所存爲朱子《家禮》之所省者商推而增益之，以見扶世立教之意。其於《春秋》也，每謂此經難治，非理明義精殆未可學，故斟酌四傳而去取之，不爲深曲，亦不泥一字褒貶之説。其於律吕，推究尤精，嘗曰：「移風易俗，莫善於樂。乃經生家紙上空談，未嘗親執其器；工絲竹者徒守其器，又不能察其所以然。夫理寓於聲，而律顯於器。器以成聲以合律，則器數又不容以不考。」因合《樂記》及《律吕新書》而疏通其意，更上採《周禮・考工》先儒注疏及論樂者，爲《樂經律吕通解》。又與江慎修書，往覆辨論。慎修固不主截管候氣之法，而於先生律曆同理之論亦深韙其言。其深造自得者則在《理學逢源》一書，内篇明體，外篇達用，蓋爲之二十餘年而後成也。所著書有《易經詮義》十四卷、首一卷，《易經如話》十二卷、首一卷，《詩經詮義》十二卷、首一卷、末二卷，《禮記章句》十卷，《禮記或問》八卷，《六禮或問》十二卷、末一卷，《參讀禮志疑》二卷，《樂經或問》三卷，《春秋集傳》十六卷，《孝經章句》一卷，《孝經或問》一卷，《四書詮義》三十八卷，《理學逢源》十二卷，《儒先晤語》二卷，《讀近思録》一卷，《讀讀書録》二卷，《讀困知記》三卷,《讀問學録》一卷,《讀陰符經》一卷,《讀參同契》三卷,《山海經存》八卷,《戊笈談兵》九卷,《醫林纂要探源》十卷,《立雪齋琴譜》二卷,《策略》六卷,《大風集》四卷。別行者《樂經律吕通解》五卷,《物詮》八卷,《詩韻析》六卷,《詩》、《文集》各六卷。參余元遴撰行狀、朱筠撰墓表、《雙池先生年譜》。

周易詮義初稿序

《易》言時中之道,聖人所爲寡過之書。在天涵理而著象,在物成象而寓理,故上聖得理而顯象,其次因象而觀理,其次乃即事以求理。得理而顯象,聖人之作《易》也;因象而觀理,學《易》之方也;即事以求理,卜筮之用也。理備於未始有事之先,故「君子居則觀其象而玩其辭」;用顯於事至物交之幾,故「君子動則觀其變而玩其占」。學《易》之道,如此而已。秦火之烈,《易》以卜筮得存。漢儒類以《易》爲卜筮之書而不求其本原之有在,故京、焦流爲術數,流爲術數,而《易》之體亡矣。漢、魏之間,王、何始遺象數而專於言理。理非用不顯,不顯於用則理或非理,故王、何入於虚無,入於虚無,而《易》之用又以亡矣。宋儒説《易》者多矣。周子作《太極圖説》、《易通》,程子作《易傳》,理之純也。邵子演《先天圖》,數之備也。朱子象數宗邵子,義理主周、程,於是體用備呈而義以不頗,時中之道明而人得寡過矣。顧《太極圖説》見毁於象山,程《傳》受詆於袁樞,邵《圖》見非於林栗,當時異説之棼則已若此。朱子專以卜筮釋經,又作《啟蒙》以翼經傳。乃象占之説、卦變之圖,後世妄人猶或紛紜異言以呶吠朱子,謂之何哉?竊謂《易》之原本乎天地，《易》之用則專卜筮。自非上聖不能心與《易》合，動與時行；其次必因事求理而後協於時中，故古人重稽疑。重稽疑者非憑之術數以爲前知，實使人因象觀理，由是以得上天之訓，而行事可以無失乎中也。執卜筮而忘理，《易》晦，并卜筮而廢之，而《易》或幾乎熄矣！是則朱子之以卜筮釋經，正朱子之功於是爲大也。

紱生朱子之鄉，承太傅清簡之家學，有志於寡過而未之逮。憶甫八齡時戲折竹枝以排八卦，先母見之曰：「八卦有斷有連，汝所排，皆連畫，妄也。」對曰：「兒以仰體爲陽，俯體爲陰也。」先母曰：「是得其意矣。」又嘗觀《卦變圖》曰：「此自下而上，陰陽每交，易一畫也。」父兄奇之曰：「孺子他日其能神明於《易》乎？」無何，家貧廢學，遊食四方，荏苒四十餘年，終身過中，於《易》曾無一得，矧敢出其説以質人，謂足以厠先儒之席歟？顧自念幼嗜是書，又重辜父兄之望，邇乃重復研求，因繼《詩》、《書》詮義稿成，自書所得，非敢謂足以發先聖之所未發，而闡紫陽宗風，然信好殷懷或亦可因之以見志。若乃時下説經，專供制藝，而深焉者則又旁搜穿鑿，以詆排朱子爲事，此則紱之所深羞而切惡者也，其遑效之！

禮記章句序

《小戴》四十九篇，大抵純駁相雜，蓋漢儒傳記之屬耳。而自漢以來，並列學官，莫之或易。下及元明，設科取士皆惟以《戴記》，而《周禮》、《儀禮》不與焉，傎矣！然《儀禮》先聖之法，而行禮者貴得聖人之心，無得於聖人之心，則節文亦末焉已爾。《戴記》雖不皆純，而古人遺意與夫先聖微言有傳之未失其真者，則皆有禮樂精義所存。是以由《曲臺》而《大戴》，由《大戴》而《小戴》，亦既愈汰愈嚴。今《大戴》餘篇猶存，而程、朱自《小戴》表章《學》、《庸》，遂以紹千聖相傳之道統，知《小戴》之獲列於經，非無謂也。況世遠言湮，經殘禮廢，而情深服古之儒，志在踐履先王，以求陶淑其身心，以昭周、孔之訓，其因文而得意，因略而得詳者，舍是書其曷從也哉！或曰：「《小戴》中亦惟《學》、《庸》耳。今既撮出二篇，則其餘未見尚於《大戴》者。」余曰：「不然。《學》、《庸》固醇乎其醇，而餘若《曲禮》、《内則》、《少儀》，則皆筋骸之範圍，爲學者一言一動之所不可廢。其《喪禮》大小諸記，及《冠》、《昏》、《祭》、《鄉》、《射》、《燕》諸義，則又盡節目之詳，繹前聖製作之意，實羽翼《儀禮》，而相需以並傳。《學》、《樂》二記，馴雅深純，無容訾毀。由是言之，則非《大戴》遺篇所可及，明矣。顧先儒之治《小戴》者，鄭《注》既祖讖緯，孔《疏》一於附會，皇、熊漫濫，鮮有可觀。是無論《戴記》之駁者愈遠愈離，即其中之所謂純亦因之而盡駁。宋儒程張雖時發精義，而未嘗統爲折衷。朱子既看《儀禮》有序，而欲因經附傳，斯《記》庶幾就理。未克成書，以付黄勉齋。然勉齋所手定，又時似與朱子舊説稍殊，要於二《禮》全書亦未遑詳爲梳櫛也。外此則荆國既多矯誣，藍田未免束縛，方氏附會爲多，石梁批剥過當。餘若輔氏、饒氏、應氏、吴氏之徒各有發明，而劉氏時多粹語。陳氏考據詳慎，時爲特出者歟？獨是制科《戴記》取士，於是士雖名爲習《禮》，徒矜羔鴈先資。遂至武林之《集解》，凡遇喪禮皆盡行删闕，是宜乎雲莊之浩然興歎也！草廬多所紛更，果於自用，雖今人有崇事其説，於鄙意則未敢慊焉。要以平易純正，寧取雲莊爲最。但陳注或雜引他説，不爲折衷；或隨手摭援，不順文義。而其間擇之未精、語之未詳者，亦所時見。紱每讀之而有不能釋然於心者，常欲更爲蒐剔以示來兹，而又以質本愚蒙，觀覽不廣，誠恐適滋固陋之譏，是以更欲需之歲月。」迺吾徒有請者曰：「必求觀覽之廣，則畢世其何窮也？聖賢只有此心，當於理焉合矣。」予既頷之，因即雲莊舊注，略復蒐輯紹聞，更參鄙見，斟酌去取，别其章句，手録成書。雖所取用不過數家，深慙孤陋，然前聖作述之心，及高堂生、蕭奮、孟卿、后蒼、二戴相傳説禮之意，與夫學禮者身心之範，或亦其有得焉，以無戾於先儒也乎？若乃因經附傳而合斯《記》於《儀禮》，則竊有志也，而姑待焉。亦以《小戴》爲今日習禮專經，故莫若詳於是焉，以斯爲《儀禮》之筏也。篇次悉因舊本，毋若廳删、吴裂。至其所以去取之故、是非之辨，有非《章句》所能悉載者，則又竊附朱子四書之例，别著《或問》一編以盡其説。世有取此書而閲之者，或亦可以爲《儀禮》之階而資風教之一助；更取《或問》而閲之，其亦可以知紱之心矣。

六禮或問序

三王異世不相襲禮，而制作之緒維周獨隆。是故孔子曰：「周監於二代，郁郁乎文哉！吾從周。」況後世之言禮者，又舍周而奚尚哉？宗伯五禮之職遠矣，顧終遭秦火，强半無傳，而軍賓諸禮，修之廟堂，非士庶所得而與。《王制》曰：「司徒修六禮以節民性。」則以冠、昏、喪、祭猶切乎人民日用之常，士君子所當執持，而不容斯須或越者也。今《禮》之全書雖不可見，而幸《儀禮》數篇猶摭拾於燼末，得覩先王遺意。迺世遠時殊，而宫室、器服之制，出入、起居之節，或已不宜於世。惟我文公朱子特起於宋，哀禮教之式微，病繁文之寡當，獨任世教，斟酌群書，祖述《儀禮》，參以司馬《書儀》，折衷古今之權，以成《家禮》一書。雖未能得君行政，以躋天下於三代之隆，而使後世之人，猶知有古禮之大閑，俾武、周微言不致泯湮高閣。是則朱子之功，蓋不在周公、孔子下也。但宋之世已異於周，而今之世又異於宋，閭巷愚氓既懵然不知禮爲何事，而一二學古之士或知禮之當執者，又不探其本而循循於度數之末。是以演繹儀節，言人人殊，是朱子之所病者，今又甚焉。紱竊以爲，禮之爲學，宰制群動，涵毓性情，既當執持其文，猶當深察其意。陳其儀而不知其意，一祝史之事耳，周旋度數胥何當哉！用敢取朱子之書，參之《儀禮》，合宋明諸儒所論異同之不一者，設爲問答，以明禮意，期於揖讓周旋之末，而得先王立教之心。庶閲此者，得以知禮教之本，而曉然於禮之所以不可不循。抑朱子《家禮》一書，實于禮樂廢棄之餘，故每從簡便，以誘人之易從。而故老之傳，多謂此書未成，爲人竊去，故儀節圖書實多未得改正之説。觀《深衣》一章而可見矣。是以朱子病革之日，門人問以身後喪禮宜用《家禮》否？而朱子以爲太簡。此又可證《家禮》之從省便，爲誘人以易行，而非禮之郅隆者也。後之君子苟能由《家禮》而進之，以備夫《儀禮》之制焉，寧謂非朱子之所深望乎？紱是以不避僭踰，於凡《家禮》之所省而《儀禮》所存者，輒爲斟酌而增益之。非敢謂朱子之書尚未爲盡善盡美，要亦微窺朱子之志而欲探乎禮教之全。夫《家禮》已從簡便，誘人易行，而今人猶或莫之肯行，況加詳焉，不益加人以望洋而阻之心哉？然紱之爲是書，究未敢冀天下之必行，亦不過剖析先王及朱子深意，欲與二三子時爲講貫，且師其意以修之於家而傳之後人，俾日用知所持循而得免爲閭巷之子。斯世有閱之者，將以僭踰罪焉，所不暇顧耳。因自明己意，以弁於首。

春秋集傳序

《春秋》，魯史也，聖人修之，而孟子謂之曰作。誠以大義微辭，聖人所獨斷，而非徒記載之文也。然謂魯史舊文而斟酌其是非以垂後世之法，聖人然也。謂逐句逐字而改易增損之，以某字爲褒，某字爲貶，使後世之人多方以求合，而莫測其意之所存，聖人當不盡然也。竊謂魯史舊文亦非漫無矩矱，其間如内不書弑，公出書孫之類，皆舊史遺法，與晉乘、楚書各異，是爲周公之典。故韓起來聘，見魯《易象》、《春秋》，而曰「周禮盡在魯」矣。第二百四十年之間，史不一手，文有煩簡得失之殊，於是仲尼修之以復周公之舊。其有特筆斷自聖心，則如春正書王、河陽書狩、桓正不王、定元無正，稷成、宋亂、澶淵、宋災故之類，是爲直著譏貶，大義昭然，無勞曲説也。其餘則不過屬辭比事，是非功罪，按事可考，而勸懲已寓乎其中。但於今舊史不存，無從考據而知其何者爲孔子之所筆削矣。惟左氏記事詳明，故讀經必以左氏爲案。公、穀二氏所述之事，見聞異辭，難足據矣。然左氏所斷之辭、所發之例，實多於理背謬，確有不可從者；公、穀辭義甚辨，而各以其意揣度聖心，則得之者半，失之者亦已過半矣。迄漢唐宋諸儒迺各事其所事，或援此以擊彼，或合異以爲同。朱子謂：「聖人心事，正大光明，必不如注疏家之穿鑿。」蘇氏謂：「諸儒説《春秋》，多似舞文之獄吏。」不有然哉？程叔子傳，胡氏多宗用之。胡《傳》大義炳朗，辭氣昌明，遠駕漢唐諸儒之上，而三《傳》得所折衷矣。然立義時或迂疏，而辭旨每多煩複。如元年而責以體元之義；周正而冠以夏令之時；齊桓首創霸業，多爲曲護之詞；魯桓兩闕秋冬，何與誅賞之柄？衛伐無虧，豈真忘德；魯珍季子，未必能賢。以常情待晉襄，以王事責秦穆，書法不太曲乎；責晉厲之不君，於欒書無貶辭，何辭不達意也？是亦以胸有成見，加之附會，而逐字求深，過泥之故失之。故朱子於胡《傳》有不滿焉。迄迺《大全》所載宋元諸儒議論亦多可補胡氏之闕，而要之各出意見，得失相參。在鄙意常思有所折衷而未敢率爾珥筆也，然存心亦有年矣。今功令一遵胡氏，治《春秋》者迺記取冠冕數題，略撮胡、左大旨，持以應試，雖經文且未曾徧讀，況胡《傳》乎？夫經降而從傳，傳降而爲時文，時文又降而爲勦襲，尚詡然以經生自鳴乎！予甚憫焉。謂欲以發明經意，自當求之於經。通經以傳爲階，自當博綜於傳。傳之立義各殊，自當折衷於一。一無可執，斷之以理。理無常是，衡之以中。中無定體，參之以時。時有不同，案之於事。聖人之道，時中而已。隨事順理，因時處宜，《春秋》筆削，不以是乎！是以敢斟酌四傳而去取之，時或斷以己意，寧淺而無深，寧直而無曲，序事必綜本末，論事必於周詳，有疑則寧闕，無敢鑿也。其所取用，不過數家，足以發明經義而已。餘皆從略，不欲其煩，匪矜博故也。明初始定科場功令，《春秋》四傳並用。成祖而後，乃獨用胡《傳》。然迄今命題，亦未嘗不兼主《左氏》。則合四傳而斟酌焉，於功令似亦無所背。抑紱之集是書，要非爲場屋命題使士子作時文故也。但《春秋》爲朱子所難言，予小子何堪僭妄？然朱子於《春秋》既未遑及，則繼朱子者尤不可以無人。兹所去取，實一宗朱子之意，紫陽可興，當亦不予過讁，則揆之孔子之意，或亦不相牴牾也。朱子作《易本義》，祇以《易》爲卜筮之書。愚於《詩經詮義》之著也，亦祇欲人以作詩之法讀《詩》。今之於《春秋》也亦然。人之讀《春秋》者，其即以讀史之法讀之焉，沈潛而反覆之，以論其世，鑑空衡平，將聖人筆削之深心，時或遇之，自可以無事深求也矣。

四書詮義序

朱子曰：「治經爲經之賊，作文爲文之祅。」夫治經本期以明經而反至於賊經，則經誠不可治歟？夫聖賢經典本使人講貫義理以爲自修之資，而必非徒務夸多，以勞人思而資其口説。乃章句訓詁之學則徒拘牽文義，全不反之身心，則即此記誦之心已與聖賢爲己之志全不相似，又安能得聖賢之微言大義而以爲聖學梯航？是以家有成書，人專一説，講愈紛而經旨愈晦，爲經之賊其固然矣。歷漢唐及宋，千有百年，得朱子興焉，著《集注》一書而古人如揭。朱子非好爲治經以資口説，奈群説蓁蕪，聖經以晦，以心得爲立教計，則不得已而有言。而當時猶或以理會文義毁之，不亦惑之甚乎？自有朱子《集註》，學者於經旨已無旁求矣。而元明以來以八股時文取士，則於是乎復移朱子之説以役詞章。而講章家治經亦多爲八股計，便於八股者收之，不便於八股者棄焉，而投疵抵隙，講訟益繁。嗟乎！自勉齋諸賢躬承師説，雖間能有所發明，何、王、金、許、陳、胡、吴、史而下已浸浸乎失微言之緒。況有明《大全》之纂，上之爲成祖篡弑之君，下之成於胡廣、金幼孜諸庸人之手，又安能得聖賢之旨而決擇於群言得失之林？以故或朱子所非者而復載之，或朱子所取者而復畔焉，又或朱子所嘗言而意旨别屬者又彼此混附，而不察其言之有因，而況其每下焉者。及至陽明、龍溪輩出，大暢陸學宗風；卓吾、龍江諸祅人復援爲三教一宗之説。啟禎之世所號墨士文人，皆莫不以畔傳離經爲事。朱子之道或幾乎晦矣。即其號墨守程朱，斤斤遵注，如蔡、林、顧、劉輩，其所立言亦或陰與注背而不自知，而他又何望哉？迄至於今，群喙争鳴，日新月盛，則又苟利八股，無復道謀。或自相矛盾而不蒙，或俚俗尖纖而不避，經之賊也不依然在室而不在門也歟？至若爲文，亦本期以傳經義，而士子顯榮在念，則惟恐不以奇拔勝人。衡文者亦第欲觀士才情，於是割裂經言，上牽下搭，遊戲怪險，無所不至。欲於此而期於傳經，不愈離而愈遠哉！即或遵守矩矱，期得平正，然學者亦方唯求工於文法之不違，而違以反之身心，以與聖經印證？是文以祅文，經以賊經，經以文祅而賊愈甚，雖有朱《注》，其謂之何！紱自厭棄舉業以來，其於四子之書體驗有年，雖質本愚蒙，而研求亦幾一得。顧以時下講章無慮百家，業擅專門，猶將十室，何庸更執一説，以益覆瓿？乃同堂講習之餘，又見夫錯説糾紛，幾使學者茫無所適，遂令鄙見耿耿於懷。爰是不能自已，復會群言，辨譌糾謬，期見古人之心，以貽躬修之助。初意只鋤繁穢，不爲講家。又以不愜人心，難於貫通，故於各章亦略爲挨文順講，文義之細時復訓繹，而辭旨明白，無他異説者則亦徑略之。然是編之成，與時下講章强半齟齬，況以學究迂言强聒乎攘臂文壇之耳，南轅北適，不合審矣！顧性非經書，無能消日，營心載籍，復敝筆研，聊以自娱，非問世也。第經賊文祆，吾知自免。古人可起，不易吾言。且文以理生，經從心得，藉使理無少謬，文亦何患不工！而天下祇有此理，人心寧遂不同，安在其必不合於時！則學者或取而玩焉，亦未必無當於時文也。顧以時文而講經，則亦終非吾志云。

理學逢源序

理一而已。自四子六經以至周程張朱之所演繹，載籍雖繁，要不過欲人反求之於身心而得其天性之本然，則以是見之行事，以實踐而力行之，而於以措之民物莫不皆準。此千聖所同符，古今無二致也。然而事物之交，至變至賾，天人之故，玄遠幽微，豈末學所能猝覩？而況乎異端邪説與夫記誦詞章之學又從而汨之，使高焉者必惑於寂滅虚無之説，而下焉者又役於功名富貴之途，卒之無得於己。吁嗟乎！不究其源，不知其理之一也；不覩其賾，不知其分之殊也。異端棄事物而寂守此心，既賊其本；末學以爲人而慕於榮禄，又賊其枝。賊其枝，是傷其本；傷其本，枝從而亡。異學之流不息，大道之本不明，是邪説誣民，幾於滅熄，可無懼歟？顧大道之行雖晦，而性命之正自存。學者亦惟是窮理致知而於以徐探其源，則異學之偏辭又不能惑；❶反躬實踐而於以真知其味，則當世之榮禄有不足摇。而欲窮理致知，反躬實踐，則舍四子六經之書，及周、程、張、朱之教，其末由也矣。乃經書具存，先儒不遠，而苟非居敬持志，以沈潛反復於其間，又何能以不惑乎他，而幾以自得也？紱嚮者嘗輯《理學逢源》一書，蓋亦欲以是自求於身心，而得夫天性之本然。因是經書所得，輒以類識之，欲使弗忘，而亦欲同志有人，亦或因是書以窺聖學之旨，非敢以著書自負博洽矜人也。顧曩時所輯，猶未免雜亂無章，恐不足以窮聖學之藴。邇因與麗南往復談論，還復潛心理會，補闕删蕪，定書凡十二卷。自天人性命之微，以及夫日用倫常之著，自方寸隱微之地，以達之經綸斯世之猷，亦庶幾井井有條，通貫融徹，所以反求身心以探夫天命之本源者，亦可不待外求而得終身焉，足矣。但是編分條别類，援引經書，有似以徵求典故以副時望者。然條類雖分，指歸則一；援引雖雜，脈絡自通。闢異防流，反經衛道，意思所存，無不可見。兹固藏之篋笥，用以自箴已耳。異日當有得是書而讀之者，其亦覽余心而深察其意之所存，則慎無以尋常類書視之焉，可也。

讀參同契序

《參同契》者，言《易》以及黄老家言及丹

❶「偏」，原作「徧」，今據清道光十八年敬業堂刻本《理學逢源·序》改。

經之説參合之而無不同符合契也。其説本養生方技之談，而附會於《大易》以立言，非其情矣。顧人物之生也，氣以成形，理以成性，理氣相與爲體，其原皆出於天，理則健順五常之德，氣則陰陽五行之秀，是固有同符也。陰陽之變合，《大易》備焉，故凡醫藥尅擇，青囊丹竈，雜家小技，無不以《易》爲宗。雖得麤遺精乎，亦小道可觀矣。粤自漢、唐以及於宋初，言《易》者但知有文王後天卦位，而伏羲畫卦本原爲先天卦位者，則概未之見焉。而此篇所謂乾坤門户，坎離匡郭，震受朔符，巽居望後，兑以上弦就盈，艮以下弦歸晦，則於伏羲卦位猶髣髴見之，是必有所承也。其爲説也，雖主於丹竈，而攝生有道，務於固斂其精神，以順時動息，君子不盡廢焉。若夫國家政治之務，人倫日用之行，彼固未嘗捐捐，則與異端之廢倫賊道者固不同科。而其他小數，馳騖煩支以争福澤，又不如此篇之守約也。是以朱子於此書，亦未嘗不留意焉。寧於此誠有取乎？抑所見固有在矣。紱因是録其全文，而亦或略爲之説，以識所見，謂其言猶是，其讀之則唯其人也。

讀近思録

程伯子言「生之謂性」，其所以不同於告子者：告子所謂生，離理於氣而言生者也；程子所謂生，合理與氣而言生者也。蓋非氣則理無所附，非理則氣無所主。氣而無理，則冥涬者耳，何以有生，何以秀而最靈？惟是此理既附於氣以有生，則氣有剛柔純駁之殊，而理以因之以有知仁愚不肖之異矣。況理無爲而氣有欲，則聲色、臭味、安佚之投，孰不從聽視齅食身體而緣？而敗度敗禮，機械争奪相殺之惡，又孰不從聲色、臭味、安佚而起？而凡欲之所緣，又皆乘氣之所偏而附。夫既與生偕來，則安可不謂之性？是故程子曰：「惡亦不可不謂之性也。」惡不可不謂之性，以生言之故也。水不能不流，水流之勢有緩有急，有悍有弱有平。緩弱則淤淖易停，悍急則沙泥易汩。是故有終無所汙者，有未遠而濁者，有遠而不能不濁者；有濁多者，有濁少者。濁亦水之氣幾爲之也，然而清者水之本也，澄之則清，其本清亦可見矣。故曰性本善也。性者，人之所得於天以生之理也。率是理而和以出之，無不善也。乘於氣而出之，則剛柔過不及之間，日流而日趨於惡也。論性之説，莫詳於程子此條矣。曰：「觀天地生物氣象。」曰：「萬物之生意最可觀。」程子真灑然也。孟子言惻隱之心，是以已發之情言；程子言滿腔子是惻隱之心，則以性言矣。滿腔子是惻隱之心，見得天地生物氣象與我爲一也。人人有是氣象，但日日攪亂於形氣嗜欲場中，此意遂不復見。偶爾見之，亦不解自家領取。

孟子曰：「若夫爲不善，非才之罪也。」主言性善也。程子曰：「才有善有不善，性則無不善。」言理氣之分也。才即氣質之性，才即知覺運動。知覺同而明暗異，運動同而靈蠢異。微獨人與物殊，即人之與人、物之與物，同類中又各倍蓰無算，此皆得氣不同之故。氣清者，嗜慾寡而義理明，易與爲善。氣濁者，嗜欲重而義理暗，易與爲惡。此理反覺無權此才之有善有不善也。然天生人而有是知覺，則雖有明暗，而皆有知覺同。天生人而有此運動，則雖有蠢靈，而皆能運動同。而此所以生而爲人之理，又皆未嘗或異。人肯以此知覺反求其理，則於理皆所本知；以此運動踐行其理，則其理皆所本能，是故夫婦之愚可以與知，夫婦之不肖可以能行，故曰：「智所以知，此也；仁所以體，此也；勇所以强，此也。」智仁勇三者，天下之達德也，雖有生安、學利、困勉之殊，及其知之成功一也。《中庸》三達德原兼氣而言，故就中有生安、學利、困勉之異。智即知覺，仁即運動，勇即此知覺運動之可用困勉處。人惟逐於形氣嗜欲而不肯察識擴充，所以不能盡其才，故孟子曰：「非才之罪也。」孟子亦原非不知才有不同，但不使人得歸罪於才有不同耳。但《孟子》於才上未肯分别個不同處明白，致荀、揚、韓、蘇輩反執氣以言性，故朱子取程子之説爲密也。

伯子以記誦博識、作文工書等事皆爲玩物喪志，誠以人之心須務使廣大高明，而不可一有偏著，有所好樂則必不得其正也。然其於讀史則又逐行看過，不蹉一字，而於作字時必甚恭敬，則又可見其盡精微、道中庸之功原未嘗有偏廢矣。謝上蔡於喪志之言有悟，而每將此語接引博學之士，乃上蔡過高處，往往入於禪學，則高明邊多而精微邊少矣。故程子有「扶起一邊，倒了一邊」之警。而良知家獨喜稱明道，是惡知明道歟？大抵學道人第一須是主敬，而敬者非徒小心謹慎拘迫之謂，務使未事時心無一事，提著事，心便在事；放下事，心中依舊無事。能如此，則百應不窮，以此心窮理而理精，以此心篤行而行篤，以此心與人而人已交盡矣。彼玩物者心常滯在物上，則雖是讀書寫字未嘗是不好事，而牽絆此心不得靈活，一向陷溺去，亦幾如美色淫聲，無以復異矣。所謂「匪正有眚，不利有攸往」也，非喪志乎？但人心最活，欲使此心虚静，無事時白日青天，胸中都無一物，此亦最難得之事。故宜使此身常事正事，不得荒怠，然後有以防閑此心以歸於正。其無事時則或遊覽山川，怡情花鳥，觀其天趣，悠然有會，皆可以動盪心胸，除其塵穢，而不以拘迫失之。要之，不可一向好著耳，此玩物適情之與玩物喪志又有不同也。

影堂之立，若據古人立尸之意，則雖畫得稍有不似，亦似無害。然此亦後世之禮。更恐有少孤或親死已久，親之容像不能盡憶，雖或能記憶而畫工不能如吾意以畫之，則畫得不似，反於心有不安耳。況既然有主有牌，則影堂似不必設也。祭禮在今，人人可行。祭禮不忘，亦稍存得人報本追遠之意。今大族有祠堂者，祠堂之祭或立始祖，大宗主之；此始祖亦只是本族別子爲祖，不宜遠及古之王公。其餘小宗有力而族大，則或又別立。要之，大宗小宗之祭自別子而後，只宜至高祖而止。若世世祭之，則又煩且僭矣。古大夫得及其高祖，且曰干祫。又既有祠堂，既立大宗，則自當有始祖之主。其世遠至高祖以上之主，則宜從祧，或埋之。冬至特祭始祖，及立春祫祭先祖二條，則朱子已嘗不行，而疑其似於禘祫矣。大抵士庶之家，德不及遠，精神所通有限。若所祭太遠，正恐誠不能格，而徒爲犯分虛文也。不能立祠堂，則只是薦於寢祭，而用牲只用特豕。其牲皆宜體解烹之。爵自八品七品而上，乃用一豕一羊。薦新及俗節不在正祭之列，正祭則只存得時祭。祭必主于宗子，惟爵尊至五品以上，則又比諸侯奪宗之例，自祭可也，然只其本身。若其子無爵，又不得不仍宗大宗矣。此皆禮求諸野，故可酌量而行，若朝廷立法則須一概更定一番，使之各有經制，庶禮達分定，若綱在綱，人人皆有以報本，而且不踰其分也。

治喪不用浮屠，微獨不惑於異端，亦敬愛其親之大者。涑水公及郁離子所辨皆只辨得箇大概，欲知鬼神之説，非窮理之至而能原始反終者未足語此。今盡人而喻之，使之勿信，固不能也。君子反經而已。若得喪禮詳盡，取法於古，哀毁如禮，則不用浮屠，人亦不敢執俗法以議之。何謂敬愛其親？曰：用浮屠，是以吾親爲有罪惡人也，是顯其親之惡也。親果有罪惡，亦惟子率德改行，庶可以蓋愆。而禱媚以重獲罪於天，是加之罪也，敬愛其親者敢出乎？曩見杭州人有刻文公《家禮》，而中間肆加改竄，《喪禮》中竟删去「不作佛事」一條者。嗚呼！何無忌憚之甚乎！又喪禮俗有獻七一節。數七始於唐時，其源則亦出於釋子，釋子數七有六道之説。今人有不用浮屠而仍俗獻七七者，此亦非也。只宜晨夕哭奠及朔望殷奠可也。古士庶無望奠，今可行以從厚。

讀讀書録

情之易發而難制者惟怒爲甚，治之之法惟在觀理。然非平日有主敬工夫則不能忘怒而觀理矣，所以難也。

程叔子云：「佛老之説學者當避之如美色淫聲，不然，則駸駸入乎其中。」是言其書之不可觀也。廬陵羅氏曰：「佛老爲虚藏以誘人，君子當發其藏以示人，使之知其中之本無所有，則人不復驚之矣。不當徒閉其藏以使疑也。」此則言其書之不可不明辨也。然程伯子、張横渠皆少而濫於佛老之書，及其無所得也，乃返而歸於正，故二子於闢異端之言，言之最爲切實。朱子亦少好佛藏，故其後凡辨釋氏之説皆能歷歷條舉而辨之。廬陵發藏之言，其有當矣。顧程、張、朱子皆賢聖之資，故能游而不溺，道岸先登。若初學中人之資，則不可使之觀佛老之書，程子之範嚴矣。薛子曰：「異端欲知其得失，亦不可不觀其書。但吾學既明，雖觀其書，不爲所惑；苟吾學未明而先觀之，鮮不陷溺其中矣。」此亦爲中人言之也。

福善禍淫自是一定天道，然天理只在人心，豈必在蒼蒼之表有一一爲之司其報應者歟？《泰誓》曰：「天視自我民視，天聽自我民聽。」君有國天下及居上位者，所行善則百姓蒙福，百姓蒙福則天下歸心，人心之歸即天命所予；所行不善則百姓受害，百姓受害則人心讎怨，人心所怨即天命去之矣。是以興亡之應，不於其身則於其子孫，此天道之所可必者也。然恒理有不盡然者。勢之所存，則人心雖欲亡之而不能遂亡，此豈可遽執以疑天道？況士庶之賤，則有善亦所及幾何，有不善亦所及幾何，而以責天之報應所不能也。且爲善而欲干福，則善已不誠，又安在其能格天也？夫使爲善得禍，善亦不可不爲；使爲惡得福，惡亦必不可爲。此古之志士仁人所以「無求生以害仁，有殺身以成仁」，雖赤族覆宗而不悔也。要以惡雖免禍，而衆怒叢之；恒願其獲福善，雖遘凶，而衆心韙之，以爲獲死所，且有爲萬世所指摘而子孫不欲以之爲祖宗，爲萬世所欽崇而尸祝徧天下者。是則人心之天道，固斷乎其不爽也。若必以蒼蒼之報應爲言，則於理固有宜，然於事變之參差則有時而不足徵也矣。

太極第一圈○，其中無物，是從氣未用事處剔出形上之理來，而以空圈擬之。在天載則無聲無臭，在人性則未發之中也。惟其無極，是以太極，非太極之先又有一無極也。第二圈◎，其中一小白圈，則仍是無極之真。其外則動而生陽，靜而生陰，一動一靜，循環無端，而四時五行、男女萬物無不裕焉。而此無形之理即主宰其中，相與一體，渾合無間者，正易有太極之太極，非無極之後乃有太極，如有生於無之説也。夫一動一靜，循環無端，未動時便是靜，未靜時便是動，初無有未動未靜之先安放得一無極下，則此無極之理本只在陰陽動靜中。但一陰一陽是氣，而所以一陰一陽，循環無端，有行於不得不行，止於不得不止，自然當然而無容强者，則所謂一陰一陽之謂道。但以人只見及有形之氣而不知有無形之理，故周子表而出之，謂「所謂易有太極者，其理本無形而其氣則已無不裕。氣之所以流行無間，日出不窮者，皆有一無形之理爲之主宰，爲之樞紐也」云爾。周子之意固坦然明矣。孔子曰：「易有太極，是生兩儀。」周子曰：「太極動而生陽，動極復靜，靜而生陰。」若泥其言，則似逐層生出。其實只此太極，動便是陽，靜便是陰。又細分之，則有四象，有八卦，有五行，有男女，有萬物。兩儀、四象、八卦各自有太極，共只一太極；陰陽、五行、萬物各自有太極，共只一太極，運行不窮。此理惟一，有分有合，無先無後，故曰：「五行，一陰陽也；陰陽，一太極也；太極本無極也。」是故太極之説，此◎盡之。以下則闡明其用之殊，要不外其體之一而已。

天下事物，使邪不足以勝正，則君子亦何惡焉？惟其足以勝正，故不得不深惡而痛絶之。如《小學》、四書、六經，濂洛關閩之書，苟非以之命題試士，可借爲進身之階，則人人厭讀，秦火可焚矣。而百家小説，淫詞綺語、怪誕不經之書，則人人喜談而樂道之，不待教督而深好之，邪之中人如此其甘也。顧邪正相反者也，人苟稍知自愛，亦有絶之而不欲觀者。至有倚託鬼神，窺竊禍福，惑於異端之説而依附聖賢之貌以爲書者，如世之所謂《太上感應篇》、《文昌陰騭文》、《袁黄功過格》及《願體集》之類，則更似是而非。所謂非之無舉，刺之無刺，同乎流俗，合乎汙世，居之似忠信，行之似廉潔，衆皆悦之，自以爲是，而不可與入堯舜之道者，其惑世誣民實比小説淫詞爲尤甚。舉世俗之人信而奉之不覺悟也，聖人之道何自而明於天下乎？故孔子曰「惡似而非者，惡莠恐其亂苗也，惡佞恐其亂義也，惡利口恐其亂信也，惡鄭聲恐其亂雅樂也，惡紫恐其亂朱也」，而終之曰「惡鄉原，恐其亂德也」。君子欲率民於經，以一道德，以同民俗，亦惟是《小學》、四書、六經、濂洛關閩之書而已。聖人之道，豈果難知！聖人之書，豈果無味乎！

問：「理與道何别？」曰：「道字只是當行之路，是人人之所當行者。理則道路之條理脈絡，彼此貫通，相爲經緯者也。比如道路盤山過嶺，循河渡水，亦須因地勢有個自然脈絡條理可通處，然後開行做路。若懸崖絶壁，本不可通處，而欲開行做路，則無是理矣。」問：「道與義何别？」曰：「義是人去行那路如此處。欲往京師，則宜往北路行；若欲往福建，則宜往南路行。故義者，宜也。路皆是路，行之則隨事而各有所宜矣。」

經學最要，史乃次之。經學明，而後以讀經者讀史，則雖史亦經。若好讀史者，則其識見往往在作用上。以讀史者讀經，並經學亦移嚮作用去矣。識見一定，則文章事業無不皆然。熟於史事者，功名之士則有之矣，道德之純則不能與也。

德只是性情，性情之外無德。言性情之德者，謂人之性情所得乎天者，然亦重叠字耳，故朱子於「鬼神之爲德」章註云：「爲德猶言性情功效。」《周易本義》於健順動止之類皆曰卦德，而以《説卦傳》「乾健坤順」章則云「此言八卦之性情」，此皆可知性情之即德，非性情外别有所謂德矣。「君子尊德性而道問學」，德性即天命之謂性，即智仁勇之達德，即喜怒哀樂未發之中也。喜怒哀樂各有則焉，見善而喜，見惡而怒，送死而哀，事生而樂。四者貫乎五倫五事之間，而施之則不容有過不及。知此者智也，體此者仁也，强此者勇也。有知覺運動之靈，而主之以自然當然之理，是人之所得乎天者，故謂之德性，謂之性情之德，此德之實則謂之誠。《中庸》一書，明此而已；聖賢之學，誠此而已。今人將性情二字看得粗淺，將喜怒哀樂四字看得又粗淺，則謂此舉性情以證道不可離，似性情之外别有所謂道德，不精甚矣！

讀困知記

寂然不動時無人心道心之可分，惟感而遂通天下之故，而此心之用始有分歧。動於義理謂之道心，如乍見孺子入井是也；動於形氣謂之人心，如聲色、臭味、安佚是也。形氣之欲聖人亦未嘗無，但有理以閑之，則不害爲無欲。惟欲動而至於流，則欲勝而理亡矣。故朱子云：「人欲亦未便是惡也。」但形氣之欲易流，故危而不安；而義理之正，則非察識焉蓋未易見，或雖偶見焉而過而遂忘。如齊宣王之不忍一牛，至境遷而不解其何心，故曰微也。是則道心者，心之發而未離乎性者也；人心者，心之發而易違乎性者也。謂道心爲性，人心亦未始非性；謂人心爲情，道心亦未始非情。人心道心皆以發用處言之。整菴謂道心爲性，人心爲情，其誤乃終身不解。

程子言生之謂性與告子言生之謂性，其旨要自不同。告子言性猶杞柳，性猶湍水，則其所謂生者專以知覺運動言耳。程子言生之謂性，如言成之者性，惟成之者而後謂之性，故各正性命則有萬殊。犬牛與人之生固不同也，犬牛皆有知覺，皆能運動，而犬成其爲犬，牛成其爲牛，是則犬牛亦各具此生理而皆可謂之性，生之謂性，不害其爲一矣。然此以麗於氣者言之，故氣同而理異耳。若孟子之言性善，則窮本溯源之論，專以繼善之體言之，故謂之善。程子之言要自明白，而整菴自欠體貼，非記者之誤，而整菴不分理氣之誤也。

「凡言心者，皆是已發。」程子此語未當處在一「皆」字耳。心兼動静，然聖賢言心處卻每多在已發處言之。蓋寂然不動時，自無可多著議論；心之分歧處，正於已發見之。如所云惻隱之心、羞惡之心，豈非就已發言？若静時，則只可言性中有仁義，只可言未發謂之中，不可言仁之端、義之端矣。人心道心俱是在已發處體驗，方見得此爲人心，此爲道心。若未發時則只是一心，無人心道心之可言也。

《春秋》誠未易讀，三《傳》不皆可據，然舍三《傳》亦更無以讀《春秋》。而胡傳則每以深求失之。但歐陽公所論趙盾、許止事亦未必然。趙盾亡不越境，反不討賊，則是其心固利乎弑矣，但不自下手耳。心利乎弑，是弑之者盾也。許止不嘗藥，弑之迹不明，然既而出奔，則意爲國論所不容也。出奔則固已自居於弑矣，非弑而何必奔？坐以弑君，皆非故入也。況《春秋》從告也，來告以其人則書其人矣，非皆聖人特筆也。從告而書之如此，亦足以爲天下後世之臣子戒矣，無庸執己意而生他論也。

心何以放？役於欲則放也。心何以存？依於理則存也。心者，人之神明，纔放逸則人欲横肆，略提攝則天理炳明。此理固不待外求，此心亦非從外至，然須是時時提攝，而後此心清明，義理自然昭著。偶有動作，心役於物，則所役之物反爲主，而本然之明爲物所蔽矣。此「學問之道無他，求其放心而已」之説也。然求放心乃所以存天理，非謂只存此虚明之心，便了聖賢事業也，故能求放心，則自能尋向上去，下學而上達。陸氏言「心即理也」，則只要存得此心，而認此心之虚明爲天理，是雖此中妙明亦有所見，然只此自足，不復有窮理工夫，此正與佛氏之明心見性同歸，與孟子之立大、求放心天地懸隔矣。

陽明認良知爲天理，彼亦非全抹卻愛敬，但彼將知愛、知敬只與知聲、知色、知臭、知味之知作一例看。凡不慮而知者即爲天理，則其所認天理只是此心之神明而已，是故其言曰「無善無惡心之體，有善有惡意之用，知善知惡謂之致知，爲善去惡謂之格物」也。孟子所謂良知專就知愛、知敬言，所指乃道心也；若夫知聲、知色、知臭、知味，則知發於形氣，乃所謂人心也。食色本是人心，然甘旨必欲奉親，豆觴讓而後受，即人心上有個限制，即是道心爲人心之主，即是天理之良知。若只知自奉而没其愛敬之良，則惡矣。陽明以無善無惡爲心之體，有善有惡爲意之用，是可見其於人心道心皆所不問，而只認此心，則理欲混作一團。知者，此心之光明發竅處也，只認此心之光明爲良知，則是以知愛、知敬與知聲、知色、知臭、知味作一例看，明矣。以良知爲天理，則是能視、能聽、能齅、能食便是天理。然則天理固不分善惡哉？此其説之必窮也。

《中庸》不言仁義禮知而言喜怒哀樂，便是兼形氣之欲而言。未發之中，氣未用事，非離形氣也。其無喜怒哀樂而能喜怒哀樂者，形氣之靈，而必有當喜、當怒、當哀、當樂之理存焉，則性命之正也，是安得獨以未發爲道心乎？發則氣已用事矣而理亦由是以著於日用之間。但循乎性之自然則合乎理之當然而中節矣，非循乎性之自然而徇乎形氣之欲則有不中節者矣，又安得獨以已發爲人心乎？

理無形，無形則弱矣；氣有物，有物則强矣。人心有覺，道體無爲，整菴亦嘗誦其言，而又何疑於氣强理弱乎？理氣不相離，故難説判然二物。然天下無離氣之理，而有拂理之氣，則又安得不劃而二之？

謂《易》非爲卜筮而作，畢竟是未深知《易》者。焦贛、京房術數而離其宗，輔嗣、仲達談玄而鮮有所著。不以卜筮説經，則文、周許多説話，所云「利涉大川」、「利用享祀」、「取女吉」、「勿用取女」、「田獲三品」、「利建侯」、「利用行師」，曰吉，曰凶，曰悔，曰吝，曰厲，曰无咎者，都不知爲何説起。將以明天地萬物之理，而作如許巧設之辭，《易》亦《太玄》、《潛虚》類耳。程子不肯將作卜筮説，程

《傳》於文義終是有許多説不去處。只爲道理説得平正，要自多是程子自説一翻道理，讀者服其所言之理，卻未暇細按《周易》本文也。聖人不待卜筮而知吉凶。聖人教人以卜筮而知吉凶，因貳以濟民行。且揲蓍之法，蓍卦之德，《繫辭傳》不啻屢言之，明明可考。《易》非爲卜筮而作，夫子何屑屑以揲蓍言也？儒者高言樂理，而鄙絲竹音律爲賤工；高言《易》理，而鄙卜筮象數爲小技，本末相離，失之遠矣！

參讀禮志疑序

今之談經者，於《易》則欲羅焦、京、王、何，於《書》於《詩》則欲搜《小序》、《箋》、疏，以朱、蔡爲少也。獨於《禮》則望漢儒注疏而卻行，雖雲莊《集説》，亦倦然而不戡卒業矣。夫焦、京流於術，王、何入於玄，《書》、《詩》之大小《序》則附會穿鑿而不復察於本篇之意旨，所存漢唐諸儒惟事訓詁，多爲枝葉，不有朱、蔡，何以大其廓清之功乎？《禮》則不然，禮謹節文，禮之迹存乎器數。節文、器數與俗更革，去古日遠，其迹日湮，數千百年而失亡盡矣。漢儒去周未遠，周之所遺車服禮器或有存者，漢初猶及見之。而孔壁《逸禮》五十篇，孔、鄭猶得而參考焉。雖其雜引讖緯，不無失之誣妄，而器數名物迄今可考，則非孔、鄭、馬、賈不爲功。非若《易》之定象定理，《詩》之歌詠性情，《書》之紀載政事，可以會心得之，千百年可通寤寐也。大抵言事理而見古人之心，漢儒所短；考器數而得古人之制，漢儒所長。然則《禮經》無漢儒，今人幾不識耳目何加，進退何所矣。今人於漢儒所短則欲收之，於漢儒所長則怠倦寘之，何傎於擇乎？稼書先生之讀《禮》也，凡有疑議，必考悉於注、疏而不敢遺。非不憚煩，蓋不如是不敢安，讀經求實得也。禮以敬爲本，籩豆之事則有司存，然不有籩豆，敬何所將在？今日又將以籩豆爲要也。朱子曰：「孔子稱『禮云禮云，玉帛云乎哉！樂云樂云，鐘鼓云乎哉』！然古人猶識得玉帛鐘鼓，今人則併玉帛鐘鼓皆不識矣。」蓋傷之也。朱子又嘗稱鄭康成爲漢大儒，而《儀禮經傳通解》成於黄勉齋，亦不能遺注疏以别爲考索也。然則稼書先生之志不可尚歟？愚是以喜讀其書，而時或旁參一説焉。謂疑有同心，亦復識之，且欲爲世之好異而畏煩者告也。

參讀禮志疑

禘郊祖宗之禮，《祭法》、《國語》俱難據信。萬物本乎天，人本乎祖，故祀天必以祖之德可配天者配之。以己之精神未必能感格於天，故藉己之祖，血脈一貫，以庶幾可通於天，所謂介紹之義也。非其祖，則血脈先已不相貫矣。舜之先難以考所自出，《史記》、《世本》説皆近誣，而嚳則必非舜之祖矣。《祭法》謂郊嚳宗堯，《國語》謂郊堯，皆未必然。韋昭謂舜在時宗堯，舜崩而子孫宗舜，此亦未敢據也。又言夏后氏郊鯀。夫尊祖配天，此雖子孫之志，亦必顧其祖德何如。鯀豈可以配天者哉？在舜方殛之，而夏乃以之配天，天其必不享也。惟《禮運》言杞之郊也，禹也；宋之郊也，契也：此爲得之。由此推之，則舜之子孫苟得郊祀，其必當以舜。在舜、禹之時，則或郊以顓頊可矣。

《命歷序》炎帝八世，黄帝十世，少昊八世，顓頊二十世，帝嚳十世。此雖遠無可稽，要之近是。《大戴禮》以堯、舜、稷、契、禹、皋陶、伯益同出黃帝之後，此其世次遠近不等，而大統屢易，昏配紊瀆，此必非也。稷爲帝嚳之後，姜嫄蓋帝嚳子孫之妃，稷、契與堯必非同父，蓋高辛後世別子，於堯爲叔父行矣。

古者天子諸侯不再娶，后夫人死，則后夫人之次娣主內政，謂之繼室。以天子後宮百餘人，諸侯亦一娶九女，是以不必再娶。后夫人無子，則后夫人之娣之子爲后夫人之後。又無，則次娣之子。又無，則庶子或以長或擇賢。凡繼父後者，即爲嫡母後，故一廟只一配，而生母只可祭於別宮。春秋時，此禮已亂矣，然其義百世不可易也。大夫士則有再娶。如已有子，則亦不宜再娶。又或庶子不堪承後，如孔子之兄孟皮。或內政不可無主，如宗子雖七十無無主婦。則又不得不再娶。如前嫡已有子，則繼娶之嫡只是支子。一主仍只當一嫡，繼嫡則其子祀之私室，不當並祔合祭。然前嫡之子既嘗事之爲繼母，則其情自不得恝然，或爲之祭之亦可也。若前嫡無子，而繼娶之嫡有子以承父後，則必不可廢其生母以奉前母，又不可竟棄前嫡而惟私己母，此則並祔合祭。如《唐會要》所云：「於人情爲順，於禮亦不背，不得拘一主只一配之制也。」大要宗子之法，是禮義之大綱，宗子之法不講，如有網無綱，禮制亦無從下手。天下國家只是一理，不得謂立嫡立後只是國家之法，而士庶可無問也。

古者嫂叔無服，然古人五服之衰各有制度，斬衰之麻三升，齊衰降服四升，正服五升，義服六升。大功降服七升，正服八升，義服九升。小功降服十升，正服十一升，義服十二升。緦麻如朝服之布而去其半，有事其縷，無事其布。故無服者，無斬齊功緦之服耳。五等之外，自有弔服加麻。弔服者，緦衰、疑衰、錫衰皆是。疑衰爲弔服之正，加麻謂加絰。無服者弔服加麻，如弟子爲師心喪三年，若喪父而無服。孔子之喪，二三子皆絰而出，是也。禮平居則絰，出則否。絰而出者，加隆然也。爲師若喪父而無服，則爲嫂若喪兄而無服矣。若喪兄而無服，則弔服加麻矣。今人五服之衰無制，則名曰期功，且實皆無服，豈若古人之無服而實已有服乎？自唐制而嫂叔小功，然諸父兄弟世母叔母皆期，而叔嫂只小功，雖曰加之以有服，實降之以輕服也。今亡弔服加麻之制矣，然凡於情之宜有服而服降於無服者，如爲後之子，不得爲出母、嫁母服之類。皆當内致其情，外從其制，情謂哀痛之情，制謂無服之制。素服以終其期，而從事如故，如應外事，不敢廢。可也。若以爲無服，而歡會宴樂，華服美飾，快然無情於死者，則惡乎可？

執玉，其有藉者則裼，謂既聘而享，主客裼以將事，享用圭璧，有皮幣之屬以藉之，偕升於堂，其執玉亦垂繅以將也。其無藉者則襲，謂初聘時，主客襲以將事。聘禮圭璋特達以通信耳，是無藉則襲也。襲裼之分，説者多異同。孔疏言：凡衣近體有袍襗之屬，其外有裘，夏月則葛，其上有裼衣，裼衣上有襲衣，襲衣之上有常著之服，則皮弁屬也，掩而不開則謂之襲。若開此皮弁及中衣左袒，出其裼衣，則謂之裼。愚按：左袒其外衣，如釋氏之著偏衫，此必無此禮。況經每言襲裘、裼裘，未見有所謂襲衣、裼衣者。且襲裼皆以裘爲主，若如所言，左袒出其裼衣，則是見其中之衣耳。所謂見美、充美者，豈此裼衣之謂乎？《論語》緇衣羔裘、素衣麑裘、黄衣狐裘，誠以見美，而欲衣裘之同色也。若不見其美，又何取於衣裘之同色乎？近萬伯符亦覺其説之非，因謂裼衣即皮弁之屬。古冕弁朝服皆直領，可見其裘，故曰裼。襲衣即深衣也。深衣曲袷，左右有衿，加深衣於弁服之上，則兩袷相掩，不見其裘，故曰襲。此說似近之矣。然愚按：冕弁朝服皆禮服之正且尊者，而深衣則達於庶人，及乎燕私。以朝聘重禮而反加下服於上，又豈其宜？且其言深衣而有加衿，尤必非古制也。深衣之辨，此不及詳。《記》曰：「長中繼掩尺。」中，中衣也。中衣、長衣、麻衣、深衣皆同制。冕服之中衣以絲，諸侯則朱領黼緣，所謂素衣朱襮也。弁服則以布，只曰中衣，緣之以素則曰長衣，緣仍以麻則曰麻衣。麻衣則不加袂。而袂短緣之以青黑及采色，皆曰深衣。深衣、長衣、中衣則繼其袂使長，可反屈及肘，故曰繼掩尺也。而中衣加以裘外弁服之内，故曰中。中衣之領可交可開，交使左右相掩，開則左右不相掩，以其可相掩，故曰曲袷。襲裼之分亦以中衣而別，蓋交掩中衣之領，又放其長尺之袂，則裘色不見於外，是襲而充美也。開其中衣之領，又捲其掩尺之袖，則領袖開皆見裘色，是裼而見美也。若裼者，則相易相合之義，主於内外相稱而言之，是故朝服而緇衣，則羔裘與之稱；皮弁服素衣，則麑裘與之稱；息民之祭黄衣，則狐裘與之稱。是裼衣即弁服之類，何必别有裼衣乎？又何必偏袒許多衣服而後見裼衣乎？又何必加深衣於外而後謂之襲乎？若古之冕弁朝服，則固皆直袷也。

既葬，見天子曰類見。蓋非當見天子之時而見，亦類於朝見之禮。猶非郊祀而有事於天，曰「類於上帝」也。

「弼成五服，至於五千」，爲方萬里。此鄭說尤謬。海内之地，何處討萬里得來？若實考九州内壤，則方五千里者殆猶未足也。冀州已處北偏，冀州以北，曷能有二千五百里哉？《王制》言九州，州方千里，西不盡流沙，東不盡東海，南不盡衡山，北不盡恒山。此九州内地大較，而「不盡」二字意自圓活。若盡流沙、東海，曁恒山以北，衡山以南，則五服合五千里，亦其大較。至於禹時萬國，殷時千七百國，則朱子所云：「初時只是聚族類各爲君長，天子乃以法制定之，到後來漸漸兼并得大了。」周有天下，封其伯叔甥舅，不得不大其封以統屬之。然萬國、千七百國者，亦約略言之，非必實如其數，亦非必定某州封分多少國也。禹服與周服不同者，曾氏以爲，禹服是四面相去各五百里，周服是兩邊合算共五百里。是每面只二百五十里算。此最近是。蓋如此，則周之王畿當禹甸服，千里。周之侯甸當禹侯服，周之男采當禹綏服，男當揆文教之地，采當奮武衛之地。周之衛蠻當禹要服，衛當要服之夷，蠻當要服之蔡，周都在西，而德化先被江、漢，故衛服猶列内地。周之夷鎮當禹之荒服，夷當荒服之蠻，鎮當荒服之流，周去夷爲遠，故夷在蠻外。周之蕃服即禹之外薄四海，咸建五長。故《周禮·大行人》於衛服以外仍謂之要服，蠻服當要服之外，半則仍是要服也。而九州之外謂之蕃國，何嘗有禹地擴於虞，殷地狹於夏，周公又斥大九州而爲七千里，萬里要服以内仍七千里之理乎？王肅、程、朱、蔡九峰之説審矣。

春祠者，祭告之而已；夏禴者，禴亦薄祭也。如《易》言「利用禴」，「不如西鄰之禴祭」，皆言薄也。春夏物未成也，以物薄，故犆祭，又或犆或祫。秋嘗，物始成，嘗之也；冬烝，物備成而盛進也。以物既成而厚，故皆可祫而祠。禴祭小則鮮見於經，烝嘗禮大則每見於經。《詩》每言「烝嘗」，而「祠禴」則惟一見於《天保》。《書》亦見有烝祭歲，《春秋》則只書有嘗烝，不見書祠禴。惟《周禮》乃備言祠春、禴夏、嘗秋、烝冬。《周禮》一書漢初未出，及既出而藏之祕府，儒者皆未得見，故漢初儒者鮮識祠禴之名。而禘又大祭，多見於經，《論語》言禘，《春秋》書禘。禘祭亦行於夏月，故《王制》以禘爲時祭之一，而曰春礿，夏禘，秋嘗，冬烝。又子思之《中庸》以禘、嘗並言，故漢儒知禘、嘗之義之大。《祭義》、《郊特牲》則因以禘、嘗對言，而曰春禘秋嘗，蓋作《王制》者未及與作《郊特牲》、《祭義》者參會，以故爲説不同。康成以春禘爲當作春礿，亦還就以圓其説耳。然於食嘗無樂，則亦終無可據矣。《大傳》曰：「禮不王不禘。」此語立義甚嚴。「王者禘其祖之所自出，而以其祖配之。」趙伯循曰：「王者既立始祖之廟，又推始祖所自出之帝，祀之於始祖之廟，而以始祖配之。」明白甚矣。《周禮》不見有禘祫之名，然祠禴嘗烝之上有肆獻祼、饋食二條，《司尊彝》有四時之間祭，追享、朝享，是肆獻祼、追享即禘也。肆只是四字。王與后各四獻，而初獻、再獻則灌酒於地。禘禮尊嚴，重祼獻而不重饋食，故以「肆獻祼」爲言也。追享者，追祭太祖之所自出，而以太祖配之，故曰「追享」也。鄭氏以正月之郊祭本生之天帝謂靈威仰之類，因惑於緯書，固不可從。而其解肆獻祼則時祭亦然，經文複矣。饋食、朝享即大祫也。祫祭太祖以下，并及毁廟之主。若皆四獻灌則太煩矣。蓋祫主親親，重合食而不重祼獻，故以饋食爲言也。朝享者，群毁廟之主皆朝於太祖之廟而享之也。非時祭而間於時祭之間，故曰「四時之間祭」也。禘以夏四月，祫以秋九月。三代皆起自侯國，别子爲祖，而諸侯不敢祖天子。及奮爲天子，則得以祖天子，又不可舍契、稷而更祖帝嚳，故五年而一追享之。祖帝嚳於契、稷之廟以紹其統，此則禘祭之所由起歟？若魯而禘文王於周公之廟，則以諸侯而祖天子，非禮矣。又康成云：「魯禘，三年喪畢而祫於太祖，明年春禘於群廟，自爾之後五年而再殷祭。」稼書先生云：「鄭以禘祫之年皆自三年喪畢數起，此似近理。然曰春曰群廟，則終爲謬誤。」康成又有練時之禘，蓋殷練而祔，祔祭其祖東面，新死之主南面祔之。是有似於追享，故或亦以爲禘。祔必以其昭穆，故有禘視昭穆之説。杜預謂祫即禘，則又誤矣。既曰禘，曰追享，則當專其誠，必不及群祧之主也。

深衣續衽鉤邊，楊氏復曰：「鉤邊，如今之覆縫。」蓋以邊爲每布幅之邊，非謂裳之邊也。於邊已縫而覆其縫，是鉤之也。蓋裳幅既皆斜裂，不鉤之，則恐不牢矣。鄭注云：「鉤邊，若今曲裾。」今不識曲裾之制何似，意者如盤領袍之加兩擺歟？然如孔《疏》一旁有曲裾，一旁無曲裾，則亦不稱矣。深衣裁制之法，瓊山丘氏爲詳，但十有二幅當總衣裳言之，未可以裳之一幅分兩者爲十二幅。今兩身兩袖只四幅，裳六，合十幅耳。布幅之廣二尺二寸，若於背幅裁去四寸，則衣身之廣，只各得一尺八寸，加兩袖各二尺二寸，每旁只得四尺，又減去縫縫，袂之長僅及指。《記》曰：「袂之長短，反詘之及肘。」四幅之布，袂不能反詘及肘矣。是兩袖當各加一幅，所謂長中繼揜尺者如此，則衣亦六幅。是十二幅以應十二月也。若萬氏加兩衿及插角之説，則斷不可從。

日南景短，日北景長，日東景夕，日西景朝，是八尺之臬之景。夏至景短，冬至景長，亦是此八尺之臬之景。土圭長尺五寸，以夏至之日午，樹臬測之，其景之長如土圭則爲土中。自土中而北，則去日漸遠而景漸長。五百里而長及一寸。自土中而南，則去日漸近而景漸短。亦五百里而短一寸。自土中而東，則午漏而景已斜。自土中而西，則午漏而景未正。此以日景測地之四方也。夏至日景最短，土中只尺五寸。此後以漸而長，至冬至而最長。冬至後又以漸而短，至夏至而最短。此由日之在天，夏則行北陸而去中國近，冬則行南陸而去中國遠也。此以日景測天之四時也。《堯典》「寅賓出日」，以春分卯中而日出卯位，其景正西指酉也。「敬致」，以夏至日中午刻而景正指子也。「寅餞納日」，以秋分酉中而日入酉位，其景正東指卯也。此以四方正四時也。臬八尺，法中人之身，人參天地爲三才也。土圭尺五寸，兼三才而五之，法五行也。

天子之樂，鎛鐘十二，應十二正律，歌鐘、笙鐘則有半律、變律、變半律。皆特懸如十二辰之位。歌鐘、笙鐘則或十二或十六，皆編懸也。特磬十二亦如之，所謂宮懸也。如十二辰之位，是環列如宮也。如奏黃鐘之宮，則以黃鐘起調，先擊黃鐘之鎛鐘以聲之，笙簫箎管塤篴皆翕然應此而起。中間逐聲之起止，則又以笙鐘發逐聲之聲，笙磬收逐聲之韻，鼓鼙居中爲節，鼗居上下句之間。其黃鐘宮，則林鐘爲徵，太簇爲商，南呂爲羽，姑洗爲角，應鐘爲和，變宮。蕤賓爲繆也。此用七律，皆以笙鐘宣其聲，笙磬收其韻也。及夫奏終，則必於末一聲仍收歸黃鐘律，而後擊黃鐘之特磬以收之。若奏太簇，則亦以太簇鎛鐘起，以太簇特磬收之。如歌大呂之宮，則以大呂起調，先擊大呂之鎛鐘以聲之，琴瑟及歌皆翕然應此而起。中間逐字之起止，則又以歌鐘發逐字之聲，頌磬收逐字之韻，搏拊鼓⿰車柬爲之節，鼗居上下句之間。其大呂宮則夷則爲徵，夾鐘爲商，無射爲羽，仲呂爲角，變半黃鐘爲和，變宮。變林鐘爲繆。變徵。及夫曲終，則必於末一字仍收歸大呂律，而後擊大呂之特磬以收之。若歌應鐘亦然也。凡鎛鐘、特磬倍於笙鐘、笙磬，笙鐘、笙磬倍於歌鐘、頌磬。堂上貴人聲，尚輕清也。然金奏又有與笙奏不同者，大樂有鐘曰金奏，如《左傳》金奏《肆夏》之三。小樂無鐘則曰笙奏。如《鄉飲酒》禮笙奏《南陔》、《白華》、《華黍》。凡樂事，今人全不知理會矣。

凡樂圜鐘爲宫一條，圜鐘爲宫則無射爲徵，仲吕爲商，變半黄鐘爲羽，變林鐘爲角，變半太簇爲和，變南吕爲繆，即夾鐘宫調也。凡以宫發聲則爲宫調，以角發聲則爲角調，其徵調、羽調放此。黄鐘爲角者，以變半黄鐘爲角，則是以變林鐘爲和，變太簇爲繆，夷則爲宫，夾鐘爲徵，無射爲商，仲吕爲羽，此夷則角調也。太簇爲徵者，以太簇爲徵，則是以南吕爲商，以姑洗爲羽，以應鐘爲角，以蕤賓爲和，以大吕爲繆，以林鐘爲宫，此林鐘徵調也。此調中，太簇、姑洗、大吕皆只用半律。姑洗爲羽者，以姑洗爲羽，則應鐘爲角，蕤賓爲和，大吕爲繆，林鐘爲宫，太簇爲徵，南吕爲商，皆如上鈞，其姑洗、蕤賓、林鐘、太簇亦皆只用半律。而以姑洗發聲，是林鐘羽調也。下《禮》地示、人鬼二條所言法，亦以此推之四聲，而無商者，不用商調耳。若一曲中皆無商聲，則必不可用也。如謂不用隔八相生之法，則如以夾鐘、黄鐘、太簇、姑洗四律合爲一曲而奏之，豈復成曲，况清濁與律又不相應乎？鄭、賈皆長於數典，而不知樂律，所謂「達於禮而不達於樂，謂之素」者歟？稼書先生亦未考西山《律吕新書》及朱子論樂之説矣。

分野之説，賈《疏》謂此古受封之日，歲星所在之辰，甚善。然古人則天垂象，主其事則祭其星，故祝融分柳星張，閼伯分大火，又太皞分角亢，炎帝分翼軫，黄帝分析木，少皞分奎婁，顓頊分室壁，皆因所王之德，義各有取。後世居其土者，則因之而已。後世乃分别郡邑，謂某郡某地入某宿某度，則多見其惑也。而固者又謂天體覆冒天下，無分野之説，則又失之不考其故矣。

與江慎修書以下三篇，録自《年譜》。

聞慎修名，紱雖未挹芝眉，而私心不勝渴慕。欲猝然而晉謁，又恐無因至前。慮無按劍之視，故敢以書達。夫俗士之敝於辭章久矣，窮經皓首，初何當於身心？苦志青氈，實營心於利達。是以聖賢之書若明若晦，先王之禮名存實亡，誰克起而振之者？顧振之亦難言矣，必名在天下而後足以振興乎天下，名在一國而後足以振興乎一國，名在一邑一鄉而後足以振興乎一邑一鄉，尤必其貲財顯達，足以副之，而後乃得名當世。不則，誰爲和之，孰令聽之？今之列當道者既多靡靡以從俗矣，而必曰附驥尾以彰厥名，或亦志士之所不屑歟？紱誠譾劣無似，而猥聞鄉閭聚語所譏評爲道學骨董者，則以紱與慎修並指，時用自愧。獨是憤俗學之支離，鄙詞章之靡蔓，在慎修亦會有同志，庶幾世無聖人，不應在弟子之列者。然而名不列於青衿，家無餘於擔石，則雖有憤時疾俗之志，亦徒爲夢寐。予懷抑思夫善與人同，何必在我？慎修著作之富，夫亦既足使當世信而從之。苟慎修能振興末俗，一挽支離靡蔓之狂瀾，則振之在慎修猶在紱也。側聞《三禮合參》之著，紱雖未覩其書，然禮家言人人殊，竊願一聞大指。《周禮》一書，真僞之聚訟紛紜矣，其果真耶，僞耶？《周禮》闕冬官，而俞廷椿、丘吉甫諸人每欲割五官以補之，其果闕耶，否耶？《儀禮》在昔人謂有五疑，昌黎病其難讀，而朱子獨看得有緒。由今觀之，其孰是孰非歟？《戴記》醇駁相雜，互有齟齬，自《學》、《庸》而外，何者爲醇而無弊耶？《記》之注疏多附緯書，而今則遵用陳《注》，又吴草廬亦有注，其皆有可取耶，抑他家亦各有所長歟？凡此數端，急當爲俗士辨之，毋使操戈入室，明先王之精意，俾當世可訓行。振興末俗，宜無大於此者，慎修其必有定見矣。又聞此書未經付梓，而别有《四書名物考》之刻。夫名物之考，務博洽耳，於《禮經》孰緩孰急？而顧先於此問世，不幾揚末學之波歟？抑或者以斯世所不尚而强聒之，不如以斯世所共尚者而婉導之，在慎修自有挽末流而返之身心者寓乎其中，而先以此爲之兆歟？紱與慎修未有生平之交，而爲是曉曉之問，毋亦唐突過甚。然苟同方同術，何不可引爲知己，況邇在鄉井間乎？慎修不鄙斯言，其必當有以示我。

再與江慎修書

慎修足下，名譽日遠，斯文幸甚，鄉邦幸甚。但今人之所以稱慎修與慎修之所爲表見於世者，紱恐非慎修本志，且不足以盡慎修，而徒以掩乎慎修之爲慎修。又以聲氣雖通，未獲面晤，則未知慎修之所以覃思默會、悦心研慮者，果其在此在彼。此聖賢事業、世道人心所共關繫，故敢再以書質。昔孔子，大聖人也，而太宰以多能稱之；朱子，亦聖人也，胡澹菴以詩人薦之。夫商羊、萍實與掘地之羊、專車之骨識與不識，於孔子聖德殊不增損一毛，而朱子所修傳注，凡夫草木鳥獸之名亦間多失，是彼太宰、澹菴，門外人耳。若《左傳》、《戴記》、《家語》則孔子門人之徒所叙述且不免作此皮相，今之號爲尊守紫陽者，亦或以小言細物與朱子爭博洽。慎修潛心經籍，考慎先王法制，懸揆慎修所志，當與洙泗、紫陽同一心法。然求其弗畔於道，勢不得不由博反約。而今世遂徒以博稱慎修，且或爲慎修作慷慨不遇賦，是安足以盡慎修之大？而慎修之所以苦心爲慎修者不反以虛稱掩耶？且夫博最難言耳。天地之大，古今所傳記載何窮，豈耳目所能徧及？此聖人所不知不能者。慎修苟以博洽自見，則由基之射，百中或不無一失。世之人以是稱慎修，後不且有以是詆慎修者歟？但聖賢事業，於今渺矣。瓦石自甘，一世不好。士苟不無近名之心，未有不徇世之所驚，喜以自見其長者。明季諸賢，立社標榜，手袖一卷時文，徧謁名貴，賢者不免。則因世俗之所以稱慎修者，而慎修亦遂甘以此自見，此紱之所不能無疑也。要之，人言多不足信，慎修其必有以自矢。舊冬曾以長牘奉瀆，至今未蒙下報，其意志不同歟？抑鄙其言爲不足答耶？併此遥候，望惠金玉無吝。非惟解紱之疑，抑慎修之有以自白於天下也。

三與江慎修書

接長牘，具道格物窮理之功及生平閱歷甘苦，誠孳孳於爲己，非若大軍遊騎之遠而失歸。弟向所聞於人言者，亦可渙然釋而怡然慰矣。但篇中縷縷所陳固皆足下心得，而猶有未盡與鄙見合者，又不敢不條析而互證之。朱子《儀禮經傳通解》，實朱子未定之書，故當易簀之時，而猶有勉齋之屬。足下憾其蒐羅猶有未備，疏密猶有不倫，所見誠然，安敢謂足下之過疑先儒哉！且《禮經》至爲難治，而足下乃能更爲之增損隱括，以卒朱子之志。此儒者真實學問，足以持躬淑世而羽翼聖經，非尋常博洽比也。特是讀《禮》者猶貴有以深得先王制禮之心，而實以措之動履。今分綱別目亦既井井有條，惟節收古注及釋文爲學者入門之路，苟其折衷以朱子之説，而決擇精詳，夫亦止此足矣。若及唐、宋疏義與古今諸儒議論蒐羅太多，則議論恐不能無雜。三代而下，代有禮書，如《開元禮》以及大明，其間禮制增損，多失先王之意，注疏家尤多紕繆，至有吕坤等四禮之疑。是不惟不足以治經，而反足以亂經。不增入焉，正可以全經，而不爲闕略也。乃足下又云：「此書之作，但欲存古以資考核，而非謂先王之禮可以盡用於今。」則此語亦未盡然。夫先王之大經大法，禮儀三百，萬世所當率循。若夫文章制度所得與民變革者，即三王且未嘗相襲，如足下之所謂以蒲席代古席，以壺代尊，以瓷代俎豆數者云云是矣。至若朱子祠宇之議，桂巖宗子之法，《鄉飲》《投壺》之禮，如足下所擬議，已無不可訓可行。乃又謂先王之禮非可盡用於今也，是則何歟？朱獻靖公之祠，不當在朱子祠後寢，足下引經斷事，至爲有見。然欲建獻靖公祠於朱子祠左，以擬生時之左宗廟，則亦未安。蓋使朱子當日立獻靖公祠，則在左固也。在今日，則朱子子孫既事朱子祠比宗廟矣，而又立獻靖公祠於朱子祠左以比左宗廟，是則周后稷之廟固當在不窋之左，而鞠陶以下乃以漸而右，何俟昭穆之序耶？今雖無五廟三廟昭穆之法，然獻靖公祠與朱子祠均之廟也，則各爲一祠以協父子異宫之義可也，何必在左？深衣之制，衆説紛紜，然近日之非先儒者，要不外欲加左右兩襟爲得續衽鉤邊之制。第不識足下所考誤爲何説，故弟亦未敢置辨。足下又欲取《士相見》、《鄉飲酒》及《投壺禮》以教童子，使化其驕逸之習而長其敬謹之心。數者誠能舉行，至爲今日盛事，弟將拭目以俟。但《貍首》一詩，其篇已逸，説者以原壤所歌當之，其説莫詳於臨川吴氏。紱則謂《貍首》已逸於孔子之前，不然，則孔子序《詩》正《樂》豈反於先王所用以節射者而故删之？借使原壤所歌爲即節射之《貍首》，而衹此二句於義亦已不全，況雖復讀「女」字爲「爾汝」之「汝」，而語意終有親狎之態，無莊重之音。大抵音調比齊、陳之變風，而謂與《騶虞》、《采蘋》、《采蘩》同爲《召南》篇什，愚未敢深信也。昔有明聶雙江編集《禮教儀節》，高一所舉行鄉射禮，皆只以《采蘋》易《騶虞》，以《采蘩》代《陔夏》。今欲習《投壺禮》，亦何妨即以《采蘋》、《采蘩》代《貍首》？而必以取於原壤狎弄之歌，此則又慎修泥古之過也。律吕一事後世幾成絶學，然要皆學士高談理而不能審音，伶人習於音而不知其理之故，以致本末相離，茫無一得，非律吕之别有精微，别有法度也。足下所云：「黄鐘之管九寸，計其中積分，以圓分約之，正合兩朞之日數。」此蓋積幕算之，不可謂非特見。然以此爲據，則大吕以下以漸而短，均匀截之以應節氣，是應鐘之管殆衹七分有奇，爲應兩月之日數，古今無此律管也。又謂琴十三徽，疏密布置，泛聲彈之，當徽有聲，不當徽無聲，因以琴徽爲求聲律之本。足下將以琴之十三徽爲應十二律歟？則此説本大謬。足下積學有年，説當不出此也。如第以聲必當徽爲音必應律之證，則亦未嘗實考之琴音而詳其應律之妙矣。蓋琴身之度四倍黄鐘，而中徽則二倍黄鐘，故中徽按泛彈之，皆與散彈音合。自齦根以至中徽，按彈之聲，七絃皆已徧四倍之十二律，而其音洪；中徽以内，二倍黄鐘，故自中徽以至四徽，按彈之聲，七絃又皆徧二倍之十二律，而其音清。中清各取五律以正五聲，加二變律以成調，四徽又正一倍黄鐘。而自四徽以内則近岳，不能按彈，惟泛音間取入之。泛彈之取律又有與按不同者。中徽當四倍之中，内外皆二倍黄鐘，其第四徽則内一倍而外三倍，九徽則内三倍而外一倍，故懸指泛取三處，皆應黄鐘之宫，一徽十三徽泛取以應黄鐘，則所謂半律也。至若二徽十二徽泛取則應林鐘，三徽泛取則應姑洗，此二句祇言大絃。與按彈不同。此由内外分取以應律度，故與按彈之得按指以内成聲者，其聲自異也。不當徽則無聲者，以内外分之兩不應律故也。若按彈則不盡當徽，如七徽之八應南吕，七徽之半應無射，七徽之二應應鐘，亦祇以大絃言。足下其亦曾細聽而詳察之否耶？而何必旁徽之節氣納音耶？「算周鬴以求黄鐘之積分，推琴徽以求聲律之度數，考古人轉絃換調之法，訪俗樂工尺四上之粗」，數語似乎得要。㮚人爲鬴之法，弟亦嘗深思而積算之，其度量輕重皆合黄鐘不爽。琴之定律則不全繫於徽，而置徽又别有説。轉絃換調之法，彈家每失舊傳。弟嘗思有考訂，第工尺四上等譜，雖繫教坊俗法，要不可謂之粗。蓋合四乙尺工即宫商角徵羽之五聲，而上凡亞凡及勾字之用，則十二律之宫縵胡無際，即變徵變宫也。惟教坊調又有亞四、亞乙、是爲失之。其取平上去入以定五聲宫調，亦屬未當。然古人非律無以正音，今人舍音亦無以考律，唯好學精思，深知其理，按之氣數以徵其實，然後知三分損益之法，五色成文，八風從律，百度得數，無能出其範圍。願慎修無輕議古人也。夫度生於律，非律生於度，然非度無以得律。此如天非有度，以日之行而起度；日非有分，以晝夜之長短而分分。然分分而日之長短有數可求，定度而周天之行有迹可紀，同一理也。度數也者，理氣流行之節次，生氣之和，自然流出，故《河圖》之數所以成變化而行鬼神。律管何獨不然？而謂候氣灰飛之説爲未可深信以别索之冥冥，則恐亦思而不學之過也。顧候氣灰飛又有未能即據者。四方之氣候有遲早，地勢之高下有寒燠，王者之修德以召天和者有順逆。假如冬而震電，夏而冰雹，則灰飛豈必應律？周子所云「陰陽理而後和，君君臣臣、父父子子、兄兄弟弟、夫夫婦婦，萬物各得其理而後和」，故禮先而樂後，正此之謂也。此其説，弟嘗詳之於所擬策略中，恨未能面舉與足下相質正耳。李文利、黄積慶之書背謬尤甚，無庸復辨。即史遷、京房、劉歆、揚雄輩之分子母，分宫調，亦徒爲紛擾，析之愈細而愈遠愈離，其説殆未可以寸楮悉也。曆爲欽若之本，算居六藝之一，儒者豈可不知？西學利、艾諸人發先儒所未盡蓋多，而任數之過，其背經者亦復不淺。天地之高深可以數計而得，而天地之所以高深則形上之理，非數所可求。蓋上天之載，無聲無臭，聖人難言之。足下乃謂：「不出户而知天下，不窺牖而知天道。」果爾，則一通曆算便作聖賢可矣，何以古之曆疏而聖賢繼起，今之曆愈密而知天道者究鮮其人也哉？至於字學韻學，則正爲好古者所當詳。此王者屬象胥諭言語、協辭命，屬瞽史諭書名、聽聲音，同文之大典，而學者或杜社承譌，魯魚襲謬，安可不一正之？非太倉一粟比也。儒先之書所當整頓者整之，尤爲急務，又不當在曆算字韻之學後矣。《典林》之刻，出於徒輩，知非足下所得已。然與其開方便之法門，孰若激勵之，使從事於經學？如果資分庸下，則足下又安能以《典林》一書强之記憶？彼其於鈔録且不無憚煩，而欲使之成誦以幾左右逢原，不愈難哉？若不能必其成誦，而祗於臨時翻閱，以飾寒儉，則艾東鄉所譏爲小盜盜大盜，或無辭於飣餖之失矣！大抵有明先輩，類多融貫全經，故時藝非必引用經文，而無非六經精義。後人專求工於時藝，而無暇於窮經，故滿紙引用經言，究無當於經義。漢儒經學，口傳心識，故授受類有專門。後世經學，貪多務得，涉獵不精，而經學益多龐雜。學者苟具中上之資，使能淹貫六經，旁及子史，尚矣！如其不能，則莫若專攻一經，使之理到而心自澂，理醇而氣自厚，經義所融，臨文自無寒儉之病。此治本之法也。又其下者，彼既不憤不悱，不反三隅，則雖聖人，亦無能以强之矣。不知慎修以爲何如也？然此爲時藝言之也。吾人既從事呫嗶，便當飽聖賢茶飯。所共願者，本惟是讀書窮理以破愚，省躬克己以寡過，雖未能棄時藝不講，而要當由心得以爲文章，實踐力行，何妨舉業。今人因時藝而講經學，亦已傎矣。況乃棄經學不講，而從事於汗漫之書鈔，不亦傷乎？夫今之執筆爲文者，滿紙誰非聖賢之語？而反之躬行，問之寤寐，將誰爲實得於心？功利之習錮蔽於胸，傲倖之途趨之若騖，乃足下謂無庸過慮，則孔孟之所以折衷六藝，程朱之所以倡明理學者，舌敝脣焦，皆以世道人心之故，不益爲過慮之甚耶？而足下之拳拳於禮樂，殫力於儒先者，不更爲多事歟？紱本草野迂儒，衣食奔走，夫亦何心著述，强厠儒林？乃既以舌代耕，因亦思情田宜耨，見今日學者日角雕蟲，全然不知反本，其視聖賢經書祇以爲賈利梯榮之具；而時下講章汙心翳目，亦只爲時藝徒開方便法門。因是畔傳離經，日趨纖巧，而聖學愈支離晦昧矣。先輩中閒有爲經學計者如虚齋、次崖諸公，言多可法，然決擇亦有未精。紱用是隱憂積憤，思有以明聖賢立教之旨，導學者且反求諸身，是以有《四書詮義》之著。其所言者皆惟是教人以體之日用常行，而不敢參一趨時悦容之見。於時解之有離畔尖纖者皆力爲闢之，亦不敢少遺餘力。至於衆説紛紜之會，則每瞑目静思，夜以繼日，必求得所折衷，而後此心始慰。書成共一十五卷，志慮所在，亦未堪一二爲人道也。繼此而《易》、《詩》、《書》皆有《詮義》，共得三十五卷，始終祇此發明立教之旨，俾學者反求諸已之心而已。於《禮記》則有《章句》十卷、《或問》四卷，於《孝經》則因朱子《刊誤》定本，爲《章句》、《或問》各一卷。《禮記》本《儀禮》之傳，原不當析而二之。然《儀禮》當實著之日用，而《禮記》中時有精義，尤宜有以默成於心。又今學者方以《禮記》專經，而陳注淺陋，吴氏支吾，亦不可不爲之更訂。是以暫遺《儀禮》，專事《禮記》，亦因學者所習而寓以挽回之術也。若乃合經傳而修之以卒朱子之志，則弟方遲之有待，亦以刮目於足下，爲樂得以觀厥成也云爾。此外雖多著述，殊不堪以入世。且生平恥於自衒，有心無力，堆積巾笥，知他日徒以覆瓿。然此心終未能自已，誠難免於過慮之譏也。足下又謂弟「留心經濟，欲復先王井田。」弟不知此語何以得傳聞於足下？然亦信有之。夫土田祇在民閒，人民祇在天下，郡邑何非國土，赤子誰非吾兵。以天下之田土與天下公之，以天下之人民與天下治之，同天下之患難爲天下守之，今古雖殊，覆載不改，而謂井田終不可復，此亦師前王莫若師後王之故智，徒以苟治自安者云耳。治亂關乎氣數，設施則存乎人，而安得獨以盛治讓之唐、虞、三代歟？程子云「井田難行」，然程子亦云「難行」耳，未嘗云不可行也。夫處今日之時，以今日之勢，而欲猝然舉先王之法，率一世而更張之，誠有甚難，應不待程子而後知之，顧所謂難者，殆非井田之難復也，難於出治之有本，君相之同心，庶明之勵翼，而轉圜之有法，張施之有序，以需之歲月，而歷久不渝也。且先儒語録之言，亦多未可泥矣。横渠有志復古，朱子已集之《孟子注》中，其他語時有異同，安知非門人之誤記？此如孔子之言，要以兩《論》爲精，而《家語》、《左氏傳》、二《戴記》所傳，亦安可盡信爲聖人之説乎？若乃通經術而不通世務，此當時譏介甫之言，然介甫之所經營要皆只從功利起見，經術乃所以通世務，介甫又何嘗通經術哉！度量權衡，王政之首務，後世經制不定，八政不修，是以國異政，家殊俗，侈靡相尚，濫惡相欺，大稱小斗，以相攘奪，度量權衡，安可不謹！然謹之者，亦惟是關石和鈞，準之王府，使民守畫一之經制，而無敢或違，斯善矣！豈必改今尺爲周尺，而後乃矜言復古哉！而周尺於今，亦何從確據也？井田之復，潤澤因時，亦若是然耳矣。疑義與析，故言之不得不詳。篇中不無唐突，然昔者韓、富同心輔政，而議有不合，至於動色相争；東萊之與紫陽説《詩》，各有異同，而終身志同道合。弟於足下，何必苟同，而此心庶可共諒。如或言有未當，望復惠示玉音，無起操戈入室之嫌，此爲欣幸！

附　録

朱竹君曰：「江西浮梁之景德鎮，設官置窑所在，百工食焉。先生畫碗傭其閒，然稱母喪，不御酒肉，羣傭以爲笑。時時作苦吟以寫其哀，則交侮而罵之。先生去之樂平，館石氏，踰年亦去。當是時，先生飄泊上饒、萬年、永豐之閒，蹤跡無所定止，輒自廣信緣嶺度仙霞關之閩中，持一襆被，鶉衣蓬纍而行，行嶺灘中十餘里或二十里。逆旅主人不内，則頓宿野廟，乞食以往。過楓嶺，有陳總兵者，聞而異之，延爲子師，執禮甚恭。先生課《詩》、《書》，閒教之禮射。卒伍争請爲弟子，後用藝得官以去者有之。」朱筠撰墓表。

夏心伯曰：「昭代真能爲朱子之學者，大儒三人焉：一爲桐鄉楊園張先生，一爲平湖陸清獻公，其一則婺源雙池汪先生也。清獻以清操正學受主知，烏臺奏議海内莫不宗仰，故名最著，而其從祀膠庠亦最早。楊園爲晚明諸生，隱居不仕，清獻雖屢稱之，而名不得與清獻埒。若雙池，則僻處山邑，人或不能道其姓氏。其隱晦視張先生殆尤過之，然著述之繼往開來、品誼之升堂入室，與張、陸兩先生蓋鼎立焉，無或遜也。」夏炘撰《雙池先生年譜序》。

余黼山曰：「邑人董昌璵録先生書副本。先是，先祖與族弟道周書有云：『師友之變，痛不自勝。遺書雖存我家，倍令我夢魂驚悸，恐失墜耳。』至是乃謀之董丈，傭書人録副本，及後録呈朱學使，皆董丈力也。」《雙池先生年譜》。

雙池弟子

余先生元遴

余元遴，字秀書，一字藥齋，號筠谿，婺源人。家貧，躬行樵汲，有志爲己之學，究心經義及宋五子書。平居坐不倚，立不跛。授徒所入，分恤親族。弟子貧者，卻其贄，而空乏泊如也。後師事雙池，得聞爲學要領。雙池及子思謙相繼歿，皆經紀其喪，又迎雙池之妻江氏養於家。後力寫遺書，獻之學使朱筠，賴以得傳。乾隆四十三年卒，年五十五。所著書有《庸言》四卷、《詩經蒙説》、《畫脂集》。參史傳、朱筠撰墓誌銘。

詩經詮義總論序

《詩》之地，郊廟、朝廷、鄉黨、閭巷；《詩》之人，王后、公卿、大夫、士女；《詩》之俗，奢儉貞淫；《詩》之體，《國風》、《雅》、《頌》。要其殊事異文，由心出口，無非動於天不容已而發於情不自知，當作詩之時，固不計其工拙毁譽而預爲後人作經讀也。孔子删繁就簡，昭示來兹，興觀羣怨，定爲三百，豈非欲讀者以意逆志，借古人之吟詠養自己之性情，優而游之，饜而飫之，以臻於純粹至善之地乎？自後人誤解「思無邪」一言，以三百篇無邪詩，而淫奔諸詩皆爲譏刺，斯古人之意不明而詩旨漸晦矣。朱子諷詠涵濡，不從《序》説，得古人於笑貌聲音之際，而較字句於分寸毫釐之間，洵爲超前絶後。而後人紛紛援據《序》義，拾朱子所棄以自珍，至詆之爲高叟、咸丘蒙，不亦無忌憚乎？吾師雙池先生《詩經詮義》一書，墨守紫陽，遠追作者，約五經之旨，成一家之言。其闡發也博大而精深，其剖析也茂密而條暢，而其於修身及家平、均天下之道，與夫治亂得失之機，人心風俗之際，尤諄諄乎三致意焉。是豈惟朱子之功臣，抑亦百王之龜鑑也。嗟乎！人趨利禄，經學不明，假聖言爲筌蹄，得魚兔而放棄，甚且置之高閣，卷未開、手未觸者比比皆是也。而先生得斷簡於衆遺，發新知於卓識，憂絶學之不續，奉聖人爲我師，獨以扶世道人心是務，謂非閒世豪傑歟？第是書文成數十萬言，未易遽探其奧。獨《國風》、《雅》、《頌》之總序，計一國之始終，論全《詩》之體製，若綱在綱，如衣振領，讀之若恍然有以得其體要者。爰另爲録出，朝夕省觀，以爲全《詩》之階梯。俾稍有依據，不至河漢其言，是亦入室由户之意也。言終於此而已哉！

雙池私淑

洪先生騰蛟

洪騰蛟，字鱗雨，婺源人。乾隆庚午舉人。研窮經訓，尤嗜宋儒書。嘗以置閏法及經學理學諸疑質於雙池，得報書爲言學術之概甚悉。欲往執贄，而雙池殁，未果行。著有《禹貢黑水説》，爲時所稱。又有《壽山存稿》十二卷，《壽山叢録》二卷，《郭麓常談》二卷，《婺源坤乘》三卷，《稽年録》十二卷，《思問録》五卷。五十六年卒，年六十六。參史傳。

筠谿家學

余先生龍光

余龍光，字黼山，筠溪孫。道光乙未舉人，官江蘇知縣，歷署婁縣、元和、青浦各縣事，有政績，尋罷歸。早歲讀金谿、姚江書，於永康、永嘉事功，馬氏《通考》、顧亭林遺書，皆能得其要略。後乃淵源家學，篤志程朱，以居敬、窮理、力行爲宗旨。嘗謂雙池尊信朱子，昌言保衛，直如孟子之於孔子也。著有《雙池先生年譜》四卷，又有《經學管窺》六卷，《廣唐書》三十卷，《朱子祠祀考》二卷，《元明儒學正宗録》二卷，《表章儒碩録》二卷，《吴康齋學案》二卷，《汪仁峯學案》二卷，《汪仁峯年譜》一卷，《詩文集》三十九卷。參史傳。

雙池先生年譜凡例摘録第五條。

先生與江慎修先生並爲當代大儒，生同時，居同鄉，祇有書牘往來而未嘗相見。其學問之異同，非後生小子所敢輕議，兩家遺書具在，好學者可以深思而自得之。即以龍光之愚陋，亦幸竊窺其一二。大約江先生崇尚漢學，沈潛精密，參互理數，融會沿革，論者推爲鄭康成後一人，非過譽也。至其學及身而顯，世每謂彼時士大夫競尚考據，又得其高第弟子戴庶常震東原揄揚師説，以故海内家有其書。是猶見其表而未見其裏也。蓋江先生雖專治漢學而亦未嘗不尊信朱子，觀其所著《近思録集注》、《禮書綱目》、《河洛精藴》可見。但未如雙池先生之昌言保衛，於孔子後特定一尊耳。乃庶常著《孟子字義疏證》、《方言疏證》、《原善》、《原象》諸書，詆斥程朱，謂其言理，言欲，言性命，言氣質，無一不錯，因而以意見殺人，以理殺人，同於酷吏。又云宋儒語言文字未之知，事情原委未能悉，獨任己見，强斷而行，以致大道失而行事乖，天下受其咎，與楊墨佛老同罪。凡尊信程朱者皆愚人不覩其害。而自負由孟子而來，垂二千年，惟己始明孔子之道，若獲見用，必措天下於治安。而其徒黨尊之，至謂戴氏集羣儒之大成，浩氣同盛乎孟子，精義上掩乎康成、程、朱，修詞俯視乎韓、歐，用則施政利民，舍則垂世立教而無弊云云。詳見桐城方植之先生《漢學商兑》，當塗夏弢甫先生《景紫堂文集》。其言如此，則其揄揚江先生者不過舉其偏以標一時之名，而其背畔江先生者早已忘其全而没一生之實。平心察之，固江先生授業時所萬不及料者也。若夫雙池先生，明體達用，剛大直方。其治經也，博極兩漢六代諸儒疏義。凡三代之典章制度、名物器數與夫天文、地輿、六書、音韻、《九章算數》罔弗精詳，既使偏尚漢學者不得藉口；而析理斷事，精貫日月，思通鬼神，精變微化，一以朱子爲折衷，其朱子所未及言者則推廣朱子之心以發明之。至於異端曲學鼓煽其似是之非以惑世誣民者，則辨駁塞拒，不少假借。乃或者病其言之太盡太急切，而不知先生欲救時俗之人歧誤於詖淫邪遁，流毒於世道人心，不得已焦唇敝舌以警覺之，其設心良苦也，竊謂自今日以前，求所謂朱子之後復有朱子者，舍雙池先生，其誰歸乎？觀於江先生答先生書云：「足下志高識遠，脱然韁鎖之外，殫心不朽之業，藏名山，俟後人，當有聞風興起者。」又云：「若夫大聲疾呼，力挽奔瀾，此事終當望之燦人足下耳。」其於先生不可謂不心折矣。兩先生往來書答共五篇，全載入《譜》，以明鄉先正直諒多聞，亦足徵紫陽遺澤之遠也。

清儒學案卷六十三終

清儒學案卷六十四

天津徐世昌

臨桂學案

臨桂敭歷中外，實心實政，儒效昭彰。所著《五種遺規》，皆以覺世牖民爲己任。其學術之純正與睢州、儀封後先媲美，而建樹宏達，尤徵遭際之盛焉。述《臨桂學案》。

陳先生宏謀

陳宏謀，字汝咨，號榕門，臨桂人。雍正癸卯舉鄉試第一，是年成進士，改庶吉士，授檢討。遷吏部郎中，再遷御史。以言事受世宗知，授揚州知府，命帶御史銜，便宜言事。歷官甘肅、江西、陝西、江蘇、湖北、河南、福建、湖南巡撫，兩廣兩湖總督。入爲兵部、吏部尚書，拜東閣大學士。乾隆三十六年，以老病再疏辭職。命以太子太傅致仕，高宗賜詩以寵其行。卒於山東韓莊舟次，年七十六，入祀賢良祠，謚文恭。先生早歲刻苦自勵，能文章，内行修飭。爲諸生，即以澤物爲己任。及服官中外，察吏安民，務期實效，力持大體。所至尤加意書院，厚諸生餼，聘賢者爲之師，導以正學，時至而面命之。其爲學以誠一不欺爲主，不爲空談，不取辯論。舉古聖賢名臣名儒之嘉言懿行一一尊而奉之，踐而履之。嘗曰：「是非審之於己，毀譽聽之於人，得失安之於數，三者缺一，皆有病。須隨時隨事有此定見，乃爲脚踏實地。」又曰：「學問須看勝似我者，境遇須看不及我者。昔年愛此二語，書諸座右，嗣是三十餘年，益覺道理精當，無所不包，亦確乎不可移易。儻境遇看勝似我者，則怨尤忮求無所不至；學問看不如我者，則驕傲怠惰亦無所不至。學術、人品、事功，出乎此則入乎彼。以此爲人鬼關頭也可。」又曰：「莫作心上過不去之事，莫萌事上行不去之心，斯云無咎。必爲世上不可少之人，必爲世人不能做之事，庶非虛生。此余爲諸生時題書室語，至今思之，負愧良多。知之非艱，行之維艱，敢不勉旃？」又自箴十則曰：「謹言語以寡過，節飲食以尊生，省嗜好以養心，耐煩勞以盡職，慎喜怒以平氣，戒矜張以集事，絶戲謔以敦體，崇退讓以和衆，慎然諾以全信，減耗費以惜福。」又與人手札，多關懲勸語，各就其人之性分職分，語其所當然及其所必不可不然，大抵皆箴規藥石也。所纂録者有《大學衍義輯要》六卷，《大學衍義補輯要》十二卷，《呂子節録》四卷《補遺》一卷，《養正遺規》三卷《補》一卷，《教女遺規》三卷，《訓俗遺規》四卷，《從政遺規》二卷，《在官法戒録》四卷。其自著爲《培遠堂偶存稾》十卷。參史傳、彭啟豐撰墓誌銘、袁枚撰傳、《學案小識》。

養正遺規自序

天下有真教術，斯有真人材。教術之端自閭巷始，人材之成自兒童始。《大易》以山下出泉，其象爲蒙，而君子之所以果行育德者於是乎在，故「蒙以養正，是爲聖功」，義至深矣。余每見當世所稱材子弟，大都誇記誦，詡詞章，而德行根本之地鮮過而問焉。

夫在山泉水清，出山泉水濁，緊豈泉之咎哉？汩泥揚波，父兄之教不先，子弟之率不謹也。宏謀公餘考昔賢養正遺規，擇其簡要可通行者釐爲二卷，篇帙無多，本末略備，用以流布鄉塾，俾父兄師長以是教其子弟，毋輕小節，毋騖速成，循循規矩，雖蒙養之事，而凡所以篤倫理，砥躬行，興道藝者，悉以引其端。由是以之於大學之塗，庶幾源潔流清，於世教不無少助乎？欽惟聖天子昌明理學，文治日新，備員圻輔，分路揚鑣，循行風俗，與有人材之責焉，故敢勉竭愚忱，具訓蒙士，爲郡邑先。其或以是爲迂，爲固，爲瑣屑，而慭置焉，余心滋戚矣！

又補編自序

往在津門，曾有《養正遺規》之輯。苦於搜羅不廣，未愜所願。年來由吳門而至豫章，公餘開卷，凡有切於蒙養者皆爲手録，復得十種，并付梓人。欲望幼學之士於天真未漓時即不忘身心交治之功，以漸充其良知良能之量，庶不至高言心性而淪於空虛，亦不至汩没記誦而流於俗學，是則區區編輯之微尚也。

教女遺規自序

天下無不可教之人，亦無可以不教之人，而豈獨遺於女子也？當其甫離襁褓，養護深閨，非若男子出就外傅，有師友之切磋，《詩》、《書》之浸灌也。父母雖甚愛之，亦不過於起居服食之閒加意體恤，及其長也，爲之教針黹、備裝匳而已。至於性情嗜好之偏正、言動之合古誼與否，則鮮有及焉。是視女子爲不必教，皆若有固然者。幸而愛敬之良性所同具，猶不盡至於背理而傷道；且有克敦大義，足以扶植倫紀者。儻平時更以格言至論，可法可戒之事日陳於前，使之觀感而效法，其爲德性之助，豈淺鮮哉！余故於《養正遺規》之後，復採古今教女之書，及凡有關於女德者，裒集成編。事取其平易而近人，理取其顯淺而易曉，蓋欲世人之有以教其子，而更有以教其女也。夫在家爲女，出嫁爲婦，生子爲母。有賢女然後有賢婦，有賢婦然後有賢母，有賢母然後有賢子孫。王化始於閨門，家人利在女貞，女教之所繫，蓋綦重矣。或者疑女子知書者少，非文字之所能教，而弄筆墨、工文詞者，有時反爲女德之累。不知女子具有性慧，縱不能經史貫通，間亦粗知文義。即至村姑里婦，未盡識字，而一門之内，父兄子弟爲之陳述故事，講説遺文，亦必有心領神會，隨事感發之處。一家如此，推而一鄉，而一邑，孰非教之所可及乎？彼專工文墨，不明大義，則所以教之者之過而非盡女子之過也。抑余又見夫世之婦女，守其一知半解，或習聞片詞隻義，往往篤信固守，奉以終身，且轉相傳述，交相勸戒，曾不若口讀《詩》、《書》而所行悉與倍焉者。意者女子之性，專一篤至，其爲教尤有易入者乎？是在有閑家之責者加之意而已。

訓俗遺規自序

古今之治化見於風俗，天下之風俗徵於人心，人心厚則禮讓興而訟端息矣。宏謀前奉恩命，司臬三吳，親承天語諄諄，以「惟平惟允，刑期無刑」爲訓勉，敬誌於心，刻弗敢忘。赴蘇之後，清理積案不下數千餘件。反復推究，始知獄訟繁多，良由人心漸習於浮薄，或因一念之差，或因纖毫之利，或係一時之忿戾，遂至激而成訟，展轉糾轕，株連日衆。有司承讞，雖悉心體察，極意平反，及曲直分而身家已破矣。推鞫之下，不禁愁然心傷。因念與其矜恤於獄之既成，何如化導於訟之未起？夫刑所以弼教，非竟以刑爲教也。司土者平時未嘗教之而遽刑之，父母斯民之義，其謂之何？嘗欲於典籍中，採其切於人心風俗，人所習而不察，動而易犯者，刊布民閒，以庶幾弭患未然之計。草創未就，隨有江右之命。封疆攸寄，責任愈重，撫循化導，使者之職也，區區之心不能自已。公餘篝火，手披目覽，採録古今名言彙爲一帙，名曰《訓俗遺規》。雖不敢謂所採之悉當，而凡今時所以致訟之由與夫所以弭訟之道，蓋已略備。大抵理惟取其切近，詞不嫌於真率，務使人人易曉焉。夫天良，人所同具，特患無以感發之耳。賢有司苟能持此以化導，或就事指點，或因人推廣，而士民衆庶繙閱之餘，觀感興起，父誡其子，兄勉其弟，莫不群趨於善，而恥爲不善之歸，將見人心日厚，民俗日淳，訟日少而刑日清，用以仰副聖訓於萬一，是固日夕期之而不敢不自勉者也。

從政遺規自序

余幼承父兄師友之訓，知肆力於讀書，不以世故紛其心。而賦性迂拙，作輟無常，誦讀不多，體認尤淺，悠悠忽忽，竟不知讀書將以何爲也。迨入仕途，官場事宜尤未嫻習，臨民治事茫無所措。未優而仕，不學製錦，心竊憂之。然平時偶有得於聖賢之緒論，合之今時情事多所切中，此心稍有把握，措之事爲，幸免隕越，不至如夜行者之倀倀何之。乃益悔前此之鮮學，而古訓之不可一日離也。因於簿書餘閒時一展卷藉，兹陳編以祛固陋。凡切於近時之利弊，可爲居官箴規者，心慕手追，不忍舍置。不敢謂仕優而學，亦庶幾即仕即學之意云爾。方今民生蕃庶，待治方殷，聖天子本躬行心得之餘，布範世誡民之政，有司牧之責者，益當從根本上講求教養之方，爲民生久遠之計。若僅以因循陋習，了官場之故套，何以上副聖訓，何以下符民望？自惟德薄能淺，無以爲同僚諸君倡。惟奉兹古訓，隨時考鏡，轉相傳布。以此自勉，即以此勉人。較之門面牌檄，差爲親切焉。蘇子云：「藥雖進於醫手，方多傳於古人。」自古及今，此心同，此理同，故以古人之方醫後人之病，而無不立效。願諸君推心理之相同以盡治人之責，而又參之前言往行以善其措施，則宜民善俗或有取焉。幸毋曰「業已仕矣，何暇言學」，竟等諸古人之糟粕也。

在官法戒録自序

天下之人無過善、不善之兩途，而人之慕乎善而遠不善也，則不外於法、戒之兩念。予有四種遺規之刻，蓋冀天下人無男女少長、貴賤賢愚，均有所觀感興起，見善者而以爲法，見不善者而以爲戒也云爾。既又思之，人有在四民之外，勢所不能無，而又關係民生之利害、吏治之清濁，不可以無化誨者，則官府之胥吏是也。古者三百六十之屬，皆有府史胥徒。府，掌稟藏者，即今之庫吏也；史，掌文案者，即今之吏典也；胥，即今之都吏，爲徒之什長；徒，即今之隸卒也。

是爲庶人在官，其禄同於下士，其田在遠郊之地，充人掌之。春秋月吉讀法，書其孝友睦婣，得與於鄉舉里選之列，故當時僚隸輿臺之守法循分，豈惟風俗之醇，抑上之人教養成就之有其具也。秦燔《詩》、《書》，人以吏爲師。漢制，能諷書九千字以上乃許爲吏，當時刺史守相自辟其屬，恒求其賢者以爲吏而進達之；而吏亦皆束身自好，以蘄不負上之知。故一時名公鉅卿起家掾吏者不可勝紀。兩漢吏治最爲近古，非由吏之得人而然乎？魏、晉而後，流品遂分，上品無寒門，下品無世族，吏始不得與清流之班。沿及隋唐以降，科貢之勢重，而吏之選益輕矣。然國家設官置吏，官暫而吏久也，官少而吏衆也。官之去鄉國常數千里，簿書錢穀或非專長，風土好尚或多未習，而吏則習熟而諳練者也。他如通行之案例與夫繕發文移、稽查句攝之務，有非官所能爲而不能不資於吏者。則凡國計民生，繫於官即繫於吏，吏之爲責不亦重乎！而爲吏胥者類皆有機變之才智，不能安於畎畝耕鑿之樸以來役於官，因盤據其閒，子弟親戚轉相承受，作奸犯科，相習熟爲固然，而不知禮義之可貴。爲官者亦多方防閑之，摧辱之，幾若猛獸搏噬之不可馴擾。夫防之愈嚴，作弊亦愈巧；摧之愈甚，自愛之意愈微。將嚻然喪其廉恥之心以益肆其奸猾狡黠之毒。官吏相蒙，國計民生於焉交困，而貪昧陋劣之員受其牢籠牽鼻，淪胥以敗也，又不足言矣。昔劉晏以吏人不可用，謂吏無榮進，則利重於名。我國家立賢無方，吏員一途，咸有進身之階，惟其才之所宜，未嘗限其所至，則固有榮進之可期矣。即或不盡榮進，而其愛一時之小利，必不如其愛身家子孫之大利，更不如其畏身家子孫之奇禍。今試語人以于公治獄之陰德，而子孫駟馬高車，充溢門閭，未有不欣然慕效者也。語以王温舒舞文巧詆，奸利受財，而皋至於五族，未有不悚然易慮者也。特無以提醒之，遷善遠罪之良心無緣而動耳。上以君子長者之道待人，而人不以君子長者之道自待者，非人情也。矧吏胥多讀書識字，粗知義理，習典故，明利害，視田野之愚氓、閨門之婦孺，其化誨當更易易。爲官者方日資其心思才力以成其政治，而顧視爲化外之人，不一思所以化誨之，聽其日習於匪辟，於心何安？而於事又寧有濟乎？余於聽政之暇，採輯書傳所載吏胥之事，各綴論斷，裒爲四卷，名曰《在官法戒録》，廣爲分布，以代文告。《書》曰：「作善，降之百祥；作不善，降之百殃。」孟子曰：「仁則榮，不仁則辱。」觀是録者，善惡燦陳，榮辱由己，何去何從，必有觀感而興起者矣！

吕子節録自序

數年前，余偶遊書市，從故紙堆中得《呻吟語》一册讀之，則明儒吕叔簡先生所作也。先生以爲人非聖賢，其身心常在病中，故於省察、克治、修己、治人之要，皆從人情物理中推勘而出，眼前指點，鉥目劌心。少陵云「欲覺聞晨鐘，令人發深省」者，其是之謂乎？舊凡若干言，其中偶有過高之語，余稍節之，録其醇者。閒就鄙意，綴以評語，非敢於作者有所增益，蓋亦講明而切究之，以求得乎大中至正之歸耳。余嘗謂：「人之聰明才力，多不用以自責而用以責人，不用以集所長而用以護所短。」兹編其對證之藥也。故身世之事非知之艱，行之維艱。余譾陋無似，防檢多疏，早夜孜孜，功不補過。今既取是編而節録之，又序而刻之，誠欲寶此苦口之良劑以藥余身心也。

文集

寄陳韶書

凡事不顧公事之有益與否而先持一自以爲是之意見，是己者樂之，非己者惡之。此爲剛愎自用，滿盈招損，不但於公事無益，即自己亦受虧損不淺。

寄陸福宜書

吾輩處不如意之事，遇不如意之人，惟益反躬自責，静氣平心，以求一至是無非之道。弭謗在此，免禍亦在此。舍此而別生角抵之計，恐無益而有害也。

寄德松如先生書

承勖以「無倦」二字，實爲切要。有恒可以基作聖，而無恒則不可作巫醫。夫子論近仁，剛而兼毅；曾子論士，弘必及毅。蓋恒者，常久之心；毅者，定力之謂。皆無倦之謂也。且以觀天下古今之事，愈遠大則愈非旦夕可以觀效，而有旦夕可以觀效者決非遠大。利害固久而後見，是非亦久而益明。有識者計久遠不計目前，爲民物不爲一己，當時或以爲迂，而久大之業恒基於此。苟有倦心，則稍有挫折便生消沮，其何以濟！

寄家聖泉法書

生平無他嗜好，每處一地，臨一事，即就其地其事悉心講求，以期稍有裨益。然志廣願奢，百未如願，事雖未成，心實難已。有時過於勞悴而亦不覺，覺亦不復惜也。年來精力漸不如前，而又當此煩劇之地，隨事經理，已苦難支。若遇有疑難，心要如此而力有不能者，則寢食作止，常懸心目，不能擺脱。「不以事累心，役物而不役於物」，捧讀明訓，益服知我之切，而愛我之深也。

諸儒語録，不免偏勝有疵，一經朱子悉歸醇正，有如布帛菽粟，可以療饑，可以禦寒。近世言學亦知遵尚朱子，而用功止憑口耳，逞技惟在詞章，終日讀書作文，未知所讀之書於己何益，所作之文於世何用。其業居然讀書，❶人亦未嘗不以讀書人目之，究之於身世毫無所益，甚有所行所存與書全相反者。使世人謂書可以不讀，讀書不必有用，皆由於此。是當以聖門知行合一之語，因人指點，隨時印證，庶幾挽頹風於萬一耳！

寄托庸書

士人惟身心最爲切近，其用功亦惟存心克己，二者最爲喫緊。此處用得一分功夫，便有許多得理之事，所謂所操者約而所及者廣也。然官場中所汲汲講求以爲要務者卻不在此，但須儀文習熟，機緣湊合，便爲得手。程子云：「世人事事要好，惟自己一箇身心却不要好。待事事好時，此身心先已不好了。」今日官場内所謂待好，正所謂「身心先已不好」者也。

寄德濟齋先生書

古聖賢之微言精義散在典籍，惟讀書可以通其解，亦惟讀書可以踐其實。如止以詞

❶「書」下，中華本《國朝學案小識》卷五有「人」字。

章爲學，雕琢雖工，無關性情。即或矯語性命，又未免談空説幻，墮入理障，既無益於身心，更何裨於民物？書自書而我自我，世人所以目讀書爲口頭禪，謂作文爲敲門瓦，負此書亦重負我矣。大人《實踐録》，從《孟子》大體小體句獨得真詮，指點親切，曲暢旁通。格物者格此也，致知者致此也，修齊治平亦即此而推也。大體立而小體無權，天理流行，人欲退聽，克己即所以復禮也；大體立而小體效用，天君泰然，百體從令，踐形即所以復性也。

寄徐本仙書

來札於讀書爲學之是非利弊暢切言之，語語從體認中來，循環展誦，實獲我心。試思國家何所需於文藝，而以此取士耶？蓋謂能作文者必曾讀書，能讀書者必能明白道理，變化氣質耳。不謂揣摩術工，讀書者自讀書，而於道理不求甚解。即心能解之而言與行背，以致不能變化其氣質，又焉能澤及於民物？今日欲救讀書之弊而收取士之效，惟有講求身心格致之學，知在此，行亦在此，以此學即以此仕，庶幾近之。

寄尹元符會一書

吕新吾先生學問經濟俱可見之施行，非空談性命者可比。此公間亦有偏處，而一腔憂國憂民之意發於本心而不可遏。其不可及處正在於此。先儒云：「無忠做恕不出。」有此不容已之心，所以每事有一番安排，使各得其所，俱有至理，非偶然也。

寄沈子大起元書

所論我見一語，尤爲切中士大夫之病。一有我見，則或憑意見，或顧利害，甚至以我之行止爲理之是非。不難强事以就我，更不難苦天下人以遂我，皆此有我之見爲累也。

寄張綸書

宦海無定，經一番波浪，增一番閱歷。古人於横逆之來，必三自反，非空空引咎也，正可即此以爲熟察人情、克治身心之地耳。

寄鄂文端公書

人之聰明才力不相上下，業事《詩》《書》亦無不明白義理，辨别路徑，及至臨事稍涉利害，則每每止圖目前，不顧久遠，止顧一己，不顧天下，良由看得一身之富貴太重，故看得君民之事較輕耳。年來嘗以此觀人，即以此自責。昨聞名論，以萬物皆備之我爲我，人有不協，皆我之責，則視國家之利害皆我之利害，天下人之賢愚皆我之賢愚，上下千古，參贊位育，無非我分内之事。迹似待我者輕，其實待我者極重。先儒以《西銘》一章爲「仁」字源頭者，即此意也。

寄雷翠庭鋐書

來札戒懼慎獨，説得如許親切。《大學》八條目，無非一層緊似一層，治平事業，總歸根於誠意正心。《中庸》放之彌六合，而卷之退藏於密，亦即此意。所云「愈嚴密愈廣大」，已將《大學》、《中庸》之層次主腦該括無遺，非實在於此等處痛下克治苦功，不能道此。

寄朱紀堂陵書

近來功利詞章之習流而不反，讀書者所在不乏，顧書自書而我自我。每見讀書之人與未讀書者無以異，讀書之後與未讀書時無以異，竟似人不爲科第則無取乎讀書，讀書已得科第則此書可以無用矣。居嘗窺見及此，耿耿於懷。《學約》中偶一發明，而筆墨荒疏，詞多淺率，竊恐未足爲多士則也。諸君重刊，各撰序文，奬許過甚，心竊愧之。然士者四民之倡，而官司者又多士之倡也。各持此意，自勉勉人，化行自上，教成於下，羣務於有用之實學，使境内士子以讀書爲克治身心之事，毋以文章爲敲門之瓦，則士習由此而端，民風由此而厚，治化出其中，人才亦出其中，此又吾之所厚望也。

寄楊秋水應琚書

《爲己》一賦，具見抱負。古之學者爲己，聖人垂訓，人多囫圇讀過，不肯體認「己」字。如自私自是，好逸惡勞，趨利避害，樂安忘危，自以爲爲己之道當如是，而不知「己」字看錯，所學豈復可問？程子云：「爲己者，其終至於成物；爲人者，其終至於喪己。」實抉千古爲己爲學之精藴。

寄朱濬伯亨衍書

身世之事，凡可知者，皆理也；凡不可知者，皆數也。理本可知而不求知，數本不可知而强欲知之，即云巧中，徒亂心意，何裨實事。來示正復相同，即此當吾輩講學一則，何如？

寄孫文定公書

古人窮經足以致用，凡不能致用者不可謂之窮經。然窮經而不能求其切於身心倫物者，亦必不能致用。近見人畢生讀書而不能有用，皆坐看得書中所言不甚親切之故，而經義尤甚也。

寄程掌如兄弟書

士人惟功名得失可以聽之於數，至於學問器識全由人事，有一分工夫便有一分進益。處可以用工之境，值可以用工之時，而因循錯過，不但他人見輕，即自己亦不免於後悔。古人云：「學問要看勝過我者，境遇要看不如我者。」二語實爲萬金良劑。隨時隨事以此著想，則無自足自棄之病，亦省卻多少希冀妄想矣。至於門内之行，總要看得骨肉貴重難得，則財物自皆落後一層。匪惟不可計較，且不必計較也。

寄鄂敏書

《小學》一書，鉅細畢該，知行並進，先儒謂爲做人榜樣。近世學者視爲應試階梯，並標題列刊者，毋怪人以《小學》爲可讀可不讀之書，即讀《小學》者亦不知其所以必須讀是書之義。大序所云：「精其理，踐其實，化民成俗於是乎在。」真得是書之義。以此提倡，化得一二人，即一二人實收其益矣。

寄朱曉園書

中祕書多心得。在人爲詩詞歌賦而讀書者，風雲月露之學也，縱極富麗，何裨民物？爲身心性命而讀書者，經世服物之學也，似乎迂遠，終歸實用。果能從身心性命上用工，考古證今，心有所得，措之身世，則爲不朽之事業；敷之詞翰，則爲有用之文章。以云詩賦，莫高於此。近日多以身列詞苑，不得不專重詩賦爲言者，似文章、事業看成兩橛，殊非聖主教育人材之至意。

寄靖果園書

天下不乏博學能文之士，然往往書自書而我自我，文則是而人則非，皆由讀書時只圖作文抒寫，不曾把書中道理研究一番，更不曾在自己身心體認一番。敲門瓦、口頭禪，於己何益，於世何益？今日講學，只須辨别何爲有益，何爲無益，正不必分門别户，另立宗主。至於制義原以發明四書，而四書之理有因制義而晦者，皆由作文不肯認清書理之故。文字雖佳，奈不切題何？

寄顧汝修書

《論語》一書，理則精粗上下無所不該，人則賢愚貴賤無所不宜，真有耳得之而成聲，目遇之而成色，仁者見之謂之仁，知者見之謂之知。來序云：「道理渾淪，莫如詔曾子之『一貫』。工夫喫緊，莫如答顔子之『四勿』。二語括全部之要旨。至於聖門論知，論仁，論禮，乃就一時所重而名之。後人斤斤就字面上分别異同離合，便生出許多穿鑿捏合。今云仁具於心，禮徵於事。自其心之純粹無閒謂之仁，自其事之恰當不易謂之禮。仁禮交關，同原共貫。可云直截了當，昭然發蒙，即張子所云『理虚而禮實也』。」老先生平日於四箴有一段切實體認工夫，以此詔示來學，不愧見道之言。竊以勿視、勿聽原有思明、思聰工夫，果能非禮勿視、勿聽，則尤悔之寡更不待言。復禮之功，不外明健，不必以寡尤寡悔爲明禮實境。顔子於博文約禮之後欲罷不能，正是精進著力之候。以爲其覺察也，若有意若無意；其用力也，亦不易亦不難。浮雲點空，天風迅掃，大段著力不得，轉未免無可捉摸，反疑近於二氏耳。

寄家聖泉書

人看「道」字似另有一物，如古董玩器之類，不曰自某傳之於某，則曰此爲某之的派。無非從字句迹象上講究是古是今，絶不於人情物理上講究是真是假。「道」字看不真，則論文不過皮相耳，糟粕耳。朱子解《中庸》「率性之謂道」，即云：「道者，日用事物當然之理。」學者多視爲淺近語，是以求之愈杳，去之愈遠。

附　録

先生所與交，多當世偉人。慕古人以人事君之義，奏薦陳法、屠嘉正、李元直、王喬林、任宏業、衛哲治俱可大用。京察自陳，舉雷鋐、潘思榘自代。時詔求明經之士，再舉陳法及孫景烈。世以爲知人。墓志。

先生在外三十餘年，歷省十有二，歷任二十有一，所至之處無問久暫，必究悉於人心風俗之得失及利害之當興革者，籌其先後，以次圖之。每有興作，人多以爲難成，既而輒就理。或當更代，即以聞於朝，責成受事者。同上。

先生察吏甚嚴。然所舉劾，必擇其尤不肖者一二人。他吏率懔懔就法，惟恐及己。同上。

先生在揚州以廉惠爲治。淮揚被水，民多流移，因奏請民所過處，官給口糧，護送回鄉里，得補入振册。並造獄舍，置田以益囚糧。同上。

先生在雲南時，方用師猓夷，運糧者苦道遠，乃改爲短運遞運法，民便之。又山有銅廠，召民開礦，以資鼓鑄。後民苦廠官煩苛，工費薄，相戒不前。先生請量加工費，除抽課外，聽得自賣礦銅，民争趨之。已而更鑿新礦，銅日盛，遂罷買洋銅之令。又立義學七百餘所，刻《孝經》、《小學》及所輯《綱鑑》、《大學衍義》諸書，頒行各學。令苗民得入義學，教之書，俾通文告。其後邊人及苗民多能讀書取科第，先生之教也。同上。

先生在天津訪求水利時，乘小舟沿河上下，嘗曰：「老河兵是吾師也。」河間、滄、景諸州最窪下，恃隄防爲衛，先生相其夷險，築遥隄、月隄、縷隄，又行放淤之法。汛水盛漲，多挾沙而行，導之由左口入隄，停水沈沙，復放水從右口出，如是者數四，窪地悉平滿，成膏壤。同上。

先生爲江蘇按察使，設弭盜之法，重誣良之令，嚴禁親喪不葬及火焚親柩者。同上。

先生撫陝西，以農桑爲先務。立蠶局，募江浙閒善蠶織者導之，令民種桑養蠶，不能自織者賣絲於官。頃之，利漸著。西安、華州織縑充歲貢。又勸民養山蠶，種山藷，儉歲以充食。又修治渠泉，製水車，教民戽水之法，鑿井二萬八千八百有奇，旱歲得以溉田。同上。

先生撫江蘇時，吏治刓敝，率之以勤，立期限以清案牘。患蘇俗好華，爲具條約，宴會服御不得過度。止婦女毋遊觀，禁僧道爲靡曼之音，而痛懲其淫者。州縣官故以收漕爲利窟，乾没無已，自尹文端繼善爲巡撫時，極意梳剔，先生至，益申嚴之。同上。

先生治南河，大要因其故道，開通淤淺，俾入海迅疾。幹河支河互相貫輸，俾毋阻塞。在淮揚，所請疏濬諸河甚衆。其支河，督民各開小溝，以達於幹，時其蓄洩。徐、海諸州多棄地，異時河流未通，遇雨輒淫。溢河既濬，水有所洩。令民以開溝之土築圩，圍成腴田。中通涵洞，爲旱潦備。其窪下不能避水者，令民改種蘆草，裁其賦。其他築隄岸，修閘壩，多因地勢，爲先時之謀。其在蘇州，議開徐六涇白茆口以洩太湖，築崇明土塘以禦海，開諸州縣城河以通渠，皆利民之大者。同上。

沈歸愚曰：「先生深於學問，一生手不釋卷，研窮宋五子之奥義，遠紹薛文清、高忠憲之薪傳。所刊書皆輯古先格言，用以省身，即用以勸學。生平不輕著述，閒有請爲文者，久而鈔積成部，往往即一名一物之微，有以見精理入神之妙。其言之足以惠蒼生，行久遠，要皆本誠一不欺之所推。暨觀先生之政，固見先生之學；讀先生之文，尤足見先生之學也。」沈德潛撰《培遠堂文稿序》。

臨桂家學

陳先生蘭森

陳蘭森，字松山，號鉌卿，文恭孫。乾隆丁丑進士，改庶吉士，授編修。官至湖北荆宜施道。著有《四書考輯要》二十卷。其引古以六經、三傳及先儒成説爲主，紀載先後以事爲斷，於四書中典章制度、人物地名均詳加注釋。大致取其簡明，不取其富麗；取其切要，不取其浮泛。書爲秉承祖訓而作，既成，文恭爲序而梓行之。參《四書考輯要·凡例》。

臨桂弟子

王先生杰

王杰，字偉人，號惺園，一號畏堂，韓城人。乾隆辛巳一甲一名進士，由修撰累遷左都御史。以母憂歸。踰年，即家授兵部尚書，命服滿來京供職。時高宗南巡，赴行在召對，復面諭曰：「汝理學中人，朕不欲奪情，留汝終制可也。」服闋入都，充上書房總師傅，尋授軍機大臣，超擢東閣大學士，先後歷典乙未、戊戌、丁未、己酉、庚戌等科會試。又嘗爲湖南、江南、浙江、順天鄉試考官，一督福建學政，三督浙江學政，所得多佳士。嘉慶七年，以老乞休，予在籍食俸，加太子太傅銜。旋疏言：「近年來各省虧空，積重難返，一起於州縣之餽送，一由於驛站之供應。欲圖彌補，或因挪移而侵蝕國帑，或以攤派而擾累民生。百弊叢生，不可不亟加整飭，以裕倉庫而肅郵政。」奏入，仁宗深嘉納之。陛辭時，復賦詩二章，親書聯語，以寵其行。歸里後，手詔垂問不絶。九年，以夫婦年皆八十，御書匾額及其他珍物以賜。是年冬入都謝恩。十年正月卒於京邸，贈太子太師，入祀賢良祠，謚文端。先生少從武功孫西峯游，聞關閩正學。後入蘇撫桂林陳文恭幕，聞性命躬行之説，益自刻勵。生平於浮屠、老子法未嘗言及，亦不加以排斥。有語及者，輒不對，曰：「吾未嘗習此也。」立朝四十餘年，廉静質直，誠於奉職。在相位時，與和珅同列，凡事接以大體，不爲壯頩悻悻之色，而遇所當執迄不少阿。和珅雖心厭之，以先生素行無瑕疵，且深受高宗知，卒莫能動也。累掌文柄，於門下士相待甚篤，然未嘗少涉私引，教以務爲君子而已。著有《惺園易説》二卷，《葆淳閣集》二十四卷。參史傳、朱珪撰墓誌銘、姚鼐撰神道碑、《王文端公年譜》。

文集

羣書疑辨序

朱子揭讀書之要曰：「字求其訓，句索其旨。」又曰：「至於文義有疑，衆説紛錯，則亦虚心静慮，勿遽取舍於其閒。先使一説自爲一説，而隨其意之所之以驗其通塞，則其尤無義理者不待觀於他説而先自屈矣。復以衆説互相詰難而求其理之所安以考其是非，則似是而非者亦將奪於公論而無以立矣。」夫學必始於觀書，觀書而不能疑，即學問思辨之，所以窮理者胥無以循序而實用其力。然或能疑而不能辨，則將無所折衷而所學終無實獲之驗。此學者之通患也。」甬上萬季野先生著書滿家，並足津梁承學，而賈精鄭博兼擅其美，莫如《羣書疑辨》。其書卷凡十二，文共二百篇，目次則《易》、《詩》、《書》、《儀禮》、《喪禮》、《春秋》、《孟子》、《禘説》、《廟制》、《篆刻》、《書法》、《禹貢》、《水道》、《河源》、《史實録》、《列傳》，而以先世一二瑣綴事終焉。其于羣書之疑，如攻堅木，如解亂繩，略無穿鑿支離之弊，俾讀者人人發其覆而通其蔽，有相説以解之趣。嘻，先生可謂涉其流，探其源，採剥其華實，而咀嚼其膏味者矣！昔東坡記李氏藏書，慨嘆于書益多，學者益以苟簡，士皆束書不觀，游談無根。厥後葉水心作《櫟齋藏書記》，遂列叙羣書節目，舉其所甚疑者，謂孔安國皇名墳，帝名典，而高辛而上，羲、昊之前，書闕有間。馬遷創《本紀》、《世家》，而史法變壞；老、莊推虚無沖漠，而正道隳裂。孫、吴以狙詐祖兵制，申、商以陰刻先治道。辭章之浮，而韓、歐益趨于文；注疏之妄，而程、張未幾于性。魏鶴山作《洪氏天目山房記》，其説更暢，謂三五六經之所傳，爲致知格物之要，而師異旨殊，流失已極。若夫先王之制，有一事而數説，一物而數名。如井牧之丘乘卒伍，則參以管仲、穰苴之法；封建之百里、五百里，則託諸歷代之異制；賓興則約諸鄉遂之數；郊丘禘祫之爲二爲一；廟學明堂或異所而殊制；或一廟而八名；七世之廟，或親盡而毁，或宗無常數；三年之喪，有謂君大夫士；盧服異等，有謂君卒哭而除。且謂衆言殽亂，學者之耳目肺腸爲其所揺惑，而不得以自信。願以所懼者，相與切磋究之。柳道傳作《共山書院藏書序》，謂聖賢精神心術所寓，條在書，綱在録，制度儀章，于今尚幸可考。然五禮六禮之殊倫，五音七音之易位；用緜蕝以易三朝之儀，因同室而紊都宫之制；鄉飲之不修，冠禮之不講；論鐘律則銖黍既差，均節何有？五量三統因之無所適主。此則有志於興禮樂以正人心、隆世教，亦不可謂非節目之大者也。蓋嘗竊觀古人之遇藏書，未有不臚次羣書之待辨而明者，而肫然各獻其疑。然則世之爲通材碩彦，其學之所從入，亦概可知矣。今先生此書，取古人之所嘗致疑者，一一尋其指歸。如葉氏、魏氏、柳氏所云大半在焉。先生他所著，《經世粹言》論郊禘喪祭之禮，附《卦變考》、《周正辨》；《四明講義》分田賦、兵制、選舉、廟制、郊社、律吕六門；又如《石經考》、《周正彙考》、《廟制圖考》、《書學彙編》、《崑崙河源考》、《歷朝宰輔彙考》、《宋季忠義録》、《庚申君遺事》諸書，及《石園文稾》，大略散見此書，則此又先生撰述之菁華，考索之薈萃也。余又考宋咸淳閒，義烏有杏溪先生，于天文、地理、明堂、封建、井田、兵制、律曆之類，靡不窮究根穴，訂其譌繆，資取博而參考精，事爲一圖，累至于百，號曰《羣書百考》。唐説齋聞其升陑分陜之説，以爲職方輿地盡在其腹中；吕大愚閱其《禹貢考》，以爲集先儒之大成。惜無板本，不傳于世。方今文治日隆，遺編盡出，學者知求益于書矣。其有疑義，則將相與析之乎，抑蓄而自錮乎？得是書焉，小叩小鳴，大叩大鳴，從容以盡其聲，庶幾比于善待問者歟？

重刻文章正宗序

選事之繁舊矣。蕭梁肇始，取譏眉山。厥後遵度纂言，例類寡要。他若東萊《關鍵》、迂齋《文訣》、疊山《軌範》，其書既傳，世莫不有求其體原於古、指近乎經者。獨西山真氏《文章正宗》，尤爲得之。按紹定原刻别爲四類，篇尾接次，不加批點，用意所在，使人讀之自見。近時宋板已不易覯，然前明正德鋟本頗無譌舛，若荆川唐氏所評，則猶是廬山面目也。近因坊刻易其門類，列以世次，隨文標目，號曰讀本，而舊時之體例淆矣。觀察楊公慮是書之浸失真也，甫涖劍津即索其遺書，不可得。旋按郡，歷真氏故里，謁文忠於祠，訪後裔，得宋刻一册，謹依原目，重付剞劂，以惠來哲。夫學者讀古人書，師厥意以爲準。猶工師爲巨室，必藉乎尺度繩墨之用，樸斲締構之制，未有無所受法而可自騁才智者。孟子云：「大匠能誨人以規矩，不能使人巧。」真氏之書分四門，此規矩之已然者也。而其神明之運用，則存乎其人。蓋自時運遞遷，則質文屢變，剛柔迭用，斯情性攸關。至於簡言達旨，博文該意，或明理以立體，或隱義以藏用，莫不諷高歷賞，示訓來兹。誠取一定之範圍而求合之，是必熟悉乎所已然而深究其所當然，而後能恍然自悟于古人分别部次、不加批點之意。是規矩而神明之者也，其所獲不已多歟？若夫徒涉其流，未探其原，侈藻績之能工，洵雕蟲之不免，君子無取焉。楊公以名進士服官數十年，從政之暇，手不輟書。至是以文忠之學爲己任，尤注意是書以勸多士，則士之束書不觀者既有以矯其浮惰之弊而擴其見聞，而好學深思之士復不患購書之難，其用心爲何如哉？

紀元彙考序

甬上萬石園徵君淹通史學，嘗取歷代正史之未著表者一一補之，自東漢以至十國方鎮凡六十篇，益以《明史表》一十三篇，竹垞謂其「攬萬里於尺寸，羅百世於方策，覽者快心」。徵君復以其緒餘成《紀元彙考》一編，上溯陶唐，迄于勝國之季，四千餘年，年經代緯，紀號無遺。凡禪繼正閏及割據僭僞，與夫世系之久近，時地之紛更，按圖摘例，粲如列眉。雖卷帙不多，而上下千古繩貫絲聯，不至泛而無所稽，洵讀史家案頭必置之册。昔治平中劉道原最精史學，嘗佐温公修《通鑑》，既成，别纂《十國紀年》及《歷代疑年譜》、《年略譜》，雖與《通鑑》之《目録》、《舉要》大小差殊，而其爲史學之助，一也。是書爲徵君猶子九沙先生視黔學時曾一校刊。庚申板燬，吴竹屏觀察重刊邗上，流播未廣。昨歲甲午，余校士浙水，先生季子右揚以重録請序，會使竣還朝，未果。今年丙申，余復奉命來浙，適湯對松前輩寓書申前請，余惟是編當與徵君《史表》五十四卷並傳藝林，其於學者知人論世裨益非細。否則，僅取《紀元》一册讀之，即能記顯德年號，亦未可遂詡爲讀書人也。願以余言當讀史者之乘韋，爲何如耶？

水道提綱序

《通志》言地理，以水爲主。水者，地之脈絡也，水道明，而凡邦國都鄙之星羅繡錯者因以别焉。夾漈以州縣之設有時而更，山川之形千古不易，故《禹貢》以山川定疆界，北南以緯之，西東以經之，然後三條四列可指諸掌。後之史家主於州縣，州縣或沿革不一，而水道愈亦多岐。朱子亦云：「禹言『予決九川，距四海；濬畎澮，距川』。治水大旨在此數語。」蓋水以海爲歸墟。四瀆百谷，條目棼如，其他滙而爲澤，流而爲川，積而成浸，或合或分，或原或委，欲求巨細畢賅，委輸貫徹，提綱其要哉！古之明於水道者莫如桑欽、酈道元，顧其爲書爲後人所紊，經注相溷，經諸儒悉心探索，而踳盭尚多，有待釐正。猶《漢書》傳外國，輾轉舛訛，不免眯目，總由作史者未嘗身履其地，依稀記載，未能如我朝之版圖式廓，中外一家，得以按籍而求其實也。天台齊息園先生以大雅宏達之才，紬金匱石渠之祕，曩在《一統志》館纂《水道提綱》二十八卷，晚歲養疴山中，凡歷代河渠溝洫、域中水志地圖，益加考覈。即塞北漠南，流沙、瀚海，前此定伊犁，平回部，拓地所至，諸水絶無經流可紀，必按地勢而詳著其綱，無異聚米畫沙，簡而能周，博而能要。其援據尤慎，凡書之稍涉荒邈者汰弗録。且郡縣之名悉從《皇輿表》，以本朝所定爲斷，使讀者展卷瞭然。而潴防宣洩之法、黍稌粟麥之宜、轉運飛輓之利，胥於此得其概焉。視《方輿紀要》及《錐指金鑑》諸書，其有裨世用略相等。昔唐一行以爲天下山河之象存乎兩戒。自三危、積石負終南地絡之陰，東及太華，踰河，並雷首、砥柱、王屋、太行，北抵常山之右，乃東循塞垣至濊貊、朝鮮，是謂北紀。南戒自岷山、嶓冢負地絡之陽，東及大華，連商山、熊耳、外方、桐柏，自上洛南逾江、漢，攜武當、荆山，至于衡陽，乃東循嶺徼，達東甌、閩中，是謂南紀。夫兩戒之必有紀者，即提綱之謂也。綱舉而水維悉舉，隨所往而有軌可循。詩人所爲以江、漢爲南國之紀者，其權輿也。方今德威遐暢，兩金川比復置尉設官，巴朗、鄂什之區，噶依、勒圍之險，其藪澤川浸，更有出於耳目聞見之外者。《提綱》一書，剞劂雖竣，惜先生不獲鉤稽綴緝，蔚爲鉅編也。是又在乎淹雅之儒，操筆而踵其後矣。

雙節堂贈言序

歲乙酉，余視學八閩，有客自浙中來，言蕭山汪氏兩節婦，其子焕曾以孤弱奮起，植學砥行，將徧求當世士大夫之詩歌銘贊，垂其兩母王孺人、徐孺人之節於不朽。乞言之敂，與客所言狀悉合，遂作古詩一章貽之。歲乙未，余主禮闈試，焕曾成進士，既來謁，出其《雙節堂贈言》，已編纂兩大帙矣。丙申，余再督學浙江，焕曾謁余，請序以弁《贈言》首。余聞諸《孝經》，居則致其敬，養則致其樂，疾則致其憂，喪則致其哀，祭則致其嚴，五者備而後可以爲孝。此事親之常也。至以未亡人當凋零之際，泯嫡庶之嫌，撫遺孤，支門户，茹荼集蓼，卒能出屯險以餘善慶，尤爲孱弱女子所難者。苟非爲之闡揚夫閫德，其何以慰孝子之心也！在《易·恒》之六五曰：「恒其德，貞，婦人吉。」方焕曾考縣尉君殁于嶺南，兩孺人煢煢相弔，上有老姑年七十餘，焕曾止十一齡，其成立未可知，而蒿簪裙布，静鎮於飄摇傾覆之餘，非守貞以恒其德歟？及焕曾發聞于時，兩孺人安潔白之養，康彊壽考以終，非所謂婦人吉乎？吾知兩孺人之志，祇知恒其德以盡婦人之道而已。至于綽楔旌廬，贈章盈軸，豈其志之所及哉！而焕曾愈惄然不敢安，以兩孺人之苦節不彰，縣尉君之清操亦不著亟焉。思藉贈言以光母範，則仁人君子之用心也。焕曾行將出膺民社，他日本此志以措施，所謂「道之以孝，則天下順」者，由是而益貽父母令名焉，豈僅傳兩孺人之清操苦行於瑶編彤管間乎！余故不辭而爲之序。

重修建陽縣學記

潭學原在水東溪滸，後經屢遷，至明萬曆始移今所。國初燬于火。康熙間修葺者三，得復舊規。然廟庭背陽就陰，不叶文明之象，迄今又七十年矣。棟宇剥蝕，墻垣漫漶，風雨飄摇，日就傾圮。乙酉，余奉簡命視學來閩，過潭，詢悉其詳而歎曰：「學校者，人材之所從出，士子修身爲學之所，國家升秀興賢之地，而可以頹廢如是乎？」於是都人士翕然醵金重建，僉呈邑令某，轉申郡守觀察諏吉定位，庀材鳩工，命邑貢生某、職員某、生監某某等董之。經始於某年某時，閱某月告成。自大成殿及明倫堂而外，祠閣、齋廨、庖庫之所無不更新。重門修廊，文階畫棟，巍焕改觀。蓋其趨向正而規模廣矣。事竣，諸生具巔末，求予言爲記。余思閩之理學惟朱子大其傳，而潭乃朱子所居地，且名儒之産于潭者，自二游先生以下指不勝屈。今乃人文不振，大異昔時，蓋亦流風歇絶，人不明於爲學之道故也。今諸生求余言，豈欲相與講明爲學之大旨歟？夫爲學之道，修身爲本，修詞爲末。昔真西山繕葺學舍，有言曰：「忠信篤敬，學者立德之基；剛毅木訥，學者任重之器；而詞章華縟，特藻飾之美耳。人之爲學，亦何異乎基址固，而後棟梁可施；棟梁安，而後丹雘可設也。」旨哉斯言！使爲士者，徒勤佔畢，工文藝，以博取利禄，而廉隅不修，坊表不立，則是黝堊丹漆於外，而中之朽蠹日深，亦何貴於繕修也哉！今諸生既修廟與學，因而各修其身，讀書窮理，篤志力行，使卑者日以高，闇者日以明，則趨向既正，規模自廣，將見人材蔚起，出應聖天子升秀興賢之典，而有宋理學之盛，再見今日，豈徒巍焕其廟宇，瞻仰其宫墻已耶？抑聞之文翁化蜀與成公治閩，皆歸功于學校改舊更新之際，其歆動感發之機有即寓于此者，諸生其亦可謂知所奮興者矣。庶其由此而共勉乎？噫！是言也，余爲潭之人士勖，尤願與全閩之人士共勖之也。

梅峯書院記

閩粤爲東南奥區，而永春在唐以前本南安縣之桃林場，已隸泉州爲縣。深山長谷，俗尚淳樸。我朝重熙累洽，沐浴休養，積百數十載，衣冠文物，益盛于前。雍正十三年升縣爲州，屬德化、大田，于是學使者歲科按視，三年中軺車再至焉。甲申冬余奉命視學閩中，聞兹州人士向化慕學，雅尚經術，心竊喜之。丙戌初夏，至其地，見隸于黌宫者，皆彬彬然質有其文。進諸生而先試以御纂諸經、《欽定三禮義疏》，類多恪遵經訓之士，間以髫齡弱歲，亦能默誦其章句，乃益信地之可以爲良。而聖人在上，聲教之暨，訖無閒于遠邇，有如此也。是時三韓嘉君謨甫守兹土，詢風俗，求利弊，審爲治之先務，迺議建書院，以爲諸生羣聚講習之所。州舊有文公書院，歲久而圮，地亦湫隘。前此黄君寬、宋君應麟皆節俸倡捐，旋以署篆未久，弗果舉。嘉君乃復倡捐，而亟成之，移其址于梅山之麓，因名曰梅峯，而仍祀文公于其内。不數月，而講藝之堂、棲士之舍畢具。嗚呼！嘉君其知政哉！夫書院之設，所以講業也，而良有司之風化，莫先乎此焉。先王之道，散于六經，返而皆備於吾躬。自親師之道不講，而士之安于孤陋者既無由擴其識見，務進取者又惟名譽之求，而斯世之所以賴有士者鮮或知之矣。程子曰：「古之學者爲己，其終至於成物；今之學者爲人，其終至於喪己。」夫學苟爲人，雖博學彊識，黽勉善行，猶不免于爲僞，况復溺志詞章，僅爲利禄寵榮計者，其苟且矯飾之弊，可勝言哉？永之士亦既咸知向學矣，必將辨夫修己治人之道皆爲性分所固有、職分所當爲，則識不拘于卑近，功不閒于隱微，而後能析乎義理之精而有以通乎天下之故。夫如是，士之羣居萃處，朝夕講明乎經義者，豈特爲異日分猷出治之材已哉！其自家庭以及里黨交游之地，莫不有其躬行之實，而所謂修己以安人者，亦即于此驗焉。禮教行而風俗茂美，安見潛移默化之無其具也？今嘉君又將擢任去，未獲觀其成效。多士其黜浮崇實，期無負嘉君之意，以上副國家菁莪棫樸之化。後之官斯土者，覩才俊之蔚興，而栽培造就之方，必且相衍于無窮。余故樂書之，以美嘉君，且以爲永之人士勉也。

玉尺書院記

郡邑之有書院，道義之所由歸，政教之所由興也。夫國家造士之法，首善則有成均，直省則有提學，府州縣衛則有師儒之官，所以董率多士者至矣。然掌士子之版籍，季有試，月有課，歲科有殿最，春秋上丁釋奠釋菜而已。所以講明而切究者，不若山長之設，仿古之黨庠家塾，其地親而教尤易入也。余奉簡命視學閩南者四載，浙東、西則三至焉，恒慮士習之未盡端，學術之未盡正，思多得仁義忠信、樂善不倦者爲山長，以朝夕啟迪之。又恐守土者迫于簿書期會之繁，興廢修墜，或有志而未能焉。瑞安爲東甌屬邑，夙稱小鄒魯。明府吉水趙君來宰是邦，車甫下，欲即舊萬松書院而葺治之。會邑有惑于堪輿家言者，不果。遲之三年，出俸金購地于縣東北隅而規畫焉。邑中士大夫咸樂趨其事，于是宋桷瓴甓，門齋堂廡，罔不畢具，而請記于余。余惟君子之造道，富貴利禄固非所尚，即習于文藝者修辭而不能立誠，亦非入德之資也。瑞安之先哲，唐以前遠矣，宋元以來若趙氏彥昭、林氏介夫之篤行力學，謝氏用休、潘氏子文、宋氏廷佐、陳氏則善或受業于伊川，或私淑于龜山、南軒，名賢輩出，師友淵源，流風餘韻，今猶有存者乎！其亦可以聞而興起矣。且我聞是舉也幾中阻者屢矣，明府克力任之以底于成。今講學有其堂，游息有其地，使邑人士道義之心油然而生。取明府先世五代時光逢「方直温潤」以比「玉尺」者顔其額，由是可驗政教之易行，余亦將藉以補所不及而樂引以爲助。是爲《記》，並冀後之莅斯地者增葺加擴以昌其教，不僅嘉此一時之功而已也。

附　録

先生歷官中外數十年，不苟訐以爲直，協恭之雅，與物無競，相與稱德，度無異辭，而孤立無黨人，亦無私附焉者。《王文端公年譜》。

先生交際問餽不絶人歡，而分辨極明，纖毫無苟取。所得士，自外任歸，有餽金爲壽者，曰：「吾囊與若言何如？今受若餽，如所言何？」服官四十年，貧如爲諸生時。同上。

先生少嗜學，迨老益篤。及在台省，早朝宴歸，接賓僚酬應外，退息小齋，静坐一二刻，即展卷披閲吟誦。嘗手點全史一過。晚年服習惟四書五經，循環玩索，更耽讀《易》。所學務有裨身心政事，不以詞章記誦爲能。然遇博學能文之士，愛之不啻自其口出。同上。

先生嘗訓及門云：「爲政之道，當開誠布公，最不可有意除弊，此弊除，他弊興矣。」性寛厚，屬吏有賢者力薦達之，不能者戒飭之，未嘗輕劾一人。然於世之漫無可否，以姑息爲寛大者，極不然之，曰：「縱惡以取名，如國家何？」同上。

先生起居食息，日有常度。家居翼翼，衣冠儼然，嚴寒盛暑，不少變。賓客見者樂其和易可親，而未嘗不肅然起敬。同上。

先生門内悉懔繩尺，而御子尤嚴，不少假顔色。待親族任卹無不至。於其能自愛、嗜讀書、敦行者尤格外栽培之。歸告家居，接人無少長，務以禮，不爲款曲，而中心肫然。同上。

臨桂交游

陳先生法 別見《穆堂學案》。

沈先生起元 別見《味經學案》。

王先生步青 別見《健餘學案》。

尹先生會一 別爲《健餘學案》。

雷先生鋐 別爲《翠庭學案》。

楊先生錫紱

楊錫紱，字方來，號蘭畹，江西清江人。雍正丁未進士，由吏部主事官至禮部尚書。出爲漕運總督，在任十二年，正己率屬，糧艘積弊爲之一清。凡所陳奏悉當上意。乾隆三十三年卒，年六十八，謚勤慤。先生自少即潛心濂洛關閩之書，既通籍，益講求經世實用。宦轍所歷，必廣詢博訪，詳求得失，然後見諸施行，故上下交孚，政無不舉。生平於聲色貨利一無所好，而育才興教尤加意，正學之士獎誘激勸如恐不及。居家孝友惇睦，化其宗族。教子弟一以禮法爲歸。凡爲文皆有關名教綱常，不苟作也。所著有《四書要義彙纂》若干卷，《四禮從宜》一卷，《節婦傳》十五卷，《漕運則例纂》二十卷，《四知堂文集》三十六卷。參史傳、彭啟豐撰《家傳》、裘曰修撰墓志銘、魯士驥撰神道碑、《四知堂文集·凡例》。

四書要義彙纂自序

四子，六經之液也。《易》之贊乾曰：「剛健中正，純粹精也。」四子書其中正純粹而精乎！説書者稍雜畸邪，則中正者漓矣；稍涉膚淺，則純粹者晦矣。漢唐箋疏而已，有宋諸大儒出，推闡義理，窮微極渺，於是四書之旨如日中天。元明及我朝國初，諸儒承其緒論，各有論註，其言之大醇皆足以爲羽翼，宜四子書無復有不明者。然寒士或窮鄉僻壤，不能多購書，則儒先之説有未能盡見者矣。又講師俗儒株守一高頭講章，謂四子之旨盡於是，則雖有聰明之子亦爲俗見所蔽，而不知探賾索隱以求歸於至當不易者有之。夫差之毫釐，謬以千里，況其所差者不僅毫釐哉？余自束髮受書，稟承庭訓，誦習諸經後，先大夫即令究心有宋諸大儒及元明國初諸儒《大全》、講義等書，幸未爲俗説所蔽。然性魯，恐多遺忘，是以玩閲之下，其言與書旨脗合切當不易者，即摘録於某章某節某句之下，閲數年積成一帙。自通籍後置之篋笥已數十年矣。今春因課書院諸生，與論題義，憶及篋中一册，諸生請檢示。金紫峯太史見之，謂是宜鏤板以行。册内《學》、《庸》、《論語》凡關理致者已備録，兩《孟》間有未備者，紫峯又爲補摘之。好學深思之士，有儒先諸書在，無需乎此，寒士遠鄉則購攜便矣。紫峯定其册曰《四書要義彙纂》，因付梓而述其緣起如此。

四禮從宜自序

風俗之厚薄，由禮教之盛衰。三代聖王

時禮教大行，比户有可風之俗，抑何盛也！秦漢而降，此意蓋少衰矣。國家統一，區宇治定，禮行功成樂作，至於今日，益爲明備。我皇上睿慮周詳，特命禮臣纂輯士民冠、婚、喪、祭諸禮，另爲一編，頒之中外，所爲化民成俗以臻一道同風之盛，意至深遠。顧余嘗思之，先王緣人情而制禮，所謂「天之經也，地之義也，人之紀也」。其一切委曲繁重，皆出於天理之自然而不容已，第時代異制，士俗異宜，往往捍格而難通。夫與苦於繁重，格於往制而禮廢，毋寧參於今制，稍節繁文，不失古人之意而禮行乎！然而無以倡之，則上作而下將不應，古稱世禄之家鮮克由禮，則欲漸革其流俗相沿之失，而徐動其秉禮度義之心，其在士大夫爲之倡乎！因於案牘之暇取三禮、《家禮》，吕新吾先生《四禮翼》、《四禮疑》，蔡聞之先生《四禮輯略》諸書，參以《會典》、《律例》，斟酌損益，輯爲《四禮從宜》一册，屬長沙太守吕君肅高詳加釐訂，付之剞劂。冀此邦紳士共相率循，樹之風聲以爲齊民先將，禮行而俗厚，所謂比户可風者不難蘄至焉。其於聖主化民成俗之至意，庶幾仰副歟？是所望於知禮者。

文集

嶽麓書院學規

一、立志。心之所之，謂之志。志，氣之帥也。志在南轅者，必不肯北其轍，則立志要矣。後世小學之教浸失，童蒙已無養正之功，弟子稍識字義，即令學爲時文，所競者紛華靡麗，所志者利禄功名，得之則以爲喜，失之則以爲憂，詰以在古人中欲學何等人，終身欲做何等事業，茫無以應，豈非志之不立哉？孔子曰：「吾十有五而志於學。」孟子曰：「尚志。」周子曰：「志伊尹之所志，學顔子之所學。」程子當十五六時即以聖賢爲必可學。朱子曰：「而今貪利禄而不貪道義，要作貴人而不要作好人，皆是志不立之病。直須反復思量，究見病痛起處，勇猛奮躍，不復作此等人。見得聖賢千言萬語都無一字不是實理，方始立得此志。」王陽明先生童時即問其師讀書欲何爲，范文正公做秀才時便以天下爲己任。歷觀古聖先賢，未有不先立志者。矧生晚近之世，資質已不逮古人，而又不知立志，譬猶操舟而去其舵，漂泊無定，且將覆溺於波濤浩淼之中，欲其安流自在，所向必達，此必不得之數也。諸生遠來肄業，口誦先儒之書已有年所，試返此心，其果已定志於聖賢之學乎？則益加精進，益加涵養，以求至乎其極。如尚未有定志，則宜急反前日之沈迷而力端今日之趨向。往不可諫，來猶可追。須知古來聖賢豪傑人人可爲，可惜爲風雲月露、利禄功名之念誤了一生，致使七尺之軀，空與草木同腐。念及此，當與諸生一體通身汗下。

一、求仁。人生而五性具，曰仁、義、禮、智、信。而仁統四端，兼萬善，尤爲切要而當求。夫子雖罕言仁，究竟一部《論語》中論仁者不一而足，孟子則仁義爲七篇樞紐。有宋諸大儒於此一字尤辨之極其詳，而疏之極其精。張南軒先生作《嶽麓書院記》，惓惓以求仁之旨爲提揭，其嘉惠後學之心甚爲篤摯。諸生誠潛心於關閩濂洛緒言，其於「仁」之一字，無患不明。然須是自己時時體認，方於身心有益，否則亦口耳之學而已。如仁者無私心，則必思我苟有一念之私即非仁；仁者愛人，則必思我苟有一念之刻薄即非仁。聖門諸賢，言語、政事、文章卓絶千古，而夫子以爲日月至；顔子復聖，夫子以爲其心三月不違。以至於子文、文子，止許其忠清而不許其仁。此等處須思仁者天理流行，無少間斷，渾而合之甚難。赤子之心，純一無僞，乍見孺子入井，皆有怵惕惻隱之心。於此等處，當思仁本人心而求之宜急。如此細心體認，加以勉强克治之功，總不肯一時放下，一事忽略，才有箇見地，有箇把柄，不敢在嗜慾攻取中汩没了一生。諸生慎勿以爲老生常談，放其心而不知求也。

一、變化氣質。陰陽，氣也。人得天地之氣以成形，毗陰毗陽，高明沈潛，其大較也。《書》曰：「剛克柔克。」此變化之説也。士子讀書須先以變化氣質爲要，而變化氣質卻甚難。毗陽之人舉止輕浮，言語躁妄，反以沈静簡默者爲拘板；毗陰之人器局卑陋，言動瑣屑，反以光霽磊落者爲蕩佚。此皆囿於氣質而不知其偏，有老死而不能變者矣。即或知其偏，思有以調而劑之，而非時時提醒，念念把持，猝不及覺舊病復發，仍是氣質用事，終受氣質之累。孔子曰：「君子不重則不威，學則不固。」可見氣質不好，即學問亦無益。謝顯道一年工夫纔去得一箇「矜」字。吕東萊素褊急，一日讀「躬自厚而薄責於人」，忽覺平日忿懥涣然冰釋，朱子以爲能變化氣質。張思叔詬僕夫，伊川曰：「何不動心忍性？」思叔慙謝。可見古人於氣質上是何等用工去變化他。諸生肄業書院，不患不能文，所患者不能變化氣質耳。今爲揭先儒兩言，曰主静，曰持敬。能静則心鮮馳逐而病痛自覺，能敬則隨事撿攝而偏私漸去。

一、正文體。自有制藝以來，名家林立，評選者亦指不勝屈，偶得一説，總不出古人議論之外。今必與諸生論文如何而後工，贅已。然兩月以來，披閲諸生課藝，多恃記誦而不恃性靈。稍有筆姿可觀者，亦於理法未細，則諸生於文蓋未嘗求工也。猶憶往時，兼篆惠、潮，序韓山書院課文云：「不但人有君子小人之分，即時文亦有君子有小人。」頗爲友人所是。今與諸生論文，亦别其爲君子小人而已。夫所謂君子之文者，本之經以植其根，稽之史以廣其識，沈潛於宋元有明諸儒之緒論，以淘其渣滓而歸於純粹。其於法律則一本先民而神明之。故其爲文也，真足以闡發聖賢之精藴，而自然不戾於繩尺。小人之文不然。根不深不知所以植之，識不廣不知所以稽之，以一部「體註」爲講章盡頭，而濂、洛、關、閩之語録全不寓目；以時下墨卷爲文章極則，而王、唐、歸、胡之規矩並不留心，故其爲文也浮游而鮮實際，卑靡而無氣骨。同一時文，而所以爲之者判若天淵，亦猶君子小人衣冠面目未嘗不類，而其居心則如水火冰炭之不相入也。願諸生作人以君子爲法，以小人爲戒；作文亦力趨君子，而嚴絶小人。將見仁義之人，其言藹如也，區區制藝云乎哉？

二愚堂劄記序

孔孟之道，堯舜、禹湯、文武之道也。火於秦，守於漢，晦於晉魏唐，至宋而始復明，則周程張朱諸大儒遞相推闡之功也。元則許魯齋、吴草廬，明則薛文清、胡敬齋，皆確遵程朱，守而勿失。惟王姚江致良知，以無善無惡爲心之體，其説顯於朱子角。然而程朱之學，萬世不易之常經也，小之可以守身寡過，而大之可以治國平天下。姚江之學則高明者之過也，守其説而不善變焉，將清静寂滅，且流而爲釋矣。故居今之日，爲今之學，舍程朱莫適也。奚君惺齋，余雍正丁未同年進士也。榜後，惺齋隸刑曹，余隸銓曹。壬子，並爲順天同考官。其時各勤厥職，惺齋固未嘗以講學自見也。已而後先外調，遂不復相見。今乾隆戊子，其嗣子某至淮，出所藏《二愚堂劄記》，請序。余受而讀之，守程朱之緒言，融會貫通，確有所得，而其要旨則約之以主敬。夫敬者，聖學徹上徹下之功。主乎此，則致知力行皆著實而近裏，深而造之，其於道必確有所見，而其言也有物矣。昔吕新吾先生著《呻吟語》，吾師尹博野夫子又爲擇而存之曰《吕子粹語》，付之剞劂以公同好。其言純粹廣大而深切著明，循程朱之旨而發所未發，有功於聖學不小。惺齋此記，其庶幾焉。故余題惺齋遺照及之，重其守正學也。《劄記》之辨姚江，别儒釋也，所以維世教也。然則惺齋豈僅以文章政事見哉？

唐風蟋蟀官箴説

《詩·唐風·蟋蟀》，論者以爲勤儉質樸，有帝堯之遺風，是已。余嘗細玩之，竊謂聖學也，亦即切要之官箴。詩之言曰：「職思其居。」心之官則思，懼其雜而不慎，故曾子曰：「君子思不出其位。」位者，居也。又曰：「職思其外。」非騖外也，人之一身，上下四旁、親疏遠近，各有不可遺，不可忽者，不思則頑然一物而已。伊尹躬耕莘野，而思天下匹夫匹婦無一不被堯舜之澤；范文正公做秀才時，便以天下爲己任。豈得謂之外而不當思乎？《中庸》以小人行險徼倖爲願外，然則事非行險，心無徼倖，皆不得謂之外，可知矣。又曰：「職思其憂。」人生之患常出於所備之外。夫子曰：「人無遠慮，必有近憂。」孟子曰：「君子有終身之憂，無一朝之患。」蓋慮不在千里之外，則患在几席之閒。古聖人防微杜漸，憂勤惕勵，此物此志也，豈非聖學乎？顧何以見爲切要之官箴也？國家設官置吏，自大僚以至微員，各有其職即各有其居，各思其居即各盡其職。一邑之官，各盡其職而一邑治；天下之官，各盡其職而天下治矣。職未盡而他圖，是舍己田而芸人之田也。職無不盡，而上下四旁、遠近親疏，計之周，慮之到，非外也。即如州縣以撫字懲奸爲職。或民人流亡於吾地，豈得以爲他邑之民而不卹乎；盜賊竄逋於吾境，豈得諉爲他邑之盜而不緝乎？以此推之，思其外正所以善其居也。若思憂，則不但己身之害爲憂，凡事之流弊後禍皆憂也。出一令，有在此爲利，而在彼則爲害；行一政，有目前若可喜，而其實釀後來無窮之禍者。思之不審，鮮有不蹈偏見，而悔作俑者矣。是則《詩》三言思，皆居官者之要務，不可一日不省覽也。《詩》又言：「蟋蟀在堂，歲聿云暮。今我不樂，日月其除。」小民終歲勤動，至於歲暮，職業稍閒，始相聚爲樂。計一歲之中，爲時甚暫，又其所爲樂者，不過豆觴酒醴，親族鄰曲偶然過從耳，豈遂至於蕩心而佚志，乃即瞿瞿然相戒於已甚？今士大夫建旄擁節，膺符綰綬，身據崇高，而意存華膴，固不待歲終而始言樂也。大約賓佐會集，事所時有，肆筵設席，習以爲常。味則求其珍美，庖則期其精良，舞袖纏頭，酣歌蕩飲，既卜其晝，又卜其夜，豈止於豆觴酒醴而已乎？又其甚者，則廣置妾媵，矜多夭冶之容，❶狎昵

❶「冶」，原作「治」，今據清嘉慶十一年楊有涵等刻本《四知堂文集》卷二八改。

頑童，養成帷薄之羞。衣飾務爲華美，雖越禮而不顧；車馬務極駿麗，即多費所不惜。已多而猶以爲少，已精而猶以爲粗，直般樂怠傲，惟日不足耳。曾思其居，思其外，思其憂者，而肯出此哉？夫人生德業莫要於取法正人，希踪賢哲。今《詩》之言曰：「好樂無荒，良士瞿瞿。」良士，賢者也。以彼小民，猶知慕賢好德，相與倣而效之；矧士大夫，而可以其逸樂怠慢之身，靦然民上乎？然則所爲官箴者如何？曰：「如《蟋蟀》之詩而已。」吏無大小，各殫其力，各敬其事，日有孜孜，不懈於位，則思其居矣。此外，凡吾心所宜，盡力所可及者，周而詳焉，勿遺勿置，則思其外矣。念禍福之相倚，惕外侮之有由，不敢以其身一日肆然於民上，不敢以其心一刻自弛於幽獨，則思其憂矣。若夫飲食燕會，雖必不能省，然取其足以適口而已，取其足以合歡而已。車馬衣服不必華美，姬妾僕從不必嬌侈，而又時時自警醒曰：「得毋暴殄乎？得毋僭越乎？」則樂而不荒矣。至於尊賢取友，德所由進。夫子美子賤爲君子，以能取友以成其德也。不但上官之德望兼隆者宜敬之愛之，即同官之賢能素著、下僚之品端才美者亦敬之重之。若此者，力勤則心不外馳，而職業無慮其不舉；費省則心無所貪，而廉潔不患其無終。上不負君，下可對民，身以勞而得安，心以清而愈泰，本非爲保身家妻子之計，而善人必餘慶，吉士無横殃。其視荒官守而耽逸樂，或以放蕩罹禍患者，豈不相懸萬萬哉？故曰：「《蟋蟀》一詩，官箴備焉。」

清儒學案卷六十四終

鳴謝

《儒藏》精華編惠蒙善助，共襄斯文；謹列如左，用伸謝忱。

本焕法師　壹佰萬元

智海企業集團董事長　馮建新先生　壹佰萬元

NE·TIGER時裝有限公司董事長　張志峰先生　壹佰萬元

張貞書女士　壹佰萬元

方正控股有限公司、金山軟件有限公司創始人　張旋龍先生　壹佰萬元

北京大學《儒藏》編纂與研究中心

本册审稿人　王豐先

本册责任編委　甘祥滿

圖書在版編目(CIP)數據

儒藏.精華編.一六六/北京大學《儒藏》編纂與研究中心編.—北京：北京大學出版社，2022.3

ISBN 978-7-301-11884-9

Ⅰ.①儒… Ⅱ.①北… Ⅲ.①儒家 Ⅳ.①B222

中國版本圖書館CIP數據核字（2022）第036249號

書　　名	儒藏（精華編一六六） RUZANG（JINGHUABIAN YILIULIU）
著作責任者	北京大學《儒藏》編纂與研究中心　編
責任編輯	吴冰妮
標準書號	ISBN 978-7-301-11884-9
出版發行	北京大學出版社
地　　址	北京市海淀區成府路205號　100871
網　　址	http://www.pup.cn　　新浪微博：@ 北京大學出版社
電子信箱	dianjiwenhua@126.com
電　　話	郵購部 010-62752015　發行部 010-62750672　編輯部 010-62756449
印 刷 者	北京中科印刷有限公司
經 銷 者	新華書店
	787毫米×1092毫米　16開本　56.5印張　547千字
	2022年3月第1版　2022年3月第1次印刷
定　　價	1200.00元

ISBN 978-7-301-11884-9
9 787301 118849 >
定價：1200.00元